Erdgeschichtliche Zeittafel

Erdzeitalter (Ärathem/ Ära)	*System (Periode)*		*Serie (Epoche)*	*Beginn vor Millionen Jahren*	
Erdneuzeit (Känozoikum)	Quartär		Holozän	0,01	Phanerozoikum
			Pleistozän	2,3	
	Tertiär	Jungtertiär (Neogen)	Pliozän	5	
			Miozän	23	
		Alttertiär (Paläogen)	Oligozän	37	
			Eozän	58	
			Paläozän	65	
Erdmittelalter (Mesozoikum)	Kreide		Obere	95	
			Untere	130	
	Jura		Ober (Malm)	150	
			Mittel (Dogger)	181	
			Unter (Lias)	205	
	Trias		Ober (Keuper)	229	
			Mittel (Muschelkalk)	239	
			Unter (Buntsandstein)	245	
Erdaltertum (Paläozoikum)	Perm		Ober (Zechstein und	258	
			Unter Rotliegendes)	290	
	Karbon		Ober (Silesium)	320	
			Unter (Dinantium)	360	
	Devon		Ober	375	
			Mittel	385	
			Unter	400	
	Silur		Ober		
			Mittel		
			Unter	420	
	Ordovizium		Ober	430	
			Mittel	465	
			Unter	495	
	Kambrium		Ober		
			Mittel		
			Unter	530	
Präkambrium	Erd-Frühzeit (Proterozoikum)			2500	
	Erd-Urzeit (Archaikum)				

Eugen Drewermann
Der sechste Tag

Eugen Drewermann

Der sechste Tag

Die Herkunft des Menschen
und die Frage nach Gott

Glauben in Freiheit, Band 3

Religion und Naturwissenschaft
1. Teil

Walter Verlag
Zürich und Düsseldorf

Die Deutsche Bibliothek – CIP-Einheitsaufnahme

Drewermann, Eugen:
Glauben in Freiheit /
Eugen Drewermann. – Zürich ; Düsseldorf : Walter
Bd. 3. Religion und Naturwissenschaft
Teil 1. Der sechste Tag : die Herkunft des Menschen
und die Frage nach Gott. – 1998
ISBN 3-530-16898-X

Umschlag, Satz und Lithos: Jung Satzcentrum, Lahnau
Druck und Einband: Wiener Verlag, Himberg
Printed in Austria
ISBN 3-530-16898-X

«Wir sind naturforschend Pantheisten,
dichtend Polytheisten,
sittlich Monotheisten.»

J. W. von Goethe:
Maximen und Reflexionen, Nr. 807

Inhalt

Eine Art Widmung

Wie die Darstellung des Gefühls einer ganzen Generation wirkt heute, im Rückblick eines halben Jahrhunderts, ein Brief, den ein junger Soldat Ende 1942 aus dem Kessel von Stalingrad an seinen Vater, einen protestantischen Pfarrer, schrieb: «In Stalingrad die Frage nach Gott stellen, heißt sie verneinen. Ich muß Dir das sagen, lieber Vater, und es ist mir doppelt leid darum. Du hast mich erzogen, weil mir die Mutter fehlte, und mir Gott immer vor die Augen und die Seele gestellt. Und doppelt bedaure ich meine Worte, weil es meine letzten sein werden, und ich hiernach keine Worte mehr sprechen kann, die ausgleichen könnten und versöhnen. Du bist Seelsorger, Vater, und man sagt in seinem letzten Brief nur das, was wahr ist oder von dem man glaubt, daß es wahr sein könnte. Ich habe Gott gesucht in jedem Trichter, in jedem zerstörten Haus, an jeder Ecke, bei jedem Kameraden, wenn ich in meinem Loch lag, und am Himmel. Gott zeigte sich nicht, wenn mein Herz nach ihm schrie. Die Häuser waren zerstört, die Kameraden so tapfer und so feige wie ich, auf der Erde war Hunger und Mord, vom Himmel kamen Bomben und Feuer, nur Gott war nicht da. Nein, Vater, es gibt keinen Gott. Wieder schreibe ich es und weiß, daß es entsetzlich ist und von mir nicht wiedergutzumachen. Und wenn es doch einen Gott geben sollte, dann gibt es ihn nur bei Euch, in den Gesangbüchern und Gebeten, den frommen Sprüchen der Priester und Pastöre, dem Läuten der Glocken und dem Duft des Weihrauches, aber in Stalingrad nicht.» (B. ESSER – M. VENHOFF: *Chronik des Zweiten Weltkriegs,* S. 207.)

Der ungenannte Briefschreiber hat recht: solange noch Menschen auf Erden Krieg führen, solange ist Gott widerlegt. Es gibt keinen Gott, der von außen den Menschen in den Arm fällt, um sie an ihren Greueltaten zu hindern. Wie aber, Gott wohnte im Inneren des Menschen, und er redete gerade in diesem Aufschrei der Qual einer verzweifelten Suche nach Menschlichkeit?

Den zweiten Band von «Glauben in Freiheit: *Jesus von Nazareth oder Befreiung zum Frieden*» haben wir diesem Thema gewidmet: wie es möglich ist, die Person und die Botschaft des Mannes aus Nazareth so verbindlich zu interpretieren, daß sich der Krieg ein für allemal überwinden läßt – psychisch, politisch, wirtschaftlich, kulturell, auf allen Ebenen, die seine Ursachen bilden. Wir haben gesehen, daß die «Bergpredigt» «funktioniert», sobald man beginnt, sie ernst zu nehmen. Doch das «Heilmittel» Jesu gegen den Kreislauf von Angst und Zerstörung im Herzen des Menschen war der Glaube an Gott. Wie läßt sich dieser Gott finden angesichts der Wirklichkeit der Welt, zu welcher das «Böse» in jeder Form zu gehören scheint? Wie vereinbart sich das Bild eines «Schöpfers», der durch sein «Eingreifen» den Gang allen Lebens jederzeit in seinen Händen hält, mit den Einsichten moderner Naturwissenschaften?

Dieses Buch ist der erste Teil des Versuchs einer Antwort, konzentriert auf die Frage nach dem Menschen: Wie ist er entstanden, und wie paßt das Bild seiner Entstehung zu den Vorstellungen tradierter Theologie von seiner «Erschaffung» am «sechsten Tage»? Ich schreibe dieses Buch für all diejenigen, die, war es mit zwölf, war es mit achtzehn, war es mit vierundzwanzig Jahren, sich schon in der Schule, spätestens im Studium, von den religiösen Lehren der «Kirche», in welcher sie aufgewachsen waren, lossagen mußten, weil das dort vermittelte «Weltbild» sich weder vereinbarte mit den Kenntnissen, die ihnen in den Naturwissenschaften zugänglich wurden, noch mit den Erfahrungen, die sie in ihrem eigenen Leben machen konnten; und ich schreibe dieses Buch für all die Eltern, Religionslehrer, Pfarrer und Freunde, die diesen Weg ihrer Angehörigen und Bekannten in den «Unglauben» hilflos mitanschauen mußten. Schleichend, doch um so wirksamer breitet diese Form von Atheismus sich aus. Sie ist unausweichlich, solange die «Schöpfungstheologie» des «christlichen» Dogmas in ihrer fundamentalistischen Äußerlichkeit weiter besteht. Doch die Suche nach Sinn, die Frage nach den Bedingungen der Menschlichkeit reichen weiter als der Radius religiöser Institutionen. Wie lebt es sich angesichts der sicheren Gewißheit des Todes? Wie ist es möglich, etwas Menschlichkeit zu realisieren inmitten einer so offenkundig unmenschlichen Welt? Wie läßt sich eine gewisse Hoffnung auf Glück und Gerechtigkeit aufrechterhalten, wenn der Verlauf der menschlichen Geschichte erkennbar so leidvoll und ungerecht ist?

Die Naturwissenschaften können uns helfen, die Welt, der wir selber entstammen, besser zu begreifen; doch wie wir uns selber als Menschen zu finden und zu bewahren vermögen, das sagen sie nicht; da ist eine andere Antwort vonnöten. Sie zu ermöglichen dient dieses Buch. Es spricht von den Gegensätzen zwischen dem Gottesbild tradierter Theologie und dem Weltbild heutiger Wissenschaft, und es fragt, unter welchen Voraussetzungen die Spannungen sich überwinden lassen. Es geht den Wegen der Menschwerdung nach, so wie sie sich nach dem Kenntnisstand heutigen Wissens uns darstellen, und es wirft zugleich damit die Frage auf, welch eine Funktion die Religion bei der Herausbildung des menschlichen Bewußtseins gespielt haben könnte und weiterhin spielen kann. Die Fragwürdigkeit Gottes und die Gebrochenheit des Menschen – wie lassen beide Erfahrungen sich vermitteln zu einer religiösen Überzeugung, die zwischen Aberglauben und Unglauben dem Menschen einen Weg zeigt zu seiner Menschlichkeit?

Einleitung und Überleitung
Der Liebe Tun oder:
Vom Ende einer dogmatischen Verformung

«Es wird besser sein, das Wort Glauben, so, wie es sich in uns verbildet hat, zunächst nicht anzuwenden, um die arglose Gottesnähe nicht von Anfang an zu erschrecken. Dieses Wort hat einen Nebensinn von Zwang, von Anstrengung angenommen, daß man fast nur noch die langen Mühen einer Bekehrung darin erkennt und vergißt, daß Glaube nur eine leise Färbung der Liebe ist, auf derjenigen Seite, mit der sie sich dem Unsichtbaren zukehrt.» Diese Zeilen in einem Entwurf *«Über die Gegenliebe Gottes»* schrieb R. M. RILKE im Jahre 1913, ein Jahr vor dem Ausbruch des Ersten Weltkrieges. Er konnte nicht einmal ahnen, welch eine Bedeutung in dem Jahrhundert, das folgte, einfache Ortsnamen von Dörfern und Städten wie Verdun, Stalingrad, Auschwitz, Hiroshima, Dien Bien Phu, My Lai oder Khorramshahr annehmen würden. Was für ein «Glaube» (an «Gott»?), der all diese Greuel zumindest zuließ, wo nicht gar erließ, der sie zumindest verlängerte, wo nicht gar verlangte, der sie zumindest förderte, wo nicht gar forderte?

Das 20. Jahrhundert als das Zeitalter mißbrauchter Religion?

Wohl. Doch wann je war es anders?

Wie viele Kriege befiehlt nicht bereits der Gott der Bibel seinem «auserwählten» Volke? Zu wie vielen Massakern ruft er nicht im «christlichen» Abendland seine «Rechtgläubigen» im Kampf gegen all die Ungläubigen, Irrgläubigen, Zauderer und Zauberer auf? «Zwang» und «Bekehrung» – waren sie nicht der Preis und die Ware, für die man den «Glauben» verhandelte?

Es war und es ist ein Fehler, es ist die *Zwangsneurose* des Religiösen, aus einer Haltung zaghaft sich wagenden Vertrauens ein System staatskirchlicher oder kirchenstaatlicher Doktrin, die Verlautbarung eines «unfehlbaren» Lehramtes oder die fixierte Formel und Form eines vermeintlich göttlichen Wissens zu machen – TH. REIKS Einsichten über *Dogma und Zwangsidee* weisen auf die immerwährende Gefahr einer jeden Religionsverwaltung hin, die glaubt, an Gottes Statt Menschen katechesieren und katechumenisieren, missionieren und indoktrinieren, manipulieren und organisieren zu können, ja, zu müssen (*Glauben in Freiheit*, I, 161–173). Es war und es ist ein kardinaler Fehler, Fragen des Existierens in Angelegenheiten des Dozierens zu verwandeln, um hernach die «Lehrer» selber in die Beamtenschaft einer vom «Heiligen Geist geleiteten» Behörde zu erheben, deren «Bischöfe» selbst wiederum, ihrem griechisch entlehnten Namen gemäß, sich als «Aufseher» (Episkopen) und Inhaber fürstlicher «Vollmachten» ihren eigenen «Gläubigen» gegenüberstellen. All das heißt nicht, an Gott zu «glauben»; es heißt, Menschenwillkür an die Stelle Gottes zu setzen, es heißt, Gott als den Schöpfer der Welt zu dem Lokalgötzen einer bestimmten Religion, Region, Nation oder Konfession zu erniedrigen, es heißt, das Universelle zu partikularisieren, das Verbindende zur Bündelei zu mißbrauchen und den Faktor des Humanen ins Inhumane zu fraktionieren.

Gegen solchen jederzeit möglichen Rückfall in den Aberglauben der Macht und in die religiöse Ideologie des eigenen Stammes, der eigenen Kultur, der eigenen Gruppeninteressen steht nicht nur bereits die Botschaft mancher altisraelitischer Propheten wie des Amos, des Jeremia oder des Deuterojesaja, dagegen steht insbesondere das gesamte Anliegen der Verkündigung Jesu (*Jesus von Nazareth, Glauben in Freiheit,* II, 412–443). Der Mann aus Nazareth ging in «wörtlichem», das heißt in *existentiellem* Sinne «von Gott aus», um durch das Vertrauen an eine absolut gute, also gütige Macht im Hintergrund der Welt die Angst in der Seele des Menschen auf allen Ebenen der Wirklichkeit zu widerlegen. Den Menschen zu *heilen* in all den Facetten seiner Ichzerstörung, den Umgang miteinander in der Praxis von Gruppen und Gemeinden zu vermenschlichen, die Ausübung politischer Macht an die Interessen der Ärmsten und Schwächsten zu binden und bis in die Logik des Geld- und Geschäftsgebarens den Menschen zu *entschulden – das* hieß es für Jesus, an Gott zu «glauben». Individuell therapeutisch, sozialpsychologisch integrativ, politisch revolutionär und im Umgang mit dem «Mammon» sich Freunde schaffend, statt Feinde (a. a. O., 451 ff.), – auf diese Weise versuchte Jesus im Namen Gottes die Zerstörungsgewalt der menschlichen Geschichte Schicht um Schicht abzutragen. «Erlösung» von der «(Erb)Sünde» nennt es die Kirchensprache, was da geschah; doch worum es dem Mann aus Nazareth ging, erschien ihm selbst als die Vision eines Reichs Gottes auf Erden, das er in seiner Person schon zum Greifen nahe wähnte.

Ein Irrtum? Der kirchlichen Lehre nach ja; – das Reich Gottes, so weiß sie, ist «noch nicht» gekommen. Doch Jesus selbst kannte den Grund all der Ausreden: samt und sonders käme zum Einsturz, was die Logik der Angstüberwindung durch Angstverbreitung im Konkurrenzkampf um die Surrogate eines wirklichen Lebens: um Erfolg, Macht und Geld, seit eh und je zu gebieten scheint; er wußte wohl auch, wie rasch die Interessen von Thron und

Altar, von römischer Macht und hochpriesterlicher Ohnmacht sich gegen ihn verbünden würden, um ein solches Programm des Umsturzes in allem und von allem zu einer bloßen Ruhestörung, zu einer gefährlichen, weil illusionären Rebellion verkommen zu lassen. Und trotzdem hielt er es für seine Pflicht, selbst vor der Angst vor dem Tode, selbst vor dem völligen Scheitern nicht zurückzuweichen und sich mit seiner Person wie mit seinem Anliegen ganz und gar in die Hände Gottes zu geben: *Er* würde es wissen, *er* würde es «richten» ... *Das* war sein «Glauben».

Jeder, der versucht, zu leben wie *er* es für möglich, ja, für unbedingt nötig hielt, wird mit ihm zwischen Karfreitag und Ostern durch den «Tod», durch die «Vorhölle» hindurchgehen müssen, um sein Leben noch einmal unter dem Vorzeichen der Freiheit statt des Zwangs, der Selbstbestimmung statt der Entfremdung, der Güte statt der Gewalt beginnen zu können.

Alles hängt im Sinne Jesu daran, daß es Gott wirklich «gibt». Gibt es ihn nicht, so kann alles nur seinen Lauf nehmen, wie es bisher war; «Gott», wenn von ihm denn doch noch die Rede sein sollte, ist dann nichts weiter als eine Umschreibung für alle möglichen Formen tradierter, ritualisierter und konventionalisierter Heuchelei und Doppelbödigkeit, ein Instrument zur Verschleierung und Verfeierlichung, eine Projektionsgestalt zum Zwecke von Triebunterdrückung, Außenlenkung und Gedankenkontrolle.

Oder aber es «gibt» Gott wirklich. Dann gründet alles, was wir sind, auf einer unbedingten Vorgabe und Zusage der Existenz; dann macht es keinen Sinn mehr, daß einer dem anderen seiner «Schulden» wegen an die Gurgel geht (a. a. O., 468–502); dann ist es aberwitzig, im Namen Gottes Grenzen einzurichten, die Menschen kulturell, religiös, moralisch, rassisch oder rechtlich voneinander trennen, statt sie als zusammengehörig zu betrachten und zu achten.

Entscheidend dabei ist vor allem: Für den Juden Jesus stellte sich die Frage nach Gott niemals theoretisch. Im antiken *Griechenland* gab es Jahrhunderte vor seinem Auftreten erregte und erregende Debatten, ob es Götter wirklich gebe oder nicht; – ein Mann wie *Sokrates* bekanntlich wurde hingerichtet, weil er *nicht* an Götter glaubte, sondern mit ANAXAGORAS die Sonne für einen Stein erklärte (PLATON: *Apologie*, 26b–27e). Für einen Mann wie Jesus aber gab es kein Problem des «Atheismus» in griechischem Sinne. Ob Gott «wirklich» «ist» oder nicht, entschied sich für ihn einzig daran, ob und wie er sich im Leben von Menschen auswirkte. Im ganzen weiteren dürfen wir diesen Punkt nicht mehr aus den Augen verlieren: Wenn jemand in Israel spricht wie der «Tor» in Ps 14,1; 53,1: «es ist kein Gott», so ist er nicht deshalb ein «Narr», weil er die Existenz Gottes leugnen würde, sondern weil er so lebt, wie wenn da ein Gott nicht wäre, der's sieht, der's merken könnte, wie er es treibt. Gott auf *hebräisch* ist eine Macht, deren Wirklichkeit darin liegt, daß sie das menschliche Herz zu ordnen vermag; und die Leistung des Mannes aus Nazareth bestand wesentlich darin, diese «Ordnungsmacht» des menschlichen Herzens allein in der Liebe gesehen zu haben, nicht in der Observanz äußerer Gesetze, nicht im Ritual der Priester, nicht in der Tradition der Schriftgelehrten, einzig in der Liebe. Sie nannte er Gott – ein Licht ohne Finsternis (1 Joh 1,5).

Der Grund dazu schien ihm ganz einfach: Nur wer an die Liebe glaubt, vermag die Liebe zu leben, und umgekehrt: nur wer die Liebe lebt, zeigt, daß er an die Liebe glaubt; für einen Mann wie Jesus «gab» es sie, weil sie ihm alles gab, was er zum Leben brauchte.

Jede Umwandlung dieses «Glaubens» als eines Existenzvollzugs in ein theoretisches «Fürwahrhalten, daß ...» sinkt unterhalb des Niveaus herab, auf dem die «Existenz» des «Gottesglaubens» Jesu angesiedelt ist, – es wird die Hauptschwierigkeit dieses 3. Bandes von *Glauben in Freiheit* sein, *die Folgen* einer solchen Absenkung der religiösen Energie beim Übergang der Botschaft Jesu in die Welt des Hellenismus (mit ihren nicht selten genialen naturphilosophischen Konzeptionen) darzustellen und vor dem Hintergrund der religiösen Not unserer Zeit neu zu durchdenken. Schon indem wir die Frage nach Gott im Grunde als eine Frage nach der Möglichkeit der Liebe verstehen, stellt sich das Problem indessen konkreter, dringlicher: Wie kann man *inmitten dieser Welt* Liebe glauben?

Nur scheinbar ist diese Frage «modern». In Wahrheit durchzog sie bereits das Leben Jesu. Und doch, nach 2000 Jahren kirchlicher Lehre können wir uns nicht einfach mehr darauf berufen. Wir müssen neu einsetzen, wenn wir vor dem dogmatisch bedingten Scheitern des Kirchenglaubens retten wollen, was der Mann aus Nazareth in seiner Güte und Menschlichkeit zur Rettung des Menschen sagen wollte. Punkt für Punkt müssen wir die Verwirrungen des kirchlich gebundenen Gottesbildes selber auflösen, um Jesus seinen Glauben an Gott wieder glauben zu können.

«Nach Auschwitz kann man an Gott nicht mehr glauben.» Diese Aussage bildete vor etwa dreißig Jahren den Kern der damals sogenannten «Gott ist tot»-Theologie. In Anbetracht der Orgien organisierter Menschenausrottung im 20. Jahrhundert sah man das Ende des «Monotheismus» gekommen. Denn in der Tat: Die Vorstellung von einem Gott, der jenseits der Menschenwelt auf seinem Throne sitzt und über die Taten der Sterblichen richtet, verträgt sich nicht mit den ungeheuerlichen Freveln, die Menschen über Menschen bringen können und immer wieder bringen; ja, diese Vorstellung straft sich selbst Lügen gerade an der Art, wie der Gott der Bibel offenbar vor allem mit seinem «eigenen» Volke verfährt.

Noch der *Zweite Jesaja* in den Tagen nach dem babylonischen Exil, in der Mitte des 6. vorchristlichen Jahrhunderts, konnte die Klage des Volkes, in dem er lebte, aufgreifen und ihren Inhalt als eine «Erziehungsmaßnahme» seines Gottes an den «Halsstarrigen» deuten: «Er goß über sie aus seinen grimmigen Zorn und die Gewalt des Krieges», schrieb er. «Er umflammte ihn (sc. Israel) rings – doch der merkt's nicht, er verbrennt ihn – doch der nimmt's nicht zu Herzen» (Jes 42,25). Selbst in dem babylonischen König Nebukadnezar glaubte der *Zweite Jesaja* vor 2500 Jahren ein Werkzeug göttlicher Gerichte erkennen zu können; all das Unheil, das dieser Triumphator des neubabylonischen Reiches über ein kleines Volk am Rand seines Machtbereichs brachte, verstand der Prophet als eine Lektion göttlicher Strafe. Diese Erklärung ist und blieb biblisch den Frommen unter Juden wie Christen als Möglichkeit vorgegeben. So und nicht anders sollte man denken.

Aber nun: Hitler ...! «er umflammte ihn ..., er verbrennt ihn ...»?

Nein, und für alle Zeiten jetzt: nein! So kann man, so *darf* man nicht länger mehr denken. Auch und gerade als Theologe nicht. Einen solchen Gott, ein für allemal, «gibt es nicht»; er ist – Gott sei Dank! – endlich und endgültig ganz und gar «tot»!

Die Enttäuschung und die Befreiung an und von dem alten biblisch verankerten Gottesbild reicht als Erschütterung und als Aufbruch tief. Wie aber steht es dann mit dem Glauben des Mannes aus Nazareth an einen, an *seinen* «himmlischen Vater», auf den alle Hoffnung zu setzen er durch sein Wort und seine Person die Menschen seiner Zeit und wohl aller Zeit lehren wollte?

Die Antwort klingt paradox. Nichts von all dem, was Menschen tun, kann den Gott, den Jesus uns bringen wollte, als widersprüchlich oder als überflüssig erweisen. Im Gegenteil. Je schlimmer das ist, was Menschen einander antun, desto deutlicher erklärt es sich in den Augen Jesu durch die *«Abwesenheit»* Gottes, und zwar eben nicht, weil Gott nicht «da» wäre, sondern weil die Menschen ihm «fern» sind, – weit fort vom Land ihrer Heimat, vom *Garten Eden* in der Ausdrucksweise des biblischen Mythos vom «Anfang». «Fern» von Gott, wenn wir den Mythos beim Wort nehmen, leben wir Menschen, wenn wir, wie Kain in Gen 4,16, es uns angewöhnen, in einer radikal gnadenlosen Welt, im Lande «Nod», im Land der «Flucht» «seßhaft» zu werden (*Jesus von Nazareth. Glauben in Freiheit,* II, 140–151).

Das «Böse», das die Menschen sich selber und einander zufügen, erscheint wie folgerichtig, setzt man die Unentrinnbarkeit der *Angst* «jenseits von Eden» einmal als gegeben voraus. Wie anders denn soll etwa das Gefühl der wechselseitigen Bedrohung im Felde der Angst überwunden werden, wenn nicht gerade durch die Steigerung eigener Wehrbereitschaft, wenn nicht durch den unaufhörlichen Anstieg des realen Potentials gegenseitiger Vernichtung?

Zu dieser Entwicklung gibt es nur *eine* Alternative: man müßte gerade *den* Faktor wieder in die lebendige Erfahrung der Menschen einführen, der ihnen in all ihrer Angst notwendig verlorenging: – man müßte ihnen die Kraft zurückschenken, sich selbst und einander wieder zu *vertrauen,* indem sie sich nicht länger unmittelbar in ihrer Angst aufeinander bezögen, sondern sich zu sich selber und zu einander von einem solchen Grund des Vertrauens her vermittelt verhielten.

In ganz allein dieser Alternative bestand der Weg Jesu. Er suchte nicht die Positionen der Macht zu besetzen, um sein Volk weiser zu führen oder der Menschheit gerechtere Gesetze zu geben, er versuchte vielmehr, das Menschsein insgesamt von Gott her neu zu bestimmen. Nicht die kleine Lösung einer Justizreform hier oder eine Art moralischer Erneuerung dort war das, was er wollte; sein Bemühen galt der Erlösung des Menschen von den Alpträumen und Obsessionen seiner Resignation und Verzweiflung. Güte statt Gewalt, Gnade statt Gerechtigkeit, Verstehen statt Verurteilen – diese Einstellung, durchgehalten auf allen Ebenen der menschlichen Wirklichkeit – therapeutisch, sozial, politisch, wirtschaftlich und kulturell –, einzig darin erblickte er die Chance, eine Lebensform noch einmal zu ändern, die wir bis heute für selbstverständlich hinzunehmen immer noch gewohnt sind. Was Jesus wollte, war die Heilung der Krankheit, nicht länger mehr nur ein Palliativ zum Kurieren ihrer Symptome.

In der Krise steht deshalb angesichts der Schrecken des 20. Jahrhunderts nicht der Gott Jesu, wohl aber das, was man gemeinhin als «Theologie» zu bezeichnen pflegt: die gesamte gelehrte *Rede* von Gott, die das zentral «therapeutische» Anliegen Jesu gänzlich paralysieren, ja, in sein Gegenteil pervertieren muß. Wenn es schon ein Fehler war und ist, die «Offenbarung» Gottes als ein System kirchenamtlichen «Wissens», statt einer Umwandlung des Lebens «auszulegen», so muß es völlig in die Irre führen, wenn im zweiten Schritt die Schicht der Gottesgelehrten sich als Hüter und Sachwalter der an sich verborgenen Geheimnisse des Allerhöchsten den «einfachen» Gläubigen gegenüberstellt, und zwar nicht nur, weil ab sofort die Illusion entsteht, die Nähe zu Gott sei fortan eine Frage der richtigen Schulung, eine Angelegenheit von Bildung und Ausbildung; auch nicht nur, weil in demselben Atemzug das wirksamste Instrument der Befreiung des Menschen: das Vertrauen auf Gott, unter dem irrigen Begriff eines dogmatisch gesicherten «Glaubenswissens» in ein Instrument kirchenstaatlicher und staatskirchlicher Unterwerfung und Abhängigkeit verwandelt wird; es ist vor allem, daß bei diesem Vorgehen die gesamte Perspektive des Denkens Jesu projektiv verschoben wird: Aus dem Entsetzen über den Menschen, aus dem Erschrecken über uns selber, wird ein hilfloses Rätselraten über die Unbegreiflichkeit Gottes; aus der Aufgabe, die Not unseres Menschseins gerade in ihren Abgründen und Ungeheuerlichkeiten verstehbar zu machen und auf Abhilfe zu sinnen, erhebt sich nun ein rituelles Wehklagen über die vermeintliche Untätigkeit Gottes; und statt sich mit den Exzessen des menschlichen «Gerechtigkeitswillens» bis hin zu den Revanchekriegen der Nazis und den «moralischen Lektionen» der Amerikaner in Hiroshima und Nagasaki auseinanderzusetzen, verliert sich die theologische Anstrengung in Fragestellungen von der Art, was wohl *Gott* sich dabei gedacht haben könnte, als er die Greuel der Menschengeschichte scheinbar so ungerührt zuließ – jedenfalls ihnen tatenlos gegenüberstand.

Wollen wir wirklich das ursprüngliche Anliegen Jesu *be*greifen und in unserer Zeit neu *er*greifen, so ist die gesamte Art des «theologischen» Fragens nach Gott und des Sprechens von Gott angesichts des Menschen endgültig als Flucht vor sich selber, als Ausflucht vor der Last der eigenen Verantwortung deutlich zu machen. Die Art Jesu war es, im Namen Gottes *den Menschen* danach zu befragen, wohin er geraten sei; da stand ein Prophet auf gegen die Machenschaften gottvergessener Machthaber ebenso wie gegen das rituelle Räderwerk einer gottbesessenen Priesterschaft. Nicht die Gottheit erschien Jesus dabei als zweifelhaft, wohl aber wir, die wir nach wie vor sind, wie wir immer schon waren: verängstigte Kinder «Adams und Evas», die Töchter und Söhne und Erben Kains, nicht Kinder Gottes, nicht Töchter und Söhne des Lichtes.

Die Aufgabe der Theologie ist heute als erstes eine psychologische beziehungsweise anthropologische. Licht in das Dunkel des menschlichen Daseins zu bringen, – wie soll das am Ende des 20. Jahrhunderts anders möglich sein, als indem man die Projektionen der menschlichen Ängste und Aggressionen ins Göttliche wieder rückgängig macht? Hundertfünfzig Jahre nach L. FEUERBACH darf die Religion nicht länger mehr zur Vermenschlichung Gottes und zur Verunmenschlichung des Menschen mißbraucht werden, sie muß endlich der Göttlichkeit Gottes und der Menschlichkeit des Menschen dienstbar werden. Nicht was in Gott vor sich ging in der «Hölle von Verdun» und in dem Wahnsinn all der anderen «Schlachten» und Menschenschlächtereien des 20. Jahrhunderts, ist die eigentliche Frage, vielmehr was im Menschen vor sich geht, wenn er, aus was für Gründen auch immer, alle Güte, alle Vernunft, alle Menschlichkeit fahren läßt – zumeist sogar unter den Begriffen besonderer Pflichten und heroischer Tugenden! Gerade theologisch bleibt uns nichts anderes übrig, als all den möglichen Gründen im Menschen nachzugehen, die uns hindern, die «einfache» Botschaft Jesu zu leben. Eine «Theologie» ist zu erstellen, die, im Verein mit allen uns heute zur Verfügung stehenden anthropologischen Wissenschaften, imstande ist, nach dem Vorbild der Botschaft Jesu die Gründe menschlicher Deformationen aufzuklären und sie in der Haltung eines tieferen Vertrauens, wie *er* sie uns lehrte, durch konkrete Alternativen zu überwinden.

Diesem Versuch dienten die ersten beiden Bände von *Glauben in Freiheit.*

Deutlich wurde uns dabei, daß die Botschaft Jesu, der entscheidende Anknüpfungspunkt und vorgegebene Ausgangspunkt für alles religiöse Suchen im Erbe des «christlichen» Abendlandes, keinesfalls im Widerspruch steht zu der Botschaft des *Moses* oder des *Mohammed,* zu der Lehre des *Buddha* oder des *Laotse,* zu den Betrachtungen der Veden oder der Upanishaden. Jesus, so sahen wir, wollte keine neue oder andere Religion gründen, ihm genügte die jüdische Religionsform vollauf, – so wie auch *Mohammed* nichts anderes wollte, als die Botschaft Gottes an Noah, an Abraham, an Moses, an Jesus den Menschen seiner Zeit in der Sprache seiner Kultur, gültig freilich für alle Menschen auf Erden, unverfälscht mitzuteilen; auch der *Buddha* wollte keine andere Religion – er wollte ganz einfach das Beste am Brahmanismus ohne Brahmanen freisetzen für alle. Jede Religion, tief genug aufgenommen, will gewaltfrei die Menschen aller Zeiten und Zonen im Kern ihrer Menschlichkeit zusammenführen und einen; es ist nur das Dogma, es ist nur die Absolutsetzung der jeweils kultur- und zeitabhängigen Auslegungsform der religiösen Erfahrung, die selbst aus der Frage nach Gott ein Streitobjekt göttlicher Rechthaberei und gnadenloser Exklusivitätsansprüche macht.

Deshalb gibt es durchaus ein «Spezifikum» in der religiösen Einstellung Jesu, nur liegt es nicht auf der Ebene von Doktrin und Dogma. Gott als ein Heilmittel gegen die Krankheit des Menschseins, Gott als ein Trost gegen die Trauer des Todes, Gott als ein Grund der Güte gegen die Gigantomanie der Gewalt, Gott als ein Medikament gegen den Wahnsinn, sich Geltung zu schaffen, vor allem durch Geld, – Religion als eine *Therapie* all der Leiden, die es kostet, ein Mensch zu sein, – *das,* in der Tat, ist das entscheidend Neue, das Wesentliche an der Rede Jesu von Gott als dem «Vater»; das, in der Tat, ist der

Umsturz von allem, der mit ihm in die Welt kam. Doch gerade deshalb ist es nie exklusiv. Ein «Neues», das den «alten» Menschen vermenschlicht, wendet sich notwendig an alle Menschen, es richtet sich sicherlich gegen niemanden; es mag, wie das Salz die Speise (Mt 5,13), wie die Hefe das Mehl (Lk 13,21), mit seiner Haltung jede beliebige andere Religion, jede beliebige andere Kultur der Menschheit von innen her ein Stück weit «schmackhaft», ja, womöglich überhaupt erst genießbar machen eben durch seine Menschlichkeit; doch als ein «Brot» *neben* anderen wird es selbst schimmelig und zum Verderben für alle anderen.

Nein, gerade angesichts der menschlichen Geschichte geht die religiöse Frage im Sinne Jesu nicht vom Menschen an Gott, sie geht von Gott an den Menschen. Nur in dieser Umkehrung der Theologie ist die «Umkehr», die der Mann aus Nazareth verkündete (Mk 1,15), ernsthaft möglich. Nicht Gott zu dozieren, – ihn wahrzunehmen und wahrzumachen, darauf allein kommt es an. Gott in seinem Dasein ist der Erlöser, der «Heiland», der «Helfer»; er greift nicht ein, er muß nichts tun, es genügt, daß es ihn gibt, daß er sich gibt. Mehr ist nicht nötig und mehr auch nicht möglich, um von der Botschaft Jesu her den Menschen mit sich selbst zu versöhnen.

Alles Fragen, möchte man meinen, fände damit seine Antwort. Doch in Wahrheit beginnt nun, nach den Fragen der Religionspsychologie und der «Offenbarungstheologie» innerhalb der Menschengeschichte, ein ganz neues Problem, das sich jetzt so erst stellt, indem wir den biblischen Horizont überschreiten; – das ist die Frage nach der Wirklichkeit der Welt, die dem Menschen vorausliegt. Wie spiegelt sich «Gott» in dem, was wir seine Schöpfung nennen? Und: Wie halten wir Menschen selbst der Welt stand? Und: Widerlegt sich nicht das Gottesbild Jesu gerade angesichts der Weltwirklichkeit?

Die Bibel stellt Fragen dieser Art nicht, sie wird von ihnen selber in Frage gestellt. Fast 1000 Jahre lang, in grober Schätzung, von Abrahams Berufung bis zum Tempelgebet Salomos (Gen 12,1–3; 1 Kg 8,12–54), hat es auf biblischem Boden gedauert, daß die Religion Israels nichts weiter war als die Religion eines einzelnen Stammes, als die Deutung eines bestimmten Orts der menschlichen Geschichte; die Welt der Natur galt der biblischen Frömmigkeit ursprünglich für nichts als die bloße Bühne für den Auftritt des Menschen; sie bildete für sich selber kein eigenes Thema; und als sie schließlich dann doch ein eigenes Thema wurde, geschah dies unter der Angst vor dem Identitätsverlust durch den Einfluß der kanaanäischen Fruchtbarkeitskulte. Der «Gott der Väter» sollte es sein und mußte es sein, der dem Erdreich Segen und Fruchtbarkeit schenkte, nicht das Manneswasser des Baal. Die sakrale Welt der heiligen Hochzeit von Himmel und Erde, die Welt des Mythos, die Religion der Natur blieb der Bibel zumindest offiziell wesensfremd. Jahwe gegen Baal, Jahwe gegen die Götter der Völker – das war das eigentliche Thema der Bibel.

Es war nur folgerichtig, daß Jahwe als der Gott seines Volkes Macht schließlich auch beanspruchte über die Domäne der «fremden» Götter, der Kräfte der Natur. Es war und blieb ein Herrschaftsverhältnis, ein Herrschafts*anspruch,* mit dem der Gott Israels nach dem Vorbild eines altorientalischen Herrschers zu seinem Untertan sich seine Welt unterwarf. *Gehorsam* schuldete sie ihm; ihre «Gesetze» waren seine Befehle. «Herrschet» und «machet euch untertan» – so lautet denn auch recht spät, in der *«Priesterschrift»,* im «ersten Schöpfungsbericht» der Bibel, der Auftrag dieses Gottes an seinen ihm ebenbildlichen Menschen (Gen 1, 27.28). Die Natur selbst, wohlgemerkt, ist nicht göttlich, sie ist *das Werk* eines Gottes, der *den Menschen,* wenn er ihm treu ist, mit Most, Öl und Weizen zu versorgen beliebt (Jer 31,12) und der «seinem» Volk, wenn es ihm gehorcht, ein Stück Land auf dieser Erde verspricht, das «von Milch und Honig fließt» (Ex 3,8.17; 33,3). *Mehr* von der Natur braucht nicht zu wissen und will auch nicht wissen die hebräische Frömmigkeit. Der Bibel verlangt es einzig danach, herauszufinden, was Gottes Wille vom Menschen verlangt; zu Lobpreis und Dank bietet die Natur Nahrung, doch hat sie in sich selbst keine Wirklichkeit; sie ist, wie sie ist, weil Gott es so will. Und warum will es Gott so? Es wäre Vermessenheit, danach auch nur zu fragen.

Ganz anders ein halbes Jahrtausend vor «Christus», an der Küste Kleinasiens die *jonische Naturphilosophie.* Die *Griechen* wollten der Natur nicht gehorchen, sie wollten sie verstehen, begreifen, erklären. Sie waren keine orientalischen Untertanen. Sie hatten keine Lust, sich irgend jemandem zu unterwerfen, auch nicht einem Gott oder einem blinden Schicksal. Sie wollten wissen. Auch sie zerstörten die mythische Sicht der Natur, doch nicht durch den gewalttätigen Machtwillen eines Gottes, der es beansprucht, der einzig wahre und der allein wirksame gegenüber allen anderen Göttern zu sein; sie erreichten ihr Ziel durch einen Akt reiner Aufklärung, der Selbstreinigung des Bewußtseins im Sinne des *Buddha* nicht ganz und gar unähnlich.

Wie und wann kommt es zu einer Sonnenfinsternis? Gibt es eine Gesetzmäßigkeit, das heißt ein zählbares Maß in den natürlichen Abläufen? Welche Muster liegen ihnen zugrunde?

Solcher Art waren die Fragen der Griechen; in ihnen lag ihre Leistung, die *sie* der Menschheit als Geschenk überließen. Alles haben sie schon gekannt, klagte im 19. Jahrhundert FRIEDRICH NIETZSCHE (*Der Antichrist,* Nr. 59, S. 277f.); die gesamte naturwissenschaftliche Methode war bei ihnen schon fertig ausgebildet: die Verbindung von Mathematik und Experiment, die Beschränkung des Denkens auf das empirisch Beweisbare, die Ordnung des Gedankens durch die kühle Klarheit rechnender Vernunft; doch dann ging das alles für anderthalb Tausend Jahre verloren durch die biblische Frömmigkeit, durch die Religion des Christentums. Der biblische Glaube an einen gütigen Gott, der die Welt lenkt nach dem gerechten Urteil von Lohn und Strafe und der ihr Geschehen gestaltet durch die Weisheit seiner Vorsehung, – eine solche Vorstellung war zu verschieden von den nüchternen naturphilosophischen Erwägungen eines DEMOKRIT oder EPIKUR.

Bereits die *Gnostiker* der ersten nachchristlichen Jahrhunderte erkannten die Unvereinbarkeit der Lehre Jesu von einem Gott der Güte und Liebe mit jener eher gleichgültigen und grausamen Einrichtung der Natur, die ein so ganz anderer Gott als Weltenbaumeister (als «Demiurg») geschaffen haben mußte (*Glauben in Freiheit,* I, 227–224). Die frühe Kirche setzte gegen solche Ängste und Zweifel das Dogma von der Einheit Gottes in der «Schöpfung» ebenso wie in der Erlösung, sie verurteilte die Gnostiker unnachsichtig als Irrlehrer und Ketzer; doch das Problem selbst wurde mit solchen Maßnahmen natürlich nicht gelöst, es wurde lediglich tabuisiert, – niemand in der Folge durfte auch nur die Spannung thematisieren, die zwischen den Erwartungen einfacher Menschlichkeit und den Einrichtungen der Natur ganz offenkundig besteht. Statt die Frage des Kontrastes von Natur und Kultur, von Mensch und Welt intellektuell redlich zu lösen, nahm der Dogmatismus der Kirche seine Zuflucht zum Mystizismus: Der Sündenfall der Engel, der Teufel, Luzifer oder Satan, hatten die Ordnung der Natur «durcheinander gebracht»; und seither, so lehrte man, wartet die Welt auf ihre Erlösung, die allerdings zum Glück schon «begonnen» hat in Jesus Christus ... Bis heute ist diese «Erklärung» dogmatisch in Geltung; zum letzten Mal verkündet wurde sie vom päpstlichen Lehramt selbst für 900 Millionen Christen auf dieser Erde im Jahre 1992 im sogenannten «Weltkatechismus» der römischen Kirche.

Tatsächlich indessen ist klar zu sehen, worin die Schwierigkeit eigentlich ihren Grund hat: Man hat aus der Botschaft Jesu nicht nur ein dogmatisches System göttlicher Ratschlüsse zur Erlösung der Menschen gemacht, man hat zugleich unter *griechischem* Einfluß die *naturphilosophische* Frage nach der Ordnung und Herkunft der Welt *theologisch* aufgenommen und mit den Mitteln der *Metaphysik* zu beantworten versucht. Statt im Sinne Jesu auf Gott zu vertrauen, fing man an, mit Hilfe der griechischen Philosophie, Gott zu erklären, und das Fürwahrhalten dieser «Erklärungen» aus dem Munde des kirchlichen Lehramtes hieß fortan «Glauben». Es ist diese Art zu «glauben», die nicht nur im Sinne RILKES eine Zumutung darstellt, sondern die im Grunde, NIETZSCHE hat recht, auf eine komplette Verleugnung und Verleumdung der Natur hinausläuft.

Kein Mensch, der den Darlegungen kirchlicher Theologen über die Welt als «Schöpfung» Gottes zuhört, wird in irgendeinem Betracht auf die Entdeckungen moderner Physiker, Astronomen, Biochemiker, Evolutionstheoretiker oder Paläontologen vorbereitet. Auf den Lehrstühlen der «systematischen Theologie» beginnt der Traktat über die «Schöpfung» mit Vorliebe bei der Erläuterung der «Schöpfungsgeschichte» aus Gen 1,1 ff.; nicht die Deutung der Wirklichkeit, sondern die Ausdeutung dessen, was sie für das «Gotteswort» halten, machen diese Theologen sich zum Anliegen, unberührt von allem, was nach «Naturwissenschaft» auch nur von weitem aussieht. Die Sprache dieser Kirchenmänner ist gewiß nicht die Mathematik, – jede Zahl erfüllt sie vielmehr mit mystischem Schauder; mit Vorliebe reden sie Hebräisch und Altgriechisch, und sie scheinen nicht wissen zu wollen, daß sie auf ihre Weise dringende Fragen der Gegenwart in die Altorientalistik und klassische Philologie verlagern. Aber können sie, dürfen sie im Schatten des kirchlichen «Lehramtes» sich denn überhaupt anders verhalten?

Die *letzte* Synthese zwischen dem Wissen der Zeit und der Nachdenklichkeit des Glaubens datiert im «christlichen» Abendland in die Zeit des 13. Jahrhunderts. Der Schock damals saß tief. Die *Araber* brachten den Lateinern die Griechen zurück. ARISTOTELES, PLATON – *islamische* Gelehrte waren es, die ihren Glauben an Allah mit Hilfe der Griechen auf höchstem Niveau interpretierten. «Es kann nicht richtig über Gott denken, wer über die Schöpfung verkehrt denkt», meinte damals ALBERT DER GROSSE und leistete mit dem gewaltigen Werk seiner Sammlung und Einordnung des Wissens der Zeit die Vorarbeit für seinen Schüler THOMAS VON AQUIN. Dieser «doctor angelicus» sprach nicht Arabisch, doch glaubte er mit seiner *Summe gegen die Heiden* den islamischen Glauben widerlegt zu haben; *seine* ARISTOTELES-Deutung nahm die christliche Tradition für sich in Anspruch und nahm sie damit den Anhängern Allahs als Stütze fort, – ein geistiger Kreuzzug mit den entsprechenden Folgen: nach dem «Sieg» über die heidnischen Gegner versteinerte das «System» des Aquinaten. 600 Jahre lang wurde es sklavisch in jedem römisch-katholischen Priesterseminar bis ins 20. Jahrhundert hinein repetiert, kommentiert, interpretiert und memoriert. Die Welt veränderte sich in immer schnellerem Tempo, doch unverändert erhielt sich die *philosophia perennis,* die wortwörtlich für «ewig» ausgegebene «Weltanschauung» des heiligen THOMAS.

Unglücklicherweise hatte die Theologie der römischen Kirche bei ihrer metaphysischen Synthese der Hochscholastik sich um die empirische Grundlage ihrer Theorien von Anfang an nicht allzuviel gekümmert. Ein Mann wie ROGER BACON wußte noch, daß die Araber dem Abendland keineswegs nur den ARISTOTELES, sondern vor allem eine experimentierfreudige Neugier gegenüber der Natur zu bringen vermochten; er selbst aber hatte nur methodische Hinweise zur Sprach- und Erkenntnisphilosophie sowie brillante Einzelerkenntnisse auf dem Gebiet der Naturwissenschaften anzubieten gehabt; er verfügte nicht wie der heilige THOMAS über ein schulmäßig aufgebautes Gesamtsystem, das für jede nur denkbare Antwort eine von vornherein plausible, logisch kohärente Antwort bereithielt. Das Hauptproblem der Hochscholastik indessen lag darin, daß sie auf eine Naturerkenntnis zurückgriff, die im Prinzip bereits um 1800 Jahre *veraltet* war; und vor allem: daß man bestimmte Ergebnisse der griechischen Naturerkenntnisse nicht aus ihrem Begründungszusammenhang heraus mitzuvollziehen und nachzuprüfen versuchte, sondern daß man sie unkritisch als fertige Paßstücke in das metaphysische Gebäude einfügte. Zum Zwecke der christlichen Dogmatik las man die griechischen Philosophen selber dogmatisch. Die Folge: als die Gelehrtenwelt Europas in der Renaissancezeit die Literatur der griechisch-römischen Antike aus sich selbst heraus zu verstehen suchte, begann der eigentliche Impuls der griechischen Naturphilosophie, wenn auch mit einer unglaublichen Verzögerung, sich endlich *fruchtbar* auszuwirken. Die Kombination von exakter Beobachtung und mathematischer Interpretation der gefundenen Daten entwickelte sich zu dem «harten Kern» naturwissenschaftlichen Denkens im «Abendland».

Seither, seit jetzt einem halben Jahrtausend, befindet sich die christliche Lehre, indem sie immer noch als «Weltanschauung» mit dem Anspruch göttlichen Wissens auftreten möchte, Zug um Zug auf dem Rückzug. Schlimmer noch! Die theologische Umgestaltung der Botschaft Jesu zu einer allumfassenden Weltdeutung erwies sich an jeder nachprüfbaren Stelle als schlichtweg falsch und brachte damit selbst das existentielle Anliegen der «christlichen» Religion mehr und mehr in Mißkredit. Generation um Generation jugendlicher Naturwissenschaftler gerieten notwendig mit den kirchlichen Lehren in Konflikt. Den Dominikanermönch GIORDANO BRUNO konnte die Kirche noch bei lebendigem Leibe verbrennen, zur Strafe dafür, daß er erkannt hatte, daß die Theorien des KOPERNIKUS, im Falle sie sich bestätigen sollten, eine vollkommen neue Form der Weltfrömmigkeit erfordern würden: – zu Ende das geozentrische Weltbild, zu Ende die anthropozentrische Lehre von Fall und Erlösung der Schöpfung, zu Ende die Endlichkeit des fixierbaren Denkens als ganzes! Den Physiker GALILEO GALILEI, der nichts anderes sein wollte als Naturwissenschaftler, konnte sie rund dreißig Jahre später immerhin noch daran hindern, sein Werk zu verbreiten; – 360 Jahre lang hielt das römische Lehramt seine Verurteilung über den Begründer der Mechanik im Abendland in der Folgezeit aufrecht; und im gleichen in allen anderen Fragen der Biologie, der Psychoanalyse, der Astronomie – die Kirche verurteilte, behinderte, wehrte ab. Immer noch, bis in die Gegenwart, macht sie den Glauben an die Botschaft Jesu von der Vorstellung eines Gottes abhängig, der «allmächtig» in dem Sinne sein soll, daß er tun kann, was er will, wann er will und wie er es will; immer noch verteidigt sie jede Lücke unserer Naturerkenntnis als Bastion eines unerklärlichen «Eingreifens» Gottes: Die Entstehung des Menschen, die Entstehung des Lebens auf diesem Planeten, die Entstehung des Kosmos insgesamt – an jeder Stelle legt die «fundamentaltheologische Argumentation» der kirchlichen Dogmatik es darauf an, zu demonstrieren, daß sich die entscheidenden Stufen der Entwicklung der Welt nur als Fügungen Gottes, als Planungen einer unendlich überlegenen göttlichen Weisheit verstehen ließen. Sie tut sich außerordentlich schwer, ja, sie weigert sich schlechtweg zu begreifen, daß die naturwissenschaftliche Methode selbst keine Lücken des Unerklärlichen zuläßt. Mögen wir von der Weltwirklichkeit auch nur erst recht wenig verstehen, so wissen wir immerhin doch schon so viel gewiß, daß es kein einziges Problem naturwissenschaftlichen Forschens zu lösen vermag, wenn jemand erklärt, es sei da ein Gott im Himmel, der habe es so und nicht anders gewollt...

Viel Mühe werden wir im folgenden deshalb auf den Nachweis verwenden, daß die Rede von Gott auf einer grundsätzlich *anderen* Ebene angesiedelt ist als auf der Ebene naturwissenschaftlichen Fragens. Es war vor 200 Jahren bereits IMMANUEL KANT, der wußte, daß Gott ein Ideal der Vernunft, nicht eine Kategorie des Verstandes sein kann und daß das Denken verwirrt, wer das eine mit dem anderen verwechselt. Was hätte die römische Kirche sich selbst und den Menschen an geistigem Elend ersparen können, hätte sie diese Einsicht eines der größten Philosophen der Kulturgeschichte der Menschheit beherzigt, statt seine Schriften, wie die BRUNOS oder GALILEIS, bis zum Jahre 1965 (!) schlicht und einfach den «Gläubigen» als Lektüre zu untersagen!

Inzwischen genügt es heute für einen Jungen, für ein Mädchen, vierzehn Jahre alt zu sein und in der Schule in Physik, Chemie, Biologie und Geschichte einigermaßen aufgepaßt zu haben, um zu merken, daß es nicht möglich ist, bruchlos von der einen Stunde zur nächsten in den Religionsunterricht zu kommen. Inzwischen genügt es, Medizin zu studieren, um am Krankenbett und am Seziertisch die hergebrachten Vorstellungen der kirchlichen Lehre über den Zusammenhang von Krankheit und Schuld, über die gütige Vorsehung Gottes in jedem Einzelleben, über das sinnreiche Walten der Weltordnung *ad absurdum* geführt zu sehen. Wohl, die kirchliche Theologie scheint entschlossen, in gehorsamer Treue zum bischöflich-päpstlichen Lehramt, gestützt auf eine jahrhundertealte für ehrwürdig geltende Tradition, unbeirrt und unverändert so fortzufahren wie bisher. Doch eben an diesem beharrlichen «Weiter so» scheitern notwendig die Menschen. Ihr Suchen wird buchstäblich *systematisch* in die Irre geführt; und am Ende glauben viele von ihnen *gar nichts* mehr, nur weil die kirchliche Lehre sich mit ihren veralteten Dogmen immer noch als ein Wahrheitsmonopol in allen Fragen, die Religion betreffend, in unserer Gesellschaft behauptet. Aufgespalten zwischen dem methodischen Atheismus der Naturwissenschaften und dem dogmatischen Mystizismus der Theologie, reduzieren sie resigniert ihr Leben auf das «Beweisbare», oder sie verlieren sich in den Resten alter Frömmigkeitshaltungen, die sie aus Konvention wohl noch nach außen hin befolgen, doch ohne innerlich ihre Überzeugung zu teilen, *beschämt* beinahe für solche Schwäche und Inkonsequenz.

Das vorliegende Buch will versuchen, auf eine ehrliche, suchende, undogmatische Weise die Rationalität von Aufklärung und Naturwissenschaft mit dem Glauben an Gott im Sinne Jesu zu verbinden. Naturwissenschaftlich wird es in keinem einzigen Fachgebiet irgendeine «neue» Erkenntnis vermitteln können oder wollen, genug, wenn es die in dem jeweiligen Zusammenhang relevanten Ergebnisse so darstellt, daß sie auch Nichtfachleuten, wie dem Autor selber, ohne Mühe verständlich sind, ohne dadurch verfälscht zu werden. Entscheidend geht es indessen darum, die Enttäuschungen aufzudekken und aufzufangen, die sich solange ergeben müssen, als die religiösen Erwartungen und Hoffnungen der herkömmlichen «christlichen» Erziehung an den Voraussetzungen des modernen Weltbildes der Naturwissenschaften unvermeidlich zum Scheitern verurteilt sind; entscheidend geht es vor allem darum, positiv zu zeigen, welche Chancen für eine neue Frömmigkeitshaltung sich aus den Veränderungen in den Naturwissenschaften ergeben können; und nicht zuletzt geht es darum, eine Grundlage dafür zu schaffen, daß die Rede von Gott weniger mißbrauchbar, weniger denkzerstörerisch, weniger offen für Magie und Aberglauben ist, dafür aber etwas mehr Halt bietend und

Orientierung gewährend, dafür aber schwebender und zugleich verbindlicher, dafür aber tröstlicher und zugleich ermutigender, dem Anliegen Jesu näher und der Not der Menschen verpflichteter, notfalls dabei allerdings in klarer Abgrenzung und in deutlichem Widerspruch zu so manchem wohldefinierten Dogma der (römischen) Kirche.

Die Frage nach dem Menschen

1. «Wie konnte Gott das zulassen?» oder: Die Frage nach der «Rechtfertigung Gottes» angesichts des Meers an Leid

«Im unendlichen Raum zahllose leuchtende Kugeln, um jede von welchen etwan ein Dutzend kleinerer, beleuchteter sich wälzt, die inwendig heiß, mit erstarrter kalter Rinde überzogen sind, auf der ein Schimmelüberzug lebende und erkennende Wesen erzeugt hat: – dies ist die empirische Wahrheit, das Reale, die Welt. Jedoch ist es für ein denkendes Wesen eine mißliche Lage, auf einer jener zahllosen im gränzenlosen Raum frei schwebenden Kugeln zu stehn, ohne zu wissen woher noch wohin, und nur Eines zu seyn von unzählbaren ähnlichen Wesen, die sich drängen, treiben, quälen, rastlos und schnell entstehend und vergehend, in anfangs- und endloser Zeit: dabei nichts Beharrliches, als allein die Materie und die Wiederkehr der selben, verschiedenen, organischen Formen, mittelst gewisser Wege und Kanäle, die nun einmal dasind. Alles was empirische Wissenschaft lehren kann, ist nur die genauere Beschaffenheit und Regel dieser Hergänge.» Mit diesen Worten begann im Jahre 1842 ARTHUR SCHOPENHAUER den 2. Band seines philosophischen Hauptwerkes: *Die Welt als Wille und Vorstellung* (Werke, III, 3–4).

Niemals zuvor in der abendländischen Geistesgeschichte hat jemand die scheinbare Sinnlosigkeit der menschlichen Existenz inmitten der seelenlosen Mechanik des Kosmos sich so schonungslos eingestanden wie der deutsche Denker am Anfang des 19. Jahrhunderts. ISAAC NEWTONS Physik und der erkenntnistheoretische Idealismus IMMANUEL KANTS fanden durch ihn ihre Synthese und ihre Auflösung: Der Mensch mag das Getriebe, nach dem die Welt sich selbst aufführt, noch so genau analysieren, er mag die Vielfalt der Erscheinungen noch so präzis nach den Gesetzen seines eigenen Denkens zu ordnen versuchen, – er wird bei allen Erklärungen doch niemals dem Eindruck der radikalen Zufälligkeit, der unentrinnbaren Endlichkeit und vor allem: der entsetzlichen Widersprüchlichkeit seines Daseins mit dem Ideal der Vernunft standhalten können. Wenn dieser Welt, das stand ARTHUR SCHOPENHAUER fest, eine Macht zugrunde liegt, die sich verstehen läßt, dann kann es nicht ein Gott sein, der beim Anblick dieser Welt als seiner «Schöpfung» nach biblischem Urteil noch selbstzufrieden ausruft: «Und siehe, es war alles sehr gut» (Gen 1,31)! Ein solcher Gott müßte denn ein Zyniker und ein übler

Possenreißer sein, angesichts des ungeheueren Maßes an Leid und Qual, die den hilflosen Kreaturen auferlegt werden. «Alles sehr gut»... – in welch einem wirklichkeitsfernen «Himmel» schwebt ein solcher «Gott»? Und was wohl finge er an, dieser «Gute», mit dem «Drängen», «Treiben» und «Quälen» seiner «Geschöpfe»? Wollen sie's denn? Haben sie etwa Lust an all dem Grausigen, Gräßlichen?

O ja, man muß nur beobachten, mit welch einer «Funktionslust», mit welch einem Überschuß an Jagdinstinkt ein sonst harmloses Hauskätzlein eine Maus wie einen Spielball zwischen seinen Pfoten hin und her treibt, und man begreift etwas von dem Abgründigen, das in der gesamten Schöpfung liegt. «Die Welt», meinte ALBERT SCHWEITZER, «ist das grausige Schauspiel der Selbstentzweiung des Willens zum Leben. Ein Dasein setzt sich auf Kosten des anderen durch, eines zerstört das andere. Ein Wille zum Leben ist nur wollend gegen den andern, nicht wissend von ihm», «in einer Welt..., in der Schöpferwille zugleich als Zerstörungswille und Zerstörungswille zugleich als Schöpferwille waltet» (*Kultur und Ethik,* 334). Was aber ist das für ein «Schöpfer», dessen «Walten» Gewalt ist, statt wohlberechneter Weisheit?

Seit Jahrhunderten scheitert der christliche Glaube an dieser Frage. Er muß daran scheitern, weil das vermittelte Gottesbild in sich selbst widersprüchlich ist. VOLTAIRES *Candide* (5. Kap., 294–297) bereits ironisierte und karikierte vor 200 Jahren die Lehre des großen G. W. LEIBNIZ, Gott habe in seiner Güte, Weisheit und Macht nur die beste aller möglichen Welten schaffen können (*Die Theodizee,* 1. Teil, Nr. 8, S. 101; Nr. 200, S. 256), – eben deswegen auch sei das Erdbeben in Lissabon ausgebrochen, weil «alles dies... so am besten» sei, und selbst «Sündenfall und Erbfluch» «notwendigerweise zu der besten aller Welten» gehören. Wer heilt den *metaphysischen Schmerz,* der den Menschen überkommt, sobald er, mit dem Gottesbild der Bibel im Herzen, der Wirklichkeit der Welt sehend gegenübertritt?

«Es hat sich vor meiner Seele, wie ein Vorhang, weggezogen, und der Schauplatz des unendlichen Lebens verwandelt sich vor mir in den Abgrund des ewig offenen Grabes», läßt GOETHE am 18. August seinen *Werther* ins Tagebuch schreiben. «Kannst du sagen: *Das ist!* da alles vorübergeht? da alles mit der Wetterschnelle vorüberrollt, so selten die ganze Kraft seines Daseins ausdauert, ach! in den Strom fortgerissen, untergetaucht und an Felsen zerschmettert wird? Da ist kein Augenblick, der nicht dich verzehrte und die Deinigen um dich her, kein Augenblick, da du nicht ein Zerstörer bist, sein mußt: der harmloseste Spaziergang kostet tausend armen Würmchen das Leben, es zerrüttet ein Fußtritt die mühseligen Gebäude der Ameisen, und stampft eine kleine Welt in ein schmähliches Grab. Ha! nicht die große, seltene Not der Welt, diese Fluten, die eure Dörfer wegspülen, diese Erdbeben, die eure Städte verschlingen, rühren mich; mir untergräbt das Herz die verzehrende Kraft, die in dem All der Natur verborgen liegt, die nichts gebildet hat, das nicht seinen Nachbar, nicht sich selbst zerstörte. Und so taumle ich beängstigt, Himmel und Erde und ihre webenden Kräfte um mich her; ich sehe nichts, als ein ewig verschlingendes, ewig wiederkäuendes Ungeheuer.»

Es genügt GOETHES *Werther*, daß die Innigkeit und die Unschuld seiner Gefühle einer Frau gelten, die durch die Ehe an einen anderen gebunden ist, und der Riß wird sichtbar, der die ganze «Schöpfung» durchzieht; ein einziger Punkt des Scheiterns der Liebe langt aus, und die Lieblosigkeit, die Gleichgültigkeit, die Mitleidslosigkeit der Welt als ganzer springt auf, so als lege einzig das Gelingen der Liebe eine schützende Decke der Wahrnehmung über die Dinge, die uns den Blick in das Ungeheuere zumindest vorübergehend erspare. Wie anders müßte die Welt aussehen, wäre sie wirklich das Werk eines «liebenden» Gottes!

In der GOETHE-Zeit galt der menschenfreundliche Pastor JOHANN FRIEDRICH OBERLIN (1740–1826) als das Vorbild eines Christentums, das tätige Liebe und überlieferten Glauben, Vernunft und Frömmigkeit, Klarheit des Denkens und religiöse Haltung miteinander verschmolz. OBERLIN half im Steintal in den unzugänglichen Vogesen der notleidenden Bevölkerung, Schulen für ihre Kinder einzurichten, er «verbesserte den Obstanbau und die Landwirtschaft, legte Straßen und Brücken an . . ., und suchte Industrie ins Steintal zu bringen» (G. BÜCHNER: Werke, 517). Wo, wenn nicht bei ihm, hätte ein Mensch in seelischer Bedrängnis Hilfe und Verständnis hoffen können? So nahm denn in jener Zeit der von schizophrenen Vorstellungen heimgesuchte Pastorensohn und Dichter J. M. R. LENZ (1751–1792) bei ihm Zuflucht – GEORG BÜCHNER in dem gleichnamigen Novellen-Fragment *Lenz* hat die Begegnung zwischen dem Mann des «Glaubens» und dem Mann der Angst eindringlich nachgestaltet. Zu Beginn noch wehrt sich LENZ gegen diejenigen Dichter, welche die Wirklichkeit verklären wollten. Er sagt: Der liebe Gott hat die «Welt wohl gemacht wie sie sein soll, und wir können wohl nicht was Besseres klecksen, unser einziges Bestreben soll sein, ihm ein wenig nachzuschaffen» (144). In Wirklichkeit aber ist LENZ ein Verzweifelter, ein Leidender, der, je «leerer, je kälter, je sterbender er sich innerlich» fühlt, desto mehr Gott um Hilfe anruft.

Da vernimmt er, in einem Nachbarort sei ein Kind gestorben, begibt sich dorthin und findet es in einer Kammer, «im Hemd auf Stroh, auf einem Holztisch». «Lenz schauderte, wie er die kalten Glieder berührte und die halbgeöffneten gläsernen Augen sah. Das Kind kam ihm so verlassen vor, und er sich so allein und einsam; er warf sich über die Leiche nieder; der Tod erschreckte ihn, ein heftiger Schmerz faßte ihn, diese Züge, dieses stille Gesicht sollte verwesen, er warf sich nieder, er betete mit allem Jammer der Verzweiflung, daß Gott ein Zeichen an ihm tue, und das Kind beleben möge, wie er schwach und unglücklich sei ... Dann erhob er sich und faßte die Hände des Kindes und sprach laut und fest (sc. wie Jesus in Mk 5, 41): Stehe auf und wandle! Aber die Wände hallten ihm nüchtern den Ton nach, daß es zu spotten schien, und die Leiche blieb kalt. Da stürzte er halb wahnsinnig nieder, dann jagte es ihn hinauf, hinaus in's Gebirg. Wolken zogen rasch über den Mond ... Der Wind klang wie ein Titanenlied, es war ihm, als könne er eine ungeheure Faust hinauf in die Wolken ballen und Gott herbei reißen und zwischen seinen Wolken schleifen; als könnte er die Welt mit den Zähnen zermalmen und sie dem Schöpfer in's Gesicht speien; er schwur, er lästerte ... mußte laut lachen, und mit dem Lachen griff der Atheismus in ihn und faßte ihn ganz sicher und ruhig und fest ... es war ihm Alles leer und hohl ... Am folgenden Tag befiel ihn ein großes Grauen vor seinem gestrigen Zustande, er stand nun am Abgrund, wo eine wahnsinnige Lust ihn trieb, immer wieder hineinzuschauen» (150–151). Selbst OBERLINS Mitleid hilft dem von Angst und Wahnsinn Gepeinigten nicht. Er «sprach ihm von Gott. Lenz wand sich ruhig los und sah ihn mit einem Ausdruck unendlichen Leidens an, und sagte endlich: aber ich, wär' ich allmächtig, sehen Sie, wenn ich so wäre, und ich könnte das Leiden nicht ertragen, ich würde retten, retten, ich will ja nichts als Ruhe, Ruhe, nur ein wenig Ruhe und schlafen können. Oberlin sagte, dies sei eine Profanation. Lenz schüttelte trostlos mit dem Kopfe» (156).

Die «Lästerung», die der fromme Pastor OBERLIN bei seinem armen Patienten konstatiert, ist nur der Ausdruck einer bitteren Enttäuschung, wie sie das kirchliche Gottesbild selbst immer von neuem produzieren muß. Lehrt nicht das Christentum bis in die Gegenwart, daß Gott in seiner Allmacht *alles* zu tun vermöge, was er wolle? Und lehrt es nicht desgleichen, daß Gott der Allbarmherzige, der Gütige von grundauf sei? Wie aber reimt zu solchen Attributen sich seine komplette Tatenlosigkeit in Anbetracht des namenlosen Leids der Welt? Ein Gott, der alles kann und doch nichts tut, verdient, wenn er so viel des Unheils tatenlos mitanschaut, wohl nicht für gütig gehalten zu werden; oder umgekehrt: wäre er gütig, doch könnte selbst er es nicht hindern, so wäre er wohl nicht allmächtig; – beide Eigenschaften vereinbaren sich nicht miteinander, solange die Welt so ist, wie sie ist: ein Jammertal. Beide Eigenschaften, die Allmacht ebenso wie die Güte, gehören indessen laut christlicher Theologie unabdingbar dem Göttlichen zu. Also bleibt kein anderer Schluß: es ist die Welt selber, die den christlichen Gott als ihren Schöpfer widerlegt. Oder anders gesagt: Der moralische Anspruch, der sich in der christlichen Idee der Gottheit verkörpert, wird von der Weltwirklichkeit selbst *ad absurdum* geführt.

Der Gedanke selbst ist nicht neu, – schon EPIKUR in seinen *Fragmenten* formulierte, daß es bei Gott keine Affekte, weder Furcht noch Freude, weder Trauer noch Erbarmen, geben könne, folglich auch keine «Vorsehung» für diese Welt; auch kein Denken und kein Wahrnehmen (134); doch hob er sich die Frage noch auf, ob es sie dann überhaupt gibt – die Götter?

Den letzten großen «Rettungsversuch» der traditionellen jüdisch-christlichen «Gottesidee» unternahm im 18. Jahrhundert der soeben erwähnte G. W. LEIBNIZ: Gott, meinte er, habe die «Übel» der Welt in Kauf nehmen müssen, um des höheren Gutes willen, das die Harmonie des Gesamtzusammenhangs auszeichne: «in der großen Ordnung», zitierte er den heiligen BERNHARD, «herrscht stellenweise auch etwas Unordnung, und diese kleine Unordnung bedeutet für das Ganze nur Schein; sie ist sogar nur scheinbar im Hinblick auf die Glückseligkeit der diesen Weg der Ordnung Beschreitenden» (*Theodizee,* Nr. 243, S. 288); Mißgeburten, tektonische Verschiebungen der Erdrinde – all das also sind nur «Unordnungen», denen wir «unsern Reichtum und unsere Bequemlichkeit schulden» (Nr. 245, S. 289), – all das sind, würden wir heute sagen, nur «chaotische» Schwankungen, die notwendig sind, um den Bau des Kosmos in seiner ganzen Weisheit und Schönheit zu errichten.

Der Gedanke, den LEIBNIZ in diesen Worten äußerte, war *naturphilosophisch* genial richtig – wir werden später bei der Frage nach der Eigenart der Naturgesetze noch vielfach Gelegenheit nehmen, darauf zurückzukommen; doch «stimmt» er auch *theologisch?* Leistet er *religiös,* was er soll?

Das gerade nicht! Von einem Gott, der so vorgestellt wird, wie die jüdisch-christliche Glaubenswelt ihn bis heute gelehrt hat, erwartet man Besseres, *Menschlicheres* als «Unordnungen», die in jedem Einzelfalle ein ungeheueres Meer von Leiden bedeuten.

Den entscheidenden *moralischen* Einwand gegen die gesamte Konstruktion von den «Übeln», die zur Harmonie des Ganzen nun einmal unerläßlich seien, hat der Dichter F. M. DOSTOJEWSKI in seinem großen Roman *Die Brüder Karamasow* formuliert, – offenbar nicht zufällig ein *Russe,* erscheint doch die Geistesgeschichte Rußlands im 19. Jahrhundert im Rückblick wie ein einziger konsequenter Gang in den Atheismus aufgrund des Übermaßes an Leid im Schatten eines Gottes, der weihrauchumwölkt auf seinem himmlischen Thron zu sitzen scheint, indem er die Auflösung aller Rätsel auf Erden für eine andere, überirdische Welt, die da dereinst uns verheißen ist, vertagt. Ein Mensch, der leidet, kann nicht auf eine Antwort in beliebig ferner Zukunft warten, und am allerwenigsten will er die Dauerauskunft aller «Theologen» an der Seite schon des biblischen *Hiob* wiederholt finden: es trügen die Menschen selber die *Schuld* an ihren Qualen; die Pein, die sie erduldeten, Krankheit und Tod, sinnloses Unheil und bedrückende Zufälle aller Art – das eben sei die Art, wie die Gottheit ihre Sünden auf Erden schon strafe. Der Einwand, ja, der Gegenbeweis Iwan Karamasows zu derlei Ansichten besteht bei Dostojewski bezeichnenderweise nicht nur in einer naturphilosophischen Reflexion, sein unwiderlegliches Argument ist moralischer Art: die Unschuld der Kinder! *Sie* zumindest leiden immer zu Unrecht.

«Oh», erklärt Iwan, «nach meinem, nach meinem erbärmlichen irdischen euklidischen Verstand weiß ich nur das eine, daß gelitten wird, daß es keinen Schuldigen gibt, daß alles zusammenhängt: eines aus dem anderen, direkt und unmittelbar hervorgeht, daß alles fließt und alles sich ausgleicht – das ist aber nur der euklidische Unsinn, ich weiß es wohl, und natürlich werde ich nicht behaupten, daß man auf diese Erkenntnis das Leben gründen kann! Was habe ich denn davon, daß es keine Schuldigen gibt, daß alles zusammenhängt... Nicht dafür habe ich ja gelitten, um durch mich selber, durch meine Untaten und Leiden, irgendwem die zukünftige Harmonie gleichsam zu ‹düngen›. Ich will mit meinen eigenen Augen sehen, wie die Hirschkuh sich neben den Löwen legt (sc. nach Jes 65,25) und wie der Ermordete aufersteht und den umarmt hält, der ihm den Tod gab. Ich will dabeisein, wenn alle plötzlich erkennen, weshalb das alles so war. Auf diesem Verlangen gründen sich alle Religionen auf der Erde... Aber siehst du, da bleiben ja die Kinderchen! Was werde ich denn dann mit ihnen machen? Das ist eine Frage, die ich nicht zu lösen vermag... Wenn alle leiden müssen, um durch Leiden ewige Harmonie zu erkaufen, was haben dann die Kinder damit zu schaffen?» (1. Teil, 5. Buch, 4. Kap.: Die Auflehnung, I, 303–304.)

Es ist für einen Menschen von der Sensibilität und Intelligenz eines Iwan Karamasow nicht länger mehr eine mögliche Auskunft, die Frevler, insbesondere diejenigen, die der Mißhandlung von Kindern für schuldig befunden, würden bestraft, die Unschuldigen würden gerächt, es gebe die Hölle usw. Denn nicht nur, daß viele Übel die Unschuldigen ganz unabhängig von menschlichem Handeln durch die blinde Mechanik der Natur treffen, – zu Recht fragt Iwan seinen Mönchsbruder Aljoscha: «Wozu soll mir denn ihr (sc. der Bösewichter) Gerächtwerden, wozu soll mir die Hölle für ihre (sc. der Kinder) Peiniger dienen? Wie kann da die Hölle wiedergutmachen, wenn jene schon zu Tode gequält werden? Und was ist denn das auch für eine Harmonie, wenn es eine Hölle gibt? Ich will verzeihen und umarmen, ich will gar nicht, daß noch weiter gelitten werde. Und wenn die Leiden der Kinder nötig waren, um jene Leidenssumme zu erfüllen, die unumgänglich ist, um die Wahrheit zu erkaufen, so behaupte ich schon im voraus, daß die ganze Wahrheit dann gar nicht wert ist eines solchen Kaufpreises! ... Ich ... will gar keine (sc. solche) Harmonie, aus Liebe zur Menschheit will ich sie nicht. Ich will lieber verharren bei ungesühntem Leiden! ... Ja, und überhaupt hat man die Harmonie viel zu hoch bewertet, es ist überhaupt nicht unseren Vermögensverhältnissen angemessen, so viel für das Eintrittsbillett zu ihr zu zahlen. Deshalb beeile ich mich auch, mein Eintrittsbillett zurückzugeben. Und wenn ich auch nur eben ein anständiger Mensch bin, so bin ich sogar verpflichtet, es so rasch wie möglich zurückzugeben. Das tue ich denn auch. Nicht daß ich Gott meine Anerkennung verweigere, ich gebe ‹Ihm› nur in aller Ehrerbietung mein Eintrittsbillett zurück» (305).

Aljoscha bezeichnet diese Worte, ähnlich wie Pastor OBERLIN gegenüber dem Dichter LENZ, als «Auflehnung»; doch Iwan entgegnet «vielsagend» seinem Bruder: «Auflehnung? Ich hätte von dir nicht ein solches Wort gewünscht ... kann man denn leben im Aufruhr ohne Gott? Ich aber will ja leben. Sage mir selber offen und ehrlich, ich rufe dich – antworte: Stelle dir einmal vor, du selber leitetest den Aufbau des Menschheitsschicksals in der Absicht, schließlich alle Menschen zu beglücken, ihnen allen endlich Frieden und Ruhe zu geben; die unbedingte und unausweichliche Vorbedingung zur Erreichung dieses Zieles wäre aber – so stelle dir einmal vor –, daß du wenn auch nur ein einziges, winziges Geschöpfchen quälen müßtest ..., um auf seinen ungesühnten Tränen diesen Bau aufzurichten, würdest du unter diesen Bedingungen einverstanden sein, der Bauherr dieses Baues zu sein?» (305–306.)

Diese Erklärung, in der Tat, ist die am meisten aufrührerische in der ganzen Frage nach dem «Vater» Jesu Christi, nach dem Gott der jüdischen Bibel und dem Gott der christlichen Theologie; noch 80 Jahre später wird ALBERT CAMUS bei DOSTOJEWSKI das Vorbild für seine eigene Lehre des «heroischen Atheismus» finden, in der er die Moral des Menschen gegen den Schöpfer der Welt richtet. Das alte immer wieder verdrängte Problem des MARCION meldet sich in dieser Fragestellung unabweisbar von neuem zu Wort: Muß die Güte und Menschlichkeit, die Jesus mit der Idee seines Gottes verband, nicht geradezu den *Beweis* abgeben, daß dieser Gott diese Welt *nicht* gemacht haben kann? Wie DOSTOJEWSKIS Iwan, so verweist auch CAMUS auf das Leiden der Kinder: wenn sie, wie in dem Roman *Die Pest* (4. Kap., 121–123) geschildert, wimmernd, unter Fieberschauern sich windend, vor den Augen des Arztes Doktor Rieux an der Seuche verenden, widerlegt sich dann die ganze «prophetische» Logik der Bibel mit ihrem primitiven Schema von Lohn und Strafe aus den Händen eines gerechten, rächenden Gottes nicht wie von selbst? Und selbst wenn sie zuträfe und die ungeheuerliche, wahrhaft alttestamentliche Predigt von Pater Paneloux in *Die Pest* (2. Kap., 52–56) träfe zu: Gott hätte mit der verheerenden Seuche «nur» seinen Racheengel geschickt, um die sündigen Menschen zu strafen und die Guten von den Bösen mit dem Speer der Vergeltung zu sondern, – was denn hätte mit dieser bizarren, mitleidlos grausamen Strenge jenes biblischen Wüterichs von Sodom und Gomorrha die Qual auch nur eines einzigen schuldlos leidenden Kindes zu tun? Welch eine theologische Monströsität: Kinder «schuldig» zu sprechen der «Sünde» «Adams» «am Anfang» wegen! Welch eine empörende, wahnwitzige Folgerung aus dem offenbaren Mißverstand eines an sich großartigen Mythos auf den Anfangsseiten der Bibel (vgl. *Glauben in Freiheit*, II, 121–132)!

Aber noch einmal: selbst wenn sich zeigen ließe, daß Seuchen wie Pest und Cholera nun einmal für den Erhalt der Harmonie der Welt notwendig wären – Gott, nehmen wir an, hätte sie zum Beispiel einfach deswegen zulassen *müssen*, um die Menschen auf Erden «kurz» zu halten und ihre Zahl, nach dem bedauerlichen Wegfall aller anderen natürlichen Feinde, mittels hochwirksamer Bakterien in überschaubare Grenzen einzuschließen –, was für eine «Harmonie» wäre das dann, die zu ihrer Herstellung sich derart unmenschlicher Mittel bediente? Ja, und selbst wenn eine solche «Harmonie» tatsächlich zustande käme, so würde sich doch nur um so mehr zeigen, daß ein fühlender, denkender Mensch mit ihr durchaus nicht zu leben vermöchte, ja, daß der Anstand es ihm förmlich verbieten müßte, am Jüngsten Tage in das Hosianna der um solchen Kaufpreis Erlösten miteinzustimmen.

Es ist nicht nur, daß die LEIBNIZsche Auskunft von der «prästabilierten Harmonie» der besten aller möglichen Welten sich als zunehmend unmöglich erweist, es steht seit SCHOPENHAUER, seit DOSTOJEWSKI inzwischen so, daß selbst eine solche Harmonie sich nicht verträgt mit dem *Mitleid* des Menschen; eine «rationale» Ethik mag sich auf die «Gesetze» des «Güterabwägens» (der «Epikie»), des sorgfältigen Taxierens von Kosten und Nutzen in der Menschheitsgeschichte gründen, – das KANTsche Prinzip aus der *Grundlegung zur Metaphysik der Sitten* (2. Abschnitt, Werke VII, 61–63), daß der

Mensch niemals als Mittel, stets als Zweck an sich zu betrachten sei, verträgt sich nicht mit derartigen harmonisierenden Kalkulationen im Dienste der Weltenharmonie, und schon gar nicht verträgt sich damit das *Gefühl* der Sittlichkeit, wenn es als *Mitleid* sich dem Leid des Einzelnen zuwendet. Angesichts dieser Welt richten die besten Gefühle und Gedanken im Menschen sich gegen den «Demiurgen», der sie gemacht hat, und es sind zunehmend die besten unter den «Gläubigen», die einen Gott, wie die Kirche ihn lehrt, weder glauben können noch mögen.

«Ich sitze», erzählte dieser Tage ein junger Medizinstudent, «am Bett einer Frau mit chronischer Nephritis; sie hat drei Kinder, das älteste kommt eben erst in die Schule, der Mann ist beruflich viel unterwegs, ein Arzneimittelvertreter; seine Frau wird sterben, das wußten wir schon lange, denn es gibt kein Mittel gegen ihre Krankheit; aber jetzt dabeizusitzen und zu sehen, wie sie stirbt, friedlich beinahe, ihre Stirn ganz feucht, sie liegt da wie schlafend, die Haut gelblich-bleich, eine schöne Frau, höchstens dreißig, mit schwarzen Haaren und einem fein geschwungenen Mund, – ihre dunklen, sanften Augen werden sich nie mehr öffnen, ihre Hände werden ihre Kinder nie mehr streicheln, alles, was da liegt, wird in wenigen Stunden in Verwesung übergehen, ja, wir werden sogar bald schon die Lebenden vor diesem Etwas schützen müssen, das sie noch ist, ... das mitzuerleben – und es ist doch nur ein Beispiel, so geht es Tag um Tag –, das ist unglaublich! Ich bin sehr religiös erzogen worden; ich habe versucht, wie meine Mutter es mich gelehrt hat, an einen Gott zu glauben, der es gut mit uns meint. Doch jeder Mensch, der so stirbt wie diese Frau, widerlegt diesen Gott. Ich kann mir nicht helfen: mit Viren, Bakterien, organischen Defekten, genetischen Schäden, funktionalen Störungen oder was sonst, da kenn' ich mich aus; aber die Vorstellung, da säße ein Gott, und er schaute sich's an, und er täte rein gar nichts, – das geht zu weit. Jeden Arzt auf der Station würde man verhaften, wenn er helfen könnte und unterließe es. Ich hätte große Lust, diesen Gott, wenn es ihn gäbe, schon jetzt, ganz sicher aber am Jüngsten Tage, wegen unterlassener Hilfeleistung in X-Fällen hochnotpeinlich zu verhören und zu verklagen.»

Da existiert aus kindlicher Erinnerung noch die Vorstellung eines Gottes, doch nur als das Gegenüber eines zynisch anmutenden Spottes, ist es doch die jüdisch-christliche Gottesidee selbst, die allzu zynisch der Menschlichkeit spottet.

Nur wenige Personen im katholischen Frankreich dürfen, selbst in kirchlichem Sinne, für derartig «treu» und «rechtgläubig» gelten wie die Dichterin Marie Noël, aus deren *Erfahrungen mit Gott* man in der Karfreitagsliturgie alljährlich gerne bestimmte Passagen rezitierte, um das Leiden der Welt mit dem Leiden Jesu von Gethsemane und von Golgotha wie Frage und Antwort auf einander zu beziehen. Doch ist das wirklich möglich? Was hat – außerhalb der archaischen Priesterphantasien von Schuld, Strafe und Sühneopfer am «Holz des Kreuzes» – das eine mit dem anderen zu tun? Schon Iwan Karamasow wußte um die Brüchigkeit derartiger «christlicher» Harmonisierungsversuche des Leids; MARIE NOËL aber kehrt unverblümt zu dem MARCIONitischen Zwiespalt zurück, wenn sie die ganze Theorie von der Entlastung Gottes durch die Erbschuld des Menschen in ihren Betrachtungen beiseite schiebt: «Das ursprüngliche Empfinden primitiver Religionen, derer zum mindesten, die ich kenne», schreibt sie, «ist dies: Alle klagen den Menschen an, um das Geschick zu entschuldigen. Um Gott zu rechtfertigen. Der Unwahrscheinlichkeit, dem Mißverhältnis zwischen Wirkung und Ursache zum Trotz nehmen Adam und Pandora das Böse in der Welt auf ihre Rechnung und rufen durch die Jahrhunderte (sc. wie beim Anfang der römischen Messe, beim Confiteor): ‹Das ist meine Schuld, meine Schuld, meine sehr große Schuld.› Denn Gott, das höchste Gut, kann nicht verdächtigt werden. Und das einstimmige Confiteor (sc. ‹Ich bekenne› – das Schuldbekenntnis der römischen Meßliturgie) der religiösen Menschheit scheint mir ein überwältigender Glaubensakt zu sein, die Anerkennung und die heroische Anbetung des göttlichen Gutes. ‹Ich bin schuldig, o mein Gott, denn Du kannst es nicht sein.› Wenn aber der Mensch die Ursache des Bösen ist, oder hinter ihm ein anderer, ist dann nicht die Erbsünde schöpferisch, genauso wie der Schöpfer selbst?» (54–55.)

Die Welt, wie sie ist, läßt sich nicht begreifen, indem man die mythische Chiffre des Alten Persiens ins Metaphysische erhebt: es sei da ein guter Gott, Ahura Mazda, dessen Werke nur leider durch das Wirken eines bösen Geistes, Ahriman, der sich des Menschen bemächtigte, in Unordnung geraten seien; was wir «Unordnung» nennen, ist in der Natur viel zu «schöpferisch», um nicht selbst «Ordnung» zu sein – ebenfalls ein Gedanke, den wir später noch eingehend würdigen müssen, wenn wir erst sehen, wie die höchsten Erzeugnisse der Evolution, bildlich gesprochen, sich «des Teufels Küche» verdanken! Das Problem, so viel jetzt schon, ist nicht das vermeintliche Drama von dem bösen Teufel und dem lieben Gott, der wirkliche «Skandal» ist diese Welt in Anbetracht der jüdisch-christlichen Idee des Göttlichen.

«Ich denke», schreibt MARIE NOËL weiter, «über den Tbc-Bazillus und seine Genossen nach, ebenso Geschöpfe Gottes wie der Mensch und die Engel. Der Bazillus frißt in der Brust einer jungen Mutter, der Kehle eines Apostels und sagt: ‹Gott ist gut›. Und weil er von der Vorsehung seine Weide erhalten hat, sein Leben und den Segen für seine Nachkommenschaft, spricht der Bazillus sein Tischgebet. – Dasselbe Tischgebet, das wir am Ende unserer Mahlzeit sprechen, nachdem wir das Huhn oder das Lamm gegessen haben» (115).

Ist nicht jede religiöse Handlung – alles Hoffen, alles Beten – inmitten dieser widersprüchlichen Welt selber widersprüchlich? *Wofür* danken, wenn das Wohl der einen Kreatur sich nur erkauft durch die Qual einer anderen? *Wem* danken, wenn Glück oder Unglück so unverdient, jenseits aller Maßstäbe von Tugend und Laster, die Menschen treffen wie die Lose einer gut, doch blind gemischten Tombola? *Wozu* beten, wenn die «Erhörung» des einen Gebetes identisch ist mit der Nichterhörung eines anderen ebenso wohlbegründeten Flehens? Und wie den Kontrast ertragen, der Mitleid von Grausamkeit ebenso trennt wie «Erlösung» von «Schöpfung», wie in MARCIONitischem Sinne den Gott des Neuen von dem Gott des Alten Testamentes?

«Wenn nur Christus die Welt erschaffen hätte!» fährt MARIE NOËL fort. «Wenn der Geist Christi die Welt erschaffen hätte! Aber die Schöpfung ist nicht christlich. Ganz und gar aufgebaut auf der Notwendigkeit, daß eine Kreatur die andere mordet. O Christus! Ich nehme es still hin, nichts zu verstehen. Ich beuge das Haupt vor diesem schrecklichen Dunkel des Anfangs. Was wäre Gott für uns, wenn er nicht dunkel wäre. Aber sieh, wie wir das zerstampfte Schlachtfeld sind, die unheilbar Verwundeten dieses Gotteskampfes zwischen Dir, der Du sagst: ‹Liebet›, und Deinem Vater, der sagt: ‹Tötet›. Versöhnt euch wieder, o Sohn, o Vater! Solange Ihr nicht versöhnt sein werdet, wo wird mein Friede sein? – Wo wird unser Friede für uns, Geschöpfe, sein, die nur flüchtig sehen? Denn zu hoch hinter eurer Uneinigkeit ist der Punkt der göttlichen Einheit und das uns unzugängliche Licht eurer Eintracht» (118–119).

Da möchte eine grundgütige, sensible Frau sich klammern an ihren Gott zur Begründung ihrer Liebe, zur Rechtfertigung ihres Mitleids und findet in ihm nicht den «Vater», auf den Jesus uns vertrauensvoll verwiesen, sondern einen grausamen Despoten, dessen «Harmonie» in einem ständigen Plus und Minus zwischen Gebären und Töten, zwischen Fressen und Gefressenwerden, zwischen Hervorbringen und Zurücknehmen um das reine Nichts herum zu schwingen scheint. Die Einheit, der «Zusammenfall aller Gegensätze» – was NICOLAUS VON CUES (1401–1464) in seiner Schrift *Über Mutmaßungen* (1140; dt: Die Kunst der Vermutung, Bremen 1957) als eine Art «perspektivischer Lösung» methodisch formulierte (vgl. DERS.: *Vom verborgenen Gott,* übers. v. J. Peters, Freiburg 1956, 22–29), wird bei MARIE NOËL zu einem Gebet ohne Aussicht auf Erhörung: – ist nicht der Gedanke allein schon einer «Entzweiung» von «Vater» und «Sohn» in der «dreifaltigen» Gottheit eine MARCIONistische Irrlehre, geschweige denn, daß man um die «Versöhnung» Gottes mit sich selbst (statt der sündigen Menschheit mit der unsündlichen Gottheit) *beten* dürfte. Doch selbst wenn die erhoffte «Einheit aller Widersprüche» in Gott selber je möglich wäre, vermöchte sie wirklich das Leid auch nur der unschuldigen Kinder, ja, der Kreatur insgesamt aufzuwiegen?

«Ich habe», gesteht die französische Dichterin, «schwer an Gott gelitten. Ich habe an ihm gelitten ruhelos – wegen des Bösen. Wegen der schrecklichen Frage: Wer hat es verursacht? Es ist nicht so, daß ich es studiert hätte, im Gegenteil. Wozu wäre es auch gut, nach all den anderen? Ich fürchtete die Bücher, die davon sprachen, die mehr quälten und keine Erleichterung brachten. Wer kann antworten? Niemand. Nicht einmal die Kirche. Ich habe weder gelesen noch gesucht. Ich habe gelitten. Und ich habe mich manchmal gezwungen, die Augen zu schließen, aber, kleines Mädchen oder alte Frau, in der Tiefe meiner geschlossenen Augen habe ich es gesehen. Und in meinen Augen werde ich daran leiden, bis sie erlöschen... Dennoch, mit denselben tiefen Augen habe ich das dem Bösen Entgegengesetzte, ich habe die Liebe gesehen. Und ich glaube an die Liebe, als wären die Mathematiker unsicher, die Vernunft einäugig, so, als ob diese beiden geheimnisvollen Parallelen, das Gute, das Böse, die der Abgrund scheidet, sich im Unendlichen wieder vereinigen müßten, in diesem Punkt einzigartigen Zusammenklangs: Gott» (166).

Doch auch und gerade dann bleibt für MARIE NOËL die «Traurigkeit der Traurigkeiten: die Traurigkeit der Tiere. Die des alten Hundes, der seinen Tod kommen hört und flieht; die des Pferdes, das weiß, daß man es wegführt, um es niederzuschlagen, den Kopf gesenkt, stolpert es den ganzen Weg entlang; die der Kuh, die vor Schrecken brüllt in ihrem letzten Stall neben dem Schlachthaus, wo eine andere Kuh aufgehört hat, um Hilfe zu rufen. Dem Menschen gelingt es mehr oder minder gut, seinen Tod aus der Sicht der Religion umzuwandeln. Aber im Tier ist die unheilbare Traurigkeit, die große Klage in den gehorsamen Augen der zum Tod verurteilten Kreatur» (126).

Die klassische «christliche» Antwort auf Erschütterungen dieser Art besteht in dem Hinweis auf das Zitat aus dem *Römer*brief des hl. PAULUS, «die ganze Schöpfung» seufze «bis zu diesem Augenblick mit uns» und ängstige sich und warte darauf, «daß die Kinder Gottes offenbar werden» (Röm 8,19.22). Da soll das Leid der Welt «erklärt» werden mit dem Mythos vom «Sündenfall» Adams, so als sei es immer noch möglich, den Menschen in den Mittelpunkt der Schicksalsbestimmung des Universums zu stellen, so als sei es immer noch möglich, die Gesetze der Natur als ein Malheur der «Willensfreiheit» des Menschen zu betrachten, so als sei es immer noch möglich, die ganze Natur, gleich, ob schuldig, ob unschuldig, um den «Abfall» und «Aufstieg» des Menschen herumkreisen zu lassen...

Der letzte, der den jüdisch-christlichen Mythos vom «Sündenfall» des Menschen und seiner «Erlösung» in Christus ernst genommen hat bis zum Scheitern, bis zur Verzweiflung, war bezeichnenderweise erneut nicht ein Theologe, sondern ein Dichter: REINHOLD SCHNEIDER. In seinem schwermütigen Tagebuch *Winter in Wien* zitiert er den ersten Systematiker der Natur, CARL VON LINNÉ, mit den Worten an seinen Sohn: «Du siehst alles verkehrt gehn, wie es noch niemand gesagt und gehört hat. Die schönste Lilie wird von Unkraut erstickt», und er fügt hinzu: «Seine Überzeugung war, daß durch die größte Verwirrung die größte Ordnung im Reiche der Natur sich herstelle – und ebenso durch Gottes Gerechtigkeit im moralischen Bereich... Nur wer sich die totale Verwirrung im Reich der Natur wie der Sitte eingesteht, hat die Möglichkeit – und das Recht –, Weltharmonie zu vertreten. Aber es bedarf dazu heute einer unvergleichlich größeren Kraft als zur Zeit Linnés (sc. C. VON LINNÉ: *Systema Naturae,* Stockholm 1748, d. V.) und Kepplers» (254–255).

Für R. SCHNEIDER war es bereits die Phänomenologie des Lebens, die ihn entsetzte und verwirrte: «Heute», notiert er, «sah ich eine präparierte Ohrenfledermaus mit bewundernswerten Zähnchen und Krällchen. (Der Maler) *Hieronymus Bosch* (um 1500) hat nicht um Haaresbreite übertrieben. Er blieb noch hinter der Natur zurück» (143).

Und der Mechanismus der Natur, der all das hervorbringt? «Das Zerstörende, das sich durchsetzt, hebt sich selbst auf», erkennt er; «es kann nur bestehen, wenn es von einem Zerstörer aufgehalten wird: Zerstörung im Gleichgewicht bedeutet Bestand, eine biologische Gegebenheit, die sich kontinuierend durch alle Schwankungen des geschichtlichen Lebens geltend macht, eine essentiell auf Zerstörung gerichtete Erscheinung endet, indem sie sich übersättigt, durch vollkommenen Sieg; ein jeder ihrer Fortschritte ist gegen sich selbst gerichtet, bis sie sich erreicht und aufzehrt, bis der Schmarotzer den Körper getötet hat, der ihn wider Willen nährte, die Dogge im Heißhunger nach dem Gebären die Jungen verschlingt, die sie eben geworfen hat. Aber was wir, hier von außen, Zerstörung nennen, ist dort, von innen, Leben. Und endlich wird im ganzen auch der absurdeste Widerspruch nicht zu entbehren sein – so wie kein Atom aus dem Kosmos gelöst werden kann» (149–150).

Was ist es mit der «christlichen» Botschaft von Fall und Erlösung der Welt, wenn es so steht, wenn alles mit allem zusammenhängt und sich wechselseitig bedingt?

«... als Arzt ist Christus gekommen» (127), schreibt R. SCHNEIDER und verordnet sich: «Man muß beten, auch wenn man es nicht kann ... Ich habe ein tiefes Bedürfnis danach; es ist das, was mich hält, was mich morgens in die Kirche ruft; für mich kann ich nicht beten; und des Vaters Antlitz hat sich ganz verdunkelt; es ist die schreckliche Maske des Zerschmeißenden, des Keltertreters; ich kann eigentlich nicht ‹Vater› sagen. (Die stoischen Philosophen) MARC AUREL und EPIKTET beteten ohne an Unsterblichkeit zu glauben ... Ihnen genügte der Kosmos, in den sie sich fügten. Aber unser Bild des Kosmos, das unabweisbare, kannten sie nicht. Wir brauchen nicht weit zu gehen, benötigen weder Fernrohr noch Mikroskop. Lesen wir nur ein Kapitel über Parasiten ... Erinnern wir uns nur der alltäglichen, schon oft erzählten Geschichte von den im Gedärme gewisser Vögel lebenden Schmarotzern, deren Eier durch den Kot sich in Schnekken einschleichen; in diesen wachsen sich die Keime zu Schläuchen aus, die in die Fühler vordringen; in den aufgedunsenen Fühlern entwickeln sie ein anreizendes Farbenspiel und ebensolche Bewegungen; das lockt die Vögel an, die Fühler abzureißen; so kommen die Parasiten wieder an ihren Platz. Und immer wachsen der Schnecke wieder die Fühler, und immer werden sie abgerissen; die Schnecke ist nur Herstellerin der Zerstörer, die sie und die Vögel zerstören; ohne Myriaden von Zerstörern zu beherbergen, ohne von ihnen sich bedienen zu lassen, könnte kein höherer Organismus bestehen; ohne sie also könnte auch der Geist sich nicht aussagen. Und was sind nun Liebe und Schönheit? Es bedarf äußerster Kraft, sie niemals zu verletzen. Wenn man die Visionen des *Hieronymus Bosch* im Irdischen läßt, woher sie stammen, so ist es unwiderlegbar» (119–120).

«... man gehe nur einmal durch das Naturhistorische Museum (in Wien) – und Gott ist ebenso nahe wie fern. Es ist unmöglich, ihn vor dieser unübersehbaren Gestaltenwelt, dieser entsetzlichen Fülle der Erfindungen zu leugnen; ihn zu leugnen vor der absurden Architektur des Dinosauriers – eine Kathedrale der Sinnlosigkeit, des Lebenswillens, der nicht leben kann; vor den bösen Gespenstern japanischer Krabben, eines hochbeinigen Liebespärchens aus dem Inferno; vor dem Octopus, dem achtfachen Kopffüßler, den man, wenn ich mich recht erinnere, im Hamburger Aquarium zur Erbauung der Besucher mit einer Riesenlanguste konfrontierte: der Verlauf der Begegnung war überraschend; der Octopus umschlang die Scheren des Gegners, zerbrach sie und saugte das Leben aus der Schale. Und der Seestern bricht die Muscheln auf, stößt den Magenschlauch hinein und trinkt sie leer wie ein Ei. Von den Haien, die sich über die Walrosse werfen – von der Seite her; von der Wehrlosigkeit der Seehunde und Delphine ist nichts zu sagen, und nichts vom Kampf der Riesenquallen mit den Walen; vom Frosch, der, aufrecht stehend wie ein Mensch, von dem ihn umschnürenden Egel ausgesaugt wird; nichts von der Verdammnis der Haie und dem geheimnisvollen, aber gewiß nicht schmerzlosen Untergang der Saurier und der Mammute. (Wenn aber des Menschen Fall Anfang dieses sich zerfleischenden Elends war, so müssen wir die noch ausstehende Entdeckung menschlicher Fossilien in paradiesischen Formationen abwarten.) Das Schaurige ist, daß menschliche Formen durch die Ungetüme spielen; das Knie des Dinosauriers erinnert an ein menschliches Knie, und die Fünfzahl der Finger und Zehen verbirgt sich noch in den Stützflossen der Elefantenrobbe. Der schönste Vogel hascht im Flug den schönsten Schmetterling; er pflückt die Schwingen ab und läßt sie dahinwehen und verschlingt den zarten Leib, der sich für seine kurze Dauer mit ein wenig Nektar begnügte und schutzlos das Farbenspiel der Flügel, ein Blitz aus den Händen des Vaters, an die Welt verschenkte. Auch ist zur Zerstörung der Rose, wie es scheint, eigens ein grüngoldschimmernder Käfer erschaffen worden. Ich sah ihn bei der Arbeit in Muzot. Er hat, unreiner Widerspruch, keine Rose verschont. – Und das Antlitz des Vaters? Das ist ganz unfaßbar» (129–131).

Für Reinhold Schneider war dies die Kernfrage: was wird angesichts des Bildes der Welt, das die moderne Naturwissenschaft mit einer Fülle an empirischen Details uns vor Augen stellt, aus dem christlich vermittelten Bild von Gott als dem gütigen «Vater», den Jesus mit seiner Person den Menschen bringen wollte? Was wird insgesamt aus der Zentrierung des christlichen Weltbildes auf den Menschen, den es zwischen Teufel und Gott, zwischen Schuld und Vergebung, zwischen Hölle und Himmel gestellt sieht?

Es scheint an dieser Stelle bereits, daß wir das Verhältnis von Mensch und Natur ganz neu werden bestimmen müssen, wenn wir die religiöse Botschaft des Christentums, jenseits einer fundamentalistischen «Wörtlichnahme» ihrer eigenen mythisch-symbolischen Ausdrucksform, plausibel und existentiell relevant deuten wollen. Was heute den «Unglauben» bedingt, ist der Schrekken und das Schaudern vor einer Natur, die nur um so rätselhafter wird, je genauer wir sie zu betrachten und zu verstehen suchen. Die Standardantworten selbst der besten unter den Theologen wirken wie ein hilfloses Stammeln – oder wie ein redseliges Verdrängen –, konfrontiert man sie auch nur von ferne mit dem Ernst dieser Erfahrung.

Einer der wenigen Theologen, die wenigstens das Problem gesehen und empfunden haben, war der Tübinger Alttestamentler FRIDOLIN STIER (dem die katholische Kirche die Lehre untersagte, weil er sich öffentlich zu seiner Tochter bekannte). In seinen Tagebuchaufzeichnungen *Vielleicht ist irgendwo Tag* fragt er eindringlich, wie es denn möglich sei, Gott aus der Schöpfung zu erkennen, und präzisiert seine Frage: «Was ist von Gott zu erkennen, wenn anzunehmen ist, daß er zum Beispiel die Tiere geschaffen und so beschaffen hat, wie sie sind – Verhaltensforschung etwa als theognostisches Kapitel? Noch konkreter gefragt: Gott und der Riesenkrake, der Haifisch, der Delphin, die Vampir-Fledermaus, die Bakterien, die Viren? Wenn Gott sie so gewollt, so ‹programmiert› hat, wie sie sind und wie sie sich verhalten – sollte dann in all dem nichts von Gott zu erkennen sein?» (145)

Die Frage ist mehr als berechtigt. Nachdem die Theologie im 20. Jahrhundert zumindest ansatzweise begriffen hat, was um 1840 bereits LUDWIG FEUERBACH in *Das Wesen des Christentums* formulierte: man müsse die Lehre von Gott als erstes lesen als eine Lehre vom Menschen, stehen wir unausweichlich vor der Frage nach der Herkunft des Menschen aus der Tierreihe; die «anthropologische Wende» der Theologie müßte sich längst schon zu einer «biologischen» und «kosmologischen» Wende erweitert haben. Doch eben davon kann in der Katheder- und Kanzeltheologie keine Rede sein. Punkt für Punkt vielmehr werden wir im folgenden allererst im Gegenüber der traditionellen Engführungen die perspektivischen Veränderungen einbringen müssen, die sich aus den Fragestellungen der Naturwissenschaften an die Theologie ergeben.

FRIDOLIN STIER selber erhellte den Zustand heutiger Theologie mit einer kleinen Anekdote. Er wußte natürlich, daß die Theologen ihn schon seiner Fragen wegen «für naiv oder verschroben halten» würden, «im besten Fall ... für einen eigenbrötlerischen Grübler», und bitter vermerkt er: «Ihre Antworten auf solche Fragen kenne ich in- und auswendig, aber als spekulative Folgerungen aus dem vorgebenen ‹Bild› oder ‹Begriff› ihres Gottes finde ich sie ungenügend. Diese theologischen Antworten können gegeben werden, ohne das Konkretum anzuschauen, es mit allen Sinnen und sinnend in sich aufzunehmen ... K. Rahner? Er war einmal bei mir zu Tisch, mitten in der Suppe hörte er auf zu löffeln, sah meiner Katze zu, die eben ein Stückchen Fleisch bekommen hatte, ein ganzes Weilchen, mir schien, wie gebannt, um dann, den Kopf ein wenig schüttelnd, vor sich hin zu sagen: ‹Seltsam, wie die alles mit dem Maul fassen müssen› – nun, ich meine, ein Ahnen könnte ihn in diesem Augenblick gestreift haben ... Aber ich fürchte, es geht allzu flüchtig vorüber, um die theologische ratio, den Denksitz der Theologie, berühren oder gar, worauf es gerade ankäme, das theologische Sensorium ... reizen zu können» (145–146).

Und in der Tat: nicht einmal das «rationale» Staunen eines KARL RAHNER ging weiter: Woher kommt es denn, daß der Mensch, statt mit dem Maul, mit seiner Hand greift, wenn deren Gestalt doch schon in den Flossen des Fisches und ganz sicher auch in den Pfoten einer Katze spielt? Und wie erscheint wohl das Raubtiergebiß eines solchen «Beutegreifers» einer Maus im Keller, einem Singvogel im Garten? In welch einen Abgrund schauen wir, sehen wir unvoreingenommen auch nur in die Augen einer Katze? Keine dieser Fragen stellte sich KARL RAHNER. Einzig in R. SCHNEIDER sah der Tübinger Bibelwissenschaftler einen «an Gott, am Gott in Schöpfung und Geschichte, solidarisch mit Mensch und Tier leidenden Propheten» (149).

Das Problem, das R. SCHNEIDER in *Winter in Wien,* nicht anders als MARIE NOËL in ihren Tagebüchern, für die Theologie aufwarf, faßte F. STIER vollkommen korrekt in die Worte: «In Jesus dem Vater-Gott begegnen? Ja, aber wie, wenn ich das Ganze der Wirklichkeit der sogenannten Natur, den Kosmos, das Universum, das All als das von Gott Erschaffene und fort und fort Gewirkte glaube...? Als R. Schneider im Anblick der Kreaturen des Kreators ansichtig wurde, erschrak er und schauderte, und er fand die Liebe Gottes nur dem Menschen, nicht den Kreaturen zugesprochen. Also: In Jesus dem Gott der Liebe, in der Schöpfung einem anderen Gott begegnen? Wenn aber dieser andere *einer* ist mit dem Gott Jesu, dem liebenden? Wenn man sich mit dem liebenden immer diesen zugleich anderen vor Augen hält, wie R. SCHNEIDER, ohne die Welt und ihre Übel als das Werk etwa eines Demiurgen (sc. Weltenbaumeisters, d. V.) zu erklären und ohne sich mit der Kette der causae-secundae-Lehre (der Unterscheidung zwischen der Erstursache, die Gott ist, und den Zweitursachen, die in den geschaffenen Dingen liegen, d. V.) aus dem Dilemma zu ziehen? Die Zweitursachen, die das in eigenes Sein gesetzte All determinieren, sind Setzungen, Bestimmungen der Erstursache und insofern von dieser nicht zu trennen. Verlautet nicht aus allem, was da leibt und lebt, frißt und gefressen wird, eine Kunde von Gott, der mir, wenn er die Liebe ist, als amor terribilis (schreckliche Liebe, d. V.), und wenn er der Vater ist, als pater tremendus (furchtbarer Vater, d. V.) begegnet?» (382)

Man kann diese Frage gewiß nur bejahen; doch ist über dem Abgrund des Widerspruchs zwischen dem Gott der Erlösung (dem «Vater» Jesu) und dem Gott der Schöpfung eine Brücke nicht damit zu schlagen, daß man gewissermaßen die Ufer auf beiden Seiten in paradoxer Weise verziert, indem man die Hauptworte mit gegensinnigen Eigenschaftsworten umkleidet; F. STIER wußte das selber am besten.

Noch R. SCHNEIDER sah, wenn auch zweifelnd, im *Winter in Wien* in der

«Offenbarung» Gottes in Christus die Sonderstellung des Menschen im Kosmos als göttliche Wahrheit bestätigt (132–133); für F. Stier indessen stellte die jüdisch-christliche Anthropozentrik als ganze sich in Frage, und das zu Recht. Allein schon die Dimensionen von Raum und Zeit sind von erdrückender Größe.

«Das Universum, das astro-, geo- und biokosmische All», fragte F. Stier, «wohin treibt es, wird es getrieben? Denn es ist eine der gewissesten Tatsachen, daß es sich, von den feststellbaren Jahrmilliarden seines Werdens her auf die unabsehbaren Jahrmilliarden seiner Zukunft hin gesehen, in fortwährendem Werden und Wandel befindet, nie zur Ruhe kommen, nie stillstehen wird. Wenn nun in der Projektion der bis heute durchlaufenen Weltzeitstrecke auf ein Jahr das erste Leben im Mai aufgetaucht ist, die höheren pflanzlichen und tierischen Wesen sich in den folgenden Monaten entwickelt haben, der Mensch aber erst am 31. Dezember etwa nachmittags vier Uhr auf den Plan getreten ist, so läßt die kosmo- und biohistorische Analogie vermuten, daß ‹im nächsten Jahr›, das heißt in den nächsten paar hunderttausend Jahren der Anthropos, die jüngste der animalischen Gattungen, weiterentwikkelt wird. Es ist jedoch nicht ausgeschlossen, daß dem Menschenwesen das Schicksal anderer Lebewesen bestimmt ist, die Jahrhunderttausende nach ihrem Entstehen wieder von der Bildfläche der Erde verschwunden sind. Beim Menschen ist übrigens mit dem ihm eigentümlichen Vermögen zu rechnen, die ihn ermöglichende Um- und In-Welt und damit sich selbst unmöglich zu machen, zu zerstören. Die gegenwärtig das Verhalten der Menschheit zur Umwelt und zu sich selbst vorherrschend bestimmende Hypertrophie des technologischen Verstandes in Denken und Machen rückt die Gefahr eines vorzeitigen Torschlusses der Entwicklung des Menschen in größere Nähe. – Neben den stabilen (etablierten) Pflanzen- und Tierarten sind im Laufe der Entwicklung – ‹aus› diesen – Ab- und Neuarten (Variationen und Mutationen) entstanden, so auch beim Menschen (die Rassen?). Aber hier handelt es sich wohl nur um somatische (phänotypische) Abwandlungen der durch diese im Wesen unberührten Identität des homo sapiens, nicht um echte Mutation. Eine über Jahrhunderttausende hin ungestörte Laufzeit der Evolution könnte – sei es durch Übergangs- oder Zwischenformen, sei es durch Mutationssprünge – ein ‹Menschenwesen› hervorbringen, das vom heutigen homo sapiens ebensoweit entfernt ist wie dieser von den Hominiden» (302–303).

F. Stier rechnete bei seinen ganz richtigen Überlegungen (noch) nicht mit den Jahrmillionen, in denen in immer neuen Anläufen, wie wir gleich noch des näheren sehen werden, die Evolution sich zu der Gattung des heutigen Menschen entwickelt hat; er rechnete auch (noch) nicht mit der Möglichkeit, daß die Menschheit ihr eigenes Erbgut in beliebiger Weise «verbessern» oder für eine veränderte Umwelt geeigneter mutieren könnte; ihm kam desgleichen (noch) nicht die Idee, daß eine künftige Menschheit sich selber beseitigen und ihre Zukunft an überlebensfähigere Formen künstlicher Intelligenz auf Silicium-Basis delegieren könnte; und am wenigsten rechnete er mit der sicheren Tatsache des in kosmischen Zeiträumen «baldigen» Verlöschens unseres Zentralgestirns, der Sonne, folglich mit der Beendigung allen Lebens in unserem Planetensystem; der Sache nach stellte er indessen durchaus die richtige Frage, wenn er schrieb: «Ist der Mensch, der homo sapiens, vielleicht nur eines der Experimente auf dem als ‹Evolution› gedachten Weg zu einer höheren Stufe – zur Fossilierung bestimmt, abgelegt wie der Pithecanthropus erectus, der Neandertaler …? Ein noch nicht ausgereiftes, nicht voll geglücktes Modell einer Art, die nur um einer Endgestalt willen, auf die hin sie ausgelegt ist, nicht um ihrer selbst willen, besteht? Wäre also – vom Sechstagewerk aus gesehen – Adam nicht der ‹nach seinem Bilde› (schon) Erschaffene, das ‹laßt uns machen …!› nicht als Akt, sondern als actio, als facere (tun, d. V.), nicht als fecisse (getan haben, d. V.), als faciendum (noch zu Schaffendes, d. V.), nicht als factum (schon Geschaffenes, d. V.) zu verstehen? Warum sollten wir dann, als Vorläufer, als ‹Vor-Bilder›, nicht einfach ausgelöscht werden können, wie eine mißlungene Tonplastik verworfen und wieder zur amorphen Masse werden könnte?» (95)

Oder noch krasser: Wäre es nicht denkbar, daß die heutige Menschheit, in naher Zukunft bereits, in geologischen Maßen gemessen, sich selber vernichtet und die Natur noch einmal das Experiment unternimmt, intelligente Lebensformen auf diesem Planeten zu zeugen, weniger gewalttätig, weil vielleicht aus Pflanzenfressern hervorgegangen?

Alles das könnte sein, ja, es besitzt sogar eine hohe Wahrscheinlichkeit, jedenfalls ist es nicht denkunmöglich, und als Denkmöglichkeit bereits stellt es all das in Frage, was das jüdisch-christliche Weltbild von der «Schöpfung» des Menschen und seiner «Gottesebenbildlichkeit» uns gelehrt hat und lehrt; es löst den Zusammenhang auf, der zwischen Gott und Mensch in dem Gedanken einer besonderen «Vorsehung» im Akt der Erschaffung des Menschen gelegen zu sein schien: – das schöne Bild MICHELANGELOS in der Sixtinischen Kapelle, wiederum nichts als ein mythisches Bild, das falsch versteht, wer es wörtlich nimmt? Was bedeutet dann überhaupt noch ein Wort wie «Schöpfung» und «Schöpfer»? Was bedeutet es, von einem «Gott» als dem «Ursprung» des «Kosmos» zu reden?

Es war 1939 bereits, daß der ostpreußische Dichter Ernst Wiechert in seinem damals viel gelesenen Roman *Das einfache Leben* beispielhaft die Auflösung seines überkommenen Gottesglaubens in der Person des Thomas von Orla angesichts der Wirren der Zeit nach dem Ersten Weltkrieg (nicht ahnend die Schrecken des schon heraufziehenden Zweiten Weltkriegs) schilderte: ... «die letzten zehn Jahre waren hart für seinen Glauben gewesen, für den an eine göttliche Weltordnung wie für den an die Menschen. Er hatte zu viel gesehen, und seine Augen waren immer noch scharf. Auch wurden seine Gedanken immer furchtloser und zeigten immer mehr den zähen und fast erbitterten Drang, eine Sache zu Ende zu denken, nicht nur bis zu den festen Grenzsteinen des Herkömmlichen, der Tradition oder der Pietät, sondern darüber hinaus, ganz weit hinaus sogar, so weit wie ein Gedanke überhaupt nur laufen konnte, ehe er an den Grenzen der menschlichen Vernunft niederfiel und sich ergab. – In der Ordnung aber, die er sich so erdachte, hatte der Mensch ein anderes Gesicht als das, wovon man in seiner Jugend gesprochen hatte. Und es schien ihm, daß auch Gott nicht mehr das gleiche trüge. Es war, als zöge es sich immer weiter zurück von diesem blutigen Stern, als würde es immer starrer und unnahbarer, ja als fließe es ganz in der Ferne langsam mit dem zusammen, das etwa über dem Erbarmungslosen der Natur stand, über den lautlosen Schlachten der Tiefsee oder der glühenden Dämmerung der tropischen Urwälder. Als stehe es nun auch ebenso über den wirren Wegen der Menschheit, ja über dem verschlungenen Leben des einzelnen. Über den zerrissenen und verbrannten Körpern zu beiden Seiten der verrosteten und zerfallenen Drahtverhaue; über den grauen, weit offenen Augen derer, die auf den Ozeanen unter den schreienden Vögeln trieben oder längst in die Tiefe gesunken waren; über den endlosen, schweigenden Zügen der Kinder, über denen der Finger des Hungers aufgehoben war oder das Messer des Schlächters. – Als stehe es über allem diesem so streng und eisig wie ein erzenes Götterbild oder so glühend wie ein Moloch, Augen ohne Wimpern, ein Mund, der nicht lächelte oder weinte, ein Ohr, das nichts vernahm. Als sei dies Gesicht nichts als die bleiche Form eines unerbittlichen Gesetzes, vor dem die Träne nicht mehr war als der Regen oder der Tau und der Schrei nicht mehr als der Donner der Woge, und das Stöhnen ganzer Städte und Reiche nicht mehr als der flüchtige Laut des Windes, der über die Oberfläche eines von tausend und aber tausend Sternen ging. – Nein, es war ihnen ... nicht mehr viel geblieben von der schönen Zeit, in der sie Gott gebeten hatten, ihre Holzsäbel zu segnen, und auch nicht viel von der anderen Zeit, in der die Priester aller Religionen gebetet hatten, daß Gott ihre stählernen Klingen und die Münder ihrer Kanonen segnen möchte. Es war ihnen nichts als ein bitterer Bodensatz geblieben ... Sie hatten Schiffe im Feuer zu den Sternen fliegen sehen und Menschen hinter Gittern, die um Abfälle kämpften, über die die Füße der Tiere verachtend hingingen. Sie erkannten Gesetz und Ordnung auch darin, aber sie wollten es nicht mehr ein göttliches Gesetz und eine göttliche Ordnung nennen. Es schien ihnen Namen in allen Sprachen zu geben, die das besser und richtiger und deutlicher benannten» (241–243).

Es hilft angesichts dieser Problemstellung nichts anderes, als daß wir die Rede von «Gott» als dem «Schöpfer» uns in gewissem Sinne *sprachphilosophisch* klarzumachen versuchen.

Das Problem der «Rechtfertigung» Gottes in Anbetracht der Schrecken und Schmerzen «seiner» Welt wurde immer wieder gestellt, doch ist es in der gestellten Form ganz offensichtlich unbeantwortbar. Der Gottesbegriff der Metaphysiker, konfrontiert mit dem Weltbild der Physiker, erschafft einen bizarr anmutenden Kontrast. An diesem Kontrast aber zerbricht, wie wir sehen, mittlerweile der Glaube einer Generation von Gläubigen nach der anderen; eine Theologie, die sich außerstande zeigt, ihre Rede von Gott vor offenbaren Bizarrerien zu schützen, verbreitet notwendig nicht Glauben, sondern Unglauben, wo nicht ganz einfach Hohn und Spott.

Wo aber liegt der Fehler?

Blaise Pascal meinte in einem Brief an Père Noël (29. Okt. 1647) einmal, wenn eine an sich richtige Überlegung zu unsinnigen Folgerungen gelange, so zeige sich daran nur, daß die Voraussetzungen des ganzen Gedankenganges selbst offenbar unsinnig seien (R. Schneider: *Pascal,* 81). Was also ist *falsch* in der «Theodizee»-Problematik?

Am Ende aller Ausreden und Ausflüchte, bleibt nur die Schlußfolgerung übrig, daß die gesamte Frage falsch gestellt ist. Der Fehler liegt offenbar darin, daß die Theologen so tun, als wenn sie *von Gott her* die Welt denken könnten, so als stünden sie selber *außerhalb* von Welt und Gott und könnten beides miteinander vergleichen: den Begriff des Göttlichen mit der Wirklichkeit der «Schöpfung», nur daß – leider – beide sich nicht recht miteinander vertragen. Was aber rechtfertigt es eigentlich, im Angesicht der Welt einen Gottesbegriff zu entwerfen, dessen wesentliche Inhalte Mitleid und Menschlichkeit sind? Und was bedeutet es zu erklären, daß dieser Gott uns Menschen «geschaffen» habe? Und wenn «er» schon uns Menschen «erschaffen» hat, mit welchem Recht läßt sich diese Aussage ausdehnen auf die Vorstellung einer «Schöpfung» der gesamten Welt?

So viel scheint jetzt bereits sichtbar: der Konflikt zwischen dem «guten Vater», den Jesus uns brachte, und dem so ganz anderen «Demiurgen» der Welt ist identisch mit dem Konflikt zwischen den Erwartungen, die wir als Menschen moralisch an die Natur richten, und den Erfahrungen, die wir mit der Weltwirklichkeit machen. Könnte es folglich nicht sein, daß wir in der Frage nach der «Rechtfertigung Gottes» (der «Theodizee») angesichts der Übel der Welt lediglich den *Kontrast von Mensch und Welt*, von *Kultur und Natur* ins Göttliche projizieren und dort, im Himmel, nach einer Lösung suchen, die wir nur auf Erden zu finden vermögen? Schon G. DE MAUPASSANT bemerkte in seiner Novelle *Die Legende vom Mont Saint-Michel* sarkastisch: «Gott schuf den Menschen nach seinem Bilde; aber der Mensch hat es ihm heimgezahlt» (Gesamtausgabe, II, 314). Wenn wir Gott nicht erschaffen nach *unserem* Bilde, was eigentlich *meint* dann die Aussage: «Am Anfang schuf Gott Himmel und Erde», außer daß wir Menschen mit unserer Existenz *uns festmachen* in einem Gegenüber *jenseits* der Welt, um unsere *Menschlichkeit in* dieser Welt, ja, in gewissem Sinne sogar *gegen* diese Welt durchhalten zu können?

Der Fehler der ganzen Theodizeeproblematik scheint darin zu liegen, daß wir Aussagen, die, hoch projektiv, unserer Selbststabilisierung dienen, behandeln wie Aussagen über «objektive» Gegebenheiten, von denen aus wir Schlüsse in Richtung der an und für sich bestehenden Weltwirklichkeit glauben ziehen zu können. IMMANUEL KANT hätte, entsprechend der «transzendentalen Dialektik» in seinem Hauptwerk *Kritik der reinen Vernunft*, gesagt, der Fehler liege darin, daß wir ein Ideal der Vernunft behandeln, als wenn es eine Kategorie des Verstandes wäre. Gerade so ist es. Wir müssen nur hinzufügen, daß selbst die Einrichtung unserer Sinne, unseres Denkens und unserer Vernunft nicht einfach erkenntnistheoretisch «vorauszusetzen», das heißt «transzendental», als Bedingung der Möglichkeit von Erkenntnis, zu rekonstruieren ist, sondern daß sie sich in dem Jahrmilliarden währenden Weg der Evolution selber hergestellt hat. Statt wissen zu wollen, wie Gott sich zur Welt verhält, sollten wir daher als erstes fragen, wie wir Menschen aus der Welt hervorgegangen sind. Und dann sollten wir überlegen, was wir eigentlich meinen, wenn wir von Gott als dem «Vater» und dem «Schöpfer» sprechen. Wie kommen die Inhalte unserer Schöpfungsvorstellungen zustande, und welch einen Rahmen möglicher Aussagen über Gott bieten sie an?

Der Hauptfehler der jüdisch-christlichen Schöpfungsvorstellung liegt dem Gesagten nach darin, daß sie von der Erschaffung des Menschen (ja, der ganzen Welt) redet, ohne die wirkliche Herkunft des Menschen (sowie den Werdegang des Kosmos insgesamt) auch nur annähernd zur Kenntnis zu nehmen.

Sie setzt einen «Gott» voraus, der nichts ist als ein menschliches Ideal, von der Weltwirklichkeit ebenso isoliert wie das Menschenbild, das sich mit diesem «Schöpfergott» legitimiert.

Anders gesagt: Solange der Mensch selber nicht aus der Welt her, *evolutiv*, verstanden wird, solange wird auch der «Gott» dieses Menschen zu der Welt, die er «schafft», in einem unüberbrückbaren Widerspruch stehen; solange nicht begriffen wird, wie *menschlich* die Sprache ist, in der wir über Gott reden, solange wird das «Leiden» an dem «unmenschlichen» Gott niemals aufhören; solange wir uns für den *Weg* der Menschwerdung *theologisch* nicht interessieren, solange werden wir die Wege *Gottes mit «seiner» «Schöpfung» «natürlich»* nicht begreifen!

Die Zeit also geht zu Ende, daß sich die Theologen damit begnügen mochten, beim Sprechen von der «Welt» nichts weiter zu tun, als mit feierlicher Miene den biblischen Schöpfungsmythos zu rezitieren. Ab sofort heißt es, Antwort zu geben, das heißt als erstes, die eigenen Fragestellungen an *dem* zu messen, was man vom Menschen heutigentags zu wissen vermag. Erst dann mag man fragen nach «Gott» und die Frage zu beantworten suchen, wie die Idee eines Gottes überhaupt jemals in unsere Köpfe zu gelangen vermochte.

Sagen wir es noch einmal mit FRIDOLIN STIER: «Was ich zu ‹lästern› scheine, ist nicht ‹Gott›, nicht des CUSANUS *coincidentia oppositorum* (sc. Einheit der Gegensätze, d. V.), nicht M. HEIDEGGERS ‹göttlicher Gott›, es ist das Bild eines eingebildeten Gottes, und das heißt, daß ich mich als relativen Atheisten erkläre, aber auch: Ich bekenne mich zu einer radikalen theologia negativa, die leicht zu ‹denken›, aber schwer zu leben ist. Denn sie bedeutet, daß mir das ‹Angesicht› des Gottes schwindet, sich nichtet, und dem Abgrund weicht, der Finsternis, wo ich mich dem All verfallen erfahre, Kosmos und Bios mich tödlich anschweigen, die dunklen Wasser mich überfluten» (247–248).

Fragen wir also als erstes nach dem Bild vom Menschen: Wie ist er geworden? Wer sind wir selber? Welche Kräfte haben uns hervorgebracht? Und was meinen wir, wenn wir den Weg unserer eigenen Hervorbringung als göttliche «Schöpfung» bezeichnen?

2. Daten und Datierungen oder: Wie der Mensch zum Menschen wurde

a) Der Abwehrkampf des kirchlichen Lehramtes

Bis in die jüngste Gegenwart hat vor allem die römische Kirche den «Darwinismus» dogmatisch bekämpft, bedeutete er doch die letzte große Erschütterung des Narzißmus des jüdisch-christlichen Menschenbildes: die Krone der Schöpfung, der Mensch, sollte *nicht* unmittelbar aus den Händen Gottes hervorgegangen sein! Das Buch des Paläontologen und Visionärs TEILHARD DE CHARDIN *Der Mensch im Kosmos* zum Beispiel wurde nach altbewährter Manier schon vor der Drucklegung verboten – in jesuitischem Gehorsam willigte der Autor gleich darein, daß *alle* seine Schriften zu Lebzeiten unveröffentlicht blieben. Statt dessen veröffentlichte die Päpstliche Bibelkommission unter PIUS XII. 1948 eine Erklärung an den Erzbischof von Paris, Kardinal Suhard, in welcher dieser auf französisch und lateinisch belehrt wurde, daß man die Historizität der ersten elf Kapitel der Genesis weder verneinen «noch einfach bejahen könne», sie gehörten keiner modernen literarischen Gattung an, und wer sage, sie seien «nicht historisch», der lege das Verständnis nahe, sie seien ohne historische Bedeutung, «wo sie doch in einfachen und bildhaften Worten, die der Fassungskraft weniger gebildeter Menschen entsprechen, die fundamentalen Heilswahrheiten wiedergeben und auch in volkstümlicher Weise den Ursprung der Menschen und des auserwählten Volkes beschreiben» (DS 3864).

Schon daß hier die Entstehung der Menschheit und die Entstehung eines einzelnen Volkes vor ca. 3500 Jahren in einem Atemzug genannt werden, dokumentiert die komplette Ahnungslosigkeit der päpstlichen «Glaubens»behörde bezüglich der wahren Dimensionen der Fragestellung.

Doch so ging es weiter! Am 12. August 1950, in der Enzyklika *Humani generis,* gab PIUS XII. der Menschheit zu wissen, die menschliche Vernunft erlaube «die wahre und sichere Erkenntnis eines einzigen personalen Gottes, der die Welt in seiner Vorsehung behüte und leite» (DS 3875); die Enzyklika wandte sich im weiteren gegen solche, die die personale Existenz von Engeln bestreiten (DS 3891), und gelangte schließlich zu der Einsicht, daß die Christgläubigen nicht jene Meinung annehmen könnten, nach welcher in der «Sündenfallerzählung» das Wort «‹Adam› eine gewisse Vielheit von Ureltern bezeichne» – derlei Ansichten seien mit der Lehre der Kirche von der «Ursünde» unvereinbar, diese «Sünde» sei von *einem* begangen und dann auf alle übergegangen. Man merke: So und nur so versteht man nach römischer Meinung den *Römerbrief* (5,12–19) «angemessen» (DS 3898). Und da nun die römische Kirche, wie jedermann weiß, in ihrem Lehramt nicht irren kann, legt in ununterbrochener Tradition über vierzig Jahre danach noch einmal Papst JOHANNES PAUL II. in unseren Tagen den endgültigen Beweis dafür vor, daß die Kirche die «bildlichen Aussagen» der Bibel, die der Fassungskraft der Wenigergebildeten so sehr entgegenkommen, immer schon richtig verstanden hat: Im *Weltkatechismus* von 1992 erklärte er (Nr. 390), daß die Geschichte vom «Sündenfall» (Gen 3,1–7) zwar eine bildhafte Sprache verwende, «aber ein ursprüngliches Ereignis bestätigt, eine Tatsache, die am Beginn der Menschheitsgeschichte stattgefunden hat». Ja, er ließ die Ratlosen auch nicht im Unklaren, *wie* alles geschah: es kam durch den Sündenfall der Engel (Nr. 391–395)! *Die,* in Teufel verwandelt, verführten den ersten Menschen zur Sünde des «Ungehorsams» (Nr. 397), und so kam der Tod zu den Menschen, so geriet die Schöpfung selbst (Röm 8,20!) unter die Knechtschaft der Verderbnis (Nr. 400); erst seit diesem Tag muß der Mensch sterben. Daran zu zweifeln ist nach päpstlicher Weisung weder möglich noch erlaubt, denn, so sagt er, «die Schrift und die Tradition der Kirche betonen unablässig die Gegenwart und die Universalität der Sünde in der Geschichte des Menschen» (Nr. 401). Da gibt es nicht einmal ein Nachdenken darüber, daß die gesamte Vorstellung von dem «Luzifer», dem «Lichtbringer», der von dem (Sonnen)Gott gestürzt wird (vgl. Jes 14,12–15), eine kanaanäische Mythe vom Morgenstern aufgreift (vgl. H. GESE: *Die Religionen Altsyriens,* in: Religionen der Menschheit, 10, 2, Stuttgart 1970, 116ff.), die vermutlich noch in der griechischen Sage von Phaethon fortlebt. Ohne jede Reflexion ist der Mythos Dogma, weil die Kirche es so will.

Es kann nicht verwundern, daß dieselbe Kirche auch über *die Folgen* der «persönlichen Sünde», die «Adam und Eva begingen», sich wohlunterrichtet zeigt: die menschliche Natur wurde ihrer ursprünglichen Heiligkeit und Rechtfertigung beraubt; – beide konnte erst Christus durch seinen Opfertod und, nicht zu vergessen, durch die Gnadenmittel der Kirche, wiederherstellen (Nr. 404) ...

Es ist schwer vermeidbar, eine «Glaubens»zentrale, die in solcher Weise die Meinung von 900 Millionen Menschen auf Erden manipuliert, *nicht* auf dem geistigen Niveau einer Sekte befindlich zu erkennen; die gelindeste Feststellung dazu muß lauten, daß in der «Theologie» dieser «Kirche», ganz abgesehen von dem fundamentalistischen Umgang mit der Bibel, die fundamentalen Einsichten der Naturwissenschaften, wie sie inzwischen jedes Kind bezüglich der Abstammung des Menschen in der Schule gelehrt bekommt, schlicht keine Rolle spielen, und das seit Jahrhunderten nicht. ISAAC ASIMOV (*Die exakten Geheimnisse unserer Welt*, 256) erzählt noch davon, daß «James Ussher, irischer Erzbischof des 17. Jahrhunderts, ... bei dem Versuch, die Erschaffung des Menschen möglichst genau zu datieren», zu dem Ergebnis gelangte, «daß dieses Ereignis sich im Jahre 4004 vor Christus zugetragen habe». Der geistigen Einstellung nach hat sich dieses Weltbild in der katholischen Kirche bis heute offenbar nicht verändert: Die Geschichte von «Adam» zu Abraham, die neun Kapitel der Genesis mit ihren Mythen vom «Sündenfall», «Brudermord», der «Sintflut» und dem «Turmbau», das ist nach wie vor alles, was diese «Theologie» an der Herkunft des Menschen wichtig und interessant findet. – «Bildhafte Geschichten» können sehr tiefsinnig sein, doch nur wenn man sie nicht dazu benutzt, die ganze Menschheit auf dem Niveau von «Wenigergebildeten» zu halten!

Näher betrachtet sind es gleich *drei* Tatsachen, mit denen das römische «Lehramt» an dieser Stelle nicht zurecht kommt.

Da ist *als erstes* die Idee einer «Evolution» selber bereits. Wenn sie zutrifft, stürzt nicht allein der Mensch von seinem königlichen Thron an der «Spitze» der «Schöpfung», es wanken die Throne aller Mächtigen insgesamt. Im ganzen 19. Jahrhundert (und, wie man sieht, auch noch im 20. Jahrhundert) wurde (und wird) die Evolutionslehre von allen restaurativ-monarchischen Kräften Europas leidenschaftlich bekämpft, und man versteht wohl, warum: Wenn wirklich die wichtigsten, großartigsten und schönsten Erscheinungen der Natur sich ohne einen erkennbaren Planer noch Plan, ohne Lenker noch Lenkung gestaltet haben und immer wieder gestalten, so steht die Idee eines Gottes überhaupt in Frage, vor allem aber, es steht, schlimmer wohl noch für gewisse Kreise, damit die Möglichkeit einer altorientalisch-monarchischen «Stellvertretung» dieses Gottes auf Erden als unannehmbar da. Die *«Vernunft in der Geschichte»* (G. W. HEGEL) kommt, in evolutiver Betrachtung, nicht länger mehr durch das Diktat von Kaisern und Kardinälen, Fürsten und Päpsten, Aufsehern und Episkopen («Bischöfe») zustande – sie vollzieht sich am besten ungestört, «wie von selbst», «von unten her». «In deinem Fingernagel steckt mehr Verstand als in deinem Kopfe», meinte schon F. NIETZSCHE; doch wenn die Natur ihre kostbarsten Erzeugnisse wie das menschliche Gehirn hervorbringt, ohne daß es einen «Kopf» gibt, der sie lenkt, dann bedarf es auch keines «Hauptmannes», der die Menschen wie seine Untertanen kommandieren müßte. Die Evolutionstheorie selbst vereinbart sich mit keiner Art hochherrschaftlichen Denkens. In gewissem Sinne ist sie gesellschaftlich revolutionär.

Und *ein zweites:* Die Maßstäbe stimmen nicht! Die biblischen Zeitmaße sind auf geradezu groteske Weise verkehrt! Und zwar nicht etwa der allgemeinen Unwissenheit jener Zeit wegen, sondern weil der Kampf des hebräischen Jahwe gegen die Götter der Völker zu einer frontalen Ablehnung der «heidnischen» Mythen führte. Die religiösen Überlieferungen der *Ägypter* zum Beispiel rechneten mit vielen Jahrmillionen der Dauer des Kosmos, und zwar schon Jahrtausende vor der Entstehung der Bibel; es kommt einer unglaublichen Reduktion gleich, wenn die biblischen Traditionen sogar die Dauer dessen, was wir heute «Geschichte» nennen, die Zeitspanne vom Beginn des Neolithikums bis heute, auf ein paar fantastische Genealogien zusammenstreichen; von den Dimensionen der «Vorzeit», der Prähistorie im eigentlichen Sinne, hat die Bibel schlicht keine Ahnung. Und ebenso, was die Vorstellungen vom «Ende» der Geschichte angeht. In den Überlieferungen der *Römer* hat sich zum Beispiel noch die alte mythische Vorstellung der Völker von einer Abfolge bestimmter Weltalter erhalten; – die jüdische Apokalyptik wird diesen Gedanken später aufgreifen, doch wieder so stark zeitverkürzt, daß er zu nichts anderem taugt als zu der schematisierten Deutung von ein paar hundert Jahren jüngster Geschichte.

Schon rein zeitlich konzipiert die Bibel die Welt allein auf den Menschen hin; für sie ist die ganze Erde nichts als die Bühne seines Auftritts, und selbst von der menschlichen Geschichte interessiert sie sich einzig für den Mythos der besonderen Erwählung eines einzigen, des *eigenen* Volkes. Wer von der babylonischen Kultur beispielsweise nur so viel versteht, verstehen *will,* wie die Geschichte vom Turmbau zu Babel mit ihrer grotesken Mißdeutung der mesopotamischen Tempeltürme (Gen 11,1–9), dessen Stärke liegt sicher nicht in der Objektivität der Weltdeutung, der möchte radikal subjektzentriert die Hoffnung des eigenen Volkes auf Weltbedeutung legitimieren.

Beides scheint dabei zusammenzugehören: Wenn Gott die ganze Welt eigentlich nur geschaffen hat für den Menschen und wenn er all die Menschen eigentlich nur zum Applaus für seine Machtdemonstration in der Geschichte eines einzelnen kleinen Volkes bestellt hat, dann kann die Welt in Raum und Zeit in der Tat wohl nicht allzu große Maße aufweisen. Man braucht nicht gerade eine Arche Noah, wenn man nur ein paar Mäuse mit an Bord nehmen will, und eine Welt von den Ausmaßen, wie sie alle antiken Völker, das jüdische ausgenommen, bereits ahnten, ist einfach zu riesig für die Winzigkeit just des Projektes, das die Bibel ihrem Schöpfer zuschreibt und zutraut.

Das Christentum aber hat die Enge der biblischen Perspektive von Raum und Zeit mit vielfachen theologischen Argumenten einfach beibehalten und verfestigt. Das geozentrische Weltbild des ägyptischen *Ptolemäus,* nicht die «kopernikanische» Sicht des griechischen *Aristarch von Samos* wurde von den christlichen «Theologien» übernommen und verteidigt. Noch im 13. Jahrhundert erklärte THOMAS VON AQUIN, daß die Welt einen zeitlichen Anfang gehabt haben müsse, spreche doch die Bibel selbst von dem «Anfang», in dem Gott die Welt erschaffen habe (Gen 1,1).

Erst vor diesem Hintergrund versteht man den tödlichen Haß der römischen Kirche gegen einen so großen religiösen Erneuerer wie GIORDANO BRUNO mit seinem Konzept von der Unendlichkeit des Kosmos in Raum und Zeit. Doch es half alles nichts. Schritt für Schritt erweiterte vor allem die Geologie des 18. und 19. Jahrhunderts, dann aber auch die Biologie und schließlich im 20. Jahrhundert die Physik und Astronomie die Vorstellungen von der Größe des Raumes und der Zeit, vor deren Hintergrund sich das Drama des Menschen abspielt, und Schritt für Schritt mußten die Naturwissenschaften dabei die Lehren des Christentums widerlegen und den Einfluß der Kirchen zurückdrängen. Zu spät, daß immerhin doch in den neunziger Jahren des 20. Jahrhunderts schließlich auch die römische Kirche die Verurteilung GALILEIS widerrief und, nach einer Meldung aus dem Jahre 1996 (!), sogar kundtat, auch Papst JOHANNES PAUL II. habe gegen die Evolutionslehre nunmehr keine Einwände mehr. Der Widersprüche sind nur allzu viele.

Akzeptiert man die evolutive Sicht der Welt, so kann der Mensch nicht länger mehr als das Zentrum und Ziel aller kosmischen Veranstaltungen betrachtet werden; so kann es nicht die «Sünde» «Adams» gewesen sein, die uns die «Übel» der Welt beschert hat; so kann mithin auch von einer «Erlösung» der «Welt» durch Jesus «Christus» ehrlicherweise keine Rede mehr sein; so muß man vielmehr alle Aussagen über die «Welt» prinzipiell und strikt zurückbeziehen allein auf die *Menschen*welt – man muß sie lösen von allen naturphilosophischen und metaphysischen Spekulationen, und man muß zugeben, daß, außerhalb der unmittelbaren existentiellen, religiösen Fragestellung im engsten Sinne, die Sicht der Bibel nicht einmal auf den Menschen einigermaßen «richtig» ausgelegt ist.

Was aber bleibt dann übrig von der «Sünde» des Menschen, vom «Bösen» im Menschen aufgrund eines «Sündenfalls» der englischen Heerscharen im

Himmel, wenn wir so deutlich sehen, an welch einem *Anfang* der Menschwerdung die Spezies des *Homo sapiens* bei ihrem Hervorgang aus der Tierreihe nach 2–3 Millionen Jahren ihrer Entwicklung heute erst steht? Von der Durcharbeitung der menschlichen *Angst* zur «Erlösung» der Menschenwelt entsprechend der Botschaft Jesu, wie wir sie im 2. Band von *Glauben in Freiheit* vorgelegt haben, brauchen wir gerade jetzt nichts zurückzunehmen; die feierlich verkündeten Kirchendogmen jedoch verlieren in ihrer fundamentalistischen Äußerlichkeit jeglichen Sinn, ja, sie geben sich selber inzwischen der Lächerlichkeit preis.

Noch Pius XII. verkündete etwa in jener denkwürdigen Enzyklika *Humani generis,* daß man den Lehren Darwins vielleicht insoweit folgen könne, als Gott den Menschen (laut Gen 2, 7) ja nicht aus «nichts», sondern aus schon vorhandener Materie, aus dem «Staub der Erde», «gemacht» habe; die *körperliche* Herkunft des Menschen, wolle das sagen, meinte der Papst, könne also sehr wohl aus schon vorhandenen Lebensformen erfolgt sein, wofern nur an dem Glauben festgehalten werde, daß die *Seele* des Menschen je für sich unmittelbar von Gott im Akt der Zeugung eines Menschen seinem Körper eingepflanzt werde.

Nach dieser Vorstellung sind also, in Anlehnung an Aristoteles, Seele und Körper als zwei verschiedene metaphysische Prinzipien zu betrachten, und es ist zu denken, daß bei der Entstehung jedes einzelnen Menschen Gott jeweils eine unsterbliche Seele speziell für diesen Organismus erschafft bzw. eine passende geistige Substanz aus seinem unendlichen himmlischen Vorrat auf die Erde hernieder sendet; *das* muß es in päpstlicher Sicht bedeuten, die Nachricht der Bibel «angemessen» dem kirchlichen Dogma auszulegen, es habe Gott bei der Erschaffung «Adams» dem Gebilde aus Lehm «Odem des Lebens in die Nase geblasen» (Gen 2,7). Man muß es noch einmal betonen: die mythischen Bilder der Bibel, zum Beispiel das vom Einhauchen des Lebensodems, sind an sich selbst von einer großartigen Schönheit und Tiefe der Aussage, doch behalten sie diese nur, wenn man sie in ihrer poetischen Kraft würdigt und sie nicht auf eine absurde Weise in die Sprache der kirchlichen Dogmatik verformt.

So aber wird zugleich klar, worum es dem römischen Lehramt *zum dritten* geht: Es soll im Menschen der «Geist» als Vernunftprinzip nicht in Zusammenhang mit «tierischen» Antrieben gebracht werden! Nach kirchlicher Auffassung besitzt der Mensch seinen Verstand wesentlich zu dem Zweck, daß er seinen Willen zur Herrschaft über seine Gefühle und «niederen» Triebbedürfnisse einsetzt; und *diese* Vorstellung freilich fiele dahin, wenn man annehmen müßte, daß sich das «Beste» am Menschen, der Intellekt, aus den Instinkten von Tieren könnte entwickelt haben. Der ganze Stolz des Menschen, seine moralische Freiheit und Autonomie, geriete ins Wanken, träfe das zu! Weder ließe sich den Menschen dann noch von seiten der Oberen so einfach befehlen, was sie zu wollen hätten, noch könnten die Menschen sich selber so einfach in Dienst nehmen, wie sie es wollten oder doch sollten. Der Kampf der römischen Kirche gegen die *Tiefenpsychologie* mit der Entdeckung des Unbewußten findet hier seine Begründung.

In *allen drei Punkten* geht es, wie man sieht, im Grunde um ein und dasselbe: um das Ende des Versuchs, das Geschehen des Lebens, die Stellung des Menschen zur Welt, die Stellung des Menschen zu sich selber nach dem jüdisch-christlichen Modell *einer «Herrschaftsausübung»* zu erklären. Weder biologisch noch kosmologisch noch psychologisch – an keiner Stelle trifft dieses Modell zu. Die Kirche selbst aber verlöre den Herrschaftsanspruch über ihre «Gläubigen», wollte sie dieser Tatsache geständig sein. Und doch läßt sich dieses Geständnis nicht länger aufschieben.

Wenn der Gang der Entfaltung des Lebens selber sich nicht durch göttliches Planen, Wollen und Befehlen verstehbar machen läßt, wie sollte es dann noch länger für legitim gelten, die Gottheit auf Erden durch oberhoheitliches Planen, Wollen und Befehlen zu repräsentieren? Wenn der Mensch den Dimensionen von Raum und Zeit entsprechend ganz offensichtlich nicht dazu eingesetzt wurde, über die Welt und den Kosmos zu «herrschen», sondern wenn er, wie die Bibel doch *auch* sagt, lieber die Erde, der er entstammt, «bedienen und bewahren» sollte (Gen 2,15), dann ist die Welt wohl zu groß, um anthropozentrisch erklärt werden zu können; dann aber ist das ganze Schema von «Sündenfall» und «Erlösung» nichts weiter als eine symbolisch-mythische Anthropologie; dann enthält es durchaus keine «objektive» Information zu Fragen der Kosmologie; dann besitzt auch die Kirche (und auch das Volk Israel) keinerlei irgendwie ausgezeichnete Stellung im Welten«plan», und ihre «Bedeutung» beschränkt sich einzig darauf, das menschliche Dasein zu deuten und nach Möglichkeit «menschlicher» zu gestalten als bisher. Wenn aber selbst die «Gedanken» des Menschen hervorgehen aus Triebimpulsen, Affekten und Emotionen, so macht es keinen Sinn mehr, mit der Rezeptur moralischer Anweisungen den «alten» Adam «erneuern» zu wollen; dann ist dem Menschen nicht anders zu helfen, als indem man versucht, seine Situation zu verstehen und durchzuarbeiten.

In summa: Gott «herrscht» nicht über die Erde, wenn diese evolutiv sich entfaltet; der Mensch «herrscht» nicht über die Welt, die in solchen Dimensionen ihn überragt; ja, der Mensch «herrscht» nicht einmal über sich selber, wenn er als ein Tier, das gerade eben zu sprechen und zu denken beginnt, allererst dabei ist, die Augen des Geistes aufzuschlagen und zu sehen, in welch einer Welt er sich befindet und wie es um ihn und mit ihm bestellt ist.

Was also wissen wir von der Stellung des Menschen im Kosmos, von seiner Herkunft, von seiner Zukunft? Schon was *die Abstammung des Menschen* angeht, nicht gerade viel, wie sich zeigen wird; doch dieses Wenige bereits verändert vieles, im Denken der Kirchenfrommen beinahe alles.

b) Fakten und Faktoren, Funde und Befunde

α) Vom Kenyapithecus zum Australopithecus

Paläontologen sind um ihre Aufgabe nicht zu beneiden. Aus einem Minimum an Daten müssen sie versuchen, ein Maximum an Informationen über die Herkunft des Menschen abzuleiten. Nehmen wir an, ein *Archäologe* besäße nicht mehr als eine Tonscherbe aus dem antiken Ägypten vor der Zeit der Pharaonen, das Bruchstück eines Helms aus der römischen Kaiserzeit und ein paar Splitter vom Firstbalken eines sächsischen Bauernhauses, und er sollte daraus nun die Kulturgeschichte Europas rekonstruieren, so würde er wahrscheinlich das bloße Ansinnen bereits lachend zurückweisen; er befände sich aber, verglichen mit seinem Kollegen von der Paläontologie, noch in einer relativ günstigen Lage. Funde, die eine Zuordnung wenigstens nach Jahrhunderten genau erlauben, Hinweise auf Werkstoffgebrauch und Metallurgie, Rekonstruktionsmöglichkeiten von Lebensweise und Verhalten – für einen Paläontologen bedeutete es den Himmel, verfügte er über einen solchen Datenstrom! Statt dessen sind sein Zeitmaß Jahrmillionen; selbst Hunderttausende von Jahren verschwimmen vor seinem Blick zu bloßen Spekulationszeiträumen; freilich: sollte er in jahrelanger Geduldsarbeit aus der Zeit vor vier, fünf Millionen Jahren tatsächlich einmal das Fossil eines Zahns, das Bruchstück eines Schädels oder gar des Beckenknochens eines vormenschlichen Wesens auffinden, so ist ihm eine unangefochtene Stellung in den Augen der wissenschaftlichen Welt so gut wie sicher.

Der Unterschied ist deutlich. Die Paläontologie untersucht eigentlich nicht die Kulturgeschichte des Menschen, sondern das biologische Heraufdämmern der Spezies *homo* insgesamt in einer Zeit, die in buchstäblichem Sinne noch «Naturgeschichte» ist.

Es ist im Grunde denn auch der Fortschritt *physikalischer* Meßmethoden, der den Paläontologen bei der Altersbestimmung ihrer Fundobjekte entscheidend zustatten kommt.

Die zweifellos bekannteste Methode, um das Alter von Fossilien zu untersuchen, stellt die *Radiokarbon-Methode* dar, deren Reichweite allerdings bereits bei 50 000 Jahren endet und die deshalb für *Archäologen* von unschätzbarem Wert sein mag, die den Paläontologen aber über die Zeit des *Cro-Magnon*-Menschen hinaus nur wenig helfen kann; – deren Objekte sind um ein vielfaches älter! – Der Grundgedanke des C-14-Verfahrens ist einfach: Alle lebenden Organismen bestehen aus Kohlenstoff, und eine verschwindende Menge davon ist das radioaktive Isotop C_{14}; dessen Halbwertzeit kennt man, sie liegt bei 5670 Jahren, und so läßt sich aus dem Rest an noch nicht zerfallenem C_{14} die Zeit errechnen, die nach dem Tode des Lebewesens vergangen sein muß. Auf diese Weise sind recht exakte Datierungen möglich, nur eben: nach 50 000 Jahren ist der Kohlenstoff-14 zerfallen. (Vgl. GÖRAN BURENHULT: *Radiokarbon-Methode: Schlüssel zur Vergangenheit,* in: Die ersten Menschen, 94–95.)

Gleich um den Faktor zehn erweitert reicht indessen die Datierung nach dem Zerfall des Uranatoms, dessen natürliche Isotope (U_{238}, U_{235} und U_{234}) die Anfangsglieder radioaktiver Zerfallsreihen bilden. Spuren des Elementes finden sich zum Beispiel in den Stalagmiten von Tropfsteinhöhlen oder in den Ablagerungen kalkhaltiger Quellen, die vielleicht von Frühmenschen aufgesucht wurden. Zum Beispiel lassen sich Stalagmiten nach der Menge des kurzlebigen Tochterisotops Thorium-230 bis zu einem Alter von 500 000 Jahren recht genau bestimmen.

Zwei andere Verfahren, die sich zur Altersbestimmung etwa von Feuerstein oder Zahnschmelz im Zeitraum von über einer Million Jahren eignen, basieren auf der Tatsache, daß radioaktive Strahlen beim Betazerfall überschüssige Elektronen in dem Material hinterlassen, die sich bei Erhitzen in Form von Licht als *Thermolumineszenz* wieder freisetzen lassen oder in ihrer Anzahl unmittelbar über ein Spektrometer durch die *Elektronenspin-Resonanz* zählen lassen. (Vgl. RICHARD G. ROBERTS: *Die Thermolumineszenz*-Datierung, in: Die ersten Menschen, 152.)

Andere Methoden sind hilfreich, um das Alter von *Erdschichten* zu bestimmen, in denen früh- und vormenschliche Fossilien gefunden oder vermutet werden; sie sind zur indirekten Datierung bestimmter Funde hilfreich.

So weiß man, daß das *Magnetfeld* der Erde sich im Verlaufe der Erdgeschichte mehrfach gedreht hat – zuletzt vor 780 000 Jahren. Im Vulkangestein bleibt das Magnetfeld so ausgerichtet, wie es zur Zeit seiner Entstehung war.

Zeigt der *Paläomagnetismus* mithin ein Magnetfeld, das von der heutigen Ausrichtung abweicht, so läßt sich mit Sicherheit auf ein Alter solcher Schichten von mehr als dreiviertel Millionen Jahren schließen.

Zudem enthält Vulkangestein eine gewisse Menge *Kalium*, das beim Zerfall das Edelgas *Argon* bildet; dessen Atome verfliegen bei hohen Temperaturen, sie sammeln sich aber wieder, wenn der Lavastrom abkühlt. Von daher läßt sich bestimmen, zu welchem Zeitpunkt ein Vulkan ausgebrochen sein muß – eine außerordentlich wichtige Information, sind doch zahlreiche menschliche Fossilien, darunter die wichtigsten, in Schichten von Vulkangestein gefunden worden, wie in der mittlerweile schon legendären Olduvai-Schlucht, am Turkana-See oder in der Afar-Senke.

Allein schon, daß wir auf *physikalische* Mittel angewiesen sind, um das Alter und die Art der Abstammung des Menschen zu erforschen, macht deutlich, daß wir in eine Zeit zurückgehen, in welcher der «Mensch» noch nichts anderes war als ein Teil der Natur; so etwas wie Kultur existierte damals noch gar nicht; lediglich einfache Formen von Werkzeuggebrauch, wie sie auch bei Schimpansen bekannt sind, dürfen für riesige Zeiträume angenommen werden, zeigen aber nichts spezifisch «Menschliches»; *das* erscheint vielmehr zunächst in gewissen *körperlichen* Veränderungen, die sich in den Fossilien des Skeletts, des Schädels und der Zähne niedergeschlagen haben und die es uns erlauben, den Gang, das Gehirnvolumen und die Ernährungsweise unserer Vorgänger und Vorfahren zu rekonstruieren.

Freilich ist dabei Vorsicht geboten. Denn natürlich bleibt es unter den genannten Voraussetzungen nicht aus, daß riesige Lücken des Wissens mit mehr oder minder plausiblen Hypothesen geschlossen werden müssen, die im Grunde nichts weiter sind als Vermutungen darüber, in welcher Richtung es sich wahrscheinlich lohnt, weiterzusuchen. Jeder neue Fund kann derzeit immer noch zu erheblichen Veränderungen der «Stammbäume» führen, in denen man das bislang vorliegende Fundmaterial in Zusammenhang zu bringen sucht; alle Aussagen über die Abstammung des Menschen unterliegen beim derzeitigen Stand des Wissens auch in Zukunft gewiß noch vielen Korrekturen, in den Details ebenso wie in den systematischen Herleitungen. Ja, es steht zu erwarten, daß sich durch neue physikalische Meßverfahren oder durch die rasante Entwicklung biologischer Kenntnisse das Gesamtbild selbst noch mehrfach wandeln wird. (Vgl. M. Geyh: *Einführung in die Methoden der physikalischen und chemischen Altersbestimmung*, Darmstadt 1980.)

So hat insbesondere *die Molekularbiologie* den Paläontologen eine völlig neue, offenbar recht zuverlässige «Uhr» an die Seite gestellt, die in den letzten

Jahren sogar die Einteilung der Primaten verändert hat. (Vgl. R. Lewin: *Spuren der Menschwerdung,* 48–52.) Noch in den siebziger Jahren ordnete man alle Menschenaffen (Gibbons, Orang-Utans, Gorillas und Schimpansen) der Familie der «*Pongiden*» zu, der man den Menschen und seine Vorfahren als «*Hominiden*» gegenüberstellte; selbst damals noch ging man von der Vorstellung aus, daß die Menschenaffen einen anderen Ursprung hätten als die Menschen – beide Familien, so glaubte man, hätten sich im Miozän vor mehr als 15–20 Millionen Jahren voneinander getrennt, die Gibbons sogar schon vor dreißig Millionen Jahren, die Orangs vor mehr als zwanzig Millionen Jahren, die Gabelung in der Entwicklung von Gorillas und Schimpansen vermutete man bei etwa siebzehn Millionen Jahren. All diese Konstruktionen wurden über den Haufen geworfen, als es Ende der sechziger Jahre Allan Wilson gelang, exakte Methoden zur Sequenzanalyse der DNS (Desoxyribonucleinsäure), der Trägerin der Erbinformationen im Zellkern, zu entwickeln. (Vgl. B. M. Fagan: *Aufbruch aus dem Paradies,* 33–38.) Geht man davon aus, daß die Mutationsrate des Erbgutes relativ konstant ist (2–4 Prozent in einer Million Jahren), so läßt sich eine mittlere Geschwindigkeit errechnen, mit der bestimmte Änderungen des Genotyps zustande kommen. Besonders entgegen kommt den Forschern der Umstand, daß die «Energiefabriken» in den Zellen, die Mitochondrien, nur in den *weiblichen* Eizellen weitergegeben werden und über eine eigene DNS verfügen, deren Veränderungen überraschende Rückschlüsse auf die Wanderbewegungen und Aufspaltungen der Menschen in der Urzeit erlauben. Daneben erlaubt die *Eiweißuhr* eine Datierung von Knochen: alle lebenden Eiweißmoleküle sind linksdrehend; wenn der Organismus stirbt, gehen sie jedoch in eine rechtsdrehende Ausrichtung über (die «Racemisierung»); je kürzer der Abstand zwischen beiden Molekülarten, desto länger liegt der Tod des Organismus zurück.

Insgesamt hat sich gezeigt, daß die *afrikanischen Menschenaffen* (Schimpansen und Gorillas) dem Menschen so nahe stehen, daß man sie mittlerweile der Familie der Hominiden zurechnet. Zwischen dem heute lebenden Menschen und dem heute lebenden Schimpansen liegt, rein genetisch betrachtet, ein Unterschied von weniger als 2 Prozent der Erbinformationen. Die Aufspaltung zwischen dem Menschen und dem afrikanischen Menschenaffen dürfte vor etwa 9 Millionen Jahren begonnen haben, während die Linie, die zu den Orangs führte, sich schon vor etwa fünfzehn Millionen Jahren von den «Hominiden» getrennt hat; die Gibbons sind wohl bereits vor etwa zwanzig Millionen Jahren ihren eigenen Weg gegangen – weit *später* in jedem Falle, als ursprünglich angenommen wurde.

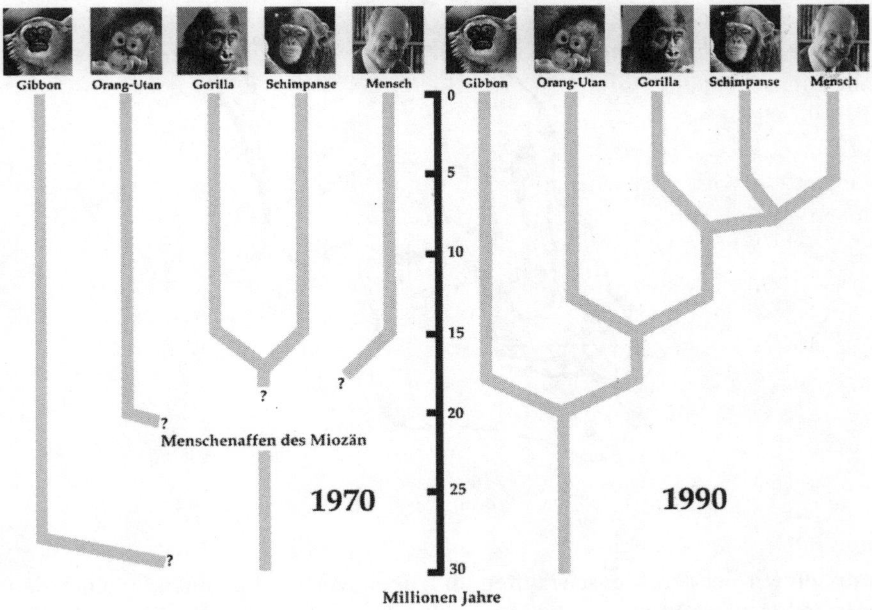

1 Zwei verschiedene Auffassungen vom Stammbaum der Menschenaffen und Menschen.

Stellt man die Auffassungen, die noch um 1970 herrschten, denen von 1990 in zwei schematischen Tafeln einander gegenüber, wie es L. Aiello und P. Andrews (*Welche Beziehung haben wir zu den Menschenaffen,* in: L. Aiello, P. Bennike: 4 Millionen Jahre Mensch, S. 15) getan haben, so wird der Unterschied auf einen Blick deutlich (Abb. 1). (Vgl. H. Rothe: *Die Stellung des Menschen im System der Primaten,* in: Deutsches Institut für Fernstudien an der Universität Tübingen, Tübingen 1990; bes. A. R. Templeton: *The phylogeny of the hominoid primates: A statistical analysis of the DNA-DNA hybridization data,* in: Mol. Biol. Evol. 2, 1985, 420–433; M. Goodman: *Towards a genealogical description of the primates,* in: M. Goodman, R.E. Tashian: Molecular Anthropology, New York 1976, 321–353; V.M. Sarich, J.E. Cronin: *Molecular systematics of the primates,* in: a. a. O., 141–170; V.M. Sarich, A.C. Wilson: *Generation time and genomic evolution in primates,* in: Science 179, 1973, 1144–1147.)

Versuchen wir, in groben Strichen das Bild von der Abstammung des Menschen zu zeichnen, das sich uns nach Funden aus jüngster Zeit darbietet, so

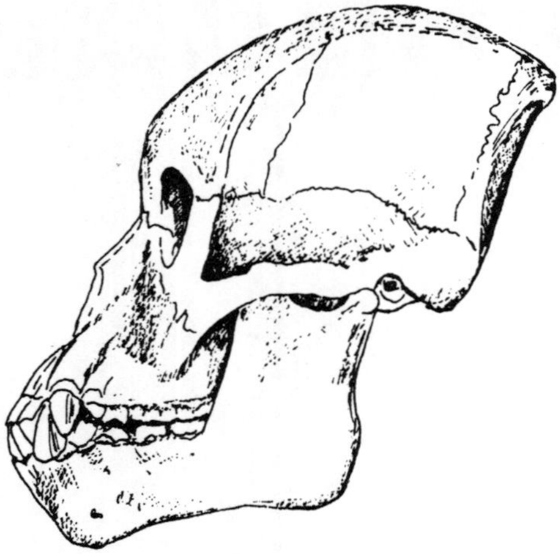

2 *Proconsul africanus.*

müssen wir bei den Menschenaffen im frühen Miozän beginnen, in einer Zeit zwischen 25–15 Millionen Jahren, in den Urwäldern des tropischen Afrika. (Vgl. C. NIEMITZ: *Stammesgeschichte der Primaten und des Menschen,* in: W. Laskowski [Hg.]: Evolution, Berlin 1986, 121–133.) Fast alle fossilen Menschenaffen lebten damals auf den Bäumen, wie zum Beispiel *Proconsul africanus* (Abb. 2), und ernährten sich vorwiegend von Früchten; einige allerdings, wie *Proconsul major,* waren für das Leben auf den Bäumen zu schwer und lebten, wie der Gorilla heute, wohl mehr am Boden; doch auch ihre Heimat blieb der tropische Regenwald Afrikas.

Den ersten Proconsulschädel beschrieb 1933 der englische Paläontologe A. TINDELL HOPWOOD. Der «Schädel zeigt bereits ‹menschliche› Merkmale wie die schwächeren Überaugenbrauenwülste und den schmalen, weit vorgeschobenen Kiefer». (RUTH OMPHALIUS: *Planet des Lebens,* 158; zum Thema vgl. D. R. PILBEAM: *Recent finds and interpretations of Miocene hominoids,* in: Ann. Rev. Anthrop. 8, 1979, 333–352; W. HENKE, H. ROTHE: *Paläoanthropologie,* 226–238; zur Geschichte der Forschung vgl. A. C. WALKER, M. F. TEAFORD: *The hunt for Proconsul,* in: Sci. Am. 260, 1989, 76–82; A. C. WALKER, D. FALK, R. SMITH, M. PICKFORD: *The skull of Proconsul africanus: reconstruction and cranial capacity,* in: Nature 305, 1983, 525–527; A. C. WALKER, M. F. TEAFORD, R. E. F. LEAKEY: *New Proconsul fossils from the early Miocene of Kenya,* in: Am. J. phys. Anthrop. 66, 1985, 239–240.)

Erst vor fünfzehn Millionen Jahren erscheinen fossile Menschenaffen, wie als erster *Griphopithecus alpani,* der «rätselhafte Affe», im Osten der Türkei und in Osteuropa und breiten sich nach und nach bis nach China aus. Dutzende verschiedener Arten von Menschenaffen bewohnten damals die Urwälder des Miozäns. Gemeldet wurde am 25. Juli 1997 in *dpa* der Fund eines neuen Bindegliedes zwischen Affe und Mensch: Am Victoria-See fanden Anthropologen den Schädel eines Lebewesens mit fliehender Stirn und mächtigen Reißzähnen. *Victoriapithecus* lebte vor mehr als 15 Millionen Jahren und konnte wohl auch schon aufrecht gehen – eine Fähigkeit, die sich durch das Hangeln in Bäumen mit der entsprechenden Belastung von Rückgrat und Rückenmuskulatur vorbereitet haben dürfte.

In der Zeit zwischen 15–8 Millionen Jahren besetzten die Menschenaffen die unterschiedlichsten Lebensräume in Asien, Europa und selbst in Afrika, wo sie sich weit über die Tropenzone hinaus bis in den Südwesten ausbreiteten. Ihr Vorkommen war damals also weit ausgedehnter und ihre Anpassung weit vielfältiger, als sie heute erscheint, wo wir freilebende Menschenaffen nur noch in den afrikanischen und asiatischen Urwäldern antreffen. Es scheint indessen, daß vor 8–9 Millionen Jahren die kleineren Altweltaffen sich gegenüber den Menschenaffen durchzusetzen begannen.

Besonders bemerkenswert ist in diesem Zusammenhang ein fossiler Menschenaffe, der vor etwa 15 Millionen Jahren in Afrika lebte und offenbar bereits fähig war, sich am Boden zu bewegen; die Wissenschaftler haben ihm den Namen *Kenyapithecus wickeri* gegeben. (Vgl. M. PICKFORD: *Kenyapithecus: a review of its status based on newly discovered fossils from Kenya,* in: P.V. Tobias: Hominid Evolution: Past, Present and Future, New York 1985, 107–112.) Auffallend bei ihm sind seine Backenzähne mit ihrer dicken Schmelzschicht, die, wie im übrigen auch bei *Griphopithecus alpani,* deutlich belegen, daß er härtere Nahrung wie Nüsse und Samen zu sich nahm. Man kann daraus schließen, daß ihm Früchte nicht das ganze Jahr über zur Verfügung standen; er war offenbar an ein Klima angepaßt, das den jahreszeitlichen Schwankungen von Sommer und Winter unterworfen war und das die tropischen Regenwälder nach und nach in Savannen, Buschland und Wüste verwandelte (vgl. M. PICKFORD, a.a.O.).

Aufsehen erregte in den sechziger Jahren vor allem der *Ramapithecus,* der in Eurasien verbreitet war und zuerst als ein Hominide angesehen wurde; heute ordnet man ihn eher dem *Sivapithecus* zu und sieht in ihm einen Vorläufer des Orang-Utan. (Vgl. R. LEWIN: *Spuren der Menschwerdung,* 74–75; P.J. ANDREWS, J.E. CRONIN: *The relationships of Sivapithecus and*

Ramapithecus and the evolution of the Orang utan, in: Nature 297, 1992, 541–546.)

Bis hierhin verfügen wir nur erst über ein paar paläontologische Bruchstücke aus einem riesigen Abstand der Zeit, in welcher die Vorgeschichte des Menschen spielt; noch sind wir nicht bei Formen des Lebens angelangt, die zu den mittelbaren und unmittelbaren Vorgängern des Menschen gezählt werden müssen; und doch werden wir bereits zu einigen *Ursachen* geführt, die den Weg der «Menschwerdung» gebahnt haben: klimatische Veränderungen (vgl. M. SCHWARZBACH: *Das Klima der Vorzeit,* 4. Auflage, Stuttgart 1988), die offenbar die Folge bedeutender geologischer Vorgänge bildeten – näherhin ein weltweites Absinken der Temperatur, ein Absinken des Meeresspiegels durch Vereisung der Polkappen und ein Auseinanderdriften des Meeresbodens sowie im Hintergrund vermutlich gesetzmäßige Veränderungen der Erdumlaufbahn, die ihrerseits zur Bildung von Eiszeiten führten. Jeder dieser Prozesse folgte seinen eigenen Gesetzen – der Plattentektonik, der Thermodynamik, der Physik des Wassermoleküls, den Gesetzen der Gravitation; kein einziger dieser Prozesse trug in sich die «Absicht», im Verlauf von 10 bis 20 Millionen Jahren den Menschen hervorzubringen, doch trug jeder für sich zu gerade diesem Ergebnis bei.

Man muß sich dabei nur konkret genug vor Augen halten, wie zufällig, wie blind, wie nur sich selber gehorchend all die Vorgänge ablaufen, denen wir Menschen letztendlich unsere Existenz verdanken, und der Gedanke selbst scheint hier schon absurd, es stelle gerade dieses Geschiebe und Gedränge wechselseitig miteinander verknüpfter Ursachen und Wirkungen den absichtsvollen Plan eines allweisen, allgütigen und allmächtigen Wesens dar, das partout ein denkendes, geistbegabtes Gebilde, gleich ihm selbst, habe hervorbringen wollen; vielmehr wird als erstes an dieser Stelle schon deutlich, daß jeder Fortschritt der Evolution offenbar durch Notlagen und Engpässe vor allem in der Nahrungsversorgung hervorgerufen wurde. Nicht Güte und Menschlichkeit, ganz im Gegenteil – Härte und Enge waren allem Anschein nach die treibenden Motoren beim «Aufstieg» zur Menschheit; doch ist es natürlich unmöglich, die Naturkräfte selber dafür zu schelten, moralisch zu bewerten oder sie sich anders zu wünschen – sie sind Naturkräfte. Sie sind, wie sie sind; sie wirken, wie sie müssen. Statt in dem Menschen ein Geschöpf Gottes zu sehen, sollte man auf dieser Stufe der Betrachtung ihn deshalb weit eher als ein Kind des Windes und des Vulkanismus bezeichnen, als ein Naturkind, ganz wörtlich. Ein «Kind Gottes» ist der Mensch hier noch nicht, er wird es wohl erst – sehr viel später – durch die Kultur, die er selber hervorbringt und die ihn hervorbringt. Doch der Reihe nach.

Woher, mag man fragen, weiß man eigentlich, welch ein Klima vor vielen Millionen Jahren, in der Zeit des Miozäns (zwischen 24 bis 5 Millionen Jahren) und des Pliozäns (zwischen 4,5 Millionen bis 2,3 Millionen Jahren), geherrscht hat? Auch zur Beantwortung dieser Frage hilft den Forschern eine *physikalische* Methode entscheidend weiter: die *Sauerstoff-Isotopen-Messung* in den arktischen und antarktischen Eisschilden und in den Gebirgsgletschern, nach der «Formel»: je höher die Werte, desto kälter das Klima. Das Ergebnis derartiger Untersuchungen schildert P. J. ANDREWS (*Wie beeinflußt Klimawechsel die Evolution,* in: L. Aiello, P. Bennike: 4 Millionen Jahre Mensch, 22–23): «Fast während des gesamten frühen Miozäns lagen die Temperaturen höher als heute … Ihr Maximum erreichten sie vor 19,5–16,5 Millionen Jahren. Anfang des mittleren Miozäns gab es eine Periode erneuter Abkühlung mit einer größeren Ausdehnung des arktischen Eisschildes. Vor 14,5–14,1 Millionen Jahren kam es zu einer größeren, dauerhaften Veränderung …, d. h. in höheren Breitengraden wurde es kälter. In der zweiten Hälfte des Miozäns gab es zwei weitere Kälteperioden, eine vor 12,5–11,5 Millionen Jahren im mittleren Miozän und eine gegen Ende des mittleren Miozäns vor 11–9 Millionen Jahren. Auf diese folgte zu Beginn des späteren Miozäns eine Periode relativer Wärme. Gegen Ende des Miozäns, vor 6,3–4,8 Millionen Jahren, wurde es wieder kälter, was zur weiteren Ausdehnung des antarktischen Eisfeldes und zur Austrocknung des Mittelmeeres führte. Im Pliozän, vor 4,8–3,5 Millionen Jahren, folgte wieder eine Warmzeit … Vor 2,6 Millionen Jahren folgten dann eine Zunahme der Vereisung, die Ausbildung des arktischen Eisschildes und schließlich die Eiszeiten selber.»

Zwei Diagramme, die die Temperaturentwicklung im gesamten Känozoikum (Abb. 3) und das zunehmende Absinken des Meeresspiegels (Abb. 4) einander gegenüberstellen, veranschaulichen diese Daten. (Vgl. R. LEWIN: *Spuren der Menschwerdung,* 34–35.)

Für Afrika als die «Wiege» der Menschheit ist entsprechend diesen Daten zu Beginn des Miozäns mit einem Monsunklima mit reichlichen Regenfällen zu rechnen, «die tropische Wälder ermöglichten. Diese werden bis ins mittlere Pliozän bestanden haben. Zu dieser Zeit war Afrika von Europa und Asien durch das Tethys-Meer getrennt, das sich vom heutigen Mittelmeer bis zum Indischen Ozean erstreckte. Die nördliche Küste dieses Meeres war von extensiven subtropischen Wäldern bedeckt, die sich vom heutigen Südeuropa bis nach Südchina ausdehnten … Zwischen diesen beiden Gürteln der tropischen und subtropischen Wälder lag entlang der Südküste des Tethys-Meeres … eine trockenere Zone. Diese Region wurde während des späteren

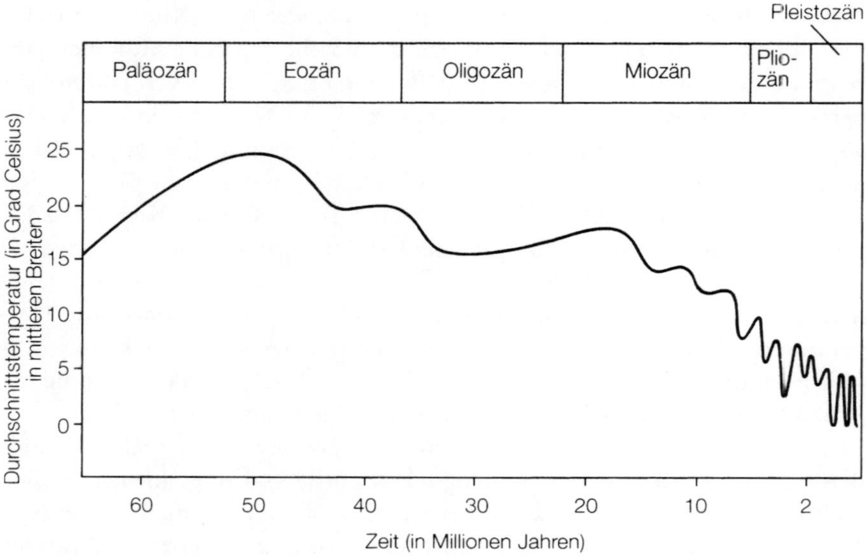

3 Weltweite Temperaturveränderung in den vergangenen 65 Millionen Jahren.

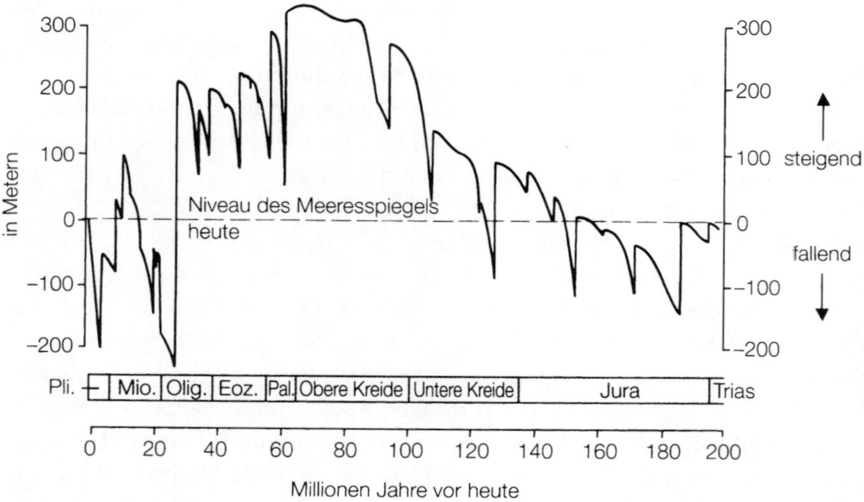

4 Schwankungen des Meeresspiegels in den vergangenen 200 Millionen Jahren.

Miozäns noch trockener, was seinen Höhepunkt in der Messinischen Periode fand, als das Tethys-Meer isoliert wurde und austrocknete. Zur gleichen Zeit wurden die westlichen und östlichen subtropischen Wälder voneinander getrennt, und offene Landschaften breiteten sich dazwischen aus» (P. J. ANDREWS, a. a. O., 22–23).

Es sind offenbar diese Veränderungen, die in immer neuen Schüben von Trockenzeiten dazu führten, daß zum ersten Mal Menschenaffen in Afrika genötigt wurden, sich aus den Regenwäldern in das Grasland vorzuwagen und damit Lebensformen auszubilden, die, Jahrmillionen später, den Menschen hervorbrachten.

Entscheidend für die Klimaveränderungen waren *geologische* Prozesse. Die *Kontinentaldrift* trennte Südamerika von Afrika und Nordamerika von Europa, zwischen den Landmassen weitete sich der Atlantik aus; an den Rändern der driftenden Kontinente falteten sich hohe Bergketten auf: im Westen von Nord- und Südamerika die Rocky Mountains und die Anden, am Nordrand des Thetys-Meeres die Alpen. «Das Hochland von Tibet wurde im späten Miozän angehoben, als der indische Subkontinent auf den asiatischen Kontinent stieß» (P. J. ANDREWS: a. a. O., 22).

Natürlich veränderten diese Gebirgsbildungen die Windströmungen und die Verteilung der Niederschläge. J. H. REICHHOLF (*Das Rätsel der Menschwerdung*, 74–75) weist vor allem auf die Folgen hin, die sich ergaben, «als die Landmassen genügend nahe an die Pole herangekommen waren». Er schreibt: «Nun war es aus mit der weltumspannenden Zirkulation der Wassermassen, die (sc. bisher) dafür gesorgt hatte, daß bedeutende Wärmemengen in die polaren Regionen verfrachtet wurden. Die Antarktis war die erste Landmasse und der Schrittmacher für die nun folgenden Entwicklungen. Sie bewegte sich direkt in eine zentrale Position am Südpol und bewirkte damit die Bildung eines massiven Kältepols.»

Auf diese Weise kam es zu einem starken «Temperaturgefälle zwischen dem subtropischen Afrika und dem polaren Antarktisblock». Auf der Nordhalbkugel, wo keine der Landmassen in die Polregion einrückte, entstand ein polarer Ozean. «Beide Pole kühlten in der Folge dieser Verschiebungen nach und nach stark ab. Es ist anzunehmen, daß sie Eiskappen ausgebildet haben. Am Südpol geschah dies in den Anfängen schon vor 15 Millionen Jahren. Am Nordpol setzte die Eisbildung vor etwa 6 Millionen Jahren ein.»

Die Folge dieser Veränderungen waren größere Temperaturschwankungen in den höhern Breitengraden und höhere Niederschlagsschwankungen in Äquatornähe. Phasen größerer Erwärmung bedeuten stärkeren Wind über dem Land und höhere Feuchtigkeit über dem Meer – der «Monsuneffekt»; Phasen der Abkühlung umgekehrt bedeuten in den Tropen Trockenheit. Eben dies ist allem Anschein nach der Effekt, der hinter dem Auftreten des Kenyapithecus in Afrika und der «Auswanderung» des *Griphopithecus* nach Ostanatolien steht. «Während der Kälteperiode vor 15 Millionen Jahren», schreibt R. Lewin (in: *Spuren der Menschwerdung,* 35), «scheint die Formenvielfalt der Hominoiden Afrikas und Eurasiens zugenommen zu haben. Damit verbunden war auch eine Erweiterung des Verbreitungsgebietes, nachdem sich die Landmassen Afrikas und Eurasiens vereinigt hatten ... Im oberen Miozän, vor 5–8 Millionen Jahren, starben die Hominoiden in Eurasien aus. Zur gleichen Zeit vergrößerte sich der westantarktische Polareisschild ... Nach molekularbiologischen Erkenntnissen kam es während dieser Zeit (sc. vor etwa 6 Millionen Jahren, d. V.) zur Bildung der Entwicklungslinien von Hominiden und Schimpansen. Die Klimaverschlechterung vor 2,4 Millionen Jahren liegt zeitlich gesehen nahe dem Ursprung der Zwergschimpansen (sc. der Bonobos, d. V.). Den Berechnungen einiger Experten zufolge war dies genau der Zeitpunkt, an dem die Gattung *homo* ihren Anfang nahm. Möglicherweise entstanden damals auch zwei Entwicklungslinien der robusten Australopithecinen; diese starben vor ungefähr einer Million Jahren aus. Fast gleichzeitig, vor 900 000 Jahren, kam es zu einer Kaltzeit. Damals verließen die ersten Hominiden Afrika.»

Das taten sie, wie wir später noch sehen werden, bereits sehr viel früher (s. u. S. 124f.); aber es scheint kein Zweifel mehr, daß die Theorie von C. K. Brain (*The Evolution of Man in Africa,* in: The Geological Society of South Africa, 1981) zu Recht besteht, nach der es direkte Zusammenhänge zwischen den Klimaveränderungen und der Entwicklung des Menschen gibt. Eine schematische Darstellung dieser Zusammenhänge ist in Abbildung 5 wiedergegeben (R. Lewin: *Spuren der Menschwerdung,* S. 35).

Warum aber entstand der Mensch in *Afrika?* Einen Grund dafür sieht J. H. Reichholf (75) unter anderem darin, daß Afrika der einzige Kontinent ist, der an den Rändern keine Plattengrenzen aufweist, an denen Ozeanboden verschluckt wird; Afrika wies daher ursprünglich keine Gebirgsbildungen auf, die sich mit den Anden oder dem Himalaya vergleichen ließen. «Erst nach und nach, wohl viel später als die anderen Kontinente, wurde auch Afrika von den Schollenbewegungen erfaßt. Sie wirkten sich aber ganz anders aus. Die eine der Bewegungen drückte Afrika langsam nordwärts. Dabei rückte ein Großteil seiner Landmasse zunächst in den innertropischen Bereich und dann darüber hinaus nach Norden vor. Der westliche Teil Eurasiens wurde so gepreßt, daß dessen südlicher Teil zerbrach und in einzelnen Becken abzusinken begann. Das war der Einbruch des Mittelmeeres. Der nördlich davon gelegene Teil wurde angehoben und aufgefaltet. Daraus sind die Alpen und die Pyrenäen entstanden.» (Vgl. Abb. 6; aus H. LIEDTKE: *Die nordischen Vereisungen in Mitteleuropa,* Forschungen zur deutschen Landeskunde, Bd. 204, Bonn–Bad Godesberg 1975.)

Daneben gibt es noch einen andern Unterschied zwischen den Vorgängen in Afrika und auf den anderen Kontinenten: «Wie bereits bei der Abspaltung von Südamerika, Madagaskar, Indien, Australien und der Antarktis vom einstigen Südkontinent (sc. *Gondwana*-Land, d. V.) fing der verbliebene Rest, das gegenwärtige Afrika, erneut an aufzureißen.» Der Riß verlief aber nicht,

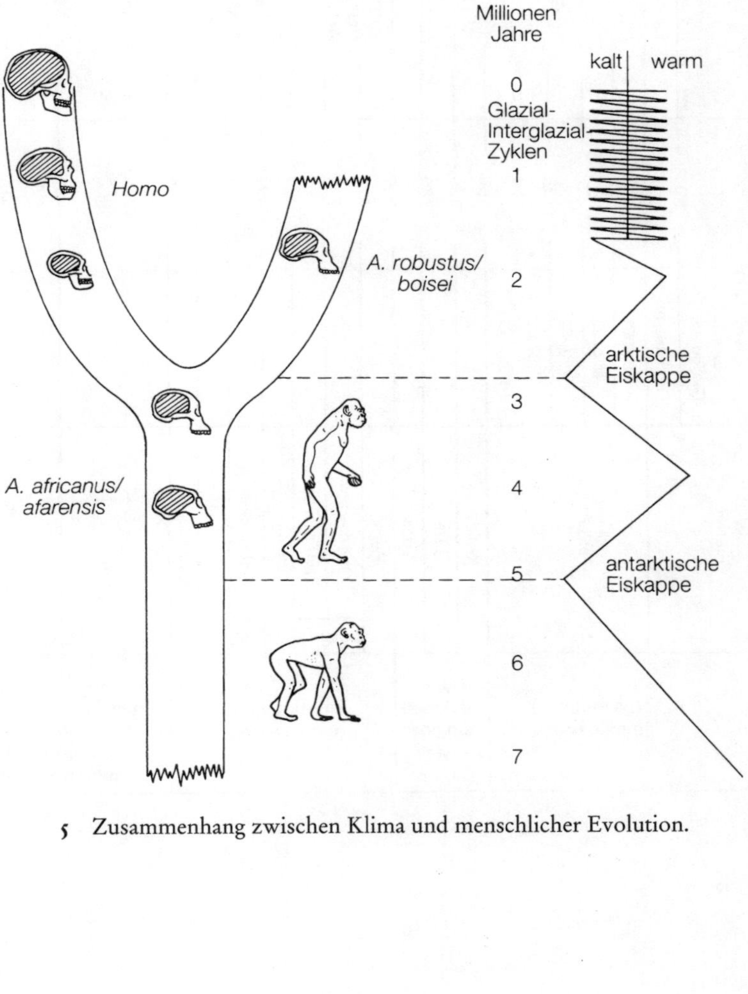

5 Zusammenhang zwischen Klima und menschlicher Evolution.

Zeitalter	Formation	Abteilung	Beginn vor... Mill. Jahren	Gebirgsbildungen	Eiszeiten
Känozoikum (Erdneuzeit)	Quartär	Holozän (Alluvium, Gegenwart)	0,01		
		Pleistozän	1,0		Große Eiszeit
	Tertiär	Pliozän	13	Himalaja, Alpen, Kaskaden-Geb., Anden	
		Miozän	25		
		Oligozän	36		
		Eozän	58		
		Paleozän	60		
Mesozoikum (Erdmittelalter)	Kreide		135	Rocky Mountains Nevadische G.	
	Jura		180		
	Trias		230		
Paläozoikum (Erdaltertum)	Perm		270	Appalachische, Herzynische, Variskische u. Armorikanische G.	Permokarbonische E.
	Karbon: Oberkarbon				
	Karbon: Unterkarbon		320		
	Devon		400	Akadische, Kaledonische, Takonische G.	
	Silur: Gotlandium		420		
	Silur: Ordovicium		480		
	Kambrium		570	Kambrische G. (Killarney)	Frühkambrische E.
Präkambrium (Erdfrühzeit): Proterozoikum				Algomische G.	Huronische E.
Präkambrium (Erdfrühzeit): Archäozoikum			1420 2300 3500	Laurentische G.	

Abb. 6

wie etwa bei der Atlantischen Schwelle, in der Tiefe des Ozeans. «Der Riß, der als Afrikanisches Grabenbruchsystem durch den Osten Afrikas zum Roten Meer hin verläuft und im südwestlichen Vorderasien verschwindet, kann als Geburtskanal eines neuen Ozeans angesehen werden, der in ferner Zukunft vieler Jahrmillionen Afrika ein weiteres Stück verkleinern wird. Dieser gewaltige Riß im Kontinentalblock von Afrika ist das besondere Kennzeichen dieses Kontinents – und einer der Schlüssel zum Verständnis der Evolution des Menschen.»

Dieser letzte andeutende Satz sagt nicht zuviel! Da treiben Kontinentalplatten nach Gesetzen, die wir im zweiten Band dieser Arbeit noch näher betrachten werden, wie Flöße auf dem glutflüssigen Magma des Erdinneren herum, stoßen und drängen aneinander, werden wieder auseinandergerissen, falten an ihren Rändern Gebirge auf, in denen sie die Ablagerungen ganzer Meeresböden empordrücken, und verändern auf diese Weise Meeresströmung und Windzirkulation, prägen das Klima und entscheiden somit darüber, was auf ihnen wachsen kann. (Abb. 7; aus: E. PROBST: *Deutschland in der Urzeit,* 219.)

Mit jeder Veränderung des Klimas verändern sie die Vegetation, die auf ihnen entsteht, und mit ihr die Lebensbedingungen der gesamten Fauna, deren Dasein letztlich von der Existenz der Pflanzen abhängt.

Doch nun muß man beachten, welch eine Tierart von den jeweiligen Veränderungen betroffen wird und wie sie darauf reagiert.

Vor 15 Millionen Jahren gab es in Gestalt der frühen Menschenaffen bereits Lebewesen, die über Hände und Füße zum Greifen und Klettern verfügten, deren Augen parallel gestellt waren, um ihnen ein stereoskopisches Sehen zur dreidimensionalen Orientierung im tropischen Regenwald zu ermöglichen und die vermutlich bereits über die Fähigkeit verfügten, *farbig* zu sehen, um den Reifegrad von Früchten aus der Ferne beurteilen zu können. Schon Hunderte von Jahrmillionen zuvor haben Kontinente sich gegeneinander verschoben, wurden Populationen von Lebewesen genetisch voneinander isoliert oder Arten auf neue Weise miteinander zusammengebracht; auch jetzt wiederholt sich Vergleichbares – niemand, der die Welt damals betreten hätte, würde auch nur entfernt geahnt haben können, daß mit dem «Experiment» einiger Menschenaffenarten, unter dem Druck eines veränderten Klimas in der

◁ **6** Es hat schon zahlreiche Gebirgsauffaltungen und auch schon zahlreiche Eiszeiten gegeben; auch hier bilden die dargestellten Ereignisse nur den (vorläufig) letzten Abschnitt der bewegten Geschichte des Planeten Erde.

7 Ein Bild der Verteilung der Kontinente im Eozän, vor 53–37 Millionen Jahren, bietet diese Darstellung. Man sieht: Indien ist noch nicht mit dem asiatischen Festland verbunden, das Tethys-Meer erstreckt sich vom Mittelmeerraum bis nach Südchina, es gibt noch keinen Himalaya, keine Alpen, keinen ostafrikanischen Graben, die Straße von Panama ist noch geöffnet, Afrika und Südamerika liegen noch viel näher beeinander, Australien ist erst gerade dabei, sich von der Antarktis zu trennen...

offenen Savanne zu leben, die Weiche für eine Entwicklung gestellt würde, an deren Ende nach weiteren Jahrmillionen der Mensch stehen würde. Und doch, gerade so ist es gewesen! Das Bild, das sich uns dabei bietet, hat nichts zu tun mit dem zielgerechten Durchlauf einer Reihe planvoller Einzelschritte; was wir sehen, ist vielmehr das Zusammentreffen einer Reihe von Zufallskonstellationen und ein Schritt für Schritt sich entwickelndes *zufälliges* Ergebnis. Yves Coppens vom Collège de France in Paris glaubt, daß die Gebirgsauffaltung vor 8 Millionen Jahren in Ostafrika dazu geführt habe, die vom Atlantik kommenden Wolken am Westrand abregnen zu lassen, während das Land im Osten versteppt sei; aus den damaligen gemeinsamen Vorfahren von Affen und Menschen hätten sich im Westen die waldbewohnenden Schimpansen, im Osten die freilandbewohnenden «Menschen» entwickelt (Ruth Omphalius: *Planet des Lebens*, 161, 163).

Man muß, um die Differenz zwischen den *theologischen* Erwartungen und «Prognosen» über die «Erschaffung» des Menschen gegenüber den Vorstellungen heutiger Anthropologie zu begreifen, nur an die vorhin erwähnten dogmatischen Debatten der römischen Kirche über die «Historizität» und die «Einmaligkeit» des göttlichen Schöpfungsaktes sich erinnern. Selbst ein so großer Theologe wie Karl Rahner «bewies» damals in einem eigenen Artikel (*Zur Theologie der Menschwerdung*, IV, 137–156), daß Gott schon aufgrund des metaphysischen «Sparsamkeitsprinzips» so etwas Kostbares und Kompliziertes wie den Menschen nur ein einziges Mal habe schaffen können – man benötigte als katholischer Theologe unter päpstlicher Aufsicht den «Monogenismus» (die Theorie von der Herkunft des Menschen aus einer einzigen Ausgangsform), um die Behauptung von der «Historizität» der «Erbsünde» aufrechterhalten zu können! Später, immerhin, widerrief K. Rahner seine offensichtlich irrige Meinung, doch nur, um jetzt von der Übergröße des Reichtums und der Fülle in der Schöpfungsordnung seines Gottes her zu schließen, daß es eine metaphysische Tendenz in der Schöpfung gebe, derzufolge alles, was möglich sei, zur Verherrlichung Gottes auch Wirklichkeit werde. Indessen entsprechen auch die «polygenetischen» Konzeptionen von einer «strauchartigen» Entwicklung des Menschen am Anfang nur begrenzt dem Eindruck, der sich uns inzwischen aufdrängt. Was wir derzeit anhand vieler Einzelfunde vor uns sehen, ähnelt weder einem «Strauch» noch einem «Baum», weit eher dem Muster der Fußspuren, die ein hungriges Tier hinterläßt, das auf jedem nur möglichen Wege nach Nahrung sucht. Diese Nahrungssuche jedenfalls war es, die unseren Vorfahren «Beine gemacht» hat.

Eigentlich in den letzten Jahren erst ist es den Forschern gelungen, das «fehlende Glied» im Übergang zwischen Tier und Mensch zu finden und damit die Lücke wieder zu schließen, die allein der Stolz des jüdisch-christlichen Weltbildes zwischen uns und den Kreaturen mutwillig aufgerissen hat. Es ist faszinierend, anhand einiger weniger, doch um so kostbarerer Fossilienfunde aus dem Übergang vom Miozän zum Pleistozän vor ca. 5 Millionen Jahren einmal in zeitlicher Reihenfolge die geringfügig scheinenden Veränderungen in Ernährungsweise, Fortbewegung und Gehirnvolumen zu beobachten, die wie Meilensteine den Weg der «Menschwerdung» säumen; keiner dieser Einzelschritte besäße an sich eine besondere Bedeutung, stellte er eben nicht jene «Fußspur» dar, die wir auf der Suche nach uns selbst im Sediment der Geschichte hinterlassen haben.

Zu beginnen ist mit den Funden, die 1992 von TIM WHITE von der Berkeley Universität in Kalifornien, von GEN SUWA aus Tokio und von BERHANE ASFAW aus Addis Abeba im Norden Äthiopiens bei Aramis in der mittleren Awash-Region gemacht wurden. Wie BERNARD WOOD (*Ardipithecus ramidus,* in: 4 Millionen Jahre Mensch, 24–25) aufzählt, wurden «17 Fossilbruchstücke gefunden, darunter ein rechter Oberarmknochen, alle Langknochen des linken Arms, zwei Gebisse, ein kleines Stück Unterkiefer und einige Teile von der Basis zweier Schädel. Dazu kommen Zähne und Zahnstücke.» Die Altersbestimmung nach der Kalium-Argon-Methode sowie die paläomagnetischen Daten ergaben eine Zeit von 4,4 Millionen Jahren.

Die Frage war natürlich, was man eigentlich gefunden hatte: die Reste eines fossilen Menschenaffen (eines Pongiden) oder eines frühen Hominiden?

Wie sich zeigt, waren die Eckzähne kleiner als bei Menschenaffen und die Vorderbackenzähne nicht so scharfkantig, der Zahnschmelz war dünner und die Backenzähne relativ klein; insbesondere lag die Öffnung, an der das Rükkenmark aus dem Schädel tritt (das Foramen magnum), nicht so weit hinten wie bei den Menschenaffen; und schließlich entsprachen auch die Elle und das Ellenbogengelenk nicht der Anatomie von Menschenaffen. In Körperhaltung, Fortbewegung und Ernährungsweise hatte man es offenbar also mit einem Hominiden zu tun. Funde von versteinertem Holz und Samen sowie eine Reihe von Affenfossilien deuteten zudem darauf hin, daß er in geschlossenem Waldland gelebt hatte. Die Form der Oberarmknochen sowie die relativ kleinen Kronen der Backenzähne standen jedoch in eindeutigem Unterschied auch zu dem etwa eine halbe Million Jahre späteren *Australopithecus afarensis,* so daß die Forscher zu der Ansicht gelangten, den Vertreter einer neuen Gattung entdeckt zu haben, die sie *Ardipithecus ramidus* nannten. Dieser *«Bodenaffe von der Wurzel»* war so groß wie ein heutiger Schimpanse und ernährte sich auch auf die gleiche Weise, nur daß seine Körperhaltung und Fortbewegungsart es ihm gestatteten, längere Strecken auf zwei Beinen zurückzulegen und damit die Hände und Arme für andere Tätigkeiten als zum Abstützen beim Laufen freizubekommen. In der Feldsaison 1994/95 wurden weitere Skelett-Fossilien von *Ardipithecus ramidus* gefunden, die den Eindruck von einem Wesen bestätigen, das offensichtlich zwischen einem Schimpansen und einem frühen *Australopithecus* stand. (Vgl. C. B. STRINGER, R. MCKIE: *Afrika, Wiege der Menschheit,* 33–34.)

Die Geschichte der Gattung *Australopithecus* («Südaffe») beginnt neueren Funden zufolge mit einer Art, die von der Paläontologin MEAVE LEAKEY und ihrem kenianischen Forscherteam 1994 am Turkanasee (früher: Rudolfsee) in Nordkenia entdeckt und als *Australopithecus anamensis* bezeichnet wurde – *«anam»* heißt in der Sprache der Turkanas «See». Das Gebiet südwestlich des Turkanasees ist schon vor dreißig Jahren von BRYAN PATTERSON und einem Team der Harvard-Universität in ihrer Bedeutung erkannt worden, fanden sich dort doch die Fossilien vieler Tiere aus einer Zeit vor 4,1–3,9 Millionen Jahren. Die Fundstelle Kanapoi, die heute eine trockene, staubige Gegend ist, lag vor 4 Millionen Jahren am Ufer eines großen Sees, aus dessen Sedimenten im Mündungsdelta eines Flusses die Funde stammen. MEAVE LEAKEY (*Australopithecus anamensis,* in: 4 Millionen Jahre Mensch, 26–27) vermutet, «daß es in der Zeit der Besiedlung von Kanapoi zunehmend trockener wurde. Offensichtlich trat zur Zeit der ersten Australopithecinen ein deutlicher Wechsel im Klima und in der Umwelt ein.» Eine andere Fundstelle im Osten des Turkana-Sees bei Allia Bay förderte Tausende Fossilien von Tieren zutage, die vor 3,9 Millionen Jahren mit dem *Australopithecus anamensis* zusammengelebt hatten. Dessen Schädelteile «erinnern eher an Menschenaffen als an spätere Australopithecinen. Im Unterkiefer stehen die Zahnreihen parallel, Eck- und Backenzähne sind groß und breitflächig. Auch im Oberkiefer finden sich große Eckzähne.» «Ein Schädelfragment aus der Ohrregion zeigt, daß die knöcherne Ohröffnung sehr klein war, so wie bei Schimpansen.»

Der Kopf und die Physiognomie von *Australopithecus anamensis* entsprachen offenbar dem Aussehen eines Menschenaffen (Abb. 8); dann aber deutete der Fund eines Unterschenkels darauf hin, daß *Australopithecus anamensis* bereits an den aufrechten Gang angepaßt gewesen sein muß, obwohl seine Körperhaltung vermutlich noch leicht gebeugt war.

Zwei Tatsachen sind es, die bei der Frage nach der Entstehung des Menschen an dieser Stelle nachdenklich stimmen.

Zum einen:

Es gab offenbar in dieser frühen Zeit bereits *mehrere* Hominiden-Formen wie den älteren *Ardipithecus ramidus* und den späteren *Australopithecus afarensis.* Nicht «Zielstrebigkeit», sondern eine «Radiation» von Varianten, ein Erproben *mehrerer* Formen, von denen schließlich die am besten den Verhältnissen angepaßte überlebte – einzig dieses Vorgehen entspricht der *«Strategie*

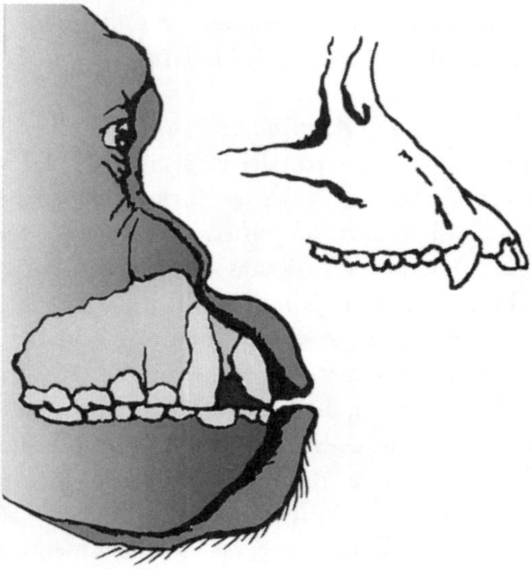

8 Rekonstruktion eines *Australopithecus anamensis* im Vergleich zu einem Schimpansen.

der Genesis» (Rupert Riedl). Nicht ein «Planen», sondern ein «Lernen» aus Versuch und «Irrtum» also ist das, was den Weg der Menschwerdung gestaltete.

Und *ein zweites:* Wir sehen, wie langsam, wie kaum merklich die Übergänge zwischen den einzelnen Arten und Gattungen verlaufen. Wann handelt es sich bei einem Fossilienfund aus jener Zeit um einen frühen Pongiden, wann um einen Hominiden? Das ist nicht gerade leicht zu sagen. Nicht das Gehirn, nicht der *Geist,* auf den die Theologen so zuversichtlich als auf einen «Beweis» göttlichen «Eingreifens» in den Gang der Evolution zu blicken pflegen, steht am Anfang der Menschwerdung (der «Anthropogenese»), sondern der Versuch einer dem Schimpansen nahestehenden Ausgangsform, bei der Versteppung an den Rändern der tropischen Wälder die zum Teil bereits vorbereitete Fähigkeit, sich auf zwei Beinen zu bewegen, nunmehr zur Überwindung größerer Strecken zu nutzen und zudem sich dabei notgedrungen zum «Allesfresser» zu entwickeln.

Man muß diesen für sicher geltenden Befund der Paläontologen nur mit der Denkweise und Sprache etwa der päpstlichen «Glaubenskongregation» Anno Domini 1997 vergleichen, und man denkt mit Händen greifen zu können, *warum* die christliche Lehre heute nicht länger mehr Zustimmung, sondern selbst bei noch Wohlwollenden Kopfschütteln erzeugt.

Wie denn etwa soll man es verstehen, wenn auf Weisung von Papst Johannes Paul II. der «Präfekt» des «heiligen Officiums», Kardinal Joseph Ratzinger, einem einundsiebzig Jahre alten Inder, Tissa Balasuriya, der als angesehenster Theologe Südostasiens gilt, ein vatikanisches «Glaubensbekenntnis» mit der ultimativen Aufforderung zur Unterschrift vorlegt, in dem es heißt: «Ich glaube als von Gott geoffenbart, daß in Adam alle gesündigt haben, was bedeutet, daß die von ihm begangene Erbsünde die allen gemeinsame menschliche Natur in einen Zustand fallen ließ, in der diese die Folgen dieses Sündenfalles trägt. Und so ist die menschliche Natur eine gefallene Natur, beraubt der Gnade, die sie ursprünglich bekleidete, verletzt in ihren eigenen natürlichen Kräften und unterworfen der Herrschaft des Todes, der hinfort auf alle Menschen überging. Und in diesem Sinne (!) wird jeder Mensch in Sünde geboren. – Ich glaube deshalb, daß die Erbsünde nicht durch Nachahmung, sondern durch Fortpflanzung auf die menschliche Natur übertragen wird ...» (*Publik Forum,* Nr. 6, 28. 3. 97, S. 30–31: *Unterwerfung des Willens und des Intellekts*).

Natürlich hat Balasuriya ein solches «Bekenntnis», wissend und denkend, nicht unterschreiben können. Wie sollte er auch?

Ein größerer *Gegensatz* ist kaum denkbar als der zwischen der Einsicht in die mühsame Heraufkunft des Menschen in der Naturgeschichte unserer Erde und der dogmatischen Manie der Kirche Roms, bildhafte Aussagen über das «Wesen» bzw. über die «Bestimmung» des Menschen in einen historischen «Anfang» zu projizieren, der alle weitere Geschichte für Jahrmillionen unter einen göttlichen Fluch gestellt habe, von dem uns just erst vor 2000–3000 Jahren in unseren Tagen, Gott Lob, die «Offenbarung» der Bibel bewahrt habe. Nein, an die Stelle der Vorstellung von einem großartig-phantastischen Schöpfungsanfang der Menschheit in «Adam» müssen wir geradewegs die gegenteilige Feststellung rücken und uns der Tatsache der Kümmerlichkeit und Armseligkeit unseres Ursprungs bewußt werden.

Wir werden für solche Bescheidenheit allerdings reichlich belohnt, und zwar nicht nur durch eine größere intellektuelle Kraft und Ehrlichkeit, sondern vor allem durch die Fähigkeit zu einem größeren *Verständnis* und *Mitleid* im Umgang mit uns selbst und mit jenen Lebewesen, die uns selber so nahe stehen, daß wir uns ihren Mühen und Qualen, Gelüsten und Lüsten buchstäblich «verdanken».

«Klimatische Veränderungen», «geologische Prozesse» – was bedeuten sol-

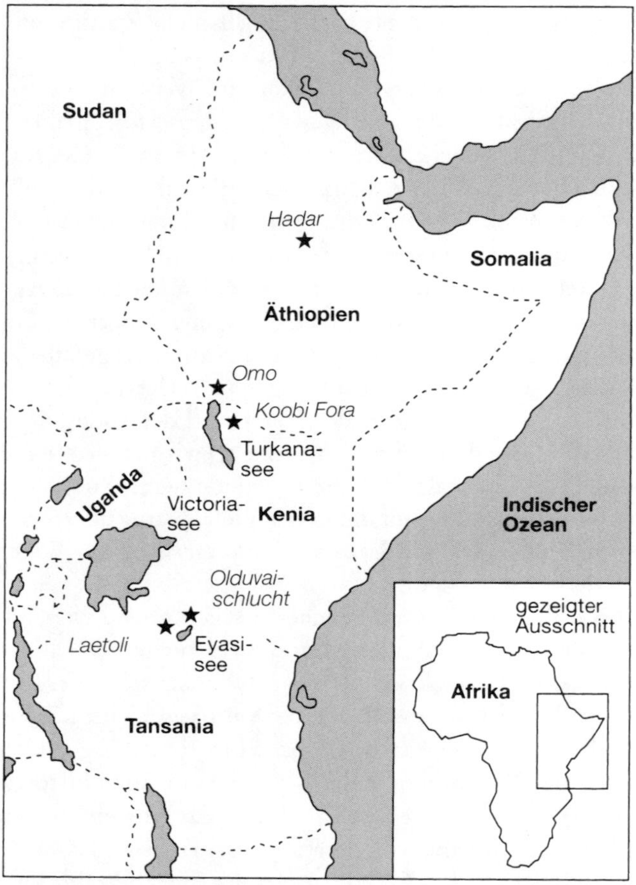

9 Eine Übersicht der Hauptfundorte von *Australopithecus afarensis* bietet eine Karte vom «Horn von Afrika»; die Entfernung zwischen Hadar und Laetoli beträgt 1500 Kilometer.

che Worte für das Erleben fühlender Lebewesen? Nicht viel, so scheint es zunächst, vollzieht sich das alles doch in ungeheueren Zeitmaßen, die für die wenigen Jahrzehnte eines einzelnen Lebewesens kaum bemerkbar sind. Aber dann doch: es ist nicht anders möglich, als beim Blick auf die versteinerten Knochen eines Menschenaffen oder (!) Hominiden vor ca. fünf Millionen Jahren sich an den Lonyumansee im Turkana-Becken zurückzuversetzen, sich ihn *vorzustellen* unter den Zebras und Antilopen im Buschland und über den

Abgrund der Zeit eine Brücke der Beziehung, ja, der Identität zu schlagen: so begann es mit *uns!*

Und *so* ging es weiter: mit einer wissenschaftlichen Sensation, die in das Jahr 1974 zurückgeht! Damals fand DONALD C. JOHANSON in der Afar-Senke Äthiopiens, bei Hadar, neben verschiedenen Fossilien der gleichen Art das vollständige Skelett von «Lucy», dem weiblichen Exemplar eines Hominiden, der vor 4–3 Millionen Jahren in Äthiopien, Kenia und Tansania gelebt hat und als *Australopithecus afarensis* in die Terminologie der Fachwelt einging (Abb. 9; aus: R. LEWIN: *Spuren der Menschwerdung*, 91; vgl. auch D. C. JOHANSON, M. EDEY: *Lucy*, 201–228; zur Forschungsgeschichte vgl. JOHN READER: *Die Jagd nach den ersten Menschen*, 235–251; W. H. KIMBEL, T. D. WHITE: *A revised reconstruction of the adult skull of Australopithecus afarensis*, in: J. Hum. Evol. 17, 1988, 545–550; P. SCHMID: *Eine Rekonstruktion des Skelettes von A. L. 288–1 [Hadar] und deren Konsequenzen*, in: Folia Primatol. 40, 1983, 283–306).

Zunächst sah es so aus, als habe man es bei den Funden in Hadar mit den Überresten verschiedener Hominiden zu tun; doch als MARY LEAKEY im gleichen Jahr in Laetoli, unweit der Olduvai-Schlucht in Tansania (wo Jahre zuvor schon ihrem Mann LOUIS LEAKEY die damals berühmtesten Funde der Paläontologie gelungen waren), ihre Forschungen wieder aufnahm und die Ergebnisse mit denen von Hadar verglich, einigte man sich auf die These, daß all die neu gefundenen Fossilien einer einzigen Art angehörten, deren Variabilität als *«Sexualdimorphismus»* gedeutet wurde. (Vgl. A. L. ZIHLMAN: *Australopithecus afarensis: two sexes or two species*, in: P. V. Tobias: Hominid Evolution: Past, Present and Future, New York 1985, 213–220.)

Damit ist folgendes gemeint: Von Gorillas etwa weiß man, daß bei harembildenden Arten die sexuelle Konkurrenz unter den Männchen dazu führt, daß die eckzahnbewehrten Schädel der männlichen Tiere sowie ihre gesamte Statur erheblich größer ausfallen als bei den Weibchen (V. SOMMER: *Die Affen*, 122–123); etwas Vergleichbares glaubte man nun auch für den *Australopithecus afarensis* annehmen zu sollen. (Vgl. W. LEUTENEGGER: *Geschlechtsdimorphismus*, in: Die ersten Menschen, 412; W. LEUTENEGGER, B. SHELL: *Variability and sexual dimorphism in canine size of Australopithecus and extant hominids*, in: J. Hum. Evol. 16, 1987, 359–367.) Den Gliedmaßen nach, schreibt BERNARD WOOD (*Australopithecus afarensis*, in: 4 Millionen Jahre Mensch, 28–29), «war *Australopithecus afarensis* 25–50 kg schwer. Sein durchschnittliches Gehirnvolumen lag knapp über 400 cm^3, was im Verhältnis zum Körpergewicht etwa der Gehirngröße heutiger Schimpansen entspricht.

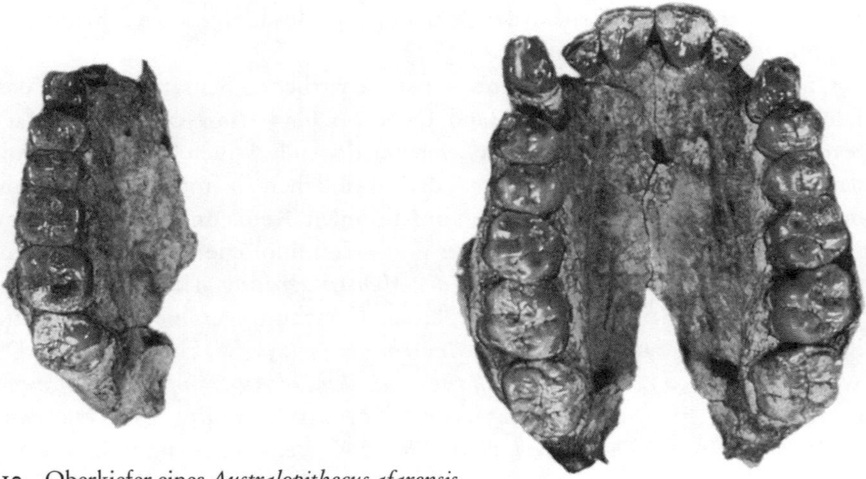

10 Oberkiefer eines *Australopithecus afarensis.*

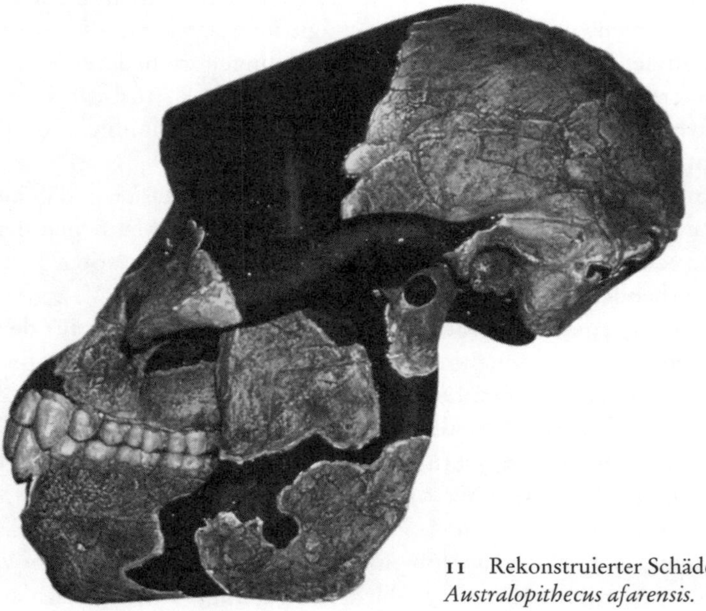

11 Rekonstruierter Schädel eines *Australopithecus afarensis.*

12 Vergleich von *Australopithecus afarensis* mit späteren *Australopithecus*-Arten und dem *homo sapiens.*

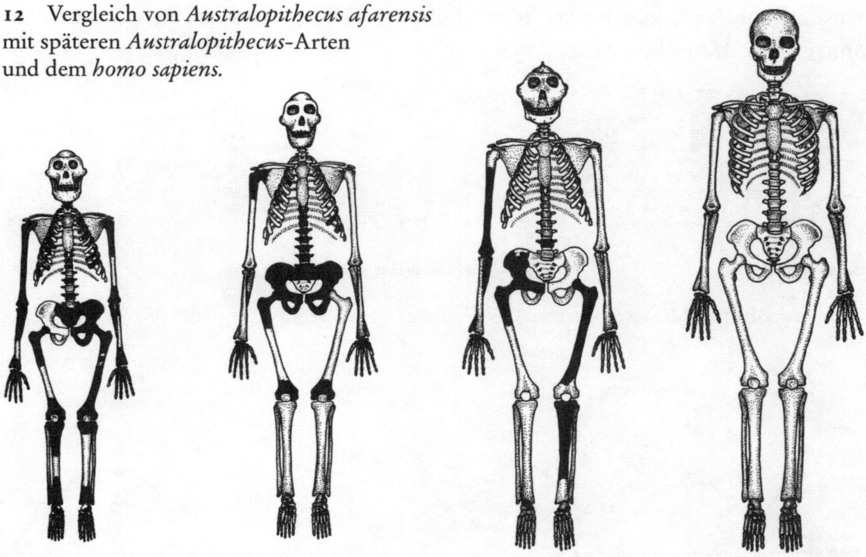

Seine Zähne sind nicht besonders auffällig. Nur die Backenzähne sind größer, als man bei einem Schimpansen gleicher Größe erwarten würde. Dies läßt darauf schließen, daß seine Nahrung gröber war als die von Schimpansen» (Abb. 10 und 11).

«Die Gliedmaßen von *Australopithecus afarensis* haben andere Proportionen als die moderner Menschen. Seine Beine sind relativ kurz, so daß er mehr Kraft zur zweibeinigen Fortbewegung aufwenden mußte als ein moderner Mensch von gleicher Größe. Auch seine Schulterblätter, die Arme und Brust lassen vermuten, daß er besser klettern konnte als ein moderner Mensch. Ebenso waren die Handknochen für das Klettern geeignet und erlaubten, fest zuzugreifen. Damit hätte er zwar Dinge tun können wie Schimpansen auch, aber sie waren noch ungeeignet für den Gebrauch von Steinwerkzeugen», die dann auch erst eine halbe Million Jahre *nach* dem *Australopithecus afarensis* auftauchten. Den Unterschied von *Australopithecus afarensis* gegenüber späteren *Australopithecus*-Arten und dem *homo sapiens* zeigt die Gegenüberstellung in Abbildung 12 (D. Johanson, M. Edey: *Lucy,* 224–225).

Vergleicht man den Bau von Kiefern und Zähnen auf dem Wege vom Menschenaffen zum *Australopithecus* und zum *homo sapiens,* so lassen sich einige wesentliche Veränderungen hervorheben (Abb. 13 und 14; aus R. Lewin: *Spuren der Menschwerdung*, 83):

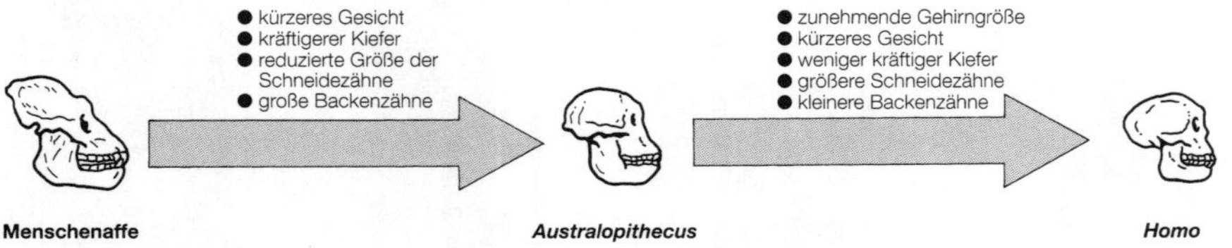

13 Entwicklungstendenzen des Gebisses vom Schimpansen zum Menschen.

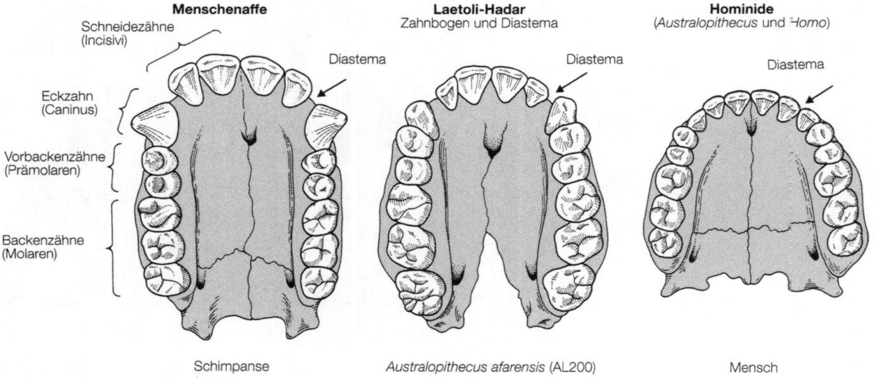

14 Betrachtung der unterschiedlichen Zahnstellung.

Ein Skelettvergleich mit den entsprechenden Aufenthaltsräumen und Bewegungsformen gibt ein Bild von John Fleagle wieder. (Abb. 15; aus R. Lewin: *Spuren der Menschwerdung*, 90.) Es zeigt Anpassungen des Skeletts von *Australopithecus afarensis* an das Baumleben.

(Vgl. auch die Einzelstudien von B. M. Latimer: *The pedal skeleton of Australopithecus afarensis*, in: Am. J. Phys. Anthrop. 63, 1984, 182; P. V. Tobias: *«Australopithecus afarensis» and A. africanus: Critique and alternative hypothesis*, in: Paleontol. Afr. 23, 1980, 1–17; E. S. Vrba: *A new study of the scapula of Australopithecus afarensis from Sterkfontein*, in: Am. J. Phys. Anthrop. 51, 1979, 117–130.)

Eine wirkliche Neuerung von entscheidender Bedeutung, weit wichtiger

15 Skelettvergleich von Schimpanse, *Australopithecus afarensis* und Mensch.

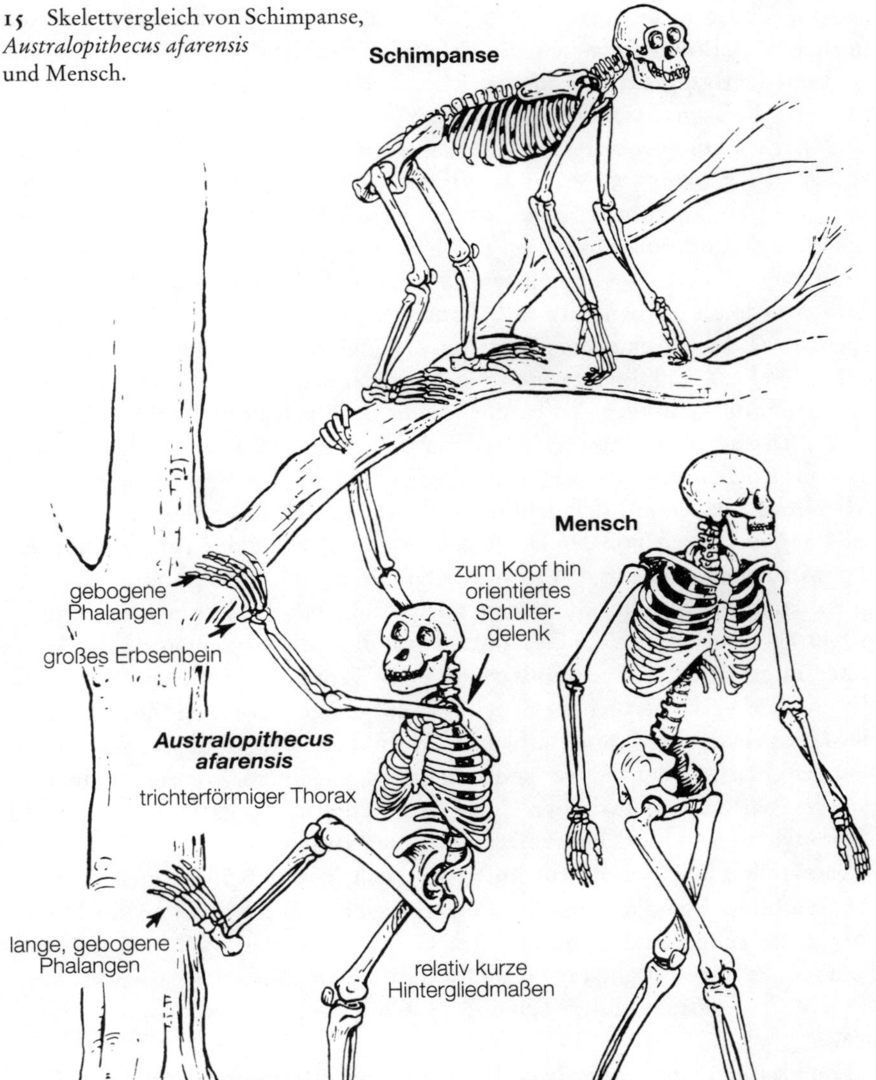

womöglich noch, als es die bloßen Knochenfunde anzeigen, könnte indessen in dem *Verhalten* der frühen *Australopithecinen* sich vorbereitet haben. Es geht um die Interpretation jenes spektakulären Fundes, den 1977 MARY LEAKEY und ihr Team in Laetoli gemacht hat (vgl. JOHN READER: *Die Jagd nach den ersten Menschen,* 252–270; T. D. WHITE, G. SUWA: *Hominid footprints at Laetoli: facts and interpretations,* in: Am. J. Phys. Anthrop. 72, 1987, 485–514): zwei etwa 20 Meter lange *Fußspuren* eines Erwachsenen und eines Kindes, die vor 3,6 Millionen Jahren in die noch weiche Asche eines gerade ausgebrochenen Vulkans getreten wurden (Farbtafel 1). «Als die Asche trocknete, wurde sie zementhart und konservierte die Spuren der Hominiden ebenso wie die verschiedener Tierarten» (B. WOOD, 29). Könnte es sein, daß der aufrechte Gang die *Paarbindung* zwischen den Geschlechtern verstärkte und damit die Grundlage zu *familienähnlichen* Strukturen bot?

Wir haben früher schon (*Glauben in Freiheit,* I, 292ff.) darauf hingewiesen, daß die Aufrichtung der Wirbelsäule vor allem für den Vorgang der Geburt erhebliche Risiken mit sich gebracht haben wird, mit der Folge, daß die letzten Phasen des embryonalen Hirnwachstums *außerhalb* des Mutterleibes verlegt wurden, einfach um den Kopf des Kindes bei der Passage durch den Geburtskanal nicht zu groß werden zu lassen. Das wiederum könnte dazu beigetragen haben, daß die Gestalt und vor allem die Gesichtsform des Menschen in gewissem Sinne «kindlich» blieb («Neotenie»). In jedem Falle muß die enorme Verlängerung der Säuglingszeit bei neugeborenen Menschenkindern die gebärenden Frauen auf lange Zeit hilfsbedürftig und schutzabhängig von dem Beistand der Männer gemacht haben; mit einem Wort, es scheint eine engere Paarbindung zwischen den Geschlechtern bereits in jener Zeit zu einem wichtigen Überlebensvorteil geworden zu sein.

Tatsächlich läßt sich darauf hinweisen, daß bereits bei den afrikanischen Zwergschimpansen, den Bonobos, der aufrechte Gang von seiten der Männchen nicht selten dazu benutzt wird, Gaben, besonders Nahrung, mit den Händen zu tragen, um damit die Zuwendung der Weibchen zu «erkaufen». (Vgl. R. L. SUSMAN [Ed.]: The Pigmy Chimpanzee, New York – London 1984.)

Die Freisetzung der Hände und Arme scheint bei unseren Vorfahren unter anderem zu einem intensiveren Paarverhalten geführt zu haben. Die Intensivierung des Paarverhaltens wiederum war aber wohl identisch mit einer außerordentlichen Steigerung des Paarungsverhaltens. Der amerikanische Anatom C. OWEN LOVEJOY (*The origin of man,* in: Science 211, 1981, 341–350; DERS.: *The gait of australopithecines.* Yearbook of Phys. Anthrop.

17, 147–161, Philadelphia 1973; DERS.: *Evolution of human walking*, in: Sci. Am. 259, 1988, 118–125; DERS.: *Die Evoluton des aufrechten Gangs*, in: Spektrum der Wissenschaft, Heft 1, 1989, 92–100) jedenfalls meint, daß die Veränderungen der Gestalt von Männern und Frauen etwas damit zu tun haben könnten, daß in jener Zeit die Weibchen damit begonnen hätten, die «Liebesgaben» der Männchen mit sexueller Gefügigkeit zu belohnen, um sie auf diese Weise stärker an sich zu binden; die Männchen umgekehrt hätten sich mit ihrem Verhalten eine gewisse «Treue» ihrer Weibchen «erkauft» und damit die relative Sicherheit, wirklich die Väter ihrer Kinder zu sein. (Vgl. auch ALISON JOLLY: *Die Entwicklung des Primatenverhaltens*, aus dem Engl. v. K. Bock, Stuttgart 1975, Kap. 11: Fortpflanzung und Geschlecht, S. 157–174.)

Träfe diese Theorie zu, so ließe sich mit ihr insbesondere die Eigenart des *weiblichen Zyklus* erklären, der sich auffallend von dem eines Schimpansen unterscheidet. Jeder, der schon einmal einen Primatenzoo besucht hat, weiß, daß bei Schimpansinnen die Zeit ihres Eisprungs, also ihres Empfängnisoptimums, sich durch eine rote Schwellung ihrer Genitalien anzeigt – für die Männchen ein Signal, das sie zum Sexualkontakt aufreizt; die Brüste der Weibchen demgegenüber schwellen nur während der Stillzeit an und signalisieren den Männchen dann sexuelle Abstinenz. Gerade umgekehrt verhält es sich beim Menschen: die Zeit des Eisprungs ist nicht sichtbar, dafür aber haben die Brüste erwachsener Frauen die Form ständiger Mütterlichkeit angenommen und verführen gerade dadurch die Männer zur Liebe. Beide Veränderungen haben offenbar die gleiche Funktion: Wenn der Eisprung *nicht* sichtbar ist, kann nur ein Männchen mit *ständiger* Paarungsbereitschaft bei der Zeugung von Nachkommen erfolgreich sein, und gerade dazu lädt die so veränderte weibliche Gestalt jetzt ein; Männer wie Frauen befinden sich wechselseitig in ständiger sexueller Appetenz. (Vgl. KARL GRAMMER: *Signale der Liebe*, 222–223.) Auf eine Folge für das «eheliche Leben» weist MATT RIDLEY (*Eros und Evolution*, 280) hin; er meint: «Eine Frau verliert keinerlei genetische Investition, wenn ihr Mann untreu ist, ein Mann aber riskiert, unwissentlich ein fremdes Kind großzuziehen.» Daran liege es, daß «Treue» «ein asymmetrisches Schicksal» sei – sie werde von seiten des Mannes bei der Frau weit strenger eingefordert als umgekehrt. Zudem, um der größeren Fruchtbarkeit willen, wählten Männer lieber jüngere als ältere Frauen (401).

So hypothetisch Theorien dieser Art auch klingen mögen, so steht doch fest, daß es kein bekanntes Lebewesen auf Erden gibt, das sexuell derart unermüdlich ansprechbar wäre wie der Mensch. Speziell für die katholische Kirche entbehrt diese Tatsache nicht einer gewissen Ironie und Komik: Gerade ihre Wirklichkeitsferne, ihre metaphysische «Schöpfungstheologie», die sich seit Jahrhunderten mit einer «Moral» extremer Sexualunterdrückung verbindet, wird von eben den Triebstrebungen korrigiert, die sie im Namen «Gottes» zur Erklärung des Menschenwesens so weit als möglich glaubte aus dem Spiel lassen zu müssen! (Zur «Wissenschaft vom Ehebruch», das heißt zu der These, «daß außerehelicher Sex einen integralen... Bestandteil des menschlichen Paarungsverhaltens darstellt», vgl. JARED DIAMOND: *Der dritte Schimpanse,* 110–127; zur Entwicklung der menschlichen Sexualität vgl. S. 86–109, bes. S. 103–104, wo er allerdings vor «Paläo-Poesie» warnt und die relative Willkür der Geschlechtssymbole betont.)

Dabei läßt sich an dieser Stelle immerhin auch für das kirchliche «Lehramt» schon lernen, was «Darwinismus» eigentlich bedeutet. Die Lehre CHARLES DARWINS von der *Entstehung der Arten durch natürliche Zuchtwahl* meint nicht, daß der Aggressivste, Brutalste oder «Stärkste» in einer Art sich durchsetzt, vielmehr besagt sie, daß im Kampf ums Überleben diejenige Art als ganze erfolgreich sein wird, die in ihrem Nahrungs- und Paarungsverhalten sich am besten den Bedingungen ihrer Umwelt anzupassen versteht. Verbreiterung des Speisezettels, weg vom Nahrungsspezialistentum, sowie die Verbreiterung der sexuellen Appetenz in Richtung permanenter Eroberungs- und Hingabebereitschaft – *diese* beiden «Strategien» scheinen die entscheidenden «Erfolgsrezepte» am Anfang der Menschwerdung gewesen zu sein, und es wäre möglich, daß die Fußspuren eines Hominidenpaares vor 3,6 Millionen Jahren in der Vulkanasche von Laetoli die ersten Abdrücke dieser Tatsache darstellen.

Das Bild vom Menschen, das somit entsteht, unterscheidet sich in bemerkenswerter Weise nicht nur von den theologischen Einschätzungen des kirchlichen Dogmas, sondern auch von gewissen Vorurteilen der Paläontologen selbst, wie sie vor 50–60 Jahren in Mode waren.

Der Name *Australopithecus* «Südaffe(nmensch)» selbst stammt von dem südafrikanischen Paläontologen RAYMOND DART von der Witwatersrand Universität in Johannesburg, und er war es auch, der als erster das Bild vom Raubtier Mensch gemalt hat. Alles begann 1924 in Taung, 100 Kilometer nördlich von Kimberley, als der Geologe R. B. YOUNG einen Gesichtsschädel und den vorderen Teil eines Unterkiefers fand, den R. DART untersuchte. «Der Schädel hatte noch das Milchgebiß, dazu den ersten Mahlzahn, er gehört demnach einem Kind» (H. KÜHN: *Das Erwachen der Menschheit,* 37). Anfänglich glaubte man, den Schädel eines jungen Schimpansen gefunden zu haben, doch ist der Schädel «höher in der Richtung auf den Menschen hin entwickelt. Der Hirnraum des Taung-Kindes umfaßt 500–520 cm^3; ausgewachsen

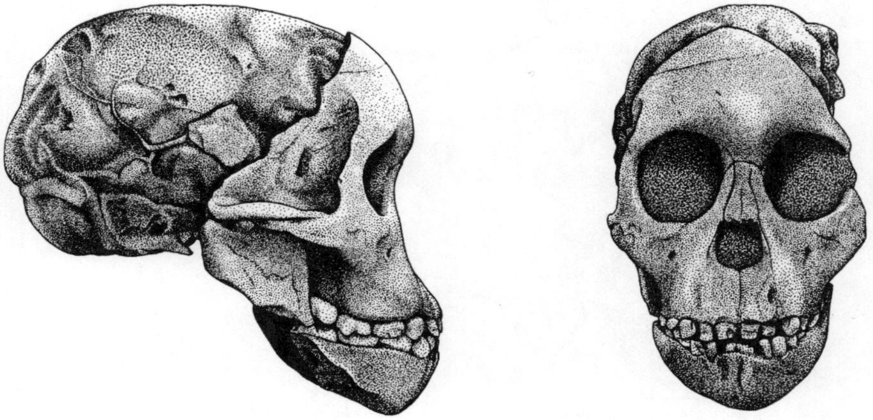

16 Der Schädel des «*Taung*-Kindes».

müßte das Gehirn also etwa 580–600 cm^3 umfassen – bei dem männlichen Schimpansen (umfaßt es) 411, bei dem weiblichen 385 cm^3, bei dem männlichen Gorilla 511, bei dem weiblichen 454 cm^3. So spricht die Gehirnmasse mehr für einen Menschenaffen als für einen Menschen» (37–38). (Siehe Abb. 16 aus: C. B. STRINGER, R. MCKIE: *Afrika. Wiege der Menschheit,* 44; zur wissenschaftlichen Diskussion um das Taung-Kind vgl. JOHN READER: *Die Jagd nach den ersten Menschen,* 91–104.)

In diesem Fund, den R. DARTS heutiger Kollege PHILLIP TOBIAS als «die womöglich für die Menschheit bedeutendste Entdeckung des 20. Jahrhunderts» bezeichnet (*Der Spiegel: Gedrängel im Menschenzoo,* Nr. 38, 1996, S. 190–196), erkannte R. DART einen Vorläufer des Menschen, den er *Australopithecus* nannte. (Vgl. R. A. DART: *Taung and its significance,* in: Natural History 26, 1926, 315–327; DERS.: *Australopithecus africanus: the man-ape of South Africa,* in: Nature 1125, 1925, 195–199; vgl. auch S. L. WASHBURN: *Human evolution after Raymond Dart [23rd Raymond Dart Lecture],* in: P. V. Tobias: Hominid Evolution: Past, Present and Future, New York 1985, 3–18.)

Setzen wir voraus, daß *Australopithecus* einen Zahnwechsel wie ein Schimpanse hatte, so war das Kind von Taung etwa 3–4 Jahre alt, als es starb. PH. TOBIAS fand, als er den Schädel noch einmal untersuchte, Vertiefungen, wie sie von Adlerklauen hinterlassen werden: offenbar wurde das Kind von einem Greifvogel gegriffen und fortgeschleppt. Das genaue Alter des Taung-Kindes ist bis heute umstritten, es liegt aber zwischen 1–2 Millionen Jahren.

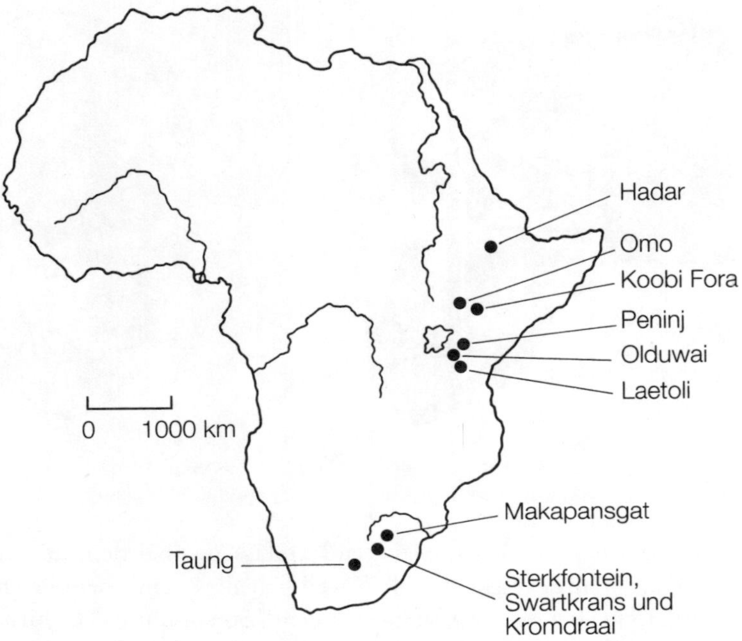

17 Die Verteilung der Fundorte von *Australopithecinen* in Ost- und Südafrika.

Zugerechnet wird das Kind heute der *Art* des *Australopithecus africanus,* des «grazilen» Affenmenschen, von dem in den Höhlen von Sterkfontein und Makapansgat weitere Exemplare gefunden wurden (Abb. 17).

So entdeckte 1947 Robert Broom in Sterkfontein, 70 Kilometer südwestlich von Pretoria, «den fast vollständigen Schädel eines erwachsenen *Australopithecus africanus*». (F. Thackery: *Die südafrikanischen Australopithecinen,* in: 4 Millionen Jahre Mensch, 30–32; vgl. John Reader: *Die Jagd nach den ersten Menschen,* 91–104; R. Broom, J. T. Robinson, G. W. H. Schepers: *Sterkfontein Ape-Man Plesianthropus,* in: Tvl. Mus. Mem. 4, 1950, 58–63.) Der relativen Nähe zum Menschen wegen bezeichnete Broom seinen Fund damals mit einer griechischen Wortbildung als «Plesianthropos», als «Fast-Menschen», was zu dem Spitznamen «Mrs. Ples» führte; tatsächlich aber handelte es sich um einen Vertreter des *Australopithecus africanus,* wie ihn R. Dart beschrieben hatte. Die Knochen von Schweinen und Antilopen in der Umgebung, die denen datierbarer Formen aus Ostafrika entsprechen, führten zu

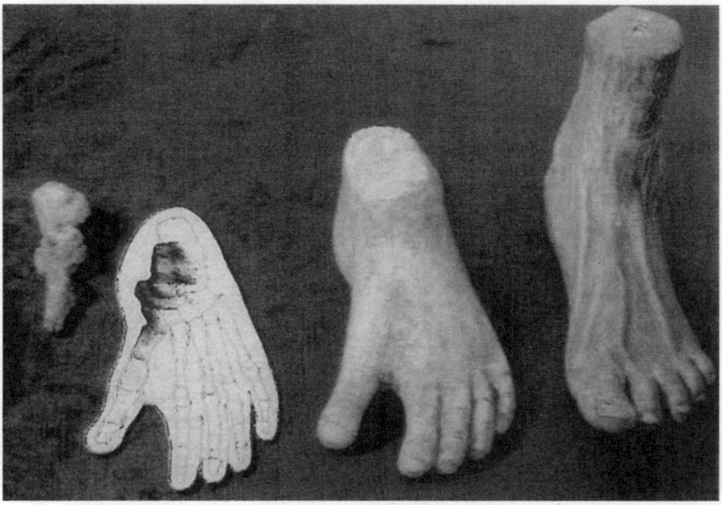

18 Fußformen von Schimpanse, *Australopithecus* und Mensch.

einer Altersschätzung von 2,5 Millionen Jahren, was bedeutet, daß diese Hominidenart etwa 1,5 Millionen Jahre lang in Südafrika gelebt haben muß.

Aufsehen erregten darüber hinaus vor kurzem PHILLIP TOBIAS und RON CLARKE, als sie bei weiteren Grabungen in Sterkfontein auf vier Beinknochen eines *Australopithecus* stießen, den sie *«Little Foot»* nannten und den sie auf 3 Millionen Jahre datieren; es zeigte sich bei diesem Fund, daß *Australopithecus* aufrecht gegangen sein muß, aber eine abspreizbare Daumenzehe wie ein Schimpanse besaß (Abb. 18).

Auf eine *andere Art,* die man heute als *Australopithecus robustus,* als den «robusten Südaffenmenschen» bezeichnet, war man bereits 1938 in Kromdraai, einer Höhle in der Nähe von Swartkrans, gestoßen. R. BROOM hatte den Fund damals als *Paranthropus robustus* bezeichnet (R. BROOM, J. T. ROBINSON: Swartkrans Ape-Man, Paranthropus crassidens, in: Tvl. Mus. Mem. 6, 1952, 1–123; vgl. R. L. SUSMAN: *Hand of Paranthropus robustus from Member 1, Swartkrans: fossil evidence for tool behavior,* in: Science 240, 1988, 781–784), als «robusten Seitenmenschen», weil er darin einen «Nebenweg» zum Menschen erblickte; tatsächlich aber handelt es sich, wie wir heute annehmen, um ein weiteres Exemplar der Gattung *Australopithecus* (vgl. W. H. KIMBEL, T. D. WHITE, D. C. JOHANSON: *Craniodental morphology of the hominids from Hadar and Laetoli: evidence of «Paranthropus» and Homo in the mid-Pliocene of Eastern Africa?*, in: E. Delson: Ancestors. The Hard Evidence, New York 1985, 120–137), die Bezeichnung der Art als *robustus* allerdings hat sich mit einem gewissen Recht erhalten, denn die Backenzähne sind bei Vertretern dieser Art größer als bei dem *«grazilen» Australopithecus*, ihr Gesicht ist flacher, und auf dem Schädel erhebt sich ein Knochenkamm wie bei einem Gorilla (Abb. 19; vgl. R. Lewin; Spuren der Menschwerdung, 95). Detaillierte Zahnschmelzuntersuchungen von Julie Lee Thorp und N. J. van der Merwe in Kapstadt zeigten, daß *Australopithecus robustus* hauptsächlich von Pflanzennahrung lebte, aber wohl auch Tierkadaver von Pavianen oder Antilopen nicht verschmähte, die von Leoparden gejagt wurden. Offenbar war diese Ernährungsweise nicht ungefährlich. Die Löcher in einem Schädelfund von *Australopithecus robustus* beweisen, daß damals bei Swartkrans ein Leopard einmal einen Jungen getötet haben muß. Das Alter von *Australopithecus robustus* wird auf 2–1 Millionen Jahre datiert, er war also jünger als die mit ihm auf Südafrika beschränkte Art des *Australopithecus africanus* und reichte bereits an frühe Formen des *homo erectus* heran, mit dem er womöglich um den Besitz von Höhlen wie die von Swartkrans konkurriert hat. Als er vor etwa 1 Million Jahren ausstarb, wurde er vermutlich von der höheren Kultur und Technik des *homo erectus* verdrängt. (Vgl. R. G. Klein: *The causes of «robust» australopithecine extinction*, in: F. E. Grine: Evolutionary History of the «Robust» Australopithecines, New York 1988, 499–504; B. A. Wood, A. T. Chamberlain: *The nature and affinities of the «Robust» Australopithecines: a review*, in: J. Hum. Evol. 16, 1987, 625–642.)

Besonders interessant ist, daß C. K. Brain in Swartkrans mehr als 200 verbrannte Knochen gefunden hat. (Vgl. C. K. Brain: *New information from the Swartkrans cave of relevance to ‹robust› australopithecines*, in: F. E. Grine: The Evolutionary History of the Robust Australopithecines, New York 1988, 311–316; W. H. Kimbel, T. D. White, D. C. Johanson: Implications of KNM-WT 17000 for the evolution of «robust» Australopithecines, in: a. a. O., 259–268.) «Chemische Analysen der Knochen durch Prof. A. Sillen bestätigen, daß sie Temperaturen, wie sie in Lagerfeuern auftreten, ausgesetzt wurden» (Thackery, 32). Die Frage stellt sich, wer das Feuer benutzte: der *Australopithecus robustus* oder erst Vertreter der Gattung *homo erectus*? «Gewonnen» wurde das Feuer vermutlich aus glimmenden Feuerresten, wenn ein Blitzschlag das Grasland in Flammen gesetzt hatte. Aber: welch ein «Tier», statt vor dem Feuer zu fliehen, überwindet seine Angst, entdeckt den Vorteil von Wärme, Licht und schmackhafterer Speisezubereitung und macht sich

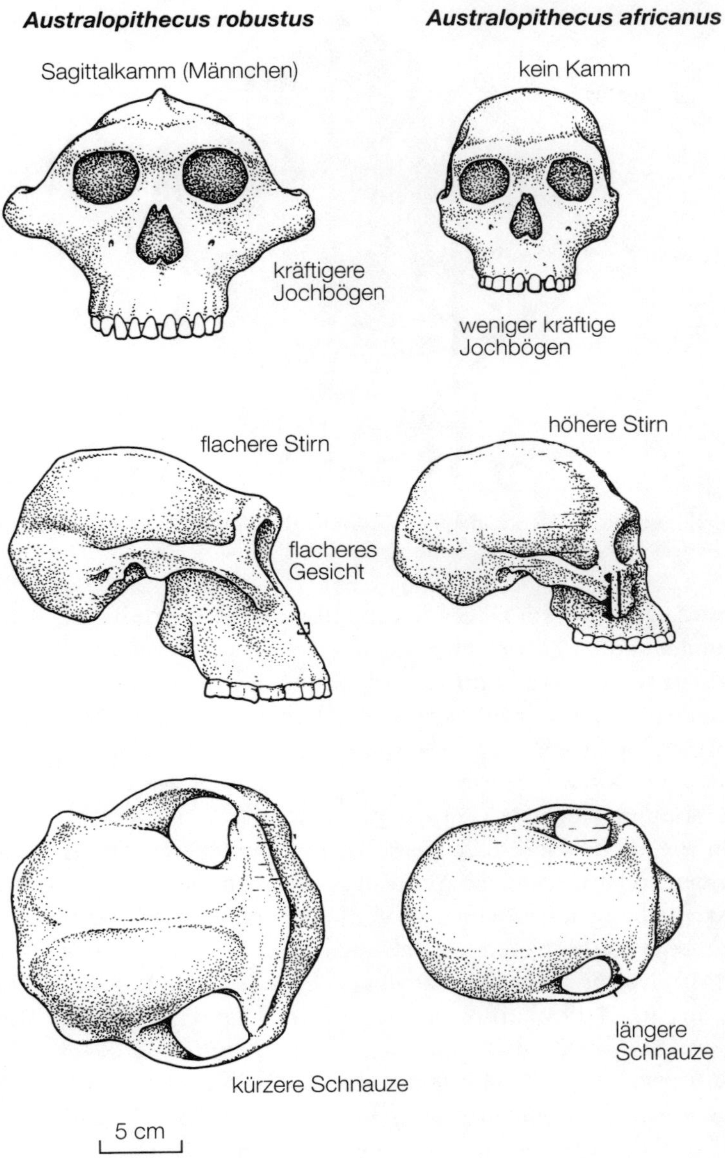

19 Eine Gegenüberstellung der Kopfformen von *Australopithecus robustus* und *Australopithecus africanus.*

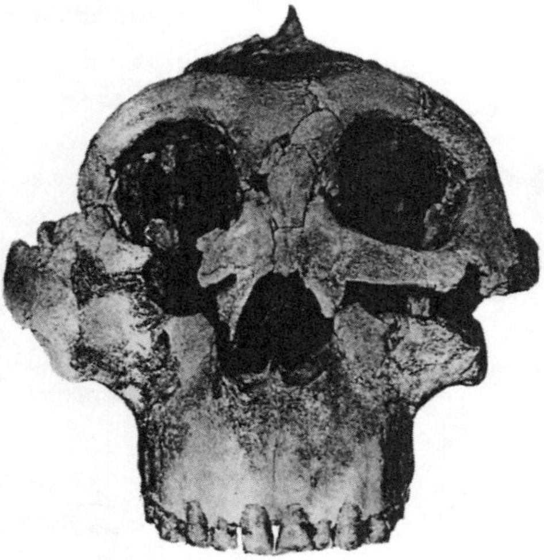

20 Teilrekonstruktion des Schädels eines *Australopithecus boisei,* den MARY LEAKEY 1959 in der Olduvai-Schlucht fand.

den Besitz von Feuer auf Dauer zunutze? Man ist geneigt, all diese Errungenschaften dem höher entwickelten *homo erectus* zuzuschreiben; doch charakteristisch ist wieder: es gibt für das, was wir «menschlich» nennen, keine klare Abgrenzung; es gab keinen «Adam» am Anfang; was es gab, sind eine Fülle von Formen im *Tier-Mensch-Übergangsfeld* (vgl. G. HEBERER: *Homo – unsere Ab- und Zukunft,* Stuttgart 1968; DERS.: *Das Tier-Mensch-Übergangsfeld,* in: Studium Generale 11, 1958, 342–352).

Denn wie um die Lage noch weiter zu verkomplizieren, fanden sich neben den beiden südafrikanischen Arten des *Australopithecus* auch in Ostafrika zwei Arten, die man bezeichnet als *Australopithecus aethiopicus* und als *Australopithecus boisei* (Abb. 20). (Vgl. auch R. E. F. LEAKEY, A. C. WALKER: *New Australopithecus boisei specimens from East and West Lake Turkana, Kenya,* in: Am. J. Phys. Anthrop. 76, 1988, 1–24; P. V. TOBIAS: *Olduvai Gorge, vol 2. The Cranium and Maxillary Dentition of Australopithecus [Zinjanthropus] boisei,* Cambridge 1967; A. C. WALKER, R. E. F. LEAKEY: *The evolution of Australopithecus boisei.* In: F. E. Grine: The Evolutionary History of the «Robust» Australopithecines, New York 1988, 247–258). Von diesen beiden ist der erstere etwa 2,5 Millionen Jahre alt, der letztere 2,3–1,0 Millionen Jahre (A. C. WALKER: *Australopithecinen aus Ostafrika,* in: 4 Millionen Jahre Mensch, 34–35). Man glaubt als sicher, daß sich *Australopithecus boisei* aus dem älteren *Australopithecus aethiopicus* entwickelte, der seinerseits auf *Australopithecus afarensis* zurückgeht, der vor 3,6–3 Millionen Jahren in Tansania und Äthiopien lebte. (R. E. F. LEAKEY, R. LEWIN: *Wie der Mensch zum Menschen wurde,* 106; zur Entdeckung des *Zinjanthropus boisei* vgl. JOHN READER: *Die Jagd nach den ersten Menschen,* 149–175.)

Die ersten Funde von *Australopithecus aethiopicus* wurden 1967 von YVES COPPENS im Gebiet von Omo in Südäthiopien in 2,5 Millionen Jahre alten Ablagerungen gemacht, ohne freilich als solche erkannt zu werden. (Vgl. Y. COPPENS: *Les hominidés du Pliocene et du Pleistocene d'Afrique orientale et leur environnement,* in: M. Sakka: Morphologie Evolutive – Morphogenèse du Crâne et Origine de l'Homme, Paris 1981, 155–168.)

Dann aber fand ALAN WALKER 1985 bei einer Expedition mit RICHARD LEAKEY (dem Sohn von LOUIS und MARY LEAKEY) im Gebiet von Lomekwi westlich des Turkanasees den rätselhaften «Schwarzen Schädel», dessen schwarzblaue Färbung von Manganoxid herrührt. A. WALKER schreibt (a. a. O., 34): «Alle Funde von *Australopithecus aethiopicus* stammen aus dem Turkana-Becken in Ostafrika. Sie sind alle etwa 2,5 Millionen Jahre alt. Der Schwarze Schädel hat ein für einen Hominiden kleines Gehirnvolumen (410 cm^3) und ein recht massives Gesicht. Wie bei anderen Australopithecinen gibt es einen deutlichen Größenunterschied zwischen Männern und Frauen. – Viele anatomische Merkmale sind als Anpassung an das Kauen grober Nahrung zu deuten. Die Kaumuskeln waren sehr kräftig und führten zur Ausbildung eines Knochenkammes auf dem Schädel. Die Backenzähne waren sehr breit und flach. Kiefer und Kiefergelenke waren ebenso kräftig ausgebildet und erinnern mehr an Gorillas als an spätere Hominiden. Das Gesicht war wie bei anderen Australopithecinen schüsselartig nach vorn ausgezogen. In diesem Punkt gleicht es eher Schimpansen als anderen robusten Australopithecinen.»

Auf den *Australopithecus boisei* stießen LOUIS und MARY LEAKEY 1959 in der Olduvai-Schlucht in Tansania, als sie den fast vollständigen Schädel eines Jungen fanden, bei dem gerade die bleibenden Zähne durchbrachen; sie waren so groß, daß die LEAKEYS scherzhaft vom «Nußknacker»-Menschen sprachen. Das Alter dieses ursprünglich als *Zinjanthropus boisei* bezeichneten Fundes ließ sich auf 1,7 Millionen Jahre datieren. Noch in demselben Jahr wurden weitere Fossilien der gleichen Art und aus der gleichen Zeit gefunden, darunter in Koobi Fora am Ostufer des Turkanasees ein männlicher und ein weiblicher Schädel, die erneut den enormen Unterschied der Körpergröße (den «Geschlechtsdimorphismus») aufwiesen. Ein Skelettfragment aus Koobi Fora zeigte zudem Körperproportionen, wie sie von *«Lucy»*, dem *Australo-*

pithecus afarensis, bekannt waren: relativ kurze Beine im Verhältnis zum Körper, die Statur eher menschenaffen- als menschenähnlich. (Vgl. R. E. F. LEAKEY, A. C. WALKER: *Further hominids from the Plio-Pleistocene of Koobi Fora, Kenya,* in: Am. J. Phys. Anthrop. 67, 1985, 135–163; A. C. WALKER: *The Koobi Fora hominids and their bearing on the origins of the genus Homo,* in: B. A. Sigmon, J. S. Cybulski: Homo erectus – Papers in Honor of Davidson Black, Toronto 1981, 193–215.)

Es liegt nahe, die *robuste* Art des *Australopithecus* dem ostafrikanischen robusten *Australopithecus boisei* zur Seite zu stellen und *beide* von *Australopi-*

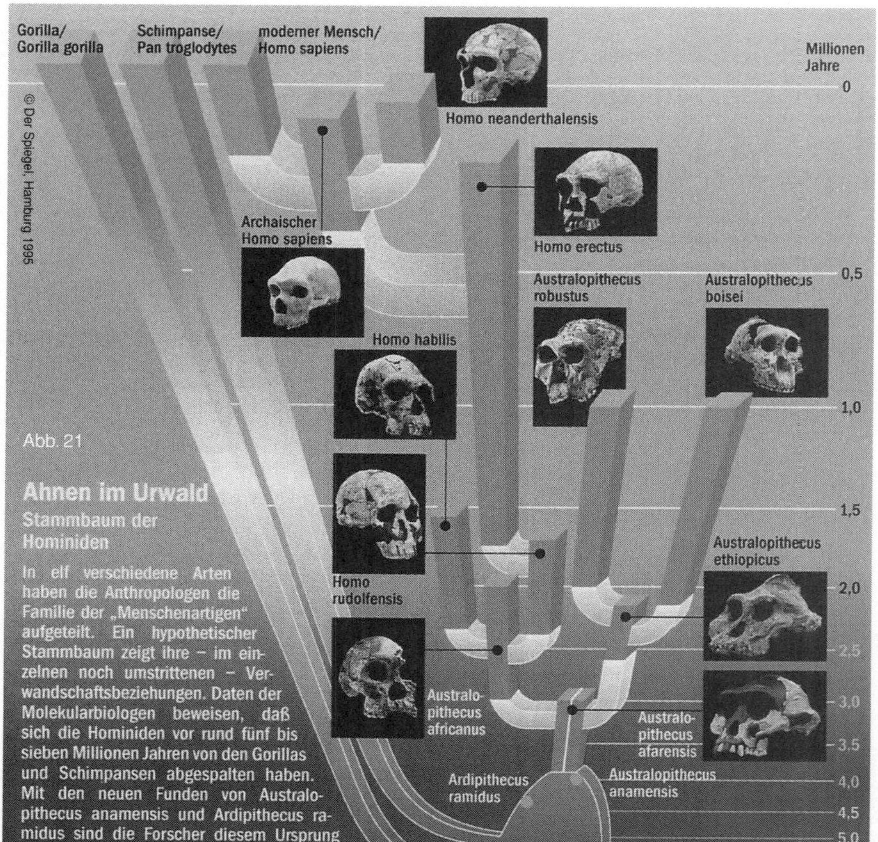

Abb. 21

Ahnen im Urwald
Stammbaum der Hominiden

In elf verschiedene Arten haben die Anthropologen die Familie der „Menschenartigen" aufgeteilt. Ein hypothetischer Stammbaum zeigt ihre – im einzelnen noch umstrittenen – Verwandschaftsbeziehungen. Daten der Molekularbiologen beweisen, daß sich die Hominiden vor rund fünf bis sieben Millionen Jahren von den Gorillas und Schimpansen abgespalten haben. Mit den neuen Funden von Australopithecus anamensis und Ardipithecus ramidus sind die Forscher diesem Ursprung des Menschengeschlechts um mehr als 500 000 Jahre nähergekommen.

thecus aethiopicus abzuleiten. Die *grazile* Art des *Australopithecus africanus* in Südafrika könnte dann als ein Seitenzweig aus dem *Australopithecus afarensis* hervorgegangen sein. Möglich ist auch, daß *Australopithecus africanus* zur Ursprungsform für die ersten beiden Vertreter der Gattung *homo* geworden ist: des *homo habilis* und des *homo rudolfensis,* aus dem sich dann wiederum *homo erectus* entwickelt haben könnte. Ein solcher hypothetischer Stammbaum der Familie der Hominiden ist in Abbildung 21 dargestellt (vgl. *Der Spiegel,* 42/1995: *Siegeszug aus der Sackgasse,* I 218–239, S. 228).

Es könnte indessen, wie RICHARD LEAKEY meint, wohl auch sein, daß *Australopithecus robustus* in Südafrika sich aus dem grazilen *Australopithecus africanus* entwickelt hat, als Parallelentwicklung durch Anpassung an grobe Pflanzennahrung. (Abb. 22; vgl. die alternativen Schemata von T. WHITE, C. GROVES, R. LEAKEY und B. WOOD bei C. GROVES: *Die Ursprünge des Menschen,* in: Die ersten Menschen, 50–51.)

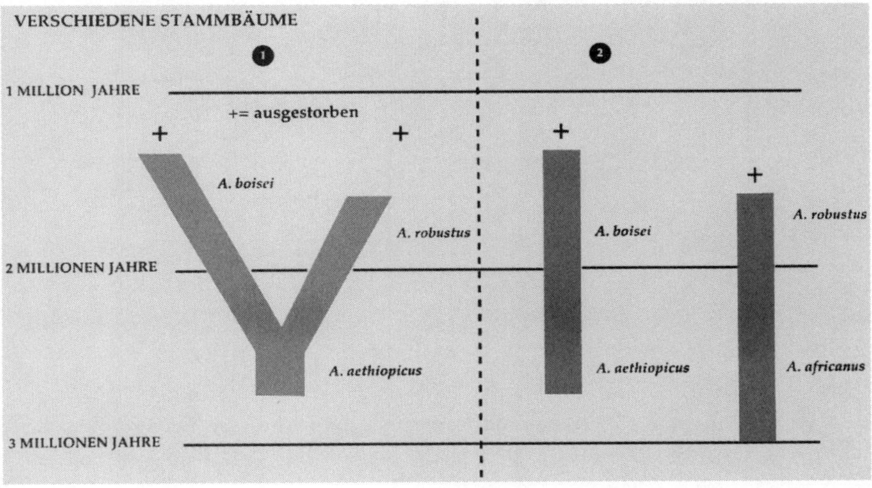

22 Verschiedene stammesgeschichtliche Beziehungen zwischen Australopithecinen.

Eine andere, vor allem von R. LEAKEY bevorzugte Ahnenreihe des Menschen sieht in dem *homo erectus* eine direkte Fortentwicklung des *homo habilis,* der als Zwischenform zwischen dem *Australopithecus africanus* und dem älteren *Australopithecus afarensis* betrachtet wird, aus dem die robusten *Australopithecinen* sich entwickelt hätten (Abb. 23; aus: E. PROBST: *Deutschland in der Urzeit,* 334).

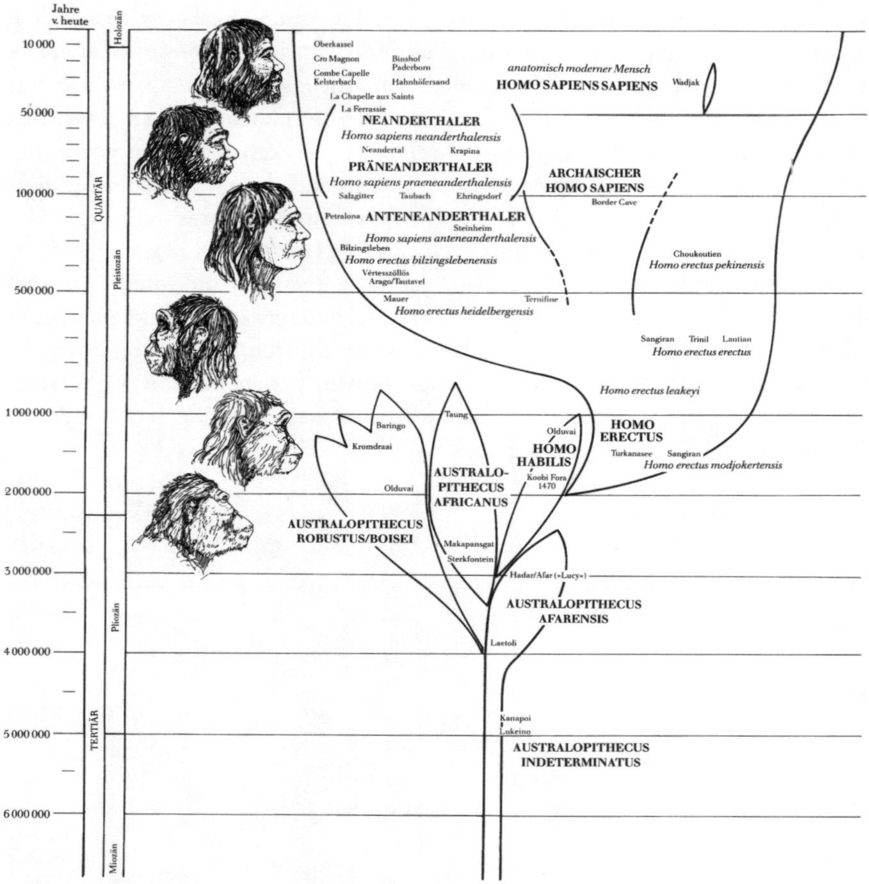

23 Die Ahnenreihe des Menschen mit Eintragung der wichtigsten Fundorte und Zeitangaben.

Was sich hinter dieser scheinbar rein anatomischen Frage verbirgt, bedeutet in Wirklichkeit philosophisch und religiös weit mehr. Das Problem lautet nach wie vor, was eigentlich den Motor der «Menschwerdung» gebildet hat, wenn man an einen «göttlichen» «Schöpfungsschub» endgültig nicht mehr glauben will.

Die Verhaltenspsychologie von *Pflanzenfressern* gilt im allgemeinen für friedfertig, sie weist dafür aber auch nur ein relativ geringes Maß an gemeinsamen Aktivitäten auf. Die *«robusten» Australopithecus*-Arten hätten wir uns tatsächlich am ehesten als die behäbigere, dem Verhalten von Gorillas angenäherte Art vorzustellen. Die *«grazilen»* Arten hingegen müssen wir uns in begrenztem Umfang als Jäger vorstellen, als welche wir bereits die Schimpansen kennengelernt haben (*Glauben in Freiheit,* II, 348–350). Schon Schimpansen veranstalten in organisierter Form Treibjagden auf die roten Stummelaffen und verwickeln sich in kriegsähnliche Konflikte. (JANE GOODALL: *Ein Herz für Schimpansen,* 118–133; vgl. G. TELEKI: *The Predatory Behavior of Wild Chimpanzees, Lewisburg, 1973;* DERS.: *Primate subsistence patterns: collector-predators and gatherer-hunters,* in: J. Hum. Evol. 4, 1975, 125–184.) Es könnte durchaus sein, daß die *grazilen* Formen des *Australopithecus* diese schon in den Wäldern entwickelte Form der Nahrungsbeschaffung in die Savanne mitnahmen und dort beibehielten. Der Überlebensvorteil solcher «sozialen Fleischfresser» (M. A. EDEY: *Vom Menschenaffen zum Menschen,* 107–131) besteht nun nicht nur in der Möglichkeit, vielfältigere Nahrung zu sich zu nehmen und mithin von landschaftlichen und klimatischen Bedingungen unabhängiger zu werden, er besteht vor allem in einem höheren Grad an sozialer Kooperation. Auf die Jagd zu gehen und die Beute zu *teilen,* stellt wohl die Urform *männlicher* Gruppenbildungen dar, und es scheint, daß diese Verhaltensweise sich gegenüber den friedfertigeren Arten des pflanzenfressenden *Australopithecus robustus* und *boisei* durchgesetzt hat; jedenfalls hat sie es später dem *homo erectus* erlaubt, die unwirtlichen, äquatorfernen Zonen Eurasiens zu erobern und drei Eiszeiten zu überstehen. (Vgl. E. S. VRBA: *Late Pliocene climatic events and hominid evolution.* In: F. E. Grine: Evolutionary History of the «Robust» Australopithecines, New York 1988, 405–426.)

Ist also der Mensch tatsächlich eine Art «Raubaffenspezies», wie R. DART (*The Predatory Transition from Apo to Man,* in: International Anthropological and Linguistic Review, I, 1953) es schilderte? Wurden wir zu Menschen erst durch eine enorme Steigerung nicht nur der Sexualität, sondern vor allem auch der Aggressivität? Ist der Mensch, wie NIKO TINBERGEN sagte, «ein jagendes Tier» (*Von Krieg und Frieden bei Tier und Mensch,* in: G. Altner: Kreatur Mensch, 324–354)?

ROBERT ARDREY (*Adam und sein Revier,* 256–257) hat den Satz aufgenommen und erklärt: «Unser Primatenerbe bot uns weder Waffen noch Panzer, und auf der offenen Savanne waren wir für Angriff und Verteidigung nur kläglich ausgerüstet ... Wir waren klein und verwundbar. Nur Verbände unter einer verläßlichen Führung konnten auf erfolgreiche Großwildjagd gehen – Verbände, deren Mitglieder bereit waren, auch den Tod auf sich zu nehmen, um der Gruppe zum Erfolg zu verhelfen... Wir waren Raubtiere, aber wir waren auch Beutetiere. Während wir die grasenden Geschöpfe der Savanne verfolgten, wurden wir von Raubtieren gejagt, denn wir waren eßbar... Daß wir Jagd aufeinander machten, ist ebenfalls wahrscheinlich... Vor die Notwendigkeit der Aggression und der erfolgreichen Verteidigung gestellt, mußten sich die Verbände der Hominiden der Notwendigkeit sozialen Einvernehmens und sozialer Kooperation beugen. Und sie mußten ihren Verstand gebrauchen... Von den Anfängen in den Tagen des Miozäns, durch die Entbehrungen des schreckerfüllten Pliozäns, durch die Stürme, Eiszeiten und Regenfälle des Pleistozäns führte die Evolution den Menschen zu seinem heutigen Zustand. Er ist der Welt erfolgreichster Räuber und der Welt reichste Beute. Kann es uns wundernehmen, daß er ein Aggressor ist?» (Vgl. R. Ardrey: *Adam kam aus Afrika. Auf der Suche nach unseren Vorfahren,* Wien 1967.)

Vor allem Richard Leakey und Roger Lewin (*Wie der Mensch zum Menschen wurde,* 79–117) haben dagegen den Faktor des sozialen Teilens und der Kooperation untereinander als die entscheidende Triebkraft auf dem Weg zum Menschen herausgestellt. (Vgl. besonders G. L. Isaac: *Food sharing and human evolution,* in: J. Anthrop. Res. 34, 1978, 311–325.) Besonders J. H. Reichholf (*Das Rätsel der Menschwerdung,* 115–124) versucht, das «übergroße Gehirn» des Menschen beim Übergang zur Gattung *homo* nicht so sehr mit ausgesprochenem Jagdverhalten als vielmehr mit einer Anpassung an die *Aasjägerei* zu erklären (vgl. R. J. Blumenschine, J. A. Cavallo: *Frühe Hominiden – Aasfresser,* in: Spektrum der Wissenschaft, Heft 12, 1992, 88–95): Geleitet von den Geiern am Himmel, hätten unsere Vorfahren, bereits auf zwei Beinen laufend, sich vor allem das phosphorhaltige Knochenmark schon erlegter Tiere zunutze gemacht; ja, Reichholf sieht in dem Wettlauf nach verwertbaren Kadavern überhaupt einen wichtigen Antrieb zum aufrechten Gang und in dem Verzehr von Knochenmark die wichtigste ernährungsphysiologische Voraussetzung des Gehirnwachstums (vgl. J. D. Speth: *Early hominid hunting and scavenging: the role of meat as an energy source,* in: J. Hum. Evol. 18, 1989, 329–343) – nicht Jagdveranstaltungen großen Stils, sondern Sammeln von Pflanzen und Früchten und das Laufen nach toten Tieren hätten demnach das Verhalten der *grazilen Australopithecus*-Arten geprägt. (Vgl. R. Lewin: *Spuren der Menschwerdung,* 108–112; zur *Evolutionsökologie* der *Australopithecinen* und des *homo habilis* vgl. W. Henke, H. Rothe: *Paläoanthropologie,* 343–366.)

Doch wie auch immer: Zu Menschen scheinen wir geworden zu sein, indem eine wachsende Sexualität die Geschlechter enger miteinander verband und indem eine wachsende Aggressivität die Gruppen arbeitsteilig enger zusammenhielt: Jagdaktivität der Männer und Kopulation der Frauen mit dem besten Versorger. Ständige Paarungsbereitschaft und räuberisches Verhalten auf hohem sozialem Niveau – *dies*, nicht ein gütiger Gott, so scheint es, hat uns als «Menschen» die «Seele» eingehaucht! (Abb. 24; aus: W. HENKE, H. ROTHE: Paläoanthropologie, 360.)

Daß man überhaupt von der Gattung *homo* («Mensch») spricht, geht erstmals auf die Deutung von Fossilien vor etwa 2,5 Millionen Jahren zurück, die in Ost- und Südafrika gefunden wurden.

Den ersten Hominiden, der höher entwickelt war als die Gattung *Australopithecus*, fanden LOUIS und MARY LEAKEY 1960 in der Olduvai-Schlucht: einen Unterkiefer und eine Schädeldecke. Nach dem Urteil auch von PH. TOBIAS und JOHN NAPIER nahm man ursprünglich an, daß es sich um

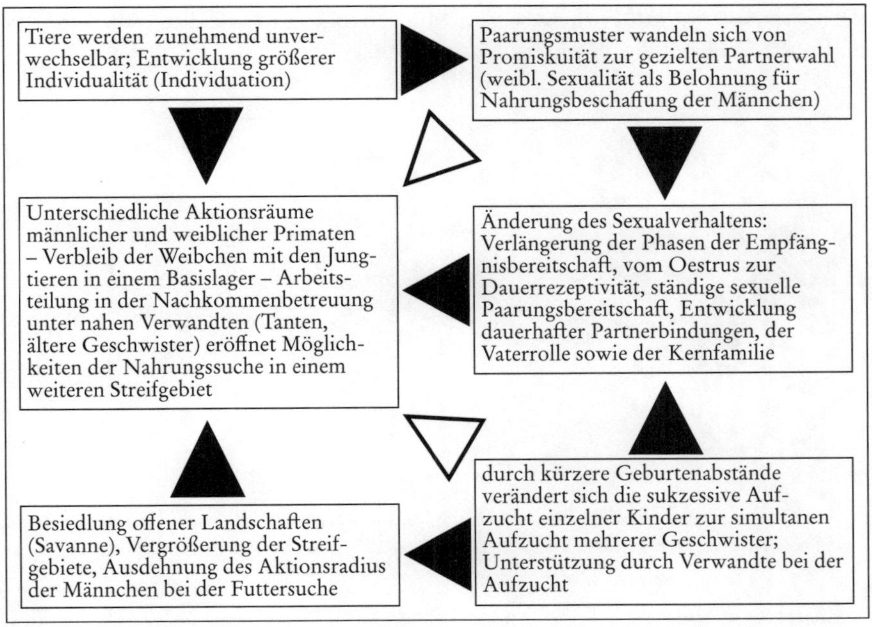

24 Schema der Wechselwirkung einzelner Komponenten vor allem des Paarbindungsmodells (s. o. S. 91), wie C. O. LOVEJOY (*The origin of man*, in: Science 211, 1981, 341–350) es vorschlug.

eine offenbar neue Hominidenart handelte, eine Meinung, die noch durch die Fragmente eines Hand- und eines Fußskeletts unterstützt wurde. Man stellte sich vor, daß dieser neu gefundene Hominide bereits imstande war, die Steinwerkzeuge herzustellen, die in Olduvai zahlreich gefunden wurden, und so gab man ihm die Bezeichnung *homo habilis* («zur Werkzeugherstellung befähigter Mensch»). (Vgl. L. S. B. LEAKEY: *Homo habilis, Homo erectus and the australopithecines,* in: Nature 209, 1966, 1279–1281; P. SCHMID: *Homo habilis – ein Mensch mit knielangen Armen,* in: Naturw. Rdsch. 41, 1988, 124; B. A. WOOD: *Who is the «real» homo habilis?,* in: Nature 327, 1987, 187–188.) Die ursprüngliche Euphorie allerdings wich nach und nach einer gewissen Ernüchterung; man fand, daß eine Reihe morphologischer Merkmale, vor allem die Größe der Kiefer und Zähne sowie die Größe des Gehirns, beide relativ zur Körpergröße, sich von den *Australopithecinen* nicht so weit unterschieden, wie man gemeint hatte. Der deutsche Paläontologe FRIEDEMANN SCHRENK, der seit Jahren im Karonga-Distrikt am Ufer des Malawi-Sees in Tansania forscht, sieht in *homo habilis* überhaupt nur einen mißlungenen Versuch des *Australopithecus*, sich zum Menschen zu entwickeln. (Abb. 25, aus: R. LEWIN: *Spuren der Menschwerdung,* 100.)

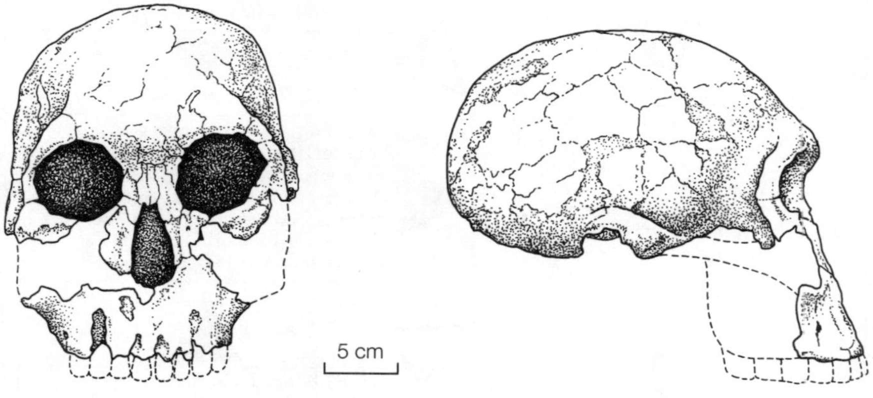

25 Schädel des *homo habilis.* Er ist rundlicher als der eines *Australopithecus,* der Abstand zwischen den Schläfen größer.

Bestätigt glaubt sich F. SCHRENK in diesem Urteil besonders durch den Fund des Unterkiefers eines Hominiden, den er selber 1991 in Malawi machen konnte. Die Hominidenart, die er fand, wird dem *homo rudolfensis* zugerechnet, dem «frühen Menschen» von Koobi Fora, das früher Ost-Rudolf hieß.

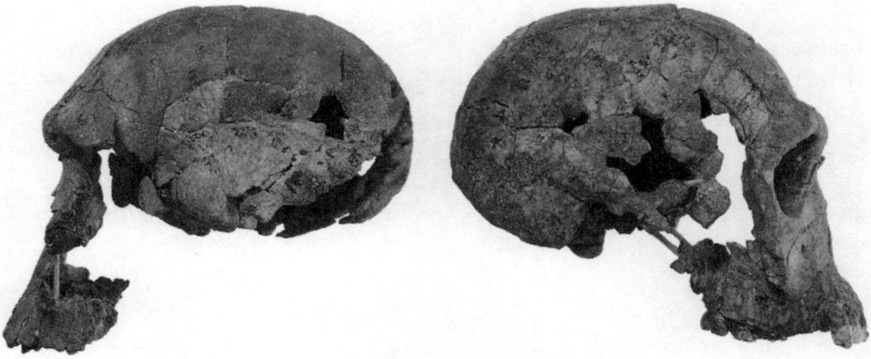

26 Ein Vergleich zwischen dem Schädel des *homo rudolfensis* (links) und dem *homo habilis* (rechts).

Dort, in Kenia, hatte man vorher bereits den Gehirnschädel eines Erwachsenen gefunden, der in seiner Form einem *Australopithecus* glich, der aber in seiner Größe davon erheblich abwich: Die Durchschnittsgröße des Schädels eines *Australopithecus* liegt bei 500–600 cm^3, die des *homo rudolfensis* hingegen mißt beinahe 800 cm^3. F. SCHRENK hält deswegen den etwa 2,4 Millionen Jahre alten *homo rudolfensis* für die Form, in welcher der *Australopithecus* sich zum *homo* entwickelte, und er meint ferner, daß der spätere *homo erectus* sich nicht aus dem *homo habilis,* sondern aus dem *homo rudolfensis* entwikkelte. (Abb. 26; aus: B. WOOD: *Homo habilis und Homo rudolfensis,* in: 4 Millionen Jahre Mensch, 37.)

In schematischer Darstellung entsteht damit der Stammbaum von Abb. 27 (aus: *Der Spiegel,* 43, 1995, 136–154: *Siegeszug aus der Sackgasse,* II, 147).

Es ist freilich gut möglich, daß sich auch dieser Stammbaum noch einmal ändert. (Zur Taxonomie von *homo habilis* und *homo rudolfensis* vgl. W. HENKE, H. ROTHE: *Paläoanthropologie,* 331–335; zu den phylogenetischen Beziehungen von *Australopithecus* und *homo habilis* vgl. a. a. O., 335–343.) So könnte es zum Beispiel sein, daß auch die Kopfgröße von *homo rudolfensis* uns täuscht: da man bisher keine Gliedmaßen gefunden hat, die es erlauben würden, das Gehirnvolumen relativ auf die Körpergröße zu beziehen, könnte es sich ganz einfach um eine größer gewachsene *Australopithecus*-Art handeln; und von der Bewegungsart dieses Wesens wissen wir noch gar nichts. Insgesamt scheint es jedenfalls, daß die beiden Formen des *homo habilis* und des *homo rudolfensis* dem *Australopithecus* noch näher stehen als

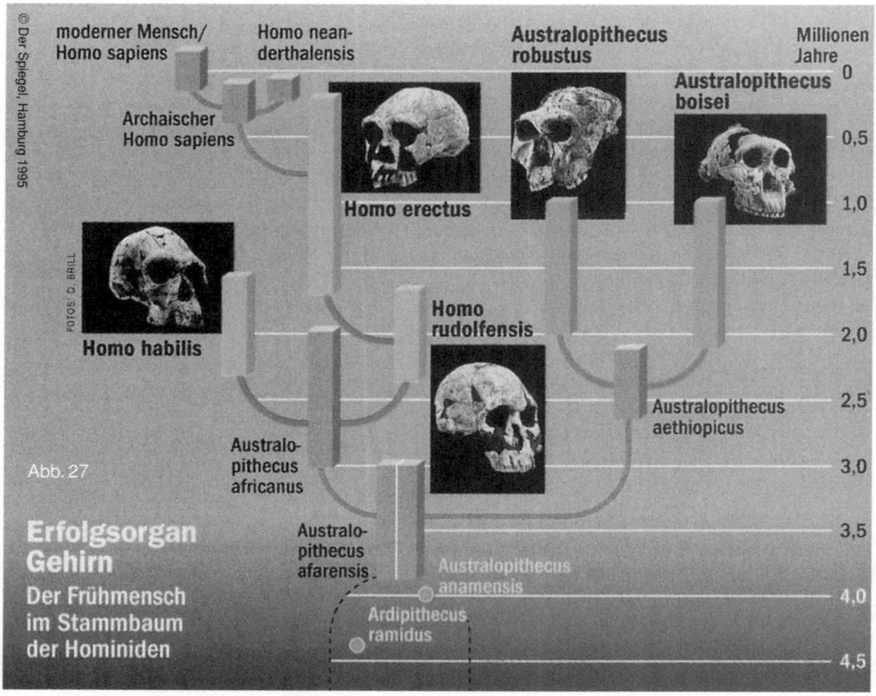

Abb. 27

dem späteren *homo erectus;* doch gerade so stehen sie an der Schwelle des Übergangs zu der Gattung *homo* («Mensch»), selbst wenn sie diesen Namen nur erst recht beschränkt verdienen sollten.

Über die *Gründe,* die vor 3 Millionen Jahren zu diesem Entwicklungsschub in Richtung *homo* führten, herrscht indessen einigermaßen Klarheit, indem erneut Geologen und Meteorologen die Funde der Paläontologen begründen helfen. So fand der Klimatologe Peter de Menocal, als er die Staubablagerungen aus den Wüsten Afrikas auf dem Ozeanboden vor Westafrika und Saudi-Arabien untersuchte, daß vor 2,8 Millionen Jahren eine Dürre geherrscht haben muß, die ganz Afrika umfaßte. Wie schon gesagt, bildeten sich damals die Polkappen, von denen alle 40 000 Jahre sich Eis bis weit nach Europa hinein vorschob. Eine weltweite Klimaverschlechterung, die Epoche der Eiszeiten begann. Aber warum? *Geologisch* begründet scheint diese Veränderung tatsächlich nicht zunächst vor allem durch die Bildung des Eisschildes über den Polen, als vielmehr durch ein geradezu entgegengesetztes, scheinbar räumlich weit entferntes Ereignis, von dem J. H. REICHHOLF (*Das Rätsel der Menschwerdung*, 81) schreibt: «es geschah vor etwa 2,6 bis 2,8 Millionen Jahren. Zwischen Mexiko und der Nordspitze Südamerikas war eine Gruppe von Vulkanen aufgetaucht. Sie wuchsen und wuchsen, bis sich die Kette zur Landbrücke schloß. Die Landenge von Panama war damit geschlossen, Nord- und Südamerika seit ihrer Trennung im frühen Tertiär wieder vereint. Die Folgen dieses Zusammenschlusses veränderten das Weltklima nicht unmerklich langsam, so langsam, daß die Lebewesen genügend Zeit gehabt hätten, sich daran anzupassen, sondern höchst abrupt. Die Verbindung von Nord- und Südamerika bedeutete nämlich die Geburt des bedeutendsten Meeresstromes: die Entstehung des Golfstromes.» Die neu entstandene Landbrücke sperrte den Atlantik vom Pazifik ab, ein «gewaltiger Warmwasserstau in der Karibik und im Golf von Mexiko» war die Folge. «Der gigantische Wirbel der heutigen Sargasso-See bildet den Überrest jenes Warmwasserstaus, und der große Meeresstrom, der daraus hervorgeht, fing an, nordwärts zu fließen, als die Wassermassen dem beständigen Winddruck nicht mehr standhalten konnten.» «Natürlich mußte die Verfrachtung von Wärme in den Raum des nördlichen Polargebietes hinein weitreichende Folgen zeigen... Die Folgen waren ein massiver Rückgang der Vereisung, ein Anstieg des Meeresspiegels ... und verstärkte Niederschlagstätigkeit von den gemäßigten Breiten bis zu den Tropen. Das war vor etwa zwei Millionen Jahren der Beginn der Eiszeit, des Pleistozäns. So merkwürdig es klingen mag: die Eiszeit fing mit einer Warmzeit an» (81–84).

«Besonders die afrikanischen Savannen... gewannen neue Fruchtbarkeit. Dazu trug ein weiteres geologisches Ereignis bei: ... der ... Aufbruch der Erdkruste im afrikanischen Grabenbruch. Heftiger Vulkanismus lebte auf, Lavamassen und Asche wurden frei.» Für Ostafrika bedeutete das «eine neue Blüte... Sie konzentrierte sich auf das ostafrikanische Hochland mit seinen vulkanischen Böden und seinem Reichtum an Mineralstoffen» (84). Aber: «Starke Niederschläge in den mittleren Breiten und das Ergrünen der Wüsten senkten die Temperaturgegensätze. Der Motor des Weltklimas schwächte sich ab.» «Dieser Umschwung senkte die Kraft der Ozeanströmung und verstärkte die winterlichen Kälte-Hochdruckgebiete. Die Schneemassen verdichteten sich zu Eis. An den Polkappen begann der Eispanzer... Die Wassermassen, die im Eis gebunden wurden, waren so gewaltig..., daß der Spiegel des Weltozeans um wenigstens 120 Meter absank... Zwangsläufig gingen nun die Niederschläge zurück» (90–91). *Das* offenbar ist der Hintergrund der Befunde von PETER DE MENOCAL, *das* ist der Motor der Menschwerdung.

Und nun gilt es, diese relativ gesicherte Tatsache aus Geologie, Meteorologie und Paläontologie in die Fragestellung von Theologen zu übersetzen, dann wird man so klar wie nur möglich feststellen müssen: Wenn irgendein Gott bei der «Erschaffung» des Menschen am Werke war, so hat er sich allem Anschein nach nicht der Mittel bedient, die wir menschlicherweise von ihm als einem guten «Vater» erwarten sollten. Ein solcher bedrängt seine notleidenden Kreaturen nicht mit Eispanzern, Erdbeben, Niederschlägen, Trockenheiten, Sandstürmen, Hungerkatastrophen, Urwaldzerstörungen, Vulkanausbrüchen usf., und zwar selbst dann nicht, wenn er gerade dabei ist, sein «Meisterwerk» zu vollbringen. Doch all die aufgezählten Plagen – genau das waren die Umstände, die den *Australopithecus* auf dem Wege zum Menschen vorantrieben!

Offenbar gab es für die Familie der Hominiden nur *zwei* Wege, auf die Herausforderung der «Schrecken des Pliozäns» (R. ARDREY) zu antworten: Der erste Weg was der des *Australopithecus boisei* in Ostafrika (der «Nußknacker» der LEAKEYS) ebenso wie des *Australopithecus robustus* in Südafrika; beide gingen dazu über, sich von den nährstoffarmen Gräsern und Wurzeln der Steppe am Leben zu erhalten; ihre Kauwerkzeuge, viermal so stark wie die eines heutigen Menschen, waren imstande, Nüsse und Wurzeln zu zerlegen – daher der Knochenkamm auf dem Schädel, um die Muskulatur zu halten; die Wärmeabgabe des Körpers reduzierten sie durch den gedrungenen Körperbau – in gewisser Übereinstimmung mit der BERGMANNschen Regel, wonach die Wärmeabgabe proportional der Körperoberfläche ist, die Wärmeerzeugung hingegen proportional der Körpermasse; da die Oberfläche nur im Quadrat zunimmt, das Volumen hingegen im Kubik, bedeuten rundlichere Körper geringere Wärmeabgabe (J. SZILVASSY: *Anthropologie,* 117–118). Doch dieses Spezialistentum der Entbehrung, so erfolgreich es für über eine Million Jahre auch war, führte im ganzen nicht weiter. Die Zukunft sollte dem zweiten Weg gehören, der sich am ehesten mit dem *homo rudolfensis* verbinden läßt; er bestand in einer Anpassung nicht des Körpers, sondern des «Geistes», nicht der «hard ware», sondern der «soft ware»: Der Speiseplan wurde weit stärker auf Fleischnahrung verlegt, man ging auf die Suche nach Aas, man organisierte Jagden, man entwickelte eine komplexe Sozialstruktur, man verlegte sich auf eine ständige Paarungsbereitschaft, man stellte erste Werkzeuge her, man erlernte die Grundzüge einer sprachenähnlichen Verständigung, und im ganzen: das Gehirn begann kontinuierlich zu wachsen, und zwar offenbar durch eine Wechselwirkung zwischen der Aufnahme verbesserter phosphorhaltiger Nahrung und einem ständig wachsenden Selektionsdruck in Richtung leistungsfähigerer Gehirne.

β) Vom homo erectus zum homo neanderthalensis

Das Bild, das jetzt vor unseren Augen steht, malen R. E. LEAKEY und ROGER LEWIN (*Wie der Mensch zum Menschen wurde,* 113–117) folgendermaßen: «Der Typus, der uns (sc. bei einer fiktiven Rundfahrt in der Steppe) am häufigsten begegnet, ist ein korpulentes Individuum mit mächtigem Unterkiefer und etwa 1,50 Meter groß ... Wenn wir uns die Gruppe von etwa zwanzig Wesen näher betrachten, ... erkennen wir auch den Grund für die enormen Kiefer. Jeder aus der Gruppe sucht sich seine Nahrung selbst, meist Wurzeln, Grassamen und andere pflanzliche Kost, die alle recht zäh sind und zermahlen werden müssen ... Die Gruppe bewegt sich langsam vorwärts. Sie bleibt immer zusammen ... Dieses Wesen ist der *Australopithecus boisei*» (113; 115). Die Lebensform des *homo* (*habilis* oder *rudolfensis*) hingegen beschreiben sie so: «Er ähnelt den beiden *Australopithecinen*-Arten (sc. africanus und robustus): seine Größe entspricht etwa der der *boisei,* doch besitzt er nicht die massigen Kiefer und den Knochenhöcker auf dem Schädel ... Ihr Gang muß etwas leichter gewesen sein ... Die Gruppen sind kleiner, die unterwegs z. B. Nüsse, Früchte und Maden in einem aus Blättern geflochtenen Behälter sammeln. Zwei andere tragen ein Stück Fleisch, das sie einem frisch getöteten Tier abgerissen haben, da sie es zufällig auf ihrer Suche nach Nüssen und Früchten gefunden hatten. Sie folgten den Spuren ihrer Gruppenmitglieder und kommen schließlich in ihrem Lager an, das im Schatten der Bäume in einem trokkenen Flußbett aufgeschlagen worden war. Dies ist nun ein Lager im eigentlichen Sinn: die Bewohner hielten sich schon einige Tage dort auf ... In der Zwischenzeit ziehen immer zwei oder drei aus der Gruppe gemeinsam los und kommen gegen Abend mit reichlicher Nahrung zurück. Meist sind es Pflanzen, gelegentlich aber auch kleinere Nagetiere und dann und wann ein größeres Fleischstück. Das meiste Fleisch stammt von gerade verendeten Tieren ... Die Beziehungen zwischen den einzelnen Gruppenmitgliedern sind enger, und zwar nicht nur zwischen Verwandten. Außerdem waren sie vermutlich schon in der Lage, durch eine Lautkombination und durch Gesten miteinander zu kommunizieren. Im Mittelpunkt ihres Lagerlebens steht die Nahrungsteilung. In der Regel sind es die Männer, die sich auf die Suche nach Fleisch begeben» (116–117). Hinzufügen darf man: ... und die eben deshalb einen höheren Rang innehaben.

Der springende Punkt dieser Schilderung ist die Frage nach der *Sprachfähigkeit.* (Vgl. IAIN DAVIDSON-WILLIAM NOBLE: *Seit wann gibt es Sprache?,* in: Die ersten Menschen, 46.) Wann hat sie begonnen? Von wann an waren wir «richtige» Menschen? Konnten wirklich die Vertreter von *homo habilis* oder sogar von *Australopithecus africanus* «sprechen», wie R. Leakey und R. Lewin es andeuten?

Die «klassische» Ansicht lautet, daß nur der *homo sapiens* sprechen könne, weil nur er über den anatomisch dazu notwendigen Kehlkopf mitsamt dem zugehörigen Stimmbandsystem verfüge (vgl. G. Goettler: *Die Entwicklung der menschlichen Glottis als deszendenztheoretisches Problem,* in I. Schwidetzky: Über die Evolution der Sprache, 30–36; J. Wind: *Der Kehlkopf bei Spitzhörnchen, Rhesusaffe, Schimpanse und Mensch,* a. a. O., 17–29). Ein Sprachforscher wie Ch. F. Hocket (*Der Ursprung der Sprache,* a. a. O., 135–150) billigte von den 13 Merkmalen, mit denen er die Sprache charakterisierte, immerhin neun bereits der «Laut-Hör-Kommunikation der Protohominoiden», wie dem Gibbon, zu; indessen die *Raum-Zeit-Unabhängigkeit* der Lautsignale sowie die *Dualität der Musterbildung* (die Umordnung von an sich bedeutungslosen Lauten – Phonemen – zu sinntragenden Worten – Morphemen) sprach er ihnen ab. Dagegen hat vor allem Eugene Linden *(Die Kolonie der sprechenden Schimpansen),* gestützt besonders auf die seit 1966 durchgeführten Versuche von R. Allen und Beatrice Gardner mit dem Schimpansenmädchen *Washoe,* überzeugend gezeigt, daß der Unterschied von Mensch und Tier, den das jüdisch-christliche Weltbild für fundamental hält, lediglich auf Vorurteil und Unkenntnis basiert: «Alles deutet darauf hin, daß Delphine ebenso wie Menschen um der Sache der Kommunikation willen miteinander kommunizieren; Schimpansen sind in ständiger Kommunikation miteinander. Und dieses Bedürfnis nach Bestätigung und Beruhigung geht weit über grundlegende Antriebe hinaus. Man darf erwarten, daß das gleiche für die anderen gesellig lebenden Menschenaffen gilt, ebenso für Tiere wie Elefanten und Wölfe, die eine hochentwickelte Sozialstruktur besitzen» (139). Ähnlich urteilt auch Jared Diamond (*Der dritte Schimpanse,* 183–216: Brücken zur menschlichen Sprache), wenn er (S. 192) die «zielgerichteten Botschaften» bei den Alarmrufen der Meerkatzen aufführt und die Analogien zwischen Tierlauten und menschlicher Sprache vor allem mit der instinktiven Fähigkeit vieler Tiere begründet, «arttypische Laute von sich zu geben».

Man wird, wenn dieses Urteil gilt, kaum anders sagen können, als daß auch die menschliche Sprache nicht einfach vom Himmel gefallen ist, sondern sich auf den Grundlagen entwickelt hat, die im Tierreich vorgegeben waren (vgl. Steven Pinker: *Der Sprachinstinkt,* Kap. 11: Der Urknall, 385–430, bes. 400; Alison Jolly: *Die Entwicklung des Primatenverhaltens,* Kap. 18: Sprache,

261–278); der Neurologe RALPH HOLLOWAY glaubt sogar, im Schädel des *homo rudolfensis* Spuren für die Ausbildung des BROCAschen Zentrums, das die Sprachmotorik steuert, gefunden zu haben (vgl. M. BRANDT: *Gehirn und Sprache. Fossile Zeugnisse zum Ursprung des Menschen,* Berlin 1992); – doch wie dem auch sei, es macht keinen Sinn, die unmerklich scheinenden Übergänge zwischen Tier und Mensch, auch was die Sprache angeht, ignorieren zu wollen, indem man die Jahrmillionen, die uns *verbinden,* als «Argument» der Trennung interpretiert. Aber auch das Umgekehrte ist schwer haltbar: in heute gebräuchlichen Sprachen noch «eine Verknüpfung mit den Lautgebungen der Schimpansen» konstruieren zu wollen, wie ROMAN STOPA (*Kann man eine Brücke schlagen...,* in: Über die Evolution der Sprache 151–162, S. 162) dies versucht, so als stünden bestimmte heute lebende Menschen dem Schimpansen schon aufgrund ihrer Sprache näher als andere Vertreter des *homo sapiens. Jede* Sprache, die Menschen heute reden, für so «primitiv» man sie auch halten mag, wie R. STOPA etwa die Sprache der Buschmänner Afrikas einschätzt, stellt nicht nur ein in sich vollendetes System grammatikalischer Regeln und semantischer Ausdrucksmöglichkeiten dar, sie steht vor allem jeder beliebigen heute gesprochenen anderen Sprache von Menschen um Millionen Jahre der Entwicklung näher als den Kommunikationsformen eines heutigen Menschenaffen. In *dem* Sinne *trennt* die riesige Zeitspanne der Evolution Mensch und Tier voneinander.

Freilich ist das Tempo der Entwicklung, gemessen an der Dynamik der menschlichen Geschichte in den letzten 35 000 Jahren, von einer erstaunlichen Langsamkeit. Unvorstellbar lange Zeiträume in der Geschichte des *homo rudolfensis* oder des *homo erectus* werden dahingehen, ohne daß sich in der Technik der Werkzeugherstellung irgendein nennenswerter Fortschritt erkennen ließe; doch eben das erlaubt einen wichtigen Rückschluß: genau so langsam und genau so mühsam wird auch die Entwicklung der menschlichen Sprache vor sich gegangen sein! Diese riesige Menge an Zeit wurde offensichtlich erfordert, um in kleinen – und gewiß nicht gradlinig verlaufenen – Schritten den Erwerb der Sprache zu ermöglichen.

Was damit gewonnen wurde, bedeutete allerdings eine Revolution: die Fähigkeit höherer sozialer Kommunikation, die wachsende Unabhängigkeit vom Druck des Augenblicks, die Möglichkeit, erworbene Kenntnisse und kulturelle Informationen an andere weiterzugeben, die Freiheit, noch unbekannte Situationen in der Vorstellung vorwegzunehmen und eigenständig zu planen – all diese neu erworbenen Fähigkeiten ließen gemeinsam zwischen Vergangenheit und Zukunft einen Strom geschichtlicher Kontinuität entstehen. Mit der Sprache entstand allmählich ein Bewußtsein des Zusammenhangs zwischen den Dingen und zwischen den Menschen, und als erst einmal die Zeit subjektiv als «Geschichte» erfahren wurde, begann sie selbst sich natürlich immer schneller zu gestalten. Doch das sind Vorgänge, die sich selbst erst gewissermaßen vor Sekundenbruchteilen in der Geschichte der Menschheit ereignet haben, genauer erst vor ca. 8000 Jahren mit der sogenannten «neolithischen Revolution», mit dem Beginn von Ackerbau und Viehzucht nach dem Rückgang der Gletscher am Ende der letzten Eiszeit. Was hat sich bis dahin in den vier Eiszeiten vorher ereignet?

Was wir jetzt erzählen müssen, ist die Geschichte der Gattung *homo*, darunter vor allem die Geschichte ihrer langlebigsten und in gewissem Sinne erfolgreichsten Art: des *homo erectus*, des «aufrecht gehenden Menschen».

Der Name, der von dem Heidelberger Paläontologen O. SCHOETENSACK (*Der Unterkiefer des Homo heidelbergensis aus den Sanden von Mauer bei Heidelberg*, Leipzip 1908) stammt, ist, wie wir inzwischen wissen, eigentlich falsch – die Anfänge des aufrechten Ganges sind um Jahrmillionen älter; manche Forscher wie B. A. WOOD (*Origin and evolution of the genus Homo*, in: Nature 355, 1992, 783–790) möchten deshalb lieber von *homo ergaster*, von dem «werkzeugherstellenden Menschen» sprechen und diese Bezeichnung vor allem für die frühen Vertreter von *homo erectus* reservieren, deren Schädelform sich von den späteren beträchtlich unterscheidet, doch weisen die Fossilien, die wir dem *homo erectus* zuschreiben, untereinander eine weit größere Ähnlichkeit auf als mit den vorangegangenen Hominidenarten. Die zum Teil erheblichen Unterschiede in den Funden des *homo erectus* sind verständlich: die ältesten Fossilien des *homo erectus* sind ca. 2 Millionen Jahre alt und stammen aus Afrika, die jüngsten sind etwa 250 000 Jahre alt; dazwischen hat *homo erectus* sich über die gesamte Alte Welt, über Afrika und Eurasien, verbreitet und sich den unterschiedlichsten Klimazonen anzupassen versucht. (Abb. 28; aus: A. WALKER: *Wann lebte Homo erectus?*, in: 4 Millionen Jahre Mensch, 39.)

Schon rein äußerlich betritt mit *homo erectus* eine neue Gattung der «Menschenähnlichen» die Welt. Am meisten belegt diese Tatsache der am besten erhaltene Fund eines *homo erectus:* des Jungen von Nariokotome am Turkanasee in Nordkenia, der 1984 bis 1988 von R. LEAKEY und anderen ausgegraben wurde. (Vgl. A. C. WALKER, R. E. F. LEAKEY: *Homo erectus skeleton from West Lake Turkana, Kenya*, in: Am. J. Phys. Anthrop. 69, 1986, 275; zu den weiteren afrikanischen *Homo-erectus*-Funden vgl. W. HENKE, H. ROTHE: *Paläoanthropologie*, 377–387.) Man fand den Schädel, das Gebiß, das Rück-

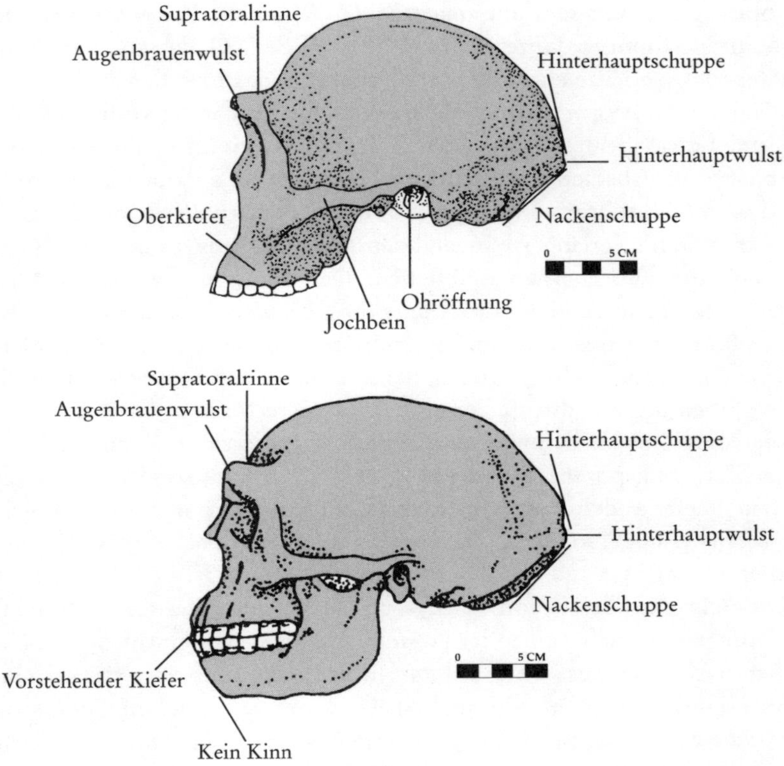

28 Der beträchtliche Unterschied zwischen dem *homo ergaster* (oben) vom Turkanasee und dem *homo erectus* (unten) aus China.

grat, die Gliedmaßen und das Becken eines etwa 11 Jahre alten Jungen, der vor 1,5 Millionen Jahren gestorben war. Aus diesen Funden haben R. LEAKEY und die Anthropologin HOLLY SMITH von der Universität in Michigan äußerst aufschlußreiche Ergebnisse gewinnen können: Der Junge war 1,60 m groß und wog ca. 48 kg, aber er war, anders als ein Schimpanse, trotz seines Alters noch nicht erwachsen, er hatte die Pubertät noch vor sich; in ausgewachsenem Zustand wäre er 1,85 m groß gewesen und hätte ein Gewicht von ca. 68 kg erreicht. Sein schlanker, hoher Wuchs läßt sich als Umkehrung der ALLENschen Klimaregel verstehen, wonach abstehende Körperteile in kalten Klimazonen sich zur besseren Wärmespeicherung verkleinern (und sich in warmen Klimaten zur besseren Wärmeabgabe vergrößern). Der Turkana-Junge war also an seine tropische Umwelt sehr gut angepaßt. (A. WALKER: *Wann lebte Homo erectus?*, in: 4 Millionen Jahre Mensch, 38–39.) Sein Gehirnvolumen maß 880 cm^3, erwachsen hätte es ca. 960 cm^3 betragen; – das ist sehr viel mehr als zum Beispiel beim *Australopithecus afarensis:* «Lucy» vor 3,2 Millionen Jahren war nur 1,07 m groß, sie wog nur 23,5 kg, und ihr Gehirnvolumen lag bei 400–450 cm^3; der Abstand zum heutigen Menschen ist dennoch beeindrukkend – dessen Gehirngröße liegt bei 1400 cm^3! Gleichwohl erlaubte das größere Gehirn und die verlängerte Jugend dem Turkana-Jungen einen weit größeren Spielraum zum Lernen und Üben. Der *homo erectus* dieses Typs benutzte bereits Feuer, und er entwickelte die *Acheuléen*-Technik der Werkzeugherstellung: Faustkeile, die an der Griffseite stumpf waren und an der anderen Seite eine scharfe Klinge trugen; damit konnte man Holz hacken, nach Wurzeln graben und: Jagdbeute zerlegen. *Homo erectus* war der erste wirkliche Jäger. Den Beweis dafür erbringen nicht nur die zahlreichen Tierknochen mit Werkzeugspuren, die man in seiner Nähe fand, sondern auch der Körperbau. Kiefer und Zähne waren kleiner, der Brustkorb nicht mehr kegelförmig wie bei «Lucy», sondern, wie beim heutigen Menschen, tonnenförmig, das Becken war kleiner.

Man braucht das Skelett von «Lucy» und das Skelett des (erwachsenen) Turkana-Jungen nur nebeneinander zu stellen, und der Unterschied ist leicht erkennbar. (Abb. 29; aus: A. WALKER: *Wann lebte Homo erectus?*, in: 4 Millionen Jahre Mensch, 39; vgl. auch M. H. WOLPOFF: *Evolution in Homo erectus: the question of stasis,* in: Palaeobiology 10, 1984, 389–406; B. A. WOOD: *The origin of Homo erectus,* in: Cour. Forsch. Senckenb. 69, 1984, 99–111.)

Der Grund all dieser Veränderungen liegt in der Lebensweise: *homo erectus* benötigte nicht mehr, wie «Lucy», einen langen Darm, um rein pflanzliche Nahrung aufzuschließen, ihm reichte zum Verdauen proteinreicher Fleischnahrung ein kürzerer Verdauungstrakt. Die bessere Ernährung bildete überhaupt die Voraussetzung für das Wachstum von Skelett und Gehirn. Da andererseits der knöcherne Beckenring der Frauen sich nicht erweiterte, mußte das Gehirnwachstum des Babys für eine immer längere Zeit außerhalb des mütterlichen Organismus verlegt werden; das wiederum setzte nicht nur eine wachsende soziale Fürsorge zwischen Mutter und Kind und Frau und Mann voraus, die dreizehn bis vierzehn Jahre alten Mütter benötigten für eine immer längere Stillzeit von etwa vier Jahren entsprechend hochwertige Nahrung. Die bessere Nahrungsversorgung ihrerseits erlaubte eine Verlängerung der Lebenszeit bis ca. 50 Jahren. Eine längere Jugend und ein längeres Alter

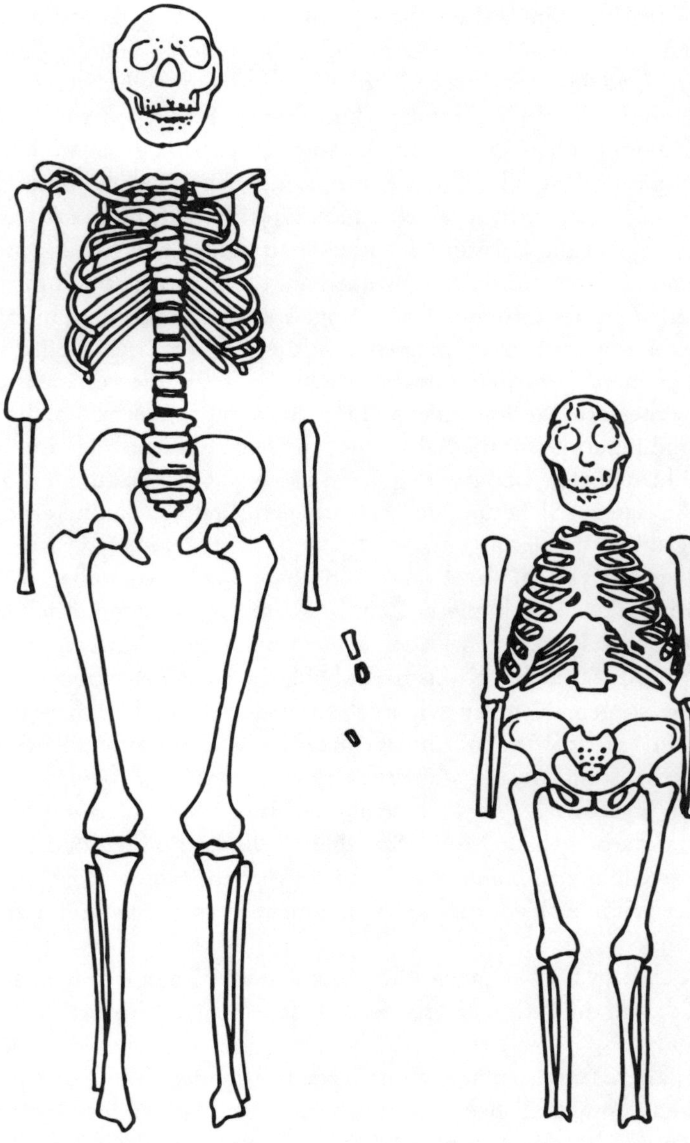

29 Lucy *(Australopithecus afarensis)* im Vergleich zum Skelett eines *homo ergaster* aus Nariokotome.

aber – das bedeutet die Weitergabe von immer mehr Lebenserfahrung durch die Älteren an immer lernfähigere und lernbereitere Jüngere. JONATHAN KINGDON (*Und der Mensch schuf sich selbst,* 53) meint zu Recht: «Der für die Humanevolution typische Trend zu kindlichen Merkmalen weist auf einen solchen Zusammenhang zwischen Anatomie, Technologieentwicklung und kooperativem Verhalten hin.» Die gemeinsamen Jagdzüge müssen zudem die Kooperationsbereitschaft, sagen wir, die Kameradschaft untereinander gefördert haben. Nicht die Leistung des Einzelnen sichert den Erfolg einer Jagd, selbst wenn es dabei auf jeden einzelnen ankommen mag; belohnt wird die Zusammenarbeit der Gruppe, ihr «Teamgeist». Und so versteht man, daß all diese Einzelmomente zusammengehören: die bessere Ernährung durch die Jagd, das größere Gehirn, die hochgewachsene Statur, die verlängerte Kindheit, die verbesserte Werkzeugherstellung, das Gruppenverhalten, die längere Stillzeit und Fürsorge für die Babys, die Anfänge zumindest der Sprache, wie wir annehmen dürfen, und der Beginn von so etwas wie kultureller Tradition mit der ihr eigenen Sicherung des Erworbenen (und der damit verbundenen Abwehr größerer Neuerungen).

Wenn wir uns zudem *das Äußere* von *homo erectus* vorstellen wollen, so sollten wir denken, daß in dieser Zeit die Körperbehaarung zurückgeht und zahlreiche Schweißdrüsen, wie bei keinem anderen Lebewesen auf Erden sonst, für ein zusätzliches Kühlsystem bei körperlicher Anstrengung in heißem Klima sorgen. Nehmen wir noch die GLOGERsche Klimaregel hinzu, wonach «in feucht-warmen Klimagebieten … eine stärkere Pigmentierung der Körperhaut mit Melanin» auftritt (J. SZILVÁSSY: *Anthropologie,* 119), so dürfte der afrikanische *homo erectus,* der Junge von Nariokotome, eine dunkle Hautfarbe gehabt haben. Wer, bei all diesen Funden und Befunden, wollte bezweifeln, daß *homo erectus* ein wirklicher *Mensch* war, uns ähnlich, mit uns verwandt, eine vor ca. 200 000 Jahren ausgestorbene Art unserer eigenen Gattung?

Und doch liegt für alle menschlich Interessierten eben darin ein schweres Problem, das für die Theologen so viel bedeutet wie den Einsturz ihres ganzen Weltgebäudes.

Eingangs bereits haben wir es als unvereinbar mit dem Bild eines «gütigen», «väterlichen» («mütterlichen») Gottes bezeichnet, daß da eine «Schöpfung» existiert, in welcher das Töten und Getötetwerden, das Fressen und Gefressenwerden ein unerbitterliches Gesetz des Lebens darstellt. Jetzt aber, auf der Stufe des *homo erectus,* gerät dieses Gesetz, wie wir sehen, zum ersten Mal in den Innenraum der Menschwerdung, jetzt wird es zum Kristallisationspunkt der ganzen weiteren Entwicklung. Der *homo ergaster* – jetzt wird er zum «homo aggressor». Gewiß, man kann die «positiven» Aspekte an dieser Entwicklung nicht übersehen: So und nur so gelingt der Aufstieg des Menschen! Doch gleichzeitig läßt sich der Preis nicht länger verheimlichen, den dieser Erfolg kostet: die Geburt eines intelligenten Räubers oder Raubtiers, gefährlicher und grausamer als alle anderen, *weil* intelligent.

In der Sprache der *Bibel* ist dieser Vorgang dankbar-fröhlich verschleiert: «Und Gott sprach zum Menschen: Macht euch die Erde untertan und herrscht über die Fische im Meer und über die Vögel unter dem Himmel und über das Vieh und über alles Getier, das auf Erden kriecht» (Gen 1,28). Bis heute haben jüdisch-christliche Theologen aus diesen Sätzen die Vormachtstellung des Menschen gegenüber der Kreatur abgeleitet und Gott dafür gepriesen, daß er alles so wohl zum Wohle des Menschen bestellt habe. Aber sind Jagd und Krieg, moralisch betrachtet, wirklich so vorteilhafte Errungenschaften? Durch die Jahrtausende haben die Theologen das Töten und den Verzehr von Tieren nicht nur für unbedenklich, sondern für ein göttliches Recht erklärt, das Gott selber dem Menschen mit jenen Worten verliehen habe. Doch was wir jetzt kennenlernen, ist etwas ganz anderes – Einfacheres, Notvolleres: Es blieb unseren Vorfahren auf der Stufe des *homo erectus* nichts anderes übrig, als ihre Lebensform drastisch in der angegebenen Weise zu verändern und damit zugleich auch sich selbst (vgl. die Kosten-Nutzen-Rechnung für die Umstellung auf Fleischnahrung bei P. SHIPMAN, A. WALKER: *The costs of becoming a predator,* in: J. Hum. Evol. 18, 1989, 373–392 vor; zur Evolutionsökologie von *homo erectus* vgl. W. HENKE, H. ROTHE: *Paläoanthropologie,* 419–428); alle anderen Hominidenarten, die sich diesem Weg nicht anschlossen, wie die robusten *Australopithecinen,* blieben zurück. Erst von diesem Zeitpunkt an gewinnt R. ARDREYS gewiß einseitige Darstellung vom Raubaffen Mensch ihre Berechtigung (E. WHITE: *Die ersten Menschen,* 77–96).

Und wie soll man nun sagen? «Gottes Plan erfüllte sich?» Ja, wenn man Gott die Unerbittlichkeit und die Notwendigkeit nennt, so war es ein «göttliches» «Gebot», das sich da vollzog. Doch von «Plan» darf man nicht reden. Es kam so, wie es kam. Dinge, die an sich überhaupt nichts miteinander zu tun hatten: geologische Veränderungen in der Lage der Kontinente, Witterungsänderungen durch die Umlenkung der Strömungsverhältnisse im Atlantik, vulkanische Aktivitäten im ostafrikanischen Grabenbruch, sie alle trafen zusammen und nötigten ein Wesen, das bis dahin gelernt hatte, von Pflanzen und, begrenzt, von erlegten Tieren zu leben, sich in relativ kurzer Zeit zum Jäger zu entwickeln, und dies nicht nur physisch, sondern vor allem psychisch.

(Vgl. K. HILL: *Hunting and human evolution,* in: J. Hum. Evol. 11, 1982, 521–544; S. L. WASHBURN, C. S. LANCASTER: *The evolution of hunting,* in: R. B. Lee, I. De Vore: Man the Hunter, Chicago 1968, 293–303.)

Als 1969 der französische Filmregisseur CLAUDE CHABROL den Film *«Der Schlachter»* drehte, unterlegte er nicht ganz zu Unrecht dem Vorspann seiner Geschichte von einem Frauenmörder Höhlenmalereien aus dem Magdalénien, entstanden vor «nur» etwa 15 000 Jahren. Was sich im heutigen Menschen an Unheilvollem, «Bösem» ereignet, sollte das vorgreifend sagen, kann eigentlich nicht überraschen, wenn man sieht, auf welch einem «Hintergrund» es geschieht. Theologisch hat man es, gestützt auf die Bibel, stets der «freien Entscheidung» des Menschen zur Last gelegt, wenn er stiehlt, raubt, mordet und würgt; Gott, der dem Menschen das unvergleichliche Geschenk der Willensfreiheit gemacht hatte, trug, dieser Erklärung zu Folge, an den Taten seines Geschöpfes eben aufgrund dieser «Freiheit» durchaus keine Schuld, hatte er doch dem Menschen die Gebote der Sittlichkeit schon ins Herz gelegt und, zudem, als wenn es damit nicht sein Bewenden hätte haben können, nach dem «Sündenfall» sogar seinem verwirrten Geschöpf noch einmal durch den Mann Moses vom Sinai herab ehrfurchtheischend, unter Blitz und Donner, seine Gebote, zehn an der Zahl, ausdrücklich kundgetan. Das, so will es der biblische Mythos, geschah allerdings erst merkwürdig spät – ungefähr vor 3250 Jahren, als Ramses II. oder Ramses III. Ägypten regierte; doch seither steht es den Theologen fest: Wenn der Mensch auch jetzt immer noch «sündigt», so liegt es *an ihm,* so ist es erkennbar *gegen* den Willen Gottes gerichtet, so wird Gott, in Ernstnahme der *freien* Entscheidung des Menschen, voller Zorn, wie vormals bei der Sintflut, wie damals in Sodom und Gomorrha, strafend und richtend «eingreifen» müssen. – Bis in die Gegenwart wird die kirchliche Theologie nicht müde, Lehren dieser Art zu propagieren.

Doch welches dieser mühsamen Konstrukte der bibeltheologischen Dogmatik hält eigentlich stand? Welches erscheint nicht von weitem schon als eine bloße Ausrede der Theologen angesichts der Schwierigkeiten, die sie sich selber schaffen, indem sie antike Mythen, die, bildlich genommen, als Aussagen über die menschliche Existenz wohl Sinn machen mögen, als konkrete Informationen über die menschliche Geschichte mißdeuten? Die *tatsächlichen* Informationen über die Heraufkunft des Menschen, wie wir sie uns heute paläontologisch erarbeiten können, zeigen ein von Grund auf anderes Bild. Denn was heißt da «Freiheit», wenn wir den Menschen mit einer solchen Hypothek der Vorzeit belastet finden? Ja, es ist, wie wir sehen, diese Hypothek aus uralten Handlungsgewohnheiten von Begehren und Brunst, von Angst und Gewalt, von Hunger und Haß durchaus *nicht* seine *«Schuld»*, es sind, ganz im Gegenteil, die Engramme seines «Erfolges», die ihn quer durch die Jahrmillionen zum «Menschen» allererst avancieren ließen! Wenn irgend der Gedanke einer «Schöpfung» des Menschen durch Gott zur Deutung der *historischen* Anfänge des menschlichen Daseins Sinn machen soll, so kann man nach allem, was wir jetzt wissen, nicht anders sagen, als daß *Gott selbst,* niemand anders, die «Schuld» daran trägt, daß der Mensch so ist, wie er ist.

Die *gesamte Perspektive* verschiebt sich von jetzt an. LEIBNIZ in seiner *Theodizee* (1. Teil, 1–8, S. 95–104) noch mochte sich fragen, ob Gott, in Anbetracht all der Missetaten, wie er sie in seiner Allwissenheit den Menschen in Mißbrauch seiner Freiheit schon im voraus verüben sah, verantwortlicherweise überhaupt noch ein Wesen mit solch einer «Freiheit» hätte ausstatten dürfen; – in seiner Legende vom *Großinquisitor* wird F. M. DOSTOJEWSKI (*Die Brüder Karamasow,* 1. Teil, 5. Buch, 5. Kap.) in fiebrigen Phantasien *Iwan* darüber nachsinnen lassen, ob eine wahre «Erlösung» nicht eben darin bestehen müsse, dem Menschen die Last seiner Freiheit wieder zu *nehmen!* Was uns die Paläontologie indessen jetzt zeigt, ergibt ein gründlich anderes, ja, gegenläufiges Bild, und es entspricht aufs Haar dem Eindruck, den insbesondere die Psychoanalyse im 20. Jahrhundert vom Menschen gewonnen hat: Da sehen wir vor uns einen Menschen, der *soeben erst* (in geologischen wie in psychologischen Maßstäben) aus dem Schoß der Natur hervorgegangen ist, und wie hauchdünn ist die Kruste der «Kultur», die er gerade erst über den langsam erkaltenden Magmakessel seiner eigenen Herkunft gelegt hat! Wie wenig braucht es, diese Trennschicht zwischen Zivilisation und Barbarei zu durchstoßen! Und nicht daß der Mensch so gottvergessen und «böse von Jugend auf» ist (Gen 6,5), wie die Theologen ihn seit eh und je schildern, ist jetzt das Problem, sondern im Gegenteil: Wunder nimmt es, daß der Mensch immerhin, nach solch einer Vorgeschichte, eine gewisse Ahnung doch bereits in sich trägt, was ein «Gott» für ihn und er selber für sich als ein «Mensch» überhaupt sein könnte. Hat er, näher betrachtet, jene «Trennschicht» über dem Abgrund denn überhaupt schon wirklich gebildet?

GUY DE MAUPASSANT in seiner Geschichte *Ein Irrsinniger* (in: Yvette und andere Novellen, 390–398) hat einmal einen hohen Justizbeamten in seinem Tagebuch darüber nachdenken lassen, wie wir eigentlich dazu kommen, Menschen als Verbrecher zu verurteilen, nur weil sie tun, was die Natur üblicherweise tut. «Warum ist Töten ... ein Verbrechen», fragt er, «ja, warum? Im Gegenteil: Es ist Naturgesetz. Jedes Wesen hat den Auftrag zu töten: Es tötet, um zu leben, und es tötet, um zu töten. – Töten liegt in unserer Natur; es muß getötet werden! Das Tier tötet unablässig, jeden Tag, in jedem Augenblick seines Daseins. Der Mensch tötet unablässig, um sich zu ernähren, aber da in ihm das Bedürfnis lebt, auch aus Wollust zu töten, hat er die Jagd erfunden. Das Kind tötet, was es findet, Insekten, kleine Vögel, alle kleinen Tiere, die ihm in die Hände fallen. Doch das genügt dem unwiderstehlichen Drang nach Gemetzel nicht, der uns innewohnt. Es genügt durchaus nicht, Tiere zu töten; es drängt uns zugleich, Menschen zu töten. Früher wurde diesem Verlangen durch Menschenopfer genuggetan. Heute hat der Zwang, in einer Gemeinschaft zu leben, aus dem Mord ein Verbrechen gemacht. Der Mörder wird verurteilt und bestraft. Aber da wir nicht leben können, ohne uns diesem naturgegebenen, gebieterischen Mordinstinkt auszuliefern, machen wir uns von Zeit zu Zeit mit Kriegen Luft, in denen ein ganzes Volk ein anderes Volk erwürgt. Das ist dann eine blutige Ausschweifung, eine Ausschweifung, die ganze Armeen toll macht und an der sich sogar noch die Bürger berauschen, die Frauen und Kinder, die abends unter der Lampe die überhitzten Zeitungsberichte über diese Gemetzel lesen. – Man sollte annehmen, alle, die dazu bestimmt sind, dergleichen Menschenschlächtereien zu vollziehen, treffe Verachtung. Nein. Sie werden mit Ehren überhäuft! Sie werden in Gold und schreiende Farben gekleidet; sie tragen Federbüsche auf dem Kopf, Verbrämungen auf der Brust; und es werden ihnen Ehrenkreuze verliehen, sie werden mit Belohnungen bedacht, mit Titeln jeder Art. Sie sind stolz, genießen hohe Achtung, sie werden von den Frauen geliebt, von der Menge gefeiert, einzig und allein weil es ihnen obliegt, Menschenblut zu vergießen! Der schwarzgekleidete Bürger betrachtet neidvoll die Mordwerkzeuge, die sie durch die Straßen schleppen. Denn Töten ist das große Gesetz, das die Natur in das Herz der Menschenwesen pflanzt. Nichts ist schöner und ehrenvoller als Töten!» (391–392).

Es ist die Natur selber, die wir in gewissem Sinne *überwinden* müssen, um «Menschen» zu werden. *Sind* wir es denn, *können* wir es denn schon sein, nach diesem Weg unserer Herkunft? Und können wir, *dürfen* wir wirklich diesen Weg schon als Wirken und Wirklichkeit *Gottes* bezeichnen?

Zu Recht wies G. de Maupassant darauf hin, wie künstlich und widersprüchlich das *Verbot* des Tötens selbst bereits ausfällt. «Töten», schrieb er, «ist ein Verbrechen, weil wir die menschlichen Lebewesen numeriert haben... Das Gesetz erfaßt sie!... Ein nicht registriertes Lebewesen zählt nicht: Tötet es getrost in der Steppe oder in der Wüste, tötet es im Gebirge oder in der Ebene, daran ist nichts gelegen! Die Natur liebt den Tod; sie wartet nicht mit Strafen auf!... Der Staat darf töten, weil er das Recht hat, das Personenstandsregister abzuändern. Wenn er zweihunderttausend Menschen in einem Krieg hat umbringen lassen, streicht er sie in seinem Register aus, er schafft sie durch die Hand seiner Schreiber beiseite» (393). Und wie bestellt ist es erst um die «Strafjustiz», die der Staat bis hin zum «Recht» auf Todes«strafe» für sich in Anspruch nimmt?

MAUPASSANT, als er 1885 solche Fragen stellte, *litt* zutiefst an dem umheimlichen Fluch der Natur zu töten und zu töten, unter den er das Dasein des Menschen gestellt sah; er dachte und fühlte dabei bewußt als Nicht-Christ, er dachte sich selber als aufgeklärten «Heiden». *Anders,* in bemerkenswertem Unterschied, die «christliche» Theologie der römischen Kirche im 20. Jahrhundert! Ganze 34 Jahre *nach* MAUPASSANT stellte der Bamberger Domkapitular JOHANN LEICHT in seinem Sammelband *Sankt Michael. Ein Erinnerungsbuch aus schwerer Zeit zur Erbauung und Tröstung für die Katholiken deutscher Zunge* repräsentativ den Kommentar der Bischöfe, Äbte, Moraltheologen und Feldgeistlichen der römisch-katholischen Kirche zu dem großen «Völkerringen» des Ersten Weltkrieges zusammen: Den *Waffensegen* der römischen «Kriegsmesse» lobt da der Prior der Benediktinerabtei von Maria Laach und sieht, selbst angesichts der Schlacht von Verdun, im Krieg «tatsächlich ein Stück des Kampfes, den unser Erlöser geführt hat» (36–40); der Bischof von Leitmeritz, JOSEF GROSS, feldpredigte damals den Österreichern im Schützengraben: «Die Hauptwaffe des Soldaten ist das Gewehr. Wenn der Feind heranstürmt, wie knallen da die Büchsen und rattern die Maschinengewehre! Und, Soldaten, was sind eure Waffen im Kampfe gegen die Feinde eurer Seele?» «Wer wird siegen? ... wer die stärksten Nerven hat ... starke Nerven bewahrt sich nur der keusche Mensch!» (90–93). «Unsere Waffenschmiede im Gotteshaus» rühmte Hofprediger G. STIPBERGER den offenen Militarismus und zitierte sogar noch die Worte aus *Joel 4,10:* «Schmiedet eure Pflugscharen zu Schwertern und eure Winzermesser zu Lanzen.» «Der Krieg», folgerte er aus dem Prophetenwort, «will das Volk in Wehr und Waffen haben ... Waffen tragen sei uns Ehre, Waffen schmieden sei uns Lust» (106–108).

Wie denn! Die Kirche, die *römisch-katholische,* hätte niemals die Waffen gesegnet, niemals den Krieg heiliggesprochen? Sie hätte nie das am meisten Tierische und Archaische im Menschen für Gottes Willen erklärt?

Diese Rechtfertigung, ja, Verherrlichung des Krieges aus dem Munde höchster Kirchenmänner zieht sich durch das ganze 20. Jahrhundert, und sie folgt in gewissem Sinne aus einer bestimmten Art der Schöpfungstheologie selbst. Mal ist der Krieg ein Werk des Teufels, dann wieder ist er ein Instrument göttlicher Strafen, mal ist er ein tapferes Bekenntnis zu dem Christus am Kreuz, dann ist er ein Mittel Gottes zur *Erziehung des Menschengeschlechts,* G. E. LESSING entgegen. Wie aber, wenn der Krieg, wenn das «Böse» im Menschen gar nicht das Werk eines Teufels wäre, sondern wenn MAUPASSANT recht hätte und das Töten gehörte «einfach» zu der Art, wie die Natur selber dem Menschen ihre «Ordnung» eingeprägt hat? Wie, wenn, noch einmal, der Ketzer MARCION recht behielte, und es müßte schon ein rechter Teufel von Schöpfer sein, der, als ein Gott, lebenden, fühlenden, schließlich denkenden Wesen diese Hölle von Welt als Wiege, Spielplatz, Schlachtfeld, Krankenlager und Sarg zur Verfügung gestellt hätte?

Vergleicht man derartige moralische und religiöse, im wahrsten Sinne des Wortes «menschliche» Problemstellungen mit den einfachen Fakten, die uns die Paläontologie präsentiert, so wächst das Erschrecken durch die simple Sprache der tatsächlichen Zusammenhänge womöglich noch um ein weiteres an: Fest steht ja inzwischen, daß der Mensch durch den Übergang zur Jagd nicht nur im Kampf ums Überleben «erfolgreicher» wurde, sondern daß er überhaupt erst so, als Jäger, seinen globalen Siegeszug anzutreten vermochte. Ganz einfach: Als *homo erectus* folgte er den Zugwegen seiner Jagdtiere! Und so breitete er sich in überraschender Geschwindigkeit bis an das Ende der ihm zugänglichen Erdfläche aus! Andere Theorien, wie zum Beispiel J. H. REICHHOLFS Annahme einer Tsetse-Fliegen-Plage, die den *homo erectus* zum Verlassen seiner afrikanischen Heimat veranlaßt hätte (*Das Rätsel der Menschwerdung,* 106–114; 184–187; 243–244), ist nicht nur zu speziell auf die Auswirkungen des Eiszeitklimas auf Ostafrika bezogen, sie erklärt vor allem nicht, warum die Ausbreitung des *homo erectus* außerhalb von Afrika ungebremst weiterging; und sie wird zudem den Datierungen neuerer Funde nicht gerecht.

1991 nämlich fand ANTJE JUSTUS bei Ausgrabungen in Dmanisi in Südgeorgien unter Leitung von GERHARD BOSINSKI und MEDEA NIORADZE inmitten der Schädel von zwei Säbelzahntigern den fossilen Unterkiefer eines *homo erectus,* wie GÜNTER BRÄUER von der Universität Hamburg durch Vergleiche mit dem *homo habilis* und dem *homo rudolfensis* sicherstellte. (Vgl. G. BOSINSKI, M. NIORADZE, D. TUSABRAMISVILI, A. VEKUA: *Dmanisi im Altpaläolithikum Eurasiens.* In: V. Dzeparidze, G. Bosinski, T. Bugianisvili, L. Gabunia et al.: Der altpaläolithische Fundplatz Dmanisi in Georgien [Kaukasus], in: Jb. Römisch-Germanisches Zentralmuseum Mainz 36, 1989, 111–113.) Das Kinn des Dmanisi-Kiefers ist größer, und die Kronen der drei hinteren Backenzähne nehmen ab – nur der *homo erectus* und der *homo sapiens* haben ein solches Gebiß! Am meisten aber verblüffte die Forscher die *Alters-*

angabe: die Fossilien wurden dicht oberhalb einer Basaltlava gefunden, die 1,9 Millionen Jahre alt ist! *Homo erectus* muß sich also bereits um diese Zeit so weit außerhalb von Afrika auf seinen Wanderungen und Jagdzügen vorgewagt haben! Bis dahin hatte man einen *Homo-erectus*-Fund in Ubeidija im Jordantal mit einem Alter von 1,3 bis 1,4 Millionen Jahren für den ältesten Beleg der relativ frühen Auswanderung des *homo erectus* aus Afrika gehalten, und jetzt gleich eine Steigerung um eine halbe Million Jahre! Die Datierung von Dmanisi ist gewiß noch nicht abgeschlossen, doch gibt es inzwischen noch andere Hinweise für eine weit frühere Auswanderung des *homo erectus* aus Afrika als ursprünglich angenommen.

Sollten zum Beispiel die neueren Messungen mit der Argon-Methode von C. Swisher und G. Curtis zutreffen, so müßten auch die javanischen Funde von Sangiran im Jahre 1937 durch Ralph von Koenigswald sowie von Modjokerto, die ursprünglich auf 1,2 Millionen Jahre geschätzt wurden (G. H.R. Koenigswald: *Fossil Hominids from the lower Pleistocene of Jawa,* in: Proc. Int. geol. long. 9, London 1948, Sect. 8, 1950, 59–61), gleich auf 1,8 Millionen Jahre zurückdatiert werden. Ein Unterkieferfragment, das in den achtziger Jahren in der Longgupo-Höhle bei Wushan in China gefunden wurde, muß man offenbar ebenfalls auf 1,8 Millionen Jahre schätzen. Und auch in Europa liegen erste Zeugnisse für das Auftreten des *homo erectus* vor mehr als einer Million Jahren vielleicht bei Vallonnet und Soleilhac in Südfrankreich vor, doch finden sich dort keine menschlichen Fossilien.

G. Bräuer (*Erste Auswanderung aus Afrika,* in: 4 Millionen Jahre Mensch, 40–41) hat von der Ausbreitung des *homo erectus* entsprechend den genannten Funden und Datierungen ein, freilich äußerst hypothetisches, Bild erstellt (Abb. 30).

Das Hauptproblem der Paläontologen liegt in der Frage, wie die verschiedenen Funde des *homo erectus* in Afrika und Australien sich zueinander verhalten: ob von regionaler Kontinuität der Entwicklung oder ob von (der heute bevorzugten Theorie) einer afrikanischen «Einwanderung» gesprochen werden muß. Was die *chinesischen* Funde angeht, so konzentrierten sie sich seit 1929 auf die berühmte Höhle von Zhoukoudian, wo Franz Weidenreich den damals sogenannten *Sinanthropus pekinensis* fand (F. K. Weidenreich: *Über pithekoide Merkmale bei Sinanthropus pekinensis und seine stammesgeschichtliche Beurteilung,* in: Z. Anat. Entw. Gesch. 99, 1932, 212–253) – auch der Jesuit Teilhard de Chardin zählte mit zu den Teilnehmern der Expedition. Dabei scheint es, als wenn die chinesischen Funde, wie zum Beispiel der etwa 1 Million Jahre alte Schädel von Gongwangling bei Lantian im

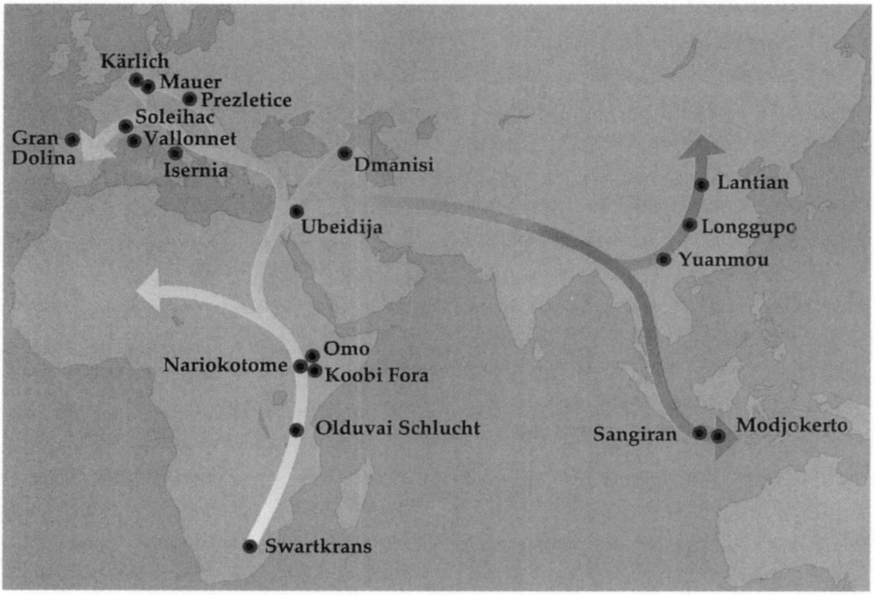

30 Hypothetische Ausbreitung des *homo erectus.*

Nordwesten Chinas, eine große Ähnlichkeit zu den Funden in Java aufwiesen, was deutlich wird, vergleicht man einen *Homo-erectus*-Schädel von Sangiran, der bislang auf 800 000 Jahre geschätzt wurde, mit dem des *homo erectus* von Zhoukoudian. (Abb. 31–33; aus: G. Bräuer: *Evolution in Ostasien,* in: 4 Millionen Jahre Mensch, 45; vgl. H. L. Shapiro: *Peking Man,* New York 1974; vgl. J. K. Woo: *The hominid skull of Lantian,* in: Shensi Vertebr. Palasiat. 10, 1966, 14–22.)

Forscher wie Franz Weidenreich u. a. vertraten seinerzeit die Ansicht, daß die späteren Formen des *homo sapiens* sich in gerader Linie aus den regionalen Variationen des *homo erectus* entwickelt haben könnten (F. K. Weidenreich: *Facts and speculations concerning the origin of Homo sapiens,* in: Am. Anthrop. 49, 1947, 187–208; zur Diskussion um die phylogenetischen Beziehungen von *homo erectus* vgl. W. Henke, H. Rothe: *Paläoanthropologie,* 413–419), doch sprechen heute vor allem biologische Forschungsmethoden nach der «Eiweißuhr» und der DNS-Analyse dafür, daß sich der *homo sapiens* vollkommen eigenständig in einer zweiten Auswanderungswelle von Afrika aus noch einmal die Welt erobern mußte.

31 Ein rekonstruierter *Homo-erectus*-Schädel aus Zhoukoudian, China

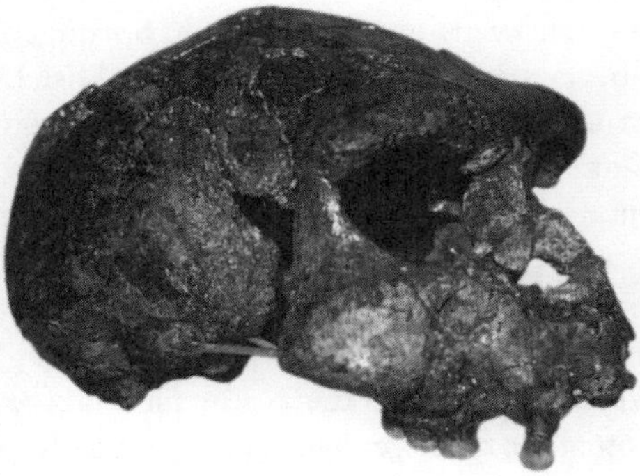

32 Ein 800 000 Jahre alter *Homo-erectus*-Schädel aus Sangiran, Jawa.

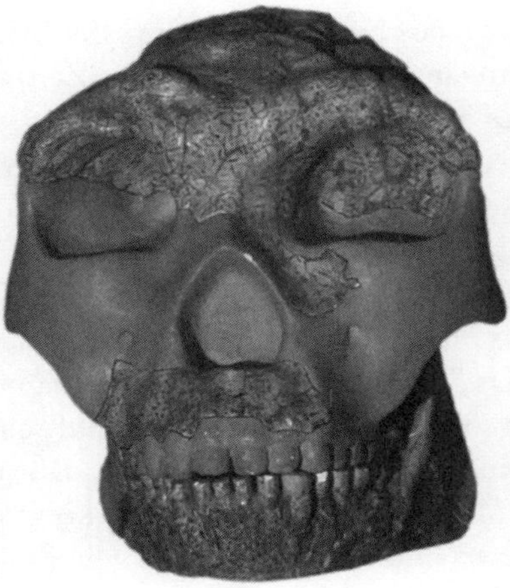

33 Ein *Homo-erectus*-Schädel aus Lantian, China.

Was diese Tatsache *theologisch* bedeutet, wird von keinem der «Lehrstuhlinhaber» kirchlicher «Dogmatik» bis heute auch nur als Problem empfunden, geschweige denn diskutiert; es enthält aber bereits in sich ein weiteres, ganz erhebliches Problem: Es bedeutet nämlich nicht mehr und nicht weniger, als daß schon einmal in der Geschichte der Menschheit eine eigene Art, eben die des *homo erectus,* ausgestorben ist und vielleicht sogar von einer anderen, höher entwickelten Art *ausgerottet,* zumindest verdrängt wurde (vgl. A. C. WALKER: *Extinction in hominid evolution,* in: M. H. Nitecki: Extinctions, Chicago 1984, 119–152); es bedeutet ferner, daß da einmal Menschen waren, die denken und sprechen, lieben und sterben, kämpfen und jagen, leiden und glücklich sein konnten, und daß alles das, was sie je waren, zwar nicht spurlos, aber doch in gewissem Sinne folgenlos zugrunde ging. Ein *solcher* Befund, zweifellos, widerspricht nicht nur dem philosophischen Glauben G. W. F. HEGELS, daß die *«Vernunft in der Geschichte»* sich zwar in revolutionären Sprüngen, doch stets kontinuierlich entfaltet habe, er widerspricht vor allem der Ansicht der *römischen* Theologie von einer «Sünde» am «Anfang», die sich von einem «Adam» auf alle «vererbt» haben könnte.

Das Paradox besteht darin, daß wir, die Art des *homo sapiens,* uns zwar aus einer Frühform des *homo erectus* vor über 1 Million Jahren herausentwickelt, doch dann uns erbmäßig völlig selbständig an ihm vorbeientwickelt haben – eine echte Parallelentwicklung, eben keine gradlinige Aufwärtsentwicklung! Selbst auf dem Wege der «Menschwerdung» hat also die Natur nicht aufgehört, mit uns zu *spielen,* und sie hat offenbar nicht gezögert, eine ganze Menschenart *vor uns* und womöglich sogar *durch uns* als «Fehlentwicklung» zurückzunehmen!

Wenn denn mehr als 1,5 Millionen Jahre eine «Fehlentwicklung» sind! *Wenn* denn die Kraft, den «Schrecken des Pleistozäns» über einen so langen Zeitraum standzuhalten, als etwas Unbedeutendes zu betrachten ist! *Wenn* denn, daß etwas, was in Nichts vergeht, auch schon beweist, daß es mit ihm «nichts» war!

Der «Ausweg», die *Ausrede* jedenfalls verfängt nicht länger, mit welcher die kirchliche Theologie sich ein letztes Mal aus der Affäre reden könnte, es hätte dann eben die Bibel mit «Adam» und mit der «Geschichte Gottes mit den Menschen» nur die Zeit vom Anfang des *homo sapiens* bis heute gemeint.

Festzustehen scheint beim Blick auf das Schicksal des *homo erectus* ja nicht nur, daß auch unsere Art irgendwann, geologisch gesehen gewiß bald schon, von der Bühne der Erde wird abtreten müssen – nichts spricht dafür, daß auch *ihr* Zeitmaß sich noch einmal über 1,5 Millionen Jahre erstrecken könnte –, was wir heute «Geschichte» nennen, *kann* in dieser Form ganz gewiß nicht ein paar Jahrtausende auch nur dauern – es ist, meinte REINHOLD SCHNEIDER im *Winter in Wien* (235–236) bereits, in sich selber das Zeichen des Endes, das Menetekel an der Wand; *festzustehen* scheint mit dem Blick auf den *homo erectus* vor allem, daß wir uns offenbar nicht einbilden können, wenigstens in unserer eigenen Stammesgeschichte als Vertreter des Spezies *homo sapiens* eine bevorzugte, eine von Gott besonders herausgehobene Stellung in Zeit und Raum einzunehmen; die ganze Vorstellung von der «besonderen Erwählung» eines Menschen oder einer Menschenart durch ein «besonderes Eingreifen» Gottes, wie die Bibel es darstellt, mutet, als «Information» über eine «historisch ergangene» «Offenbarung» dieses Gottes, vor dem Hintergrund der modernen Anthropologie geradewegs absurd an. Am allerwenigsten hilft das Abwehrargument, der *homo erectus* sei vielleicht noch gar kein «richtiger» Mensch gewesen, mit dem Gott habe «sprechen» können. Denn gerade was wir von *homo erectus* in jüngster Zeit an *Zeugnissen seiner Intelligenz* kennenlernen können, ist selbst für die Forscher erstaunlich.

Die ersten Überreste von Menschen, von Vertretern der Gattung *homo,* wurden in Europa in Gran Dolina in der Sierra de Atapuerça bei Burgos im Jahre 1994 gefunden: die Fossilien von vier Personen, deren Alter auf Grund der paläomagnetischen Methode auf sicherlich mehr als 780 000 Jahre datiert werden konnte; auch die Funde der Begleitfauna, kleine Säugetiere vor allem, sowie die Pollenanalyse bestätigten diese Datierung. Die etwa 100 Steinwerkzeuge, die bei diesen frühesten Menschenfossilien in Europa gefunden wurden, entstammen noch der Vor-Acheuléen-Periode. JUAN LUIS ARSUAGA (*Atapuerça: Gran Dolina,* in: 4 Millionen Jahre Mensch 46–47) weist darauf hin, daß die Fossilien «eine Reihe primitiver Zahnmerkmale» zeigen, und meint: «Merkmale der Unterkiefer und des Gehirnschädels machen deutlich, daß diese ersten Europäer direkte Vorfahren der Menschen des Mittleren Pleistozäns (sc. 780 000–120 000, d. V.) waren. Es gibt ... auch Hinweise darauf, daß sie die Vorfahren der Neandertaler und nicht der Cro-Magnon-Menschen gewesen sind. Außerdem unterscheiden sie sich ganz eindeutig vom asiatischen *Homo erectus* der gleichen Zeit. Besonders auffällig ist, daß die Überaugenknochen nicht gerade, sondern doppelt gebogen verlaufen. Ein Schädelfragment (Schläfenbein) und zwei Zehen zeigen Verletzungen, wie sie auch an Tierknochen derselben Schicht auftreten. Dieser Befund deutet auf Kannibalismus. Die menschlichen Knochen wurden in derselben Weise bearbeitet wie Tierknochen.»

Inzwischen wird ein weiterer Fund in einer Höhle in Zentralspanien gemeldet, dessen Alter auf rund 800 000 Jahre datiert wird. «JOSÉ MARIA BERMUN-

DEZ DE CASTRO vom Naturkunde-Museum in Madrid bestätigte, bei der Spezies könnte es sich um den gemeinsamen Vorfahren des modernen Menschen und des Neandertalers gehandelt haben» (Neue Westfälische, 31.5.97, rtr).

Als direkte *Vorfahren des Neandertalers* dürfen vor allem die Menschen aus den Höhlen von Sima de los Huesos betrachtet werden, wo man 1976 die Überreste von etwa 32 Personen, darunter drei Kinder unter 12 Jahren und 16 Jugendliche zwischen 12–20 Jahren, fand – 75 Prozent aller Menschenfunde aus dem mittleren Pleistozän stammen aus diesem Höhlensystem; das Alter der Funde datiert man auf etwa 300 000 Jahre. Diese Menschen sind noch keine *Neandertaler,* aber die Überaugenknochen und der mittlere Teil des Hinterhauptbeins sind schon so gebildet wie beim Neandertaler; ebenso das Becken und die Daumenknochen.

«Eindeutig», urteilt J. L. ARSUAGA (*Atapuerça: Sima de los Huesos,* a. a. O., 48–49), «gehören die Menschen von Sima de los Huesos nicht der Art des *Homo erectus* an. Es gibt keine gemeinsamen Merkmale mit Fossilien von *Homo erectus* aus Java und China. Offensichtlich handelt es sich um eine parallele Entwicklung in der Evolution.» (Zu den Funden in Atapuerça vgl. J. L. ARSUAGA, I. MARTINEZ, A. GRACIA, J. M. CARRETERO, E. CARBONELL: *Three new human skulls from the Sima de los Huesos Middle Pleistocene site in Sierra de Atapuerça, Spain,* in: Nature 362, 1993, 534–537; E. AGUIRRE, M. DE LUMLEY: *Fossil man from Atapuerça, Spain: their bearing on human evolution in the Middle Pleistocene,* in: J. Hum. Evol. 6, 1977, 681–738.)

Wie aber stehen diese Funde dann zu den *Homo-erectus*-Funden in Asien, oder, anders gefragt, welch ein Menschentyp überhaupt hat als erster Europa betreten?

Zwei Fundstätten kommen für eine Antwort auf diese Frage vor allem in Betracht.

Da ist einmal, als eine der europäischen Ausgrabungsstellen mit den ältesten Menschenfunden, das südenglische Boxgrove zu nennen, wo man seit 1986 das Schienbein und zwei Schneidezähne eines sehr großen, kräftigen Menschen gefunden hat sowie zahlreiche Steinwerkzeuge und sogar die ersten Knochenwerkzeuge. Mit einem Alter von 500 000 Jahren stammen diese Funde aus derselben Zeit wie der Unterkiefer aus Mauer, der 1907 gefunden wurde und der als *homo heidelbergensis* in die Geschichte einging. Dieser Unterkiefer ist zu groß, um zu einem *Homo-erectus*-Typ aus China oder Java zu passen, er könnte sich neuerdings aber zu den Funden in Boxgrove fügen. Es scheint nicht unmöglich, daß in Boxgrove wie in Mauer eine Anpassung des *homo erectus* an das kältere Klima im Norden vorliegt.

Die *andere* Fundstelle für das Auftreten des *homo erectus* in Europa ist *Bilzingsleben* in Thüringen, wo man das 360 000–400 000 Jahre alte Hinterhauptbein und Stirnbein eines Menschen gefunden hat, der in seiner Form den gleichartigen und gleichaltrigen Funden im südfranzösischen Arago entspricht. (Vgl. E. Vlček: *Die Neufunde von Homo erectus aus dem mittelpleistozänen Travertinkomplex bei Bilzingsleben aus den Jahren 1977–1979,* in: D. H. Mai, D. Mania, T. Notzold, V. Toepfer, E. Vlček, W. D. Heinrich: Bilzingsleben II, Berlin 1983, 189–190; H. P. Schwarcz, R. Grün, A. G. Latham, D. Mania, K. Brunnacker: *The Bilzingsleben archaeological site: new dating evidence,* in: Archaeometry 30, 1988, 5–17.)

Insgesamt stehen solche Schädelfunde von *homo erectus* in Europa jedoch relativ isoliert da und wollen vor allem zu den Funden von Atapuerça nicht recht passen. Welch eine Rolle der *homo erectus* bei der Entwicklung des Menschen in Europa spielt, ist deshalb noch nicht geklärt. Doch ob nun die europäischen Fossilien sich aus dem *homo erectus* herausentwickelt haben, wie ein Teil der Forscher meint, oder ob sie, wie andere meinen, einer neuen Art angehören – ihr Erscheinungsbild ist gleichwohl so einheitlich, daß es sich einigermaßen zusammenfassend beschreiben läßt. Der Londoner Anthropologe Leslie Aiello (*Andere europäische Fossilien,* in: 4 Millionen Jahre Mensch, 50–51) charakterisiert es so: «Es waren große Menschen, und zweifellos war der Größenunterschied zwischen Männern und Frauen größer als bei modernen Menschen.» Auch hier finden wir also das Phänomen des *Sexualdimorphismus,* der manche Größenunterschiede in den Schädelfunden erklären könnte. Entscheidend aber ist, daß die Fossilien nach und nach immer neandertalähnlicher werden. «Die Atapuerça-Fossilien von Sima de los Huesos haben», fährt Aiello fort, «mehr neandertalähnliche Merkmale als die älteren aus Gran Dolina, Bilzingsleben, Arago oder Petralona (sc. in Griechenland, 400 000 Jahre alt). Gegen Ende des mittleren Pleistozäns, vor etwa 200000 bis 120 000 Jahren, waren aus den früheren Vorfahren des mittleren Pleistozäns Neandertaler entstanden.» (Zu den Funden in Petralona vgl. A. N. Poulianos: *The age of the skeleton of Archanthropus petraloniensis,* in: Anthropos [Brno] 21, 1982, 213–222; C. B. Stringer: *The phylogenetic position of the Petralona cranium,* in: Anthropos [Athen] 7, 1980, 81–95.)

Damit scheint die frühere Ansicht überholt zu sein, nach der es in Europa eine Linie gegeben hätte, die direkt an dem Neandertaler vorbei zum modernen Menschen geführt hätte; wir müssen vielmehr annehmen, daß in der Gestalt des *Neandertalers* sich die Anpassung europäischer Menschenformen an die Kaltzeit fortgesetzt hat. Tatsächlich beruhten die älteren Konstruktionen, die in dem *Neandertaler* einen bloßen Nebenzweig oder gar eine Sackgasse der Menschwerdung sehen wollten, auf einer erheblichen Fehleinschätzung der geistigen Fähigkeiten schon des *homo erectus* und gewiß des *Neandertalers* selbst. Wenn es denn zutrifft, daß bereits auf der Stufe des *homo erectus* von einer Technik und Kultur der Werkzeugherstellung gesprochen werden muß, und wenn wir in den Menschen jener Zeit sprachfähige, planende, zu einem hohen Niveau der Kooperation fähige Jäger erkennen müssen, so dürfen wir bei ihnen auch wohl schon die Anfänge von Religion, Kunst und Technik vermuten. Überraschend in diesem Zusammenhang sind vor allem neuere Funde und Datierungen in Australien; im Norden des Fünften Kontinents entdeckten Forscher an einem Sandsteinblock gravierte, teils kolorierte Figuren, die möglicherweise 75 000 Jahre alt sind, darunter das Bild eines Känguruhs. Der Siegeszug des modernen Menschen begann nach der Afrika-Hypothese (s. u. S. 148ff.) erst vor etwa 100 000 Jahren von Afrika aus; PAUL BAHN meint deshalb, die Funde gingen auf den *homo erectus* zurück (ANDREAS WEBER: *Sie malten als erste,* in: Geo 6, 1997, 34–35). Träfe das zu, so finden wir zum ersten Mal Beweise für die entfaltete kulturelle, künstlerische wie religiöse Welt von Menschen einer uns fremden Art.

Fragen wir also: Welche Gefühle mögen den *homo erectus* beim Anblick von *Feuer* begleitet haben, welche beim Erlegen und beim *Verzehren von Tieren?* Wohl, wir wissen es nicht; aber es ist schwer, sich Feuergebrauch, Fleischverzehr und Kannibalismus in jener Zeit *ohne* eine tiefe emotionale und wohl auch «religiöse» Komponente zu denken, was auch immer das Wort Religion für jene Zeit bedeuten mag.

Wie weit entwickelt der *homo erectus* jedenfalls in *technischer* Hinsicht bereits war, zeigen spätestens die neueren Funde aus dem Braunkohlengebiet im niedersächsischen Schöningen. 1994 fand man dort ein etwa 1 Meter langes, spitzes Stück Holz, das HARTMUT THIEME vom Institut für Denkmalpflege als ein ca. 400 000 Jahre altes Wurfholz des *homo erectus* erkannte; diese Datierung ist möglich, weil die Fundschicht zwischen den Ablagerungen der Elster- und der Saale-Eiszeit liegt (vgl. Abb. 34; die Elster-Eiszeit in Nordeuropa entspricht der Mindeleiszeit, die am unteren Pleistozän von 500 000 bis 350 000 Jahre dauerte; die Saale-Eiszeit entspricht der Riß-Eiszeit, die am Ende des mittleren Pleistozäns von 280 000 bis 120 000 Jahre dauerte, die Warmzeit vor 300 000 Jahren wird in Nordeuropa als Holstein-Warmzeit bezeichnet). Auf einer Fläche von 1200 m² fanden sich seither noch 5 weitere Speere, etwa 10 000 Knochensplitter und die Reste von 14 Wildpferden. Damals, am Ufer eines langsam verlandenden Sees, müssen die Tiere von Men-

40 000		Aurignacien	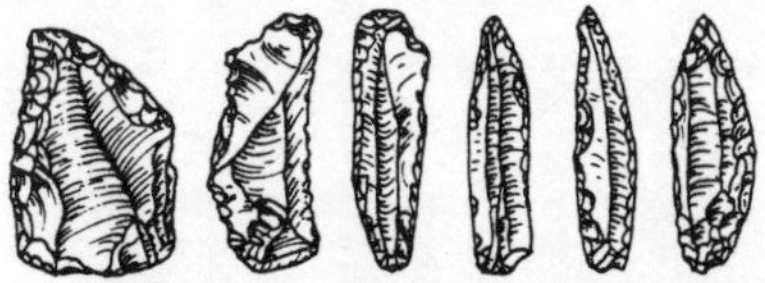	Inlandeis im Wechsel mit baumloser Tundra	Weichsel-(Würm-)Kaltzeit	
120 000	Mittlere Altsteinzeit (Mittel-paläolithikum)	Moustérien	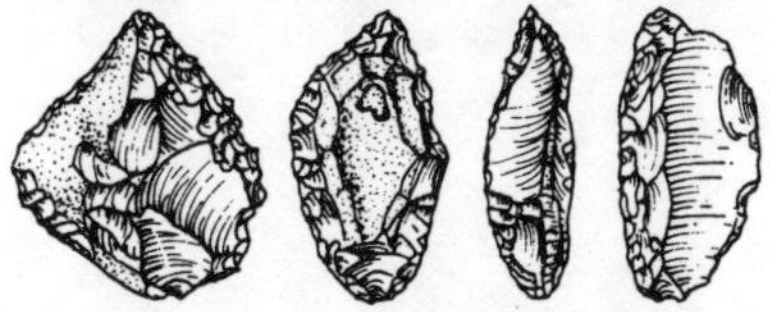	warm und feucht dichter Wald	Eem-Warmzeit	Altmenschen (u. a. Nean-dertaler)
180 000 240 000	Ältere Altsteinzeit (Alt-paläolithikum)	Acheulléen Levalloisien	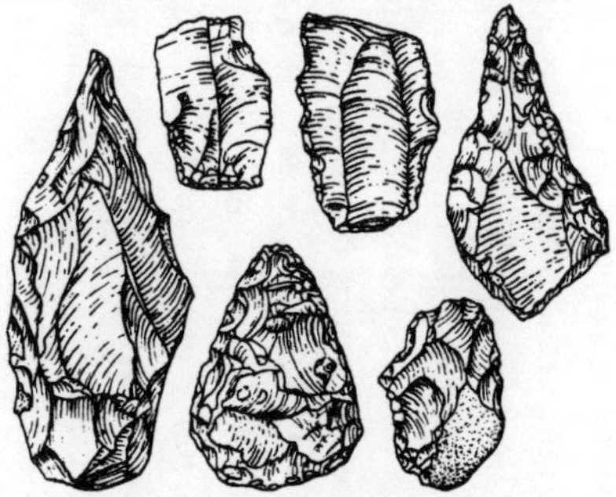	Inlandeis im Wechsel mit baumloser Tundra	Saale-(Riß-)Kaltzeit	
		Altonaer Stufe/ Clactonien Abbevillien			Holstein-Warmzeit	Frühmensch Homo erectus
500 000		(Pebble Tools)	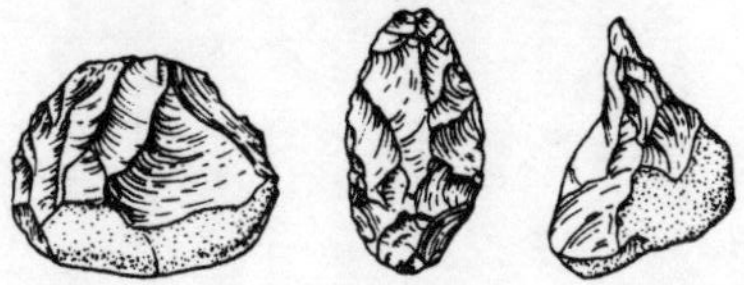	Inlandeis im Wechsel mit baumloser Tundra	Elster-(Mindel-)Kaltzeit	
					ältere Warm- und Kaltzeiten	Urmensch Homo habilis

34 Überblick über die Entwicklung vom Urmenschen zum Altmenschen im Zusammenhang mit Kulturstufen und Klima.

schen erlegt worden sein. Seither hält man nicht nur das älteste hölzerne Jagdgerät der Menschheit in Händen, man hat auch den endgültigen Beweis, daß der *homo erectus* seine Jagdbeute selbst erlegte und dabei über ein beachtliches Geschick verfügte. Allein die Auswahl und das Schnitzen des Holzes zeugt von einer tradierten Kultur. «Für den Speer verwendete der Handwerker ein ganzes Fichtenstämmchen; den Schwerpunkt tarierte er sorgfältig im vorderen Drittel des Schaftes aus» (*Der Spiegel,* 11/1997, 126–127: *Braten selbst erlegt*). Zuvor schon hatte H. THIEME die Fallgrubenjagd für die Stufe des *homo erectus* wahrscheinlich gemacht (*Erste Hinweise auf altsteinzeitliche Fallgrubenjagd in Mönchengladbach-Rheindahlen?,* in: Das Rheinische Landesmuseum in Bonn: Ausgrabungen im Rheinland 1978, Bonn 1979, 39–44).

Vermutlich tragen die Speere von Schöningen sogar dazu bei, Licht in das Rätsel anderer Funde zu werfen. So hat man 1911 im südenglischen Clacton-on-Sea eine Lanzenspitze aus Eibenholz gleichen Alters gefunden (G. CONSTABLE: *Die Neandertaler,* 45); und als man 1994 auf die *Homo-erectus*-Fossilien von Boxgrove stieß, fand man auch das Schulterblatt eines Nashorns mit einem kreisrunden Loch; möglich ist, daß dieses Loch *von einem Wurfspeer* stammt. – Aus all diesen Einzelstücken setzt sich das Bild des *homo erectus* in einer Weise zusammen, die erheblich entwickelter anmutet, als es vor etlichen Jahren noch von den Forschern für möglich gehalten wurde. Doch fügt sich gerade dieses neue Bild des *homo erectus* gut in den Hintergrund, vor dem wir nun auch den *Neandertaler* erblicken müssen.

Auf der Stufe des *homo erectus* sind wir noch auf reine Mutmaßungen angewiesen, ob er zu so etwas wie Religion befähigt war oder nicht; beim *Neandertaler* hingegen können wir ganz sicher sagen: *er* pflegte religiöse Riten; *er* besaß Religion. Dabei ging die Natur gerade mit diesem ersten nachweislich «frommen» Geschöpf der Menschheitsgeschichte nicht gerade freundlich um.

Schon der *homo erectus* hatte sich in den nördlichen Breiten nur halten können durch Feuergebrauch, Jagd und das Errichten von Unterkünften – nur so hatte er die drei Eiszeiten des unteren und des mittleren Pleistozäns überstehen können. Die These besitzt eine große Wahrscheinlichkeit, daß es die Jahrhunderttausende währenden Herausforderungen der Not schon am Ende des unteren Pleistozäns in der Günz-Eiszeit zwischen 900 000–750 000 Jahren gewesen sind, die den Intelligenzschub des *homo erectus* eingeleitet haben; doch wieder, wenn es so war, stellt sich die Frage, ob es *theologisch* überhaupt ein möglicher Gedanke ist, Hungersnöte, Kälte und Entbehrungen just für die Instrumente eines Gottes zu halten, der seinem noch etwas taubsinnigen Geschöpf Geist und Verstand hätte einhauchen wollen; und vor allem: was für eine Geistes*art* muß sich in einem Wesen bilden, das sich selbst nur ermöglicht durch ein immer weiter verfeinertes Ersinnen von Geräten und Praktiken des Tötens? Die Diskussion sei hier noch zurückgestellt, welchen Ursachen die periodisch wiederkehrenden Kältezeiten der Erde eigentlich entstammen; aber: daß sie «absichtlich» und «plangemäß» von einem Gott in Szene gesetzt wurden, um den Menschen zu vermenschlichen, diese Idee verbietet sich bereits, wenn wir beobachten, wie sich die Kältephasen auf den Menschen damals im Mittelpaläolithikum (in der mittleren Altsteinzeit) auswirkten.

In gewissem Sinne kann man den *Neandertaler* als ein «Kind» des mittleren und späten Pleistozäns betrachten, als vor 200 000 Jahren der *homo heidelbergensis* unter den Vorstößen der Riß(Saale)-Eiszeit (280 000–120 000) in den *Neandertaler* überging. (Vgl. F. C. HOWELL: *The place of Neanderthal man in human evolution,* in: Am. J. Phys. Anthrop. 9, 1951, 379–416; DERS.: *Pleistocene glacial ecology and the evolution of «classic Neanderthal»man,* in: Southw. J. Anthrop. 8, 1952, 377–410.) Der Menschentyp, der sich so formte, war stark genug, auch den neuen Kälteeinbruch der Würm(Weichsel)-Eiszeit vor 70 000 Jahren zu überstehen; so jedenfalls belegen es die jüngsten *Neandertaler*-Funde aus Zafarraya in Südspanien, die 30 000 Jahre alt sind. (Zur Stellung des *Neandertalers* vgl. E. TRINKAUS, W.W . HOWELLS: *The Neanderthals,* in: Sci. Am. 241, 1979, 118, 122–133; G. BOSINSKI: *Der Neandertaler und seine Zeit,* Bonn, 1985.)

Da die verschiedenen Zahlen und Namen für den Leser inzwischen etwas verwirrend sein mögen, mag zur Orientierung eine Schautafel hilfreich sein, die C. AHRENS (*Jahrtausende im Zeitraffer,* 19) für das Hamburg-Harburger Helmsmuseum unter Hinzufügung der Kulturstufen, der Werkzeuge und der klimatischen Angaben erstellt hat (Abb. 34).

Die Statur der Neandertaler müssen wir uns, entsprechend der Kälteanpasssung, einem Eskimo ähnlich vorstellen: klein, untersetzt, etwa 1,60 Meter groß und 75 Kilo schwer, die Beine relativ kurz, Schultern und Hüften relativ breit, die Knochen sehr dick, die Muskeln kräftig – das physische Leistungsvermögen eines Neandertalers lag um 20–50 Prozent über dem eines modernen Europäers! Auch das Gehirnvolumen mit einem Durchschnitt von 1590 cm³ lag weit über dem des modernen Menschen mit nur 1400 cm³. Die Nasen der *Neandertaler* waren sehr lang, wohl um die Kälte der Luft vor Eintritt in die Bronchien und Lungen vorzuwärmen. Der Schädel war länglich, die Schneidezähne vorragend. (Abb. 35; aus: B. M. FAGAN: Aufbruch aus dem Paradies, 85; vgl. M. BOULE: *L'homme fossile de la Chapelle-aux-Saints,* in:

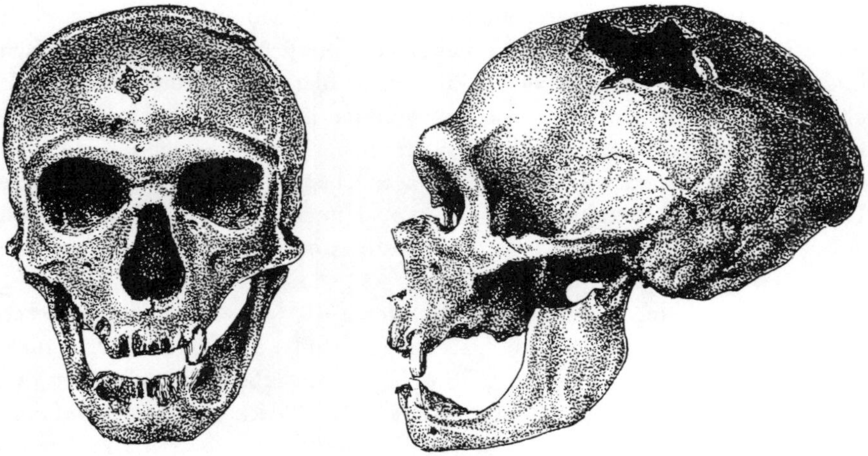

35 Ein 1908 entdeckter Neandertaler-Schädel aus La-Chapelle-aux-Saints in Südfrankreich; Frontal- und Seitenansicht.

Extrait. Ann. Paléont., VI, 1911, 111–172; VII, 1912, 21–192, 65–208; VIII, 1913, 1–70, 209–278.)

Die Hautfarbe muß, wie J. H. REICHHOLF (*Das Rätsel der Menschwerdung*, 203) hervorhebt, *weiß* gewesen sein, um das für die Knochenhärtung unentbehrliche Vitamin D (Calciferol) in der Haut zu bilden, das den Kalk- und Phosphorstoffwechsel steuert.

«Aufgrund von Skelettfunden», meint LESLIE AIELLO (*Neandertaler-Anpassungen,* in: 4 Millionen Jahre Mensch, 54–55), «muß man annehmen, daß die Neandertaler ein sehr viel härteres Leben führten als heutige Menschen. Praktisch jedes Neandertaler-Skelett weist Spuren von Verletzungen auf... Das berühmteste Beispiel ist das Skelett eines Mannes aus der Shanidar-Höhle in Kurdistan im Nordirak mit mehrfachen Verletzungen. Sein Kopf war beschädigt, wodurch er auf einem Auge erblindet sein muß. Ein Arm war verkrüppelt, und eine Hand fehlte. Sein linkes Bein wies mehrere verheilte Knochenbrüche und Knochenveränderungen auf. Der Mann war offensichtlich so behindert, daß er nur mit Hilfe anderer in seiner Gruppe leben konnte. Dies ist ein eindrückliches Beispiel für Mitgefühl und Fürsorge bei unseren Vorfahren.» (Vgl. R. S. SOLECKI: *Three adult neanderthal skeletons from Shanidar cave, northern Iraq,* in: Ann. Rep. Smiths. Inst. 1959, 603–635; vgl. E. TRINKAUS: *The Shanidar Neandertals,* New York 1983; vgl. auch B. HAYDEN: *The cultural capacities of Neandertals: a review and re-evaluation,* in: J. Hum. Evol. 24, 1993, 113–146.)

Da haben wir also zum ersten Mal einen Beweis für so etwas wie Mitleid und Mitgefühl mit Kranken und Behinderten, und das in einer Zeit, in der die Härte der Lebensbedingungen immer mehr zunahm! Die meisten *Neandertaler,* die gefunden wurden, starben zumeist weit unter 40 Jahren, nur wenige wurden älter; doch das Gefühl für den Wert eines einzelnen Lebens scheint in dieser Zeit sich deutlich erhöht zu haben.

Ist es da verwunderlich, daß dem *Neandertaler* in einem zeitlichen Abstand von mehr als 70 000 Jahren von uns Heutigen *der Tod* zu einem Problem wurde? Daß er so etwas wie Religion *brauchte,* um ein Motiv der Hoffnung inmitten einer sonst hoffnungslosen Welt zu finden?

Fest steht, daß der *Neandertaler* als erster Tote bestattete, auch wenn man die Interpretation mancher Funde in den Einzelheiten offen lassen muß. P. Rowley-Conwy (*Hatten die Neandertaler eine Religion,* in: G. Burenhult: Die ersten Menschen, 70–74) macht zu Recht geltend, daß es sich zum Beispiel bei dem 1938 gefundenen oft erwähnten «Grab» in der Nähe von Tekish Tash in Usbekistan auch um etwas anderes handeln könnte als um die Reste einer Bestattung: Ein 12jähriger Junge sollte dort in einem Kreis aus sechs Paar Steinbockhörnern beigesetzt worden sein, nachdem das Fleisch – aus rituellen Gründen? – vom Skelett entfernt worden war; doch sind die Steinbockreste vielleichts nichts als zufällige Überbleibsel einer Hyänenmahlzeit! Vorsicht geboten scheint auch bei der Deutung des berühmten Blumenbegräbnisses in der Grube von Shanidar im irakischen Zagrosgebirge, das 1960 von Ralph Solecki gefunden wurde: Ein 30jähriger Mann soll dort in einem 60 000 Jahre alten Blumenbeet beigesetzt worden sein (vgl. R. S. Solecki: *Shanidar – The First Flower People,* New York 1971); die Pollenanalysen, die von Arlette Leroi-Gourhan vorgenommen wurden, ergaben Schafgarbe, Schachtelhalm, Distel, Kornblume, Traubenhyazinthe und Stockrose, was an eine Heilkräutermischung (für das Jenseits?) denken läßt; doch trat der Tod dieses Mannes durch den Herabsturz eines Felsüberhanges ein, und die Pollen könnten durch alle möglichen Umstände dorthin verweht worden sein.

Einen sicheren Hinweis auf ein Begräbnis enthält indessen die Höhle von La Chapelle-aux-Saints, die bereits 1908 entdeckt wurde. «Bei den Ausgrabungen», schreibt G. Constable (*Die Neandertaler,* 100), «fand man einen Jäger, der sorgsam in eine flache Grube gelegt worden war. Auf seine Brust hatte man das Bein eines Wisents gelegt, und der Graben war angefüllt mit zerbrochenen Tierknochen und Flintwerkzeugen.» Das Alter des Fundes wird auf etwa 60 000 Jahre datiert.

1912 fand man bei La Ferrassie zwei weitere *Neandertaler*-Gräber: «zwei kleine Gruben ..., die siebzig Zentimeter breit und dreißig Zentimeter tief» waren, «in sehr exakter Halbkreisform in den darunterliegenden rötlichgelben Lehmkies eingegraben und mit einer Mischung gefüllt, die zu fast gleichen Teilen aus der schwarzen Erde der Moustérien-Feuerstelle und dem darunterliegenden Kies» bestand. (Vgl. J. L. HEIM: *Les hommes fossiles de la Ferrassie II,* in: Arch. Inst. Paléont. Hum. 38, 1982, 1–272.)

In den nachfolgenden Ausgrabungen, die sich bis 1934 hinzogen, wurden noch sechs weitere Fossilien gefunden – «ein Mann, eine Frau, zwei ungefähr fünfjährige Kinder und zwei Säuglinge. Außerdem fand man mehrere Gruben, bei denen es sich ebenfalls um Gräber zu handeln schien, die aber leer waren ... In das Grab eines erwachsenen Mannes hatte man Flintabschläge und Knochensplitter gelegt, und eine flache Steinplatte lag auf Kopf und Schultern (sei es, um ihn zu beschützen oder um ihn daran zu hindern, ins Leben zurückzukehren). Die Frau war so begraben, als läge sie wie ein Fetus im Mutterleib, die Beine waren an den Knien kräftig gebeugt» (100–101). «Das rätselhafteste Grab von La Ferrassie fand man im Hintergrund des Felsenobdachs. Hier waren der untere Teil des Skeletts und der Kopf eines Kindes in einer leicht abschüssigen Grube begraben worden – aber sie lagen fast einen Meter weit voneinander entfernt. Der Schädel war mit einer dreieckigen Kalksteinplatte bedeckt, auf deren Unterseite sich eine Reihe becherförmiger Eindrücke fand» (100; vgl. J. L. HEIM: *Les Enfants Néandertaliens de La Ferrassie. Etudes Anthropologique et Analyse Ontogénique des Hommes de Néandertal,* Paris 1982).

Der Sinn dieses (symbolischen?) Arrangements ist zweifelhaft; doch insgesamt handelt es sich in La Ferrassie wohl um ein Familiengrab, dessen Alter auf 72 000 Jahre geschätzt wird.

In die gleiche Richtung weisen andere ebenfalls schon ältere Funde. 1924 hatte man auf der Krim in einer Höhle bei Kiik Koba die Gräber zweier Menschen gefunden. «In einer Grube lagen die Überreste eines einjährigen Kindes, das mit gebeugten Beinen auf der Seite lag ... Einen knappen Meter von dem Kind entfernt fand man das Grab eines Mannes, der gleichfalls mit angezogenen Beinen auf der Seite lag. Die Knochen waren in Ost-West-Richtung angeordnet ... Möglicherweise besteht ein Zusammenhang zwischen dieser Ausrichtung und dem Auf- und Untergang der Sonne» (102; vgl. E. VLČEK: *Rekonstruktion des Postkranial-Skeletts eines Säuglings des Neandertalers aus Kiik-Koba in der UdSSR,* in: Ärztl. Jugendkde. 68, 1977, 173–179; H. ULLRICH: *Neandertalerfunde aus der Sowjetunion,* in: G. H. R. Koenigswald: Hundert Jahre Neandertaler, Köln – Graz 1958, 72–106).

Anfang der dreißiger Jahre hatte man in Israel am Berge Karmel eine große Gruppe von *Neandertaler*-Fossilien gefunden (vgl. W. W. Howells: *Mount Carmel man: Morphological relationships,* in: Int. Congr. Anthrop. Ethnol. Sci. Tokyo 1968, 1. vol., 1970, 269–272), darunter hinter dem Eingang zur Höhle von Mugharet es-Skhul fünf Männer, zwei Frauen und drei Kinder, die mit angezogenen Beinen in flachen Gräbern beigesetzt worden waren. (Vgl. W. Henke, H. Rothe: *Paläoanthropologie,* 451.) Die Funde gelten heute allgemein indessen als die Reste bereits «moderner» Hominiden.

All das rechtfertigt gleichwohl die Folgerung, die G. Constable (104) zieht: «Die Neandertaler müssen deutlicher als alle anderen Geschöpfe vor ihnen empfunden haben, wie kostbar ein Leben ist, denn auf der fundamentalsten Ebene sind Begräbnisriten gleichbedeutend mit dem Wunsch, etwas an dem Toten zu bewahren. Das Begraben besagt, daß irgendein wesentlicher Teil des menschlichen Lebens – man kann es Geist, Seele oder nur Erinnerung an den Toten nennen – nicht zerstört werden kann, sondern nach dem Tode irgendwo anders in irgendeiner anderen Form weiterexistiert.» (Vgl. auch R. H. Gargett: *The evidence of Neanderthal burial,* in: Curr. Anthrop. 30, 1989, 157–189.)

Auch andere Hinweise auf gewisse religiöse Vorstellungen in der Welt des Neandertalers sind uns über ihre Begräbnisriten hinaus erhalten. Nicht nur in La Ferrassie, sondern weit verstreut in Europa wie in Asien fand man die Schädel von *Neandertalern* getrennt von ihrem Körper; schon das allein läßt gewisse rituelle Gründe vermuten. An manchen Schädeln weist zudem die etwa vier Zentimeter große Öffnung an der Schädelbasis, wo das Rückenmark sich mit dem Gehirn verbindet (das *foramen magnum*), eine charakteristische Vergrößerung auf. Man kennt solche Schädelöffnungen von noch heute lebenden Kannibalen, die den abgeschlagenen Schädel von unten her erweitern, um das Gehirn leichter herausnehmen zu können. Gab es bei den *Neandertalern* Kopfjagd, Kannibalismus und Menschenopfer?

Möglich ist, daß es sich um *Nahrungskannibalismus* handelte.

Ein Grund für diese Annahme ist folgender: In den Funden der *Neandertaler* zeigt sich, wie Kenneth M. Weiss festgestellt hat, immer wieder eine gewisse Überzahl der Männer vor den Frauen; es könnte sein, daß in Zeiten der Nahrungsknappheit zu viele Mädchen als Bedrohung für die Überlebenschancen einer Gruppe empfunden wurden, die wesentlich auf die Jagdtätigkeit von Männern angewiesen war, und daß man die Mädchen deshalb – rituell? – tötete, also buchstäblich «opferte» (G. Constable, 94), und sogar aß; «auch Kinder männlichen Geschlechts werden gelegentlich getötet» worden sein, «damit die verfügbare Nahrung für die Gruppe» ausreichte. Eine solche Gruppe von, sagen wir, dreiundzwanzig Köpfen, «braucht, um bei guter Gesundheit zu bleiben, jede Woche fast 250 Kilogramm Fleisch» (G. CONSTABLE, 83). Diese Menge will erst einmal erlegt werden; Hungersnöte scheinen im Leben der *Neandertaler* an der Tagesordnung gewesen zu sein und aggressive Auseinandersetzungen bis hin auch zu kannibalistischem Verzehr provoziert zu haben.

In diesem Sinne haben manche Forscher vor allem die Skelettfunde bei Krapina als Überreste einer Schlacht aus Nahrungsmangel interpretiert (a. a. O., 110; vgl. H. ULLRICH: *Kannibalismus und Leichenzerstückelung beim Neandertaler von Krapina,* in: M. Malez: Krapinski Pracovjek i Evolucjia Hominida, Zagreb 1978, 293–318).

Gegen diese Deutung der Funde muß nicht sprechen, daß aus einem 50 Kilogramm schweren Menschen nur etwa 5 Kilo verwertbares Protein zu gewinnen sind; – Menschen jagen noch weit «unrentablere» Lebewesen, wenn sie nur überhaupt als Nahrung genießbar sind. Andererseits ist ethnologisch Kannibalismus so gut wie immer *rituell* motiviert – man nimmt im Vorgang des Essens die Kraft, das «Mana», des Verstorbenen in sich auf; und vor allem die eigenartige Behandlung des Kopfes weist auf gewisse religiöse Vorstellungen hin. (Vgl. H. HELMUTH: *Kannibalismus in Paläoanthropologie und Ethnologie,* in: EAZ 9, 1968, 101–119.)

So wurde 1939 im Süden von Rom am Monte Circeo in einer ca. 60 000 Jahre alten Höhle eine flache Grube gefunden, in der, von einem Oval aus Steinen umgeben, ein einzelner Schädel, wieder mit erweitertem foramen magnum, lag (CONSTABLE, 111; vgl. M. PIPERNO, G. SCICHILONE: *Il Cranio Neandertaliano circeo.* 1. Studi e Documenti, in: Istituto Poligrafico e Zecca dello Stato, Libreria Dello Stato, Rom 1991). Was dahintersteckt, ist schwer zu erraten. In Papua-Neuguinea wird bei der Geburt eines Kindes, um ihm einen Namen zu geben, eine bekannte Persönlichkeit in einem Nachbarstamm getötet und ihr Gehirn mit Sago gegessen – Vorstellungen, die wohl auch der christlichen Taufe «auf den Tod Christi» und der Aneignung des Getöteten (und Auferstandenen!) in einem rituellen Mahl zugrunde liegen; doch kann man Riten und Anschauungen dieser Art bereits bei den Praktiken von *Neandertalern* voraussetzen? Zudem ist es möglich, wie heute sogar allgemein angenommen, daß es sich auch bei den Funden von Monte Circeo um die Reste einer Hyänenmahlzeit handelt (B. M. FAGAN: *Aufbruch aus dem Paradies,* 95).

Als ausgesprochene *Jäger* werden die *Neandertaler* vor allem zu den *Tieren* in einem religiösen Verhältnis gestanden haben. Alle Jägervölker, die wir heute kennen, zeichnen sich durch ein Gefühl aus, das die Völkerkundler als «Tiertöterskrupulantismus» bezeichnen: sie töten die Tiere, von denen sie leben, doch halten sie diese Tiere auch heilig und fühlen sich ihnen gegenüber schuldig, so daß sie mit Hilfe bestimmter Riten die entsprechenden Tiere günstig zu stimmen suchen. Insbesondere läßt sich bei den *Neandertalern* an Formen des *Jagdzaubers* zur Sicherung der nötigen Beute denken.

Um Praktiken dieser Art könnte es sich zum Beispiel in der sogenannten Hexenhöhle im Westen von Genua handeln, wo tief im Höhleninneren, 500 Meter weit vom Eingang entfernt, *Neandertaler* mit Lehmkügelchen nach einem Stalagmiten geworfen haben, dessen Form an ein Tier erinnert (CONSTABLE, 115–116).

Im Jahre 1970 fand RALPH SOLECKI in einer Höhle im Libanon die Reste eines 50 000 Jahre alten Hirschkultes: *Neandertaler* hatten einen Damhirschen zerstückelt, das Fleisch auf ein Bett aus Steinen gelegt und es mit rotem Ocker besprengt. «Der natürliche Farbstoff galt höchstwahrscheinlich als Symbol für Blut, und der Ritus scheint einen Versuch zu repräsentieren, über Leben und Tod des Wildes zu herrschen» (a. a. O., 117). Besser sollte man vielleicht sagen, es sei um den Versuch gegangen, die Ermordung des «heiligen» Tieres magisch durch eine Art Gegenbesetzung zu verleugnen.

Als das berühmteste Beispiel für den Jagdzauber der *Neandertaler* gilt der *Bärenkult* im Schweizer Drachenloch, wo der deutsche Archäologe EMIL BÄCHLER 1917–1923 in 2400 Meter Höhe eine Kiste aus Steinen fand, die etwa 1 m^3 maß und sieben Bärenschädel unter einer massiven Steinplatte barg. «Noch tiefer in der Höhle fanden sich sechs Bärenschädel in Nischen in der Felswand. Neben einigen von ihnen lagen Gliedknochen, aber Schädel und Extremitäten stammten nicht immer von demselben Bären. Bei einem dieser Schädel hatte man durch die Öffnung des Wangenbeins einen Beinknochen gesteckt. Der Fund im Drachenloch steht nicht allein da. Bei Regourdu in Südfrankreich fand man in einer rechteckigen, mit einer fast tonnenschweren Steinplatte abgedeckten Grube die Knochen von über zwanzig Bären» der inzwischen ausgestorbenen Art des Höhlenbären (a. a. O., 117–118). (Vgl. auch E. PROBST: *Deutschland in der Steinzeit*, 121–124: Die Höhlenbärenjäger in den Alpen.)

Will man sich vorstellen, welche Riten in diesen Funden sich niedergeschlagen haben könnten, so bietet sich der Bärenkult der japanischen Ainus an, wie J. G. FRAZER (*Der goldene Zweig*, 736–737) ihn in der typischen Ambivalenz des Erlebens von Tiertötern beschrieben hat. Die Überlieferungen der sibirischen Wogulen und Ostjaken zeigen zudem eine Verbindung zwischen dem

Bärenkult und einem entsprechenden Sternenglauben, wie er im Bild des Großen Bären am nördlichen Nachthimmel noch in unseren Tagen sichtbar wird (vgl. E. DREWERMANN: *Strukturen des Bösen*, 198–201).

Alles in allem besaß das Leben der *Neandertaler* ein beachtliches kulturelles Niveau. Die Zeitschrift *Science* meldet soeben, daß vor mehr als 100 000 Jahren bereits, also von *Neandertalern*, Hunde gezähmt wurden. «Die ältesten bekannten Knochenfunde, die auf ein Zusammenleben von Mensch und Hund hindeuten, sind ... 140 000 Jahre alt» (*Welt am Sonntag*, 15. 6. 97, S. 10). Wir müssen uns also vorstellen, daß *Neandertaler* bereits mit Hunden auf Jagd gingen.

Die *Technik der Werkzeugherstellung*, die man nach dem französischen Fundort Le Moustier als Moustérien bezeichnet und der mittleren Altsteinzeit zurechnet, erlaubte bereits die Herstellung einer Vielzahl von steinernen Arbeitsgeräten wie Bohrern, Schabern, Messern, Hämmern usw. Um sich das Leben in den feuchtkalten Höhlen und unter Felsvorsprüngen (Abris) zu erleichtern, errichteten die *Neandertaler* über einem Rahmen behauener Äste Wohnhütten aus Zweigen und Tierhäuten, deren Unterkanten mit Steinen am Boden festgehalten wurden. (Abb. 36 und 37; aus: ARNO HEINRICH: Die Eiszeiten, 61.)

So entdeckte das Archäologen-Ehepaar HENRI und MARIE ANTOINETTE DE LUMLEY, das schon 1971 in einer Höhle am Fuß der Pyrenäen den Schädel eines etwa 20 Jahre alten *Neandertalers* gefunden hatte, bei Lazaret in Südfrankreich die Überreste von Unterschlüpfen, die vor etwa 150 000 Jahren in der späten Riß-Eiszeit von *Neandertalern* im Innern einer Höhle angelegt worden waren: «einfache Zelte, vermutlich aus Tierfellen ... Die Zelteingänge waren dem Höhleneingang abgewandt, was darauf hindeutet, daß selbst an diesem Ort nahe dem Mittelmeer ein kalter und schneidender Wind blies» (G. CONSTABLE, 61). Unmittelbar hinter dem Eingang eines jeden Zeltes fanden die LUMLEYS übrigens den Schädel eines Wolfes, jeweils genau am gleichen Ort. Auch hier läßt sich an einen Tierkult denken: die Wolfsschädel als Wächter der Wohnstellen – so wie noch die Pferdeköpfe am Dach eines niedersächsischen Bauernhauses! (Vgl. H. DE LUMLEY, M. A. DE LUMLEY: *Découverte des restes humains anténéandertaliens datés du début de Riss à la Caune de l'Arago [Tautavel, Pyrénées-Orientales]*, in: CR. Acad. Sci. Paris 272, 1971, 1729–1742; DIES.: *L'homme de Tautavel*, in: Il y a 450 000 ans, l'homme de Tautavel, in: Dossiers l'Archéol. 36, 1979, 54–59.)

Eine etwas phantasievolle Rekonstruktion nach den Schädeln von Forbes' Quarry auf Gibraltar und von La Chapelle-aux-Saints in Frankreich bietet die

36 Von Mammutjägern fand man gelegentlich im Kreise auf den Hinterkopf gestellte Mammutschädel. Die nach oben gerichteten Stoßzähne dienten als «Zeltstangen», über die man Felle spannte, die mit verhakelten Geweihen gehalten wurden.

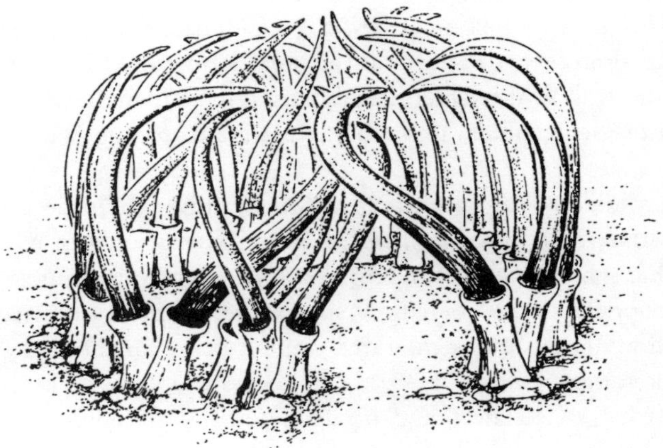

37 Bei verschiedenen Ausgrabungen altsteinzeitlicher Wohnplätze fand man kreisförmig aufgestellte Mammutschädel. Die Stoßzähne dienten als «Zeltstangen». Rentier- und Riesenhirschgeweihe hielten von außen den «Zeltbau» zusammen.

38 Dermoplastik einer *Neandertalerin* und eines *Neandertalers.*

Dermoplastik einer *Neandertalerin* und eines *Neandertalers* vor ihrem Zelteingang. (Abb. 38; ELISABETH DAYNÈS, Neanderthalmuseum, Mettmann.)

Als die Riß-Eiszeit vor 125 000 Jahren zurückging und für 50 000 Jahre eine Warmzeit (das Riß-Würm-Interglazial) einsetzte, fanden die *Neandertaler,* so gerüstet, gute Gelegenheit, sich über Gesamteuropa bis Westasien auszubreiten.

Es verdient die größte Beachtung, daß neuerdings auch die Einschätzung des *Neandertalers* als eines *kunstlosen* Eiszeitmenschen ins Wanken gerät. Vereinzelt hat man Perlen gefunden und neuerdings sogar eine 70 000 Jahre alte Knochenpfeife, deren Löcher mit speziell gefertigten Bohrern geschnitten wurden und zu deren Musik man sich ohne Zweifel tanzähnliche Veranstaltungen denken muß.

Offen war lange Zeit die Frage, ob der *Neandertaler* eine Sprache im modernen Sinne besaß. 1971 haben PHILIP LIEBERMANN und EDMUND CRELIN an dem Fossil von La Chapelle durch Vermessungen der Halswirbel und der Schädelbasis die phonetischen Möglichkeiten des *Neandertalers* untersucht. Ihr Ergebnis war, daß dem *Neandertaler* der Rachen (die Kammer hinter dem

Mund oberhalb des Kehlkopfes) fehlte, so daß er keine offenen Vokale und auch keine harten Gutturale (g und k) bilden konnte (G. CONSTABLE, 96–97). An einem gut erhaltenen *Neandertaler*-Skelett aus Kebora in Israel aber fand sich ein Zungenbein, das dem eines modernen Menschen entspricht (L. AIELLO: *Neandertaler-Anpassungen,* in: 4 Millionen Jahre Mensch, 54; vgl. B. ARENSBURG, A. TILLIER, B. VANDERMEERSCH, H. DUDAY, L. SCHERPARTZ, Y. RAK: *A Middle Palaeolithic human hyoid bone,* in: Nature 338, 1989, 758–760; M. LE MAY: *The language capability of Neanderthal man,* in: Am. J. Phys. Anthrop. 42, 1976, 9–14).

Von daher könnte der *Neandertaler* durchaus zu einer Sprache imstande gewesen sein, die mit der unseren vergleichbar wäre. An den bedeutenden geistigen Fähigkeiten des *Neandertalers* jedenfalls ist kein Zweifel mehr. (Vgl. R. LEWIN: *Spuren der Menschwerdung,* 147–152: Vom Ursprung der Sprache; M. KUCKENBURG: *... und sprachen das erste Wort,* 113–131: Neuere Theorien.)

Was aber bedeutet nun diese unbezweifelbare Tatsache für die jüdisch-christliche *Theologie?* Im Grunde nicht mehr und nicht weniger, als daß all die Probleme, die sich bereits mit dem Auftreten und mit dem Untergang des *homo erectus* stellten, verstärkt zurückkehren: Wenn es schon schwer begreifbar war, daß da ein gütiger Gott sein sollte, der ein Wesen wie den *homo erectus* «erschafft», nur um es dann, gerade an der Grenze zu Sprachfähigkeit und Vernunft, wieder zurückzunehmen, so ist *das Ende* des *Neandertalers* mit der traditionellen Schöpfungstheologie noch weit weniger verträglich.

Die zentrale Voraussetzung des biblischen Schöpfungsglaubens besteht darin, daß Gott der Herr, als er Himmel und Erde machte, dabei uns, den heutigen Menschen, die Spezies des *homo sapiens sapiens,* im Sinne trug. Geht man von dieser Voraussetzung aus, so sollte man als sicher erwarten, daß nun, nach der mühsamen Prozedur von rund vier Millionen Jahren «Menschwerdung», der *Neandertaler* sich einen Anspruch auf besondere Fürsorge und Bevorzugung durch seinen Schöpfer erworben hätte. Wir mögen über die Zeit des Moustériens noch nicht allzu genau Bescheid wissen, doch je mehr der Vorhang vor unserer Vorzeit sich aufhebt, desto verwandter mit uns selbst erscheint dieser Hominide der Kaltzeit: Ein Wesen, das sprechen kann, das denken und musizieren kann, das Kranke pflegt und das Tote bestattet, das Tiere verehrt und mit ihnen wohl auch die Gestirne, das über den Sinn seines Lebens und das Rätsel des Sterbens nachdenkt – ein solches Wesen, sollte man meinen, käme dem «Plan» des Gottes der Bibel schon recht nahe. Selbst wenn all die «Mittel», die notwendig waren, ein solches Wesen wie den *Neander-*

taler hervorzubringen, sich schwerlich mit dem Bild eines gütigen, allmächtigen und allweisen «Vaters», wie die christliche Theologie es bis heute den Gläubigen malt, vereinen lassen, so scheint doch jetzt wenigstens so etwas wie eine Rechtfertigung der unzähligen Mühen und Qualen in Sicht gerückt – die Karamasowsche «Harmonie», *jetzt* scheint sie gekommen! Alles, müßte man «vernünftigerweise» erwarten, brauchte fortan nur noch so weiter zu gehen! Sind wirklich *wir* das Ziel, so steht der *Neandertaler* diesem Ergebnis nach einem Durchlauf von noch einmal rund 150 000 Jahren am Ende der letzten Eiszeit nunmehr zum Greifen nahe.

Doch nun dieses: Der *Neandertaler* verschwindet folgenlos von der Bühne! Er verschwindet so folgenlos, als hätte er nie gelebt. Ob es ihn gegeben hat oder nicht, spielt in gewissem Sinne für die Geschichte, die nun beginnt, so gut wie keine Rolle mehr! Denn schon längst bereitet sich von Afrika her eine *zweite* Auswanderungswelle vor, die den modernen Menschentyp des *homo sapiens sapiens,* wie wir ihn und damit uns selber doppelt stolz nennen, repräsentieren wird. (Vgl. A. C. Wilson, R. L. Cann: *Afrikanischer Ursprung des modernen Menschen,* in: Spektrum der Wissenschaft, Heft 6, 1992, 72–79.) Die Analyse des genetischen Codes der Mitochondrien hat bis heute «keine Hinweise ergeben, aus denen zu folgern gewesen wäre, der aus Afrika kommende Mensch hätte im Laufe der letzten Eiszeit noch Erbgut vom *Neandertaler* aufgenommen». (J. H. Reichholf: *Das Rätsel der Menschwerdung.* 221; B. M. Fagan: *Aufbruch aus dem Paradies,* 98–99; vgl. bes. Chris Stringer, Robin McKie: *Afrika. Wiege der Menschheit,* 173–217: Gab es eine Urmutter?) Dieser Eindruck scheint endgültig bestätigt durch das jüngste Ergebnis der DNA-Analysen der beiden Münchner Genetiker Svante Pääbo und Matthias Krings: sie haben die bis zu 100 000 Jahre alten DNA-Sequenzen von *Neandertalern* mit 994 heute lebenden Menschen verglichen, «darunter Europäer, Afrikaner, Asiaten und Aborigines aus Australien. Bei allen Rassen erwies sich der genetische Unterschied zum Neandertaler als gleichermaßen groß» (*Der Spiegel,* 29/1997, 155: Stammvater beerdigt). Demnach scheint die Entwicklungslinie der *Neandertaler* sich bereits vor 550 000–690 000 Jahren in Afrika von der Linie, die zu den heutigen Menschen führte, getrennt zu haben; der Neandertaler scheint sich vor 300 000 Jahren in Europa aus dem *homo erectus* entwickelt zu haben und eine bloße Seitenlinie in der Geschichte der Entwicklung der Menschheit geblieben zu sein – also doch: eine «Sackgasse der Evolution».

Diese Feststellung besagt gleich zweierlei. Zum einen bedeutet sie, daß alle heute lebenden Menschenrassen genetisch einen gemeinsamen Ursprung besitzen, zum anderen aber besagt sie, daß der *Neandertaler* von der Erde verschwand, ohne wenigstens genetisch noch gewisse Informationen seines Daseins weiterzugeben. Wenn wirklich der heutige Menschentyp als das «Ziel» der Evolution zu betrachten *wäre*, so hätte der *Neandertaler* buchstäblich *umsonst* gelebt; er stünde vollkommen außerhalb des «Sinns» der Gesamtveranstaltung der Entfaltung des Lebens, die am Ende den Menschen in der Gestalt des *homo sapiens sapiens* hervorbringen sollte!

Man braucht nicht allzu viel Gerechtigkeitssinn, um zu begreifen, daß ein solches Urteil über den *Neandertaler* nicht dazu dient, die Wirklichkeit zu begreifen. Wenn man 150 000 Jahre menschlicher Existenz nicht einfach als sinnlos und nutzlos betrachten will, dann ist offenbar das ganze Denken, das den heutigen Menschen zum Zweck und Ziel der Entwicklung der Welt erklärt, der Wirklichkeit unangemessen, ja, *falsch;* dann muß das ganze jüdisch-christliche Welt- und Gottesbild sich *ändern,* damit eine glaubwürdigere Form der «Religion», der Beziehung des Menschen zu dem, was er Gott nennt, möglich wird.

Denn *so* ging es tatsächlich mit dem *Neandertaler* weiter: Als die modernen Menschen vor etwa 40 000 Jahren in Europa einwanderten, starben die *Neandertaler* nicht sogleich aus; vielmehr lebten beide Menschenarten etwa 10 000 Jahre lang nebeneinander; es scheint sogar, daß die *Neandertaler* von den neuen Einwanderern gelernt haben. So zeigen die 36 000 Jahre alten Funde von Saint Césare in Frankreich eine Kultur der Steinwerkzeuge, die eine Mischung des alten Moustérien und des neuen Aurignacién aufweist und als Chatelperronien bezeichnet wird. (Vgl. F. LEVÊQUE, B. VANDERMEERSCH: *Le Néandertalien de Saint Césaire,* in: La Recherche 12, 1981, 242–244; DIES.: *Découverte de restes humains dans un niveau câstelperronien à Saint-Césaire,* in: La Recherche 12, 1980, 242–244.) Gleichwohl nahm die Zahl der *Neandertaler* offenbar in dem gleichen Maße ab, wie die der neuen Menschen zunahm. Der Grund dafür war wohl nicht eine quasi systematische Ausrottung; es genügte, daß die *Neandertaler* als Geschlechtspartner einfach übergangen wurden und daß sie als Nahrungskonkurrenten den Eindringlingen nicht gewachsen waren. ERIK TRINKAUS von der Universität von New Mexico glaubt, daß die modernen Menschen über bessere Geräte und eine höhere Sozialstruktur verfügten und schon deshalb länger lebten und sich zahlreicher vermehrten. (Vgl. E. TRINKAUS, F. H. SMITH: *The fate of the Neanderthals,* in: E. Delson: Ancestors: The Hard Evidence, New York 1985, 325–333; F. H. SMITH: *The Neandertals: evolutionary dead ends or ancestors of modern people?,* in: J. Anthrop. Res. 47, 1991, 219–238.) J. H. REICHHOLF (*Das Rätsel der Mensch-*

werdung, 222) meint, daß der *Neandertaler* ausstarb, weil die Welt der eiszeitlichen Großfauna, mit der er koexistiert hatte, am Ende der Eiszeit zugrunde ging. Beides ist möglich und schließt sich wechselseitig nicht aus. Doch in jedem Falle zeigt sich die DARWINistische Erklärung als ausreichend, um sowohl den Aufstieg als auch den Abstieg des *homo erectus* wie des *Neandertalers* zu verstehen. Der Theologie, ob sie will oder nicht, bleibt unter diesen Umständen nichts anderes übrig, als sich den Tatsachen zu fügen und sie als Grundlage einer gründlichen Reform ihres eigenen Denkansatzes zu nutzen. (Zum Übergang vom *Neandertaler* zum *homo sapiens sapiens* vgl. W. HENKE, H. ROTHE: *Paläoanthropologie,* 483–500: Homo sapiens neanderthalensis versus Homo sapiens sapiens; zu den Modellen der Entwicklung des modernen Menschen [multiregionale Entwicklung oder rezenter afrikanischer Ursprung] vgl. a. a. O., 501–518; zur Evolutionsökologie und biokulturellen Evolution von *homo sapiens* vgl. 519–534; bes. C. B. STRINGER, P. ANDREWS: *Genetic and fossil evidence for the origin of modern humans,* in: Science 239, 1988, 1263–1268.)

γ) *Vom archaischen homo sapiens zum Cro-Magnon-Menschen*

Denn auch mit dem Auftauchen des *homo sapiens* ändert sich das bisher gewonnene Bild durchaus nicht.

Da sind vornean die langsamen, kaum erkennbaren Übergangsformen.

Folgt man den Untersuchungen des Hamburger Paläontologen GÜNTER BRÄUER (*Entwicklung zum modernen Menschen in Afrika,* in: 4 Millionen Jahre Mensch, 56–57), so vollzog sich der Weg zum *homo sapiens* in Afrika in einem Zeitraum von 500 000 Jahren, der in die drei Stufen: «früh archaisch», «spät archaisch» und «modern» gegliedert werden kann. (Vgl. G. BRÄUER: *Adam kam aus Afrika,* in: Bild der Wissenschaft, 11/1987, 38–45; DERS.: *Prä-sapiens-Hypothese und Afro-europäische Sapiens-Hypothese,* in: Z. Morph. Anthrop. 75, 1985, 1–25; DERS.: *Der Mensch. Anthropologie Heute,* in: Deutsches Institut für Fernstudien an der Universität Tübingen, Tübingen 1992, 3–43.)

Zu den nachfolgenden Fundorten von *Homo-sapiens*-Fossilien sowie zu ihrer chronologischen Einordnung und Herleitung durch GÜNTER BRÄUER ist eine Karte mit beigefügtem Schema hilfreich (Abb. 39; aus: B. M. FAGAN: *Aufbruch aus dem Paradies,* 64).

Der älteste Fund eines *archaischen homo sapiens* gelang erst kürzlich im

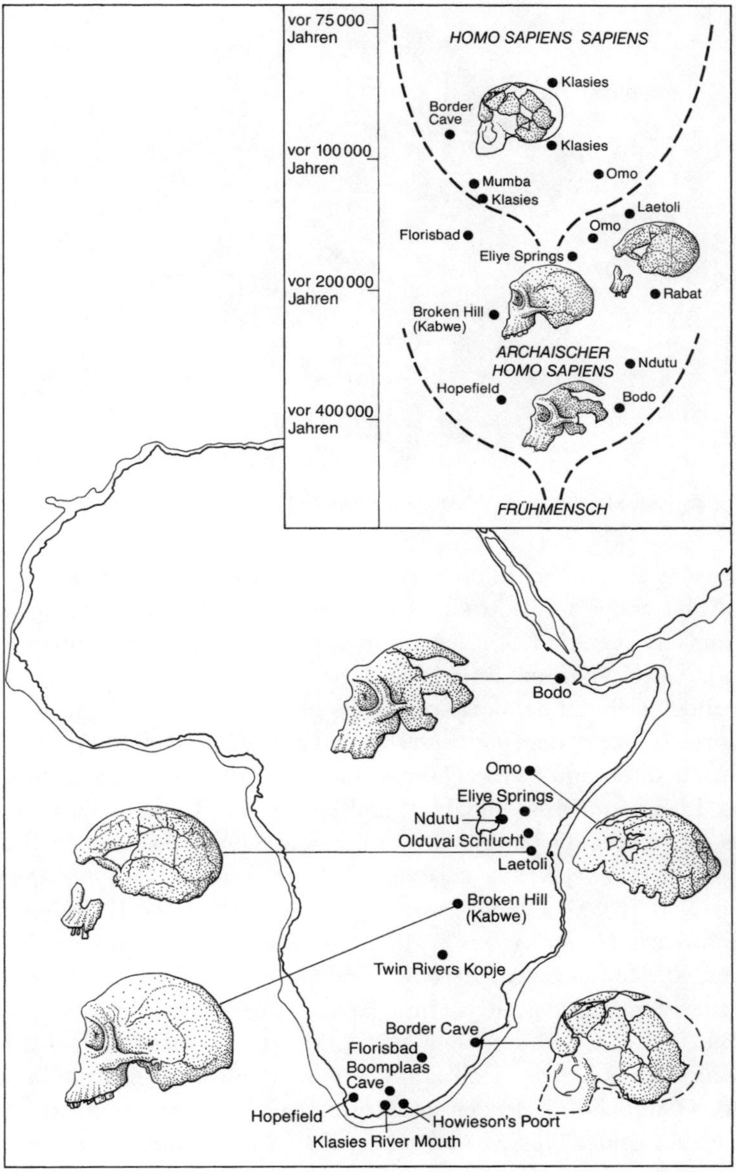

39 Fundorte afrikanischer *Homo-sapiens*-Fossilien. Oben: Chronologische Abfolge der Fundorte nach G. Bräuer.

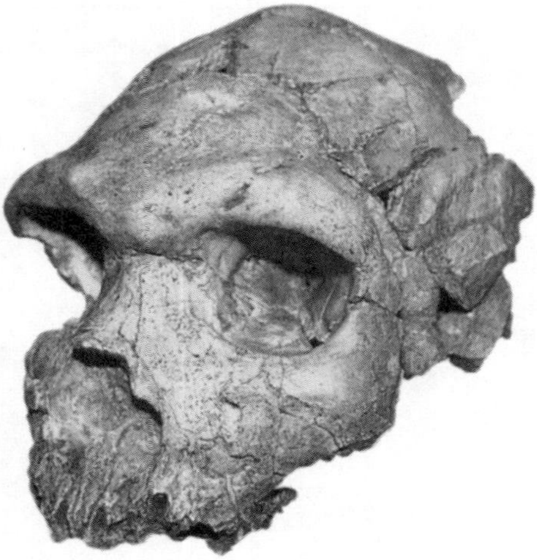

40 Schädel des Bodo-Menschen, eines früh-archaischen *homo sapiens.*

Mittleren Awash-Tal bei Bodo in Äthiopien und wurde auf 600 000 Jahre datiert. (Abb. 40; vgl. G. Bräuer: *Africa's place in the evolution of Homo sapiens,* in: G. Bräuer, F. H. Smith: Continuity or Replacement. Controversies in Homo sapiens Evolution, Rotterdam 1992, 83–98.)

Es handelt sich mit dem massiven Gesichtsbereich offenbar um eine Übergangsform zwischen dem *homo erectus* und dem *homo sapiens.* Andere Funde zwischen 400 000 und 200 000 Jahren stammen unter anderem aus Kabwe in Sambia, Elandsfontein in Südafrika und Ndutu und Eyasi in Tansania sowie aus der Küstenregion Marokkos – mit einem Wort: aus *ganz* Afrika. (Vgl. R. J. Clarke: *The Ndutu cranium and the origin of Homo sapiens,* in: J. Hum. Evol. 19, 1990, 699–736; G. P. Rightmire: *The Lake Ndutu cranium and early Homo sapiens in Africa,* in: Am. J. Phys. Anthrop. 61, 1983, 245–254; M. J. Mehlman: *Archaic Homo sapiens at Lake Eyasi, Tanzania: recent misinterpretations,* in: J. Hum. Evol. 13, 1984, 487–501.)

G. Bräuer (*Entwicklung* in: 4 Mill. J. M., 56) urteilt: «Obwohl der *frühe archaische Homo sapiens* noch *Homo erectus*-ähnliche Merkmale besitzt, so sind doch deutliche Tendenzen in Richtung auf den modernen Menschen zu erkennen. So ist der Hirnschädel größer als der des *Homo erectus* mit einem Hirnvolumen, das im allgemeinen über 1250 cm³ liegt. Die Seitenwände des Schädels verlaufen nicht mehr wie beim *Homo erectus* schräg nach oben, sondern annähernd parallel. Auch ist das Hinterhaupt weniger stark gewinkelt.»

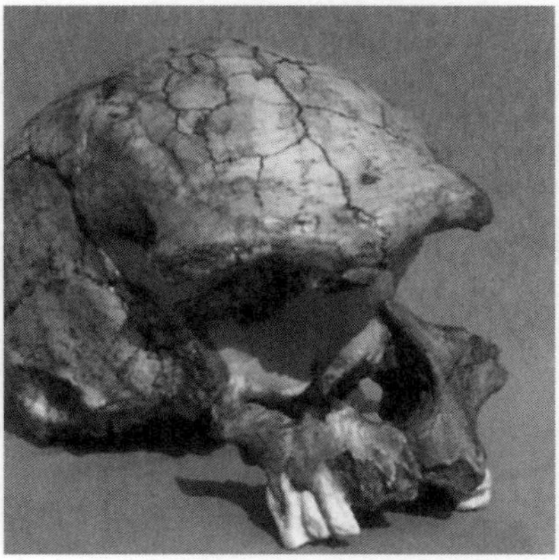

41 Schädel eines *spät-archaischen homo sapiens.*

Der *späte archaische homo sapiens* tritt zwischen 200 000–100 000 Jahren auf, und zwar erneut in den verschiedensten Teilen Afrikas: Florisbad in Südafrika, die Kibish-Formation am Omo-Fluß in Äthiopien (Omo/Kibish 2), Eliye Springs in Kenia, Laetoli in Tansania und Dschebel Irhoud in Marokko. Deutlich archaisch sind noch die Wülste über den Augenhöhlen, doch schon das Hirnvolumen mit mehr als 1350 cm^3 ist mit dem des heutigen Menschen identisch. Der Fund von Laetoli, dessen Alter auf 130 000 Jahre datiert wird, sieht so «modern» aus, daß die Paläontologen sich nicht einig sind, ob man nicht schon von einem *modernen homo sapiens* sprechen sollte (Abb. 41).

Tatsächlich gehen die ältesten Funde des *modernen homo sapiens* in Ost- und Südafrika auf mindestens 120 000 Jahre zurück. So wurden 1967 in der Schlucht 1 der Kibish-Formation am Omo-Fluß in Äthiopien ein weitgehend erhaltener Schädel und die Skelettreste eines Hominiden gefunden, der deutliche Ähnlichkeit zu dem modernen Menschen aufweist und dessen Alter anhand von Muschelschalendatierungen mit Hilfe der Uranium-Thorium-Methode auf 130 000 Jahre bestimmt wurde. (Vgl. M. H. Day: *The Omo human skeletal human remains,* in: F. Bordes: The Origin of Homo sapiens, Paris 1972, 31–35; R. E. F. Leakey: *Early Homo sapiens remains from the Omo river region of south-west Ethiopia,* in: Nature 222, 1969, 1132–1133.)

Auf 120 000 Jahre datiert man auch die Funde, die in der Mitte der achtziger Jahre Hilary Deacon in den Klasies River Mouth-Höhlen an der Südküste Afrikas zwischen Kapstadt und Port Elizabeth gemacht hat. (Vgl. H. J. Deacon: *Southern Africa and modern human origins,* in: The Origin of Modern

42 Angesengter *homo-sapiens*-Knochen mit Schnittspuren.

Humans and the Impact of Chronometric Dating, hg. v. M. Aitken, C. Stringer, P. Mellars, New Jersey, 104–117.)

Schon Ende der sechziger Jahre hatten RONALD SINGER (Chicago) und JOHN WYMER in diesen Höhlen eine ganze Anzahl moderner menschlicher Überreste gefunden, die zwischen 80 000 und 100 000 Jahren eingeordnet wurden. (Vgl. R. SINGER, J. J. WYMER: *The Middle Stone Age at Klasies River Mouth in South Africa,* Chicago 1982.) Obwohl die meisten Fossilien nur sehr bruchstückhaft erhalten sind, deuten «Feuerspuren an den Knochen sowie feine, horizontal verlaufende Schnittspuren am Schädel oberhalb der Brauenregion» «mit großer Wahrscheinlichkeit auf Kannibalismus hin». (Abb. 42; aus: G. BRÄUER: *Die ersten modernen Menschen,* in: 4 Millionen Jahre Mensch, 58–59; vgl. H. J. DEACON, R. SHUURMAN: *The origins of modern people: The evidence from Klasies River,* in: G. Bräuer, F. H. Smith: Continuity or Replacement: Controversies in Homo sapiens Evolution, Rotterdam 1992, 121–129; vgl. T. D. WHITE: *Cannibalism at Klasies,* in: Sagittarius 2, 1987, 6–9.)

Hinzu kommt ein Fund, der schon 1941 in Border Cave in Südafrika gemacht wurde: ein Schädel und ein Unterkiefer, deren Anatomie «modern» wirken und deren Alter nach neueren Untersuchungen auf 90 000 Jahre taxiert wird. (Vgl. M. H. DAY: *Human skeletal remains from Border Cave, Ingwawuma District, Kwa-Zulu, South Africa,* in: Ann. Tvl. Mus. 28, 1973, 229–256.)

Gemeinsam legen all diese Funde den Schluß nahe, daß die Entwicklung zum «modernen» Menschen in Afrika über eine halbe Jahrmillion weiterging, während sie in Europa in Gestalt des *Neandertalers* in eine durch die Anpassung an die Eiszeit bedingte Sackgasse mündete. Die Gründe für *beide* Entwicklungen scheinen dieselben zu sein: Die Eiszeit im Norden führte zu reichen Niederschlägen in Afrika, mit der Folge, daß sich die Wälder wieder vom tropischen Raum nach Norden schoben. J. H. REICHHOLF (*Das Rätsel der Menschwerdung*, 230) konstatiert: «Die Zwischeneiszeit im Norden bescherte Afrika eine neue große Regenzeit, ein Pluvial. Je mehr sich die Wälder ausbreiteten, desto größer wurde der Lebensraum der neuen Menschenform, die sich den Waldrand-Bedingungen als Jäger und Sammler angepaßt hatte.» Im Ernährungsplan dieser Menschen spielten Pflanzen naturgemäß eine viel größere Rolle als bei der Parallelentwicklung der Neandertaler. «Pflanzliche Kost lieferte die Kohlenhydrate und die Vitamine als Ergänzung zum fettarmen Fleisch der afrikanischen Wildtiere, die der werdende Mensch nun zunehmend auch direkt jagte. Seine Technik war primitiver als die des Neandertalers ... Die Menschen in Afrika waren dunkelhäutig ... Ihre Körper waren bis auf den Oberkopf und die Schambehaarung nackt. Talg- und Schweißdrüsen müssen gut entwickelt gewesen sein, sonst hätte die ungeschützte Haut der Beanspruchung nicht standhalten können. – Die Menschen müssen viel auf den Beinen gewesen sein, weil Früchte, Wurzeln und stärkereiche Knollen nicht überall zu finden waren» (226).

Die *Lebensweise* war nomadisch. Vorwiegend mit Fallen jagte man Großtiere, deren Wanderungen den Menschen bis an die nördlichen Grenzen der Grasländer führte. Steppenbrände boten die Nutzung von Feuer an. Gesammelte Samen werden zermahlen worden sein und in Zusammenhang mit Feuchtigkeit und Feuer zur «Entdeckung» der Herstellung von «Brot» geführt haben. Honig, dessen Vorkommen vom Honiganzeiger dem Honigdachs mitgeteilt wird, dürfte auch von Menschen genutzt worden sein.

Vor allem weist REICHHOLF (227–229) darauf hin, daß die Zersetzung von Lagerbeständen des «Mehls» durch Hefepilze oder die Gärung des Saftes von Früchten und Honig zu Alkohol oder von Milch zu «Joghurt» dazu geführt haben dürfte, die Nahrungsbasis des afrikanischen *homo sapiens* in einer Weise zu verbreitern, die in der eiszeitlichen Tundrenlandschaft undenkbar ist. «Honig, Brot und Wein stammen nicht aus dem Eiszeitland. Sie sind Errungenschaften jenes anderen Menschen, der sich vor etwa 70 000 Jahren anschickte, Afrika zu verlassen» (228).

Aber *warum* verließen die Menschen ihr Paradies, in dem es «floß» von «Milch und Honig»? Die Ursache dafür sieht REICHHOLF – im Unterschied zur Ausbreitung des *homo erectus* (s. o. S. 124) wohl zutreffend – in der Tsetse-Fliege, die sich während der Zwischeneiszeiten bei stärkeren Niederschlägen mit dem Vordringen der Feuchtsavannen und Wälder verbreitete und den Menschen mit Trypanosomen, den Erregern der Nagana-(Schlaf-)Krankheit, infizierte (vgl. F. M. BURNET: *Naturgeschichte der Infektionskrankheiten des Menschen,* Frankfurt 1971). Besonders die nackte Haut wurde dem Menschen jetzt gefährlich. «Die Umstellungen vollzogen sich ziemlich abrupt», schreibt REICHHOLF (245). «Manches spricht dafür, daß sie sich innerhalb von weniger als einem Jahrhundert abgespielt haben. Das würde bedeuten, daß sich in nur zwei oder drei Menschengenerationen die ‹paradiesische Savanne› zu einem Reich der Tsetse-Fliege wandelte und die menschliche Besiedlung unmöglich machte.» (Vgl. F. L. LAMBRECHT: *Trypanosomes and Hominid-Evolution,* in: Bio Science, 35, 1985, 640–646.)

REICHHOLF meint, mit dieser Vorstellung insbesondere der Darstellung der Bibel von Gen 3,7.21 zu entsprechen, wonach der Mensch als *nackter Konsument von Früchten* aus dem Garten Eden *«vertrieben»* wurde. Aber ein grotesker Kontrast zwischen seinem Bild und den biblischen Schöpfungsvorstellungen läßt sich kaum denken: nicht irgendeine «Sünde» «Adams» hätte da durch den Mund eines zürnenden Gottes den Menschen aus seiner Heimat verbannt, sondern es wäre der Exodus aus dem «Paradies» eine bloße Folgeerscheinung eben der Umstände, die den afrikanischen *homo sapiens* gerade ein wenig zufriedener hätten zurücklassen können. Eine Fliege als Schrittmacherin der Menschwerdung! Der Gedanke mutet lächerlich an, weil er das vermeintlich Höchste, den Menschen, mit dem scheinbar Banalsten, der Ausbreitung eines Insektes, *ursächlich* miteinander verbindet. Aber gerade so «handelt» die Natur. So erscheint es in der Tat am wahrscheinlichsten!

Die Wege, die der *homo sapiens* vor rund 100 000 Jahren nahm, um dem Land seiner Herkunft zu entkommen, sind paläontologisch gut belegt und scheinen über Jahrzehntausende hin, an dem *Neandertaler* in Europa vorbei, vor 60 000 Jahren nach Asien und vor 40 000–60 000 Jahren nach Australien geführt zu haben, während die Besiedlung des amerikanischen Doppelkontinents erst vor 25 000 Jahren über die Beringstraße erfolgte. (Vgl. GÖRAN BURENHULT: *Die Verbreitung über die Erde,* in: Die ersten Menschen, 123–127; JONATHAN KINGDON: *Und der Mensch schuf sich selbst,* Kap. 3: Adam auf Reisen, 111–140.)

Die ersten fossilen Reste des modernen Menschen außerhalb von Afrika wurden schon in den dreißiger Jahren im Nahen Osten, in den Höhlen von Skhul am Karmel-Gebirge und von Qafzeh bei Nazareth, gefunden. Zwischen 1965–1979 förderte BERNARD VANDERMEERSCH von der Universität Bordeaux in der Höhle von Qafzeh weitere Fossilien zu Tage, datierte sie aber

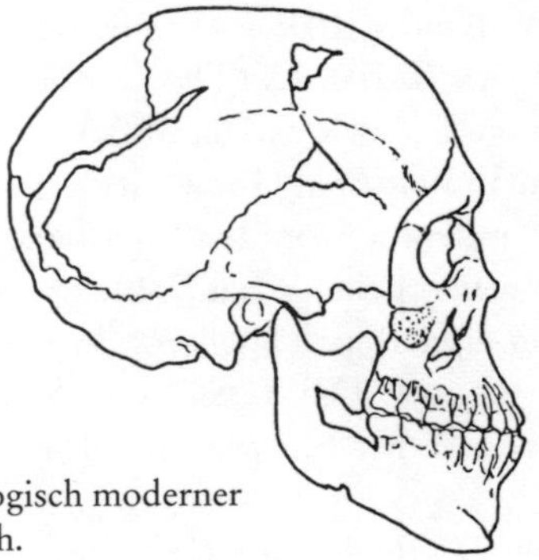

43 Ein morphologisch moderner Schädel aus Qafzeh.

auf «nur» 40000–50000 Jahre; erst neuere Methoden erlaubten eine Zeitstellung von rund 100000 Jahren (Abb. 43; aus: B. M. Fagan: *Aufbruch aus dem Paradies,* 105; vgl. bes. B. Vandermeersch: *Les Hommes Fossiles de Qafzeh,* in: Cah. Paleontol., Paris 1981; *Les Néanderthaliens et les premiers Hommes modernes,* in: 5 Millions d'Années. L'Aventure Humaine, in: Palais des Beaux-Arts de Bruxelles, 1990, Ausstellungskatalog, 68–86.)

Im Nahen Osten, muß man folgern, haben also Vertreter des *modernen homo sapiens* mit denen des *Neandertalers* etwa 50000 Jahre lang zusammen, das heißt nebeneinanderher gelebt. Ihre Werkzeuge waren einander zum Verwechseln ähnlich, und auch ihr Verhalten war nicht wesentlich verschieden.

Wann der moderne Mensch *Südostasien* erreichte, ist nicht eindeutig bestimmbar. (Vgl. zu den ostasiatischen Funden archaischer *Homo-sapiens*-Funde W. Henke – H. Rothe: *Paläoanthropologie,* 458–461.) Der älteste Fund ist nach der Radiocarbon-Datierung 40000 Jahre alt und stammt aus der Niah-Höhle auf Borneo: ein Schädel mit einer steilen Stirn und «modernen» Brauenregionen, der sich von den *archaischen Homo-sapiens*-Fossilien von Ngandong auf Java, die etwa 100000 Jahre alt sind, deutlich unterscheidet. (Vgl. Jan C. Glover: *Werkzeuge und Kulturen im späten Paläolithikum Südostasiens,* in: Die ersten Menschen, 128–133.) Ihm ähnlich ist ein Skelett, das am Lake Mungo im Südosten Australiens gefunden wurde und etwa 30000 Jahre alt ist; beide Funde legen die Vermutung einer Einwanderungswelle über Borneo nach Australien nahe. Andererseits aber muß Australien schon vor 53000 Jahren von Menschen besiedelt gewesen sein, ohne daß wir wissen, von wem. Funde von Kow Swamp in Südost-Australien, die auf 10000 Jahre datiert werden, wirken weit archaischer und zeigen vorspringende Brauenbögen, eine fliehende Stirn und kräftige Kiefer. Vor allem ein undatierter Schädel von Willandra Lakes scheint den Ngandong-Funden auf Java nahe zu stehen. ALAN THORNE (*The arrival of man in Australia,* in: A. Sherrat: The Cambridge Encyclopaedia of Archaeology, Cambridge 1980, 96–100) von der Australian National University vermutet deshalb, daß dieser Menschentyp mit einer anderen, von Java kommenden (früheren?) Einwanderungswelle nach Australien gelangt sei. Vielleicht aber haben die verschiedenen Formen des *homo sapiens* sich auch erst in Australien auseinanderentwickelt. (Vgl. J. PETER WHITE: *Die Besiedlung des alten Australien,* in: Die ersten Menschen, 147–151; B. M. FAGAN: *Aufbruch aus dem Paradies,* 142–146, bes. Tafel S. 137.)

Die ältesten *modernen Homo-sapiens*-Funde in *Ostasien* datieren erst auf ca. 30 000 Jahre, darunter drei schon 1933 bei Zhoukoudian ausgegrabene Skelette, die sich anatomisch deutlich von dem *archaischen homo sapiens* der Region unterscheiden. (Vgl. W. HENKE, H. ROTHE: *Paläoanthropologie,* 462–464.) Der technische Stand wird von durchbohrten Zähnen und Muschelschalen repräsentiert, die den Verstorbenen wohl als Armbänder und Halsketten dienten. Die Funde ähneln anatomisch stark den Formen früher moderner Menschen in Afrika und Europa, weisen aber auch einige Merkmale heutiger Ostasiaten auf, wie das flache Gesicht und die schaufelförmige Stellung der Schneidezähne. Dasselbe gilt für einen Skelettfund aus Liujiang in Südchina, der auf 20 000 Jahre datiert wird. Auch ein etwa 17 000 Jahre alter Fund auf der japanischen Insel Minatogawa zeigt eine Ähnlichkeit zu den *modernen Homo-sapiens*-Funden in China. (Vgl. W. W. HOWELLS: *Origins of the Chinese people: Interpretations of the recent evidence,* in: D. N. Keightley: The Origins of Chinese Civilization, Berkeley 1983, 297–319.)

Die Besiedlung *Amerikas* geschah nach landläufiger Meinung während der letzten Eiszeit über die Beringstraße von Alaska aus. Bereits 1932 untersuchten EDGAR B. HOWARD und L. COTTER bei Clovis in New Mexico nahe der texanischen Grenze steinerne Speerspitzen, die etwa 5–12,5 cm lang waren; und als zwischen 1949–1951 E. H. SELLARDS die Ausgrabungen wieder aufnahm, konnte die Datierung gesichert werden: maximal 13 000 Jahre (C. W. CERAM: *Der erste Amerikaner,* 20. Kap., 274–284)! Die Clovis-Kultur, wie man sie nannte, galt seither als die älteste der Neuen Welt.

Die amerikanischen Datierungen kamen indessen 1975 ins Rutschen, als der kalifornische Anthropologe R. BERGER auf der Insel Santa Rosa vor der Küste von Südkalifornien eine 2,5 m breite und 60 cm tiefe Feuerstelle mit den Knochen eines Zwergmammuts fand, daneben Steinwerkzeuge aus Basalt und Feuerstein; die Radiocarbon-Messung ergab ein Alter der Holzkohlenreste von mehr als 40000 Jahren. Später wurde eine zweite Feuerstelle freigelegt, die man auf 19000 Jahre datierte. Diese Zeitangaben passen zu anderen Funden. So wurden bei Tlapacoya nahe Mexico-City Funde im Alter von 23 000 Jahren gemacht, und die Steinwerkzeuge von Ayacucho im Süden Perus datiert man ebenfalls auf 20000–23 000 Jahre; die Funde von La Jolla bei San Diego werden auf 21 500 Jahre taxiert.

Ursprung dieser ersten Einwanderungswelle sind nach derzeitigem Verständnis wohl die altsteinzeitlichen Kulturreste der Dyuktai-Kultur, die vor 35 000 Jahren bis 10 000 Jahren in Ostsibirien bestand und aus dem nördlichen China kam. (Vgl. FAZ, 23. 3. 77: Früheste Amerikaner vor 40 000 Jahren?; vgl. bes. GEORGE C. FRISON: *Der moderne Mensch in der neuen Welt,* in: Die ersten Menschen, 185–189.) Linguisten, wie der Sprachenforscher JOSEPH H. GREENBERG (*Language in the Americas,* Standford 1986), und Gen-Forscher, wie der Hamburger PETER FORSTER, glauben heute, *drei* amerikanische Einwanderungswellen nachweisen zu können. Die älteste, die der Amerind-Sprachgruppe entspricht und die fast alle Indianersprachen südlich von Kanada umfaßt, wäre demnach vor ca. 25 000 Jahren eingewandert und würde die 16000 Jahre alten Funde von Meadowcroft in Pennsylvania erklären, die 13 000 Jahre alten Funde von Monte Verde in Chile, die 11 200 Jahre alten Felsmalereien von Monte Alegre in Brasilien und die 10 400 Jahre alten Funde von Pedra Furada; eine zweite Welle, die der Na-Dene-Sprachgruppe entspricht, drang vor 11 400 Jahren vor – ihr sollte die Clovis-Kultur in New Mexico entstammen, doch blieb ihr Verbreitungsgebiet die Weite des nicht-arktischen Nordamerika. Gleichzeitig, ebenfalls vor 11 400 Jahren, verbreiteten sich Angehörige der Eskimo-Aleut-Sprachgruppe. (Vgl. Abb. 44; aus: B. M. Fagan: Aufbruch aus dem Paradies, 211.)

Der Grund für diesen «Start» zeigte sich 1993, als man grönländische Eisbohrkerne untersuchte und fand, daß vor rund 11 400 Jahren die Temperaturen in einem Jahrzehnt gleich um mehrere Grade angestiegen sein müssen. Die letzte Eiszeit endete also nicht langsam, sondern plötzlich; die kanadische Eisbarriere schmolz ab und öffnete den Weg nach Süden. Die Eskimos verbreiteten sich dabei entlang den Küsten bis nach Grönland, während die Na-Dene bei ihrem Vormarsch nach Kanada auf das bereits besiedelte Gebiet der Amerind stießen. «Der Vormarsch stockte», meint P. FORSTER (*Wandertrieb im Blut,* in: Der Spiegel, 3/1997, 152–153). «Erst viel später haben sich einige Na-Dene-Stämme in Richtung Neu-Mexiko aufgemacht, dazu gehören die Apachen und die Navajos. Das geschah aber erst vor 1000 Jahren.» (Vgl. auch DAVID HURST THOMAS: *Wer waren die ersten Amerikaner?,* in: Die ersten

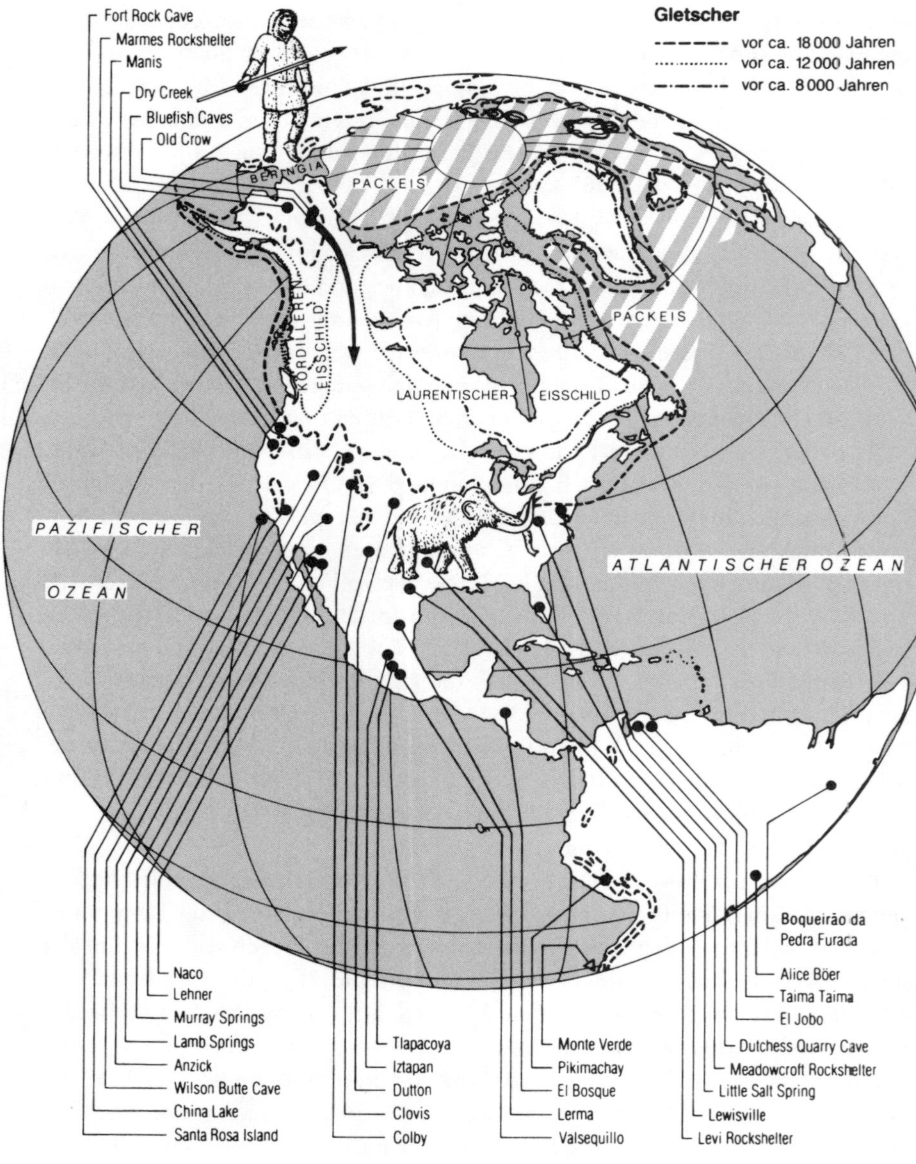

44 Karte mit den wichtigsten Fundorten und der zeitlichen Ausdehnung der Gletscher in Amerika während der letzten Phase der Wisconsin-Eiszeit.

Menschen, 190–193; vgl. auch B. M. FAGAN: *Ausbruch aus dem Paradies,* 210–224; DERS.: *Die ersten Indianer,* München 1990; bes. J. H. GREENBERG, C.G. T URNER, S. L. ZEGURA: *The settlement of the Americas: a comparison of the linguistic, dental and genetic evidence,* in: Curr. Anthrop. 27, 1986, 477–497; A. B. HARPER: *Origins and divergence of Aleuts, Eskimos and American Indians,* in: Ann. Hum. Biol. 17, 1980, 547–554.)

Bleibt die Verbreitung des *modernen homo sapiens* in *Europa.* Die ältesten Funde datieren hier offenbar während des kulturellen Übergangs zum *Aurignacien* (35 000–29 000 Jahren).

Vor 50 000–45 000 Jahren vollzog sich im Nahen Osten der Aufstieg vom Moustérien zu der Technologie der «Blattspitzengruppe», und es begann die jüngere Altsteinzeit (das «Jungpaläolithikum»), das von 35 000 bis vor 10 000 Jahren reicht. In dieser Phase, mit den bereits kunstvollen Schnitzereien und hochentwickelten Werkzeugen des Aurignacien, betritt der *moderne homo sapiens* den Boden Europas. Er tritt damit in einer Kaltphase der Würm-Eiszeit auf, «die bereits vor etwa 37 000 Jahren begonnen hatte. Dann jedoch folgte eine etwas wärmere Phase, die nach einem holländischen Fundort als Denekamp-Interstadial (vor etwa 32 000–29 000 Jahren) bezeichnet wird» (E. PROBST: Deutschland in der Steinzeit, 152). *«Homo sapiens sapiens»,* schreiben BJÖRNE E. BERGLUND und SVANTE BJÖRCK (*Die Vereisungen im Lauf der Zeiten,* in: Die ersten Menschen, 82–85, S. 84), «trat vor etwa 40 000 Jahren ... auf, und zwar in Gestalt der Cro-Magnon-Menschen, die ihren Namen einem Fundort bei Les Eyzies in der Dordogne verdanken. Sie fanden ein erheblich unwirtlicheres Klima vor als in ihrer nordafrikanischen Heimat, aber sie paßten sich nach und nach an ... Zu dieser Zeit hatte Europa noch ein ganz anderes Gesicht. Die gesamte skandinavische Halbinsel sowie große Gebiete Norddeutschlands, Englands und Irlands war von einer ein Kilometer mächtigen Eisschicht bedeckt. Aus diesem Grunde war der Meeresspiegel viel niedriger als heute. Südlich der Eisgrenze breiteten sich weite Tundrenebenen aus, auf denen eine reiche Faunenvielfalt zu finden war, unter anderem Rentiere, Pferde, Auerochsen, Wisente, Hirsche, Mammuts und Nashörner. Löwen, Leoparden und Wölfe machten dem Menschen das Wild streitig ... In Südfrankreich und auf der iberischen Halbinsel war das Klima bereits freundlicher. Hier erreichten die Temperaturen im Sommer 15 Grad Celsius, und das Nahrungsangebot war reicher und vielfältiger, denn neben zahlreichen Pflanzen gab es hier auch Fische und andere Meerestiere. – Die Überreste Neandertaler-ähnlicher Individuen, die man bei Hahnöfersand bei Hamburg und St. Césaire (Frankreich) ausgegraben hat, zeigen, daß überlebende Neandertaler Seite an Seite (auch hier, d. V.) mit den neuen Einwanderern lebten. Diese Fossilien wurden auf ein Alter von 36 000 beziehungsweise 31 000 Jahren datiert und liegen damit später als das Auftauchen von *Homo sapiens sapiens* in Europa.»

Mit dem *modernen homo sapiens,* in Europa mit dem *Cro-Magnon-Menschen,* treffen wir auf Hominiden, die körperlich wie geistig uns heutigen nicht länger nur ähnlich, sondern die mit uns identisch sind. Seit 35 000 Jahren also, von der Erfindung des Pfeils und des Bogens bis hin zur Zündung von Atomraketen, tragen wir technisch, politisch, künstlerisch, sozial und religiös all die menschlichen Möglichkeiten in uns, die sich in dieser Zeitspanne entwickelt haben, und es ist offenkundig, daß der Entfaltungsspielraum unserer Art noch lange nicht ausgeschöpft ist. Alle *Rassen,* mit anderen Worten, die heute über die Erde verstreut sind, gehören gemeinsam dieser einen Art des *homo sapiens sapiens* an. (Abb. 45 a/b; vgl. C. B. STRINGER, ROBIN MCKIE: *Afrika. Wiege der Menschheit,* 259–278: Wir sind alle Afrikaner; C. B. STRINGER: *Replacement, continuity and the origin of Homo sapiens,* in: G. Bräuer, F. H. Smith: Continuity or Replacement. Controversies in Homo sapiens Evolution, Rotterdam 1992, 9–24.)

Insbesondere die *Europiden,* als die älteste Großrasse, können «als direkte Weiterentwicklung des frühen *homo sapiens* (40 000 Jahre) angesehen werden. Die europäische Rasse dürfte nach ihren Körpermerkmalen und nach ihrem gegenwärtigen Verbreitungsgebiet einst unter den gemäßigten Klimaverhältnissen des südöstlichen Rußland am Übergang zum südwestlichen Asien entstanden sein. – Im Gegensatz zu den Europiden entstanden die *Mongoliden* offenbar später ... während des ausgehenden Eiszeitalters im Verlauf von nur ca. 15 000 bis 30 000 Jahren ... Ihre körperlichen Merkmale lassen darauf schließen, daß es sich bei der mongolischen Rasse um Anpassungen an extrem kalte Klimaverhältnisse handelt, wie sie zur Zeit des ausgehenden Eiszeitalters in den Kältesteppen Innerasiens, etwa im Gebiet der heutigen Wüste Gobi bestanden haben müssen ... – Die *Negriden* entwickelten sich später als die Europiden, im Vergleich zu den Mongoliden sind sie nur wenig jünger ... Wenn vor ca. 5000 Jahren die kennzeichnend negriden Merkmale schon vorhanden waren (sc. wie Funde aus Khartum belegen, d.V.), ist vom genetischen Standpunkt aus anzunehmen, daß die Entwicklung der Negriden vor ca. 15 000 bis 20 000 Jahren begann ... unter trocken-heißen Klimabedingungen im offenen Grasland ... der heutigen Sahara» (J. SZILVÁSSY: *Anthropologie,* 106–108).

Die genetische Einheit *aller* heute lebenden Menschen in einer einzigen Art spricht nicht nur dafür, daß die Rassendifferenzierung als ein *sekundärer* Vor-

1 Die berühmten Fußspuren von Laetoli zeigen Fußabdrücke eines Erwachsenen und eines Kindes. Dies ist die früheste Urkunde des aufrechten Ganges eines Australopithecinen vor 3,5 Millionen Jahren. «Dabei trat das Kind in die Fußstapfen des Erwachsenen. Es kamen noch kleine Hirsche vorüber, und ein kurzer heftiger Regen ergoß sich über die Landschaft, ehe die Fußspuren durch weitere Ausbrüche (sc. eines nahegelegenen Vulkans) zugedeckt wurden» (R. FLETCHER in: Die ersten Menschen, S. 19). Foto: Key/John Reader/Science Photo Library. (Zu Seite 90)

3 Venus von Willendorf. Kalksteinstatuette, Österreich. (Zu Seite 191; 345)

2 Wandgemälde mit Nashorn, «Vogel»-Mensch, Vogel-Stab und Wisent. Höhle von Lascaux. Colorphoto Hans Hinz. (Zu Seite 179–182)

4 Venus von Laussel. Kalksteinrelief, Dordogne. (Zu Seite 192)

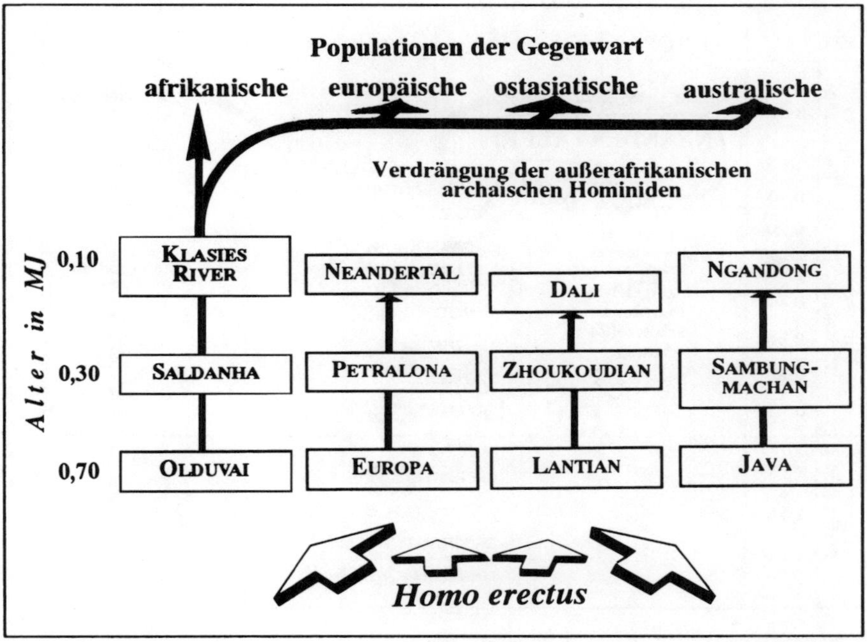

45 a Das «Verdrängungs»-Modell, wonach alle archaischen Hominiden außerhalb Afrikas von dem anatomisch modernen Menschen, wie er in Klasies River gefunden wurde, verdrängt worden sind, wurde von C. B. Stringer (*The emergence of modern humans*, in: Sci. Am. 263, 1990, 98–104) entwickelt; W. Henke und H. Rothe haben es schematisch verdeutlicht (aus: Paläoanthropologie, 509).

gang der Anpassung an bestimmte klimatische und geographische Gegebenheiten zu betrachten ist, sondern sie zeigt auch, daß die kulturelle Differenzierung die Unterschiede zwischen den Menschen vermutlich als weit größer erscheinen läßt, als sie seelisch und psychisch ist. Insbesondere die religiösen und moralischen Vorstellungen der jeweiligen Kulturen tragen die Tendenz in sich, eine absolute Geltung zu beanspruchen, und sie tragen deshalb, wie schon früher gezeigt (*Jesus von Nazareth*, 85–102; 343–348), paradoxerweise weniger zur Vereinigung als zur Entzweiung der Menschen bei. Ja, es scheint sehr tiefe, evolutiv bedingte Gründe der Feindlichkeit gegenüber Fremden und Ausländern zu geben, so als seien die Grenzen der eigenen Gruppe just die Grenzen der Menschlichkeit. (Vgl. G. Tsiakalos: *Ausländerfeindlichkeit – Tatsachen und Erklärungsversuche*, München 1983.) Tatsächlich aber haben

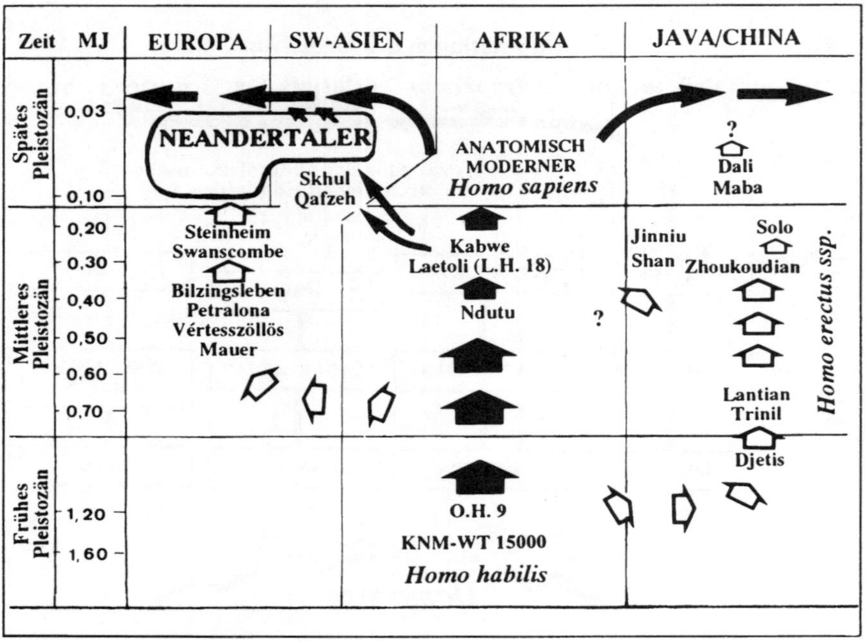

45b Hypothetische Wanderungen unterstellen L. AIELLO und C. DEAN in *An Introduction to Human Evolutionary Anatomy,* San Diego 1990 (Schema aus W. HENKE und H. ROTHE: *Paläoanthropologie,* 510, umgezeichnet).

wir es überall auf der Erde, wie wir jetzt sehen, mit ein und demselben Menschen zu tun: Überall auf der Erde reden Menschen miteinander in einer Sprache, die in sich ein vollendetes System aus grammatikalischen Regeln und lexikalischen Elementen enthält, und es gehört zum genetischen Bestand aller heute lebenden Menschen, in den ersten Jahren der Kindheit mindestens *eine* solche Sprache lernen zu können und zu wollen; überall auf der Erde verfügen Menschen über die Fähigkeit zu Tanz und Musik; überall auf der Erde erzählen Menschen einander Geschichten und versuchen, ihre Gefühle und Vorstellungen künstlerisch auszudrücken; überall auf der Erde leben Menschen in gegliederten Gesellschaften, pflegen sie die Traditionen ihrer Ahnen und gehen sie auf die Suche nach neuen Entdeckungen und Einsichten; überall auf der Erde fragen die Menschen nach dem Sinn ihres Lebens, nach dem Glück ihrer Liebe und nach dem Räsel des Todes.

Allerdings gehören zu uns Menschen, wie wir bisher waren, auch jene anderen weniger erfreulichen Gemeinsamkeiten wie eben die Ablehnung, ja, Bekämpfung von allem Fremden. JARED DIAMOND (*Der dritte Schimpanse*, 283–296: Die letzten Erstkontakte) weist darauf hin, daß «sprachliche und kulturelle Barrieren Menschen viel stärker als Tiere davon abhalten, sich einfach unter andere Populationen zu mischen» (284). Noch in unseren Tagen erlebt man, wie Missionare und Verwaltungsbeamte zum Beispiel in Neuguinea die dortigen Kulturen programmatisch zerstören (292f.); und überall, «da menschliche Eroberer ... auf technisch rückständige Menschen stießen», haben sie deren Schwäche mit Ausrottung oder Versklavung beantwortet (275). Und sie sind immer noch geneigt, in diesem Verhalten ein gutes Recht, ja, ein göttliches Gebot zu erblicken.

Die Bibel berichtet (Gen 9,25–26), daß die verschiedenen Rassen der Menschheit, drei an der Zahl, sich nach der Sintflut gebildet hätten aus einem Fluch über zwei der Söhne Noahs, Cham und Japhet, die, im Unterschied zu dem sittsamen Sem, sich schamlos verhalten hätten gegenüber ihrem berauscht daliegenden, nackten Vater. Die Geschichte enthält eine Reihe komplizierter Überlieferungen (vgl. E. DREWERMANN: *Strukturen des Bösen*, I, 237–245), doch ihre Aussage ist eindeutig: der «gute» Noah-Sohn Sem soll «herrschen» über alle anderen Völker, insbesondere über die «verfluchten» Hamiten, zu denen (fälschlich) auch und vor allem die Kanaanäer gezählt werden. Man kann der Bibel gewiß nicht vorwerfen, daß sie vor rund 3000 Jahren entstanden und wesentlich aus der (äußerst begrenzten) Perspektive eines einzigen Volkes geschrieben ist; doch der Rassismus, der sich in ihrem Denken ausspricht, ist ein *wirklicher* Fluch, vor allem wenn er mit religiöser Begründung immer noch beibehalten wird – bis vor kurzem noch zum Beispiel in der Apartheidpolitik Südafrikas oder in der Minderprivilegierung Farbiger in den USA oder bis heute in der antipalästinensischen «Gott-hat-uns-das-Land-gegeben»-Politik fundamentalistischer Kreise in Israel – von den Perversionen des sogenannten Dritten Reiches gar nicht erst zu reden. Immer wieder wurde und wird die Bibel zitert, um «Gott» für den Egoismus der eigenen Rasse, Kultur, Religion oder Nation in Anspruch zu nehmen. Unter diesen Umständen enthält es immerhin ein Moment der Vernunft und der Hoffnung, wenn uns Biologen, wo schon nicht die Theologen, der *Einheit* aller Menschen auf Erden versichern. Denn nicht der «Zorn» eines biblischen Gottes hat die Menschheit, das heißt den *modernen homo sapiens*, in verschiedene Rassen sich aufspalten lassen, sondern biologisch einfache Gesetze der Rassengenese waren dafür ausschlaggebend: – einige von ihnen, das

Längenwachstum, die Körpergestalt und die Hautfarbe betreffend, haben wir bereits kennengelernt; hinzufügen müssen wir mit JARED DIAMOND (*Der dritte Schimpanse,* 142–157: Sexuelle Selektion und der Ursprung der menschlichen Rassen) ein gewisses Maß an Zufall und Willkür in Gestalt des «Gründereffektes», den bestimmte ästhetische Präferenzen in der Partnerwahl bei den Individuen während der Neubesiedlung eines Gebietes auf Generationen hin ausüben können.

Vonnöten zur Entstehung einer Rasse ist eigentlich nur zweierlei: die Isolation einer Population durch geographische Schranken (wie Gebirge, Wüsten, Meere, Urwälder usw.) beziehungsweise durch kulturelle Barrieren und ein gerichteter Selektionsdruck, der über lange Zeit hin eine spezielle Anpassung erzwingt (G. KURTH: *Rassengenese,* in: G. Heberer u. a.: Anthropologie, 167–184). Wenn nach Jahrtausenden der Trennung dann, wie seit dem 16. Jahrhundert unumkehrbar, die Angehörigen verschiedener Rassen aufeinander treffen und sich miteinander vermischen, so ist es unerläßlich, zunächst eine Fülle von Ängsten und Vorurteilen aneinander abzuarbeiten, doch sollte hernach die Einsicht wachsen, wie zufällig und unmaßgeblich die Gründe sind, die uns dem äußeren Anschein nach für eine Weile im Strom der Zeit voneinander getrennt haben.

Vor allem *künstlerisch* und *religiös* ist es, dem Hang von Theologen zur Verabsolutierung ihrer traditionellen Sondermeinungen zum Trotz, im Grunde unübersehbar, daß die Ausdrucksformen der Ästhetik wie der Frömmigkeit, der Phantasie wie der Sehnsucht allerorten die gleichen sind. Wir haben im 1. Band von *Glauben in Freiheit* herausgestellt, daß die Thematik der *Angst* bereits im Erbe der Tiere für alle Menschen die gleichen (In)Fragestellungen des Daseins mit sich bringt und daß die symbolischen Antworten der verschiedenen Religionsformen darauf allerorten die gleichen sind. Es ist jetzt an der Zeit festzustellen, daß bei all den erheblichen Veränderungen der Kulturgeschichte in den letzten 30 000–35 000 Jahren diese Antworten sich nur oberflächlich variiert und differenziert, keineswegs aber im wesentlichen geändert haben.

Diese Tatsache verwundert nicht, wenn wir bedenken, daß selbst die kulturelle «Explosion» vor 35 000 Jahren mit dem Auftreten des Cro-Magnon-Menschen vermutlich nur eine scheinbare ist. Recht hat wohl der Tübinger Archäologe JOACHIM HAHN, wenn er (*Der Spiegel,* 44/1995, 136–147: Siegeszug aus der Sackgasse III) meint, daß uns der Reichtum an künstlerischen Darstellungen aus dem Aurignacien nur deshalb so überraschend erscheint, weil für den Cro-Magnon-Menschen, genötigt durch die baumlose Tundrenlandschaft, Holz als leichter vergänglicher Werkstoff ausfiel und uns Heutigen die beinernen Darstellungen jener Zeit besser erhalten sind. Andererseits ist der technische Fortschritt des Cro-Magnon-Menschen im Aurignacien so enorm, daß es ein Wunder wäre, wenn nicht auch andere Bereiche der Kultur davon profitiert hätten. In jedem Falle wird man für die Vorstellungswelt des *modernen homo sapiens* vor 35 000 Jahren keine anderen Grunddaten voraussetzen dürfen als für die 50 000 Jahre vor dem Auftreten des Cro-Magnon-Menschen, aus denen uns nur relativ wenige Funde erhalten sind. (Vgl. H. Müller-Beck, G. Albrecht: *Die Anfänge der Kunst vor 30 000 Jahren,* Stuttgart 1987.)

Für einen kurzen Überblick über die kulturelle Entwicklung vom Moustérien bis zum Ende der Eiszeit vor 11 400 Jahren mag die Übersicht hilfreich sein, die Ronnie Liljegren (*Tiere der europäischen Eiszeit,* in: Die ersten Menschen, 86–93, S. 89) tabellarisch mit Hinweis auf Klima und Fundstellen gibt (Abb. 46).

Vor allem für die Zeit zwischen 25 000–10 000 Jahren, vom Gravettien über das Solutréen bis zum Magdalénien, verfügen wir nicht nur über hervorragende künstlerische Darstellungen in Form von Höhlenmalereien und Elfenbeinschnitzereien, sondern zugleich über einen guten Einblick in die religiöse Denkweise jener Zeit, die wir, wie schon in der Welt des Neandertalers (!) und ansatzweise sogar schon auf der Stufe des *homo erectus,* in den vier Punkten: *Kannibalismus, Begräbnisriten, Jagdzauber* und *Fruchtbarkeitsriten* wenigstens in groben Zügen nachzeichnen können.

Kannibalismus und Opferriten

Es mutet bizarr an, ist aber nur sachgemäß, wenn Ernst Probst (*Rekorde der Urzeit,* 315–329) in seiner lexikographischen Beschreibung der Urzeit die «Religion» wesentlich unter dem Aspekt des *Kannibalismus* abhandelt. Nicht als wenn es die Tötung von Artgenossen nicht auch im Tierreich, zum Beispiel bei Löwen (vgl. Wolfgang Wickler, Uta Seibt: *Das Prinzip Eigennutz,* 85–94) gäbe – sogar der Verzehr von arteigenen Jungtieren ist schon bei Schimpansen beobachtet worden (Volker Sommer: *Die Affen,* 286–287); doch geht es in all diesen Fällen nicht um Nahrungskannibalismus, sondern darum, fremdes Erbgut nach Möglichkeit auszuschalten. Stellt man sich hingegen vor, wie im Verlauf von Jahrhunderttausenden schon auf der Stufe des *homo erectus* die Jagd des Menschen auf Tiere auch zur Jagd von Menschen auf Menschen, zum Krieg, sich entwickelt hat, so erscheint das Essen der ge-

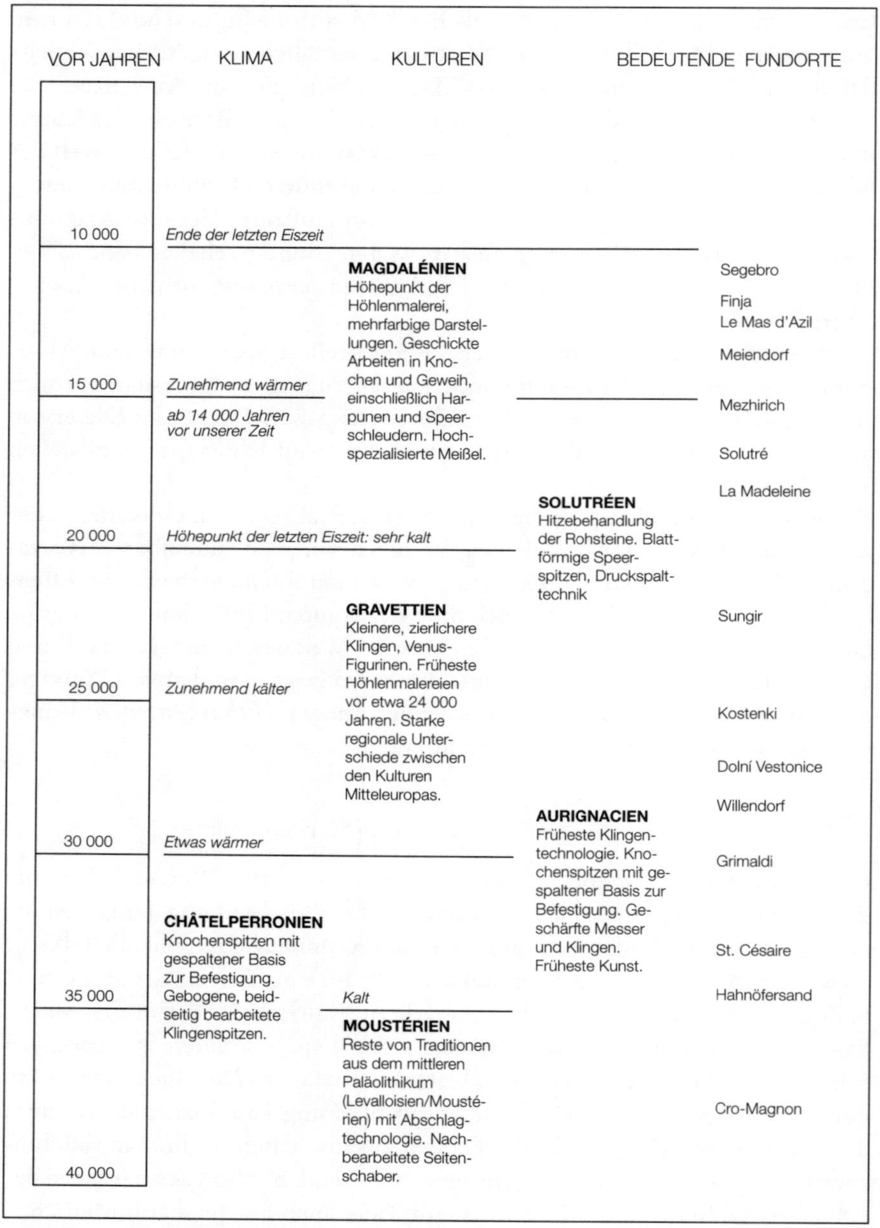

46 Kulturen des europäischen oberen Paläolithikums.

töteten Feinde eigentlich nur als die logische Folge des Jagderfolges, ja, unter Umständen sogar als das Ziel und die Motivation der entsprechenden Verhaltensweisen. (Zum Thema Jagd vgl. G. Bosinski: *Die große Zeit der Eiszeitjäger: Europa zwischen 40 000 und 10 000 Jahren,* in: Jb. Römisch-Germanisches Zentralmuseum Mainz 34, 1987, 1–139; G. Bosinski, D. Evers: *Jagd im Eiszeitalter,* in: Schriften des Jagd- und Naturkundemuseums Burg Brüggen 2, Köln 1979.)

Es ist dann lediglich die Frage, was in den Augen der Urmenschen höher bewertet wurde: der getötete Feind, dessen «Mana» man zu sich nahm, oder das getötete Tier, das für «göttlich» galt. Zu Recht schreibt Christian Spiel (*Menschen essen Menschen,* 26): «Nach dem vorliegenden Material über den Kannibalismus bleibt nur der Schluß, daß das Menschenessen als Sitte oder Einzelakt zu verschiedenen Zeiten von Amerika bis Australien, in Afrika wie in Asien – und nicht zuletzt auch in Europa – verbreitet war... Das 20. Jahrhundert hat eine Sitte verabschiedet, die vielleicht so alt war wie der Mensch. Schon aus der jüngeren Steinzeit wurden Reste menschlicher Menschenmahlzeiten gefunden, in Europa so gut wie in China. Der etwa 450 000 bis 300 000 Jahre alte Sinanthropus pekinensis war ein Kannibale.» Selbst die Funde von Gran Dolina vor 780 000 Jahren deuteten, wie wir sahen, auf Kannibalismus hin, und auch der *moderne homo sapiens* von den Klasies River Mouth-Höhlen vor 80 000–100 000 Jahren war offenbar ein Kannibale.

Da wird ein riesiger Zeitraum selbst bei unterschiedlichen Arten des Menschen immer wieder mit kannibalistischen Praktiken überbrückt. Entscheidend aber ist die offenbar religiöse, rituelle Bedeutung, die den kannibalistischen Mahlzeiten zukam.

Gehen wir das Thema *Kannibalismus* noch einmal in ein paar Stichpunkten aus der Zeit des *homo erectus* und des *Neandertalers* durch, so müssen wir vor allem die Funde von Steinheim und Bilzingsleben als Vorläufer auch der Formen von Kannibalismus deuten, die sich bei manchen Naturvölkern bis weit ins 20. Jahrhundert hinein erhalten haben.

Wie also war es auf der Stufe des *homo erectus*? «Die älteste rituelle Tötung eines Urmenschen in Deutschland», meint E. Probst (314), «wird durch den 1933 in Steinheim an der Murr... entdeckten Oberschädel einer Frau aus der Zeit vor etwa 300 000 Jahren dokumentiert. Diesem sogenannten ‹Steinheim-Menschen› ist von Zeitgenossen der Schädel eingeschlagen und danach vom Hals abgeschnitten worden. Vermutlich hat man dann das Hinterhauptsloch gewaltsam geöffnet, das Gehirn entnommen und anschließend gegessen.» Reste einer Kannibalenmahlzeit vor ca. 300 000 Jahren entdeckte man auch in

Bilzingsleben. «Dort stieß man auf ein gestampftes Pflaster-Halbrund aus Knochen und Geröll, das als Ritualplatz diente. Dort wurden offenbar vor etwa 300 000 Jahren von Frühmenschen die Schädel verstorbener Angehöriger zertrümmert und deren Gehirn bei einem rituellen Mahl verzehrt. Schnitt- und Ritzspuren auf einem Hinterhauptsfragment von Bilzingsleben könnten von Manipulationen nach dem Tode herrühren» (314). Auch auf die teils zerschlagenen, teils angebrannten Knochenreste von mindestens 24 Neandertalerskeletten in der Höhle von Krapina, die 1899–1905 untersucht wurde, sei noch einmal verwiesen.

Derartige Praktiken von rituellen Menschenopfern und Schädelkulten gingen über die Eiszeit hinaus bruchlos in die Zeremonien auch der *frühen Bauern des Neolithikums* vor mehr als 7000 Jahren über und sind noch bis 1960 in Papua Neuguinea üblich gewesen. (Vgl. KARL-FRIEDRICH KOCH: *Die Jalé im Hochland Neuguineas,* in: Brockhaus Völkerkunde, 1. Bd.: Australien und Ozeanien, 80–87, S. 84.) Ausgrabungen bei Eilsleben in Sachsen-Anhalt stießen auf die «Überreste von geopferten Tieren, menschlichen Tonfiguren und Menschen. Die kleinen menschlichen Tonfiguren wurden von den Linienbandkeramikern (ca. 5000 v. Chr.) offensichtlich als lebende Wesen betrachtet. Sie dienten bei Opferzeremonien von Familien als Ersatz für blutige Menschenopfer, wurden jedoch im größeren Kreis auch zusammen mit lebenden Menschen vermutlich einer Fruchtbarkeitsgöttin geopfert» (E. PROBST: *Rekorde der Urzeit,* 314).

«Die bäuerliche Bevölkerung der Jungsteinzeit in Europa», schreibt E. PROBST (*Deutschland in der Steinzeit,* 244), «versuchte, die Naturgottheiten durch Opfer, Beschwörungen, Zauber und kultische Darstellungen gnädig zu stimmen. Dazu gehörten auch Menschenopfer und religiös motivierter Kannibalismus. Dabei gibt es auch zahlreiche Hinweise darauf, daß man vor allem Kinder, Jugendliche sowie junge Frauen und Männer opferte, also die Schwächsten der Gesellschaft. Menschenopfer und Kannibalismus wurden oft in Höhlen vollzogen, weil man dort häufig die Eingänge zu den Wohnsitzen unterirdischer Götter vermutete. Als eines der eindrucksvollsten Beispiele für diese Opfersitten gilt die Jungfernhöhle bei Bamberg in Deutschland, in der bereits Bauern der Linearbandkeramischen Kultur geopfert haben.»

Die meisten Menschenopfer fand man in dem Höhlenheiligtum von Bad Frankenhausen im Kyffhäusergebirge, wo in drei Höhlen die Skelettreste von mehr als 100 Menschen geborgen wurden, die vor 3000 Jahren, in der Bronzezeit also, als Opfer dienten.

Insgesamt war der kultische Kannibalismus, «das Aufessen bestimmter Körperteile, meist des Gehirns, um der Gruppe die Kraft des Toten zu erhalten ..., nur eine, sehr primitive» Art, sich mit dem Schicksal des Todes auseinanderzusetzen, meint SABINE RIECKHOFF (*Faszination Archäologie*, 134).

Besonders der *Schädelkult* wohl schon aus der Zeit des *Neandertalers* lebte weiter. «Er wurzelte in der Überzeugung, daß dem Kopf besondere Kräfte – gute oder böse – innewohnen (faßbar noch in Schädelbechern als christlichen Trinkschalenreliquien). Für die Mittelsteinzeit ist dieser Kult geradezu kennzeichnend, und einer der berühmtesten Fundplätze ist die Ofnet-Höhle. Hier waren in zwei Gruben die Köpfe von 4 Männern gebettet worden, dazu 9 Frauen und 20 Kinder, beide mit Ketten (?) und 205 ‹Hirschgrandln› und über 4000 Schneckenhäuschen ausgestattet. Die Gesichter blickten nach Westen, der untergehenden Sonne entgegen; Spuren von Hiebverletzungen bezeugen gewaltsame Tötung; die Körper waren an anderer Stelle deponiert worden. Ob hier, und wenn ja aus welchem Grund, Menschenopfer dargebracht wurden – die durch die Jahrtausende in zahlreichen, auch hochentwikkelten Kulturen geübt worden sind – bleibt ein Geheimnis. Nur die Rotfärbung der Gruben, das Symbol für Blut, die Farbe des Lebens, drückt unverändert die uralte und allen Ritualen eigene Hoffnung aus, den Tod zu überwinden» (a. a. O., 134).

Das war vor etwa 9000 Jahren im späten Paläolithikum.

Doch selbst noch die *Kelten* um 500 v. Chr. waren echte Kopfjäger. So berichtet DIODOR, daß sie die Köpfe als Ehrenzeichen an die Wand nagelten, «gerade als hätten sie auf der Jagd ein Wild erlegt. Die Köpfe der Vornehmsten unter den Feinden salben sie ein, bewahren sie in einem Kasten sorgfältig auf und zeigen sie den Freunden» (110). Wie JACQUES MOREAU (*Die Welt der Kelten,* 101) aufführt, wurden im «gallischen Tempel von La Roquepertuse in der Nähe von Marseille ... in den Eingangssäulen Nischen (angebracht), in denen abgehauene Köpfe ausgestellt wurden. Ähnliche Bräuche sind in Spanien und anderen Teilen Galliens beobachtet worden.»

Natürlich erinnern Riten dieser Art trotz ihres zeitlich weit auseinanderliegenden Auftretens an die *Kopfjagd heutiger Naturvölker;* man muß aber bedenken, daß die Gleichheit der religiösen Riten nicht durch eine Kulturübertragung in historischen Zeiten, sondern nur durch die Gemeinsamkeit des Ursprungs vor rund 35 000 Jahren vor dem Beginn der Rassen- und Kulturdifferenzierung, weit vor dem Ende der letzten Eiszeit, zu verstehen ist. «In diesem Zusammenhang», führt E. PROBST (*Deutschland in der Urzeit,* 370–371) aus, «ist eine Bestattung aus der Grotte von Combe Capelle in

Frankreich sehr aufschlußreich. Dort ist der Schädel eines Mannes wie in historischer Zeit in Ozeanien von der Seite her geöffnet worden. Zudem wurde der vollständig erhaltene Körper nach dem Tode in mindestens sechs Teile zerlegt und dennoch so beigesetzt, als sei er ganz gewesen. Die Trennung erfolgte zwischen Brust- und Halswirbelsäule, Halswirbelsäule und Lendenwirbelsäule, Lendenwirbelsäule und Becken, Becken und Oberschenkel sowie im Kniegelenk und Sprunggelenk.» «Bei den Getöteten kann es sich um Angehörige fremder Sippen gehandelt haben oder auch der eigenen Sippe, die von den Fremden oder Leuten aus den eigenen Reihen erschlagen wurden. Sorgfältig zur letzten Ruhe gebettete Schädel aus dem Mittel- und Jungpaläolithikum lassen es als möglich erscheinen, daß es sich hierbei um Verwandte gehandelt haben könnte.» «Wie dem auch sei: Die Art und Weise der Bestattungen aus der Mittleren und Jüngeren Altsteinzeit in Europa zeugt von großer Hochachtung gegenüber den Verstorbenen ... Häufig überließ man den Verstorbenen den wichtigsten Platz im Lager: Man bettete sie auf die Herdstelle. Manchmal muß der Herd noch heiß gewesen sein, als der Leichnam niedergelegt wurde. Ob Spekulationen zutreffen, man habe durch die Wärme der Flammen oder der Glut den Dahingeschiedenen wieder zum Leben erwecken wollen, ist ungewiß. Keinesfalls aber sind die Toten verbrannt worden.»

Begräbnisriten

Die gleiche Wertschätzung gegenüber den Verstorbenen äußert sich nicht nur in Form von Kannibalismus und Schädelkult (Kopfjagd), die im wesentlichen den Fremden und Feinden galten, sondern vor allem in den *Begräbnisriten,* die man *den eigenen Angehörigen* zuteil werden ließ.

Schon vom *Neandertaler* haben wir gehört, daß er Tote bestattete; der *Cro-Magnon-Mensch* aber setzte Verstorbene mit symbolischen «Riten von bis dahin unbekannter Pracht» bei, wie besonders zwei Grabungen auf einem 23 000 Jahre alten Gräberfeld etwa 210 km nordöstlich von Moskau zeigen. Tom Prideaux (*Der Cro-Magnon-Mensch,* 137–138) schreibt: «Bei der ersten Grabung im Jahre 1964 kamen die Reste zweier Skelette zum Vorschein, von denen das besser erhaltene das eines etwa 55jährigen Mannes war, den man in reich mit Perlen verzierter Pelzbekleidung begraben hatte. Vor der Bestattung hatte man roten Ocker in sein Grab gestreut, erst später wurde auch der Leichnam selbst mit Ocker besprenkelt, der als pulvrige rote Schicht auf den Knochen des Skeletts zurückblieb.» Vermutlich diente die Rotfärbung einer magischen Wiederbelebung. «Unter und auf dem Skelett fand man etwa 1500 Schmuckstücke aus

Knochen sowie durchlochte Eckzähne von Polarfüchsen – wahrscheinlich einst Teil einer Halskette –, zwei Dutzend Armringe, die aus Mammutelfenbein geschnitzt waren, und Perlen aus demselben Material, die in Reihen auf die Fellkleidung des Mannes aufgenäht waren.» (Vgl. OLGA SOFFER: *Sungir: Ein steinzeitliches Grab,* in: Die ersten Menschen, 138–139.)

«Der zweite große Fund, der 1969 freigelegt wurde, war noch sensationeller. In einem Grab entdeckte man die Skelette zweier Knaben. Beide lagen auf dem Rücken, und ihre Beine zeigten in entgegengesetzte Richtungen, während sich ihre Schädel fast berührten. Kopf an Kopf bildeten sie eine Linie. Der jüngere war zwischen 7 und 9 Jahre alt, der andere etwa fünf Jahre älter. Ihre Gewänder waren mit Perlen reich verziert, und außerdem trugen sie Waffen, darunter 2 1/2 m lange Speere aus Mammutstoßzähnen, die man zu diesem Zweck geradegebogen und mit sehr scharfen, dünnen Spitzen versehen hatte. Beide Leichname trugen Elfenbeinarmbänder und -ringe, und es waren noch Spuren von einer Art Kopfschmuck zu erkennen. Mit langen Nadeln, die sich unter ihrem Kinn fanden, hatte man die Kragen ihrer Gewänder zugesteckt: sie sollten es warm und behaglich haben. Neben den Skeletten lagen zwei ‹Kommandostäbe› ... diese Beigaben ... hatten in jedem Fall symbolischen Charakter. In den Augen der Menschen, die sie in das Grab gelegt hatten, standen sie für etwas anderes, und zwar für etwas sehr Wichtiges, denn sie gaben dafür einen beträchtlichen Anteil ihres irdischen Besitzes hin. In den folgenden Jahrtausenden haben die Bestattungsbräuche den Überlebenden immer wieder Aufwand und Reichtümer abverlangt» (T. PRIDEAUX: A. a. O., 138).

Die Fürsorge für die Toten nahm insbesondere seit der *Mittleren Steinzeit* eine solche Intensität an, daß wir die Lebensverhältnisse in jener Zeit am besten an den Hinterlassenschaften der Gräber erforschen können – eine Feststellung, die ebenso noch für die alten Ägypter und für die Etrusker gelten wird. Während uns von den Häusern der Lebenden aus jener Zeit oft kaum noch Spuren erhalten sind, wird der Inhalt der Gräber immer reicher und überdauert, wie er es soll, die Jahrtausende.

Eine Zeittafel zur Ur- und Frühgeschichte läßt sich deshalb entlang den Keramikformen und der Art der Werkstoffe, am besten aber entlang den Bestattungsformen erstellen. (Abb. 47; aus ROLF PLÖGER: *Ur- und Frühgeschichte,* Hg. Mindener Museum, Minden, 1988, 6.)

Zu dieser Aufstellung ist anzumerken, daß das Ende der Altsteinzeit vor etwa 10 000 Jahren in Norddeutschland von den Rentierjägern der *Ahrensburger Gruppe* geprägt wurde. (Vgl. ALFRED RUST: *Vor 20 000 Jahren,* 183–194.) Als die Kälteperiode vor 11 400 Jahren endete, trat ein grundlegender Wandel

Daten	Archäologische Gliederung		Historischer Befund	Bestattungsformen
n. Chr. 750 500 400	Frühes Mittelalter	Karolingerzeit Merowingerzeit Völkerwanderungszeit	Sachsenkriege Sachsen Franken Hunneneinfälle	Körper- und Brandgräber Urnengräber
Christi Geburt	Römische Kaiserzeit	Jüngere Ältere	Ende der römischen Eroberungsfeldzüge	Brandgrubengräber Knochenlager Brandschüttungsgräber
700	Vorrömische Eisenzeit	Jüngere Ältere	Latène-Zeit Hallstatt-Zeit	Brandgrubengräber Urnenbestattung unter Hügeln Urnengräberfelder
1700	Bronzezeit	Jüngere Ältere	Wandel der Bestattungssitte Bronze-Importe	Urnenbestattung in Flachgräbern Brandgräber unter Grabhügeln Körpergräber unter Grabhügeln
5000	Jungsteinzeit (Neolithikum)	Späte Mittlere Frühe	Glockenbecher-Kultur Einzelgrab-Kultur Trichterbecher-Kultur Michelsberger-Kultur Rössener Kultur Bandkeramische Kultur	Körpergräber unter Hügeln Großsteingräber Flachgräber Körpergräberfelder
8000	Mittelsteinzeit (Mesolithikum)	Jüngere Ältere	Retlager Gruppe Billinghauser Gruppe	Bestattungen mit Beigaben
10 000 30 000 120 000 v. Chr.	Altsteinzeit (Paläolithikum)	Späte Jüngere Mittlere	Ende der Eiszeit Homo sapiens sapiens Neandertaler	Einzelne Gräber mit Beigaben

47 Zeittafel zur Ur- und Frühgeschichte Westfalens.

der Natur ein; die Jagd auf Standwild, reicher Fischfang an den Ufern ausgedehnter Seen und das Sammeln von Muscheln (Ertebölle-Kultur), Nüssen und Früchten kennzeichnet die ersten Formen seßhafter Lebensweise im *Mesolithikum;* es scheint, daß erst jetzt die *bleibende* Nähe der Toten zu einem teils beruhigenden, teils beunruhigenden Gedanken wurde, der eine entsprechende religiöse Aktivität in Gang setzte, mit dem Ziel, die Verstorbenen im Grab zufriedenzustellen und dafür zu sorgen, daß sie nicht mehr zurückkehrten.

Der Übergang zu Ackerbau und Viehzucht, der Wechsel zum *Neolithikum* in Europa vor 7000 Jahren, ist durch die *Linienbandkeramik* belegt, die, vermittelt durch Abwanderer aus dem Nahen Osten, ihren Ursprung im mittleren Donauraum besaß und sich von dort nach Mitteleuropa ausbreitete. (Vgl. E. PROBST: *Deutschland in der Steinzeit,* 226–245: Die Jungsteinzeit, 246–268: Die Jungsteinzeit in Deutschland.) Vor 6500 Jahren entstand in Nordeuropa die *Rössener Kultur.* Zu Beginn des *mittleren Neolithikums* vor 6000 Jahren entwickelte sich unter westlichen Einflüssen die *Michelsberger Kultur,* während sich im Norden die bäuerliche *Trichterbecherkultur* entfaltete. Es war die Zeit der *Megalithbauten:* die «Hünengräber» entstanden, *Großsteingräber* wie in der «Totenstadt» bei Oldendorf oder wie die Steinhäuser bei Fallingbostel, in denen Sippen und Dorfgemeinschaften über Generationen hin ihre Toten bestatteten. In England bildeten sich megalithische Kultzentren wie Stonehenge. (Vgl. E. PROBST: *Deutschland in der Steinzeit,* 323–337: Das Rätsel der Großsteingräber.)

Eine *Karte* kann die geographische Verteilung der genannten Kulturen vor 6000 Jahren verdeutlichen. (Abb. 48; aus: BERNARDINO BAGOLINI: *Das Neolithikum in Westeuropa,* in: Archäologie, 119–138, S. 130; 134.)

Vor 4500 Jahren erschienen (indogermanische) Einwanderer aus den Steppen Südrußlands, die man als *«Streitaxtleute»* und *«Schnurkeramiker»* bezeichnet – Hirtennomaden, die nach den Kurganen ihrer Heimat die *Einzelgrabkultur* verbreiteten. Vom Westen her (aus Spanien) verbreitete sich zur gleichen Zeit die *Glockenbecher-Kultur,* Hirten und Jäger, die mögerlicherweise den Impuls zur Einführung der *Bronze* mit sich brachten. (Vgl. GEOFFREY BIBBY: *Faustkeil und Bronzeschwert,* 233–244; 245–252.) Erste *Kupfergeräte* wurden zwar schon in den Großgräbern der Trichterbecherkultur gefunden, doch gelang die Herstellung von *Bronze* (einer Legierung von 90% Kupfer und 10% Zinn) erst vor 5000 Jahren im Vorderen Orient; als Werkstoff wurde Bronze in den rohstoffarmen Norden erst relativ spät eingeführt, näherhin vor ca. 3700–3200 Jahren. Die Toten werden jetzt in Baumsärgen auf dem Rücken liegend bestattet, wobei die Gräber aus Erd- oder Steinhügeln geformt sind, die von einem Stein- oder Pfostenkranz umgeben werden. In der *jüngeren Bronzezeit,* vor 3200–2700 Jahren, wird die Körperbestattung zugunsten der Brandbestattung aufgegeben: der Leichnam wird, wie HOMER es für die Achaier und Trojaner ausführlich beschreibt (*Ilias, VII* 408–437), auf einem Scheiterhaufen verbrannt, die Knochenasche wird gesammelt und dann in einem Holzgefäß oder einer Urne beigesetzt. Möglicherweise behandelte man bei solchen Riten den Leichnam wie das Gestein, wie Malachit zum Beispiel, aus dem das Kupfer geschmolzen wurde: Man schmolz die Seele mit Feuer frei. Die traditionellen runden Gräber der «Hügelgräber-Bronze» werden jetzt teilweise durch längliche Hügel mit Langgräben an den Seiten er-

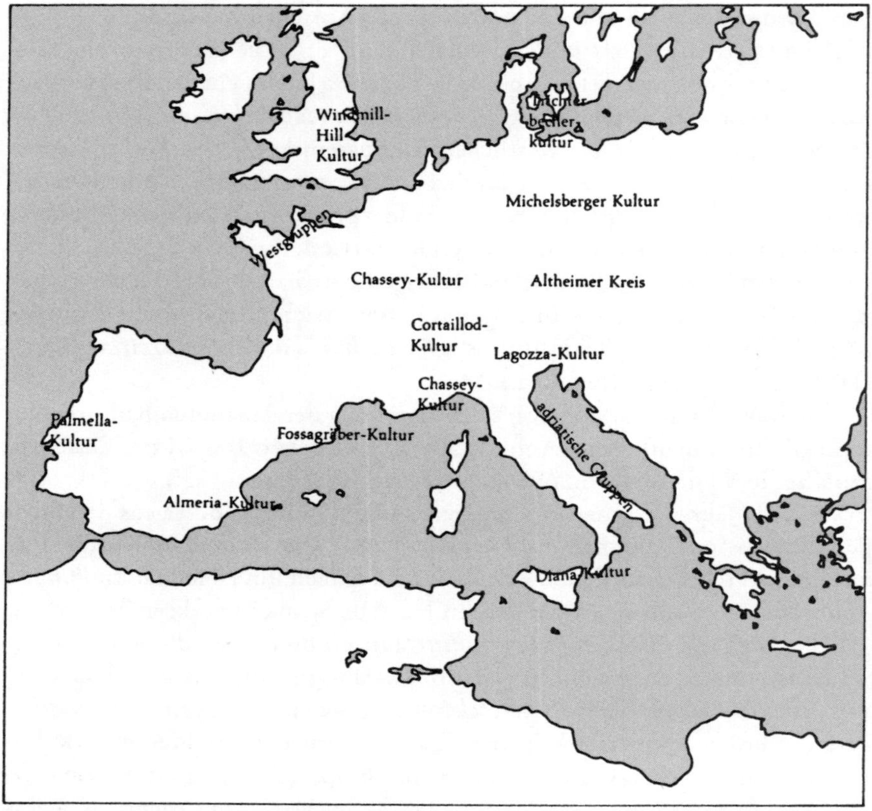

48 Kulturen des mittleren Neolithikums.

setzt. Auch Beisetzungen in Grabgruben werden üblich. Die Siedlungen der *jüngeren Bronzezeit* bestehen aus Wohn-Stallhäusern und kleinen Speichern, deren Reste, im Gegensatz zu den Gräbern, nur sehr schwer und selten zu finden sind.

Die *Feuerbestattung* setzt sich auch in der vorrömischen Eisenzeit (Hallstatt-Zeit, vor 2800–2400 Jahren) fort; der Leichenbrand wird in Flach- oder Hügelgräbern beigesetzt; die spärlichen Beigaben, verformt zumeist durch das Feuer, lassen eine Deutung und Datierung oft nur schwer zu. Vor 2500 Jahren umgeben Mauern aus Holz und Erde die Siedlungen; Stammesfehden und das Vordringen der *Elbgermanen* scheinen den Grund zu bieten. Die *Latène-Zeit* (vor 2400–2000 Jahren) der *Kelten* bricht an.

Was ein solcher Abstecher oder Ausblick von der Urgeschichte zur Vorgeschichte zeigt, ist gleich zweierlei.

Zum einen: wie vielfältig, wenngleich in Jahrtausenden, die religiösen Anschauungen der Menschen bereits in unserem Kulturgebiet, bereits in der Vorgeschichte unserer eigenen Überzeugungen, wechseln! Bewußt wurde bei allen Zahlenangaben im Zeitraum der letzten 10 000 Jahre vermieden, die Datumsgrenze *«vor Christus»* zu verwenden. Denn welch einen Gewaltakt bedeutet es, jene Zeit nach unseren Vorstellungen zu messen und ihr die heutige Religionsform Europas, als welche (noch) das Christentum gilt, als «Zeitenwende» vorzuschreiben! Was hat der «Christus» der Kirchen zu tun mit den Jahrtausenden, den Jahrhunderttausenden vor uns, es sei denn, das Wort des Mannes aus Nazareth verhülfe uns Heutigen zu einer wirklichen Einsicht in die Möglichkeiten eines noch anderen Menschseins, als es in all den Zeiten damals sich ausgeprägt hat? Als *kulturgeschichtliches* Datum bedeutet das Römische Reich, das Christentum als *Staatsreligion* ab 391 *nach* Christus unter Kaiser Theodosius etwas; doch die Person und Botschaft Jesu hat nichts zu tun mit Metallurgie, mit Bestattungsriten, mit den verschiedenen Formen der Bodenbestellung, mit Getreidezucht und Viehhaltung. (Vgl. K. R. SCHULTZ-KLINKEN: *Haken, Pflug und Ackerbau.* Aus Niedersachens Frühzeit, 1977, Heft 4.)

Und *ein zweites:* es zeigt sich, wie *konstant* in allem Wandel bestimmte Fragestellungen, zum Beispiel das Rätsel des Todes, sich durchhalten. Die Symbole, die man zur Antwort verwendet, mögen sich je nach Gegebenheit ändern, und es ist sogar möglich, etwa beim Übergang vom Aurignacien zum Gravettien, von neuen Formen der Religion zu sprechen, insbesondere, wenn, wie etwa im Neolithikum beim Wechsel von den Megalithgräbern zur Einzelgrabkultur, fremde Völker ihre Traditionen in einem bestimmten Gebiet durchzusetzen beginnen; doch die Problemstellungen selber, auf welche *die* Religion (in der Einzahl) zu antworten versucht, ändert sich nicht. Kannibalismus und Kopfjagd zum Beispiel – sie werden sich als rituelles Leitmotiv der Religion selbst noch im Christentum in Gestalt der «Abendmahlsfeier» erhalten: da essen die Gläubigen wie vor Jahrzehntausenden das «Fleisch» des getöteten Gottes und trinken sein «Blut» – nur daß es jetzt Brot ist und Wein, hat die alte eiszeitliche Praktik durch das kulturelle Erbe des Ackerbau treibenden Neolithikums «gewandelt». Immer noch suchen und verehren die Menschen wie damals ihre Verstorbenen in der diesseitigen Jenseitswelt der Gräber, voller Furcht, voller Liebe und stets in der Hoffnung, sie dereinstens wiederzusehen. Alle Themen, auf welche der «Christus» der Christen antwortet, sind, wie wir sehen, uralt; es sind die Themen des Cro-Magnon-Menschen, des *modernen homo sapiens,* einer Spätblüte in der Geschichte der Hominiden – und gewiß nicht ihrer letzten. Wie klein, ja, angesichts dieser Dimensionen, wie *kleinlich* wirkt da all das, was christliche Theologen als «ihre» Wahrheit mit göttlichem Anspruch der Menschheit für alle Zeiten glauben «verkünden» zu sollen und vorschreiben zu müssen, blickt man auch nur einmal kurz in den Strom der Zeit und sieht, was für winzige Inseln wir selber nur erst bewohnen! – Es ist klar, daß wir im nächsten Abschnitt auf Betrachtungen dieser Art werden zurückkommen müssen.

Vorerst jedoch sind da noch zwei Aspekte der Lebensauffassung, die sich in den Werken bereits des eiszeitlichen Menschen auf überraschende Weise manifestiert haben: die Sicherung des Lebens durch den (männlichen) Jagdzauber (das Töten) und durch den Kult der (weiblichen) Fruchtbarkeit (das Gebären).

Tierbilder – Jagdzauber und Schamanismus

Nichts scheint verstehbar in der Religion und im Denken des *Cro-Magnon-Menschen* vor 30 000 Jahren, ohne seine Einstellung zu den *Tieren* zu verstehen, von denen er lebte, indem er sie tötete, oder von denen er getötet wurde.

Es war ein Jahrhundertereignis, als am 18. Dezember 1994 im Tal der Ardèche in Südfrankreich Jean-Marie Chauvet eine Höhle mit 300 Tier-Malereien entdeckte, deren Alter auf rund 20 000 Jahre geschätzt wird. (J.-M. Chauvet, Éliette Brunel Deschamps, Christian Hillaire: *Grotte Chauvet*). Bilder von einer Schönheit, wie man sie bis dahin erst im Magdalénien für möglich gehalten hatte, zeigen hier mit sicherer Gravur einen Fries mit Pferden (26 = 12 Prozent der Tierdarstellungen) oder – einmalig in der Höhlenkunst – einen Uhu; man sieht einen Fries mit Löwen (36 = 17 Prozent) sowie Auerochsen, Wisente (19 = 9 Prozent), Nashörner (47 = 22 Prozent), Bären (12 = 5,5 Prozent), Mammuts, Rentiere und eine Fülle von Zeichen, darunter gravierte Vulven und drei Handpositive.

Legen wir eine *Zeittafel* zugrunde, in welcher die Altersdatierung, die Klimaschwankungen und die Pollenanalysen mit den archäologischen Stufen der Zeit vor 40 000 bis 10 000 Jahren miteinander verbunden sind, wie Kurt Wehrberger (*Der Löwenmensch,* 119) sie zusammengestellt hat (Abb. 49), so ist die Höhle von Chauvet in das *Solutréen* zu datieren.

Jean Clottes (*Der heutige Kenntnisstand,* in: Grotte Chauvet, 114–115) meint angesichts der Bildgalerien der Grotte Chauvet, daß die bislang als gültig betrachtete Ansicht von André Leroi-Gourhan (*Prähistorische Kunst,* 142; 575) nicht länger Bestand haben könne, wonach in der Höhlenkunst die

BP (C-14, unkal.)	Pollenzonen	relative Stufen		Archäologische Stufen			Klimaschwankungen (nach Analysen aus Grönland-Eisbohrkern)
				Westeuropa	Mitteleuropa	Osteuropa	
		Holozän		Sauveterrien	Mesolithikum	Mesolithikum	kälter ← → wärmer
10 000	Jüngere Dryas	Jungpleistozän	Spätglazial	Azilien	Spätpaläolithikum	Spätpaläolithikum	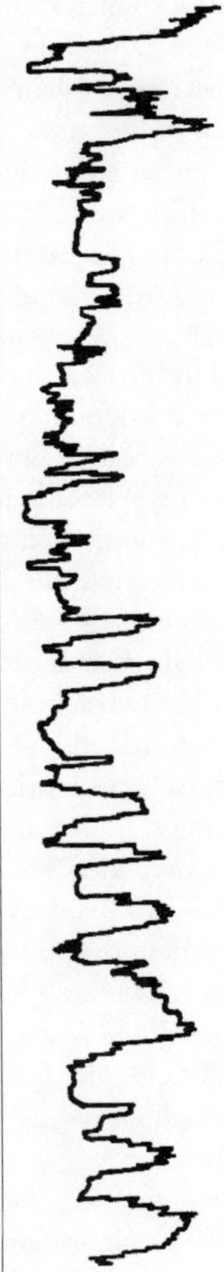
10 800	Alleröd			VI			
11 800							
12 100	Ältere Dryas			V	Spät-		
12 800	Bölling			IV			
			Würm-Hochglazial	Magdalénien	Magdalénien	Mezin-Mežirič	
	Älteste Dryas			III			
				II	Früh-		
				I			
20 000				Solutréen		Eliseeviči Kostenki VIII, 1	
						Kostenki I, 1 Avdeevo	
	Denekamp			Gravettien (Périgordien supérieur)	Gravettien	Pavlovien Kostenki IV, 2 Puškari	
28 000							
				Aurignacien	Aurignacien	Aurignacien	
35 000							
	Hengelo		Mittelwürm	Châtelperronien (Périgordien intérieur)	Széletien (Blattspitzengruppen)	Sungir Kostenki I, 5	

49 Archäologische Stufen in Europa in Zusammenhang mit Klimaschwankungen.

am häufigsten dargestellten Tierarten (Büffel und Pferde) auf den *zentralen* Friesen abgebildet würden, «während die selteneren Tiere wie Nashörner, Feliden und Bären nur in den Randbereichen abgebildet» würden; zu Recht weist er darauf hin, daß gerade diese Tiere «in diesem Gebiet eine ungeahnte Rolle spielen», und schlägt statt dessen eine neue Deutung vor; er schreibt: «Ohne Zweifel symbolisieren diese Tiere Gefahr, Kraft und Macht. Nun war die Grotte Chauvet auch von Höhlenbären bewohnt, was sicherlich den ersten prähistorischen Entdeckern nicht entgangen ist ... Wäre es möglich, daß man der Kraft des Bären und anderer Tiere in ihrem Wesen habhaft werden wollte? Anderer Tiere, die dem Bären durch die von ihnen ausgehende Gefahr und die Macht, die sie in ihrer Umgebung ausübten, vergleichbar waren.»

Natürlich muß ein solcher Gedanke «vorläufig ... Spekulation» bleiben; doch soviel scheint sicher, daß wir in den über hundert paläolithischen Höhlen in Europa so etwas sehen müssen wie Kathedralen der Eiszeit und in ihren überwältigenden Tierdarstellungen so etwas wie Götterbilder. Die Tiere galten für heilig – ihrer Größe und Stärke wegen, die sie den Menschen als überlegen erscheinen ließen, ihrer Weisheit wegen, mit der sie sich in den schwierigsten Lagen zu helfen wußten, und nicht zuletzt ihres Fleisches wegen, mit dem sie sich zur Nahrung der Menschen in den Tod gaben. In (methodisch freilich bedenklicher!) Übertragung ethnologischer Gegebenheiten auf die Verhältnisse der Eiszeit hat man die Höhlenmalereien als eine Art Sympathiezauber betrachtet, bei dem mit Hilfe magischer Mittel der Jagderfolg bei den eßbaren Tieren gesichert werden sollte; doch schließt das den Gedanken einer magischen Identifikation mit den dargestellten Tieren nicht aus. Ganz im Gegenteil.

So wurden in dem 1912 gefundenen Höhlensystem von *Les Trois Frères* (Die drei Brüder) recht deutliche Hinweise auf Zauber und Magie gefunden, Nischen, die von eingeritzten und gemalten Löwenköpfen bewacht wurden, und schwer zugängliche Kammern, in denen – wieder im Rückschluß von der Ethnologie – die Forscher «Kapellen» für Initiationsriten vermuten. «Vielleicht», meint TOM PRIDEAUX (*Der Cro-Magnon-Mensch,* 126), «mußten die Cro Magnon-Jugendlichen durch dunkle, feuchte Stollen kriechen, vielleicht hatten sie Angst, sie könnten nicht mehr herausfinden, vielleicht waren sie geschwächt nach einer Fastenzeit und wurden schließlich belohnt durch den Anblick eines bemalten Tieres», das ihnen, so muß man ergänzen, als ein göttliches Wesen erschien. In *Les Trois Frères* wurde neben Rentieren und Wisenten vor allem auch die Darstellung eines Wesens gefunden, das an einen griechischen *Pan* erinnert, denn es besitzt zwar menschliche Beine, trägt aber

50 Der «Schamane» aus Les Trois Frères in Frankreich.

Hörner und einen Schwanz, und zudem spielt es auf einer Flöte. (Abb. 50; aus: B. M. FAGAN: *Aufbruch aus dem Paradies,* 180.)

«Aber die interessanteste Figur», schreibt PRIDEAUX (128–129), «ist diejenige, die hoch oben in der Nische wie der Herr der Tiere über allem thront und diese absonderliche Herde (sc. von Wisenten, d.V.) bewacht. Mit dem geweihartigen Kopfschmuck, den hypnotisierenden Eulenaugen, einem Pferdeschwanz, den Wolfsohren, Bärenpranken und den Füßen und Geschlechtsteilen eines Mannes vermittelt dieses Wesen eine erregende Vitalität. Es ist eine Zaubermischung aus tierischen und menschlichen Kräften» (Abb. 51).

Abbé HENRI BREUIL, der eine Zeichnung (des heute fast verwitterten Bildes, vgl. K. WEHRBERGER: *Der Löwenmensch,* S. 106) anfertigte, sah in der Figur einen Schamanen.

Der Abbé fand drei Jahrzehnte später, im Jahre 1940, am Südostufer der Vézère Gelegenheit, die neu entdeckte Höhle von *Lascaux* zu besichtigen, die man «die Sixtinische Kapelle der Prähistorie» genannt hat. (WALTER KONRAD: *Lascaux-Altamira-Lascaux,* in: Lascaux, 26–29.) Er stieß dort (a. a. O., S. 58–59) unter anderem auf das Bild eines ähnlich phantastischen «Vogelmenschen» (Farbtafel 2): «Er ist primitiv gemalt, sein Körper gleicht einer Gartenbohne, und die Arme und Beine stehen wie Streichhölzer ab. Er hat nur vier Finger an jeder Hand. Den Schnabel an seinem Kopf richtet er nach oben. Ne-

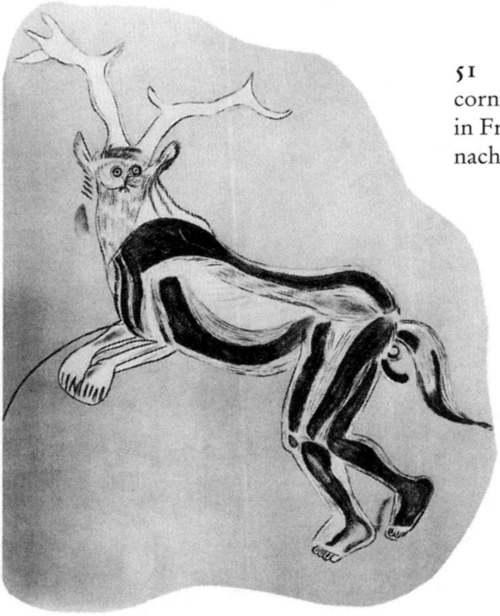

51 «Le sorcier» oder «le dieu cornu» aus Les Trois Frères in Frankreich. Zeichnung nach einer Höhlenmalerei.

ben ihm sind eine Reihe von seltsamen Requisiten zu sehen: ein Pfahl oder Stab mit einem Vogelkopf (es könnte sich dabei um eine Speerschleuder handeln) und ein riesiger Spieß mit Widerhaken, der gegen einen großen Wisent gelehnt ist. Dieser hat eine drohende Haltung eingenommen. Er ist tödlich verwundet, und die Gedärme hängen aus seinem Leib. Etwas entfernt davon steht ein rätselhaftes Nashorn mit erhobenem Schwanz, das sich durch die Unruhe offenbar nicht stören läßt» (PRIDEAUX, 130).

ABBÉ BREUIL hielt das Bild für die Darstellung eines Jagdunfalls: Der Mensch habe den Wisent verwundet und sei dann vom Rhinozeros getötet worden. ANDRÉ LEROI-GOURHAN (*Prähistorische Kunst,* Abb. 74) indessen hält die Szene für eine Darstellung, die «mythologischen oder allegorischen Charakter» hat, und meint: «Eine Interpretation ist demnach illusorisch: Mann, Vogel und Hakenzeichen sind Symbole identischen Inhalts; Speer und Wunde (hier in Form enger konzentrischer Ovale) sind ergänzende Symbole.»

Am meisten für sich hat die Annahme, die in dem auf der Stange sitzenden Vogel ein Totem oder einen Seelenvogel erblickt (ARNE EGGEBRECHT: *Die Höhle von Lascaux,* in: Lascaux, 30–56, S. 50). Daran schloß sich die Deutung an, «daß es sich bei der Gestalt mit dem Vogelkopf um einen maskierten Schamanen handle, der im Verlauf eines Rituals in Trance niederstürze (Farbtafel 2). Zur Erhärtung der Schamanen-Theorie hat man darauf hingewiesen, daß ein solcher Vogel wie der an der Spitze des Stabes bzw. der Speerschleuder oft mit Schamanen im heutigen Sibirien assoziiert wird.» (PRIDEAUX, 130; vgl. MARTIN MEISTER: *30 000 Jahre vor Picasso*, in: Geo 6, 1997,10–41, S. 40.)

In seinem Buch *Schamanismus und archaische Ekstasetechnik* (157–159) hat MIRCEA ELIADE tatsächlich darauf hingewiesen, «daß ... die Schamanentracht darauf abzielt, dem Schamanen einen neuen, magischen Körper in Tiergestalt zu verschaffen. Die drei Haupttypen sind dabei Vogel-, Rentier- (Hirsch-) und Bärengestalt, vor allem aber Vogelgestalt... Vogelfedern erscheinen fast in allen Beschreibungen von Schamanenkostümen, sogar die Struktur der Kostüme versucht möglichst getreu die Gestalt eines Vogels nachzuahmen.» Der Grund dafür liegt darin, «daß das Vogelkostüm für den Flug in die andere Welt unentbehrlich ist».

So verstanden, ist aber auch an einen *«Seelenvogel»* zu denken. Noch die *Alten Ägypter* werden in diesem Symbol ihren Glauben an die Unsterblichkeit festmachen; im Tode, so glaubten sie, erhebe sich die menschliche Seele in Gestalt des Ba-Vogels in den Himmel und fliege zu ihrer Heimat unter den Sternen zurück. Es ist nicht ausgeschlossen, in dem Bild aus der Höhle von Lascaux aus dem älteren Magdalénien vor 17 000 Jahren den 5000 Jahre alten Glauben der Ägypter zumindest vorgebildet zu sehen, der über die Philosophie PLATONS und die Lehre des Christentums bis in die Gegenwart reicht. Das Bild enthielte dann den tiefsinnigsten Kommentar zu dem Glauben, der sich in den Begräbnispraktiken des *Cro-Magnon-Menschen* ausdrückt, wenn er den Körper der Verstorbenen mit rotem Ocker bestreute und seine Hoffnung auf ewiges Leben darin ausdrückte. Man darf freilich nicht vergessen, daß es die Spaltung in ein Diesseits und Jenseits in der Welt des eiszeitlichen Menschen noch nicht gab; selbst seine Hoffnungen angesichts des Todes zerstörten nicht die Einheit seiner Weltsicht, die erst vom beginnenden Mesolithikum an zunehmend zerfallen wird.

Doch auch eine andere Deutung ist möglich. Das Bild von dem bei der Jagd verunglückten Menschen in der Höhle von Lascaux ähnelt Bildern, die einen *Getöteten* darstellen. J. CLOTTES und J. COURTIN (*Grotte Cosquer*, 155–161) beschreiben ein etwa 18 000 Jahre altes Bild aus der 1985 entdeckten Unterwasserhöhle in der Nähe von Marseille, die nach dem Taucher HENRY COSQUER benannt ist. Das Bild, das in das Solutréen zu datieren ist, zeigt einen auf dem Rücken liegenden Menschen mit erhobenen Armen und Beinen. An dem kleinen, runden Kopf, oberhalb einer riesigen Geschoßspitze,

52 «Getöteter Mensch.» Gravur auf einer Höhlenwand der Unterwasserhöhle Grotte Cosquer bei Marseille.

läßt sich eine Nase erahnen (Abb. 52). «Der Körper hat eine insgesamt etwa rechteckige Form; der gekrümmte Rücken ist gut erkennbar. Eine deutliche Ausbuchtung gibt das Gesäß wieder. Das sehr verkürzte Bein wurde mit zwei zusammenlaufenden Linien skizziert, eine dritte Linie weist auf das andere Bein hin. Die Beine sind nach oben gestreckt» (155). Ob es sich bei dem Getöteten um einen Mann oder eine Frau handelt, ist nicht zu sagen. «Nachträglich wurde diese Figur mit einer feinen, leicht schrägen Linie versehen, die, von oben nach unten graviert, die Darstellung auf Höhe der Brust und unten an der Schulter durchquert. Dann wurde ein langes Wurfgeschoß, ein Pfeil, ein Speer oder eine Harpune, mit ebenso kräftigen Linien wie das menschliche Wesen graviert. Das Geschoß trifft den Rücken, verläuft quer durch den Körper, überdeckt die Vorderseite des Kopfes und geht noch weit über ihn hinaus. Im Bereich des Kopfes sind die Linien besonders kräftig graviert. Das Geschoß ... ist ... an einer Seite mit Widerhaken versehn, mit zwei spitzwinklig aufeinander zulaufenden Linien, von denen die äußere sehr lang ist; die andere, wesentlich kürzere, befindet sich zwischen der langen Linie und dem Schaft» (156).

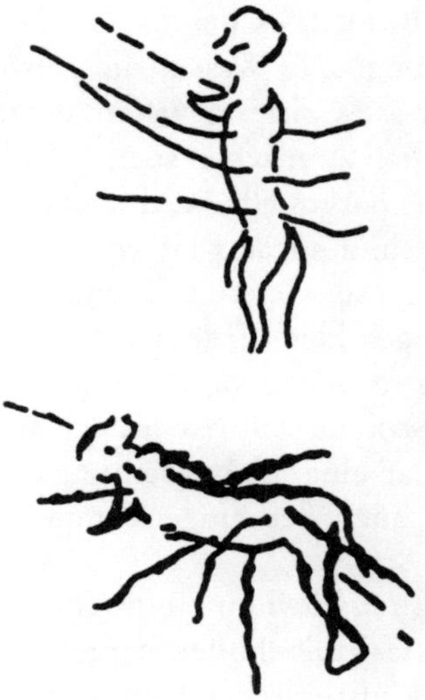

53 Die Darstellungen verletzter Menschen aus Pech-Merle (oben) und Cougnac (unten).

«Die Szene», meinen J. Clottes und J. Courtin, «ist eindeutig. Ein menschliches Wesen wurde abgebildet, als ob es hintenüber fallen würde, in schräger Position auf dem Rücken mit erhobenen Armen und Beinen. Es wurde zuerst mit einer unauffälligen Markierung versehen, bevor es durch eine schreckliche Waffe ausgelöscht wurde. Es handelt sich also um einen getöteten Menschen oder... eher um die Idee eines getöteten Menschen und nicht um seine naturgetreue Darstellung» (156); denn in der «Realität» würde ein so Getöteter nicht nach hinten, sonder nach vorn fallen; in der Lage jetzt aber erinnert der Getötete an ein auf den Rücken gefallenes Tier.

Mit diesem Fund in der Grotte Cosquer wird zugleich eine Reihe vergleichbarer Bilder in anderen Höhlen deutbar, wie in der 1922 entdeckten Höhle von Pech-Merle und in der 40 Kilometer weiter gelegenen Höhle von Cougnac, die 1952 gefunden wurde (Abb. 53).

Noch N. W. Smith (*An Analysis of Ice Age Art.* Its Psychology and Belief System, New York 1992) etwa sah in den zum Teil gebogenen, durchaus nicht an Speere oder Pfeile erinnernden Linien Symbole einer Kraft, die in schamanistischem Sinne von dem Körper des Dargestellten ausgeht und ihn mit den Tieren verbindet; doch diese an sich gegebene Denkmöglichkeit wird jetzt durch das Bild in der Grotte Cosquer eindeutig widerlegt: «Hier haben wir», schreiben J. Clottes und J. Courtin, «endlich den Beweis, daß ein getöteter Mensch dargestellt wurde» (160). Zu denken ist wohl an einen Vernichtungszauber, wie ABBÉ BREUIL es bereits für das Bild des getöteten Menschen in Lascaux vorschlug: Die Wesen, die gebannt werden sollten, wären demnach Kräfte oder böse Geister gewesen, deren Macht man durch eine Art Exorzismus unschädlich zu machen suchte. Es kann aber auch sein, daß hier ein einzelnes Ereignis dargestellt ist, das eine bestimmte Ausstrahlung für Jahrtausende bekam und sogar weit voneinander lebenden Menschengruppen bekannt wurde, – so wie etwa die Hinrichtung Jesu seit rund 2000 Jahren immer wieder abgebildet wird! ANETTE LAMING-EMPERAIRE (*La signification de l'art rupestre paléolithique*, Paris 1962) sieht in dem Getöteten denn auch eine *mythische* Gestalt. Aber auch an eine Hinrichtungsszene läßt sich denken, ohne daß eine solche Deutung den anderen Vorschlägen widersprechen müßte: – auch der hingerichtete Jesus wurde zu dem geopferten Christus!

Generell sind *die getöteten Menschen* im Unterschied zu den prachtvollen Tierbildern rein schematisch, fast unbeholfen dargestellt, ein Umstand, der gewiß nicht mit mangelnder künstlerischer Fähigkeit erklärt werden kann. Dieser Umstand spricht eigentlich *dagegen,* daß hier etwas Individuelles, Konkretes abgebildet werden sollte. Hatte man Angst, Menschen zu genau abzubilden, aus Furcht, mit den Bildern ihre Seelen einzufangen? Vielleicht auch waren die dargestellten Getöteten Abbilder «von nicht alltäglichen Wesen, von Schamanen, von Geistern in Menschengestalt, die man nur in dieser indirekten Weise darstellen konnte» (J. CLOTTES – J. COURTIN, 161). In jedem Falle zeigt das Motiv des getöteten Menschen, daß auch und gerade der Welt des ausgehenden Paläolithikums Mord und (rituelle) Tötung (als Exorzismus, Hinrichtung oder Opfer) nicht fremd waren.

Wie stark dabei Todeserfahrungen in die Nähe von (schamanistischen) Tierverwandlungen gerückt wurden, mag der berühmte Zauberer aus der 1941 entdeckten Höhle Gabillou in der Dordogne zeigen, deren Alter mit der von Lascaux gleichzusetzen ist (Abb. 54).

Da sieht man ein Wesen «mit fast geradem Oberkörper, halb geknickten Beinen, nach vorn gestreckten Armen, einem schwanzartigen Fortsatz und einem Wisent-Kopf. Durch Schenkel und Nase dicht unterhalb des Auges verlaufen Linien. Des weiteren durchschneidet eine leicht gewellte Linie die Schnauze und verbindet das Wesen mit einem Ensemble von Zeichen» (159). Auch dieses Bild wird von A. LEROI-GOURHAN in die Gruppe der verletzten Menschen eingeordnet; er sieht (*Prähistorische Kunst,* 160) den «kleinen Mann» indessen vor zwei großen, rechteckigen «weiblichen Zeichen» «knien», ein Deutungsansatz, der uns gleich noch beschäftigen muß.

Um die enge Beziehung, ja, Verwandtschaft zwischen Mensch und Tier in der eiszeitlichen Kunst zu verstehen, muß man sich noch einmal vor Augen halten, daß der Akt des Essens psychoanalytisch einer *Identifikation* entspricht: Der Mensch ist, was er ißt. Wie beim Sakrament der Eucharistie ein Gläubiger der katholischen Kirche auch heute noch bei der Kommunion die

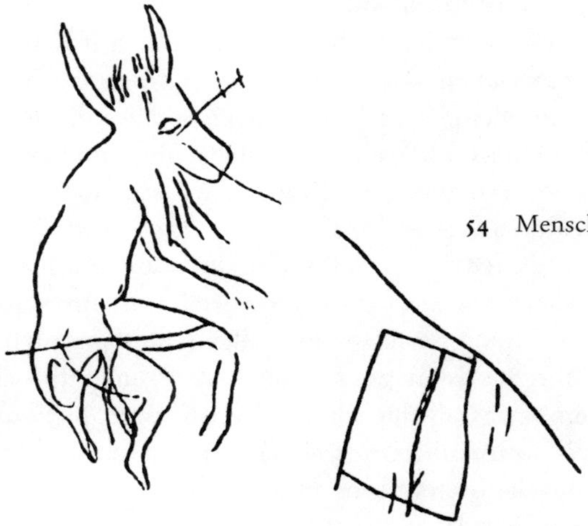

54 Menschendarstellung aus Gabillou.

getötete und lebende Gottheit in sich aufnimmt und dadurch selber in Leben und Tod mit ihrem Schicksal verschmilzt, so wird der Mensch der Eiszeit die Tiere, von denen er lebte, als begabt mit göttlichen Kräften erlebt haben, in deren Besitz er sich durch entsprechende Riten und magische Praktiken zu setzen vermochte. «Die Abfallhaufen in der Nähe seiner (sc. des Cro-Magnon-Menschen) Wohnstätten weisen enorme Knochenmengen von Rentieren, Wildpferden, Antilopen, Mammuts und Wisenten auf, und offensichtlich jagte er auch Bären und Löwen», schreibt T. Prideaux (49). Doch eben: All das sind die Tiere, die an den Wänden der Höhlen dargestellt wurden!

Gejagt wurde in der Praxis mit riesigen Fallgruben: – in der Nähe von Pavlor in der Tschechei zum Beispiel fand man die Skelettreste von über 100 Mammuts; am Fuße eines hohen Felsens in der Nähe von Solutré in Frankreich fand man die Skelettreste von schätzungsweise 10000 Wildpferden (Prideaux, 78), deren Herden vermutlich Generation für Generation über den Steilhang in den Tod getrieben wurden; neu als Jagdwaffe war die Speerschleuder, deren ältestes Exemplar aus der Höhle von La Placard in Frankreich gefunden wurde und das etwa 14 000 Jahre alt ist (80); möglich ist auch bereits die Jagd mit Pfeil und Bogen: – in La Colombière in Frankreich fand man ca. 20 000 Jahre alte Steine, auf denen Bilder eingeritzt sind, die Wurfwaffen mit Federn oder kleine Pfeile darstellen könnten (86). Insbesondere die Felle der Tiere als Material zur Herstellung von Kleidern, Zelten und Riemen sowie die Knochen zu Herstellung von Werkzeugen waren zum Überleben in der eiszeitlichen Tundrenlandschaft unerläßlich.

Unter diesen Umständen verwundert es nicht, in der eiszeitlichen Malerei immer wieder *Mischwesen* zwischen Mensch und Tier zu finden. Wir werden zu Zeugen einer Zeit und vor allem: einer Psychologie, wie wir ihr in unseren Tagen nur noch in den Mythen und Märchen der Menschheit und in unseren Träumen bei Nacht sowie in vereinzelten psychotischen Zuständen begegnen. «Die Mischwesen», schreibt JOACHIM HAHN (*Menschtier- und Phantasiewesen,* in: Der Löwenmensch, 101–115, S. 115), «deuten auf ein Denken in nicht völlig festgelegten, scharf abgegrenzten Kategorien und eine Einbeziehung von natürlichen in kulturelle Bereiche hin. Allgemein kann man sie als doppelte Symbole betrachten. Wenn auch nach dem Jungpaläolithikum Mischwesen verschwinden – was an der ohnehin geringen Zahl figürlicher Darstellungen liegen mag –, so sprechen die Geweihmasken seit dem Spätglazial für eine Ausweitung des dahinterstehenden Konzepts.»

Eine besondere Stellung nimmt dabei der «Löwenmensch» ein, eine 29,6 cm große Elfenbeinfigur, die 1939 am Hohlenstein-Stadel im Lonetal gefunden, aber erst 1969 von J. HAHN in ihrer Bedeutung erkannt wurde. (Abb. 55; aus: KURT WEHRBERGER: *Der Löwenmensch,* in: Der Löwenmensch, 29–45.) Datiert wird die Statuette in das Aurignacien, zwischen 33 000–27 000 BP (in der «unkalibrierten» Zeit der C-14-Methode. C-14-Jahre sind keine Sonnenjahre, und sie lassen sich nur für den Zeitraum der letzten 20 000 Jahre in Sonnenjahre umrechnen, «kalibrieren». Davorliegende Angaben sind etwa um 4000 Jahre jünger als die Sonnenjahre. Die kalibrierten C-14-Jahre werden B. C. – [vor Christus] – angegeben, die nicht umgerechneten als vor 1950 – BP – vor der *präsenten,* gegenwärtigen Zeit.)

Zu sehen ist bei dem «Löwenmenschen» «ein eindeutiges Mischwesen. Ein Löwenkopf ist auf einen langgestreckten menschlichen Körper aufgesetzt. Die muskulösen Arme sind parallel zum Körper angeordnet. Die Fußsohlen sind schräg gestellt. Diese unnatürliche, das heißt nicht-statische Haltung gibt eine Bewegung wie einen Sprung wieder. Der Ansatz zwischen Tierkopf und Körper ist nur im Hals- und Schulterbereich erhalten» (J. HAHN, 103).

Vergleichbare Darstellungen aus der Höhle von Las Caldas bei Oviedo aus

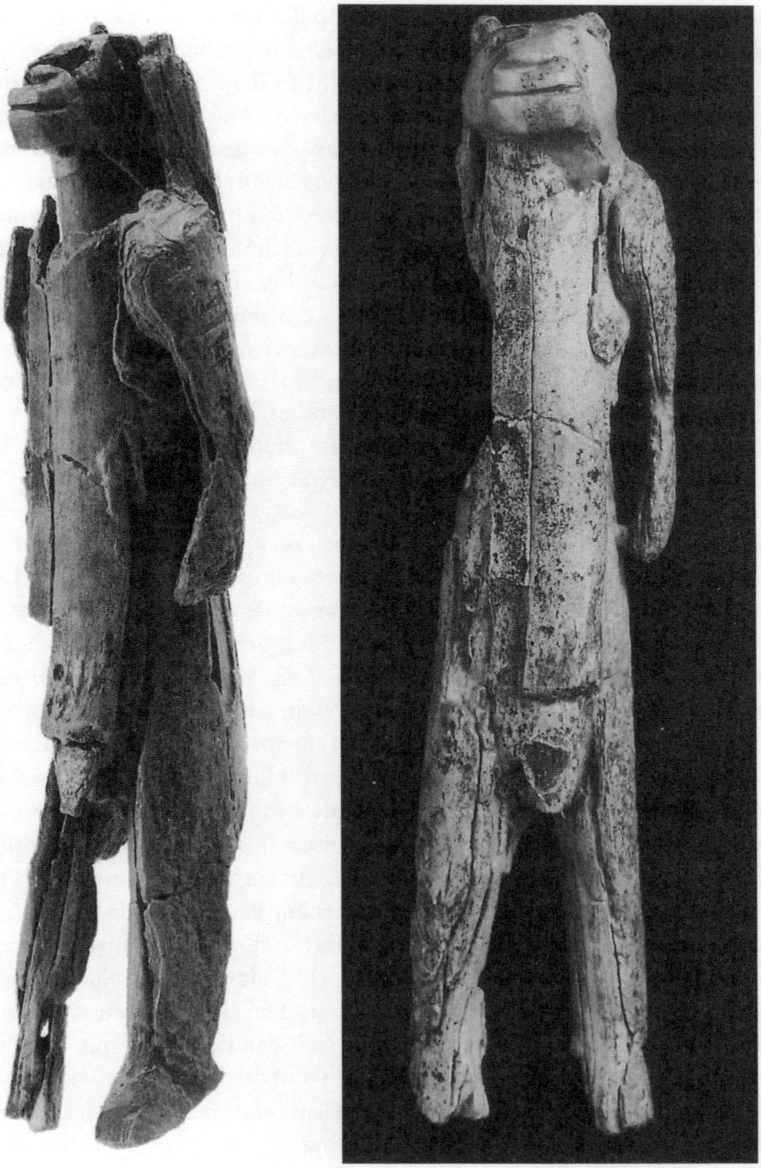

55 Der Löwenmensch, Rekonstruktion. Links: mit angesetzter Maulpartie; rechts: nach der Restaurierung. Elfenbeinstatuette, Ulmer Museum.

dem mittleren Magdalénien zeigen gleichfalls einen «Tierkopf mit einem menschlichen Unterkörper. Der Kopf (sc. dort) ist eindeutig der eines – vielleicht weiblichen – Steinbocks, von vorne dargestellt, mit zwei mittellangen ... Hörnern ... Zweifelsfrei weiblich ist die Darstellung des Schamdreiecks mit der gravierten Vulva.» Auch andere Menschenfiguren «mit tierartigem Kopf aus La Magdaleine» sind der herausgearbeiteten Brüste wegen als *weiblich* identifizierbar (103). Der «Löwenmensch», der heute im Museum von Ulm ausgestellt wird, zeigt am Unterkörper, wie man annimmt, ebenfalls «Reste der Darstellung einer weiblichen Scham», doch bedeutet das nicht, daß «auch weibliche Brüste vorhanden gewesen sein» müssen (K. WEHRBERGER, 38f.). Die Figur weist zudem «die besonders beeindruckenden, massigen Hinterextremitäten einer Raubkatze am Oberkörper (auf). Sicher ist es verwunderlich, daß statt der an dieser Stelle eher zu erwartenden Vorderextremitäten die Hinterbeine eines Löwen dargestellt sind.» Die Füße allerdings sind wiederum zweifelsfrei menschlich, wie die Knöchel beweisen, deren Schrägstellung einen Sprung andeutet.

Seitdem ELISABETH SCHMID (*Statuette einer Frau mit dem Kopf einer Löwin,* Ulm 1988) die Statuette, im Widerspruch zu J. HAHN, als FRAU mit einem Löwenkopf deutete, hat man die Figur als Beleg für die These eines Matriarchats im Paläolithikum verwandt, doch geht ein solcher Schluß (vgl. C. MEIER-SEETHALER: *Von der göttlichen Löwin zum Wahrzeichen männlicher Macht,* Zürich 1993) entschieden zu weit. Eher kann man sich (erneut!) an ein Bild aus der Götterwelt der *Alten Ägypter* erinnert fühlen, wo die Göttin *Sechmet* als eine Frau mit einem Löwenkopf dargestellt wird. Dieser Gedanke selbst jedenfalls: das Göttliche als Einheit des Tierischen und des Menschlichen zu verstehen, ist, jenseits einer bestimmten geschlechtlichen Zuordnung, an sich selbst von größter Bedeutung, reicht diese Konzeption doch bis in das Alte Ägypten und bis in das antike Griechenland hinein und damit bis in die Anfänge des «Abendlandes». «Drei sind eins», erklärt bei THOMAS MANN (*Joseph und seine Brüder,* II, 1. Hauptstück, Nachtgespräch, S. 514) ein ägyptischer Weiser dem hebräischen Joseph den Sachverhalt: «Gott, Mensch und Tier. Denn vermählt sich das Göttliche mit dem Tierischen, so ist's der Mensch – vermählt sich hinwiederum das Tier mit dem Menschen, so ist's ein Gott, und ist das Göttliche nicht anders zu schauen und zu begreifen als in solcher Vermählung ... Siehe, im Tiere findet sich Gott und Mensch, und ist das Tier der heilige Punkt ihrer Berührung und ihrer Vereinigung.» – Zu Recht hat man das Alte Ägypten als eine große Aufgipfelung der Steinzeit bezeichnet; doch nirgendwo scheint die Tiefe dieser

Aussage so weit zurückzureichen wie in der Vorstellung tiermenschlicher Gottheiten und menschengesichtiger Vogelseelen im Zentrum der altägyptischen Religion.

Erneut freilich gilt es bei so viel Gemeinsamkeit um so mehr, den *Wechsel* zu beachten, den die Religion zwischen dem Paläolithikum und den frühen Hochkulturen durchlaufen hat. Deutlich *getrennt* ist in der *altägyptischen* Frömmigkeit die irdische Welt von der weltjenseitigen Sphäre der «Ewigkeit»; von der Welt der *eiszeitlichen* Höhlenmalerei hingegen meinte HERBERT KÜHN (*Das Erwachen der Menschheit*, 158–161): «Der Mensch (sc. jener Zeit, d. V.) lebt im Diesseits, er fühlt sich den Dingen und den Tieren zugeordnet, er ist ein Teil und ein Stück von ihnen, er ist einheitlich mit ihnen zusammen in seinem Wesen und in seinem Denken. Stirbt er, dann löst sich nicht die Seele ab, dann geht die Seele nicht ins Jenseits, der Tote bleibt vielmehr weiter hier, er lebt wie vorher, an anderer Stelle und unsichtbar, er ist ein lebender Leichnam. Man muß ihm seinen Schmuck lassen, man muß ihm zu essen und zu trinken geben, und man muß ihn wärmen. Man legt ihn hin, als wenn er schliefe, als wenn er krank wäre. Er kann wiederkehren, und darum bindet man ihn, denn niemand soll gequält und geängstigt werden durch die Erscheinung des Toten. Die Welt ist also eine Einheit; der abstrakte Begriff der Seele ist noch nicht gedacht. Wohl gibt es den Unterschied von heilig und profan, wie die Malereien an den versteckten Stellen der Höhle ergeben, doch das Heilige ist noch nicht etwas Jenseitiges, Abgelöstes, Transzendentes ... So hat das Denken eine Übereinstimmung mit sich selbst, es hat eine innere Ausgewogenheit und Harmonie. – Erst im Neolithikum wird das abstrakte Denken geboren, der Gedanke des Jenseits, der Gedanke des Ewigen, das über den Dingen steht. Dadurch wird die Spaltung geschaffen, die Spaltung in Körper und Seele ... Der Mensch der Neusteinzeit baut den Toten riesige Häuser, die Megalithbauten in Vorderasien, in Spanien, in Frankreich, England, Irland, Skandinavien und Deutschland. Hier leben die Toten, hier findet der Kult für die Toten statt. Hier werden bei den Steinkisten große Löcher in den Stein gebohrt, damit die Seele aus und ein gehen kann. Hier herrscht der Gedanke der Ahnen, der Geister. In der Neusteinzeit beginnt der Mensch die Verbrennung der Toten. Er kommt dazu, den Körper zu vernichten, um die Seele zu befreien, um sie zu ihrem eigenen Leben zu bringen. So ist die Kunst dieser Epoche abstrakt, diesseitsfern. Die Kunst der Eiszeit ist immer konkret, immer wirklichkeits- und diesseitsgewandt.» «Der Gedanke der Gebrochenheit lebte noch nicht bei ihnen (sc. den Menschen des Paläolithikums), noch nicht die Vorstellung der Geworfenheit zum Tode ... Es war ein paradiesischer Zustand, der Gedanke der Spaltung in Körper und Seele war noch nicht erwacht.» Es war eine Welt noch vor dem «Sündenfall» des Neolithikums. «... wandert man durch diese Höhlen, dann empfindet man: Diese Menschen, die sie geschaffen haben, haben in innerer Einheit mit der Natur gelebt, wie das Tier lebt in der Welt, ohne den Gedanken der Trennung von Körper und Geist, ohne den Gedanken der Schuld und der Verworfenheit.»

Venusstatuetten und Fruchtbarkeitsriten

Jedoch, so richtig diese Worte eines der Altmeister in der Deutung eiszeitlicher Malereien sind, so mißverstanden wären sie, wollte man den Begriff der «Harmonie» als spannungslose Identität verstehen. Der Mensch der Eiszeit lebte inmitten einer «Ordnung», in welcher Tod und Leben zusammengehörten, so wie Jagen und Essen, so wie Töten und Zeugen, so wie Mann und Frau eine Einheit bildeten. Statt ein paläolithisches «Matriarchat» zu konstruieren, sollte man deshalb eher von der symbolischen Korrespondenz des Männlichen und des Weiblichen inmitten eines Universums sprechen, das sich in der Zuordnung beider erhielt. Tiere, welche die Männer töten, und Frauen, tauglich zum Gebären – von beiden lebte die Welt jener Menschen, beides bildete deshalb das Thema eiszeitlicher Kunst. Einige Tierbilder sowie die relativ wenigen (schamanistischen) Männerdarstellungen haben wir gerade kennengelernt; was noch bleibt, sind die zahlreichen *Frauendarstellungen*, die man gemeinhin als Teil eines Fruchtbarkeitskultes interpretiert.

Tatsächlich stammen die ältesten Menschendarstellungen, wie der (weibliche?) *«Löwenmensch»*, aus dem Aurignacien vor etwa 30 000 Jahren. Im Geißenklösterle bei Blaubeuren etwa fand JOACHIM HAHN ein rechteckiges Elfenbeinplättchen, das eine menschliche Gestalt mit erhobenen Armen und gespreizten Beinen zeigt, bedeckt mit Querstrichen und Einstichen auf der Rückenseite, wie sie zu den eben erwähnten Bildern getöteter Menschen aus den Höhlenmalereien des Solutréen und des Magdalénien passen würden. In Stratzing bei Krems in Niederösterreich wurde eine Frauenstatuette aus Schiefer gefunden, die rechte Hand auf die Hüfte gestützt, der linke Arm erhoben (GERHARD BOSINSKI: *Menschendarstellungen der Altsteinzeit*, in: Der Löwenmensch, 77–99, Abb. 63). «In Südwesteuropa begegnen uns in der gleichen Zeit nur Vulvazeichen auf Kalksteinblöcken, manchmal auch Phallusdarstellungen» (79). Doch so spärlich diese Funde auch noch sind, so scheint doch das Thema bereits vorgegeben, das die Menschendarstellungen der Altsteinzeit wesentlich behandeln: die Verehrung und Sicherstellung weiblicher Fruchtbarkeit.

Aus der nachfolgenden Zeit des Gravettien vor etwa 25 000 Jahren sind in ganz Europa, zwischen Atlantik und Don, füllige Frauenstatuetten verbreitet, als deren bekannteste Repräsentantin die elf cm große Kalksteinfigur der «Venus von Willendorf» (Farbtafel 3) in Österreich gelten kann: «Die Venusstatuetten haben meist enorme Brüste, unter denen die dünnen Arme verschwinden oder denen sie als dünne Wülste aufgelegt sind. Mehrmals tragen die Frauen Halsketten und Armbänder. Auch ein Gürtel ist häufig dargestellt... Der Leib der Frauenfiguren ist sorgfältig modelliert und oft vorgewölbt. Meist sind eindeutig schwangere Frauen dargestellt... Meist sind die Frauen unbekleidet und mit deutlich sichtbarem Schamdreieck dargestellt.» «Die kugeligen Köpfe dieser Statuetten sind meist ohne Gesichtszüge und mehrfach mit einer Kappe oder Frisur bedeckt» (G. Bosinsiki, 79). Während die Oberschenkel der Frauenstatuetten gut proportioniert sind, sind die Unterschenkel oft zu kurz, und nur wenige Statuetten haben ausgearbeitete Füße (Abb. 56). Die abgebildete Tonfigur links hat «die typischen Formen einer Venus:

56 Die tschechische Venus (links) und die Venus von Chiozza in Italien (rechts).

schwere Brüste und einen runden Bauch, wenig ausgestaltete Arme und abgebrochene Beine, die aber nie Füße hatten» (PRIDEAUX, 101). «In Osteuropa führt die Entwicklung zu kopflosen Figuren mit ausgearbeiteten Brüsten und nach hinten gestrecktem Gesäß, wie es vor allem die Elfenbeistatuette von Eliseeviči bei Brjansk (Weißrußland) zeigt» (82).

Besonders bemerkenswert ist die Darstellung einer Frau aus Předmostí in Mähren, «die auf dem Stoßzahn eines Mammuts eingeritzt ist. Die weiblichen Formen werden hier nicht übertrieben füllig dargestellt, es ist vielmehr eine phantastisch idealisierte Figur mit einem gehörnten dreieckigen Kopf, eiförmigen Brüsten zu beiden Seiten des Kopfes, einer runden Zielscheibe als Bauch mit dem Nabel genau in der Mitte und einem breiten Becken, das größer ist als alle anderen Elemente in der Darstellung und das von sieben Ovalen umgeben ist. Die Beine sind wenig ausgebildet und an den Knien abgeschnitten.» «Als Ganzes betrachtet», meint TOM PRIDEAUX (*Der Cro-Magnon-Mensch,* 104), «sieht die Předmostí-Zeichnung nicht wie eine Frauenfigur, sondern auch wie eine riesige bizarre Maske aus, wobei die Brüste zu Augen und das Becken zu einem weit geöffneten Mund werden. Es ist möglich, daß diese doppelte Sicht beabsichtigt war, um die Macht der Darstellung in irgendeiner Art von Zauber noch zu verstärken».

Berühmt geworden ist nicht zuletzt die «Venus von Laussel» (Farbtafel 4), ein 22 000 Jahre altes Kalksteinrelief aus dem Périgordien, das ursprünglich bemalt war und die eiszeitlichen Venusstatuetten in die Felsbildkunst übersetzt. In der rechten Hand hält die dargestellte Frau ein Rinderhorn, das mit Kerben versehen ist; das Bild weist möglicherweise auf einen Kult hin.

«Die beschriebenen Venusfiguren», urteilt zusammenfassend G. BOSINSKI (82–83), «symbolisieren die weibliche Fruchtbarkeit. Es ist das Prinzip der lebenserhaltenden Frau wiedergegeben, das durch die Darstellung schwangerer Frauen unterstrichen wird. Die stets in ähnlicher Weise wiederkehrenden Merkmale der Venusstatuetten lassen an die Darstellung einer Muttergottheit denken. In späterer Zeit sind Muttergottheiten aus vielen Kulturen bekannt; die Frauenfiguren des Statuettenhorizontes sind der älteste Beleg.»

Auch im Magdalénien, wo die Formen wesentlich abstrakter werden, bleibt die Beliebtheit des Motivs und wohl auch seine Bedeutung erhalten. So wurden 1927 am Petersfels bei Engen (Baden) anthropomorphe Skulpturen aus fossilem Holz (Gagat) gefunden, die nach PETER FLORIAN MAUSER (*Die jungpaläolithische Höhlenstation Petersfels,* in: Badische Fundberichte, 13, 1970, 1–127) als Anhänger zu betrachten sind, die an den Fußenden durchbohrt waren und, wohl von Männern, mit dem Kopf nach unten getragen

57 Frauendarstellungen. Gravierte Schieferplatten.

wurden. Die Figur der Frau, die ohne Kopf und Füße dargestellt ist, wird hier im wesentlichen auf die weit herausgestreckte Gesäßpartie reduziert. Ähnliches gilt für die auf Schieferplatten gravierten Frauendarstellungen, die 1968 im Ortsteil Gönnersdorf der Stadt Neuwied inmitten einer Siedlung aus dem Jung-Magdalénien vor 12 500 Jahren gefunden wurden; ein Vulkanausbruch aus dem Gebiet des heutigen Laacher Sees vor 11 500 Jahren hat die Siedlungsschichten unter einer Bimssteindecke begraben und die Funde von rund 300 Menschendarstellungen hervorragend konserviert. Zu sehen sind auf den Schieferplatten unter anderem schematisierte Ritzzeichnungen von Frauen mit gebeugten Knien, das Gesäß herausgestreckt, mit mächtigen Brüsten, manchmal paarweise wie in einer Tanzszene einander zugewandt. (Abb. 57; vgl. Gerhard Bosinski: *Die Menschendarstellungen von Gönnersdorf der Ausgrabung 1968,* Wiesbaden 1974.)

Fast wie moderne Porträtkunst wirken demgegenüber die schon etwa 17 000 Jahre alten 91–100 cm langen Flachreliefs in den Höhlen von Angles-sur-l'Anglin (Vienne) und La Magdeleine.

In der kleinen Höhle von La Magdeleine liegen auf beiden Höhlenwänden einander zwei Frauen gegenüber, die den Kopf auf den Arm stützen (Abb. 58; aus: K. Wehrberger: *Der Löwenmensch*, 90–91.)

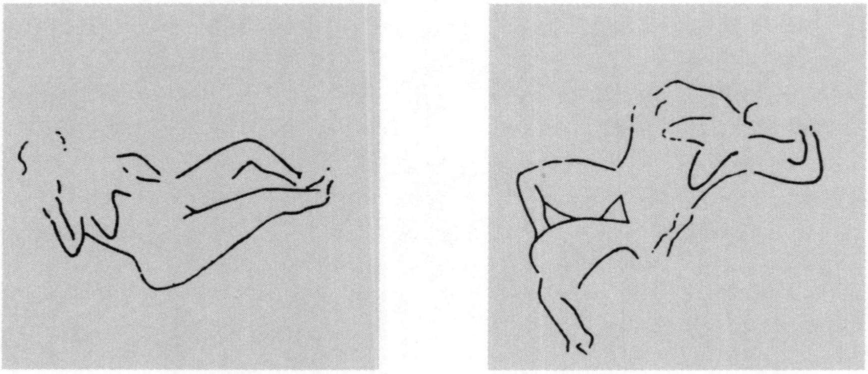

58 Zwei einander gegenüberliegende Frauen, Skizze von Flachrelief.

In Angles-sur-l'Anglin sind in einer Höhe von 160 cm auf der Felswand eines Abri drei Frauen ohne Oberkörper graviert: (Abb. 59; aus: K. Wehrberger, a. a. O., 92.)

In La Marche (Vienne) finden sich 55 cm große Gravuren auf Kalksteinplat-

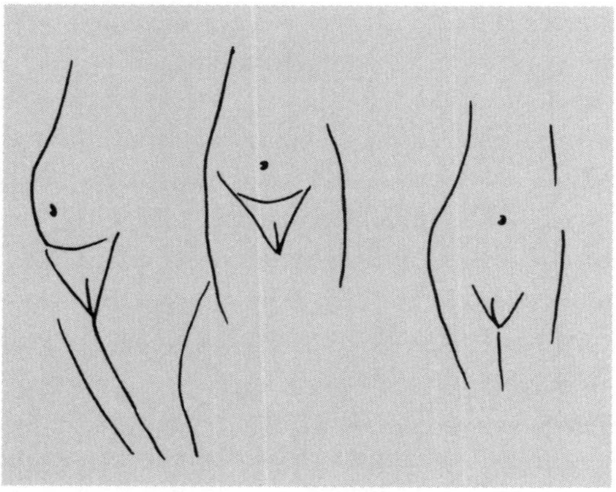

59 Drei Frauen ohne Oberkörper. Skizze von Relief.

ten, die sehr füllige Damen zeigen, deren nackte, pralle Körper ebenso wie ihre Gesichter karikaturhafte Züge zeigen. (Abb. 60; aus K. WEHRBERGER, a. a. O., 93.)

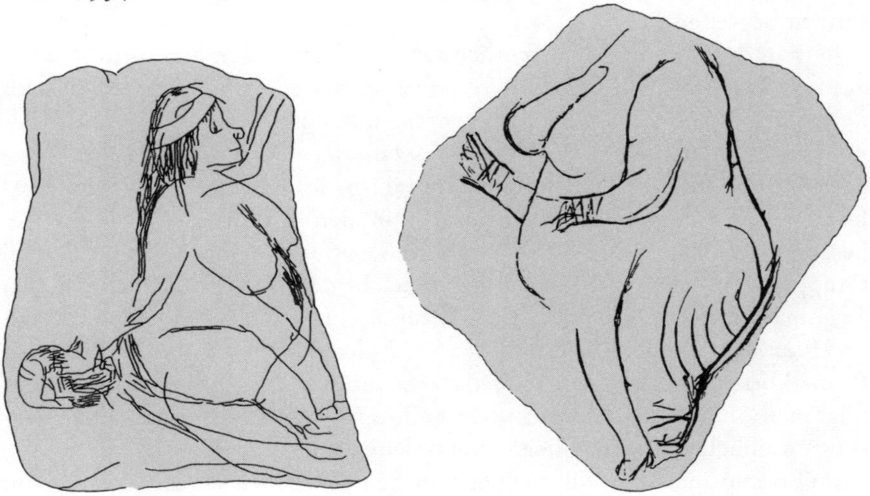

60 Frauenfiguren. Skizzen von Gravuren.

Es ist, als wenn ein ehedem heiliges Thema in dieser Darstellungsform rein ästhetisch freigesetzt, ja, der Groteske preisgegeben würde, so als weitete oder verengte sich die dionysische Religion der Fruchtbarkeit zur Bühne eines ARISTOPHANES.

Gibt es, das ist nun die Frage, für einen Zeitraum von etwa 20 000 Jahren, zwischen Aurignacien und dem Ende des Magdalénien bzw. dem Azilien, gibt es für die Zeit vor 30 000–12 000 Jahren, bei all den zu betrachtenden Unterschieden überhaupt so etwas wie ein einheitliches Deutungsschema? Lassen sich, weiter gefragt, Gegebenheiten heute lebender Völker auf jene weit zurückliegenden Epochen beziehen, indem man Paläontologie und Prähistorie mit den Mitteln der Ethnologie interpretiert?

Bei aller Vorsicht wird man diese Fragen bejahen dürfen, einfach weil gerade bei einem so ungeheuren Zeitmaß, wie bei einem Blick von einem hohen Berg in die Täler ringsum, die Einheitlichkeit der «Landschaft» in dem gegebenen «Horizont» nur um so deutlicher vor Augen tritt und alle Unterschiede als geringfügig erscheinen läßt. Es gibt, so fremdartig, schockierend, begeisternd, ängstigend oder erheiternd einzelne Funde der Altsteinzeit auch auf uns wirken mögen, nichts in der Welt des Cro-Magnon-Menschen, das wir nicht in irgendeiner Weise doch auch als etwas Eigenes, zu uns selber Gehöriges anzuerkennen vermöchten, und das Problem stellt sich nur, wie wir diese Einheit begreifen.

Jenseits der Ethnologie, wesentlich auf statistische Befunde gestützt, hat vor allem A. LAMING-EMPERAIRE (*Systéme de pensée et organisation sociale dans l'art rupestre paléolithique,* Paris 1970) nicht zufällig Gedanken des Strukturalismus von CLAUDE LÉVI STRAUSS (*Das wilde Denken,* Paris 1962) aufgegriffen und auf die Darstellungen der Prähistorie übertragen. Der Strukturalismus wollte gerade das Gemeinsame in den Kulturen aller Menschen herausstellen. Die französische Paläontologin sucht dementsprechend zwei Gruppen von Felsdarstellungen zu unterscheiden: solche, die sich auf den Tageslichtbereich, und solche, die sich auf das Höhleninnere beziehen. Mann und Frau, repräsentiert in bestimmten Symbolen, etwa in Tieren wie Pferd und Bison, korrespondieren dabei in polaren Zuordnungen. Die eiszeitliche Welt, folgt man A. LAMING-EMPERAIRE, ist mithin durch «Assoziation» und «Paarung» weiblicher und männlicher Naturelemente bestimmt.

Im Prinzip ähnlich, wenn auch in manchen Details wie der Zuordnung von Bison und Pferd gerade entgegengesetzt, verfährt ANDRÉ LEROI-GOURHAN (*Prähistorische Kunst,* 575–578).

Anhand einer Übersicht von mehr als 2000 Tierbildern in etwa 60 Höhlen fand er heraus, daß rund 90% der Wisente und Wildrinder, die er für *weiblich* hält, in der Mitte der Höhle, in ihrem *Schoß* gewissermaßen, zu sehen sind, während 70% der abstrakten *männlichen* Symbole und Tiere mehr am Höhlenrand plaziert sind. Entsprechend der Symbollehre SIGMUND FREUDS liest LEROI-GOURHAN die prähistorische Kunst nun als ein System einander zugeordneter Sexualsymbole: Männliche *Symbole* sind alle Spitzen, Widerhaken und Stäbe, als männliche *Tiere* gelten Rotwild, Steinbock, Bär, Rhinozeros und Pferd; weibliche *Symbole* sind Dreiecke, Vierecke und Ovale, als weibliche *Tiere* gelten unter anderem Wisente und Rinder. Die Höhle wird für A. LEROI-GOURHAN in dieser Sicht zu einem Ort des Ausgleichs der Urgegensätze der Welt, dargestellt in einem weiblichen und in einem männlichen Prinzip, die einander freilich nicht starr gegenüberstehen, sondern die ineinander übergehen und miteinander verschmelzen. Der Pfeil etwa, der einen Wisent trifft und ihn verwundet, ist gewiß zunächst ein Bild für den Tod, dann aber bedeutet die Wunde auch soviel wie die Vulva der Frau und der Pfeil den befruchtenden Penis des Mannes. Tod und Zeugung sind eins; das Leben geht aus dem Tod hervor, so wie der Tod aus dem Leben; – diese Grunderfahrung aller Naturreligion bis hin zu den Mysterien des kretischen *Dionysos* und des thrakischen *Orpheus* (vgl. KARL KÉRENYI: *Dionysos. Urbild des unzerstörbaren Lebens,* München-Wien 1976; DERS: *Pythagoras und Orpheus* [1937], in: Humanistische Seelenforschung, München-Wien 1966, 15–51) hätte, trifft diese Deutung zu, mithin schon in der Kunst und Religion der letzten Eiszeit ihren Ausdruck gefunden.

Eben diese Tatsache könnte den Grund für jene *Ausgeglichenheit* bilden, die HERBERT KÜHN (*Das Erwachen der Menschheit,* 107–108) vor 40 Jahren bereits vor allem in den Bildern der Epoche des Magdalénien bemerkte: «Der Mensch dieser Zeit», schrieb er, «beherrschte ... die Aufgaben, die das Leben ihm stellte, in vollendetem Maße ... Bei all den Tausenden von Bildern der Eiszeit findet sich keines, das die Angst, die Furcht, das Bedrücktsein ausdrückt, wie etwa die Bilder des Kreuzes im Mittelalter oder wie die Dämonenbilder in der Bronzezeit. Diese ganze Welt, so wie der Künstler der Eiszeit sie darstellt, ist freudig, gesichert, und immer wieder hört man, daß unter allen Völkern der Erde auch heute noch die Jäger ... am fröhlichsten, zufriedensten und am glücklichsten sind.»

3. Die Frage nach dem Schöpfergott im Angesicht des Menschen oder: Drei Negativbefunde

Was bedeutet das alles nun für ein religiöses Verständnis von Mensch und Welt?

So viel steht fest: Wir müssen die Frage nach Gott ganz neu aufgreifen, wenn irgend der Gedanke an einen «Schöpfer» auch nur des Menschen in Anbetracht dessen, was wir über unsere eigene Herkunft inzwischen wissen, sich noch als sinnvoll und sinngebend erweisen soll.

Die Theologen unter den Lesern seien an dieser Stelle gewarnt: Ihre Neigung, gleich zum «Wesentlichen» zu kommen, wird sie unfehlbar dazu verführen, nach der «Theodizeefrage», auf Seite 63 endend, überhaupt erst hier wieder die Lektüre aufzunehmen – was soll ihnen auch schon, werden sie denken, die Aneinanderreihung von Knochen- und Werkzeugfunden aus dem steinernen Museum der Natur, wo sie sich doch «zuständig» fühlen für die Frage von Geist und Gott, von Kunst und Kultur, von Ritual und Religion? Doch wer es nicht nötig findet, den konkreten Weg mitzuverfolgen, den die Menschheit zur Entfaltung ihrer selbst gegangen ist, der kann beim besten Willen nicht wissen, wovon er eigentlich spricht und was er wirklich meint, wenn er den Gott der Bibel mit den Worten zitiert: «Lasset uns Menschen machen, ein Bild, das uns gleich sei, indem sie herrschen über die Fische im Meer ... und über alle Tiere des Feldes ...» (Gen 1,26). Es ist nicht nur, daß die Idee eines Schöpfergottes ohne Kenntnis der wirklichen Welt als seiner «Schöpfung» zu einer bloßen Abstraktion verkommen muß; es ist vor allem deutlich, daß der «geoffenbarte» «Begriff» von einer Schöpfergottheit ganz offenbar zu «Deduktionen» nötigt, die samt und sonders mit der Welt, wie sie sich uns heute zeigt, nicht gut verträglich sind. Nur wer den mühsamen Werdegang des Menschen auf dieser Erde vor sich sieht und wer die Mechanismen kennt, die den Prozeß der Menschwerdung vorangetrieben haben, wird die Tiefe der Problemstellung annähernd richtig einschätzen. Anderenfalls wird er geneigt sein, sogar den Versuch einer *Wahrung* des Gottesbegriffs, wie wir ihn hier angesichts der Naturwissenschaften vorlegen, als das «Eingeständnis völliger Glaubenslosigkeit» zu diffamieren.

Wahr ist: Der bisherigen Form jüdisch-christlicher Theologie, von Gott zu sprechen, entzieht, wenn sie mehr sein will als ein symbolischer Ausdruck des religiösen Selbstverständnisses des Menschen zu einer bestimmten Zeit und an einem bestimmten Ort, unsere heutige Kenntnis der «Menschwerdung» jegliche Grundlage. Noch diskutieren wir nicht über die Fragen der Entstehung und Entfaltung des Lebens auf dieser Erde oder über die Entstehung und Entfaltung des Kosmos selbst; noch fragen wir nicht, welch eine Bedeutung Worten wie Geist, Seele, Person und Unsterblichkeit eigentlich zukommt, da ist es an dieser Stelle doch bereits deutlich, daß wir von *drei* Gedanken, die dem biblischen Schöpfungsglauben zentral sind, ein für allemal werden Abschied nehmen müssen, und zwar:

a) von der Idee eines «planend» «handelnden» Gottes, der als allgültig, allmächtig und allweise die Welt dazu bestimmt habe, uns Menschen hervorzubringen;

b) von der Idee einer «teuflischen» oder menschlichen «Sünde» am Anfang der Schöpfung, die den Weltenzustand als ganzen «verschlechtert» habe, und

c) von der Idee einer einmaligen und endgültigen Offenbarung Gottes in einem Menschen, *der so ist wie wir:* in Jesus von Nazareth als einem Mitglied der Spezies *homo sapiens sapiens.*

Alle drei Vorstellungen besitzen, noch einmal sei es gesagt, einen bestimmten *symbolischen* Sinn, den wir indessen erst erfahren werden, wenn wir die «wörtliche», dogmatisch formulierte Bedeutung dieser Chiffren aufsprengen.

a) Die christliche Inkarnationslehre und ihre Anthropozentrik

Beginnen wir mit der christlichen *«Inkarnationslehre»*, mit der Vorstellung von der «Menschwerdung» Gottes in der Person des Jesus von Nazareth.

Schon Hoimar von Ditfurth (*Der Geist fiel nicht vom Himmel,* 313) hat sich entschieden gegen die Annahme gewandt, «die Evolution sei ausgerechnet in unserer Gegenwart, ausgerechnet auf der von uns selbst heute verkörperten Stufe der Entwicklung zum Stillstand gekommen, sei an einem Endpunkt angelangt», und er meinte: «Auch hier müssen wir uns wieder frei machen von der archaischen Vorstellung, die ganze bisherige Geschichte habe nur auf uns selbst gezielt.»

Tatsächlich basiert die gesamte christliche Theologie noch immer auf der unhaltbar gewordenen Vorstellung, die Geschichte der Erde, ja, des gesamten Kosmos, sei wesentlich zu dem Zweck konzipiert, daß Gott selber in dem Menschen Jesus von Nazareth habe «inkarnieren» und sich als Mensch, als menschgewordener Gott seiner Schöpfung habe mitteilen wollen. Die große Faszination, die zum Beispiel PIERRE TEILHARD DE CHARDIN vor vierzig Jahren, nach der postumen Veröffentlichung seiner Werke, auf die Theologen ausübte, lag offensichtlich gerade darin, daß er ihr tradiertes, anthropozentrisches Weltbild nicht in Frage stellte, ja, es in gewissem Sinne sogar bestätigte: Die «überragende Bedeutung des Menschen in der Natur», wie TEILHARD (*Der Mensch im Kosmos,* 2) sich selbst ausdrückte, war wieder hergestellt, beides schien wieder befestigt: «die bedingungslose Bejahung eines persönlichen Gottes, Gott – Vorsehung, der das Universum fürsorglich leitet, und Gott – Offenbarer, der sich dem Menschen auf der Ebene und durch die Wege des Verstandes mitteilt» (288–289). «Die Welt schaffen, vollenden und entsühnen», schrieb TEILHARD, «ist für Gott die Einigung der Welt in einer organischen Vereinigung mit sich selbst ..., indem er sich zum ‹Element› macht und indem er dann, kraft des im Herzen der Materie gefundenen Stützpunktes, die Führung und den Plan dessen übernimmt, was wir heute Evolution nennen. Als Prinzip universeller Lebenskraft hat Christus, indem er als Mensch unter Menschen erstanden ist, seine Stellung eingenommen, und er ist seit je dabei, den allgemeinen Aufstieg des Bewußtseins, in den er sich hineingestellt hat, unter sich zu beugen, zu reinigen, zu leiten und aufs höchste zu beseelen» (289–290).

Sehen wir einmal davon ab, daß in der Theologie des französischen Jesuiten die «Erlösung» von der «Erbsünde» mit diesen Worten als eine bloße «Reinigung» von den Anfangsbedingungen des schöpferischen Prozesses selber beschrieben wird – eine These, mit der das kirchliche Lehramt sich natürlich nicht einverstanden erklären konnte –, so versicherte TEILHARD die Gläubigen doch ein letztes Mal des alten anthropozentrischen Denkgebäudes: Die Welt, der Kosmos mit seinen ungeheueren Dimensionen des Raumes und der Zeit, meinte er, sei einzig dazu da, um in der «Vorsehung» Gottes den Menschen hervorzubringen, und der Mensch wiederum sei wesentlich dazu gemacht, daß Gott selbst in Jesus Christus «Mensch» werden konnte; seither, seit den letzten 2 000 Jahren der Evolution, ist deshalb, so sollen wir glauben, *nun endlich* der Plafond erreicht, von dem aus die große Einigungsbewegung des Kosmos in «Omega» begonnen hat: die Ausdehnung des Menschen über das All, das nur seinetwegen und nur dazu von der göttlichen Vorsehung «geschaffen» wurde – so die theologische «Weltenformel» TEILHARDS. Sie stellt erkennbar den Rest der *falschen* Wörtlichnahme eines alten Mythos dar und ist selber ein Mystizismus, der sich mit dem wissenschaftlichen Weltbild so wenig vereinbart wie die winzig zu nennende Geschichte des Menschen mit der unermeßlichen Größe des Universums.

Da wir auf die Fragen der Evolution des Lebens und der Entfaltung des Kosmos im 2. Band dieser Arbeit noch ausführlich eingehen werden, genügen vorerst ein paar klärende Betrachtungen im Umkreis der Abstammungslehre selbst. Die wichtigste Feststellung dabei muß lauten: Entsprechend dem Grundgedanken der Evolution ist es unmöglich, irgendein Lebewesen als die «Krone» oder gar als das «Ziel» des gigantischen Experiments «Leben» auf dieser Erde aufzufassen.

In einem Gespräch in der Toskana im Sommer 1996 (DÜRR – MEYER-ABICH – MUTSCHLER – PANNENBERG – WUKETITS: *Gott, der Mensch und die Wissenschaft,* 87) meinte zu Recht der Wiener Biologe FRANZ M. WUKETITS: «Wenn wir den Menschen als Krone der Schöpfung bezeichnen, dann könnte ich viele andere Organismenarten auch als Krone der Schöpfung bezeichnen, weil jede Art für sich einmalig ist. Es ist ja ein sehr altes und beliebtes Thema unter Theologen und vielen Biologen, die Sonderstellung des Menschen in der Natur zu betonen. Dazu darf ich provokant sagen: Wenn wir biologisch gesehen eine Sonderstellung haben, dann hat sie der Panda auch ... Wir können allenfalls nach Eigenschaften des Menschen fragen, die in dieser speziellen Ausgestaltung nirgends sonst vorhanden sind. So ließe sich dann vielleicht darüber diskutieren, ob der Mensch eine Sonderstellung in der Natur genießt.»

Mit einem Wort: es ist gewiß möglich, den Menschen als den vorläufigen «Endpunkt» an einem bestimmten «Ast» am Stammbaum der Evolution der Arten zu betrachten, doch bilden in gewissem Sinne *alle* heute lebenden Arten einen solchen «Endpunkt», stellen auch sie auf ihre Weise eine «Krönung» in der Geschichte des Lebens dar.

Selbstredend läßt sich darauf hinweisen, daß die Natur uns Menschen als «Gehirnspezialisten» hervorgebracht hat mit all den damit verbundenen Vorteilen im Kampf ums Überleben; der hohe Grad der Komplexität unserer geistigen Fähigkeit bildet zweifellos eine enorme Auszeichnung unserer Spezies gegenüber allen anderen Lebewesen: – kein Tier vermag wie wir über den Sinn seines Lebens nachzudenken und die Gründe seiner Herkunft zu erforschen; doch dafür sind die Tiere «Spezialisten» auf anderen Gebieten: Kein Mensch vermag ohne technische Hilfsmittel wie eine Wildgans den Himalaja zu überfliegen oder wie ein Blauwal in die Tiefen des Meeres zu tauchen. *Biologisch* betrachtet, ist der Mensch *eine* Spezies unter anderen, hervorgegangen aus der Anpassung an eine bestimmte ökologische Nische zu einer bestimmten Zeit an einem bestimmte Ort. Aller Hochmut ist hier fehl am Platze.

Doch um so wichtiger ist es, den «Einwand» zu hören, der in *theologischer*

Betrachtung stereotyp gegen eine solche Einordnung des Menschen in den Gang der Natur geltend gemacht wird. WOLFHART PANNENBERG etwa, der eine Reihe wichtiger theologischer Arbeiten zu dem Verhältnis von Theologie und Naturwissenschaft veröffentlicht hat, erklärte in jenem Gespräch (S. 91) unumwunden, worin seiner Meinung nach die «Sonderstellung» des Menschen begründet sei: nicht einfach in einem biologischen Datum, sondern in dem «besonderen Verhältnis zu Gott ..., in das der Mensch gestellt ist». PANNENBERG führte aus: «Das wird noch viel deutlicher durch die Inkarnation, dadurch daß Gott sich mit der Welt in einem Menschen verbunden hat. Er hat sich mit der Schöpfung nicht verbunden in einem Esel oder einem Schimpansen oder einem Panda, sondern in einem Menschen. Und das zeichnet die Stellung des Menschen aus. Das deutet sich schon im Schöpfungsbericht des Alten Testaments an. Denn die Gottebenbildlichkeit, von der da die Rede ist, ist die Bestimmung zur Gemeinschaft mit Gott und meint darum auch die Repräsentanz des Schöpfers in der Schöpfung. Das ist der Sinn der Sonderstellung des Menschen.»

Man beachte, daß hier von dem «*Sinn* der Sonderstellung» des Menschen die Rede geht und daß die Sonderstellung des Menschen selbst als eine gegebene Tatsache dogmatisch *vorausgesetzt* wird. Der *Zweck* der bevorzugten Position des Menschen im Weltall wird darin gesehen, daß Gott als der Schöpfer in der Schöpfung «repräsentiert» ist, denn einzig der Mensch gilt dieser Vorstellung nach als der Ort, an dem Gott in seiner «Schöpfung» zur Erscheinung kommen kann. Wer daher Gott «sehen» will, der findet ihn nicht beim Anblick einer Fledermaus oder eines Hasen, sondern allein und wesentlich im Blick auf den Menschen; unter den Menschen aber ist es entscheidend, im Sinne des *Johannes*-Evangeliums auf Jesus als den «Christus» zu schauen, um in ihm Gott als den Vater zu erkennen (Joh 14,7).

Hier wird also die «Sonderstellung» des Menschen als erstes «begründet» mit einem Bibelzitat und hernach mit dem Dogma der «Inkarnation» Gottes in Jesus Christus; beide «Begründungen» müssen sich gegenseitig stützen: *weil* Gott in dem «König» aus Israel Mensch geworden ist, muß man glauben, daß der Mensch vor Gott die «Krone» der Schöpfung darstellt. Die These von der Sonderstellung des Menschen bedarf, wenn es so steht, an sich gar keines empirischen Beweises, sie ergibt sich vielmehr als eine einfache Folge der Inkarnationslehre von selbst. Dabei scheint PANNENBERG die tautologische Struktur, in der er sein ihm so vertrautes theologisches «Argument» vorträgt, nicht zu bemerken: Der Mensch entwirft sich ein menschliches Bild von der Gottheit, um alsdann zu verkünden, daß er als einziger auf Erden diesem Bild ähnlich sehe; um aber die «Gottähnlichkeit» des Menschen, das heißt die «Repräsentanz» der Gottheit in der Gestalt des Menschen zu «begründen», führt er das Dogma an, daß ein Mensch, Jesus Christus, selber Gott (gewesen) sei. So dreht sich alles im Kreise.

Der weitverbreitete und uralte *mythische* Gedanke von der «Menschwerdung» (eines) Gottes wird in dieser Argumentationsfigur als erstes historisiert, um dann im zweiten Schritt als «Anthropologie» verabsolutiert zu werden, und wiederum ist es dann die Absolutsetzung des anthropozentrischen Weltbildes, das diese Form einer «Inkarnationslehre» überhaupt erst ermöglicht.

Es war im 6. Jahrhundert *vor* Christus bereits der griechische Philosoph XENOPHANES, der (Fragment 14; 15; 16) erklärte: «Die Sterblichen meinen, Götter würden geboren und hätten ihre Kleidung, Stimme und Gestalt.» «Doch wenn Ochsen oder Löwen Hände hätten oder vielmehr malen könnten mit ihren Händen und Kunstwerke herstellen wie die Menschen, dann würden Pferde pferdeähnlich, Ochsen ochsenähnlich der Götter Gestalten malen und solche Körper bilden, wie jeder selber gestaltet ist.» «Die Äthiopier (malen) ihre Götter plattnasig und schwarz, die Thraker blauäugig und rötlich.» Doch ein halbes Jahrtausend nach dem großen griechischen Skeptiker ging seine Weisheit in der christlichen Theologie offenbar gänzlich verloren.

Bis heute scheint man in der «Inkarnationslehre» weder willens noch fähig, den *Unterschied* zwischen einem *deutenden Symbol* der menschlichen Existenz und einer *Tatsachenbehauptung* über die Situation des Menschen in der Welt auch nur zuzugeben, geschweige denn hermeneutisch zu nutzen; – die Art, wie W. PANNENBERG formuliert, darf in diesem Zusammenhang durchaus für symptomatisch gelten: Da wird eine Theologie getrieben, wie wenn wir hinter dem Rücken Gottes stünden und könnten ihm in die Karten sehen, so daß wir die Möglichkeit besäßen, der Welt zu erklären, was für ein «Blatt» Gott eigentlich «spielt». Ja, es wird unter der «Offenbarung» Gottes im Grunde verstanden, daß Gott dem Menschen selber seine Karten offen auf den Tisch gelegt habe – seit «Christus», so muß man glauben, spielt Gott mit seiner «Schöpfung» gewissermaßen *Grand ouvert:* – alle «Buben» und Trümpfe natürlich hat er auf der Hand –, es ist unmöglich, daß er sein Spiel verliert, wenn wir nur ihm und uns selber die Freude machen, munter bis zur letzten Karte zu Ende zu spielen! Wohl mag sich im Sinne TEILHARDS bis zur Erreichung von «Omega» immerhin noch eine ganze Menge Unvorhergesehenes ereignen, doch seitdem die Karten durch die «Offenbarung» Gottes offen vor aller Augen liegen, ist das Spiel im Grunde gelaufen, das Ergebnis steht seither immer schon fest ...

Was die christliche Theologie so beharrlich an diesem kindlich anmutenden Konzept der «Schöpfung» mit Starrheit und Sturheit festhalten läßt, ist paradoxerweise vor allem die Angst vor dem mythischen Ursprung ihrer selbst, der wiederum mit einem ungenügenden Verständnis des Mythos insgesamt zusammenhängt. Um sich nicht dem Vorwurf auszusetzen, «nur» Mythologie zu sein, erklärt die christliche Theologie als erstes die Mythologie der Völker in der Religionsgeschichte der Menschheit für eine rein subjektive und projektive Form der Rede des Menschen von Gott; dann aber behauptet sie mit desto größerem Nachdruck, in ihrer eigenen, der *christlichen* Religion habe Gott selber *objektiv* zu den Menschen geredet und die Bilder ihrer Sehnsucht durch sein «geschichtliches Handeln» «erfüllt». Auf diese Weise scheinen «Mythos» und «Offenbarung», scheinen die «heidnischen» Religionen und das christliche Dogma wohlunterschieden voneinander zu sein. Indessen bedenkt man dabei nicht, daß *jede* Mythologie, solange sie selber im Zustand der Projektion verbleibt, ihre Anschauungen als wahre Mitteilungen der jeweiligen Gottheit betrachten wird; – es stellt einen Akt reiner Willkür dar, den Geist der Aufklärung an alle anderen Religionsformen heranzulassen, ihm aber just die eigene Religion zur kritischen Prüfung sowie zur Verinnerlichung der nach außen verlegten Bilder vorzuenthalten. Nein, auch das Christentum verfügt *inhaltlich* über kein Sonderwissen bezüglich der Stellung des Menschen im Kosmos; und es ist sehr wichtig, daß wir die Symbole, in denen das Christentum die Existenz des Menschen im Sinne Jesu auf Gott zu beziehen sucht, auch wirklich als Bilder auslegen und nicht mit ihrer Hilfe den Gang der Welt zu erklären unternehmen. Wir werden gleich noch sehen, welch eine wichtige Botschaft die christliche «Weltanschauung» in sich enthält; doch eben deshalb ist es ganz entscheidend, den existentiellen Sinn der religiösen Symbolsprache des Christentums *nicht* an unsinnige Tatsachenbehauptungen über die Situation des Menschen in der Welt zu heften und sie damit um ihre Glaubwürdigkeit zu bringen.

Erkennen nämlich läßt sich jetzt schon, daß auch und gerade die christliche Inkarnationslehre im Grunde nichts weiter tut, als daß sie den Menschen einer besonderen Auszeichnung inmitten der Welt versichert; sie gibt diese Versicherung aber nicht etwa aufgrund einer tieferen Erklärung der Evolution ab, sondern völlig unabhängig davon, ja, im Gegensatz dazu, als eine *«Glaubenslehre»* in strengem Sinne, und es ist von vornherein ein schwerer Fehler, die religiöse Selbstvergewisserung des Menschen vor Gott mit der Herleitung des menschlichen Daseins aus dem Gang der Welt zu verwechseln.

Die *Folgen* eines solchen Fehlers sind mit Händen zu greifen.

Glaubt man im Ernst, von Gott her, im Sinne eines absoluten Offenbarungswissens, die Stellung des Menschen in der Welt bestimmen zu sollen, so kann die «Inkarnation» Gottes in Christus in der Tat nur bedeuten, daß der Mensch in das Zentrum der gesamten Entwicklung des Kosmos gestellt wird. Gott selber, eben weil er sich in dem Gottmenschen Jesus Christus «geoffenbart» hat, muß von der Theologie dann als *Erklärungs*prinzip der Evolution verstanden werden, das heißt, es muß die Evolution selbst als die Manifestation einer göttlichen «Vorsehung» betrachtet werden, die den Menschen absichtsvoll geplant habe. Vorausgesetzt wird dabei natürlich, daß so menschliche Worte wie Absicht, Plan und Ziel auch dann noch Sinn machen, wenn man sie auf Gott überträgt, ja, daß sie überhaupt erst dann zu ihrer eigentlichen Bedeutung gelangen. Steht es so und soll es so stehen bleiben, dann hat, das muß man in aller Eindeutigkeit sagen, der christliche Glaube *aus drei Gründen* nicht die geringste Chance mehr, sich in unseren Tagen verständlich zu machen.

Die *erste* Schwierigkeit bildet die «christologisch» durch das Inkarnationsdogma gestützte Anthropozentrik selbst, die sowohl sachlich wie logisch einen Fehler darstellt. Noch sind wir weit davon entfernt, einen Blick auf das ganze Ausmaß der Nichtfestgelegtheit, der Zufälligkeit, ja, der oft absurd anmutenden Sinnlosigkeit vieler Momente in der Entfaltung des Lebens auf dieser Erde zu werfen, da genügt doch bereits die bisherige Bilanz, um uns von der phantastischen «Ungeplantheit» zumindest des Menschen in der Geschichte des Lebens auf unserem Planeten zu überzeugen. Selbst in den letzten vier Millionen Jahren, in dem entscheidenden Abschnitt der Evolution auf dem Wege zur Menschheit, vermochten wir durchaus nichts anderes zu beobachten als das «Spiel», das die Natur auch sonst allerorten aufführt: Sie entwickelt unter wechselnden Bedingungen des Nahrungsangebotes, des Klimas, der Landschaft und im Zusammenspiel mit der Existenz anderer Lebewesen, die als Feinde, als Beute oder Nahrungskonkurrenten in Frage kommen, die einzelnen Lebensformen weiter; immer von neuem stellt sie die schon vorhandenen Lebewesen vor die Frage, ob sie sich rasch genug den jeweiligen Veränderungen anzupassen vermögen oder ob sie mitunter bereits bei geringfügig erscheinenden Veränderungen zum Untergang verurteilt sind. Deutlich erkennen mußten wir insbesondere, daß es durchaus keine anderen «Spielregeln» waren, nach denen sich auch und gerade der «Aufstieg» zum Menschen vollzog. Selbst von *«dem»* Menschen konnte eigentlich nicht die Rede sein. Was wir zu sehen bekamen, waren verschiedene Hominidengattungen und -arten, die sich über enorme Zeiträume hin im Dasein zu halten wußten, ehe sie von anderen Gattungen und Arten verdrängt wurden. An jeder Stelle wäre «an sich» auch eine andere Entwicklung möglich gewesen; daß es gleichwohl dann so kam, wie es kam, hatte nichts zu tun mit einem göttlichen «Willen», der etwa im rechten Moment die Weichen «richtig» gestellt hätte, es war vielmehr das Ergebnis des Zusammenspiels verschiedener Ursachen, die, obwohl unabhängig voneinander, zu einer bestimmten Zeit zu einem bestimmten Effekt zusammenfanden. Keine der Arten, die so entstanden, hätte ihren «Sinn» darin sehen können, die Übergangsform zu einer anderen «höheren», «eigentlich» «gemeinten» Lebensform zu bilden, jede trug in gewissem Sinn ihre Bedeutung in sich selbst, jede war in gewisser Weise so etwas wie ein Selbstzweck und ein «Endzweck»; – niemand hätte, als sie existierte, sich vorstellen können, was aus ihr künftig werden würde. Andererseits aber war keine einzige von ihnen, selbst wenn sie mehrere Jahrmillionen lang lebte, ein in sich starres, fest umrissenes Gebilde, das sich im Sinne des ARISTOTELES oder der Theologie der mittelalterlichen Hochscholastik als eine wohldefinierbare Wesenheit hätte bestimmen lassen; jede war vielmehr ein dynamisches Schwingen um ein Zentrum von mehr oder minder einheitlichen Merkmalskombinationen, und diese offene «Dynamik» war keine Nebensache, sondern ermöglichte allererst die Plastizität, die notwendig war, um über unvorstellbar lange Zeit hin die Anpassungsleistungen vollbringen zu können, die zum Überleben notwendig waren.

Wo beginnt eine neue Art, wann endet die alte?

Selbst eine solche einfach scheinende Frage war im Grunde nicht beantwortbar, solange eine Art sich kontinuierlich weiterentwickelte. Die Art des *homo erectus* etwa – wann endete sie, und von wann an begann in Afrika die Art des archaischen *homo sapiens?* Mehr als eine grobe Einteilung im Fluß der Zeit war zur Beantwortung solcher Fragen gar nicht möglich. Dann aber geht eine Art wie der *homo sapiens neanderthalensis* zugrunde, weil sie in ihrer physischen Konstitution ebenso wie in ihrer Verhaltensweise an eine bestimmte Klimaform, die Eiszeit, «überangepaßt» ist und einer weniger spezialisierten Form, dem *homo sapiens sapiens,* das Feld räumen muß. Es erwies sich als unmöglich, ein solches Kommen und Gehen verschiedener Hominidenarten als «Verdienst» oder «Fehler» interpretieren zu wollen; keine der Arten, die in der Naturgeschichte der Menschheit entstanden sind, hat irgend etwas «falsch» gemacht, daß sie zugrunde ging, oder etwas «richtig» gemacht, daß sie überleben konnte. Sie war, wie sie war, und es mußte sich zeigen, wie es mit ihr weiterging. Sie überlebte ohne Verdienst, und sie ging zugrunde ohne Verschulden. Soweit die Sprache der «Tatsachen».

Der Fehler, der an dieser Stelle in *logischem* Betracht den Theologen unterläuft, wenn sie den Menschen in eine von Gott gegebene Sonderstellung inmitten der Natur rücken, ist bereits vor 200 Jahren von IMMANUEL KANT (*Kritik der Urteilskraft*, 2. Teil, § 68, Werke X 495) unübertrefflich klar beschrieben worden, doch ist er bedauerlicherweise bis heute nicht abgestellt worden: die römische Kirche verbot einfach bis 1965, die Schriften KANTS überhaupt zu lesen, und die Theologen der evangelischen Kirche glaubten das «christologische Prinzip» all ihres Denkens in Gefahr, wenn sie dem Königsberger Philosophen stattgaben; KANT nämlich schrieb: «Wenn man ... für die Naturwissenschaft und in ihren Kontext den Begriff von Gott hineinbringt, um sich die Zweckmäßigkeit der Natur erklärlich zu machen, und hernach diese Zweckmäßigkeit wiederum braucht, um zu beweisen, daß ein Gott sei: so ist in keiner von beiden Wissenschaften innerer Bestand.» KANT fuhr (§ 82, Werke X 547) fort: «Wenn wir ... die ganze Natur durchgehen, so finden wir in ihr, als Natur, kein Wesen, welches auf den Vorzug, Endzweck der Schöpfung zu sein, Anspruch machen könnte; und man kann sogar a priori beweisen: daß dasjenige, was etwa noch für die Natur ein letzter Zweck sein könnte, nach allen erdenklichen Bestimmungen und Eigenschaften, womit man es ausrüsten möchte, doch als Naturding niemals ein Endzweck sein könnte.» Allenfalls indem man den Menschen aufgrund seiner Vernunft *nicht* als ein bloßes «Naturding» betrachtet, läßt sich in KANTischem Sinne von ihm als einem «Endzweck» der Welt sprechen, doch verläßt man damit ein für allemal die methodische Selbstbeschränkung naturwissenschaftlichen Denkens.

Es ist nun aber auch nicht möglich, als Theologe, eben weil im Niemandsland exakter Naturforschung befindlich, jede Art von Willkür in der Positionsbeschreibung des Menschen für möglich zu halten. Der Satz, der Mensch stehe im Mittelpunkt des Kosmos, weil nur in ihm Gott Mensch geworden sei, erklärt, wie wir gerade sahen, ganz einfach den Menschen mit Gott und Gott mit dem Menschen – ein Zirkelschluß, der zudem das *Spiel* der Natur mit den Hominiden nicht wirklich zur Kenntnis nimmt. Kein Geist, wenn er denn zu planvollem Handeln befähigt wäre, könnte ohne Selbstwiderspruch, *dürfte*, ohne sich selber untreu zu werden, mit schon bestehenden Formen des Menschlichen derart gleichgültig und schnöde verfahren, wie die Natur es sich faktisch bei der Heraufkunft des Menschen erlaubt hat und entsprechend ihren Gesetzen wohl jederzeit wieder sich erlauben wird. Als «empirische Wesen», als «Naturdinge» sind wir in keiner Weise vor den anderen Lebewesen im Haushalt der Natur ausgezeichnet, und wenn wir theologisch sagen, wir seien etwas von Gott «Gemeintes» oder «Gewolltes», so mag darin eine sinnvolle *Deutung* des menschlichen Daseins liegen, deren *Be*deutung wir gleich noch erörtern müssen, doch enthält diese Aussage nichts, absolut nichts zur *Erklärung* der Natur, und beides muß wohl von einander unterschieden werden.

Wir können an dieser Stelle bereits in *methodischer* Absicht sagen: Wenn wir *von Gott* als dem Schöpfer der Welt oder vom Menschen als von einer besonderen Schöpfung Gottes sprechen, so ist es falsch, damit Gott als eine Wirkursache *(causa efficiens)* oder Zielursache *(causa finalis)* einzuführen, die als solche vorausgesetzt werden müsse, um die Natur in ihren Hervorbringungen erklären zu können; «Gott» als der «Schöpfer» ist eine Chiffre, ein Symbol, um den Menschen in seiner Menschlichkeit zu verstehen und in gewissem Sinne zu begründen; diese Chiffre besitzt eine eigene Bedeutung; doch was sie nicht bedeutet, *nicht* bedeuten *kann,* sehen wir jetzt, wenn wir *zum zweiten* uns die *zeitliche Begrenztheit unserer Spezies* klarmachen.

Wie absurd die Behauptung von der Sonderstellung des Menschen gerade dann ausfallen muß, wenn man sie *«christologisch»,* mit dem Dogma von der «Menschwerdung» Gottes, zu stützen sucht, erhellt allein schon durch die Tatsache, daß eine solche «Anthropozentrik», näher betrachtet, auf nichts anderes hinausläuft, als den *jetzt lebenden* Menschen, uns selbst, als die lebenden Exemplare des *homo sapiens sapiens* zum Endergebnis und damit zum Endzweck der Evolution zu erheben. Die *Theologen* sind in der Frage heillos zerstritten, wer der «historische» Jesus «wirklich» gewesen sei – was er «tatsächlich» getan, gesagt und gewollt habe; die *Biologen* können dieser Debatte gelassen beiwohnen; denn wer immer der Mann aus Nazareth auch gewesen sein mag – biologisch gesehen, war er ein Vertreter der Spezies *homo sapiens sapiens.* Nicht der Mensch als solcher, die Gattung *homo,* einzig der *homo sapiens sapiens* soll nach theologischem Urteil die «Krone» der «Schöpfung» darstellen; – natürlich *nicht* der *homo erectus,* natürlich *nicht* der *Neandertaler*... nur wir selber.

Der Grund für diesen Mittelpunktswahn liegt wesentlich in der urtümlichen Neigung, die Welt wie selbstverständlich aus der eigenen Perspektive streng subjektzentriert zu betrachten, und das um so mehr, wenn, wie in der Religion, angstvolle Fragen des menschlichen Daseins auf eine erlösende Antwort warten.

Hinzu kommt allerdings eine frappante Unkenntnis, ja, eine vorurteilsbeladene Abwehr des wahren Hergangs der «Menschenwerdung». So rechnete selbst TEILHARD (*Der Mensch im Kosmos,* 180) vor 50 Jahren noch, verständlich nur durch die kirchlich verordnete «Kontaktsperre» gegenüber seinen Fachkollegen, in Zeiträumen von Jahrhunderttausenden, statt Jahrmillionen; und bis heute hat es den Eindruck, als wenn die Theologen allein die Erweiterung des *zeitlichen Parameters* in den Fragen der Menschwerdung um den Faktor Zehn einfach nicht zur Kenntnis nehmen wollten, nur um weiter in dem Schneckenhaus ihrer allzu kleinen Sicht von Mensch und Welt verbleiben zu können.

Diese Feststellung betrifft nicht nur die Vergangenheit, sondern zugleich auch die Zukunft.

Es ist, sagten wir gerade, im Gefüge der Natur unmöglich, einen bestimmten Ist-Zustand als Endzustand zu betrachten. Alles in der Natur ist im Fluß, alles geht immer weiter, solange es lebt; am «Ende», wenn es «nicht mehr weiter geht», wartet einzig der Tod, und selbst er ist nicht «Zweck», nur Ergebnis. Auch über den *homo sapiens sapiens* wird die Entwicklung hinausgehen. Schon in weit weniger als 35 000 Jahren werden unsere Nachkommen von uns *weiter* entfernt sein als wir Heutige vom *Neandertaler.* Alles, was irgend wir heute als «Religion» bezeichnen, ist beschränkt auf die Vorstellungswelt unserer Spezies, und so wenig vorstellbar uns die Gedankenwelt etwa des *homo erectus* vor 500 000 Jahren ist, so wenig verstehbar wird einer Menschheit von morgen, wenn es sie denn gibt, unsere heutige Welt sein.

Ja, es könnte sogar noch ganz anders kommen. Es könnte sein, daß, in geologischen Maßstäben *bald* schon, die Geschichte der Menschheit zu Ende geht, schon weil wir in einem unglaublichen Tempo die natürlichen Ressourcen zerstören, von denen wir leben; die Geschichte des Lebens auf diesem Planeten aber würde damit durchaus nicht zu Ende sein. Im Gegenteil. Die Natur verfügt selbst nach 4,5 Milliarden Jahren des Bestehens unseres Planetensystems immer noch über unvorstellbar viel Zeit. Selbst nach dem Ende des Experiments Mensch könnte sie durchaus noch einmal oder gar mehrfach den Versuch starten, intelligente Lebensformen auf der Erde hervorzubringen. Die Vertreter einer solchen ganz anderen «Menschheit» würden durchaus nichts mehr wissen von der Existenz eines Jesus von Nazareth, so wenig wie wir heute schon von der Persönlichkeit wissen, die vielleicht (!) in den Bildern des «getöteten Menschen» in den eiszeitlichen Höhlenmalereien vor 22 000 Jahren im Solutréen Westeuropas dargestellt ist.

Denken wir nur einmal wirklich in geologischen Maßstäben! Stellen wir uns vor, wie die Welt in etwa 50 Millionen Jahren aussehen wird – in der Geschichte unseres Planeten nicht einmal ein so großer Zeitraum! Die afrikanische Platte, die heute schon Italien wie einen Rammsporn gegen Europa vor sich herschiebt und dabei das Alpenmassiv aus den Resten des Thetysmeers hochdrückt, wird dann eine ganz neue Gestaltung des mediterranen Raumes geschaffen haben; Ostafrika jenseits des Grabenbruchs wird eine Insel vor

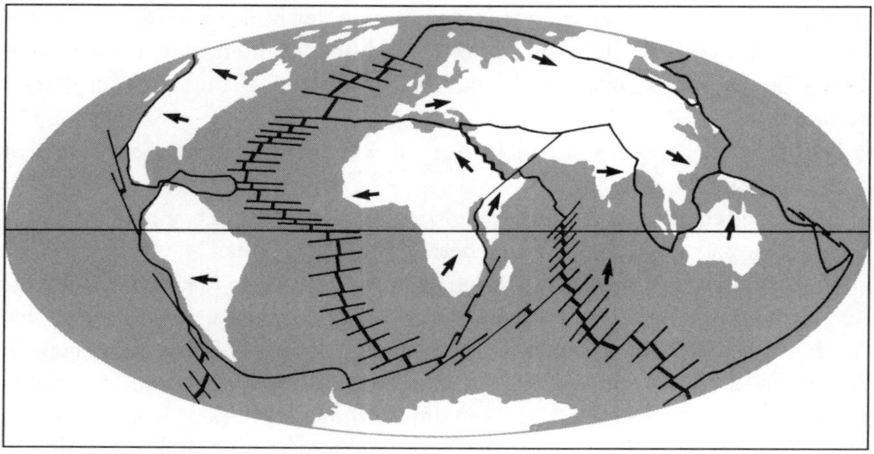

61 Eine Weltkarte in etwa 50 Millionen Jahren: Nord- und Südamerika werden von Afrika und Europa noch weiter getrennt sein, die Brücke von Panama ist wieder offen, die Zirkulation der Meeresströme (Golfstrom) wird dadurch neu gestaltet, Australien ist weit an Asien herangerückt...

dem Schwarzen Kontinent bilden; das «gelobte Land» der Verheißungen des Gottes Jahwe wird dann nichts anderes mehr sein als eine geologische Formation, in der sich bestimmte Ablagerungen erhalten haben; Nazareth, der See Genesareth, die Jordansenke werden dann von einem neu gebildeten Meer überflutet sein... (Abb. 61; aus: HEINZ HABER: *Planet im Meer der Zeit,* 139.)

Eine «christozentrische» Weltbetrachtung mutet allein in den Maßen der Zeit so sinnlos an wie die gesamte Anthropozentrik, die sie stützen soll.

Und *ein drittes* ist zu bedenken: Religionen sterben weit schneller als Meere und Kontinente; sie gehen zugrunde in historischen, nicht erst in geologischen Zeitmaßen, in Jahrtausenden, nicht erst in Jahrzehntausenden oder gar Jahrmillionen. Lediglich die enorme Dauer bestimmter Vorstellungsformen quer durch alle einzelnen Religionsformen bleibt staunenswert: Feuerkult, Kannibalismus, Fruchtbarkeitszauber, die Zuordnung von Tod und Geburt – alles das sind Symbole, die sich als «Archetypen» im Sinne C. G. JUNGS über riesige Zeiträume hin erhalten haben und auch im Christentum noch leben. Was aber soll dann die Lehre von einer «Offenbarung», die vor 4000–2000 Jahren von Abraham bis Jesus von Nazareth sich «geschichtlich» «ereignet» habe?

Schon im 1. Band von *Glauben und Freiheit* haben wir die Meinung vertreten, daß die «Offenbarung» Gottes so «alt» sei wie die «Schöpfung» selbst; entweder sei die ganze Welt eine «Offenbarung» Gottes oder der Gedanke der «Offenbarung» widerlege sich selber. Zugleich haben wir von vornherein (I, 40–42) darauf hingewiesen, daß es nicht länger angehe, die Symbolsprache der Religionen in Konkurrenz zueinander, statt in wechselseitiger Ergänzung zu betrachten. Beide Voraussetzungen kommen zusammen, wenn wir uns nur einmal anschauen, wie im Brahmanismus bzw. Hinduismus die «Inkarnation» Gottes betrachtet wird.

Die Person in der dreifaltigen Gottheit der Inder, welche die Welt begleitet und durchdringt, ist, wie im Christentum, nicht der Schöpfergott Brahma, sondern die «zweite Person» der Dreifaltigkeit: Vishnu. Doch im Unterschied zu der einmaligen und endgültigen «Inkarnation» des «Logos» im Christentum, inkarnierte der indische Gott bereits neunmal «in tierischer oder menschlicher Gestalt..., um die Menschheit zu retten oder Unholde zu vernichten» (H. GLASENAPP: *Die nichtchristlichen Religionen,* 164–165): Als *Fisch* rettete er Manu, den Stammvater der Menschheit, als *Schildkröte* legte er sich unter den Berg Mandara, als die Götter mit diesem Berg den Milchozean quirlten und den Unsterblichkeitstrank *Amrita,* das indische «Ambrosia», gewannen; als *Eber* holte er die Erde aus der Tiefe zurück; als *Mann-Löwe* tötete er einen Dämon; als *Zwerg* überlistete er den Dämon Bali, indem er, plötzlich riesengroß, Himmel, Erde und Unterwelt von ihm zurückgewann; als *Parashurama,* als «Rama mit dem Beil», vernichtete er die arrogante Kaste der Kshatriyas, der Krieger; als *Rama-tschandra* vollbrachte er all die Heldentaten, von denen das *Ramayana*-Epos berichtet; als *Krishna* wuchs er unter den Hirten von Mathura auf und vollbrachte die wunderbaren Taten, die im *Mahabharata*-Epos, besonders in der *Bhagavadgita,* dem «Neuen Testamen» der Hindus, berichtet werden. Auch der *Buddha* oder, warum nicht, der *Christus* kann in hinduistischer Sicht als ein *avatara,* als ein «Herabstieg» der Gottheit gedeutet werden. Als *Kalki* jedenfalls wird Vishnu am Ende der Tage die Welt von allen Bösewichten befreien.

Mustert man die Reihe der «Inkarnationen» im Hinduismus durch, so wird man sogleich bemerken, daß hier die Stufen der Entfaltung des Lebens selbst als «Inkarnationen» der Gottheit beschrieben werden: vom wasserbewohnenden Fisch über die amphibische Schildkröte führt der Weg über den im feuchten Morast wühlenden Eber zu Zwischenformen von Mensch und Tier bis hin zum Menschen und schließlich zum «göttlichen» Menschen. Dieser Unterschied zur christlichen Inkarnationslehre ist sehr wichtig. Während im Abendland die Entwicklungslehre CHARLES DARWINS für das anthropozentrische und christozentrische Dogma der Kirche eben aufgrund seiner historischen Fixierung notwendig einen Schock bedeutete, zeigt sich die asiatische Religiosität selber als Teil einer «dynamischen», «integrativen» Weltsicht: Nicht *eine*, sondern eine *ständige* «Inkarnation» des Göttlichen liegt der indischen Frömmigkeit zugrunde, oder anders gesagt: Es gehört zu der Weltfrömmigkeit des Hinduismus, die Entfaltung des Kosmos selbst als eine stufenweise Manifestation des Göttlichen zu betrachten, innerhalb deren der Mensch und seine «Vergöttlichung» ein wichtiges, doch nicht ein isoliert herausgehobenes Thema darstellt.

Der Vorteil einer solchen Betrachtungsweise besteht unter anderem in der Offenheit der indischen Religiosität gegenüber allen anderen Religionen, wohingegen der Exklusivitätsanspruch der jüdisch-christlichen Theologie sich im Grunde von selbst widerlegt. Die Mittelpunktslehre des Christentums vom Menschen und von Christus setzt ja nicht nur, entgegen dem evolutiven Weltbild, einen bestimmten geschichtlichen Augenblick in der Entfaltung des Lebens auf dieser Erde absolut, es verabsolutiert zugleich die «christliche» «Kultur» des Abendlandes selber und richtet sie als eine göttlich gewußte Wahrheit gegen alle anderen Religionen und Kulturen. Die Anthropozentrik des Alten Testamentes wird zur Christozentrik des Neuen Testamentes, und diese wiederum gerät in der abendländischen Theologie zu einer puren Eurozentrik. In gewissem Sinne ist eine solche Entwicklung unter den gegebenen Bedingungen unvermeidlich: Wenn die Theologie erst einmal die daseinsdeutende Sprache von Gott in eine Erklärung des Weltverlaufs umzudeuten beginnt, so muß der Gedanke an Gott immer mehr vergegenständlicht werden; die Spiritualität der Religion verwandelt sich dann selber in eine Ideologie des fertigen Wahrheitsbesitzes.

Kein Wunder deshalb, daß der anthropozentrische bzw. christozentrische Mittelpunktswahn des Christentums zu einer immer kleinlicheren Form der Machtausübung geriet. Wenn es wirklich stimmt, daß allein in Christus sich Gott der Menschheit so mitgeteilt hat, daß sie von daher die Rätsel der Welt zu entschlüsseln vermag, so ist es natürlich an den Christen selbst, die Welt an dieser ihrer Erkenntnis teilhaben zu lassen. Um «wahrer» «Mensch» zu sein, muß man nunmehr Christ sein, und um Christ zu sein, muß man in gewissem Sinne Europäer (oder genauer noch «Römer») sein. Aus der Religion als einer Haltung des Verstehens und der Verständigung wird jetzt eine Anspruchshaltung kirchlicher Machtausdehnung und Machtausübung – das Widerspiel des «Christus» selbst, auf dessen Person dem Namen nach eine solche «Theologie» sich bezieht.

b) Jenseits von Gut und Böse oder: Das Ende der Theodizeefrage

Dabei ist die Anthropozentrik, Christozentrik, ja Eurozentrik nur der erste Aspekt, an dem die christliche Theologie sich zentral ändern muß, wenn sie ihre Lehren mit dem evolutiven Weltbild der Abstammungslehre in Übereinstimmung bringen will. Ein *zweiter* Punkt hängt damit zusammen: die Lehre vom *«Sündenfall»* des Menschen «am Anfang» und von der *«Erlösung»* durch den *«Sühnetod»* Jesu Christi am Kreuz, eine Vorstellung, die sich von alters her mit einer strengen Logozentrik und einem außerordentlichen Moralismus verbindet.

Wir haben schon gesehen, wie die Historisierung des Mythos von der «Erbsünde» im christlichen Dogma zu einem unannehmbaren Widerspruch zu dem heutigen Bild der Biologie von der Heraufkunft des Menschen führen muß. Viele Völker erzählen von einem «Paradies», das einmal bestand und aus dem die Vorväter infolge der Übertretung eines Nahrungstabus von der Gottheit vertrieben wurden. Betrachtet man die Zeit der eiszeitlichen Jäger als eine Zeit des Glücks und der Zufriedenheit, wie H. KÜHN es tat, so geschah die «Vertreibung» aus dieser schönen Welt offenbar, als die Menschen nach dem Rückgang der Gletscher der letzten Eiszeit zu einer seßhaften Lebensweise, bedingt durch die Sammlertätigkeit der Frau, übergingen; auch in der Bibel wird der Ackerbau als eine «Strafe» für den «Abfall» des «Mannes» von der ursprünglichen Einheit mit der Natur durch die Verführung einer Frau geschildert (Gen 3,17), und in der Tat brachte die Einführung der Landwirtschaft den Menschen auch schwere Nachteile – Paläopathologen weisen auf die Folgen einseitiger Ernährung in den frühen Kulturen des Neolithikums hin (Zahnschäden, Knochen- und Gelenkentzündungen, Zunahme der Sterblichkeit) sowie auf eine drastische Zunahme von Infektionskrankheiten und Parasiten durch die wachsende Dichte des Zusammenlebens (vgl. JARED DIAMOND: *Der dritte Schimpanse,* 232–246: Das zweischneidige Schwert der Landwirtschaft); hinzu kommt das Fremdwerden der Tiere in Gen 3,15, das sich als ein Zerbrechen der Einheit des Menschen mit der Natur verstehen läßt.

Der geschichtliche Ort des «Sündenfalls» wäre demnach in die Zeit des beginnenden Neolithikums vor ca. 8000 Jahren zu verlegen. Doch wieder ist jetzt die Unterscheidung zwischen symbolischer Beschreibung und historischer Erklärung von großer Bedeutung. Wie in den drei Bänden *Strukturen des Bösen* (Paderborn 1976–1978) gezeigt, lassen die biblischen Erzählungen vom «Paradies» und vom «Sündenfall» sich so auslegen, daß sie als eine ergreifende Darstellung der Verlorenheit des Menschen im Getto der Angst, im Feld der Gottesferne, inmitten einer gnadenlosen Welt ihre existentielle, psychologische und sozialphilosophische Bedeutung behalten; zu einem solchen Verständnis aber gehört, daß man die Geschichten der «Genesis» eben nicht als geschichtliche Informationen, sondern als poetische Beschreibungen der Situation des Menschen unter dem Vorzeichen von Vertrauen oder Verzweiflung versteht, je nachdem, wie seine Stellung zu «Gott» beschaffen ist. Das Lehramt der römischen Kirche indessen hat, wie wir sahen (S. 56–63), sich selber in einen unüberbrückbaren Gegensatz zur Naturwissenschaft begeben, indem es bis heute in einer schwer begreifbaren fundamentalistischen Äußerlichkeit an den «Anfang» der Welt nach dem Vorbild einer ugaritischen Mythe (vgl. J. W. McKay: *Helel and the Dawn-Goddess,* VT 20, 1970, 452) den «Abfall des obersten der Engel» stellt, der dadurch vom «Lucifer», vom lichttragenden Morgenstern, zum «Teufel» wurde, und hernach an den «Anfang» der Menschengeschichte die «Sünde» «Adams» rückt, der *historisch* durch «Ungehorsam» das Verbot Gottes, vom Baum der Erkenntnis zu essen, übertrat und damit, verführt durch den Teufel, Unheil über sich selbst, über alle Menschen nach ihm, ja, über die ganze Erde und sogar über den ganzen Kosmos brachte. Seither, so will es das römische Dogma, ist die Natur «verderbt», ihre Ordnung «gestört», die Welt «erlösungsbedürftig»; und daß es sich so verhält, kann man nach Theologenmeinung ganz einfach schon daran erkennen, daß seither Krankheit und Tod das menschliche Dasein heimsuchen (Gen 3,19), daß die Frauen nur noch in Schmerzen Kinder gebären (Gen 3,16) und daß die Menschen sich ihrer Nacktheit, verstanden als sexuelle Ungeschütztheit, schämen (müssen) (Gen 3,7).

Das Mißliche an Vorstellungen dieser Art ist nicht allein die falsche «Wörtlichnahme» der Symbolsprache mythischer Texte in wichtigen Teilen der Bibel, auch nicht allein die kindliche Phantasterei von einer Welt, in der es «am Anfang» Alter, Krankheit und Tod als kreatürliche Mitgift der Lebewesen schlechterdings nicht gegeben hätte, das wirklich Schlimme an derartigen Anschauungen besteht in der konsequenten *Moralisierung aller natürlichen Lebenszusammenhänge.*

Eine *sinnvolle* Interpretation der «Sündenfall»-Mythe in Gen 3,1–25 könnte etwa darauf hinweisen, daß im Bannkreis von Angst, Verzweiflung und Sinnlosigkeit, von «Gottesferne» im weitesten Sinne, auch die natürlichen Prozesse von Alter und Krankheit *anders* erlebt werden als auf dem Hintergrund eines im ganzen erfüllten, glücklichen Daseins, und vollends gilt eine solche Feststellung gewiß auch für den Tod: – je weniger «richtig» ein Mensch gelebt hat, desto furchtsamer tritt er dem Tod gegenüber, und umgekehrt: Je zufriedener er sein Leben verbracht hat, desto leichter fällt ihm im Alter das Sterben. Und zudem: Wie viele Krankheitsformen sind wesentlich psychosomatisch und psychoneurotisch verstehbar? Wie oft *endet* das Leben längst *vor* dem Sterben in einem Unleben ohne eigene Wirklichkeit? – Über all diese Fragen läßt sich anhand der biblischen Urgeschichte in Weisheit und Verstand diskutieren.

Gänzlich unannehmbar aber ist das Kirchendogma mit seiner Erklärung, man habe die Hypothek der Endlichkeit des irdischen Daseins: den Tod, und seine Vorboten: Alter und Krankheit, für eine *Strafe* Gottes zu halten, die seit «Adams» «Sünde» «gerechterweise» über der Menschheit lasteten und erst durch den «Sühnetod» Jesu als des «Sohnes Gottes» hätten «hinweggenommen» werden können. Denn mit einem solchen Verständnis der Welt wird nicht nur die Ordnung der Natur für eine «teuflische» Verwirrtheit erklärt, es werden zudem die Gesetze der Physik, Chemie und Biologie als die Erscheinungen einer «tieferen» moralischen Gesetzmäßigkeit von Lohn und Strafe in den Händen des göttlichen Weltenlenkers gedeutet. Gott selber, so soll da geglaubt werden, bediene sich zu seinem kosmischen Regiment der Boshaftigkeit und Böswilligkeit seines teuflischen Widersachers, dessen Herr und Meister er zwar immerhin bleibe, doch den zu überwinden ihm erst durch die «Menschwerdung» seines «Sohnes» und dessen Hinrichtung am Kreuz möglich geworden sei.

Allein schon bei diesem Teil der kirchlichen Welterklärung muß man sich fragen, wie einem *«allmächtigen»* Gott die Schöpfung derart aus seinen Händen hat gleiten können, daß er sie erst durch einen solch gewagten Einsatz seines «Sohnes» vor 2000 Jahren wieder für sich zurückgewinnen konnte. Religionshistorisch wird hier der Einfluß der *persischen* Mythologie mit ihren dualistischen Vorstellungen eines Zweikampfs zwischen der guten, lichtvollen Gottheit *(Ahura Mazda)* und deren dunklem Gegenspieler *(Ahriman)* sichtbar, doch vereinbart sich eine solche Konzeption ganz und gar nicht mit der «monotheistischen» Ausrichtung des biblischen Schöpfungsgedankens in Gen 1,1 von der uneingeschränkten Souveränität Gottes. Ein Gott, der um seine Macht *kämpfen* muß, kann nicht «allmächtig» sein.

Aber auch an der *Allgüte* dieses Gottes müssen sich Zweifel melden: Einem Gott, der zum Zeugen des unsäglichen Leidens der Welt wird und der durch sein «Eingreifen» aller Qual auf Erden ein baldiges Ende bereiten könnte, dem dürfte als einem mitleidigen wohl nicht jene «Geduld» zu Gebote stehen, mit der er nach kirchlicher Erklärung, anscheinend in heiterer Ruhe, Jahrhunderttausende lang, bis gerade vor kurzem erst, dem grausen Treiben der Welt und der Menschen zugeschaut hat, ehe er schließlich, man weiß nicht warum, sich dann doch noch zu jener allerdings abenteuerlichen Rettungsaktion der Kreuzigung seines «Sohnes» hat hinreißen lassen; und selbst deren Ergebnis, bei Lichte betrachtet, kann man, gemessen am Aufwand, nicht anders als überaus kläglich bezeichnen: Da opfert ein Gott zur Erlösung der Menschheit und aller Welt sich selber in seinem Sohne, und es bleibt die Welt, es bleibt die Geschichte der Menschheit (bis auf die Gründung der so verkündigenden Kirche!) ganz wie sie ist! Nicht *eine* Krankheit, nicht *irgendein* Leid, nicht einmal die Geißeln von Krieg und Gewalt sind seither von der Erde verschwunden; daß sich das Verhalten der Menschen gegenüber den Tieren und der Tiere untereinander im Sinne der «Weissagungen» des Paradiesesfriedens von *Jes 11* nicht gerade geändert hat, kann jeder feststellen.

Mit einem Wort: Als Interpretation der Natur ist der gesamte christliche Erlösungszyklus erwiesenermaßen absolut ungeeignet.

Am schlimmsten nun aber: Das kirchliche Dogma deutet das Naturgeschehen selber als *moralisch orchestriert.* Da Gott selbst, ein Wesen immerhin von absoluter moralischer Integrität, wie man denken soll, die Welt «erschaffen» hat, steht nach den Gesetzen der Logik von vornherein zu erwarten, daß der Gang der Dinge selber als ein weises Gefüge von Lohn und Strafe bezüglich der Taten des Menschen sich darbieten werde – alles Glück des Menschen seinen Verdiensten, alles Unglück seinen Verfehlungen zurechenbar. Indessen kann jeder unvoreingenommene Beobachter der Welt sich leicht davon überzeugen, daß es sich gerade so *nicht* verhält, und selbst wenn es sich so verhielte, bliebe es doch aus moralischen Gründen ganz unerträglich, das ohnehin schon schwere Leid der Menschen noch mit einer derart archaischen Vergeltungskausalität belastet zu finden. «Weder die Moral noch die Religion», meinte schon F. NIETZSCHE (*Der Antichrist,* Nr. 15), «berührt sich im Christentum mit irgend einem Punkte der Wirklichkeit. Lauter imaginäre Ursachen (‹Gott›, ‹Seele›, ‹Geist›, ‹der freie Wille› – oder auch ‹der unfreie›); lauter imaginäre Wirkungen (‹Sünde›, ‹Erlösung›, ‹Gnade›, ‹Strafe›, ‹Vergebung der Sünde›) . . .; eine imaginäre Naturwissenschaft (anthropozentrisch; völliger Mangel des Begriffs der natürlichen Ursachen); eine imaginäre Psychologie (lauter Selbst-Mißverständnisse . . . – ‹Reue›, ‹Gewissensbiß›, ‹Versuchung des Teufels›, ‹die Nähe Gottes›; eine imaginäre Teleologie (‹das Reich Gottes›, ‹das Jüngste Gericht› . . .).» Und das Ergebnis: das sinnlose Leiden der Menschen!

«Was habe ich denn nur getan?» fragte auf dem Sterbelager eine Frau.

«Mein Lebenlang, seit Kindertagen, habe ich gebetet, und alle Jahre über glaubte ich mich von Gott beschützt und behütet. Jetzt aber hat Er seine Hand umgedreht und mich fallengelassen, und ich weiß nicht, warum. Manchmal frage ich mich, ob es Ihn überhaupt gibt. Er antwortet nicht, so viel ich auch rufe. Womit habe ich das denn verdient? Ich habe doch nur meine Pflicht getan!» *Das* hatte sie allerdings – es fällt schwer, sich ein frömmeres, kirchentreueres Leben, als diese Frau es geführt hat, vorzustellen. Doch all ihre Beichten, Meßbesuche, Andachten, Kommunionen, Prozessionen und Wallfahrten waren umsonst. Jetzt, wo es darauf ankam, war sie buchstäblich mutterseelenallein, da hatte Gott sie «verlassen», und es war an ihr, herauszufinden, warum. Zu ihrem unerhörten physischen Leiden, einem Krebs, der inoperabel in ihrem Magen wucherte, sollte jetzt, zufolge kirchlicher Lehre, wie diese Frau sie seit Kindertagen in sich aufgenommen hatte, noch der monströse Gedanke treten, all das erdulde sie *verdientermaßen* – die Krankheit als Strafe, der drohende Tod als der «Sünde Sold»! *Gott,* auch in ihren Augen, trug *nicht* die Schuld – eher gab es ihn gar nicht! Doch wofür dann das Leben? So sinnlos, so haltlos ... !

Fragen, wie diese Frau am Rand des Todes sie stellte, sind es wieder und wieder, die sich gerade bei denen zu Wort melden, die den kirchlichen Lehren seit Kindertagen ausgeliefert sind.

Ob im kollektiven Geschehen der *«Pest»* von ALBERT CAMUS (s. o. S. 39–40) oder im Leiden auch «nur» eines einzigen Kindes wie in DOSTOJEWSKIS Roman *Die Brüder Karamasow* (s. o. S. 38–39) – wieviel an Zweifel, an *Verzweiflung* entsteht immer wieder aus jenem *falschen* moralisierenden Verständnis der Natur innerhalb des kirchlichen Weltbildes! «Warum heute Atheismus?» fragte 1886 bereits FRIEDRICH NIETZSCHE in *Jenseits von Gut und Böse* (Nr. 53) und gab zur Antwort: «Der ‹Vater› in Gott ist gründlich widerlegt; ebenso ‹der Richter›, ‹der Belohner›. Insgleichen sein ‹freier Wille›: er hört nicht – und wenn er hörte, wüßte er trotzdem nicht zu helfen. Das schlimmste ist: Er scheint unfähig, sich deutlich mitzuteilen: Ist er unklar? – Dies ist es, was ich, als Ursachen für den Niedergang des europäischen Theismus, aus vielerlei Gesprächen, fragend, hinhorchend, ausfindig gemacht habe; es scheint mir, daß zwar der religiöse Instinkt mächtig im Wachsen ist, – daß er aber gerade die theistische Befriedigung mit tiefem Mißtrauen ablehnt.»

Die «theistische Befriedigung» – das war bisher der biblische Gott mit seinem endlosen «Strafen» und seinem endlichen «Lohnen» – ein Gott, der den Menschen im Glück überflüssigerweise noch seiner besonderen «Erwählung» versicherte und daneben den Elenden immer noch tiefer in sein vermeintlich selbstverschuldetes Unglück stieß, ein Gott, der die Wechselfälle des Lebens wie auf einer Theaterbühne mit absoluten, dramatischen Maßstäben versah, während er selbst erkennbar diesen seinen eigenen Maßstäben in der Wirklichkeit nicht gerecht ward, ein Gott, der bei allem Sprechen von Wahrheit, Gerechtigkeit und Liebe am Ende den Menschen nötigte, unwahr und ungerecht gegen sich selbst zu sein bis zum Selbsthaß – ein solcher Gott, der vermeintlich dasteht als Beistand des Menschen und wird ihm, um selber «unsündlich» zu bleiben, schließlich zum Prinzip nicht endender Vorwürfe, ein Gott, der als erstes zum *Nicht*erkennen der Welt zwingt, wie sie ist, und dann zum *Be*kennen einer Welt nötigt, wie sie, allenfalls dem Ideal nach, sein könnte, einem solchen Gott muß jede weniger vorurteilsbelastete Wahrnehmung der Welt ein allmähliches, schmähliches Ende bereiten; und es wird nach und nach das Beste am Menschen sein: sein Drang nach Wissen, sein Wille zur Wahrheit, was einen solchen Gott, wie die Kirche ihn lehrt, erst zum Greis, dann zur Mumie, schließlich zum Spuk werden läßt. Die Welt *ist* nicht «gerecht», ihre Gesetze *sind* nicht «belohnend» noch «strafend», ihre Wirkungen weder «gütig» noch «menschlich» – es verrechnet sich jeder, der mit solchen Erwartungen auf seinen «Gott» zählt!

Und doch hat es die kirchliche Erziehung dahin gebracht, den Gläubigen gerade solche Fehlerwartungen aufzuzwingen. Wer sagen wollte, er glaube nicht einen Vulkanausbruch oder ein Hochwasser als mögliche «Strafe» eines zürnenden Gottes, der glaubt nach jüdisch-christlicher Auffassung überhaupt nicht, der braucht jedenfalls keine «Bittprozessionen» am Fronleichnamstage mehr, um, wie die römische Kirche es will, mit Gebeten gegen «Mißwuchs, Hagel und Ungeziefer» vorzugehen, der braucht keine beschwörenden Litaneien, um den «Grimm» Gottes wegen der «Sünden» der Menschen «gnädig» zu stimmen; der wird, selbst wenn ihn eine unheilbare, quälende Krankheit aufs Sterbelager wirft, sich einen Pfarrer *verbitten*, der den physischen Schmerz seiner Krankheit noch mit Schuldgefühlen aller Art zu imprägnieren sucht: – er *braucht* nicht länger jene «Vergebung», wie nur ein Priester der (römischen) Kirche mit Hilfe einer magischen Formel sie vermeintlich aussprechen kann; er wird es sich eher als ein Zeichen geistiger Schwäche vorwerfen, in derart archaische Deutungsmuster der Welt, wie die Bibel sie bislang dem Christentum auferlegt hat, noch einmal zurückzufallen.

Archaisch nämlich ist dieses Denken in den Begriffen von «Lohn» und «Strafe». In einem Beitrag über *Die menschheitsgeschichtlich ältesten Mythologeme* hat Rudolf Bilz (*Paläoanthropologie,* 1, 496–508) schon 1971 darauf hingewiesen, daß das «Mythologem von der Gerechtigkeit» «pithekanthropologischen», also «affenmenschlichen» Ursprungs sei. Bereits bei den Affen setzt es «Strafe», wenn ein Weibchen etwa eine Möhre entgegennimmt, die dem ranghöheren Männchen zukommt. Schon bei Tieren gilt jede Übertretung der Normen des Zusammenlebens, gleich, aus welchen Gründen, für «strafwürdig». Ein Huhn etwa, das, weil krank, die Federn verliert, wird von den anderen Tieren aus dem Sozialverband «ausgemerzt». Den Unglücklichen für «schuldig» zu halten und ihn zu «bestrafen» durch «Ausstoß» aus der Gruppe, darf für die Urform der «Gerechtigkeit» bereits im Tierreich und erst recht bei den Menschen gehalten werden.

Bei uns Menschen aber, meinte R. Bilz, sei erschwerend noch die Einsicht in die «Situation der absoluten Ausweglosigkeit» hinzugekommen: «Wir haben», schrieb er, «das Urwald-Schimpansen-Paradies verlassen und sind nun gleichsam ‹in die baumlose Savanne geworfen›, ‹in das Labyrinth unserer baumlosen (= hoffnungslosen) Ausweglosigkeit›.» Das Gefühl endgültiger Aussichtslosigkeit fördert im Grunde lethale Mechanismen – den Wunsch, sterben zu dürfen und allem ein Ende zu machen; doch empfindet ein Mensch es wohl stets als «ungerecht», ganz einfach als etwas Unbedeutendes und Überflüssiges von der Bühne des Lebens weggeschoben werden zu sollen; und so findet er von alters her einen gewissen Trost in der Vorstellung, es wären da Götter, die seinen *unverdienten* Tod zu rächen bereitstünden. «Durch unser Wohlverhalten gelten wir für sie als Lieb-Kind, um so mehr werden sie bereit sein, uns zu rächen, wenn es offenbar wird, daß meine Mitbürger mich in eine Situation der Ausweglosigkeit und damit zum Selbstmord getrieben haben.»

Doch dieser «Trost», der die Selbstgerechtigkeit im Stile biblischer Rache-Psalmen ins Ungemessene fördert, funktioniert auch umgekehrt: Wie, wenn es gar keine «Feinde» gibt, an denen ein Gott uns zu rächen vermöchte? Wie, wenn er «Rache» nimmt *an uns selber?* Und wie, wenn er augenscheinlich mit seinen Strafaktionen immer wieder die «Falschen» trifft? Die ganze Idee der Strafe-Gerechtigkeit als Prinzip der Naturerklärung ist absurd, und sie bildet bei allem Beteuern besonderer Gottesverehrung heute im Grunde die Hauptursache der Gottlosigkeit bei allen, die auch nur ein wenig über ihr Schicksal nachzudenken begonnen haben.

«‹Ist das vielleicht eine Gerechtigkeit?›» entsinnt sich R. Bilz (503); «diesen Ausruf konnte man im Kriege nicht selten hören. Darauf hätte man den verdrossenen Kameraden antworten können: ‹Hattet ihr denn Gerechtigkeit allen Ernstes erwartet?› Die Politiker behaupteten zwar, es handle sich um ‹einen gerechten Krieg›, aber das war eben die Frage, ob es ‹gerechte Kriege› überhaupt gibt. Wenn – ich erinnere mich vieler Gespräche als Soldat während des Ersten Weltkrieges – einer von uns ums Leben kam, der als ein ‹anständiger Kerl› oder als ‹lieber Junge› galt, so war das in den Augen der Freunde ‹keine Gerechtigkeit›. Hätte eine Granate einen anderen zerreißen sollen? Wen vielleicht? Man sah in der Gerechtigkeit eine göttliche Ordnung. ‹Ich glaube nicht mehr an Gott›, diesen Satz habe ich mehr als einmal gehört, wenn einer der Freunde getötet wurde.»

Die einfache Wahrheit lautet: *Kein* Mensch hat das Leben «verdient», das ihm, jenseits von Lohn und Strafe, auferlegt wird, und je eher er diese Tatsache begreift und an ihr seine Gottesvorstellung korrigiert, desto wahrscheinlicher wird er vor schweren religiösen Enttäuschungen und Verbitterungen bewahrt bleiben. Die ganze Idee der Strafe-Gerechtigkeit Gottes, der gesamte Moralismus in der Deutung der natürlichen Abläufe verleumdet die Natur und tut dem Menschen unrecht: Er ist weder so «groß» noch so «zentral» wichtig, als daß er die Ordnung des Kosmos hätte «verderben» können, und er ist auch nicht so «frei» und so «verantwortlich», als daß über jeden von uns für etwaige Vergehen die Todesstrafe zu verhängen «gerecht» wäre. Zwei bis vier Millionen Jahre erst (!) währt nun der Prozeß der Vermenschlichung unserer Spezies. Man darf in gewissem Sinne noch nicht zu viel von uns verlangen. Gerade eben erst sind wir dabei, die schlimmsten Reste aus dem Schlachthof unserer Herkunft hinter uns zu bringen, und jedenfalls hat kein Gott, der just diesen Weg unserer Entstehung «gewollt» hat, ein Recht, uns gleich wieder, einen jeden von uns schon nach ein paar Jahrzehnten, einfachhin abzuschaffen. Ein Gott, der sich so ungeheuer viel Zeit läßt, den Menschen zu «bilden» und am Ende gar, wenn auch mit merkwürdig uneffizienten Mitteln, zu «erlösen», der sollte jedenfalls an seinem eigenen Geschöpf seinen Zorn mildern und ein bißchen Geduld lernen.

Wie die Fragen eines *Biologen* an die Glaubenslehren des jüdisch-christlichen Schöpfungsmythos in Gestalt des kirchlichen Dogmas sich anhören, hat in dem vorhin erwähnten «Gespräch» FRANZ M. WUKETITS noch einmal gegenüber dem Münchner Theologen WOLFHART PANNENBERG formuliert, der die «Loslösung von der Gemeinschaft mit Gott», «daß der Mensch selber sein will wie Gott», für den Kern der Schöpfungsproblematik erklärt (*Gott, der Mensch und die Wissenschaft*, 93); WUKETITS meint ganz zu Recht: «Ich sehe diese Dinge ganz ohne Sünde. Was hat der Mensch von Anfang an gemacht? Nichts anderes als alle übrigen Arten eigentlich machen – er will sich Ressourcen sichern und überleben ... Ich vermute, jede Art würde sich in unserer Situation so verhalten. Ich habe auch Schwierigkeiten mit der Aussage, der Mensch habe sich quasi von Gott losgelöst. Wann soll das gewesen sein? War das schon der Neandertaler oder der Homo erectus, oder war das erst der sogenannte zivilisierte Mensch, der über all das nachdenkt? Ich habe die starke Vermutung, daß sich der Mensch der Natur beziehungsweise der Schöpfung gegenüber nie wirklich verantwortungsbewußt verhalten hat. Er hatte nur früher keine großen Möglichkeiten der Zerstörung. Die Neandertaler waren wahrscheinlich auch keine geborenen Naturschützer. Ich sehe in dem Zusammenhang keinen Sündenfall, sondern eine ganz natürliche Fortsetzung bestimmter Bestrebungen, die jeder Art innewohnen... Die Dinosaurier sind nicht verantwortlich dafür gewesen, daß sie ausgestorben sind, und wenn der große Panda verschwindet, weil er überspezialisiert ist, hat er leider keine Möglichkeiten, vorher darüber nachzudenken, um seine Freßgewohnheiten noch rechtzeitig zu ändern.»

WUKETITS fährt fort (94–95; 103): «Was uns (sc. vom Tier, d. V.) unterscheidet, ist, daß wir trotz besseren Wissens ein bestimmtes Verhalten an den Tag legen, mit dem wir nicht nur uns selber letzten Endes zerstören werden, sondern vorher noch Millionen anderer Arten auch. Die meisten Menschen bemerken gar nicht, daß derzeit ein Massenaussterben auf der Erde stattfindet. Wie der amerikanische Zoologe (E. O.) WILSON (sc. *Biophilia,* Cambridge 1984) errechnet hat, sterben heute stündlich drei Organismenarten aus. Wenn man das hochrechnet, dann kommen wir pro Tag auf ungefähr 70, pro Monat auf über 2000 Arten. Das ist ein Massenaussterben, wie es zuvor in der Erdgeschichte schon öfter stattgefunden hat. Krisen und Katastrophen begleiten ja gewissermaßen die Evolution des Lebendigen – man denke nur an die Dinosaurier, die vor siebzig Millionen Jahren verschwunden und ausgestorben sind. Aber der große Unterschied zu früheren Krisen und Katastrophen ist der, daß praktisch eine einzige Spezies, eine einzige Art, nämlich wir Menschen, dieses Massenaussterben verursachen. Heute leben auf der Erde etwa fünfzehn bis zwanzig Millionen Arten. Für alle hat die Erde ein Energiebudget zur Verfügung gestellt. Aber dieses Reservoir wird von einer einzigen Art, nämlich dem Großverbraucher Mensch, in höchstem Ausmaße ausgebeutet. Wir verbrauchen ungefähr 20 bis 25 Prozent aller Ressourcen. Wir müssen uns außerdem vergegenwärtigen, daß die meisten Arten, die heute unter unserem Einfluß verschwinden, der wissenschaftlichen Biologie überhaupt noch nicht bekannt sind.» «DARWIN hat in seinem berühmten Buch über die Entstehung der Arten sinngemäß gesagt, daß allein aus Hunger und Tod die höchsten Wesen hervorgehen, die wir kennen. Und das ist nun doch eine (sc. für den Menschen des jüdisch-christlichen Schöpfungsglaubens, d. V.) sehr kränkende, ja gewissermaßen furchteinflößende Sicht. Die Lebewesen vermehren sich demnach überproportional und wesentlich schneller, als die Ressourcen sich erneuern können. Es herrscht somit ein Nachkommensüberschuß bei gleichzeitiger Ressourcenknappheit in der Natur. Daher kommt es zu einem Wettbewerb ums Dasein, zwar nicht unbedingt ein Kampf mit Zähnen und Klauen, aber zu einem Wettbewerb, aus dem derjenige als momentaner Sieger hervorgeht, der günstigere Lebensstrategien entwickelt hat... Jedes Lebewesen, das über bestimmte Eigenschaften verfügt, die andere nicht haben, kann im Vorteil sein, wodurch sich die anderen aufgrund der natürlichen Auslese als weniger lebensfähig erweisen und aussterben.»

So «nüchtern» läßt sich die Mechanik beschreiben, die über den Aufstieg wie über den Untergang der Lebewesen entscheidet. Gut? Böse? Von vornherein scheinen das *unangemessene* Fragen zu sein. «Wenn ich Gott ‹gut› nenne, ist das so, wie wenn ich das Weiße schwarz nennen würde», meinte im 14. Jahrhundert bereits MEISTER ECKHART, um die Absurdität einer moralischen Bewertung der Schöpfung ebenso wie ihres Schöpfers zu verdeutlichen; er wurde von Papst JOHANNES XXII. am 27. März 1329 für Sätze dieser Art als Ketzer verurteilt (H. DENZINGER, A. SCHÖNMETZER: *Enchiridion Symbolorum,* 950–980, Nr. 978), doch was er sagen wollte, erweist sich als durchaus berechtigt; es ist dieselbe Einsicht, die schon HERAKLIT (Fragment 102) formulierte: «Für Gott ist alles schön und gut und gerecht; die Menschen aber haben das eine als ungerecht, das andere als gerecht angenommen.» Die moralischen Wertmaßstäbe mögen – bei all ihrer geschichtlichen Wandelbarkeit – eine gewisse Geltung zur Beurteilung des *menschlichen* Verhaltens mit sich bringen; – ganz sicher haben sie sich als Strategien im Überlebenskampf der Arten für den Erhalt der *menschlichen* Spezies herausgebildet und offensichtlich bewährt –; ihre grundlegenden Regeln weisen zudem eine überraschende Ähnlichkeit mit den Verhaltensweisen anderer Lebewesen auf, so zum Beispiel der Respekt vor dem Revier eines anderen, die Scheu, in den Harem eines stärkeren Männchens einzudringen, oder eine gewisse Hemmung, Artgenossen willkürlich zu töten (vgl. W. WICKLER: *Die Biologie der Zehn Gebote,* München 1971); aber: so wenig der Mensch im «Mittelpunkt» der Schöpfung steht, so verfehlt muß es sein, die moralischen Wertungen *des Menschen* zum Maßstab des Verstehens und Beurteilens der Natur zu erheben. Die Natur hat unzählige Lebensformen hervorgebracht, von denen eine jede über ihre eigene «ethische» und «ästhetische» Wahrnehmung der Welt verfügt; und es ist schon von daher vollkommen unmöglich, die Welt aus der Perspektive nur einer einzigen Spezies verstehen zu wollen.

Erst durch diese negativ klingende Feststellung wird nun die eingangs skizzierte Frage nach der *«Rechtfertigung Gottes»* angesichts seiner Schöpfung (das sogenannte *«Thodizeeproblem»*) ein Stück weit lösbar: Die ganze Fragestellung nämlich erweist sich jetzt bereits als eine perspektivische Verzerrung in der Wahrnehmung der Wirklichkeit, als ein *Subjektzentrismus* des Wertens, den das Ideal objektiver Erkenntnis in den Naturwissenschaften notwendig zum Einsturz bringt; der Glaube selbst erscheint jetzt als eine Folge der anthropozentrischen Anmaßung, die Gottheit müsse verpflichtet sein, alle Gesetze der Natur just so zu gestalten, daß sie einzig und wesentlich der Förderung und dem Wohlergehen des Menschen auf dem Planeten Erde am Rande eines mittleren Spiralarms einer mittelgroßen Galaxis unter Milliarden anderer Milchstraßensysteme im Kosmos dienlich sei. Ein solcher Gedanke, so kann man wohl unschwer erkennen, entstammt einer Zeit, in der man buchstäblich keine Ahnung von den wahren Dimensionen der Welt besaß; wenn es nun aber selbst am Ende des 20. Jahrhunderts immer noch «Theologen» gibt, die das veraltete Weltbild der Bibel als Teil einer göttlich geoffenbarten Wahrheit verteidigen wollen, so dienen sie damit weder dem Verständnis der Wirklichkeit, die uns umgibt, noch der Begreifbarkeit jenes «Schöpfers», der sie hervorgebracht haben soll.

Allerdings zeigt sich bei dieser Argumentation nur um so mehr, daß die «Theodizeefrage» logisch unabtrennbar mit der biblischen Anthropozentrik selbst verknüpft ist. So gut wie alle mythischen Religionsformen *vor* und *außerhalb* der Bibel besaßen, wie eingangs skizziert (S. 59–60), zumindest ein richtiges Gespür für die überragende Größe der Welt und für die Winzigkeit des Menschen. Selbst Völker am Rande der Steinzeit wie die mittelamerikanischen Indianerkulturen rechneten in astronomischen Ereignissen von vielen Jahrzehntausenden, und den Alten Ägyptern gar drehte die Welt sich in Zyklen von mehreren Jahrmillionen. Es stellt eine ungeheuere Vereinseitigung der Weltbetrachtung dar, wenn die Bibel die Geschichte des Kosmos auf ein symbolisches Sieben-Tage-Werk zusammenstreicht, das stufenweise auf den Menschen als Gottes Ebenbild zugeführt habe, um dann von der Geschichte des Menschen selbst lediglich die kümmerlichen paar Tausend Jahre vom Beginn des Ackerbaus und der Viehzucht vor ca. 8000 Jahren übrig zu behalten; und selbst von dieser Zeit noch geruht die Bibel nur die Berufung «Abrahams» im ersten Drittel des 2. Jahrtausends vor Christus wirklich zur Kenntnis zu nehmen – die über tausend Jahre ältere Geschichtsschreibung, welche die «Rachelstämme» bei ihrem Aufenthalt am Nil bereits auf den Tempelwänden ihrer ägyptischen Gastgeber hätten studieren können, ignoriert sie ganz einfach –, von den Aufzeichnungen im Zweistromland und im Alten China, von denen sie wirklich nicht viel wußte, gänzlich zu schweigen.

Man kann die biblische Anthropozentrik unter diesen Umständen wohl kaum mit blanker Unkenntnis erklären: – selbst im «gelobten Land», das die einwandernden hebräischen Stämme um 1200 vor Christus nach und nach durchsetzten und besetzten, hatten die Ägypter immerhin rund tausend Jahre lang bereits als Kolonialmacht ihren Einfluß geltend gemacht. Ein ägyptischer Hymnus der Natur, wie der *Sonnengesang* des Pharao Echnaton (J. ASSMANN: *Ägyptische Hymnen und Gebete,* Nr. 92, 215–221) aus dem 15. Jahrhundert vor Christus, hat seine hebräische Nachbildung im *Ps 104* gefunden; die ägyptischen *Liebeslieder* konnten im *«Hohenlied»* aufgegriffen werden; die altägyptische Mythologie von dem *König als Gottessohn,* ja als *Gott,* wurde zumindest zögernd vom Alten Testament aufgegriffen (vgl. 2 Sam 7,14; Ps 2,7; 89,28 zum König als *Sohn Gottes,* und Jes 9,5; Ps 45,7 zum König als *Gott*), und sie bestimmt bis heute die (metaphysisch verformte und fälschlich historisierte) kirchliche Lehre von Jesus als dem Messias (dem «Christus»); es war einzig die Sicht der Alten Ägypter *auf die Weltwirklichkeit,* die sich mit dem Willen der biblischen Theologie nicht vertrug, die gesamte Veranstaltung der göttlichen Schöpfung wesentlich auf die «Offenbarung» des eigenen Stammesgottes an sein auserwähltes Volk hinzuführen. In der Tat ist es diese Konzeption von «Offenbarung» in der Bibel, die den anthropozentrischen Mittelpunktswahn und damit zugleich das «Theodiezeeproblem» unausweichlich nach sich zog.

Denn so viel ist klar: Erst wenn da ein Gott existiert, der durch seine «Offenbarung» sich als derart «menschlich» zu erkennen gegeben hat, daß sogar die Zehn Gebote auf ihn selber als obersten Gesetzgeber zurückgehen, wie die Geschichte vom Sinai glauben macht (Ex 20, 2–21), besitzt der Mensch – falls er diesen neuen Mythos wiederum fälschlich historisiert und auf falsche Weise «wörtlich» nimmt! – ein gewisses Recht, fortan die «Taten» seines Gottes an dessen eigenen Worten und Verlautbarungen zu messen. Ein Gott, der – nach dem Vorbild hethitischer Vertragsstelen – als «Bündnispartner» des Menschen auftritt und vom Menschen «Gehorsam» gegenüber seinen Geboten und Weisungen verlangt, der tritt freilich in die Pflicht ein, sich nach dem Schema von Lohn und Strafe auch seinerseits an die Vorstellungen von «Gerechtigkeit» zu halten, die er selber erzeugt hat. Erst jetzt verschmilzt das Bild des Schöpfers am Weltenmorgen mit dem Bild des Gesetzgebers am Sinai; erst jetzt verschmelzen die Gesetze der Natur als Manifestationen des «Willens» Gottes mit den Gesetzen der menschlichen Moral, die Gottes Wille «gebietet»; erst jetzt entsteht die bizarre Vorstellung, die Ordnung der Welt müsse «moralisch» sein, um als das Werk dieses vermenschlichten Gottes in Erscheinung zu treten. Und erst jetzt beginnt notgedrungen das «Leiden» der notleidenden Menschen an ihrem unbegreifbaren Gott, der sich als «menschlich» erzeigen müßte und doch so offensichtlich «unmenschlich» ist; erst jetzt beginnt der Theologen«trost», Gott leide ja selber an seiner leidenden Schöpfung, ganz als ob damit irgend etwas auf Erden gebessert wäre – wir kommen sogleich auf dieses bemerkenswerte «Argument» noch zurück; erst jetzt beginnt die Schöpfung ihren eigenen Schöpfer zu widerlegen: SCHOPENHAUER, DOSTOJEWSKIS Iwan Karamasow, REINHOLD SCHNEIDER, FRIEDOLIN STIER – ihre Einwände, ihre Klagen müssen solange unbeantwortbar bleiben, als die projektive Verzeichnung der ganzen Problemstellung nicht deutlich begriffen wird. Die ganze Theodizeefrage läßt sich nicht auf*lösen,* nur auf*klären:* – als ein Scheinproblem! Da ist kein Gott, der die Sünden der Väter «rächt» bis ins dritte, vierte Geschlecht (Ex 20, 5); was sich da rächt, ist lediglich eine unerhörte Vermischung aller Begriffe.

Wie «offenbart» Gott seine «Gebote»? Das war schon die Frage IMMANUEL KANTS (*Grundlegung zur Metaphysik der Sitten,* VII 77–78). Seine Antwort lautete, daß es dazu keinen Gott brauche, der unter Donner und Blitz seine Worte auf Stein schreibe; es genüge durchaus, daß der Mensch seine eigene Vernunft in praktischer Absicht gebrauche. Sittlichkeit, so meinte KANT, sei *identisch* mit der Freiheit des Menschen; kein Gott habe deshalb, einzig im Gefälle der Macht, dem Menschen irgend etwas von außen zu gebieten: – das Diktat eines Willens vielmehr, der sich durch nichts weiter beglaubige als durch seine überlegene Gewalt, mache ein Prinzip nicht der Moralität, sondern geradewegs der Unmoral an sich selbst. Hört hingegen der Mensch auf die Stimme seiner Vernunft, so redet nach Meinung I. KANTS die Gottheit selber in ihm, so «offenbart» sie sich in ihm selber als eine vernünftige, so sagt sie ihm alles, was er zu wissen nötig hat, um sich auf Erden zurechtzufinden. Indem Gott den Menschen als einen vernünftigen «schuf», offenbarte er sich mithin von Anfang an in der einzigen Sphäre, die des Göttlichen würdig ist: in der Sphäre von Geist, Vernünftigkeit und Freiheit; die Vorstellung eines Gottes indessen, der so alberner Mittel bedarf wie der Gott am Sinai, um sich seinem schwerhörigen Volk zu beglaubigen, dient nicht länger mehr der Gottesverehrung, sondern seine Vorstellung auch nur ist schlicht: Gottes*lästerung.*

Deutlich war dabei für KANT, daß die Moralität der menschlichen Vernunft ganz und gar *subjektiv* dem Menschen als einem «intelligiblen Wesen» zugehört; sie kann und darf gerade nicht als eine Eigenschaft der empirischen Welt verstanden werden. Die Gesetze der Naturkausalität haben nichts zu tun mit der Ordnung, die sich der Mensch selber in seiner Freiheit gibt. Die menschliche Moral, mit anderen Worten, gehört einzig dem Menschen zu, nicht der Natur. Die Natur kann nicht «menschlich» sein. Es ist möglich, zu sagen, daß von Gott als dem «Ideal der Vernunft» sich beides herleite: die Ordnung der Sterne wie die Ordnung des menschlichen Herzens, doch besteht zwischen beiden ein unendlicher Widerspruch, der nur im Unendlichen, im Postulat einer «unsterblichen Seele», sich aufheben läßt.

Schon der Gott IMMANUEL KANTs bedarf mithin nicht länger der endlosen Lamentationen und Jeremiaden, der Hilfeschreie und Bittgesänge, der Rachepsalmen und Triumphlitaneien, mit denen seine abergläubigen Gläubigen ihm immer noch in den Ohren liegen; er bedarf nicht länger der Ritualdienste priesterlicher Bußexperten und magischer Opferpraktiken; in den Muff und Moder schlecht gelüfteter Katakomben und weihrauchdurchtränkter Kathedralen dringt endlich jetzt die frische Brise eines wieder bemerkbaren Sonnenaufgangs. Und eben *das* wäre die Weise eines Gottes, der recht bei Vernunft ist, sich der Vernunft seines Geschöpfes Mensch «offenbar» zu machen.

Aber bleibt denn dann, mag mancher christlich gebildete Leser erschrocken an dieser Stelle sich fragen, von der Botschaft Jesu, von dem Gott der Bibel gar nichts mehr übrig als nur dieser winzige Rest eines aufgeklärten Deismus? Nein, ganz im Gegenteil, müssen wir sagen, wir sind überhaupt jetzt erst dabei, die wahre Bedeutung der Botschaft Jesu *am Ende* der Theodizeeproblematik wirklich zu erfassen. Jesus kam nicht in die Welt, um Fragen zu lösen, die nach Meinung jüdisch-christlicher Theologen die Gottheit mit sich selber und mit ihrer Schöpfung hat oder doch haben sollte; – oft genug haben wir diese Behauptung bestätigt (vgl. *Jesus von Nazareth,* 532–560). Es gibt aber *ein* Problem, das von IMMANUEL KANT überhaupt nicht und von Biologen wie F. M. WUKETITS, wenn sie von dem «Bösen» sprechen, zu wenig gesehen wird: das ist die menschliche *Angst.* Schon im 1. Band von *Glauben in Freiheit* (336-351) haben wir gezeigt, wie gerade der Faktor der menschlichen Vernunft die Angst, die wir aus der Tierreihe her in uns tragen, ins Unendliche steigert und damit nach Antworten drängt, die jedes vernünftige Maß vermissen lassen; die Religion, so sahen wir, ist schon deshalb für den Vernunftgebrauch nötig, weil nur sie die ursprünglichen Orte und Szenen von Geborgenheit, die sich der Seele der Tiere schon eingeprägt haben, in *Symbole* einer unendlichen Verheißung verwandelt. Dieselbe Vernunft, welche die Ängste der Tiere ins Unendliche setzt, setzt in der Religion die symbolisch verunendlichten Erfahrungen von Schutz und Sicherheit *dagegen* – ein phantastisches Arrangement, das aber den Menschen immerhin davor bewahrt (oder doch davor bewahren kann), an seiner Vernunft bis zum Paranoischen wahnsinnig zu werden.

Je stärker indessen die Bedeutung der menschlichen *Person* in der Geschichte der Bewußtwerdung des Menschen sichtbar wird, desto dringlicher verlangt das religiöse Bewußtsein nach einem *personalen Gegenüber* zu seiner Haltsuche und Selbstvergewisserung. Alle Symbole tradierter Frömmigkeit müssen selber solange ambivalent bleiben, als sie nicht durch ein angstfreies Vertrauen «gereinigt» werden; zur Vermenschlichung der menschlichen Religion bedarf es deshalb einer *menschlichen* Person, die in ihrer Menschlichkeit die Verheißungen lebt, die in den religiösen Bildern aufscheinen. Als eine solche Person erscheint in der Bibel Jesus aus Nazareth. Seine wesentliche Bedeutung liegt, wie eingangs gesagt (s. o. S. 16–18), keinesfalls in einer neuen Lehre oder gar in der Begründung einer neuen kirchenähnlichen Institution, sie liegt ganz und gar in der Art und Weise, mit der er in seiner Person das Vertrauen zu einem «väterlichen» Gott lebte und in dieser Zuversicht «über das Wasser ging» (Mt 14, 22–33). Da kam in der Tat der «Himmel» zur Erde, da wurde es möglich, das «Böse» zu überwinden durch das «Gute» (Röm 12, 21), da gewannen Menschen die Freiheit, selbst auf Haß und Verfolgung mit verstehender Güte zu antworten.

Entscheidend bei all dem ist die Feststellung, daß das Phänomen des «Bösen» sich nicht länger als ein «moralisches» Problem betrachten läßt, sondern, wie in den *«Strukturen des Bösen»* (III, 448–460) gezeigt, von der existentiellen und psychischen Dynamik der Angst her verstanden werden muß. Erst dann gewinnt die sonst unsinnig scheinende Lehre von der *«Unfreiheit des freien Wollens»* (MARTIN LUTHER) in der kirchlichen «Erbsündenlehre» so etwas wie Tiefsinn, denn erst dann läßt sich zeigen, wie der Mensch seiner eigenen Freiheit als der schwersten Last seines Daseins im Felde der Angst zu *entkommen* sucht, wofern er nicht ein Gegenüber findet, das seine eigene Person so weit stärkt und bestätigt, daß er sich eines eigenen Lebens getraut (vgl. *Jesus von Nazareth*, 303–313). Nach allem, was wir über die Person des Mannes aus Nazareth wissen, wollte *er* eine solch uneingeschränkte und unbedingte Bejahung gerade der Menschen in Not konsequent leben, und zwar mit dem Anspruch, so sei Gott selber – so vergebend, so grenzenlos gütig. In dieser Haltung allein lag und liegt die «Erlösung», die «Heilstat» Gottes in seinem «Sohn» Jesus «Christus», dieses *Anti*-«Königs» in jedem Betracht.

Erst wenn man die Fragestellung *so* ausrichtet, versteht man, wieso (außerhalb der Gethsemane-Legende in Mk 14, 32–42 und eines Mißverständnisses des Gebetszitats von Ps 22, 2, mit dem auf den Lippen in Mk 15, 34 der Gottessohn stirbt: «Mein Gott, warum hast du mich verlassen») im ganzen Neuen Testament in der Person und Botschaft Jesu sich nicht die Andeutung auch nur einer «Theodizeeproblematik» nach Art des biblischen *Hiob*-Buches findet. Jesus vertraute auf Gott. Er machte ihn nicht in griechischem Sinne zum obersten Prinzip der Welterklärung. Und so kannte er auch nicht entfernt das Problem der christlichen Theologen, wie sich ein allervollkommenstes Wesen (ein *ens perfectissimum*) mit einer derart unvollkommenen Welt vereinbaren lasse. Die ganze Fragerichtung, in welcher der Mensch sich zum Richter des Göttlichen macht, war Jesus zuwider. Auf Gott hin zu leben war sein Bemühen, aber nicht, von Gott her die Welt zu befragen beziehungsweise von der Welt her Gott in Frage zu stellen.

Dabei wird das Kernanliegen der Botschaft Jesu erst jetzt in seiner theologischen Bedeutung ganz klar: die *Beseitigung* der ständigen Strafangst Gott gegenüber. Die *Entängstigung* des Menschen, die heilende («therapeutische») Zuwendung gerade zu dem Zerbrochenen, Kranken, Verlorenen verlangt programmatisch die *Preisgabe* der gesamten archaischen Strafe-Gerechtigkeit Gottes. Wohl läßt sich nicht leugnen, daß es eine Menge strafender Worte auch im Munde Jesu gibt, doch schaut man genau hin, *wofür* der Gott Jesu mit «Strafe» droht, so ist es *die Angst,* die sich nicht ins Leben getraut, wie in dem Gleichnis von den unterschiedlichen Talenten (Mt 25, 14–30, vgl. *Das Matthäusevangelium,* III, 214–221), oder die Enge des Herzens eines Menschen, der einzig von der Entschuldung seiner Schulden lebt und dennoch seinem «Mitknecht» für geringfügige Schuldbeträge an die Gurgel geht, wie in dem Gleichnis vom «Schalksknecht» (Mt 18, 23–35, vgl. *Das Matthäusevangelium,* II, 443–458). Wenn Jesus Angst macht, dann *gegen* die Angst und ihre Folgen, und wenn er vom «Zorn» Gottes spricht, dann einzig im Angesicht der Lieblosigkeit von Menschen, die selbst an Bettlern, Gefangenen, Fremden und Kranken vorübergehen wie ungerührt (Mt 25, 31–46, vgl. *Das Matthäusevangelium,* III, 222–244). Im Grunde führt die «Strafgerechtigkeit» Gottes sich in der Botschaft Jesu und in seinem Verhalten selbst *ad absurdum* und *soll* es mit Absicht; denn mit einem Gott, der «gerecht» ist im Sinn des «Gesetzes», vermöchte kein Mensch zu leben (vgl. *Jesus von Nazareth,* 162–176).

Dann aber entfällt natürlich das ganze Problem der Theodizeefrage. Die Naturabläufe sind jetzt endgültig nicht mehr, weder naturphilosophisch noch mit Berufung auf die Botschaft Jesu, dazu da, den Menschen zu strafen, und sie sind auch nicht mehr dazu da, den Menschen zu «belohnen». Sie sind, wie sie sind. Und die Frage lautet fortan nicht länger: Wie «gerecht» oder wie «gütig» erscheint der Schöpfer seiner Schöpfung, sondern: Wie bewahrt und bewährt der Mensch seine Menschlichkeit und seine Güte angesichts einer Welt, die menschlich, gütig nicht sein kann? Einzig auf diese Frage antwortet die Botschaft und die Person Jesu. Sie untersagt nicht nur das Richten und Strafen unter den Menschen, wie es Jesus am Ende der Bergpredigt nachdrücklich tut (Mt 7, 1–5), sie umgeht zudem mit großer Selbstverständlichkeit das ganze Lianendickicht theologischer Fangfragen und naturphilosophisch verquerter Problemstellungen. Die Welt ist nicht länger mehr ein göttliches Jesuitendrama; die Natur kann, zumindest innerhalb der Botschaft Jesu, endlich ihre Eigenständigkeit gegenüber dem Menschen zurückgewinnen.

Erneut gelangen wir dabei zu einem Gedanken, den der «Atheist» FRIEDRICH NIETZSCHE bereits im vergangenen Jahrhundert völlig richtig artikuliert hat. Er wußte nur zu gut, daß der Mensch *mehr* ist als nur moralisch und daß die Verengung des Menschenbildes auf die kirchlich-gesellschaftliche Schulmeisterei ebensowohl auf eine Verleumdung der Natur hinauslief. «Es ist die Musik in unserem Gewissen», schrieb er, «der Tanz in unserem Geiste, zu dem alle Puritaner-Litanei, alle Moral-Predigt und Biedermännerei nicht klingen will» (*Jenseits von Gut und Böse,* Nr. 216). Und zu der Lohn- und Strafe-Gerechtigkeit notierte er: «Das moralische Urteilen und Verurteilen ist die Lieblings-Rache der Geistig-Beschränkten an denen, die es weniger sind, auch eine Art Schadenersatz dafür, daß sie von der Natur schlecht bedacht wurden» (Nr. 219).

Im Grunde geht es darum, eine Güte zu lernen, die in sich selber ruht und den gesamten archaischen Ritus von Lohn und Strafe nicht länger benötigt – so wie es schon ERICH FROMM für eine eher «matriarchale» Kulturform der Zukunft in Aussicht stellte und wie es der Einstellung Jesu zweifellos am meisten entspricht (vgl. *Jesus von Nazareth,* 511–518).

Eine Auffassung der Natur, die in ihren Gesetzen auf die Moral der Menschen weder positiv noch negativ achthat, eine Moralität, die nicht länger sich ködern läßt von der Hoffnung allfälliger Prämien noch sich schrecken läßt von etwaigen Strafandrohungen himmlischer oder irdischer Vergeltungsinstanzen, eine mündige Menschlichkeit, welche es wagt, die Last der Verantwortung für das eigene Tun selber zu übernehmen – man muß lange in die Philosophiegeschichte zurückgehen, um einer Zeit zu begegnen, in der man so dachte; doch läßt sie sich finden in Gestalt der *Stoa.* Bezeichnenderweise lag diese Zeit freilich dicht *vor* der Heraufkunft des Christentums als einer Staatsreligion der Spätantike Roms. Eine Verbindung zwischen der Verkündigung

Jesu und der Philosophie SENECAS – wieviel an untrüglichem Realitätssinn, an innerer Lauterkeit und an Charakterfestigkeit hätte die frühe Kirche durch eine solche Synthese gewinnen können! Wieviel an mißverstandener Mythologie und systematisiertem Mystizismus wäre ihr erspart geblieben! «Das, was an der Religiosität der alten Griechen staunen macht, ist die unbändige Fülle von Dankbarkeit, welche sie ausströmt», meinte noch NIETZSCHE als «Philosoph» (a. a. O., Nr. 49) – «es ist eine sehr vornehme Art Mensch, welche *so* vor der Natur und vor dem Leben steht! – Später, als der Pöbel in Griechenland zum Übergewicht kommt, überwuchert die *Furcht* auch in der Religion; und das Christentum bereitet sich vor.» Es ist wahr, daß, wie man kritisch bemerkt hat, die Lehren der griechischen (und römischen) Philosophen sich nicht an den Bedürfnissen und Nöten der «einfachen» Menschen, der Sklaven vor allem, orientierten; es ist auch wahr, daß sie sich außerstande zeigten, sich dem Problem der *Angst* des Menschen zu stellen, geschweige denn es zu begreifen – an dieser Stelle *verlangt(e)* die Stoa förmlich nach einer Erweiterung und Ergänzung durch das Christentum; doch hätte die christliche «Theologie» selber unbedingt sich erweitern und ergänzen lassen müssen durch die Weltsicht der «heidnischen» Philosophen, statt das biblische Welt*bild*, das symbolisch einen gewissen religiösen Sinn machen mag, mit «philosophischen» Mitteln zum Dogma zu erheben.

«Entscheidungen des Schicksals leiten uns», meinte zum Beispiel in der Mitte des 1. Jahrhunderts nach Christus SENECA in seiner kleinen Schrift *«Über die Vorsehung»* (V 7–8), «und wieviel einem jeden Zeit bleibt – die erste Stunde, da man zur Welt kommt, hat es festgelegt. Ursache hängt von Ursache ab; private und öffentliche Verhältnisse reißt die dauernde Weltordnung mit sich. Deswegen muß tapfer alles getragen werden, weil nichts, wie wir meinen, zufällig geschieht, sondern alles verursacht eintritt. Vor Zeiten ist festgesetzt worden, woran du dich freuen sollst, worüber weinen, und mag noch so große Vielfalt scheinbar das Leben jedes einzelnen gestalten, das Ergebnis kommt auf *eines* hinaus: Wir empfangen Vergängliches, selber vergänglich. Was also entrüsten wir uns? Was klagen wir? Dazu sind wir geboren. Verfahre, wie sie will, die Natur, mit unseren Körpern, ihrem Eigentum; wir, freudig bei allem und mutig, wollen bedenken, nichts gehe zugrunde, was uns gehört. Was ist eines werthaften Mannes Haltung? Sich darbieten dem Schicksal. Bedeutender Trost ist es, mit dem All fortgerissen zu werden: Was immer es ist, das uns so zu leben, so zu sterben geheißen hat, mit derselben Unausweichlichkeit bindet es auch die Götter; unwiderrufliche Bahn führt Menschliches gleicher Weise und Göttliches. Er selber, des Alls Gründer und Lenker, hat gewiß geschrieben die Schicksalsbeschlüsse, aber er befolgt sie; stets gehorcht er, einmal hat er befohlen» (*Philosophische Schriften,* 1, 30–33).

c) Vom Ende der «Vorsehung»

α) Die Herausforderung: Spinoza und der Kant-Laplacesche Mechanizismus

Die «Stärke» der stoischen Naturphilosophie lag ohne Zweifel in der Illusionslosigkeit, mit der sie den Menschen der Kausalität der Natur gegenüberstellte: Die Dinge der Natur sind weder «gut» noch «böse», sie müssen so sein, wie sie geworden sind. Es gibt keine «Schuld» in der Natur, es gibt nur Ursachen; und weder der Götter noch der Menschen Wille ist dazu da, die Natur zu verändern, genug, daß wir Menschen dahin gelangen, mit der Welt, wie sie ist, einverstanden zu werden.

Ein Philosoph wie SENECA vermittelte allerdings jenseits der Kausalität der natürlichen Ursachen noch die Vorstellung, daß, so unbegreifbar auch immer, ein nicht weiter faßbares «Schicksal», ein selbst den Göttern als Daseinsmächten überlegener «Lenker» oder «Ordner» im Hintergrund von allem, das Zusammenspiel der Ursachen im ganzen festgelegt habe. Es ist müßig, diesen Ordner nach dem Warum zu fragen – uns Menschen sind und bleiben seine Pläne verborgen. Auch und gerade in der Stoa war es mehr ein *Glaube* als eine Erkenntnis, daß bei so viel «Sinnvollem» in der Welt das Ganze der Welt selber einen «Sinn» haben *müsse,* und so sprach SENECA von dem Gestalter der Welt selber wie von einer *Person,* wie von etwas Menschenförmigem, das bei aller Verschiedenheit und Unbegreifbarkeit uns Menschen doch irgendwie «ähnlich» sieht.

Gerade mit *diesem* «Glauben» aber versprach die stoische Philosophie den Menschen *mehr,* als in Anbetracht heutiger Naturwissenschaft möglich scheint! Schon bei einem kurzen Streifzug durch die moderne Philosophiegeschichte kann man das relativ leicht erkennen.

Der erste, der die Strenge der stoischen Schicksalslehre im Abendland wieder aufgriff, war BENEDICT DE SPINOZA, der erste «Jude, der aufhörte, Jude zu sein, ohne zugleich Christ zu werden», wie ROLF SCHOTTLAENDER in der *Einleitung* (XIV–XV) zur Übersetzung der *Ethik* aus den Jahren 1665–1669 sagt. Im Lehrsatz 33 seines Hauptwerkes stellte SPINOZA folgende These auf: «Die Dinge konnten auf keine andere Weise und in keiner anderen Ordnung von Gott hervorgebracht werden, als sie hervorgebracht sind.» Den Grund für diese Behauptung sah SPINOZA darin, daß es «ein großes Hindernis für die Wissenschaft» darstellen würde, wenn man Gott beim Akt der «Schöpfung» so etwas wie eine Wahl- und Willensfreiheit beilegen würde: Nichts ist in naturwissenschaftlichem Sinne verstehbar, was sich im letzten auf den «freien» Entschluß einer obersten Macht zurückführen läßt, welche die Dinge nun einmal so und nicht anders gewollt hat; glücklicherweise, meinte SPINOZA, richte Gott sich bei allem, was er tue, einzig nach seinem eigenen Wesen, in ihm seien, ähnlich wie in der Mathematik, Freiheit und Notwendigkeit ein und dasselbe. «... wenn Gott über die Natur und ihre Ordnung anders beschlossen hätte, als er beschlossen hat», schrieb er, «das heißt: wenn er hinsichtlich der Natur anders gewollt und gedacht hätte, dann hätte er einen anderen Verstand, als er jetzt hat, und einen anderen Willen, als er jetzt hat, haben müssen» (37). Dann aber, argumentierte SPINOZA, wäre er nicht Gott – Gott kann nur so sein, wie er ist. Daraus folgt: «Alles hängt von Gottes Gewalt ab. Sollten sich also die Dinge anders verhalten können, so müßte sich notwendig auch Gottes Wille anders verhalten. Nun kann Gottes Wille sich nicht anders verhalten... Folglich können auch diese Dinge sich nicht anders verhalten» (38). Alles ist daher «von Gott vorher bestimmt..., und zwar nicht durch Freiheit des Willens oder durch ein unbedingtes Gutdünken, sondern durch Gottes unbedingte Natur oder unendliche Macht» (39).

Was SPINOZA mit diesen Worten vorschlug, bedeutete in der Religionsphilosophie und Theologie des Abendlandes eine Revolution. Gott hat die Welt nach seinem «Willen» eingerichtet, entsprechend seiner Liebe und Allmacht – gewiß, so lehrte die Bibel und die gesamte jüdisch-christliche Tradition auch bis dahin schon; aber «Wille», «Macht» und «Liebe» erlauben nicht eine einzige wirkliche Erkenntnis innerhalb der konkreten Welt, sie erklären buchstäblich nichts; wenn wir aber von Gott nichts weiter wissen (sollen), als daß er alles «kann», was er «will», so ist bei diesem Gott buchstäblich *alles* möglich; aber «alles Mögliche» ist identisch mit «nichts Wirklichem». Warum sind die Dinge, wie sie sind? Wer darauf nur sagt: «Weil Gott sie so gewollt hat», der erhebt die Willkür zum «Erkenntnisprinzip», dem bleibt in Ewigkeit nichts weiter übrig, als nach Art des biblischen *Hiob* vor den unerforschlichen Ratschlüssen des Allerhöchsten sich demütig zu verneigen, dem wird es niemals erlaubt sein, die Natur als eine in sich zusammenhängende Ordnung zu begreifen.

Anders SPINOZA. Indem er den «Willen» Gottes als *notwendige* Äußerung des *Wesens* Gottes deutete, entfernte er mit einem Schlage alle Willkür und jegliches «Wunder» aus der Wirklichkeit der Welt; fortan sollte es für ein und dasselbe gelten, die Natur zu erkennen und Gott zu erkennen; denn die Gesetze der Natur stellen nach SPINOZA die «Gedanken» dar, nach denen Gott *entsprechend seiner eigenen Natur* die Welt gestalten *mußte.* Gott müßte ein anderer als Gott sein können, wenn je die Gesetze der Natur anders sein könnten. Alle Beschlüsse Gottes sind deshalb «von Ewigkeit her von Gott selbst unwiderruflich gefaßt», ja, Gott selber ist «nicht vor seinen Beschlüssen gewesen», noch kann er «ohne sie sein» (36).

Stärker, als es bei SPINOZA in diesen Worten geschieht, läßt sich der Gedanke der *Notwendigkeit* aller Ereignisse in der Natur nicht formulieren. Diese Welt mit allem, was in ihr ist, stellt die vollkommenste überhaupt nur denkbare Ordnung dar, und alles in ihr muß gerade so sein, wie es ist, um als das Werk eines «allervollkommensten Wesens» verstanden werden zu können. So wie Gott ewig und unendlich ist, so muß auch seine Welt ewig und unendlich sein – ein Gedanke, den GIORDANO BRUNO bereits ein Jahrhundert zuvor konzipiert hatte; doch während der Dominikanermönch noch deutlich in aristotelischem Sinne zwischen Schöpfer und Geschöpf, zwischen Seele und Körper, zwischen Freiheit und Notwendigkeit *unterschied,* werden bei SPINOZA Gott und Welt ununterscheidbar identisch. Der durchgängige Determinismus der Welt, das «Schicksal» der Stoiker ist – Gott selbst!

Das theologiegeschichtlich wohl am meisten Bemerkenswerte an den Gedanken SPINOZAS ist gewiß die Tatsache, daß hier mit Argumenten eine Welt postuliert wurde, die, ganz als wollte sich das Schicksal zwischen G. BRUNO und GALILEI noch einmal wiederholen, nur zwei Jahrzehnte später mit physikalischen Mitteln «bewiesen» wurde! 1666, als SPINOZA seine Ethik schrieb, war ISAAC NEWTON gerade vierundzwanzig Jahre alt und soeben dabei, nicht nur die Infinitesimalrechnung zu entwickeln, sondern zugleich die Grundlagen der Gravitationstheorie zu erstellen. (Vgl. HANS JOACHIM STÖRIG: *Kleine Weltgeschichte der Wissenschaft,* I, 322–330.) Wie sehr der Geisteshaltung nach SPINOZA und NEWTON einander gleichen, zeigt, neben dem *Aufbau* ihrer Werke: der *Ethik* und der *Principia mathematica,* das *Ziel,* das sie beide verfolgen: eine geschlossene Systematik der Welt, in welcher alle Naturerscheinungen, wie in der Geometrie und Mathematik, aus einigen wenigen Grundannahmen, am besten aus einem einzigen Axiom, ableitbar sind. «Möchte es gestattet sein», schreibt NEWTON mit Bezug auf seine Ableitung der Schwere, «die übrigen Erscheinungen der Natur auf dieselbe Weise aus mathematischen Prinzipien abzuleiten» (327).

Der *Unterschied* zwischen SPINOZA und NEWTON, der denn auch ihr Schicksal ganz entgegengesetzt gestalten sollte, gleicht erneut dem Gegensatz zwischen Bruno und Galilei: während Newton sich auf eine rein naturwissenschaftliche Methode beschränkte und für seine Erkenntnisse mit den höchsten bürgerlichen Ehren ausgezeichnet wurde, wagte Spinoza zu zeigen, was der Geist der Naturwissenschaft in der Neuzeit an religiösen Neuansätzen erfordern würde, und dafür wurde er mit der allgemeinen Ächtung sowohl durch die Juden wie durch die Christen bestraft. Sein Gedanke der *Notwendigkeit* aller Naturerscheinungen aber blieb trotz allen Leugnens und Verschweigens im Untergrund virulent.

Es war vor allem Immanuel Kant, der 1755 in seinem «vorkritischen» Hauptwerk: *Allgemeine Naturgeschichte und Theorie des Himmels oder Versuch von der Verfassung und dem mechanischen Ursprunge des ganzen Weltgebäudes nach Newtonschen Grundsätzen abgehandelt* (Werke I, 219–296) allein aus den Gesetzen der Mechanik die Entstehung der Sonnen und Planeten zu begründen versuchte. Kant sah natürlich voraus, daß die Religion mit einer feierlichen Anklage über die «Verwegenheit» seines Projektes als das eines «Gottesleugners» drohen würde, und so versicherte er vorweg schon in der Einleitung, daß er sich lediglich bemühe, «die Nebel» der Unwissenheit zu zerstreuen, «nach deren Zerteilung die Herrlichkeit des höchsten Wesens mit dem lebhaftesten Glanze» hervorbrechen werde (227). Ganz im Geiste Spinozas, doch vermehrt durch die Erkenntnisse Newtons, argumentierte Kant, daß die Schönheit und Harmonie der Natur nicht als das Ergebnis einer äußeren Einwirkung Gottes auf die Materie betrachtet werden könne, sondern daß Gott seine Gesetze von vornherein in die Natur hineingelegt habe. «... wenn die allgemeinen Wirkungsgesetze der Materie ... eine Folge aus dem höchsten Entwurfe sein, so können sie vermutlich keine andere Bestimmung haben, als die den Plan von selber zu erfüllen trachten, den die höchste Weisheit sich vorgesetzt hat» (229).

Anders als in den Tagen der Stoiker sieht man sich in der Zeit Immanuel Kants bereits nicht länger mehr genötigt, den Lauf der Welt als ein göttliches, doch nicht weiter verstehbares Schicksal hinzunehmen; der Impuls der griechischen Naturphilosophie, die Verbindung von Mathematik und Experiment, zahlt sich jetzt, 150 Jahre nach Galilei, endlich aus und erlaubt eine Einsicht in die Mechanik des Weltgetriebes, wie sie der Menschheit niemals zuvor vergönnt war. Anders als Newton noch, wendet Kant die Gesetze der Physik erstmals nicht mehr nur auf die Bewegung der Himmelskörper an, er macht sich in erstaunlicher Kühnheit daran, aus den Bewegungsgesetzen der Himmelskörper ihre Entstehung selbst abzuleiten. Die Frage der Entstehung «unserer» Welt, des Sonnensystems, und damit der zahllosen Fixsterne und ihrer (mutmaßlichen) Trabanten im Kosmos, bisher die unangefochtene Domäne von Theologie und Metaphysik, wird jetzt in den Bereich von Mathematik und Physik gestellt. Das Ergebnis lautet: «daß die Welt eine mechanische Entwicklung, aus den allgemeinen Naturgesetzen, zum Ursprung ihrer Verfassung, erkenne» (358).

Natürlich wußte KANT und räumte es sogar ausdrücklich ein, «daß die Theorie des LUKREZ (sc. *Über die Natur der Dinge,* lat. u. dt. v. K. Büchner, Zürich 1956) oder dessen Vorgänger, des EPIKUR (sc. *Über die irdische Glückseligkeit,* übers. v. P. M. Laskowsky, München, GGTb. 683 o. J.), Leukipps, und Democritus», mit der seinigen «viele Ähnlichkeit habe». Denn, schrieb er: «Ich setze den ersten Zustand der Natur, so wie jene Weltweise, in der allgemeinen Zerstreuung des Urstoffs aller Weltkörper» (233). Doch sah er darin durchaus keinen «Materialismus» oder «Atheismus», er erkannte darin vielmehr die einzige Form, um die Wege der Gottheit durch eine vertiefte Erkenntnis der Natur besser verstehen zu können. «So hängt denn», resümierte er, «alles in dem ganzen Umfange der Natur in einer ununterbrochenen Gradfolge zusammen, durch die ewige Harmonie, die alle Glieder auf einander beziehend macht. Die Vollkommenheiten Gottes haben sich in unseren Stufen (sc. der Entwicklung der Welt, d. V.) deutlich offenbaret, und sind nicht weniger herrlich in den niedrigsten Klassen, als in den erhabnern.

Welch eine Kette, die von Gott den Anfang nimmt,
was vor Naturen
Von himmlischen und irdischen, von Engeln, Menschen
bis zum Vieh,
Vom Seraphim bis zum Gewürm. O Weite, die das Auge nie
Erreichen und betrachten kann!
Von dem Unendlichen zu dir, von dir zum Nichts!»

Mit diesem Zitat von ALEXANDER POPE zog KANT die philosophische Bilanz seiner kosmologischen Studien (393).

Und doch konnte schon er selbst dabei nicht stehenbleiben!

In der *Kritik der reinen Vernunft* bereits zeigte er, daß der «teleologische» «Gottesbeweis», also die Demonstration eines höchsten Wesens als Ursprung der Zielgerichtetheit des Weltenverlaufs, einem logischen Fehler unterliegt: – man verwendet die Vorstellung von Willen und Zweck, die auf der Ebene der *Vernunft* zur Begründung der Ethik berechtigt ist, zur Erklärung der Kausalität der Dinge, die mit Moral und Freiheit nichts zu tun hat; sieben Jahre später, 1788, in der *Kritik der praktischen Vernunft* (VII, 281–283), meinte KANT sogar, daß die Natur ihre Weisheit gerade darin zeige, daß sie uns die Erkenntnis Gottes *vorenthalte,* würden doch unsere Freiheit und Entscheidungsfähigkeit eingeschränkt, ließe denn wirklich sich Gott aus dem Gang der Welt *beweisen.*

In KANTS Religionsphilosophie verschiebt sich die Stellung, die Gott bisher als «Schöpfer» der Welt einnahm, im folgenden auf geradezu dramatische Weise; nicht als Ursprung der Welt, nur als Grundlage der Moral wird Gott noch benötigt. Die Aufgabe des *Verstandes* bildet es jetzt, die Welt als eine nach Gesetzen geordnete Einheit zu erkennen; die Idee Gottes hingegen, verknüpft mit den Vorstellungen von Personalität, Freiheit und Gerechtigkeit, ist zur Erkenntnis der Welt nicht dienlich, ihr kommt einzig die Funktion zu, dem Verstand regulativ das *Ziel* einer Vollständigkeit aller Erkenntnis vor Augen zu stellen. Wirklich wesentlich ist die Idee des Göttlichen als eine subjektiv notwendige Voraussetzung der *Sittlichkeit,* und auch das nur sehr begrenzt. Denn an sich, weiß KANT, ist das Sittengesetz von Belohnung und Strafe völlig unabhängig; lediglich subjektiv, um das Sittengesetz als sinnvoll denken zu können, bedarf es der Voraussetzung, daß die empirische und die moralische Ordnung im Gedanken der *Gerechtigkeit* übereinstimmen. Das aber bedeutet: wir müssen ein «intelligibles Wesen» *«postulieren»,* das sowohl die empirische wie die moralische Ordnung umschließt und die Übereinstimmung beider, die empirisch wie theoretisch unerkennbar bleibt, *im Unendlichen* gewährleistet.

Eben in diesem Ansatz liegt für KANT auch die Antwort auf die Theodizeefrage: Wir bedürfen subjektiv notwendig der Idee eines Gottes, um überhaupt den Begriff der Gerechtigkeit, der aller empirischen Ordnung widerstreitet, *gegen* die Natur aufrechtzuerhalten und sogar an eine Versöhnung der Ordnung der Welt mit der Ordnung der Moral glauben zu können (*Über das Mißlingen aller philosophischen Versuche in der Theodizee,* XI, 103–124). Was diese Veränderung beim Sprechen von Gott für die Frage nach der «Rechtfertigung Gottes» wirklich bedeutet, werden wir sogleich im nächsten Abschnitt zu würdigen haben; an dieser Stelle ist es wichtig, daß wir den Glauben SPINOZAS und NEWTONS endgültig *zerfallen* sehen, es lasse Gott sich aus den Gesetzen der Weltwirklichkeit erkennen; im Gegenteil, die Erkenntnis der empirischen Realität, die Naturwissenschaft, löst sich endgültig von ihrer mittelalterlichen Einbettung in die Theologie; was von der Religion bleibt, ist nicht länger mehr eine Hilfe zur Erkenntnis der Natur, sondern allein zur Ermöglichung der Moralität; genauer gesagt: die Religion erklärt uns nicht länger mehr, wie beschaffen die Welt ist, sie bestimmt nicht einmal mehr, nach welcher Ordnung wir Menschen uns richten sollten, sie bezeichnet lediglich eine *Bedingung*, deren wir Menschen *subjektiv* bedürfen, um Menschen zu werden oder zu bleiben.

Wie rasch die Unterscheidung von Naturerkenntnis und Gotteserkenntnis sich in den Naturwissenschaften selbst durchsetzte, zeigt wohl am deutlichsten das Beispiel des französischen Physikers PIERRE SIMON LAPLACE. In der *«Allgemeinen Naturgeschichte»* hatte KANT bereits Gott als den «ersten Beweger» gegenüber I. NEWTON für die Entstehung der Sonnensysteme und der «Welteninseln» (Galaxien) in den Weiten des Kosmos erübrigt. LAPLACE war es bereits in seiner *Mécanique céleste* (Himmelsmechanik) gelungen, die vermeintlichen «Unregelmäßigkeiten» in der Planetenbewegung, zum Beispiel von Jupiter und Saturn, als periodische Bewegungen über Zeiträume von rund 900 Jahren zu deuten und auf diese Weise mit den NEWTONschen Gesetzen in Übereinstimmung zu bringen. Jetzt, in der *Exposition du système du monde* (Darstellung des Weltensystems, 1726), ging er von der Anordnung der Planeten «in derselben Ebene um die Sonne» aus und erklärte sie durch die Abkühlung einer Gasmasse, die ursprünglich den gesamten Raum des Sonnensystems bis zu den Bahnen der äußersten Planeten und Kometen ausgefüllt habe, um dann, als sie sich zusammenzog, durch die Eigendrehung die Form einer flachen Scheibe anzunehmen. Noch NEWTON sah für all diese Regelmäßigkeiten keine andere Erklärungsmöglichkeit, als daß der Schöpfer es gerade so eingerichtet habe; es war LAPLACE, der nach seinem berühmten Wort gegenüber Napoleon «jene Hypothese nicht nötig» hatte (H. J. STÖRIG: *Kleine Weltgeschichte der Wissenschaft*, I, 387–389). Im Gegenteil, schon 1776 kleidete er seinen Glauben an den durchgängigen Determinismus in die immer wieder zitierten Sätze: «Der momentane Zustand des ‹Systems› Natur ist offensichtlich eine Folge dessen, was er im vorherigen Moment war, und wenn wir uns eine Intelligenz vorstellen, die zu einem gegebenen Zeitpunkt alle Beziehungen zwischen den Teilen des Universums verarbeiten kann, so könnte sie Orte, Bewegungen und allgemeine Beziehungen zwischen all diesen Teilen für alle Zeitpunkte in Vergangenheit und Zukunft vorhersagen... Die Einfachheit der Gesetze, nach denen sich die Himmelskörper bewegen, und die Beziehung zwischen ihren Massen und Abständen erlauben der Analysis, ihren Bewegungen bis zu einem gewissen Punkt zu folgen; und um nun den Zustand dieses Systems großer Massen für zukünftige oder vergangene Jahrhunderte zu bestimmen, genügt es den Mathematikern, daß ihre Orte und Geschwindigkeiten zu einem Zeitpunkt durch Beobachtung gegeben sind...

Aber unser Unwissen um die verschiedenen Ursachen, die beim Werden eines Ereignisses zusammenwirken, sowie ihre Komplexität zusammen mit der Unvollkommenheit der Analyse verhindern, daß wir die gleiche Sicherheit bei den meisten anderen Problemen haben. Es gibt also Dinge, die unbestimmt sind, die mehr oder weniger wahrscheinlich sind, und wir versuchen die Unmöglichkeit, sie zu bestimmen, dadurch zu kompensieren, daß wir die verschiedenen Grade der Wahrscheinlichkeit bestimmen. Es ist also so, daß wir einer Schwäche des menschlichen Geistes eine der schönsten und genialsten mathematischen Theorien verdanken, die Wissenschaft von Zufall und Wahrscheinlichkeit.» (Zitiert nach: J. P. CRUTCHFIELD u. a.: *Chaos,* in Chaos und Fraktale, 8–20, S. 10.)

Beziehen wir die Position von LAPLACE auf die Frage, warum der Mensch auf dem Planeten Erde entstanden ist, so muß die Antwort im Sinne des französischen Physikers lauten, daß diese Problemstellung für das menschliche Erkenntnisvermögen zu «komplex» ist, um uns zu mehr als zu ein paar Wahrscheinlichkeitsaussagen zu berechtigen, doch leidet es keinen Zweifel, daß hinter diesen unseren «Wahrscheinlichkeiten» eine Notwendigkeit steckt, nach deren Gesetzen sich alles: die Entstehung der Erde ebenso wie die Entfaltung des Lebens bis hin zum Menschen, so und nicht anders hat vollziehen müssen. Zu sagen: Gott hat den Menschen erschaffen, bedeutet im Sinne des KANT-LAPLACEschen Weltbildes mithin so viel wie: eine oberste Intelligenz hat am Anbeginn der Schöpfung die Gesetze der Natur so festgelegt, daß alles, was in ihr geschehen ist und bis zum Ende der Zeiten je geschehen wird, sich gerade so und nicht anders ereignen muß. Die Naturgesetze erscheinen, so verstanden, als die Art und Weise, in welcher der «Willensratschluß» des Schöpfers von Anbeginn der Welt an unveränderbar sich vollzieht. Gott «tut» in dieser Welt nichts, er «greift nicht ein», es genügt, daß er vorweg getan hat, was die Physiker ihm nachzumachen suchen: er hat «richtig» gerechnet. Die Vorstellung von der «Vorsehung» Gottes, diese zentrale Lehre der christlichen Theologie von der Allwissenheit und Allmacht Gottes, verwandelt sich jetzt in die nüchterne Form der Berechenbarkeit der Naturgesetze.

In der Tat hat der LAPLACEsche «Gott» keine Schwierigkeiten, den Verlauf der Welt von Anfang bis Ende zu kennen, da er über genügend genaue Informationen hinsichtlich der Ausgangsbedingungen des Systems des Universums verfügt. Was aber folgt aus diesem Ansatz für das Bild von Gott selber, und wie vereinbart es sich mit der tradierten jüdisch-christlichen Vorstellung von Gott?

Zweierlei ist unter KANT-LAPLACEschen Voraussetzungen klar: Die Menschen können sich ebensowohl als «Produkte» der Naturkausalität betrachten wie auch als Ziele der «Planungen» Gottes. Immer wieder lag es in der Folgezeit nahe, die NEWTONsche Physik als das Modell zu betrachten, in dem die Gedanken und Planungen Gottes sich darstellten. Doch gerade dadurch wuchs der «Gott» der Naturphilosophie des Deismus immer mehr mit der *Heimarmene,* mit dem «Schicksal» der Stoiker, zusammen. Man glaubte zwar nunmehr, die Form der Naturnotwendigkeit, die über allem und in allem herrschte, im großen und ganzen erklären zu können, doch rückt diese Ordnung dem Menschen dadurch keinesfalls näher; im Gegenteil! «Das Grauen (sc. gegenüber dem Tod) rührt (gerade)... von der rechnerischen Seite des Ereignisses her», meinte noch um 1950 kein geringerer als ALBERT CAMUS (*Der Mythos von Sisyphos,* 18–19); und er ergänzte: «Keine Moral und keinerlei Streben lassen sich *a priori* vor der blutigen Mathematik rechtfertigen, die über uns herrscht.» Man mag erklären, nach welchen mathematischen und physikalischen Gesetzen die Ordnung der Natur funktioniert, doch der Gott, der sie geschaffen hat, wird dadurch nicht «menschlicher». *Kein* Mensch, so viel steht fest, dürfte mit einem Menschen oder mit einem Tier so umgehen, wie es der «Gott» der Mathematik ganz selbstverständlich zu tun scheint. «Dr. Rieux», schrieb CAMUS in seinem Roman *Die Pest* (72), glaubte «wenigstens in dieser Beziehung auf dem Wege zur Wahrheit zu sein, indem er gegen die Schöpfung, so wie sie sei, ankämpfte.» Die «Mathematisierung» der göttlichen «Vorsehung» macht uns die «Pläne» der Gottheit zwar begreifbar, doch die Gottheit selbst macht sie nicht verständlicher, es sei denn, wir gäben es überhaupt auf, sie «verstehen» zu wollen und erklärten mit SPINOZA die Ordnung der Welt schlechterdings als identisch mit dem Wesen des Göttlichen: – *alles* muß dann so sein, wie es ist; an den Menschen aber ist es, sich in stoischem Sinne mit dem Gang der Welt zu versöhnen.

Der «christlichen» Theologie blieben und bleiben angesichts dieser Situation nur ein paar Fluchtwege, die sich mit Regelmäßigkeit nach kurzer Distanz schon als Sackgassen erwiesen haben und erweisen.

Der kirchliche Dogmatismus ließ sich natürlich den Supranaturalismus und Fundamentalismus seiner Grundeinstellung weder von Naturwissenschaft noch Aufklärung ausreden. Immer noch, selbst am Ende des 20. Jahrhunderts, geht die Rede vom «Eingreifen» Gottes, von Gottes «Gerichts»- und «Geschichtshandeln», von der «Heilsökonomie» und «Heilstat» des «göttlichen Erlöserwirkens», von der «unüberbietbaren Selbstmitteilung Gottes im Tod und in der Auferstehung seines Sohnes Jesus Christus» ... – man *will* offenbar nicht sehen, daß diese Sprache keinerlei Erfahrungen noch Einsichten vermittelt, sondern sich nur noch in den Kerkerwänden der eigenen Begriffsgeschichte im Kreise dreht. Da geht weiter die Rede von den «Wundern», die Jesus gewirkt habe, insbesondere von der «physischen» Wirklichkeit der «Auferweckung» des Leichnams Jesu am Ostermorgen und vom Zustand des Auferstehungsleibes (*Weltkatechismus* Nr. 639; 643; 645), da wird der Menschheit die Kunde von der Empfängnis Jesu durch die Jungfrau Maria «ohne den Samen eines Mannes» (*Weltkatechismus,* Nr. 496; 499), und es mildert die Skurrilität und Absurdität all dieser «Lehren» ganz und gar nicht, wenn Theologen, die sich um eine «intelligente» Deutung der dogmatischen Vorgaben der kircheneigenen Doktrinen bemühen, mit wichtiger Miene versichern, es handle sich bei den Wundern der Bibel eben nicht um einfache «Mirakel», diese Wunder hätten eben auch etwas zu «bedeuten», sie seien «Zeichen», sie seien «Symbole», freilich «*Real*symbole», die als «real» auch geglaubt werden müßten, damit sie etwas «bedeuten» könnten ... Solange die kirchliche «Lehre» nicht darauf kommt, nicht darauf kommen *darf,* daß die Realität der religiösen Erfahrung psychischer oder existentieller, nicht historischer, nicht gegenständlicher Art ist, bleibt in der Neuzeit nichts anderes übrig, als sie der verweigerten Erkenntnis ihrer mittelalterlichen Rückständigkeit zu überlassen. (Vgl. DENZINGER–SCHÖNMETZER: *Enchiridion,* Nr. 2902: Den *«Syllabus»* von PIUS IX. vom 8. Dez. 1864 hatten alle Priester der Kirche vor ihrer Weihe bis 1965 im «Antimodernisteneid» zu schwören, indem sie gelobten, die Lehre des «Deismus» abzulehnen, Gott wirke nicht auf das Weltgeschehen ein.)

Doch auch ohne göttliche «Eingriffe» und «Wunder» bleiben der tradierten Theologie Schwierigkeiten genug; wie groß sie sind, verrät allein schon die Größe der Hilflosigkeit der bis in die Gegenwart hinein vorgeschlagenen «Lösungen». *Zwei* von ihnen sind die heute beliebtesten, nennen wir sie die *«Machtverzichts»-Theorie* und die *«Gott-leidet-mit»-Theorie;* hinzu kommt eine dritte, die wir als die *«Gott-führt-uns-in-die-Freiheit»-Theorie* bezeichnen können. Da Theorien dieser Art in Theologenkreisen mit großem Nachdruck vertreten werden und man ganze Pastorengenerationen nach ihnen ausbildet, müssen auch wir sie einen Moment lang für ernst nehmen. (Vgl. ASTRID DINTER: *Nur fressen und gefressen werden?,* in: Publik Forum, Nr. 8, 25. 4. 97, 22–23.) Was also hat es mit den angeführten theologischen Entwürfen auf sich? Wie weit helfen sie uns, die Rolle des Menschen in der Welt, wie sie sich uns heute darbietet, zu verstehen?

β) Drei letzte Auswege der Theologie

Die Machtverzichtstheorie

Die *«Verzichtstheorie»* ist neuerdings von dem evangelischen Systematiker JÜRGEN MOLTMANN (*Gott in der Schöpfung,* 1985) ins Spiel gebracht worden und aktualisiert und modifiziert im Grunde Gedanken der *«Logik»* HEGELS.

Das Kernproblem der jüdisch-christlichen Theologie, sieht auch MOLTMANN, liegt in dem *Widerspruch* zwischen dem Gott der «Schöpfung» und dem Gott der «Offenbarung» – die Weltwirklichkeit ist so ganz *anders,* als sie dem Gottesbild der Bibel, zumindest in der Auslegung der christlichen Theologie, entsprechen würde. Wenn Gott wirklich «allmächtig» und «allgütig» und «allweise» wäre, dürfte die Welt nicht so jammervoll sein, wie sie ist – *oder,* noch einmal sei es gesagt, es gibt gar kein «Böses» oder «Negatives» in der Welt, und Gott hat gar keine «Macht», dies oder das zu schaffen, er ist vielmehr im Sinne SPINOZAS «allmächtig» einfach dadurch, daß er alles *ist* und nur tun kann, was seinem Wesen notwendig entspricht.

Um die Identitätslehre SPINOZAS, um das *«deus sive natura»,* das «Gott gleich Natur», zu vermeiden, hat die jüdisch-christliche Theologie stets die *Freiheit* Gottes gegenüber seiner Schöpfung betont; selbst den Vorschlag, den LEIBNIZ in seiner *Theodizee* (1. Teil, Nr. 7, 101) gemacht hatte: Gott habe in «Freiheit» aufgrund seiner Güte und Weisheit unter allen möglichen Welten doch nur die *beste* aller möglichen wählen können, erinnerte insbesondere das Lehramt der *römischen* Kirche zu sehr an den verketzerten SPINOZA – selbst LEIBNIZ, dieser größte Ökumeniker der Christenheit seiner Zeit, blieb in der kirchlichen Theologie ungehört.

Welch einen Grund aber sollte die Gottheit gehabt haben, *nicht* «die beste aller möglichen Welten» zu wählen?

Die Antwort kann nur paradox beziehungsweise «dialektisch» ausfallen: Gott, indem er die Welt erschuf, brachte das vollkommene *Anderssein* seiner selbst hervor; eben damit die Schöpfung nicht einfach selber schon Gott ist, muß sie als erstes das schlechthin andere der Gottheit sein – so bereits G. W. F. HEGEL in seiner *Philosophie der Religion* (1. Teil, A. Von Gott, 1. Bd., 104–114). Allerdings bedeutete dieses «Anderssein» der «Schöpfung» für HEGEL so viel wie die Selbstdefinition der Gottheit: die Schöpfung muß die Negativität des Göttlichen darstellen, damit durch die Negation seiner selbst die Gottheit der Positivität ihres Seins *bewußt* wird.

Damit glaubte HEGEL zugleich den Grund dafür gefunden zu haben, warum es die Welt überhaupt gibt: sie ist so, wie sie ist, damit Gott in ihr als dem anderen seiner selbst durch die fortschreitende Überwindung der Widersprüche zu der Einheit des Bewußtseins seiner selbst gelangt. Insbesondere die menschliche Kultur- und Religionsgeschichte deutete HEGEL als den stufenweisen Weg der Erscheinung des Göttlichen im Bewußtsein des Menschen, an dessen *Ende* erst die von SPINOZA geglaubte Einheit von Freiheit und Notwendigkeit im Wesen der Gottheit stehen könne. (Vgl. HEGEL: *Die Vernunft in der Geschichte,* B. Die Verwirklichung des Geistes, 50–78.) Doch auch für HEGEL war das Theodizeeproblem offenbar nur durch die (widersprüchliche) Identifikation von Gott und Welt zu lösen. Gott *braucht* diese Welt, um sich selber gegenständlich zu werden.

So gut wie alle schöpfungstheologischen Konzepte haben die Welt bisher damit zu erklären versucht, daß in gewissem Sinne Gott etwas zu *gewinnen* hatte, als er sein *«Es werde Licht»* (Gen 1,3) über das Chaos sprach. Das «Tohuwabohu» am Anfang mußte Gott demnach in Kauf nehmen, um selber sich als den «Schöpfer» erweisen, offenbaren oder bewußtmachen zu können (DENZINGER-SCHÖNMETZER: *Enchiridion,* Nr. 3025). Die Schöpfung, selber zum *Lobpreis* Gottes bestimmt, wurde eben dazu geschaffen, daß Gott in ihr sich «verherrliche». Es war, psychologisch gesprochen, also eine Art Geltungsstreben, eine Art Ruhmsucht der Gottheit, welcher wir unser Dasein verdanken. Oder es war, ein *anderes* psychologisches Motiv, die *Liebe* Gottes, die den Schöpfer dahin drängte, sich in seiner Schöpfung zu verströmen und eine Fülle von Kreaturen an dem Glück seiner Herrlichkeit teilhaben zu lassen (DENZINGER-SCHÖNMETZER: *Enchiridion,* Nr. 3002).

Wie aber, wenn die Geschöpfe ihrem Schöpfer den Gefallen nicht tun, sich so glücklich zu fühlen, um in den großen Lobpreis der Erlösten einzustimmen? Wie, wenn sie, wie Iwan Karamasow in DOSTOJEWSKIS Roman, lieber beschließen, mit allem Respekt Gott die Eintrittskarte in dieses entwürdigende Dasein des Spotts mit dem Leid unzähliger Unschuldiger zurückzugeben? Wie, wenn sie die *«Herrlichkeit»* (HANS URS VON BALTHASAR) ihres Schöpfers in dieser Welt durchaus nicht zu erkennen und von seiner «Liebe» durchaus nichts zu spüren vermögen?

An dieser Stelle des Problems setzt der Lösungsversuch JÜRGEN MOLTMANNS ein, indem er zunächst an durchaus traditionelle Vorstellungen anknüpft.

Was, so lehren Theologen immer wieder, ist *Liebe* anderes als die *Freigabe* des anderen? Eine wahre Liebe will nicht narzißtisch Eigenlob und Eigengeltung durchsetzen und beanspruchen, sie läßt vielmehr den anderen in seinem

Anderssein gelten, sie bejaht und fördert ihn gerade in seiner Andersheit. Schon KARL RAHNER hatte in einem Artikel *Zur Theologie der Menschwerdung* (Schriften zur Theologie, IV, 137–155) davon gesprochen, daß Gott sich an dem Anderen der Welt selber verändere, und diesen Gedanken HEGELS als «THOMASisch» zu erweisen gesucht; die *Menschwerdung* Gottes begann in diesem Sinne bereits mit dem ersten Akt der Schöpfung.

Auch J. MOLTMANN gibt sich davon überzeugt.

Wenn es in dem Hymnus des *Philipper*briefes (2,6–8) heißt, daß der Christus seine göttliche Gestalt nicht gewaltsam habe festhalten wollen, sondern sich ihrer entäußert habe, um die Knechtsgestalt des Menschseins anzunehmen, bis hin zur äußersten Erniedrigung am Kreuz, so liegt theologisch in dieser «unüberbietbaren Selbstmitteilung» Gottes zugleich das Modell zum Verständnis der Gottheit auch am Schöpfungsmorgen. So wenig wie die Menschwerdung Gottes in seinem «Sohn» Jesus (Christus), ist auch die Schöpfung als Manifestation der Allmacht Gottes zu verstehen, im Gegenteil: wie Gott in der Menschwerdung in die Ohnmacht des Menschlichen eintauchte, so begab er sich bereits im Akt der Schöpfung seiner Allmacht. Gott schuf die Welt nicht, um etwas für sich zu gewinnen – das entspräche nicht dem theologischen Ideal einer wahren göttlichen Liebe; Gott schuf die Welt, indem er auf seine Allmacht freiwillig *verzichtete!* Und das war auch nötig, damit eine Schöpfung, etwas *anderes* also als der Gott, der an sich *alles* ist, überhaupt möglich wurde.

Für MOLTMANN entsteht aus solchen Überlegungen folgender Gedankengang. Als erstes steht ihm dogmatisch fest, daß die Idee einer «ewigen Selbstschöpfung Gottes» «zu Abwegen» führt: «Sollte Gott (sc. im Sinne HEGELS oder auch PAUL TILLICHS, d. V.) sein eigener Schöpfer sein, dann müßte er auch sein eigenes Geschöpf sein.» Statt dessen schlägt er vor, das ewig-schöpferische göttliche Leben und das göttliche Schaffen «von einander» zu unterscheiden: «Es ist», meint er, «angemessener, das ewig göttliche Leben als Leben der ewigen, unendlichen Liebe anzusehen, die im schöpferischen Prozeß aus ihrer trinitarischen Vollkommenheit überschwenglich heraustritt und in der ewigen Sabbatruhe zu sich selbst kommt.» Was aber ist es bei so viel Vollkommenheit und Ruhe mit der Tatsache von so viel Unvollkommenheit und Leid? Die Antwort: «Nur die Annahme einer Selbstbeschränkung Gottes, die seiner Schöpfung vorangeht, ist mit der Gottheit Gottes ohne Widersprüche zu vereinbaren. Um eine Welt ‹außerhalb› seiner selbst zu schaffen, muß der unendliche Gott einer Endlichkeit zuvor Raum in sich selbst eingeräumt haben. Erst eine solche Einkehr Gottes in sich selbst gibt den Raum frei, in den hinein Gott schöpferisch tätig werden kann. Nur indem und soweit wie der allmächtige und allgegenwärtige Gott seine Gegenwart zurücknimmt und seine Macht einschränkt, entsteht jenes *nihil* (‹Nichts›) als Voraussetzung für seine *creatio ex nihilo* (‹Schöpfung aus dem Nichts›).» (*Gott in der Schöpfung.* Ökologische Schöpfungslehre, München 1985, 97; 99.)

Dieses «Nichts» Gottes, dieser außergöttliche Raum, den Gott freigab, um allererst als Schöpfer tätig werden zu können, enthält notwendigerweise auch die Möglichkeit des Negativen. Die Selbstbeschränkung Gottes gibt der Schöpfung die Möglichkeit ihrer freien Entfaltung. Das Böse in der Welt ist demnach nicht unmittelbar als von Gott verursacht anzusehen, es läßt sich nicht auf das Konto der göttlichen «Allmacht» verbuchen, vielmehr liegt die Möglichkeit des Negativen in der Eigenständigkeit der Schöpfung selbst.

Im Bilde gesprochen: Das Meer hat sich zurückgezogen und den Strand freigegeben; daß dort nun die Seesterne die Austern ausschlürfen und die Möwen die Krebse zerhacken und die Sonne die gestrandeten Quallen und die zurückgebliebenen silbrigen Fischlein verglüht, ist nicht die «Schuld» des «Meeres» – all die Lebewesen müssen vielmehr froh sein, daß es das «Festland» überhaupt gibt.

Ganz gleichgültig ist es nach Moltmanns Meinung dem «Meere» indessen auch nicht, was da am «Strand» passiert. Gott nimmt vielmehr das «Böse», das sich in der Welt ereignet, sehr wohl zur Kenntnis; daß er sich «begrenzt» hat, bedeutet laut Moltmann nicht, daß er die Schöpfung einfach sich selbst hätte überlassen wollen. Durch die «Menschwerdung» seines «Sohnes» hat er im Gegenteil das Schicksal der gesamten Schöpfung zu seinem eigenen gemacht, und indem er sich in Jesus Christus selbst in den Tod gab, hat er durch den Akt der Auferstehung das Nichts der Geschöpflichkeit überwunden und der ganzen Schöpfung die Teilhabe an seinem Heil eröffnet: Das Ostergeschehen selbst *ist* bereits das Zeichen der Vollendung der Welt und des Kommens des Reiches Gottes.

Es ist, als ob Moltmann, stellvertretend für die ganze Art kirchengebundener Theologie, durchaus nicht merken wollte, daß er in all den gelehrt sich gebenden und geheimnisvoll klingenden Wendungen nichts anderes tut, als den christlichen Erlösungsmythos – nicht «auszulegen», sondern zu *rationalisieren.* Der Anklang, ja, die Anlehnung an Hegels *«Logik»* ist dabei deutlich, nur geschieht sie nicht wirklich konsequent.

Schon für Johann Gottlieb Fichte (*Grundlage der gesamten Wissenschaftslehre,* 1794, I, 277–279; 194–197) stellte es eine Notwendigkeit dar, daß das absolute Ich, um sich zu erkennen, sich «durch ein entgegengesetztes Prinzip, ein Nicht-Ich oder überhaupt durch ... Endlichkeit» «einschränken» muß; ebenso läßt sich unter den Bedingungen des «Idealrealismus» der Erkenntnismetaphysik des deutschen Idealismus verstehen, daß HEGEL in seiner *Logik* (1. Abschnitt, 1. Kapitel, 66–95) zeigte, daß das reine Sein, indem es nichts ist als «nur dies reine, leere Anschauen selbst», selber die Bestimmung des Nichts in sich trägt und erst in der Bewegung des Werdens seinen eigenen Widerspruch aufzuheben vermag.

Wie aber soll man es verstehen, daß Gott, weil er «alles» ist, sich «beschränken» müsse, um der Schöpfung «Raum» zu geben? Seit wann ist Gottes «Allgegenwart» räumlich bestimmbar, seit wann ist seine «Ewigkeit» etwas, das sich zurücknehmen müßte, um der Zeitlichkeit Platz einzuräumen, seit wann steht das Sein Gottes im Gegensatz zu dem «Nichts», aus dem die Schöpfung hervorgeht, und wieso ist das Nichts an Sein, dem die Schöpfung entstammt, identisch mit der «Negativität» des «Bösen» in der Welt?

MOLTMANN selbst bezieht sich bei seinen Überlegungen bewußt auf die Mystik der jüdischen *Kabbala* (G. SCHOLEM: *Schöpfung aus dem Nichts und Selbstverschränkung Gottes,* Eranos 1956, 87–119, S. 115 ff.), doch kann man nicht sagen, daß seine Gedanken dazu beitrügen, die mittelalterlichen Spekulationen des *Sefer-Jezira (Buch der Schöpfung)* und im *Sohar* des spanischen Rabbi MOSE DE LEÓN besser zu verstehen; – PLOTINS Emanationslehre in den *Enneaden* (VI, 8 [39]: *Der freie Wille und das Wollen des Einen*) könnte hier einen Schlüssel bieten, doch ergäbe sich dann eine Konsequenz, die wir bereits von SPINOZA her kennen: daß in Gott Sein und Wollen ein und dasselbe sind und daß «der gesamte Weltenplan (sc. der göttlichen Vorsehung, d. V.) die bösen Taten sowohl wie die guten» enthält – «auch sie sind Teile von ihm; der Weltplan erzeugt sie nicht, aber er ist nur der gesamte, wenn sie einbegriffen sind» (*Von der Vorsehung* III, 2.3 [48, 1]).
MOLTMANN mag sich zu solch einer Aussage nicht versteigen; doch bietet sein Konzept von der «Selbstbeschränkung» Gottes eben deshalb auch keinen wirklichen Anhaltspunkt, um das «Böse» in der Welt zu verstehen; das Böse ist *möglich,* weil Gott ihm Raum gegeben hat, geben *mußte,* um die Schöpfung zu ermöglichen; doch bleibt Gott in MOLTMANNS Konzeption die reine Negativität seiner eigenen Negation, ohne daß sich aus dieser *undialektischen* Beziehung irgendeine konkrete Erkenntnis über Gott oder die Welt in HEGELschem Sinne ableiten ließe. Eine solche dialektische «Theologie» *soll* und darf ja nicht sein, um die *Abhängigkeit* Gottes von seiner Schöpfung, wie SPINOZA und der deutsche Idealismus sie lehrten, zu *umgehen;* doch erklärt man das Geheimnis des «Bösen» dann nicht mit der «Selbstbeschränkungstheorie», sondern taucht lediglich das ohnedies schon Dunkle in das noch Dunklere eines «trinitari-

schen» Selbstvollzugs, in dem «dieselbe Liebe ... auf verschiedene Weise im göttlichen Leben und im göttlichen Schaffen» zum Ausdruck kommt (*Gott in der Schöpfung,* 97). Das Problem des unsäglichen Leids der Welt spielt bei all dieser «Liebe» und göttlichen Erhabenheit, vom «Sabbat» aus gesehen, keine wesentliche Rolle, geschweige denn, daß es eine selbstkritische Gegeninstanz zu dieser Art des «Gott-Denkens» bilden könnte.

Soll der Gedanke von der «Selbstbeschränkung» Gottes gleichwohl einen gewissen Sinn machen, so allenfalls in einer modifizierten Form. Statt zu sagen, Gott habe sich «beschränken» müssen, um die Schöpfung zu ermöglichen, ließe sich im Sinne von LEIBNIZ eher daran denken, daß die Gottheit vor Beginn der Schöpfung sich einer unendlichen Fülle von *Möglichkeiten* gegenübersah, von der sie *eine* verwirklichen mußte; nicht die Gottheit selbst also mußte sich beschränken; wohl aber mußte sie eine unendliche Fülle von Möglichkeiten, die ihr zur Wahl standen, auf eine einzige reduzieren. Dieser Akt einer Auswahl bedeutete zweifellos auch für die Gottheit selbst eine «Einschränkung»: Sie konnte nicht länger mehr mit einem Spiel virtueller Welten sich begnügen, sie mußte sich festlegen, sie war gebunden durch ihre eigene Entscheidung. Um einen bei katholischen (zölibatären) Theologen überaus beliebten Vergleich zu verwenden, ließe sich sagen, es sei der Gottheit bei der Schöpfung so ähnlich gegangen wie einem Mann auf der Suche nach einer Geliebten: – an sich verfügt er als Junggeselle über eine unbegrenzte Zahl von Wahlmöglichkeiten; sobald er aber eine einzelne Frau liebgewinnt und sich für sie entscheidet, ist sein Leben in gewissem Sinne «eingeschränkt»; allerdings: seine Sehnsucht nach Liebe findet nur auf diese Weise ihre Erfüllung; er muß das «Opfer» der sich selbst beschränkenden Wahl treffen. Vor allem: Nach getroffener Entscheidung gibt es kein Zurück mehr. – Übertragen auf das Verhältnis des Schöpfers zu seiner Schöpfung, ließe sich das biblische Wort von der «*Treue* Gottes» geltend machen: nachdem Gott erst einmal die Welt so geschaffen hat, wie sie ist, steht es ihm *nicht* mehr frei, ihre Gesetze nach Belieben zu ändern oder einfach sich eine andere Welt zu wünschen. Insofern ist die «Allmacht» Gottes durch den Akt der Schöpfung selber *aufgehoben,* ist sie auf die endliche Zahl von Möglichkeiten «eingeschränkt», die in der Schöpfung realisiert sind. Gott hat demnach aufgehört, «allmächtig» zu sein, als er die Welt schuf; er mußte, um die Welt schaffen zu können, sich selbst in seiner Allmacht beschränken.

In dieser Gestalt erscheint die Aussage von der Selbstbeschränkung Gottes im Akte der Schöpfung als in sich schlüssig und sinnvoll; nur leistet sie leider nicht, was sie soll: sie löst das Theodizeeproblem in keiner Weise. Denn gerade das, was ihren Vorteil ausmacht: die Betonung der *Freiheit* und der *Treue* Gottes gegenüber seiner Schöpfung, bedeutet zugleich auch ihre Grenze; sie vermag nicht zu erklären, warum Gott gerade diese offenbar *unvollkommene* Welt ausgewählt hat. PLOTIN, BRUNO, SPINOZA, LEIBNIZ – sie alle blieben in ihrer Gottesvorstellung insofern konsequent, als sie dem «allervollkommensten Wesen» auch nur die Wahl einer allervollkommensten Welt zutrauten. Die kirchliche Dogmatik hingegen hat stets zu betonen versucht, daß Gott in der Wahl seiner Schöpfung *nicht* festgelegt (gewesen) sei – nur so glaubte man, die Unvollkommenheit der Welt verständlich machen zu können; doch wurde mit dieser Erklärung Gott selbst nur um so unerklärlicher: Wie konnte er sich nur in gerade diese Welt «verlieben»?

Als «Ausweg» aus dem Dilemma schien sich von alters her der Hinweis auf die «Erlösungstat» Jesu Christi anzubieten; auch J. MOLTMANN greift auf diese Auskunft zurück, um den Eindruck zu vermeiden, Gott habe die bestehende Welt gewissermaßen in einem Augenblick der Gleichgültigkeit oder in einer Art «Versehen» ausgewählt. Wenn Gott aber niemals gleichgültig gegenüber dem Elend der Welt gewesen sein kann, wie es das «Opfer» seines eigenen «Sohnes» schließlich beweist, so stoßen wir wieder auf das vorhin erwähnte Problem: wie konnte denn Gott, wenn wirklich er alles Leid von der Welt zu nehmen vermochte, nur quer durch die Jahrmillionen lang warten, um eben erst, just vor 2000 Jahren, in den Gang der Dinge durch die «Menschwerdung» seines «Sohnes» «einzugreifen»? Was nur tat er all die Zeit zuvor? Darauf versucht zu antworten:

Die «Gott-leidet-mit»-Theorie

Um auch «nach Auschwitz» noch Theologie treiben zu können, versichern Autoren, wie etwa JOHANN BAPTIST METZ (*Glauben in Geschichte und Gesellschaft,* 1991, 108–119: Erlösungsgeschichte – Freiheitsgeschichte – Leidensgeschichte; DERS.: *Augen für die anderen,* 1991), daß Gott selber mit den leidenden Menschen sich «solidarisch» erklärt habe, daß er sich in dem Leiden des Gekreuzigten zu den Leiden aller Kreaturen «bekannt», ja, sie zu seinen eigenen gemacht habe. Die Szene von Golgatha gilt in dieser Sicht als «Offenbarung» des eigentlichen Wesens Gottes als eines Mitleidigen und Mitleidenden; sie gilt als die entscheidende Antwort auf die Absurdität und den Zynismus, auf die Gleichgültigkeit und Unmenschlichkeit, mit welcher die Natur ebenso wie die menschliche Geschichte offenkundig mit Menschen umzugehen pflegt.

Doch was, muß man sich fragen, liegt in dieser «Antwort» *mehr* als ein identifikatorisches Schema?

Es ist möglich, daß Menschen in Todesangst und -qual, in Sinnlosigkeit und Verzweiflung mit dem Blick auf den gekreuzigten «Christus» sich nicht länger allein fühlen, daß sie sich ein Stück weit getröstet, ja, von Gott angenommen und umfangen fühlen und vor allem: daß sie sich gerade *nicht* noch zusätzlich zu ihrem Leiden als *schuldig* empfinden, sondern zumindest teilweise auch *ihr* Leben nach dem Vorbild des «leidenden Gerechten» deuten dürfen, so wie schon das Neue Testament den Typus des «Gottesknechts» in den Texten des (Deutero)Jesaja in der Passionsgeschichte Jesu «vollendet» sah.

All das kann zweifellos dazu beitragen, Leid und Schmerz nicht länger mehr *nur* als eine sinnlose Zumutung des Schicksals oder als eine «gerechte Strafe» Gottes erscheinen zu lassen; zudem findet die Vorstellung vom Leiden Gottes am Leiden der Welt einen gewissen Rückhalt in der anthropomorphen Ausdrucksweise der Bibel selbst. All das ist zuzugeben. Doch als eine Deutung des Leides der Welt, als eine Lösung des Theodizeeproblems ist mit dem Hinweis auf das «Mitleiden» Gottes durchaus nichts gewonnen. Im Gegenteil, die Frage stellt sich nur um so mehr, wieso denn ein Gott, der die ganze Welt zu schaffen imstande war, sich in Freiheit (!) eine Weltordnung ausgedacht haben soll, in der nicht nur unzählige Kreaturen zu unsäglichen Formen des Leidens bestimmt sind, sondern in der auch er selber sich zu einer nicht endenden göttlichen Tragödie verurteilt.

Eine *«mystische»* Antwort darauf hat bereits um 1942 SIMONE WEIL in der Aufsatzsammlung *Attente de Dieu* (Paris 1950; dt.: *Das Unglück und die Gottesliebe,* München 1953) zu geben versucht, indem sie das «Unglück» von der «Sünde» unterschied; im «Unglück» sah sie eine anonyme, die Persönlichkeit zerstörende Macht, die in Krankheit oder sozialer Entwürdigung dem Menschen als Geschöpf den *Abstand* von seinem Schöpfer bewußt macht. Zwar sei das Unglück, meinte die französische Gottessucherin, kein Straf- und Erziehungsinstrument Gottes, aber sie betrachtete es doch in gewissem Sinne als hilfreich für den Menschen, um ihm das unendliche Ausmaß seiner Entfernung von Gott und seine absolute Verwiesenheit auf *die Gnade* Gottes vor Augen zu stellen. Die Kritik der katholischen Kirche auch an diesem Lösungsversuch ließ freilich nicht lange auf sich warten: sie sah die «ungeschuldete Gnadenhaftigkeit der Gnade» in S. WEILS Entwurf nicht gewahrt und warf ihr im übrigen ein «manichäisches» («dualistisches») Weltbild vor, ganz als ob nicht die kirchliche Dogmatik mit der Übernahme des «Teufels» den persischen Dualismus selbst aufgegriffen hätte.

Um so bemerkenswerter scheint ein nahezu *gegenläufiger* Gedanke, den 1951 der deutsche Dichter STEFAN ANDRES in seiner Erzählung *Wir sind Utopia* äußerte: Nicht der Mensch, meinte STEFAN ANDRES, sondern Gott brauche die Armut und Armseligkeit der Welt, um seiner Liebe das Mitleid hinzufügen zu können; er, der Vollkommene, bedürfe der Unvollkommenheit der Kreatur, um sich in seiner Fülle mitteilen zu können. «Gott», läßt er an entscheidender Stelle (43–44) seinen Padre Damiano sagen, «geht nicht nach Utopia! Aber auf diese tränenfeuchte Erde kommt er immer wieder! Denn hier ist unendliche Armut, unendlicher Hunger, unendliches Leid! Gott liebt das ihm ganz Andere, liebt den Abgrund, und er braucht – verstehen Sie mich um seines Namens willen recht – braucht die Sünde! ... Er ergießt sich. Er erneuert, Gott schafft Götter. Der Kosmos ist sein geliebter Sohn, der von ihm, dem Vater, alles empfängt im Geist, in der Liebe. Und dieser Sohn wird so, wie der Vater es will! Gott liebt die Welt, weil sie unvollkommen ist. – Wir sind Gottes Utopia, aber eines im Werden!»

Gegen ST. ANDRES glaubte das kirchliche Lehramt einwenden zu müssen, daß er die Einmaligkeit der «Erlösungstat» Christi durch ein «ungeschichtliches Denken» nivelliert und die verschiedenen Religionen als «Gewänder ... aus ein und demselben Stoff» (43) einander gleichgestellt habe; wie aber soll man die kirchlich akzeptierte Lehre von dem gleichen Vorwurf freisprechen, daß Gott in den Hunderten von Jahrmillionen der Evolution des Lebens mit dem Leiden seiner Kreaturen mitgelitten habe, um dann in der monströsen Kreuzigung seines «Sohnes» auf «unüberbietbare» Weise zu demonstrieren, wie er alles Leid der Welt sich «leibhaftig» «immer schon» zueignet und zugeeignet hat? Was, muß man immer erneut fragen, soll die «Geschichtlichkeit» des «göttlichen Heilshandelns» in dem winzigen biblisch vorgegebenen Zeitraum von 2000–3000 Jahren angesichts der ungeheueren Dimensionen der wirklichen Welt in Raum und Zeit? Und vor allem: Es macht einen erheblichen Unterschied, ob ein Dichter wie ST. ANDRES beziehungsweise eine Mystikerin wie SIMONE WEIL in Anlehnung an die vermenschlichend-mythische Darstellungsweise der Bibel eine tröstliche Vorstellung von der wechselseitigen Abhängigkeit Gottes von der Welt beziehungsweise der Welt von Gott zu vermitteln sucht oder ob ein solcher bildhaft-mythischer Vermittlungsvorschlag in die rationale Begrifflichkeit der «systematischen» Theologie übersetzt und zum Dogma erhoben wird. Die kirchliche *Dogmatik muß* man befragen, was denn die Lehre von dem mitleidenden Gott an dem Leiden der Menschen und der Kreaturen wirklich erklären oder gar ändern soll?

Gleicht die von den Theologen beschriebene Situation eines Gottes, der an der Welt, die er selber gemacht hat, unendlich leidet, ohne sie entscheidend verändern zu können oder zu wollen, nicht aufs verzweifelte der Rolle einer Mutter oder eines Vaters, denen die Schmerzen ihres kranken oder behinderten Kindes bitter leid tun, die aber im Grunde hilflos seinen Qualen gegenüberstehen?

Psychoanalytisch legt es sich nahe, den «Trost», den derartige Theologen-Vorstellungen vermitteln wollen, vor allem in einem «ödipalen» Umfeld anzusiedeln, wo das «Opfer» des «Sohnes», die Hilflosigkeit einer «leidenden» Mutter und die aggressive Strafgewalt des «Vaters» zu einem Gefühlsensemble hoher Leidensbereitschaft und Unterwerfungshaltung führen (vgl. E. DREWERMANN: *Kleriker,* 277–286). Erkennbar tragen Gedanken dieser Art jedenfalls *nichts* dazu bei, die Welt, wie sie wirklich ist, besser zu verstehen oder im ganzen in einen glücklicheren Zustand zu überführen; daß Jesus Christus durch seinen Opfertod am Holz des Kreuzes die Welt «erlöst» habe, ist unter diesen Umständen ganz offensichtlich nicht nur ein unbeweisbarer, sondern ein erkennbar falscher Satz.

Genauer noch: Der Begriff *«Welt»* macht im Umkreis der christlichen Schöpfungs- und Erlösungslehre allenfalls einen gewissen Sinn, wenn mit ihm die *Menschen*welt gemeint ist, die *Welt,* wie MARTIN HEIDEGGER sie 1927 in *Sein und Zeit* (1. Teil, 1. Abschnitt, 1. Kapitel, § 11, S. 50) im Rahmen seiner existentialen Analytik vom In-Sein des Daseins her beschrieb und (2. Abschnitt, 3. Kapitel, § 18, S. 83–88) gegenüber der räumlichen Vorstellung des R. DESCARTES als das «Worin des sich verweisenden Verstehens als Woraufhin des Begegnenlassens von Seiendem in der Seinsart der Bewandtnis» bestimmte. Schon 1929, in seinem Artikel *Vom Wesen des Grundes,* hatte HEIDEGGER auf das neue ontische Existenzverständnis hingewiesen, das im Christentum durchbrach: «Kosmos ... bedeutet ... nicht nur und nicht primär den Zustand des ‹Kosmischen›, sondern den Zustand und die Lage des *Menschen,* die Art seiner Stellung *zum* Kreuz» (24). Vor allem RUDOLF BULTMANN versuchte bereits 1958 in seiner *Theologie des Neuen Testamentes* (§ 26, S. 254–260), im Anschluß an HEIDEGGER herauszustellen, daß das Wort *«Welt»* im Neuen Testament «nicht ein kosmologischer, sondern ein geschichtlicher Begriff ... im Sinne von ‹Menschenwelt›, ‹Menschheit›» sei; «Welt» im Sprachgebrauch der Bibel heiße nicht «der kosmische Raum, sondern ... die Sphäre der menschlichen Beziehungen» (255).

Dementsprechend müssen natürlich auch alle Aussagen der Bibel von der «Schöpfung» und «Erlösung» der «Welt» eben nicht als Aussage über den «Kosmos» an sich verstanden werden; sie müssen vielmehr als mythische Bilder aus ihrer projizierten Form zurückgeholt und als symbolische Chiffren zum Verständnis des menschlichen Daseins ausgelegt werden. Einer der Hauptfehler heutiger Theologenrede im Raum der Kirche – man kann es nicht oft genug sagen – besteht indessen darin, diesen Unterschied nicht zu machen, ihn mit Absicht zu verwischen und dann ins schlechthin Abergläubige aufzulösen.

Die Folgen lassen sich schwer überschätzen.

Beziehen wir den Tod Jesu am Kreuz als erlösende Antwort auf *die Welt in kosmischem Sinne* mit ihren unerträglichen Leiden, so entsteht ein Bild der Wirklichkeit, wie es am krassesten und klarsten erneut der russische Dichter F. M. Dostojewski gemalt hat. In seinem Roman *Der Idiot* (III 6, 395–397) kommt er auf eine Darstellung der Kreuzigung zu sprechen, die der Wüstling Parfen Rogoshin an der Wand seines Hauses aufgehängt hat. «Auf dem Bild», schreibt Dostojewski, «ist dieses Gesicht (sc. Jesu) entsetzlich zerschlagen, verschwollen, mit furchtbaren, blutigen, blauen Flecken, mit offenen Augen und schielenden Pupillen dargestellt: die großen hervorgequollenen Augäpfel haben einen toten, gläsernen Glanz. Bei dem Anblick dieser Leiche eines gepeinigten Menschen drängt sich eine eigenartige und interessante Frage auf: Wenn alle seine Nachfolger, seine bedeutendsten künftigen Apostel, die ihm folgenden und an seinem Kreuze stehenden Frauen, alle an ihn Glaubenden und ihn Anbetenden wirklich eine solche Leiche sahen…, wie konnten sie bei deren Anblick nur daran glauben, daß dieser Märtyrer auferstehen würde? Man kann hier den Gedanken nicht von sich weisen, daß, wenn der Tod so furchtbar ist und die Naturgesetze eine solche Macht haben, es wohl unmöglich ist, das alles zu überwinden! Wie konnte man es überwinden, wenn selbst derjenige, der bei seinen Lebzeiten die Natur überwand und dem sie gehorchte, sie jetzt nicht zu besiegen versuchte, derjenige, der nur ‹Talitha kumi› (sc. Mk 5,41) und ‹Lazarus, komme heraus› (sc. Joh 11,43) zu rufen brauchte, damit das Mägdlein sich erhob und der Tote herauskam? Die Natur erscheint bei der Betrachtung dieses Bildes als ein ungeheures, unerbittliches, stummes Tier, oder besser gesagt, wenn es auch seltsam erscheint, als eine ungeheure Maschine allerneuester Konstruktion, die alles sinnlos erfaßt, vernichtet und stumpf und gefühllos verschlingt, auch wenn es ein so erhabenes und wertvolles Geschöpf ist, das allein die Natur, alle ihre Gesetze und die Erde aufwiegt, die vielleicht nur des Erscheinens dieses Wesens wegen erschaffen wurde! Dieses Bild scheint gerade diese Vorstellung der dunklen, frechen, sinnlosen, ewigen Macht, der alles gehorcht, auszudrücken und unwillkürlich hervorzurufen. Diese den Toten umringenden Menschen, von denen hier auf dem Bild kein einziger dargestellt ist, mußten an jenem Abend, der mit einem Schlag alle ihre Hoffnungen und fast ihren ganzen Glauben vernichtete, furchtbar traurig und verstört sein. Sie mußten ganz entsetzt auseinandergehen ... Und wenn der Heiland selbst sein Bild am Tage vor der Kreuzigung hätte sehen können, hätte er dann wohl selbst sein Kreuz auf sich genommen und wäre er so gestorben?»

DOSTOJEWSKI konfrontiert in dieser «Bildbetrachtung» im Grunde die kirchliche Glaubenslehre von dem Wirken, dem Erlösungstod und der Auferstehung des «Gottmenschen» Jesus Christus mit dem mechanistischen Weltbild der Naturwissenschaften – und schaudert zurück! All die Überzeugungen der christlichen Religion scheinen wie widerlegt angesichts der schnöden Gleichgültigkeit, mit der die Natur selbst das Wertvollste, selbst das ihr Sinngebende gnadenlos zerstört und hinwegrafft. Und vor allem: Wenn es doch Ihm bereits möglich war, die Gesetze der Natur zumindest in gewissen Augenblicken außer Kraft zu setzen, warum dann dieses gräßliche Sterben? Warum, wenn doch die Tochter des Jairus vom Tode auferstand, muß überhaupt noch ein Kind auf der Welt unter Fieberschauern und Wahnsinnskrämpfen verenden? Warum, wenn das Grab das Lazarus sich öffnete, schließt es sich immer noch über Ihn und über jeden der sterblichen Menschen?

Auf Fragen dieser Art, die schon BÜCHNERS *Lenz* in den Wahnsinn trieben, läßt sich nur noch einmal antworten, daß die Naturgesetze sind, wie sie sind, und daß sie weder durch menschliche (oder teuflische) Schuld ins Tödliche verderbt wurden, noch durch die Wunder göttlicher Heilbringer außer Kraft gesetzt werden. Nicht die Welt draußen hat sich geändert, als Jesus auf Golgatha starb, nur die Menschen müssen sich fragen, wenn sie *diesen* ermordeten, was dann für sie «Leben» bedeutet. *Er* überwand den Tod nicht *nach* seinem Tode, sondern *in* seinem Leben: indem er das Vertrauen wahr machte, daß das Dasein eines Menschen niemals aus den Händen Gottes fällt. *Er* glaubte die Auferstehung; darum *war* und *ist* er die Auferstehung. Daß «Gräber sich öffnen» (Mt 27,52–53), ist ein *Bild* dieser Zuversicht, keine historische Information über ein Faktum, das die Natur «überwunden» hätte.

Doch nun vergleiche man damit die eben zitierten Äußerungen des Tübinger Dogmatikers JÜRGEN MOLTMANN, der, repräsentativ für die gesamte Denk- und Redeweise der kirchlichen Theologie, am Ende seines Theorems von der Selbstbeschränkung Gottes im Akte der Schöpfung dann doch wieder versichert, es habe Gott durch den Tod und die Auferstehung seines «Sohnes» das «Nichts» überwunden und der Welt das Heil angeboten!

In seiner *Theologie der Hoffnung* von 1964 bereits schrieb MOLTMANN (191): «Die Auferstehungshoffnung besiegt die Tödlichkeit des Todes nicht, indem sie Leben und Sterben als Inbegriffe der allgemeinen Vergänglichkeit unwesentlich macht, sondern indem sie den Sieg des Lobpreises und damit des Lebens über den Tod und über den Fluch der Gottverlassenheit, indem sie den Sieg Gottes über die Gottesferne ankündigt.»

«Gottverlassenheit», «Gottesferne» – das sind Worte, die, wie man meinen sollte, den «Ort» in der «Welt» des *Menschen* bezeichnen, es sind, sollte man denken, *Chiffren* der Existenz; – niemand wird und kann erwarten, daß von daher irgend etwas an den Gesetzen der Natur, an den vielfachen Formen des Leids auf dieser Erde und in den Weiten des Kosmos sich ändern wird. Doch wenn das Wort «Gottesferne» den «Rückzug» Gottes im Akt der Schöpfung meint, dann ist das «Negative» in der «Welt» nicht länger mehr ein Existential des menschlichen Daseins, sondern eine Struktur der Dinge; und nur so sind Sätze zu verstehen, wie J. Moltmann sie schon damals schrieb (195): «Die Leiblichkeit (sc. des Auferstandenen, d. V.)... ist offensichtlich der Ansatzpunkt für die Solidarität der Glaubenden mit der ganzen Kreatur... Die Hoffnung auf die Erlösung des Leibes und die Hoffnung auf die Erlösung aller Kreatur von der Nichtigkeit sind eine Sache... Die kosmischen Vorstellungen der christlichen Eschatologie sind darum (!) keineswegs mythologisch, sondern greifen in den offenen Vorraum des Möglichen vor aller Wirklichkeit hinein.» Desgleichen sieht Moltmann in *Gott in der Schöpfung* (291) schon voraus, wie «der Sabbat... die ganze Schöpfung, der er gilt, für das kommende Reich Gottes» öffnet – für «Menschen und Tiere», frei nach Lev 25,1–7. Der «ewige Sabbat» als Inbegriff der «Erlösung», als Beschreibung des Zustands, da Gott nach 1 Kor 15,28 und Apk 21,3 «alles in allem sein wird...»

Bei solchen «Erklärungen» eines maßgebenden Theologen hilft kein Deuten und Deuteln mehr; die Aussage steht: Weil man die *Bilder* der «Christologie» *nicht* als «mythische» Symbole verstehen will noch darf, *müssen* sie kosmologisch verstanden werden... Immer wieder, selbst bei den Besten unter den Theologen begegnen wir diesem Dilemma, das sich schlechterdings nicht lösen läßt, weil es in einer ständigen Vertauschung der Wirklichkeitsebenen besteht: aus symbolischen Bildern werden Begriffe zur Weltbeschreibung, aus den Chiffren der Daseinsdeutung der Menschenwelt werden Kategorien zur Beschreibung des Gangs der Naturgeschichte, aus Aussagen, die (allenfalls!) für ein paar tausend Jahre Menschheitsgeschichte Geltung haben können, werden Universalaussagen über die Vergangenheit und Zukunft «aller Zeiten», aus dem Glauben an den «Vater» Jesu wird eine theologische «Totalanschauung» im Sinne von Karl Jaspers (*Der philosophische Glaube*, 125) als Verkehrung des Glaubens zum «Seinswissen». Es ist klar: so geht es nicht.

Insbesondere geht es nicht länger an, immer von neuem in der genannten Art aus dem «Christusglauben» die alten Implikationen der jüdisch-christlichen Anthropozentrik abzuleiten und der ganzen «Schöpfung» ein «anthropisches Prinzip» als die Form der «Vorsehung» Gottes zu unterstellen. Die Theologie, gleichgültig, ob protestantisch oder katholisch, tut freilich immer noch alles nur Erdenkliche, um das erwiesenermaßen falsche Mittelpunktsdenken mit «teleologischen» Argumenten zu stärken: Gott ist «Mensch» geworden – dieses «Ereignis» hat als das *Ziel* der Evolution des Universums zu gelten.

So erklärte kein geringerer als KARL RAHNER in einem wichtigen Aufsatz über *Die Christologie innerhalb einer evolutiven Weltanschauung* (Schriften zur Theologie, V 183–221, S. 195–196): «Zunächst muß gesagt werden, daß auch der moderne Naturwissenschaftler trotz der großartigen Ergebnisse und Perspektiven seiner Wissenschaft eigentlich doch noch weitgehend einer sowohl vorwissenschaftlichen (!) wie vorphilosophischen wie vortheologischen Perspektive verhaftet bleibt. Er meint nämlich meist auch heute noch (!), daß es gerade dem Geist der Naturwissenschaften entspreche, den Menschen nur als das schwache, zufällige Wesen zu sehen, das, einer ihm gleichgültigen Natur ausgesetzt, als eine Art Eintagsfliege auf der Erde sein Wesen treibe, bis es von einer ‹blinden› Natur, die es nur zufällig in einer ihr selbst gleichgültigen Laune hervorgebracht hat, wieder verschlungen wird. Aber eben dies widerspricht nicht nur der Metaphysik (!) und dem Christentum (!), sondern auch der Naturwissenschaft (!). Wenn der Mensch da ist, wenn er das ‹Produkt› der Natur ist, wenn er nicht irgendwann da ist, sondern am Ende einer Entwicklung, die er sogar mindestens teilweise nun selber steuern kann (!), indem er nun diesem seinem Produzenten objektivierend und diesen selbst umgestaltend entgegentritt, dann kommt eben die Natur in *ihm* zu sich selbst, dann ist sie auf ihn angelegt (!), weil (!) ‹Zufall› für den Naturwissenschaftler eigentlich (!) kein sinnvolles Wort ist (!) und er aus dem Ergebnis auf eine daraufhin gerichtete Bewegung schließt. Wenn man es nicht so sieht, hat es von vornherein keinen Sinn, die Geschichte des Kosmos und des Menschen als *eine* Geschichte zu sehen. Man wird über kurz oder lang wieder in einen platonistischen Dualismus zurückfallen.»

Erstaunlich an diesem Passus ist nicht nur die großzügige Maßregelung skeptischer Naturwissenschaftler als «vorwissenschaftlich», nur weil sie sich dem Urteil einer bestimmten Art von Metaphysik nicht beugen wollen, verwunderlicher noch ist die Tatsache, daß selbst ein Mann wie K. RAHNER, wenn es darum geht, die Mittelpunktstellung des Menschen und des «menschgewordenen Gottessohnes» zu rechtfertigen, so tut, als wenn es die Kritik I. KANTS an den «teleologischen» Beweisführungen der christlichen Metaphysik und Theologie nie gegeben hätte. Wie denn! Das Ergebnis einer Entwicklung muß das Ziel der Entwicklung sein? Genau das gilt für die Heraufkunft des Menschen *nicht.*

Wenn wir bei unserem langen Gang durch die Geschichte der Hominiden in den letzten 6 Millionen Jahren auf ein wirklich *sicher* zu nennendes Ergebnis gestoßen sind, so ist es die offensichtliche *Ziellosigkeit* des gesamten Prozesses der «Menschwerdung». Wohl wurde da in alle nur möglichen Richtungen *gesucht,* aber nicht nach dem «Menschen» als der Krone der Schöpfung, sondern weit bescheidener: nach Nahrung, nach Strategien des Überlebens, nach Tricks, wie man zum Zwecke höherer Fruchtbarkeit Männer und Frauen sexuell aktiver miteinander verbinden könnte, wie man zum Zwecke höherer Jagderfolge Gruppenzusammenschlüsse unter den Männern effizienter zu gestalten vermöchte, wie man mit den *Folgen* des aufrechten Gangs biologisch und sozial verträglich umzugehen hätte... Der «Geist» in den Köpfen irdischer Lebewesen ist der Natur erst sehr spät, als eine weitere mögliche «Spezialisierung» in der Anpassung unserer Vorfahren an eine veränderte Wirklichkeit «eingefallen». Und hinter den Veränderungen der Wirklichkeit standen Klimaveränderungen mit nachfolgenden Versteppungen, hinter *diesen* standen geologische Prozesse mit weitreichenden ozeanographischen Folgen, aus *diesen* wiederum ergaben sich Gebirgsauffaltungen und Grabenbrüche... Von «Ziel» und «Zweck» in alledem kann und konnte keinerlei Rede sein, wohl aber von einer äußerst dynamischen Wechselwirkung aller Teile des Gesamtsystems Erde mit *einem* unter unendlich vielen möglichen Ergebnissen.

Wenn bisher immer wieder davon die Rede war, daß Gott seine Welt sich «am Anfang» «erwählt» habe, so müssen wir jetzt genauer sagen: Zu jedem Moment der Evolution existiert eine Fülle von Möglichkeiten, die von bestimmten Zufallsdeterminanten in eine bestimmte Richtung «selektiert» wird. Noch haben wir die schier unglaublichen Krisen und Katastrophen in der Geschichte des Lebens auf unserem Planeten nicht beschrieben, noch haben wir die wirklichen «Erfolgsrezepte» der Genesis in den Hunderten von Jahrmillionen der Evolution uns nicht wirklich bewußtgemacht, da läßt sich doch schon im Blick auf die letzten 5–6 Millionen Jahre oder auch nur im Blick auf die letzte Phase der «Menschwerdung» in den zurückliegenden 300 000 Jahren dem Evolutionstheoretiker und Paläontologen STEPHEN JAY GOULD voll und ganz zustimmen, wenn er in seinem Buch *Zufall Mensch* (362–363) erklärt: «Lassen wir das Band (sc. der Evolutionsgeschichte) nochmals ablaufen, und lassen wir den winzigen Zweig des *homo sapiens* in Afrika erlöschen. Andere Hominiden haben vielleicht an der Schwelle dessen gestanden, was wir unter menschlichen Möglichkeiten verstehen, aber viele schlüssige Szenarien werden niemals geistige Fähigkeiten unseres Niveaus ergeben. Lassen wir das Band nochmals ablaufen, und diesmal kommen der Neandertaler in Europa und der *homo erectus* in Asien um (wie es ja auch in Wirklichkeit der Fall war). Der einzige überlebende Menschenschlag, der *homo erectus* in Afrika, macht eine Zeitlang tastend weiter und hat sogar Erfolg; aber er erfährt keine Aufspaltung in Arten und bleibt somit stabil. Dann löscht ein mutierter Virus den *homo erectus* aus, oder eine Klimaänderung verwandelt Afrika wieder in einen unwirtlichen Urwald. Ein winziger Zweig am Ast der Säugetiere, eine Linie mit interessanten Möglichkeiten, die nie realisiert wurden, kommt zu der großen Mehrheit der ausgestorbenen Arten hinzu. Na und? Die meisten Möglichkeiten werden nie realisiert, und wer kann schon sagen, was dadurch verlorenging? – Argumente dieser Art veranlassen mich zu der Feststellung, daß die profundeste Einsicht der Biologie in das Wesen, die Stellung und die Möglichkeiten des Menschen in dem schlichten Satz steckt, der die Verkörperung der Kontingenz ist: der *homo sapiens* ist eine Entität, keine Tendenz.» «Der göttliche Bandabspieler besitzt viele Millionen Szenarien, und jedes ist vollkommen schlüssig. Kleine Verrücktheiten zu Beginn, ohne besonderen Grund, lösen Kaskaden von Folgen aus, die eine bestimmte Zukunft im Rückblick als unausweichlich erscheinen lassen. Doch es genügt ein ganz leichter Stupser zu Anfang, und eine andere Rinne wird berührt, die Geschichte schlägt einen anderen plausiblen Weg ein, der stetig vom ursprünglichen Verlauf wegführt. Die Endresultate sind so verschieden, die anfängliche Störung ist scheinbar so unbedeutend. Würden kleine Peniswürmer das Meer beherrschen, so hätte ich Zweifel, ob *Australopithecus* jemals aufrecht über die afrikanische Savanne geschritten wäre.»

Mit einem Wort: es gibt uns, aber es gibt keine Notwendigkeit, keinen Plan, als deren Resultat wir zustande gekommen wären. Was es gibt, ist ein Spiel von unendlichen Möglichkeiten, und wenn man so will, haben wir für einen kurzen Augenblick das «richtige» Los gezogen. Das Spiel wird weitergehen, und andere werden «Glück» haben. Das einzige, was man sagen kann, ist die banale Feststellung, daß die Natur stets mit den Formen des Lebens weiterexperimentieren muß und wird, die sie einmal hervorgebracht hat. Wenn es sich erst einmal als «vorteilhaft» erwiesen hat, daß Fische zur Stabilisierung ihrer Schwimmlage und zum Fortkommen im Wasser sich mit vier Flossen bewegen, so kann sich daraus beim Gang an das Festland, beim Klettern auf Bäumen, bei der Besiedlung von Steppen, bei der Eroberung des Luftraums alles mögliche entwickeln: Beine mit Füßen und Pfoten, Füße mit Tatzen oder Hufen, Flügel und Klauen, und in all diesen Formen spielt nach wie vor, selbst 400 Jahrmillionen danach, noch immer das alte Grundmuster der Fischflossen hindurch. Doch wer im Ernst wollte sagen, es sei das Ziel der Fischflosse gewesen, den Greifarm des Urvogels und die Greifhand des Schimpansen «hervorzubringen»? Auch nur schon den, geologisch gesehen, *kurzen* Zeitraum der «Menschwerdung» versteht man erst, wenn man von der Theologenneigung läßt, Ergebnisse als Ziele, Ursachen als Absichten und Folgen als Schulden oder Verdienste von Menschen, Engeln, Teufeln oder Göttern zu interpretieren. Die radikale und oft fatale Kontingenz der Welt läßt sich mit keiner «ontologischen» «Finalisierung» der «Schöpfung» aus der Welt schaffen.

Will man das gezeigte Dilemma der jüdisch-christlichen Theologie zwischen dem so «menschlichen» Gottesbild der Bibel und der so «unmenschlichen» Weltwirklichkeit in schematischer Form sich verdeutlichen, so läßt sich die logische Unlösbarkeit des Theodizeeproblems in einem «magischen Dreieck» aus den Begriffen Macht, Güte und Weisheit darstellen, alle drei ins Unendliche gesteigert als göttliche Eigenschaften:

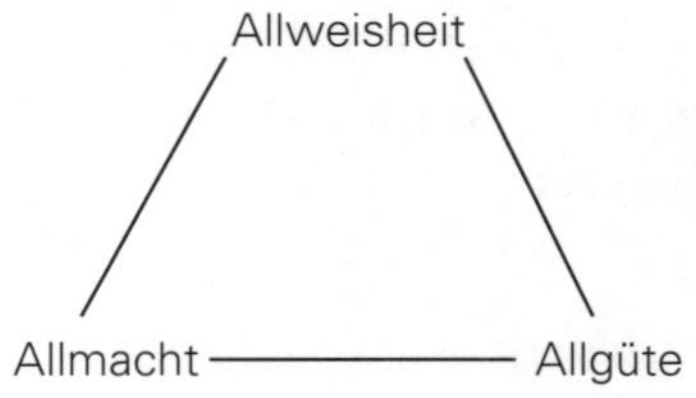

Schon unter *«endlichen»* Voraussetzungen scheint es schwer, daß Macht und Weisheit sich miteinander vertragen sollten; ebenso gehen Weisheit und Güte, Verstand und Liebe selten miteinander; und der Konflikt von *«Macht und Gnade»* ist vor allem in den historischen Essays REINHOLD SCHNEIDERS überzeugend dargestellt worden. Insbesondere das Zusammentreten zweier dieser Widerspruchsbegriffe schließt das dritte regelmäßig aus: Eine «weise» Macht mag handeln wie Otto von Bismarck im Juli 1870 bei der sogenannten Emser Depesche, als er den Krieg zwischen Deutschen und Franzosen zum Zwecke der Reichseinheit vom Zaun brach, aber mit Güte, Menschlichkeit und Gnade hat gerade eine solche Regierungsform nichts zu tun; eine gütige Weisheit mag sich sogar äußerer Machtmittel *begeben,* wie MAHATMA GANDHI, als er sich bei der Gründung einer unabhängigen indischen Republik weigerte, ein Militär aufzustellen; und eine Macht, die ihre Stärke in der Güte sieht, wird sehr bald in die Gefahr kommen, so viele Ausnahmen zu gewähren, daß sie konzeptionelle Klarheit und Berechenbarkeit in den Augen Außenstehender vermissen läßt.

Ins *Unendliche* gehoben aber sind die genannten drei Begriffe schlechterdings einander konträr, das heißt, sie müßten es nicht sein im Abstrakten, im reinen An-sich-Sein; doch als Erklärungshintergrund der Welt, die wir vor uns sehen und in der wir leben, sind ihre Widersprüche unüberwindlich: Es ist möglich, in der Schöpfung eine unendlich überlegene *Macht und Weisheit* anzuerkennen, doch mutet ihre mathematische Strenge alles andere als menschlich und gütig an; der Weg einer Gottheit, die sich nach JÜRGEN MOLTMANNS Vorschlag ihrer «Allmacht» begibt, um die Welt zu erschaffen, endet offenbar nach Ablauf von ein paar Milliarden Jahren bei einer paradoxen Form, zumindest ihre «Weisheit» und «Güte» demonstrieren zu müssen; und ein Gott, der so *gut* ist, unendlich mit seinen leidenden Kreaturen zu *leiden,* erscheint weder weise noch mächtig, eher als unvermögend und unbesonnen. *In summa:* Wenn es überhaupt einen Ausweg aus dem theologischen Dilemma geben soll, so müssen wir offenbar von den genannten drei Begriffen einen anderen Gebrauch machen, als er in der jüdisch-christlichen Deutung von Welt und Geschichte gemacht wird. Dazu verhilft ansatzweise eine dritte Theorie, die wir bezeichnen als:

Die «Gott-befreit-uns-von-der-Natur»-Theorie

Einen in gewissem Sinne wichtigen Schritt in die richtige Richtung zur Lösung des Theodizeeproblems hat, wenn auch fast als Nebenergebnis, der Heidelberger Neutestamentler GERD THEISSEN in seinem Buch *Biblischer Glaube in evolutionärer Sicht* (München 1984) getan. Anders als JÜRGEN MOLTMANN, lehnt THEISSEN es als Bibeltheologe ab, von Gott dogmatisch zu reden: «Daß Jesus von Gott nicht in Dogmen, sondern in Dichtungen gesprochen hat, sollte zum Ausgangspunkt all unserer Bemühungen werden, von Gott zu reden» (162). Von daher entwickelt THEISSEN keine metaphysische Gotteslehre; im Gegenteil, ausführlich zeigt er, unter welch verschiedenen geschichtlichen Voraussetzungen sich der biblische Monotheismus entwickelt hat; drei Epochen meint er dabei unterscheiden zu können: «In der ersten Epoche von den Anfängen Israels (ca. 1200 v. Chr.) bis zur Katastrophe von 586 v. Chr. (sc. der Zerstörung Jerusalems durch die Babylonier, d. V.) setzt sich *die Exklusivität Jahwes* durch. Gefordert wird die monolatrische Verehrung Jahwes ohne Leugnung anderer Götter. In der zweiten Epoche – vom babylonischen Exil (586 v. Chr.) bis zum Beginn des Hellenismus (332 v. Chr.) – kommt es zum Durchbruch des Monotheismus und zur Erkenntnis *der Einzigkeit Jahwes:* Neben Jahwe gibt es keine anderen Götter, und Israel ist der ‹Prophet› Jahwes. Die dritte Epoche ist durch die Begegnung mit den kosmopolitischen Tendenzen eines philosophischen Monotheismus im Hellenismus gekennzeichnet. Wenn auch andere Völker zum Glauben an einen Gott kommen konnten, stellt sich die Frage, ob Jahwe nicht *der universale Gott* aller Menschen ist. Das Urchristentum ist ein Teil dieser Auseinandersetzung» (75). Aus solchen Feststellungen über die historische Bedingtheit und innere Unausgeglichenheit des biblischen Gottesbildes läßt sich kein «System» erstellen.

Zudem weiß Theissen, daß es sich bei den Vorstellungen der «Naherwartung» und der «Eschatologie» um mythische Ausdrucksformen einer Hoffnung im Widerspruch handelt (152). Dabei gibt er durchaus zu, daß die Evolution «offen» ist: «Es ist sinnlos», anerkennt er, «in die Evolutionstheorie teleologisches Denken hineinzuschmuggeln ... Damit entfernen wir uns weit von jedem fortschrittsgläubigen Optimismus, den viele irrtümlich für ein Merkmal evolutionären Denkens halten» (205). Auf diese Weise ist ein Unterschied auch zu Teilhard de Chardin und Karl Rahner gegeben (204, Anm. 29), deren Konzeptionen, wie wir sahen, mit den Grunddaten der Evolutionsbiologie logisch nicht vereinbar sind. Was aber soll dann noch von dem biblischen Glauben Bestand haben? Gerade diese Frage möchte G. Theissen beantworten, indem er die Aussagen des Christentums mit Hilfe der Biologie «modernisiert»; die Auskunft, zu der er gelangt, ist paradox: Die christliche Botschaft besteht in der Überwindung eben der Mechanismen, die in der biologischen Evolution gültig sind.

Als erstes konstatiert Theissen, daß die Entwicklung der Kultur «einen selektionsmindernden Effekt» besitzt: «Kultur ist (in der Regel) darauf aus, Leben auch dort zu ermöglichen, wo die Natur seine Chancen drastisch verringern würde» (67). Als Beispiel kann die Verringerung der Kindersterblichkeit dienen. Der Unterschied ist eklatant: «Biologische Evolution kommt nur durch Selektion voran. Nur sie gibt den natürlichen Prozessen und zufälligen Mutationen eine Richtung. Kultur kommt dagegen durch Selektionsminderung voran» (68). Das bedeutet nicht, daß das Selektionsprinzip in der Kultur keine Gültigkeit mehr besäße, aber es wird durch eine intelligente Auswahl und Übernahme erfolgversprechender «Verhaltensweisen» ersetzt (69). «Ähnlich wie bei der Entstehung des Lebens das Entropiegesetz durch materiellen Austausch mit der Umwelt ‹überwunden› wurde, ohne daß es im Hinblick auf die gesamte Realität durchbrochen wird, verfährt auch die Kultur: Sie überwindet das Selektionsprinzip durch eine neue Form des Austauschs mit der Umwelt, durch einen ‹geistigen Stoffwechsel›» (71). Und nun lautet G. Theissens These: «Wenn Kultur generell ein selektionsmindernder Prozeß ist, so ist die Religion das Herz menschlicher Kultur. Sie ist ein Aufstand gegen das Selektionsprinzip. Sie öffnet den Menschen für eine größere Realität, vor der jeder Mensch unendlichen Wert hat und absolut gleich ist» (71–72).

Allerdings entwickelt nun Theissen seine These nicht religionswissenschaftlich, sondern er geht sogleich zum Gott der Bibel über. Wohl anerkennt er, daß etwa auch der Buddha, wie Jesus, seinen «Protest gegen das Selektionsprinzip» artikuliert habe. «Bei beiden ist klar: Letztlich arbeitet das Selektionsprinzip mit den Mitteln des Leidens und Todes ... Ist nicht alles Dasein Leiden? ... Gibt es nicht jene Verstrickung, die man früher ‹Erbsünde› nannte?» (150) «Buddhismus und Christentum sind beide Ausdruck einer antiselektivistischen Revolte» (151), doch sieht Theissen beider Wege «fast» entgegensetzt: die Beseitigung des Leids «durch Aufhebung der Motivation zum Leben» in der Meditation einerseits und der Glaube «an die Auferstehung des Gekreuzigten» andererseits (151). Im weiteren spielen andere Religionsformen außerhalb der Bibel für Theissen keine Rolle mehr, ist es für ihn doch der biblische Gott, der den antiselektionistischen Protest am klarsten verkörpert.

An sich, sollte man meinen, ist eine solche Einschätzung erstaunlich. Hat nicht gerade der Gott Israels sich auf rabiate Weise als der erste, dann als der einzige, schließlich als der ausschließliche geltend gemacht? Da war er nicht anders als die anderen Götter im Alten Orient auch, meint dazu sinngemäß G. Theissen. «Die Kriege des Alten Orients waren zum Teil Vernichtungskriege. Der Besiegte wurde ausgerottet.» (93) So gebietet es Moses zum Beispiel in Num 31,17–18 nach dem Sieg über die Midianiter, denen er doch selber durch Verschwägerung zugehört; und so gebietet es Jahwe der Gott nach biblischem Wortlaut vor allem im *deuteronomistischen Geschichtswerk* viele Male. Ausgerechnet in einem solchen Kulturraum und in einer solchen Religionsform soll sich eine «antiselektionistische» Gottheit durch eine kulturelle «Mutation» durchgesetzt haben?

G. THEISSEN möchte das so sehen und macht, immerhin, geltend, daß der Durchbruch zum israelitischen Monotheismus im 6. Jh., in der Zeit des Exils, zwei Erkenntnisse umfaßt habe: «1. Es gibt nur einen Gott, der über alle Völker, auch über die Sieger herrscht, und 2. dieser Gott bietet die Möglichkeit einer Umkehr an – und verheißt damit neues Leben für das ganze Volk trotz der Katastrophe ... Radikale Verhaltensänderung ist besser als Sterben» (95). Vor allem erzeige sich im Exil Jahwe als «ein Gott der Entronnenen, der Flüchtigen, der ... Deportierten und Kriegsgefangenen» (99). Daß er sich gleichzeitig auch als ein Gott der Sich-Abgrenzenden, der Ressentimentbeladenen, der Vergeltungssüchtigen und der theologischen Rassisten zeigt, die am liebsten ganze Völker ausgerottet sähen, erwähnt THEISSEN nicht. Dafür erkennt er in dem Bilderverbot Israels ein «Übergreifen religiösen Verhaltens und Erlebens von der nichtdominanten Hemisphäre unseres Großhirns auf seine dominante Hemisphäre» (104): das Wort tritt an die Stelle des Bildes, die linke Hirnhälfte wird wichtiger als die rechte Hälfte. Und zudem habe der Gott Israels, indem er, statt einer Frau an seiner Seite, sich «sein Volk» zur «Braut» erwählt habe, die Bindung der Religion an die Prägung durch die Familie gesprengt. «Indem der eine Gott ohne Frau, Sexualität und Zeugung vorgestellt wird, wird er unabhängig von grundlegenden biologischen Prozessen gedacht. Seine Macht ist nicht die Macht der Fruchtbarkeit ... Er steht jenseits von Zeugung und Geburt, Sexualität und Tod – jenseits der ‹biologischen Evolution› und der Sphäre des ‹Fleisches›» (109). THEISSEN erwähnt nicht, daß die Verheißung des Gottes Israels schon an die Stammväter wesentlich einer reichen Nachkommenschaft galten und daß der Gott der Bibel ständig vor die Alternative von Tod oder Leben stellt, je nach der Stellung, die der Mensch zu ihm einnimmt. Allerdings, das bleibt wahr, wird die naturhafte Konzeption der Vegetationsriten in der Bibel durch ein Verhältnis religiöser Entscheidungen ersetzt. «Antiselektionistisch» indessen müssen diese Entscheidungen durchaus nicht sein – man denke nur an die gnadenlose Ausrottung der Baals-Priester durch Elias! –, aber sie entfernen sich von der Einheit des Menschen mit der Natur, die vormals das Ziel der Frömmigkeit bildete.

Ganz unbestreitbar recht hat G. THEISSEN, wenn er *die Botschaft Jesu* «antiselektionistisch» deutet. Sie ist für ihn eine erneute «Mutation» innerhalb der Religionsgeschichte, das Auftreten eines «schwarzen Schmetterlings» (209), der das Leben vorwegnimmt, wie es sich, je länger, je mehr, als die einzige Form des Überlebens herausstellen wird. «Wenn die Grunderfahrung des Täufers der das Leben bedrohende verschärfte Selektionsdruck ist – dargestellt in mythischen Phantasien vom unmittelbar bevorstehenden Gericht –, so ist die Grunderfahrung Jesu: Aufhebung des Selektionsdrucks» (145). Und entsprechend sind die Folgerungen, die Jesus nach Theissens Meinung zieht: «Selektion bedeutet: vermehrte und verringerte Fortpflanzungschancen im Vergleich zu anderen. Im Neuen Testament aber werden die Kastrierten gepriesen (Mt 19,10ff.), Paulus propagiert den Verzicht auf Sexualität (1 Kor 7,1 ff.). – Selektion bedeutet: Aggression gegen den Fremden, der das eigene Territorium bedroht. Das Neue Testament fordert Feindesliebe (Mt 5,43 ff.) und verheißt den Sanftmütigen den Besitz des Landes, denen, die auf Gewalt verzichten (Mt 5,5). – Selektion bedeutet: Solidarität mit den genetisch Verwandten, der eigenen Familie, und Aggression nach außen. Jesus aber kehrt dieses Verhältnis um: Er fordert den Bruch mit der eigenen Familie (Lk 14,26). Nach innen wird Aggression in Kauf genommen, nach außen hin aber Solidarität gefordert – mit dem Unbekannten, ja selbst mit dem Feind (Mt 5,43 ff.). – Selektion bedeutet: Bevorzugung des in der Hierarchie oben Stehenden, damit jene sich durchsetzen, die ihre Tüchtigkeit im Gerangel um die Hackordnung erwiesen haben. Das Neue Testament aber sagt: ‹Wer unter euch der Erste sein will, sei der Sklave aller› (Mk 10,44). – Selektion bedeutet: Bevorzugung des Starken und Gesunden. Das Neue Testament aber macht den Einsatz für den Schwachen zur Pflicht: die Nächstenliebe (Lk 10,29 ff.), und zeigt in seinen Wundergeschichten eine Identifikation mit dem aussichtslos Erkrankten» (146–147).

Auf allen Ebenen richtet sich die Botschaft Jesu *gegen* die unmittelbaren Regeln der Evolution, so scheint es, und so verbleibt nur noch die Frage, wie es gelingen kann, in einer dritten «Mutation» die Lehre Jesu in die Wirklichkeit zu setzen. Diese Aufgabe einer Verhaltensänderung in der Kraft des Heiligen Geistes sieht Theissen der *Kirche* gestellt. Er verkennt dabei nicht, daß schon «im frühen Urchristentum (also im Neuen Testament selbst! d. V.)... Formen solidarischen Lebens immer in Kompromissen mit nicht-solidarischen Tendenzen» auftraten (201), ja, er fragt sich zu Recht, ob es überhaupt möglich ist, in einer institutionalisierten Großgruppe die Maximen Jesu zu realisieren. Doch ergibt sich für ihn daraus nur, daß gerade auch die Kirche als «ein institutionalisierter Kompromiß mit der menschlichen Unzulänglichkeit» der «Rechtfertigung» (durch Gottes Gnade) bedürfe (201).

Nun stehe dahin, ob ein solcher «Kompromiß» sich je auf einen Mann wird beziehen und berufen können, der so radikal wie der Mann aus Nazareth die bestehende «Welt» zugunsten einer «kommenden» Welt(ordnung) verworfen hat und von Gott her längst verworfen sah; doch liegt eben darin der Konflikt, den G. Theissen in aller wünschenswerten Klarheit ausspricht: der Konflikt zwischen Natur und Kultur, und jetzt religiös: die Unvereinbarkeit von «Schöpfungsordnung» und «Erlösungsordnung», der Gegensatz des Gottes, der die Schöpfung «gemacht» hat, zu dem Gott, der die Bergpredigt gebietet.

Freilich kann man diesen Gegensatz, wie THEISSEN ihn darstellt, in vielen Punkten nuancieren oder auch korrigieren – wir werden nachher noch zu diskutieren haben, ob nicht die Religion selbst aus Gründen der Selektion entstanden ist, indem Lebewesen, die zu bestimmten Illusionen neigen, es für gewöhnlich leichter haben, mit den Gefährdungen des Daseins umzugehen, als desillusionierte Pessimisten. Was an dieser Stelle bereits auffällt, ist der komplette Ausfall an vermittelnden Übergängen, wie THEISSEN sie eigentlich dringend benötigen würde, um dem Ansatz der Evolutionslehre gerecht zu werden. Biologen müssen seiner Konzeption gegenüber gewiß geltend machen, daß es sich keineswegs gegen die Gesetze des «Selektionismus» richtet, wenn sich in der menschlichen Spezies bestimmte moralische Verhaltensregeln herausgebildet haben, die «das Schwache» zu schützen empfehlen; wir sahen vielmehr: es stellt für die menschliche Spezies als ganze offenbar einen Überlebensvorteil dar, auf einem hohen Niveau sozialer Kooperation und Kommunikation miteinander sich auszutauschen – bei der engeren Paarbindung zwischen Mann und Frau beginnend bis hin zu dem Aufbau komplexer Gruppen zur Erreichung eines bestimmten Ziels. Im Strom des Lebens stellt die Spezies des *homo sapiens* mit all ihren kulturellen Möglichkeiten keinen Widerspruch zur Natur dar, sondern ein, wenn auch zufälliges, Ergebnis eben der Gesetze, die der Entfaltung von allem Lebendigen auf dieser Erde zugrunde liegen. Nicht einmal «negativ» sind wir ein «Sonderfall». Allenfalls kann man mit RICHARD DAWKINS davon sprechen, daß in der menschlichen Einstellung zur Natur ein außerordentlich gesteigerter «Artegoismus» sich geltend macht, wie er ihn besonders im Christentum repräsentiert sieht. «Der Artegoismus unserer christlich inspirierten Einstellung», schreibt er (*Der blinde Uhrmacher,* 304), «ist derart atemberaubend, daß das Abtreiben einer einzigen menschlichen Zygote (die meisten von ihnen sind sowieso dazu bestimmt, spontan abortiert zu werden) mehr moralische Beunruhigung und gerechten Zorn erregen kann als die Vivisektion beliebig vieler erwachsener Schimpansen!»

G. THEISSEN gibt sich offenbar zu wenig Rechenschaft, daß er mit seiner Theologie eines «antiselektionistischen» Gottes im Grunde die ökologisch gefährliche Anthropozentrik des biblischen Weltbildes ideologisch weiter verstärkt. Wenn Gottes «Offenbarung» in der Bibel wesentlich und ausschließlich darin besteht, die menschliche Kultur von ihren biologischen Wurzeln abzulösen, so steht, scheinbar guten Gewissens, eine Megaselektion an: die menschliche Spezies verdrängt im Kampf ums Überleben alle anderen Tierarten mit Ausnahme einiger weniger, die zur Ernährung oder zum Vergnügen «vorteilhaft» scheinen. Tatsächlich gibt es Biologen wie CARSTEN BRESCH (*Zwischenstufe Leben,* 1977), die allen Ernstes davon schwärmen, daß, wie einst die chemische «Evolution» durch die biologische Evolution abgelöst wurde, indem das Leben die gesamte Welt ringsum zum «Nährstoff» erklärte, so jetzt die biologische Evolution von der kulturellen und geistigen Evolution abgelöst werde; – ab sofort scheint es das «Recht» des Menschen zu sein, die gesamte Natur in den Haushalt der Kultur zu assimilieren. THEISSEN zitiert C. BRESCH, ohne die Gefahren zu sehen, die in diesem und in seinem eigenen Ansatz stecken (216).

Dabei könnte und müßte gerade die Biologie zu einem dramatischen Umdenken nötigen. Gerade wer begreift, wie *nah* Mensch und Tier durch die Evolution miteinander verbunden sind, der wird eine moralische und religiöse Haltung des Schutzes und der Rücksichtnahme gegenüber den Interessen der Mitgeschöpfe postulieren. Sehr hilfreich kann in diesem Zusammenhang die Einsicht sein, daß der Schutz von Schwächeren, ja, daß sogar die Pflege von Kranken im Tierreich vor allem unter Säugetieren weit verbreitet ist: Eine Häsin wird ihre Jungen gegen einen angreifenden Bussard selbst unter Einsatz ihres Lebens verteidigen; von Delphinen weiß man, daß sie kranke Artgenossen über Hunderte von Meilen durchs Wasser tragen können – schon in der griechischen Antike bildete die Arions-Fahrt ein beliebtes Motiv von Mythos und Sage; bei Kühen wurde beobachtet, daß ein stärkeres Tier am Stalleingang ein schwächeres ablöst, um es nicht dem Zugwind und etwaigen Feinden auszusetzen ... Beispiele dieser Art ließen sich endlos vermehren. Sie zeigen, daß Mitleid, Rücksichtnahme, Fürsorge, Einsatzbereitschaft etc. nicht erst «Errungenschaften» des Menschen darstellen, sondern mit zu den Strategien höher entwickelter Tiere im Kampf ums Überleben ihrer Art gehören. Jedenfalls: wenn schon Tiere analog fühlen und handeln können wie wir Menschen, was erlaubt uns dann, in ihnen nichts weiter zu sehen als eine «Zwischenstufe des Lebens» zur Hervorbringung unserer eigenen glorreichen Spezies? Im Grunde steckt dahinter doch, so «modernisiert» auch immer, das alte Denken von dem biblischen «Macht euch untertan und herrscht über die Tiere» (Gen 1,29).

Ja, es steckt in G. THEISSENS Konzeption wohl auch die alte Theologenmeinung von der «gefallenen», «sündigen» Natur dahinter, von der wir nun endlich durch den Gott der Bibel «erlöst» würden und die wir für ihn zu «erlösen», also zu «vermenschlichen» hätten. Um es so zu sagen: Die Natur zu «vermenschlichen» – das versuchen wir derzeit in einem ungeheueren Tempo und mit einer unvorstellbaren destruktiven Energie, und es ist schlimm, wenn Theologen nun auch noch versichern, gerade so wolle es der Schöpfer selber. Soziale Fragen (wie: Arbeitsplätze, Absatzmärkte, Rohstoffe, Preissenkung usw.) sind da stets wichtiger als Fragen des Umweltschutzes. Schon haben wir in Deutschland zwischen Wattenmeer und Hochalpen nicht einen kleinen Rest auch nur von Natur, und bald schon werden Bohrinseln und Skipisten auch diese letzten verbliebenen Oasen der Schöpfung der Erdölindustrie und dem Tourismus «erschlossen» haben ... Statt zu lehren, wie die Menschen die Natur «erlösen» und «vermenschlichen» sollten, bedeutete es wohl für alle Beteiligten: für Tiere, «Engel», «Götter» und Menschen, eine wahre «Erlösung», wenn wir es endlich lernen wollten, die Natur in Frieden zu lassen und mit uns selber zufrieden zu werden.

Nur in *dieser* Form ließe sich der Ansatz von G. THEISSEN konstruktiv aufgreifen: Tiere, bis auf wenige Ausnahmen der Symbiose (wie zwischen Ameisen und Blattläusen), «pflegen» und «schützen» nicht andere Arten; sie alle unterliegen dem «Artenegoismus»; Menschen, die begriffen hätten, daß sie nur symbiotisch mit der gesamten Erde überleben können, würden wirklich beginnen, «antiselektionistisch» zu handeln. Doch selbst dann folgten sie noch den Vorgaben der Evolution. Wirklich erheben würde sich über die Natur erst eine Kultur, die imstande wäre, Tiere als etwas Heiliges zu betrachten, das dem menschlichen Zweckdenken prinzipiell entzogen ist. Ein Vorbild dafür ist gewiß nicht die Religion der Bibel und die Kultur des Abendlandes, eher schon das Alte Ägypten, weit eher schon die Religiosität des Hinduismus und des Buddhismus.

Die polemische Stellung, die G. THEISSENS Theologie gegenüber der *äußeren* Natur einnimmt, macht sich indessen auch in der Ausblendung der *inneren* Natur des Menschen geltend: Die Psychologie ist in seinen Betrachtungen wie nicht existent. Diese Tatsache verwundert nicht bei der üblichen Form, in der an kirchlichen Lehrstühlen sonst «Theologie» «getrieben» wird; doch verwundert sie bei einem Autor, der so klar sieht, wie der Mensch aus der Natur hervorgegangen ist. Psychoanalyse, Verhaltensforschung und Kulturanthropologie müßten, von der Biologie kommend, wie selbstverständlich in die Theologie integriert werden. In G. THEISSENS Ausführungen aber ist das nicht der Fall. Wohl spricht er gelegentlich von der *Angst*, die der Selektionsdruck erzeuge und die durch die Botschaft Jesu überwunden werde; doch begreift er die Angstthematik an keiner Stelle als das eigentliche Problem all seiner Ausführungen: Was macht die Angst mit Menschen? Welche Wurzeln hat sie? Welche Formen nimmt sie an? Und: was hat der Mann aus Nazareth *dazu* zu sagen? Im 2. Bd. von *Glauben in Freiheit* haben wir gerade zu zeigen versucht, wie die Botschaft Jesu auf die verschiedenen Angstsituationen zu antworten imstande ist, und wir haben den «alten Menschen» dementsprechend als eine Existenzform der Angst inmitten einer buchstäblich gnadenlosen Welt beschrieben. Wenn man nicht verständlich macht, woran die Menschen eigentlich leiden, wenn sie nach dem Kain- und Abel-Schema einander zu Konkurrenten und zu Todfeinden werden, obwohl sie, ja, gerade *weil* sie «Brüder» sind, so läuft man unversehens Gefahr, sogar die Worte der Befreiung moralistisch zu verengen und asketisch zu verformen. FRIEDRICH NIETZSCHE hat vor 120 Jahren schon diesen Vorwurf zu Recht erhoben, das Christentum verfälsche die Natur und nötige die «Gläubigen» dementsprechend zu unnatürlichen Schuldgefühlen und zu Verlogenheiten aller Art; seine Triebfeindlichkeit mache die Menschen krank, meinte ebenso richtig vor 100 Jahren SIGMUND FREUD. Nur eine Interpretation der «erlösenden» Botschaft Jesu, die von der Angstproblematik her die Verformung wie die Zurückgewinnung des Menschlichen aufzeigt, wird der nur allzu berechtigten religionspsychologischen Kritik am bestehenden Christentum standhalten. Und nur sie wird imstande sein, den Gott der «Schöpfung» mit dem «Vater» Jesu zu versöhnen.

In unserem Zusammenhang ist dies die wichtigste Anregung, die von dem Ansatz G. THEISSENS ausgeht: es wird endlich zugegeben und am Beispiel Jesu verdeutlicht, wie *gegensätzlich* die Ordnung der Natur und die Ordnung der Kultur sich zueinander verhalten. Mit keinem Wort freilich bringt G. THEISSEN diesen Gegensatz mit der Theodizeefrage in Verbindung; und doch: spricht sich in seiner Konzeption nicht wieder, nur in Worten der Evolutionsbiologie, dasselbe Problem aus, das MARCION vor 1700 Jahren vor sich sah: die Kluft zwischen dem Gott der Schöpfung und dem «Vater» Jesu Christi, der Kontrast zwischen dem «Egoismus» und der «Brutalität» der Überlebensinteressen der Lebewesen und den Forderungen der Liebe, die zu erfüllen der Mann aus Nazareth für möglich hielt? (Vgl. A. VON HARNACK: *Marcion. Das Evangelium vom fremden Gott,* Leipzig 1924.)

Gewiß, völlig richtig betont G. THEISSEN, wie stark der Jude Jesus in der Religion seines Volkes und in den Vorstellungen seiner Zeit verwurzelt war. Der Gott, an den Jesus glaubte, ist kein anderer als der Gott des «Alten» Testamentes, und so mühsam es auch ankommt, beim Lesen der biblischen Texte die «väterliche» Seite dieses Gottes zu entdecken – es ist prinzipiell möglich;

Jesus jedenfalls ist es gelungen; mit ihm zu glauben heißt zu glauben an den Gott der Juden. Doch war dies auch nicht eigentlich das Problem, das MARCION vor sich sah. Aus dem Hellenismus kommend, verband er mit dem Gott des Alten Testamentes die Vorstellung aus Gen 1,1: Gott als der Schöpfer *dieser* Welt! Die Erfahrungen *dieser Welt* waren es, die ihm das Gottesbild verdunkelten und ihn dahin führten, den Schöpfer der Welt für einen «bösen Demiurgen» zu halten. Daß Jesus gekommen sei, uns *gegen* die Gesetze der «Schöpfungsordnung» die Liebe zu lehren, war genau das, was dieser große Theologe und Kirchengründer mit den Mitteln seiner Zeit, das heißt im Rahmen der griechischen Philosophie, sagen wollte. G. THEISSEN löst den Konflikt nicht, er umgeht ihn einfach, indem er erst gar nicht im griechischen Sinne die Frage nach Gott und Welt stellt; er zieht sich auf die biblische Theologie zurück und «modernisiert» sie mit Begriffen heutiger Naturwissenschaft – doch wer Gott als der Schöpfer dieser Welt ist, wird ihm nicht zum Problem. Aber läßt sich diese Frage so einfach ausblenden? Wenn G. THEISSEN selber vermerkt, daß sich der Universalismus der biblischen Gottesidee allererst durch die Auseinandersetzung mit dem Hellenismus ergeben habe, ist es dann überhaupt vermeidbar, die Frage nach Gott im Sinne der griechischen Philosophie von der Natur selbst her zu stellen und nicht mit historischen Auskünften über die hebräische Religionsgeschichte vergessen zu machen? Also: Was bedeutet es, wenn nach THEISSENS Auskunft die Bibel den Standpunkt der Kultur gegen die Natur verkörpern soll? Wie kann es sein, daß die Ordnung der Natur, die doch von Gott selber gemacht ist, von den Menschen erlebt wird als eine ägyptische Versklavung, aus der es eines neuen Exodus bedürfe? Was G. THEISSEN eigentlich zu denken nahelegt, ist die Meinung, daß der Widerspruch zwischen dem Gott der Schöpfung und dem Gott der Erlösung mit Gott selber gar nichts zu tun hat, sondern lediglich den Unterschied zwischen Natur und Kultur, zwischen biologischer und kultureller Evolution verkörpert und sichtbar macht. Tatsächlich werden wir eine Lösung des Theodizeeproblems denn auch in gerade dieser Richtung suchen müssen.

Was aber ist es dann mit Gott selber? Wer oder was ist er «an sich»? Läßt sich eine solche Frage auch nur sinnvoll stellen? Existiert Gott überhaupt? Was ist gemeint mit der Rede von Gott? Irgendwie spürt auch G. THEISSEN, daß er Fragen dieser Art nicht umgehen kann, und so deutet er «Gott» als die «zentrale Wirklichkeit», an welche die gesamte kulturelle Evolution sich anpasse. Doch ist eine solche Vorstellung möglich? Gibt es eine Berechtigung, das Modell der Evolutionsbiologie, die Vielfalt der Arten als Anpassungsformen an die Wirklichkeit zu verstehen, auch auf die kulturelle «Evolution» zu übertragen und sogar auf eine «Wirklichkeit» zu beziehen, die ganz und gar «transempirisch» ist? Wir werden auf diese Fragen nachher noch einmal zurückkommen, wenn wir nach der Darstellung der verschiedenen Zugangswege religiöser Erfahrung abschließend Rede und Antwort stehen müssen, in welch einem Sinne von «Gott» gesprochen werden kann – angelehnt an die Chiffre der «Trinität» (s. u. S. 452–490).

Bis dahin bleibt festzuhalten, daß gerade vom Standpunkt G. THEISSENS aus in den biblischen Erzählungen von Gottes «geschichtlichem Handeln» sich das Selbstverständnis einer bestimmten religiösen Gruppe im Rahmen ihrer Kultur zu ihrer Zeit niedergeschlagen hat. Auch und gerade die biblischen Vorstellungen gilt es deshalb mit den Mitteln der Religionspsychologie aus ihrer projektiven Veräußerlichung zu lösen und in ihrem symbolischen Aussagewert *bezüglich des menschlichen Daseins* zu würdigen, sie also nicht wie objektive Informationen über Herkunft und Zukunft des Menschen zu lesen.

Das Kernproblem, das in dem Bemühen von G. THEISSEN anklingt, ergibt sich indessen aus der (auch bei ihm nicht überwundenen) Sprechweise der Theologie selbst, die immer noch so tut, als sei es möglich, die Absichten Gottes aufgrund der biblischen «Offenbarung» zu kennen und von daher den Gang der Welt zu deuten und zu dekretieren. Freilich, es genügt, die Bibel «wörtlich» zu nehmen, und dieser Eindruck entsteht wie selbstverständlich, sprechen doch die Propheten Israels immer von neuem an Gottes statt, und «offenbart» sich doch der biblische Gott selber nach eigenem Bekunden in den heiligen Überlieferungen (vgl. 2 Tim 3,16). Man muß diesen Glauben nicht leugnen, wenn man ihn *ernster* nimmt als die «Wörtlichnehmer», die lieber Symbole festschreiben, als sie durchzuarbeiten und in die menschliche Erfahrung zurückzuholen. Bereits im 1. Band von *Glauben in Freiheit* (S. 261) haben wir betont, daß *alles* Sprechen von Gott im Grunde ein Sprechen *auf Gott hin* ist, gebunden an eine Art von Gebet, die sich sogleich selber mißversteht, wenn sie sich glauben macht, von Gott selbst her auf die Welt hin sprechen zu können, um von seinen immer schon gewußten Absichten und Gedanken her den Menschen zu sagen, wer sie zu sein haben.

Viele Religionsgeschichtler glauben, daß die Gebetsanrede selber den Gott, daß der Kult die Götter geschaffen habe. (Vgl. HERMANN USENER: *Götternamen. Versuch einer Lehre von der religiösen Begriffsbildung,* Frankfurt ^{3}1948.) So weit muß man nicht gehen. Unumgänglich aber ist es, die Lieblingsfrage der Theologen umzukehren: Die Frage kann nicht länger lauten, was Gott sich gedacht hat, als er dies und das «machte»; es kommt vielmehr darauf an, die Wende mitzuvollziehen, die mit der Erkenntniskritik IMMANUEL

Kants eingeleitet wurde: Was macht es mit uns, wenn wir sagen, Gott habe dies und das gemacht? Was sagt es über uns selber aus, wenn wir und wie wir von «Gott» sprechen?

Ehe wir nicht verstehen, welche Wirklichkeit *in uns selbst* wir als «Gott» bezeichnen, werden wir nicht herausfinden können, worin die «Offenbarung» dieses Gottes bestehen könnte; und erst hernach können wir fragen, wie und ob überhaupt ein Gott ist, der diese Welt trägt und erträgt. «Was mich unablässig bewegt», meinte am 30. April 1944 bereits Dietrich Bonhoeffer (*Widerstand und Ergebung*, 305–306), «ist die Frage, was das Christentum oder auch wer Christus heute für uns eigentlich ist. Die Zeit, in der man das den Menschen durch Worte – seien es theologische oder fromme Worte – sagen konnte, ist vorüber; ebenso die Zeit der Innerlichkeit und des Gewissens, das heißt eben die Zeit der Religion überhaupt. Wir gehen einer völlig religionslosen Zeit entgegen; die Menschen können einfach, so wie sie nun einmal sind, nicht mehr religiös sein.» «Wie sprechen ... wir ‹weltlich› von ‹Gott›, wie sind wir ‹religionslos-weltlich› Christen?» Diese Fragestellung zumindest entspricht der Höhe – oder der Tiefe – des Problems. «Der Gott, den es gibt, gibt es nicht», fügte Dietrich Bonhoeffer hinzu, wie um sich eine erste Lösung zu notieren. Was aber gibt es *uns*, wenn wir an den Gott glauben, den «es nicht gibt», weil er uns alles gibt, was uns menschlich sein läßt? Und wovon eigentlich reden wir angesichts einer «Wirklichkeit», die wir nur im «Glauben» erfahren?

In dieser Reihenfolge zu fragen ist der einzige Weg, der uns dahin führen kann, dem Mann aus Nazareth seinen Glauben an einen väterlichen Gott trotz allem zu glauben und das Bild der Bibel von dem Gott der Offenbarung zu «versöhnen» mit dem Bild der Weltwirklichkeit, wie wir sie erleben – samt ihrem «Schöpfer».

4. Die Sprache Gottes oder: Die andere Seite der Wirklichkeit

Eine «Theologie» jenseits der KANTischen «Wende» – das bedeutet, nicht länger wissen zu wollen, wer Gott an sich selbst ist; es bedeutet den Verzicht auf ein vermeintliches «Offenbarungswissen», das sich vom «Wesen» der Gottheit und ihren Plänen «verkündigen» ließe; es bedeutet die Reduktion des Religiösen auf eine einzige Fragestellung: wer wir selber sind im Angesicht der Welt.

a) Das Ende der Vermenschlichung Gottes und die Begründung der Menschlichkeit oder: Die Kantische Begrenzung

In gewissem Sinne wiederholt sich in unseren Tagen ein Stück Kulturgeschichte der Menschheit. Als im 5. Jahrhundert v. Chr. im antiken Griechenland die Aufklärung der Sophisten den Glauben an die Götter zum Einsturz brachte, war es SOKRATES und vor allem sein Schüler PLATON, der eine tiefere Art von Frömmigkeit als die bisherige Verehrung der Götter für nötig hielt. Zu Ende waren die Mythen HESIODS und HOMERS mit ihren Geschichten, wie die Titanen und die olympischen Götter im Kampf gegeneinander die Welt geformt hätten; – die jonische Naturphilosophie ersetzte derlei Erzählungen durch rationale Hypothesen und Theoreme. Was es mit Sonne und Mond auf sich hatte und warum es das Meer gab – Fragen dieser Art beantwortete seitdem den Gebildeten nicht länger die Religion, sondern ein erstes Suchen nach Gesetz und Zusammenhang zwischen den Naturerscheinungen. Um so wichtiger indes, meinte SOKRATES, stelle dem Menschen sich nunmehr die Frage nach Gut und nach Böse, und zwar, wohlgemerkt, nicht nach dem Guten und Bösen in der vorhandenen Welt, sondern im eigenen Handeln. Das Gewissen des Menschen und der Befehl des Gottes von Delphi: «Erkenne dich selbst» rückten jetzt in den Mittelpunkt *der Religion.* (Vgl. WOLFGANG SCHADEWALDT: *Der Gott von Delphi und die Humanitätsidee,* Frankfurt a. M. 1975.)

In den Tagen KANTS vor 200 Jahren geschah etwas ganz Ähnliches. Die «statuarische» (dogmatische) Form des Religiösen mitsamt dem allein seligmachenden «Afterdienst der Kirche» brach zusammen (vgl. I. KANT: *Die Religion innerhalb der Grenzen der bloßen Vernunft,* 1793; VIII 645–879; S. 821, 4. Stück); statt dessen setzte sich eine «Vernunftreligion» durch, die nichts weiter sein sollte als die «Erkenntnis aller unserer Pflichten als göttlicher Gebote» (4. Stück, 1. Teil; VIII 822). Es war und ist das erste Mal (wieder!) im (christlichen) Abendland, daß Religion nicht länger mehr als eine «Lehre» von Gott oder gar als eine Erklärung der Welt in göttlicher Absicht verstanden wurde, sondern daß sich die Religion auf die eine und einzige Frage reduzierte: wie wir uns selber als Menschen zu bestimmen vermögen. Klar ist: Nicht Gott braucht Religion; es sind wir Menschen, die (vielleicht!) der Religion bedürfen. Alle Aussagen der Religion von Gott dienen als erstes der Selbstbegründung des Menschen inmitten einer Welt, die sich nicht länger mit dem Willen Gottes erklären läßt.

Freilich, zweihundert Jahre nach der «Aufklärung» kann es nicht länger genügen, «das Menschliche» einfachhin mit dem «Moralischen», also mit dem Gebrauch der «praktischen Vernunft» zu identifizieren. Ganz richtig hat bereits KANT gezeigt, daß die traditionelle Theologie, wenn sie glaubt, Gott aus der «Schöpfung» «beweisen» oder «aufweisen» zu können, die Kategorien des Verstandes so behandelt, als wären sie nicht allein dazu da, die Mannigfaltigkeit der sinnlichen Wahrnehmung zu ordnen und unter die Einheit des Bewußtseins zu bringen, sondern als ließe sich mit ihnen über alle empirische Erfahrung hinaus die reine Welt Gottes, wie sie an sich selber ist, erkennen; allein schon die Widersprüchlichkeit, die sich notwendig bei einem erfahrungsjenseitigen Gebrauch der Instrumente des menschlichen Erkennens ergibt, sollte nach KANT Warnung genug sein, um die Kategorien des Verstandes *nicht* mit Ideen der Vernunft zu verwechseln.

So hat die scholastische Theologie Gott immer wieder vor allem mit der Kategorie der *Kausalität* in Verbindung gebracht – Gott galt als die «höchste» Ursache; doch verlangt der Kausalsatz selbst danach, daß sich die Ursache von etwas stets als die Wirkung einer anderen Ursache zu erkennen gibt, und so blieb der kirchlichen Metaphysik nichts anderes übrig, als Gott mit dem Widerspruchsbegriff einer Ursache seiner selbst *(ens causa sui)* zu benennen. «Wenn jemand sagt, der eine und wahre Gott, unser Schöpfer und Herr, könne durch das, was geschaffen wurde, mit dem natürlichen Licht der menschlichen Vernunft *nicht* mit Sicherheit erkannt werden, der sei ‹verdammt›», verkündete das 1. Vatikanische Konzil der römischen Kirche im Jahre 1870 (DENZINGER, SCHÖNMETZER: *Enchiridion,* Nr. 3026); doch verwandelte man mit solchen Erklärungen Fragen der Erkenntnistheorie in «Definitionen» des Glaubens, indem man (erneut) die (vermeintliche) «Offenbarung» Gottes zur Grundlage eines fixen göttlichen Wissens über Mensch und Welt erhob. Da muß man nach kirchlicher Vorstellung also glauben, daß man Gott als den Schöpfer und Herrn aller Dinge *beweisen* könne, weil er sich als der Herr und Schöpfer aller Dinge «geoffenbart» habe – widersprüchlicher und widersinniger geht es nicht!

Doch ist es überhaupt möglich, die *ens causa sui,* Gott als das Seiende, das sich selber begründet, in die Religion einzuführen? MARTIN HEIDEGGER (*Identität und Differenz,* 70) schrieb bereits 1957: «Causa sui. So lautet der sachgerechte Name für den Gott in der Philosophie. Zu diesem Gott kann der Mensch weder beten noch kann er ihm opfern. Vor der Causa sui kann der Mensch weder aus Scheu ins Knie fallen, noch kann er vor diesem Gott musizieren und tanzen.» Nicht zu Unrecht warf HEIDEGGER der gesamten abendländischen Theologie und Philosophie, insbesondere der HEGELschen Onto-Theo-Logik, vor, das Göttliche an das Verständige verraten, das Sein an das Seiende ausgeliefert zu haben. Der Vorwurf trifft. 2000 Jahre lang haben christliche Theologen Gott zu Tode erklärt, indem sie das Unfaßbare den faßlichen Begriffen ihres Verstandesurteils unterwarfen. Was sie «bewiesen», war indessen nicht Gott, es war nichts als die Chimäre ihrer eigenen verworrenen Vorstellungen, die sie illegitim in die Erkenntnis der Welt einschmuggelten. Indem sie die Kategorien des Verstandes ins Unendliche überdehnten, stellten sie ihren «vernünftigen Glauben» in kirchlichem Verwaltungsgehorsam an jeder Stelle dem naturwissenschaftlichen Erkennen der Welt des Endlichen als Mißweisung und als Verbotsschild *an* den Weg und *in* den Weg. Auf diese Weise gedachten sie den Gottesglauben zu schützen und zu stärken, doch förderten sie durch diese Verkehrung aller Begriffe lediglich einen ungeistigen Aberglauben und einen geistvollen Unglauben.

Das Problem des modernen Atheismus, in seinem Zentrum die Aporie der Theodizeefrage, ist das unvermeidbare Ergebnis einer «christlich» denaturierten Natur. Bereits FRIEDRICH NIETZSCHE sah in diesem Punkte ganz klar. M. HEIDEGGER (*Nietzsches Wort «Gott ist tot»,* in: Holzwege, 193–247, S. 239–240) stimmte zwar nicht NIETZSCHES Setzung der Werte aus dem Willen als einer Lösung des Nihilismus-Problems zu, doch konstatierte er mit ihm: «Der letzte Schlag gegen Gott und gegen die übersinnliche Welt besteht darin, daß Gott, das Seiende des Seienden, zum höchsten Wert herabgewürdigt wird. Nicht daß Gott für unerkennbar gehalten, nicht daß Gottes Existenz als unbeweisbar erwiesen wird, ist der härteste Schlag gegen Gott, sondern daß der für wirklich gehaltene Gott zum obersten Wert erhoben wird. Denn dieser Schlag kommt gerade nicht von den Herumstehern, die nicht an Gott glauben, sondern von den Gläubigen und deren Theologen, die vom Seiendsten alles Seienden reden, ohne je sich einfallen zu lassen, an das Sein selbst zu denken, um dabei inne zu werden, daß dieses Denken und jenes Reden, aus dem Glauben gesehen, die Gotteslästerung schlechthin ist, falls sie sich in die Theologie des Glaubens einmischen.»

Es ist, genauer gesprochen, die Vermoralisierung und Verrechtlichung Gottes, es ist die verfeierlichte Verwaltungspraxis der «christlichen» Kirchen selber, die aus dem Göttlichen das stets schon Gewußte, das Planend-Planbare, das Reglement zum Machtgewinn und Machterhalt gemacht hat. Was Wunder, wenn am Ende NIETZSCHES Denken zum «Schicksal» wird, indem vom Göttlichen überhaupt nur noch der *«Wille zur Macht»* übrigbleibt? «Was taten wir», fragte NIETZSCHE in *Die fröhliche Wissenschaft* (Nr. 125), «als wir diese Erde von ihrer Sonne losketteten? Wohin bewegt sie sich nun? Fort von allen Sonnen? Stürzen wir nicht fortwährend?»

Doch was blieb und bleibt anderes übrig?

«Was sind denn diese Kirchen noch», fragte rhetorisch NIETZSCHES «toller Mensch», «wenn sie nicht die Grüfte und Grabmäler Gottes sind?»

HEIDEGGER (a. a. O., 241) antwortete darauf: «was die Menschen taten, als sie die Erde von ihrer Sonne losketteten, sagt die europäische Geschichte der letzten dreieinhalb Jahrhunderte. ... Die Erde als der Aufenthalt des Menschen ist von ihrer Sonne losgekettet. Der Bereich des an sich seienden Übersinnlichen steht nicht mehr als das maßgebende Licht über dem Menschen. Der ganze Gesichtskreis ist weggewischt. Das Ganze des Seienden als solchen, das Meer, ist vom Menschen ausgetrunken ... Das Seiende wird als das Objektive in die Immanenz der Subjektivität hinein getrunken. Der Horizont leuchtet nicht mehr von sich aus. Er ist nur noch der in den Wertsetzungen des Willens zur Macht gesetzte Gesichtspunkt.»

Der kirchliche Dogmatismus hat sich «Gott», die moderne Technik hat sich die «Welt» verfügbar gemacht. So sind die Lichter verloschen; so ist das Leben erstorben. Wie ist es möglich, etwas wiederzuerkennen von jener Welt, die nicht «erkannt» werden will, die aber erfahrbar ist als Ursprung aller Erleuchtung?

Das Entscheidende liegt in der geistesgeschichtlich notwendigen Forderung, «Gott» wieder zu «denken» *außerhalb* der Kategorien des Verstandes. Gott ist kein Sein unter Seiendem; Gott ist kein Gegenstand der Erkenntnis; Gott ist keine Erklärung zur ursächlichen Begründung des sonst Unbekannten oder doch Unwahrscheinlichen in der Welt; Gott ist nicht der oberste Planer der Weltzusammenhänge – eine Art kybernetischen Prinzips in und über allen Dingen, ein «Kapitän im Regelkreis», wie FELIX VON CUBE (*Was ist Kybernetik,* 289) diese Vorstellung ironisierte; Gott ist nicht der uranfängliche Programmierer einer Unzahl miteinander konkurrierender Modellrechnungen; er ist mit all dem *nicht* identisch, was der Verstand erkennt und was schon deshalb der «Welt» zugehört.

Der gesamte moderne Atheismus trägt darin seine Berechtigung und Wahrheit, SPINOZA zu *widerlegen* und LEIBNIZ unrecht zu geben: Von Gott her als dem Schöpfer läßt sich die Welt niemals verstehen! Das gesamte Sprechen aus der Perspektive Gottes ist eine unglaubliche, unglaubwürdig gewordene Anmaßung. Das einzige, was uns bleibt, ist der Versuch, uns selber als Menschen zu bestimmen und diese unsere Bestimmung auf Gott hin zu rechtfertigen. Nicht einen göttlichen «Plan» in den Dingen zu entdecken ist die Aufgabe des religiösen Bewußtseins, sondern das Ungeplante, Zweckfreie, einfach Gegebene wiederzuentdecken bildet den Inhalt einer Form des Religiösen, die den Daten zumindest der Herkunft des Menschen selber glaubwürdig Rechnung trägt.

b) Leo Tolstois Entdeckung: Alles Gute ist zweckfrei

Ein Autor, in dessen Schriften sich die Ratlosigkeit des Menschen angesichts des naturwissenschaftlich vermittelten Weltbildes ebenso widerspiegelt wie die verzweifelte Suche nach Halt und Sinn, ist der russische Schriftsteller und Gottsucher LEO TOLSTOI. Am Ende seines großen Romans *Anna Karenina* schildert er, wie Konstantin Dimitrijewitsch Ljewin nach dem Tod seines Bruders darüber ins Nachdenken gerät, was er zwischen seinem zwanzigsten bis zu seinem vierunddreißigsten Lebensjahr eigentlich geglaubt hat, welch eine Art von Weltanschauung sich wie unbemerkt, ja, wie ganz selbstverständlich an die Stelle des Glaubens seiner Kindheit gesetzt hat. «Nicht so sehr vor dem Tod war er erschrocken», schreibt TOLSTOI, «als vielmehr vor dem Leben, über dessen Ursprung, Zweck und Wesen er sich in völliger Unwissenheit befand. Der Organismus, seine Zerstörung, die Unzerstörbarkeit der Materie, das Gesetz der Erhaltung der Kraft, die Entwicklung – das waren die Schlagworte, die seinen einstigen Glauben abgelöst hatten. Diese Worte und die mit ihnen verbundenen Begriffe waren für verstandesmäßige Ziele wohl ganz zweckmäßig; für das Leben jedoch gaben sie nichts.» «Er hatte überdies die unbestimmte Empfindung, daß das, was er seine ‹Überzeugungen› nannte, nicht nur Unwissenheit war, sondern vielmehr eine Denkweise, die der Erkenntnis dessen, was für ihn notwendig war, geradezu entgegenstand.» «Zweifel und Unruhe erregte in ihm bei alledem namentlich der Umstand, daß die meisten Leute seines Kreises und seines Alters, die gleich ihm ihren früheren Glauben mit ebensolchen neuen Überzeugungen, wie er sie gewonnen, vertauscht hatten, darin durchaus kein Unglück sahen und vollkommen zufrieden und ruhig waren. Das weckte dann in Ljewin, neben jener Hauptfrage, mancherlei quälende Nebenfragen: ob jene Leute auch aufrichtig waren? ... ob sie nicht vielleicht jene Antworten, welche die Wissenschaft auf die ihn beschäftigenden Fragen gab, anders als er und jedenfalls klarer erfaßten?» (8. Teil, 8. Kap., 767–769)

Ungeduldig liest Ljewin die Werke SCHOPENHAUERS, die ihn faszinieren, doch nur, wenn er an die Stelle seines «Willens» den Begriff «Liebe» setzt; unruhig wendet er sich den theologischen Schriften CHOMJAKOWS zu, in denen der Glaube an Gott an die «Gesamtheit der in Liebe vereinigten Menschen» gebunden wird, die mit der bestehenden Kirche identifiziert wird, und gewiß scheint es auch Ljewin weitaus leichter, an eine bestehende «Kirche zu glauben, die alles, was die Menschen zu glauben hätten, festsetzte, ... als mit Gott, dem Fernen, Geheimnisvollen, mit der Schöpfung usw. auf eigene Rechnung zu beginnen. Als er dann jedoch die Kirchengeschichte eines römisch-katholischen und die eines orthodoxen Schriftstellers las und sah, daß beide ihrem Wesen nach unfehlbare Kirchen einander negierten, war er auch von CHOMJAKOWS Lehre von der Kirche enttäuscht, und dieser Bau sank ebenso in den Staub wie die Gebäude der Philosophen» (8. Teil, 9. Kap., 770).

Wie aber dann? «Ohne zu wissen, was ich bin und wozu ich hier bin, vermag ich nicht zu leben», sagt sich Ljewin. Doch was die Naturwissenschaften ihm sagen, ist keine Antwort. «‹In der unendlichen Zeit, der Unendlichkeit des Stoffes, dem unendlichen Raum bildet sich eine organische Zelle, und diese Zelle wird ein Weilchen bestehen und dann platzen, und diese Zelle – bin ich.› Das war eine qualvolle Unwahrheit, doch es war das einzige und letzte Ergebnis jahrhundertelanger menschlicher Denkarbeit nach dieser Richtung hin. Es war die Glaubensformel, auf die fast auf allen Gebieten menschlichen Forschens letzten Endes alle Denkarbeit hinauslief» (a. a. O.).

Am schlimmsten kommt es Ljewin an, daß er nicht einmal weiß, ob das, was er tut, gut oder böse ist. «Begann er darüber nachzudenken, so kamen auch die Zweifel und hinderten ihn zu sehen, was sein sollte und was nicht. Dachte er hingegen nicht nach, sondern *lebte* er einfach, so fühlte er in seiner

Seele die ununterbrochene Anwesenheit eines unbestechlichen Richters, der darüber entschied, welche von zwei möglichen Handlungen die bessere und welche die schlechtere war, und sowie er dann nicht so handelte, wie er sollte, wies ihn sein Gefühl sogleich zurecht. – So lebte er denn, ohne zu wissen, was er war und wozu er auf der Welt war, und ohne zu sehen, wie er zu einem Wissen davon gelangen konnte. Und dieses Nichtwissen quälte ihn wohl bis zu einem Grad, daß er fürchtete, er könnte Selbstmord begehen, dabei aber bahnte er sich sicher und fest seinen eigenen, bestimmten Weg ins Leben» (8. Teil, 10. Kap., 773).

Da scheint es im Herzen des Menschen eine unmittelbare Evidenz des Guten zu geben, die wie ein letzter noch verbleibender Halt wirkt, doch entzieht sie sich jeder reflektierenden Begründung, und die Frage lautet: Kann sie wirklich dem Eindruck der unausweichlichen Vergänglichkeit von allem standhalten?

«‹Warum geschieht nur das alles?› dachte er (sc. Ljewin). ‹Warum stehe ich hier und lasse sie arbeiten... Weshalb rackert die alte Matriona da, meine Bekannte, sich so sehr ab? Ich habe sie kuriert, als ihr damals bei der Feuersbrunst ein Balken auf den Kopf fiel›, dachte er, während er einer mageren alten Frau zusah, die, mit dem Rechen das Korn zusammenscharrend, die von der Sonne geschwärzten bloßen Füße auf den unebenen, harten Dreschboden setzte. ‹Damals ist sie wieder gesund geworden; doch über kurz oder lang, in zehn Jahren vielleicht, wird man sie verscharren, und nichts wird von ihr übrigbleiben, so wenig wie von jener kecken jungen Frau im roten Rock, die so gewandt die Spreu von den Ähren sondert. Auch die wird man verscharren, wie den scheckigen Wallach da, der jedenfalls bald an der Reihe ist›, dachte er mit einem Blick auf den tiefhängenden Bauch und die weitgeöffneten Nüstern des schnaubenden Gaules, der das Rad der Maschine in Bewegung setzte. ‹Den Gaul wird man verscharren, und auch den Zureicher Fjodor mit der vielen Spreu in dem krausen Bart und dem zerrissenen Hemd... Und was die Hauptsache ist: Nicht nur sie, sondern auch mich wird man verscharren und nichts wird übrigbleiben. Wozu das?›» (8. Teil, 11. Kap., 774)

Deutlich ist Ljewin, «daß in meinem Körper, im Körper dieses Grases und dieses Käfers... sich nach physikalischen, chemischen und physiologischen Gesetzen ein Stoffwechsel vollzieht. Und in uns allen... wie auch in den Espen, den Wolken und den Nebelflecken, vollzieht sich eine Entwicklung. Eine Entwicklung – woraus und in was? Eine unendliche Entwicklung und ein Kampf.» «Und wer hat das entdeckt? ... Der Verstand hat den Kampf ums Dasein entdeckt und das Gesetz, das da verlangt, ich solle alle erwürgen, die sich der Befriedigung meiner Wünsche in den Weg stellen. Das ist die Folgerung des Verstandes» (8. Teil, 12. Kap., 777–779).

Doch so sicher diese Erkenntnisse auch sein mögen, so gewiß ist es zugleich, daß sie das Leben, den Willen zum Leben in SCHOPENHAUERschem Sinne in einem denkenden, fühlenden Wesen zum Erlöschen bringen: – nicht unter solchen Bedingungen! Nicht in einer solchen Absurdität! Es ist TOLSTOIS (Ljewins) Entdeckung, es ist eine Art *Auferstehung,* daß in ihm ein anderes «Gesetz» lebt, das *nicht* eine Folgerung des Verstandes darstellt, sondern unmittelbar «gegeben» und einem jeden Menschen gemeinsam ist: «alle», erkennt Ljewin, «stimmen in dem einen überein: weshalb man leben muß und was gut ist» (8. Teil, 12. Kap., 776). Doch eben: Dieses Urteil «kann nicht durch den Verstand erklärt werden, es steht außerhalb des Verstandes, es hat keine Ursache und kann auch keine Wirkung haben». Denn: «Wenn das Gute eine Ursache, einen Beweggrund hat, ist es nicht mehr gut; wenn es eine Wirkung, einen Lohn anstrebt, ist es gleichfalls nicht gut. Also steht das Gute außerhalb des Zusammenhangs von Ursache und Wirkung» (776–777).

Wenn die ganze Natur dem Menschen entsprechend dem Urteil des Verstandes sagt, daß ein Lebewesen von dem anderen lebt, so sagt doch etwas im Menschen, es sei wesentlich, daß einer lebe *für* den anderen, und dieses andere Gesetz – *das,* sieht TOLSTOI, ist von Gott. Dieses Gesetz richtet sich nicht *gegen* die Natur; es wirkt vielmehr in ihrem Inneren: Es sagt einer Mutter, dazusein für ihr Kind, es sagt einem Mann, dazusein für seine Frau, es sagt jedem Menschen, daß er nicht für sich selbst den «Sinn» seines Daseins zu finden vermag, sondern nur in dem Zusammenhang aller. Durch dieses Gesetz «erhält» sich das Leben; doch spricht es eine Ebene der Wirklichkeit an, die dem Verstand prinzipiell nicht zugänglich ist; in der Begrifflichkeit I. KANTS ist es angesiedelt auf der Ebene der *Vernunft.* Mit seiner Hilfe läßt sich die Welt nicht erkennen, wohl aber das menschliche Leben mit Sinn erfüllen; und es ist paradoxerweise gebunden an den *Gegensatz* zu all den Zusammenhängen, die der Verstand aufzudecken vermag: Es ist prinzipiell *zwecklos,* es ist prinzipiell *frei* von den Bestimmungen von Ursache und Wirkung, es ist *jenseits* aller Planungen und Absichten, etwas, das an sich selbst gilt.

Wie bei KANT wird auch bei TOLSTOI, bei dem einen als Philosophen, bei dem anderen als Dichter, die Religion, die Sphäre des Göttlichen, nach der *Aufhebung* des Verstandesurteils durch die einfache Evidenz des Menschlichen wiederentdeckt. Alle Sittlichkeit ist schon deshalb von der Ebene des Verstandes grundsätzlich verschieden, weil sie jenseits der sonst so «zweckmäßigen» Pragmatik in Staat, Gesellschaft und Kirche liegt. Der Grund dafür ist ganz einfach: mit Menschen «rechnet» man nicht; mit Menschen «plant» man nicht; Menschen «gebraucht» man nicht. Eben dieser Raum eines unüberschreitbaren Selbstwertes im Dasein bildet den Ursprung aller Menschlichkeit, und er ist identisch mit der Sphäre des Religiösen. Der *Verstand* hingegen *darf* sich nicht mit dem Anschein zufriedengeben, etwas Letztes, Absolutes, Irreduzierbares gefunden zu haben; *seine* Aufgabe besteht gerade darin, die wechselseitige Abhängigkeit aller Erscheinungen voneinander nach dem Ordnungsgefüge bestimmter Gesetzmäßigkeiten zu erfassen; sein Bild von der Wirklichkeit *kann* nicht anders sein, als wir es bei der Beschreibung des langen Weges der Menschwerdung auf diesem Planeten naturwissenschaftlich kennengelernt haben; schon rein methodisch ist es unmöglich, in diesen empirisch belegbaren Weg «Göttliches» hineinmischen zu wollen. Um so deutlicher aber wird uns jetzt der *Grund,* ja, der *Sinn* der Theodizeeproblematik.

c) Vom Verzicht, das Absolute denken zu wollen, oder: Was die Theodizeefrage zeigen kann

Denn was wir jetzt sehen, ist dieses: Vor dem Hintergrund der biblischen Rede von Gott hat die jüdisch-christliche Theologie in den Gottesbegriff gleichermaßen die Vorstellung von dem «Schöpfer» der Welt wie die Idee von dem Begründer der «Gebote» der Sittlichkeit eingetragen; sie hat im Rahmen ihrer Metaphysik unterstellt, daß wir von Gott einmal reden könnten, um die Existenz und die Ordnung der Natur zu erklären, und daß wir ebenso von Gott reden könnten, um die Existenz und die Ordnung des menschlichen Daseins zu verstehen; sie hat die Gesetze, die der menschliche Verstand in der Natur erkennt, als «Gedanken» der Gottheit gedeutet, und sie hat die Gesetze, welche die menschliche Vernunft zur Begründung der Sittlichkeit aufstellt, als den «Willen» Gottes interpretiert. Beides: die Ordnung der Natur wie die Ordnung des menschlichen Lebens, wurde damit ins Absolute gesetzt, beides sollte im Absoluten eins sein. Doch beides ist, wie wir sehen, ein unauflöslicher Widerspruch, der den gesamten Gottesbegriff der jüdisch-christlichen Theologie zersprengt; und das Theodizeeproblem ist nur ein besonders klarer Hinweis auf diese Tatsache.

Anders gesagt: Solange die Theologie fortfährt, Gott mit den Mitteln des Verstandes zu denken und die Religion selbst als ein System dogmatischer Gedanken zu lehren, so lange scheitert sie an ihrem eigenen Selbstwiderspruch;

so lange verbreitet sie nicht Glauben, sondern Aberglauben und Unglauben. Die Theodizeefrage, so sehen wir, findet erst eine Antwort, wenn wir damit *aufhören,* die Form des Naturgesetzes und die Form des Sittengesetzes gleichermaßen ins Göttliche zu projizieren. Eine Lösung der Theodizeefrage wird allererst möglich sein, wenn wir damit beginnen, Gott sein zu lassen, und uns damit begnügen, zu fragen, wer wir als Menschen sind.

Mit einem Wort: Wir müssen den projektiven Anteil der theologischen Schöpfungslehre ebenso wieder in den Menschen zurückholen, wie wir im Bereich der Ethik die Rede von Gut und Böse aus der Gottheit zurück in den Menschen verlagern müssen (und längst verlagert haben). Gott, so sagten wir, hat weder etwas mit den menschlichen Vorstellungen von Gut und Böse zu tun noch wird er uns erklären, was er sich bei der Einrichtung der «Welt» gedacht hat. «Gott» braucht weder Naturwissenschaft noch Ethik noch Religion; einzig wir Menschen sind es, die alles drei hervorgebracht haben, um richtig zu denken, um richtig zu handeln und um wirklich zu sein. Erst wenn wir unsere eigenen geistigen Bedürfnisse und Erzeugnisse mit den Gedanken und Planungen, ja, mit dem Wesen des Göttlichen selber verwechseln, werden aus den Unterschieden endlicher Wirklichkeitsbereiche unendliche Widersprüche, für die es keine Auflösung gibt.

Doch umgekehrt jetzt: Sobald wir davon lassen, in HEGELschem Sinne das Absolute *denken* zu wollen, öffnet sich allererst das Feld seiner möglichen Erfahrung; erst wenn die jüdisch-christliche Theologie sich nicht länger vermißt, das Glaubenswissen einer göttlichen Offenbarung dozieren zu wollen, entdeckt sich ein neuer glaubwürdiger Zugang zu Göttlichem; erst die Phase des naturwissenschaftlichen Atheismus der Neuzeit, verbunden mit einer radikal *negativen* Theologie, kann helfen, unabhängig von den Zwangsformeln kirchlicher Dogmen und Riten wieder ein Stück Wahrheit und Klarheit in das religiöse Bewußtsein zu bringen.

Wohin uns das Theodizeeproblem jetzt wie von selbst führt, ist etwas sehr Einfaches: Es zeigt uns den *Unterschied,* der zwischen dem heutigen Menschen *(der Kultur)* und der Welt, die ihn hervorgebracht hat *(der Natur),* besteht; und die Unlösbarkeit dieses Problems, die sogleich eintritt, wenn wir es im Göttlichen verunendlichen, weist uns durch sich selbst darauf hin, daß wir den Gegensatz zwischen Naturgesetz und Sittengesetz *nicht* länger von Gott her denken dürfen – daß wir mithin den letzten Rest einer falsch verstandenen Mythologie auf dem Boden der Bibel *überwinden* müssen.

Der Sinn *aller* Mythen seit dem Mesolithikum, das heißt seit mehr als 8000 Jahren, besteht darin, die wachsende Kluft zwischen Mensch und Welt mit

Hilfe von Geschichten zu schließen, in denen Götter, Tiere und Menschen ineinander überzugehen vermögen: Indem das Göttliche sich vermenschlicht, gewinnt das Menschliche zugleich seine göttliche Würde, der Ort aber, an dem das geschieht, ist die Welt, die von den Göttern hervorgebracht und von den Menschen bewohnt wird. Der Aussagehorizont mythischer Weltsicht, die Himmel, Erde und Mensch miteinander versöhnt, wird von einer Symbolsprache gebildet, in welcher die Gottheit etwa als ein *Fisch* erscheinen kann und der Fisch wiederum zum Vorbild und «Gesetzgeber» des Menschen wird – wie der ägyptische Osiris, der indische Manu oder der Christus der frühen Kirche. Auch die Bibel, wenn sie im Alten Testament den «König» des «auserwählten» Volkes als «Gottessohn» bezeichnet oder wenn sie im Neuen Testament von der «Menschwerdung» Gottes in Jesus Christus spricht, hat noch Teil an der Vorstellungs- und Darstellungsweise mythischen Denkens; doch indem sie sich mit prophetischem Protest dagegen verwahrt, die «Natur» mit dem Göttlichen zu verschmelzen, hat sie die Verbindung zwischen Welt und Gott einzig in das «Planen» und «Wollen» des «Schöpfers» gesetzt. Aus der ursprünglichen *Einheit* von Gott, Mensch und Welt, die im Mythos beschworen wurde, entsteht jetzt ein «Bund» zwischen Gott und Mensch, der beide als «Verbündete» der Welt gegenübertreten läßt. In schematischer Darstellung ergibt sich dieses Bild:

Doch auch die Vorstellung einer «Schöpfung» durch die planvolle Absicht einer Gottheit ist noch durch und durch mythisch zu nennen – alle damit verbundenen Inhalte bleiben ganz und gar menschlich und werden lediglich projektiv ins Unendliche gesteigert, um von der Gottheit ausgesagt werden zu können. Das Entscheidende aber ist nun, daß der so vermenschlichte Gott der Bibel als «Schöpfer» nicht länger mehr zur «Welt» hin konvertierbar ist. Der Jahwe der jüdischen Religion offenbart sich wesentlich im Menschen, nicht in der Natur, und wenn er, in gewissen Relikten älterer mythischer Traditionen aus dem antiken Kanaan, Ägypten oder Babylon, denn doch noch einmal in

Gewitter oder Erdbeben erscheinen sollte, so nur, um «seinem» blinden Volke die Augen zu öffnen.

Und selbst damit ist es endgültig vorbei, sobald sich die griechische Philosophie in Gestalt der christlichen Theologie mit dem jüdischen Gottesbild verbindet.

Je mehr man beginnt, die Gesetze der Natur zu verstehen, als desto andersartiger, ja, fremdartiger müssen sie gegenüber dem vermenschlichten Gottesbild der Bibel erscheinen. Die Naturwissenschaften werden zum Mittel, die Welt zu erklären und darinnen sogar die Herkunft des Menschen; die Gottheit hingegen hat mit der Welt nichts mehr zu tun, sie reduziert sich auf die «Religion» des Menschen. Nun aber lehrt hinwiederum gerade die jüdisch-christliche Theologie, daß eben diese entgöttlichte und entmenschlichte «Welt» von Gott selber «geschaffen» sei, und an diesem Widerspruch droht sie selbst, je länger, je mehr, zugrunde zu gehen: Ein menschlicher Gott wird widerlegt von einer unmenschlichen Welt, ein unmenschlicher Gott aber kann nicht die Grundlage einer menschlichen Religion sein.

Die Konsequenz, zu welcher das Theodizeeproblem notwendig führt, besteht in gerade der Situation, die wir geistesgeschichtlich antreffen: Wir sind immer genauer imstande, die Welt zu erklären, doch verstehen wir dabei immer weniger die Rolle, die wir als Menschen im Weltganzen spielen, und über dem Verhältnis von Welt und Mensch schwebt eine teils zweifelhaft, teils überflüssig gewordene Gottheit, die, wenn sie im Mund ihrer Theologen etwas zur Welt, wie sie ist, und zum Menschen, wie er sein sollte, zu sagen hat, erwiesenermaßen Schritt für Schritt in die Irre führt. Im Schema:

Wir sehen noch einmal: Es war von Anfang an *falsch,* die Kategorien des Verstandes, die Fragen der Welterklärung, in die Religion, in die Symbolsprache des Mythos eingeschmuggelt zu haben. Alles Reden von Gott deutet in Chiffren das menschliche Leben, es erklärt nicht mit Begriffen des Verstandes die Welt; alle Religion ist «Hermeneutik», ist Auslegung des menschlichen

Daseins, keine Begründung der Weltwirklichkeit. Gerade die Unlösbarkeit des Theodizeeproblems zeigt uns, daß es *nicht* möglich ist, Gott als den Schöpfer von Mensch und Welt zusammenzudenken. Das Problem des MARCION bzw. das Problem der modernen Naturwissenschaften löst sich erst, wenn wir die Sphäre des Göttlichen ganz und gar aus dem Bereich des Verstandes *heraushalten.*

Bis dahin haben wir die Situation zu akzeptieren, in der wir uns geistesgeschichtlich befinden – an die Stelle des Fragezeichens in dem vorstehenden Schema müssen wir deshalb sogar einen *Querstrich* setzen: Gott ist vollkommen *getrennt* von der Beziehung Mensch – Welt, und das Fragezeichen ist hinter ihn selbst zu setzen: «Gibt» «es» ihn überhaupt, wenn alle Vorstellungen über ihn bislang nichts waren als menschliche Formen symbolischer Selbstaussagen? Also:

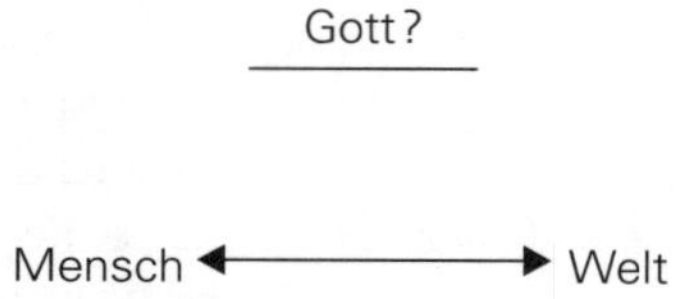

Erst in der Radikalität, mit der sich das *Scheitern* der traditionellen Theologie ausspricht, gewinnt die Erkenntnis I. KANTS, erlangt die Intuition L. TOLSTOIS ihren Wert: Alle Welterklärung im Sinn des naturwissenschaftlichen Denkens bleibt wortwörtlich sinnlos, alle Welterfahrung nach dem Modell schon der Biologie des 19. Jahrhunderts unmenschlich, und so stellt sich die Frage nur um so dringlicher, wie sich der Raum des Menschlichen selber begründen soll.

Die existentialistische Evidenz ALBERT CAMUS' bleibt bestehen: Menschlich zu sein ist nur möglich im *Widerspruch* zu der «blutigen Mathematik» über unseren Köpfen. Doch wie, wenn da gar kein Gott ist, der «rechnet» – wem dann widersprechen? Wie, wenn es niemanden gibt, vor dem man klagen und den man verklagen könnte, um ihn für die Welt, wie sie ist, zur «Rechenschaft» zu ziehen? In welcher Sprache soll man mit einer Gottheit reden, für die alle Begriffe von Gut und Böse, Schön und Häßlich, Vernünftig und Unvernünftig, Menschlich und Unmenschlich offenbar ohne Geltung sind?

So viel steht fest: Nicht die Gottheit hat sich vor dem Menschen zu rechtfertigen angesichts dieser Welt, es ist der Mensch, der sich fragen muß, wie er seine Menschlichkeit durchhält trotz und inmitten der Welt, der er selber entstammt. Nicht Gott «leidet» an der Welt, die er selber «gemacht» hat, wir Menschen leiden an einer Welt, der wir so häufig ohnmächtig gegenüberstehen.

Das gesamte Theodizeeproblem, dieser Punkt, der das ganze Gewölbe abendländischer Theologie unausweichlich zum Einsturz bringt, reduziert sich nunmehr auf ein Problem der *Anthropologie,* auf eine Frage, die allein wir Menschen mit uns selber austragen müssen. Dies ist das Eigenartige: Der *Sinn* der Theodizeefrage geht nicht auf die «Rechtfertigung» Gottes, sondern auf die Bewahrung und Bewährung des Menschlichen! *Das* ist es im Grunde, was die KANTische «Wende» der Theologie gebracht hat und was TOLSTOIS Ljewin wiederentdeckte: Von Gott zu sprechen heißt nicht, die Welt zu erklären (oder zu verklären), es heißt, dem Menschen einen Grund zu geben, dieser Welt standzuhalten und ihr gegenüber seine Menschlichkeit zu erhalten.

«Kann man ohne Gott ein Heiliger sein?» Diese Frage, die ALBERT CAMUS (*Die Pest,* 4. Kap., 146) für die wichtigste Frage unserer Zeit hielt, beantwortet sich jetzt als erstes damit, daß mit «Gott», recht verstanden, im Sinne KANTS und TOLSTOIS, durchaus nichts anderes gemeint ist als die Bedingung der Möglichkeit, «gut» zu sein. «Gott» ist jetzt nicht länger mehr der Aussageinhalt theologischer Lehrsätze beziehungsweise der Inbegriff schriftgelehrter Spekulationen, er tritt wieder als das in Erscheinung, was er in einer durch und durch *jüdischen* Sichtweise immer schon war: etwas, das dem menschlichen Dasein Halt gibt und Richtung weist. Gott als «Grund» der menschlichen Existenz – das meint jetzt nicht mehr eine paläontologisch rekonstruierbare «Schöpfungstat» Gottes vor sechs, vier oder zwei Millionen Jahren, auf der Stufe des *Kenyapithecus,* des *Ardipithecus ramidus* oder des *homo habilis,* es meint, wenn es «Sinn» macht, gerade so viel (und so wenig) wie einen Grund, «menschlich» zu sein und zu bleiben inmitten dieser oft so unmenschlich anmutenden Welt. Nicht um die physische Existenz des Menschen zu begründen, bedarf es der Vorstellung eines Gottes – allenfalls um die Menschlichkeit seiner Existenz zu begründen, braucht ein Mensch Gott. Der Gottesbegriff selbst ist die ins Unendliche projizierte Form des Bildes, das der Mensch von sich selbst entwirft, und so dient er wesentlich der «Innenstabilisierung» des menschlichen Daseins, wie ARNOLD GEHLEN (*Urmensch und Spätkultur,* § 10, S. 42–44) diesen Begründungszusammenhang religiöser Institutionen bezeichnet hat.

d) Was heißt das: Gott hat sich geoffenbart?

Theologisch kommen wir an dieser Stelle an LUDWIG FEUERBACH (*Das Wesen des Christentums,* 1841) nicht vorbei: Es läßt sich nicht leugnen, daß die Inhalte der Religion als erstes als eine Beschreibung menschlichen Selbstverständnisses zu interpretieren sind – alle Theologie enthält als erstes eine projektive Psychologie, und ihre Symbole beschreiben nicht sowohl das Wesen der Gottheit als vielmehr jenes Bündel von Motiven und Anschauungen, die der Mensch (zu einer bestimmten Zeit seiner Geschichte) für sich selber als wesentlich ansieht. In die Gottheit verlagert werden diese Inhalte nur, um sie als weltentrückt und damit als unangreifbar erscheinen zu lassen; der Abwehrvorgang der Projektion besänftigt die Angst, in der bloßen «Beliebigkeit» rein zufälliger und an sich unbegründeter Bestimmungen unterzugehen; die Religion schließt scheinbar die Lücke der «Kontingenz»: All die Dinge, die keineswegs so sein «müssen», wie sie sind, müssen dennoch so sein, wie sie sind, wenn und weil ein Gott sie so und nicht anders «gewollt» hat. Eine solche Aussage verfolgt nicht die Absicht, die Welt zu erklären, wohl aber soll sie und kann sie unter Umständen die Angst des Menschen vor dem Abgrund der Sinnlosigkeit und Vergänglichkeit aller Dinge beruhigen.

Was also bedeutet es jetzt zu sagen, der Mensch selber sei, wie er sei, weil Gott ihn «geschaffen» habe? Es ist nicht länger mehr möglich, in G. THEISSENS objektivierender Theologensprache zu sagen, der Gott der Bibel führe den Menschen aus der Unmenschlichkeit einer «darwinistisch» erklärten Welt heraus. Schon daß hier von dem «Gott der Bibel» die Rede geht, zeigt, daß wir es keinesfalls mit der Gottheit an sich zu tun haben, sondern mit einer religiösen Vorstellung, die sich ein bestimmtes Volk vor rund dreitausend Jahren von seiner Stammesgottheit gemacht hat. Diese Gottesvorstellung allerdings war in der genannten Weise zentriert auf die Sinndeutung menschlicher Geschichte, nicht auf die Erklärung der Welt, und so läßt sich schon von vornherein sagen, daß die Kultur, der diese Gottesvorstellung entstammt, im Ursprung die eines Nomadenvolkes am Rande der Wüste gewesen sein wird, dem die Natur eher feindselig und fremd anmutete; gewiß war es nicht die Vorstellung eines Ackerbau treibenden Volkes, das die Natur als seine mütterliche Heimat betrachtete; einmal vorhanden aber, wirkte die Vorstellung von dem *«Gott der Väter»* (ALBRECHT ALT) als ein organisierendes und sinndeutendes Schema auf die geschichtlichen Erfahrungen dieses Volkes zurück: Die *Tendenz* der biblischen Religiösität spricht sich allemal eher in dem «macht euch die Erde untertan» von Gen 1,28 als in dem «bewahrt und bedient die

Erde» von Gen 2,15 aus. Keinesfalls aber geht es dabei um den Willen eines Gottes, der den Menschen aus einer «unmenschlichen» Natur, seiner eigenen Schöpfung (!), herauszuführen beabsichtigte – eine solche Idee kann überhaupt nur entstehen, indem man ein bestimmtes (Miß)Verständnis des «Darwinismus» mit einer bestimmten humanen «Option», die man als Absicht der Bibel unterstellt, konfrontiert.

Und selbst dabei noch muß man im Umgang mit «der» Bibel schon recht großzügig verfahren. Wo denn wäre die Bibel, ausgerechnet sie, eine Stütze der Humanität nach dem Verständnis der Neuzeit gewesen? Der Schweizer Psychologe FRANZ BUGGLE (*Denn sie wissen nicht, was sie glauben*, 1995) hat nicht so unrecht: Es gibt in der Kulturgeschichte der Menschheit kein religiös relevantes Dokument, in dem die Ausrottung ganzer Völker als ein ausdrücklicher Befehl von Gott an den Menschen ergeht, wie es in der Bibel dem soeben erwählten König Saul zugemutet wird (1 Sam 15,3), oder in dem man denjenigen selig preist, der die Kinder des Feindes am Felsen zerschmettert (Ps 137,9). Natürlich gibt es auch andere Stellen der Bibel, etwa den Spruch, der dem Propheten *Jesaja* (2,2–5; vgl. Micha 4,1–4) zugeschrieben wird: am Ende der Tage werde Gott selber die Interessenkonflikte unter den Völkern ausgleichen und allen Krieg sowie alles Kriegstraining aus der Welt schaffen; oder wenn der *Dritte Jesaja* (66,18.19.21) Gott sagen läßt, er werde «alle Völker» sammeln und aus ihnen «Priester» und «Leviten» erwählen. Was aber heißt es bei solcher Gegensätzlichkeit dann, Gott habe sich in der Bibel *«geoffenbart»?*

Die herkömmliche theologische Vorstellung des kirchlichen Dogmas nimmt an, daß die Gottheit nach einer Ewigkeit des Nichtstuns sich zu einem bestimmten, geschichtlich genau datierbaren Zeitpunkt, sagen wir zum Beispiel exakt vor 2010 Jahren, das heißt im Jahre 8 v. Chr., als Jesus von Nazareth in Bethlehem zur Welt kam, in den Ablauf der Dinge «eingegriffen» und durch die «Ausgießung seines Geistes» dafür gesorgt habe, daß eine Jungfrau «ohne Dazutun eines Mannes» ein Kind bekam und zur Welt gebar. Doch ohne eine solche «Theologie» der «objektiven Tatsachen» jetzt noch länger zu diskutieren: sie ist absurd! «Vernünftiger» war da schon vor 170 Jahren G. W. F. HEGELS Deutung der «Offenbarung» als einer stufenweisen Entwicklung des menschlichen Bewußtseins zu seiner «Freiheit», zu der Einsicht nämlich in die Identität des menschlichen und des göttlichen Geistes (vgl. *Philosophie der Geschichte*); die Subjektivität des Menschen sollte nach HEGEL als der Ort begriffen werden, an dem der Geist Gottes, der in der Natur objektiv gegeben ist, seiner selbst inne werde; die Idee des Göttlichen gelangte in dieser Konzeption zu ihrer Wirklichkeit, wenn Natur und Kultur, wenn Welt und Mensch zu ihrer Einheit fanden; die verschiedenen Religionen galten in der Philosophie HEGELS als die zu ihrer Zeit logisch notwendigen Stadien, welche der Geist durchlaufen mußte, um die Widersprüche, in die er sich selber zu seiner Verwirklichung begeben hat, schrittweise aufzuheben und dadurch zu sich selbst zu gelangen. Alle Religionen besitzen deswegen ihre eigene zeitbedingte Berechtigung und partielle Wahrheit, doch behauptete HEGEL, daß nur das Christentum mit seiner Lehre von der Menschwerdung Gottes, von seinem Tod und von seiner Auferstehung, als «absolute» Religion, als das Ende und Ziel der Bewußtseinsgeschichte des Menschen und damit der stufenweisen Erscheinung des Geistes in der menschlichen Geschichte, der «Offenbarung» Gottes im menschlichen Bewußtsein, betrachtet werden könne.

HEGELS Begriff der Offenbarung stellte insofern eine geniale Synthese dar, als er ohne Rückfall in die vorKANTianische Religionsphilosophie die verschiedenen Religionen miteinander zu versöhnen suchte und trotzdem die Sonderstellung der Bibel, speziell des protestantischen Christentums als des beginnenden «Reiches des Geistes» in der Neuzeit, herausstellen konnte. Allerdings zeigt sich heute, im Abstand von fast 200 Jahren nach den Tagen des Deutschen Idealismus, daß es ein solches logisches System der Geschichte der Natur und des Menschen, wie es HEGEL als einen notwendigen, «göttlichen» Prozeß zu konstruieren versuchte, nicht gibt – nicht einmal der Teil der Naturgeschichte, in welcher die «Menschwerdung» des Menschen sich vollzog, weist, wie wir sahen, irgendwelche «Notwendigkeiten» auf: Alles hätte zu jedem Zeitpunkt der Geschichte auch *anders* kommen können!

Somit bleibt von HEGELS anspruchsvoller Philosophie der «Offenbarung» Gottes als einer geschichtlich «logischen» Form der Erscheinung des Geistes für sich selber nur der Kerngedanke in der Weise übrig, wie FEUERBACH ihn erfaßte: In der Idee des Göttlichen nimmt der Mensch sich selber wahr; die Art seines Gottesglaubens manifestiert und dokumentiert die Weise seines Menschseins; und statt zu sagen, im Vorgang der Offenbarung erscheine Gott im Bewußtsein des Menschen, sollte es vielmehr heißen, «Offenbarung» bedeute, daß der Mensch sich in der Vorstellung Gottes seiner selbst als Mensch bewußt werde.

Schon von diesem Punkte an ist es nicht länger mehr möglich noch nötig, den Christusmythos, wie er bereits auf dem Boden des Neuen Testamentes sich gebildet hat, auf fundamentalistische Weise «wörtlich» zu nehmen. Statt die Person Jesu mit allen möglichen Hoheitstiteln zu umkleiden, deren Inhalte sich in der kirchlichen Dogmatik dann zu einer komplizierten Metaphysik des göttlichen Wesens zusammensetzen, liegt die Frage weit näher, welch ein Bild vom Menschen Jesus denn in seiner Botschaft entworfen hat. Eben deswegen war es im 2. Band von *Glauben in Freiheit* so wichtig, an der Seite des Mannes aus Nazareth all die Konflikte, konzentriert in der Frage des *Krieges,* von Gott her durchzuarbeiten, die im Sinne Jesu den Blick auf die Wahrheit des Menschen verstellen: All die Ängste und Schuldgefühle, die den Menschen inmitten einer radikal «gnadenlosen» Welt heimsuchen, wollte Jesus, so sagten wir, durch sein Vertrauen in eine «väterliche» («mütterliche») Macht im Hintergrund der Welt beruhigen und fortnehmen. Nicht um die Ordnung der Welt zu erklären, sondern um die Unordnung des menschlichen Herzens zu heilen, sprach Jesus von Gott. Das Bekenntnis zu Gott als dem «Schöpfer» der Welt bedeutete für den Juden Jesus mithin gerade nicht, in griechischem Sinne ein Prinzip der Weltentstehung zu benennen, es bedeutete «nur», die vom Chaos bedrohte Welt des Menschen in Gott festzumachen. Nicht etwa weil Güte und Menschlichkeit als kosmische Grundgesetze (im Sinne des 1. Vaticanischen Konzils) aus dem Weltenverlauf klar «erkennbar» wären, sprach Jesus von Gott als seinem «Vater», sondern weil er die Verlorenheit des menschlichen Daseins im ganzen vor sich sah und sie mit der Kraft einer unendlichen Güte heilen wollte. Jeder Mensch, sah Jesus, bedürfte des Gefühls, berechtigt auf der Welt zu sein und sich – mit Iwan Karamasow gesprochen – «das Eintrittsbillet» ins Leben nicht erst «verdienen» zu müssen. Dieses Gefühl einer voraussetzungslosen Berechtigung im Dasein war es, was Jesus einem jeden schenken wollte; *das* war der Inhalt seines Glaubens an Gott, und allein aus diesem Glauben erwuchs ihm die Kraft einer Menschlichkeit, die imstande war, selbst der Unmenschlichkeit von Welt und Geschichte standzuhalten.

Wenn wir uns daher fragen, wie eigentlich Gott sich «offenbart» und wie er sich insbesondere in seinem «Sohn» Jesus (Christus) geoffenbart hat, so müssen wir gerade im Sinne Jesu sagen: Gott «offenbart» sich nicht in Blitz oder Donner, er zeigt sich nicht in spektakulären «Zeichen» und Wundern – alles, was darüber vor allem im *Johannes*-Evangelium geschrieben steht, bedarf bereits seinerseits wieder einer entsprechenden Auslegung, wie R. BULTMANN sie in seinem *Kommentar* im Rahmen der existentialen Hermeneutik durchgeführt hat; wir müssen vielmehr sagen: Gott ist immer – als das Licht, als das Leben, als die Wahrheit, als das Brot, als das Wasser, als das Wort; doch an uns Menschen ist es, die Augen aufzumachen und das «Licht» hereinzulassen; an uns ist es, von der Todespraxis der Angst, der Lüge und der Gewalt zu lassen und das Leben und die Wahrheit zu ergreifen; an uns ist es, den Hunger und den Durst der Seele so zu beantworten, daß wir nicht länger wie Süchtige unsere Sehnsucht nach Unendlichkeit fetischähnlich an endliche Gegenstände heften.

All die «Offenbarungen» Gottes in der Geschichte beruhen daher nicht auf einem besonderen «Eingreifen» Gottes in den Gang der Welt, vielmehr verhält es sich so: An einem bestimmten Ort, zu einer bestimmten Zeit, unter eng begrenzten historischen Voraussetzungen hört jemand damit auf, die Gefangenschaft der Angst seines Herzens und die aller anderen «normal» zu finden; er tritt ans Fenster, er öffnet die Blendläden, und er läßt die Sonne herein; er gibt *Entwarnung* – die gesetzlich verordnete Verdunkelung aller Wohnungen als Schutz gegen feindliche Bombenangriffe wird überflüssig, es ist nicht länger nötig, im Kriegszustand zu verharren! Es ist wieder möglich, ins Freie zu treten und in Ruhe durchzuatmen. – Eine solche *Entdeckung*, freilich, verändert alles – allemal bedeutet sie so etwas wie einen chirurgischen «Eingriff» in die Geschichte, folgenschwerer als jede «Operation». Mit einer solchen Entdeckung wird ja nicht nur das Symptom einer bestimmten Krankheit bekämpft, mit ihr wird nicht nur eine einzelne Krankheit geheilt, mit ihr wird vielmehr das Dasein des Menschen im ganzen *neu* «geschaffen».

Kann es da verwundern, daß der «Vater» Jesu, daß das Gottesbild des Mannes aus Nazareth dem Bild *widerspricht*, das uns die Welt in ihren Einrichtungen und Gesetzen von ihrem «Weltenbaumeister» bietet? MARCIONS Problem löst man nicht, indem man *zwei* Götter annimmt, die als der Gott des Alten und als der Gott des Neuen Testamentes einander gegenüberstünden; wohl aber ist es wichtig, zu sehen, daß der von den Theologen erdachte Gott der Schöpfung als ein griechisch verstandenes philosophisches Prinzip der Welterklärung etwas ganz anderes meint und auf eine ganz andere Frage antwortet als der «väterliche» Gott Jesu. Die «Schöpfung» der Welt zu glauben bedeutet *jüdisch* gerade nicht, die Frage der jonischen Naturphilosophie nach den «Ursachen» des Kosmos zu lösen, indem man an die Stelle bestimmter Urstoffe wie Wasser oder Feuer «Gott» höchstpersönlich setzt; es bedeutet vielmehr, das menschliche Dasein als von «Gott» her gegründet zu betrachten. Insofern bestand für den Juden Jesus, wie bereits eingangs gesagt (s. o. S. 22f.), der Glaube an Gott durchaus nicht in dem «Fürwahrhalten» eines philosophischen oder theologischen Lehrsatzes, vielmehr bedeutete für ihn die *Entdeckung*, die *«Offenbarung»* Gottes als des «Vaters» so viel wie die «Erschlossenheit» und «Entschlossenheit» eines im ganzen «versöhnten» menschlichen Daseins.

Von daher konnten wir gleich zu Beginn dieses Buches im Rückblick auf die Person Jesu, wie sie uns im 2. Band von *Glauben in Freiheit* erschienen war, mit Nachdruck betonen, daß es so etwas wie ein «Theodizeeproblem» für den Mann aus Nazareth weder gab noch geben konnte. Sein Gott war kein metaphysisches Prinzip zur Weltbegründung und Welterklärung, sondern die Grundlage zum Verständnis des menschlichen Daseins. Ganz einfach gesagt: *Nicht* an diesen Gott zu glauben bedeutete für Jesus nicht den Verzicht auf eine philosophisch mögliche Welterklärung, es bedeutete für ihn, in die «Welt» der Bodenlosigkeit und der Angst zurückzufallen und damit erneut sich dem Zwang zur Selbstbegründung und Selbstsicherung des Daseins auszusetzen; *an* diesen Gott zu glauben bedeutete für Jesus, alle Angst zu überwinden durch Vertrauen, alle Gewalt durch Güte, allen Haß durch Liebe ..., *weil* Gott selber die reine Liebe, die reine Güte, die reine Zusage ist. Nicht die Welt als (griechischer) Kosmos, sondern die «Welt» als Existential des Menschen wird in dem Glauben Jesu (neu) «geschaffen». Über den «Gegensatz», in den der Mensch damit zu der Welt, die ihn umgibt, notwendig tritt, hat Jesus mit keinem Wort nachgedacht. Er hätte nie geglaubt, daß man sich auf die «Naturgesetze» berufen könnte, um im Stile des Sozial«darwinismus» oder in der Art des rassistischen «Selektionismus» der Nazis «Politik» machen zu wollen. Denn eben das sollten im Sinne Jesu die Menschen nicht: Sie sollten sich nicht von der Gleichgültigkeit und dem Schweigen der «Natur» her verstehen, sondern von der Zugewandtheit des «Wortes» Gottes her, das Jesus freilich auch in der Natur vernehmbar glaubte.

Insofern knüpft die Religionskritik KANTS, die den gesamten Theologenhimmel zum Einsturz brachte, eigentlich, wenn auch verkürzt, an das Grundanliegen der Botschaft Jesu an –: an die Frage nach der Bewahrung des Menschlichen. Verkürzt ist die Fragestellung KANTS, weil sie die Frage nach dem Menschen im idealistischen Sinne wesentlich mit der Frage nach der menschlichen Moral identifiziert – ganz wie im übrigen auch im Werke LEO TOLSTOIS die moralisierende Komponente unüberhörbar ist und im Verlauf der Jahre sogar bis zum Schrillen, Propagandistischen zunimmt. Der KANTischen Reduktion des menschlichen Daseins auf die Fragen der «praktischen Vernunft» gilt es mit den Einsichten der Psychoanalyse ebenso wie des Existentialismus von S. KIERKEGAARD (*Der Begriff Angst,* 1844) bis J. P. SARTRE (*Das Sein und das Nichts,* 1943) entgegenzuhalten, daß die Not und die Hilflosigkeit des Menschen *im Getto der Angst* viel zu groß ist, als daß sich mit dem «freien» Entschluß des «kategorischen Imperativs» etwas dagegen ausrichten ließe; – gegenüber TOLSTOIS Moralismus muß man nur an DOSTOJEWSKIS Wissen um die Abgründe der menschlichen Seele erinnern. Fassen wir indessen den Begriff der «Menschlichkeit» weiter, so verdanken wir IM-

MANUEL KANT und LEO TOLSTOI als Philosophen und Dichter nichts Geringeres als die Wiederentdeckung des eigentlichen Wahrheitswertes von Religion: Sie ist nicht dazu da, uns die Welt der Natur zu erklären, sondern die «Welt» unserer Menschlichkeit zu begründen; Gott ist – über KANT hinaus – nicht nur die «Bedingung der Möglichkeit», das Sittengesetz subjektiv für sinnvoll und damit für gültig zu halten, Gott ist im Sinne Jesu die Kraft, die uns Trost schenkt in Stunden der Verzweiflung, die uns aufrichtet in Augenblicken der Entmutigung und die uns von daher allererst die Festigkeit und Weite verleiht, die uns zum «Guten» in moralischem Sinne befähigt. Gott ist in wörtlichem Sinn der Ermöglichungsgrund unserer Menschlichkeit.

Insbesondere war es für Jesus die Frage nicht, ob ein Mensch sich von der «Natur» her versteht oder von Gott her, für Jesus war es die Frage, ob jemand aus Angst lebt oder aus Vertrauen. Je nachdem «kennt» er Gott nicht als den «Vater», hat er, *johanneisch* ausgedrückt, den «Vater» «nicht gesehen», oder er glaubt ihn und «sieht» ihn, so daß er die «Evidenz» der Güte wie selbstverständlich zu leben vermag. Zwischen diesen beiden Möglichkeiten entschied sich für Jesus *alles* wie zwischen Himmel und Hölle. Die Menschlichkeit, die Jesus als *seine* «Offenbarung» im Gottesbild verankerte, erlaubte und ermöglichte ihm seine Menschlichkeit: Wenn Gott *so* ist, muß dann nicht auch der Mensch so sein – so offen und weit wie der Himmel, so verstehend und gut wie eine Mutter (ein Vater), so behütend und verantwortlich mit den Verlorenen wie ein Hirt (Lk 15,1–7)?

Es ist diese Menschlichkeit, die uns einen solchen «menschlichen» Gott «gibt» und naherückt. Aber: die Frage bleibt und stellt sich jetzt erst recht: «Gibt es» diesen Gott «wirklich»? Was ist jenseits des «Querstrichs»?

e) Vom Gott der Philosophen und der Theologen zur Frage nach dem Mystischen

Schon längst wird der Leser darauf gewartet haben, daß wir auf diese Frage – endlich! – zu sprechen kommen. Hat Gott ein «Sein»? *Ist* er etwas «Reales» oder nur etwas Vorgestelltes? Welch eine Wahrheit besitzen die *Bilder* Gottes, von denen bislang doch stets nur als von den Formen der Selbstauslegung des menschlichen Daseins die Rede war?

Es hilft an dieser Stelle nicht das theologenübliche Ausweichen. Es hilft nicht, etwa zu sagen, der Jude Jesus habe eine Frage wie diese weder gestellt noch verstanden, eine solche Problemstellung sei philosophischer Natur, sie sei typisch «griechisch», sie gehe uns, zum Beispiel als Exegeten der hebräischen Bibel oder als Kirchenhistoriker Roms, nichts an. Die Kulturgeschichte im Abendland hat von den Griechen das Philosophieren übernommen, und so heißt es, Antwort zu geben mit den Mitteln eben der «Philosophie», die wir in unseren Köpfen tragen. Wenn wir, konzentriert auf das Theodizeeproblem, feststellen mußten, daß es zu unlösbaren Widersprüchen führt, den Gottesbegriff mit den Mitteln des Verstandes von der Welt her zu denken oder den Begriff «Gott» zur Erklärung der Welt zu verwenden, so bleibt die Frage um so dringlicher, was es denn «beweist», wenn es Menschen gibt, die glauben, nur «gut» sein zu können, wenn es «Gott» «gibt»? Ja, die Frage stellt sich überhaupt, was wir denn meinen, wenn wir gegen BONHOEFFERS Verdikt sagen wollten, es «gebe» Gott?

Entscheidend ist nach allem bisher Gesagten, daß «Gott» ein Begriff ist, der uns hilft, das menschliche Dasein zu *deuten* und seine Menschlichkeit im Gegenüber der Welt zu begründen, der aber nicht dazu taugt, die Welt zu erklären. Das Wort «Gott», noch einmal, ist eine hermeneutische Chiffre, keine Kategorie des Verstandes. RUDOLF BULTMANN, der gewiß einer der größten Neutestamentler des 20. Jahrhunderts war, doch kein Philosoph, soll auf die Frage, ob für ihn auch Gott «nur» eine «Chriffre» sei – ähnlich den Worten «Auferstehung» oder «ewiges Leben» (zu deren Bedeutung wir im 3. Teil dieser Arbeit noch kommen werden) –, die Antwort offengelassen haben. *Wir* müssen an dieser Stelle eindeutig erklären, daß «Gott» in der Tat eine Chiffre ist; wir müssen allerdings gleich hinzufügen, daß damit die Frage nach der *Wahrheit* und *Gültigkeit* dieser Chiffre nicht etwa schon beantwortet ist – nämlich *negativ,* so als sei es schon ausgemacht, daß Chiffren *nichts* seien als Fiktionen des Bewußtseins, sondern daß diese Frage jetzt erst in dieser Weise sich stellt. Wie aber läßt sie sich beantworten? Was ist der Inhalt, wenn wir die Chiffre «Gott» dechiffrieren?

Klar ist bereits, daß der besondere Inhalt, den Jesus im Erbe mancher Propheten seines Volkes mit dem Wort «Gott» verbunden hat, weder religionsgeschichtlich noch religionspsychologisch unabtrennbar zu der Chiffre Gott gehört. Im Gegenteil. Oft genug im 2. Band von *Glauben in Freiheit* mußten wir feststellen, daß mit «Gott» keinesfalls nur die Güte, das Verstehen und Vergeben verbunden wurde, sondern vielmehr alle möglichen Formen von Gewalt, Rache, Rechthaberei, Krieg, Todesstrafe, Völkermord und von was sonst noch «gerechtfertigt», ja, zur Pflicht erhoben werden konnten. Es stellt, so betrachtet, gerade die Leistung des Mannes aus Nazareth dar, mit seiner Menschlichkeit die Gottesvorstellung der Bibel von ihren Unmenschlichkeiten vorbildlich befreit und verbindlich gereinigt zu haben: An den «Vater» Jesu zu *glauben* (in jüdischem Sinne) bedeutet, ein anderer Mensch zu werden.

Aber ist denn all das, mag man einwenden, nicht im Grunde doch nur die Psychologie einer projektiven Innenstabilisierung, wie gerade soeben noch dargelegt? Hat denn die Tatsache, daß die Idee eines Gottes, wie Jesus ihn glaubte, eine gewisse beruhigende Wirkung auf manch verängstetes Gemüt auszuüben vermag, irgend eine Beweiskraft für ihre Wahrheit, die über ihren *Gebrauchswert* als eine Art Autosuggestion oder Selbsthypnose hinausgeht? Kann man Jesus seinen Gott glauben? Diese Frage ist offensichtlich damit nicht beantwortet, daß wir die Theodizeefrage als ein Scheinproblem enthüllt haben. Könnte es denn nicht sein, daß auch die Frage nach Gott so ein «Scheinproblem» ist – eine Frage, die sich schon durch ihre Unbeantwortbarkeit als falsch gestellt erweist?

Tatsächlich ist, wenn wir uns schon auf KANT berufen, die Philosophiegeschichte auf eigenartige Weise in Gestalt des *Neukantianismus* und der *Phänomenologie* über den Königsberger Philosophen hinausgegangen.

Was eigentlich besagt es, so müssen wir fragen, wenn KANT den «Selbstwert» des Menschen als das Formalprinzip aller Ethik entdeckte und die (subjektive!) Notwendigkeit von Religion mit der Stützung dieses Satzes begründete? Da wird eine «Welt» jenseits des Verstandes «postuliert», doch in welch einem Sinne ist diese Welt «wirklich»?

Bereits RUDOLF HERMANN LOTZE (1817–1881) unterschied in seinem Hauptwerk *Grundzüge der Logik* (^{5}1912) zwischen dem *Sein* der Dinge und dem *Gelten* von Sinngehalten und Werten. Nach LOTZE ist es eines, von Kausalzusammenhängen zu sprechen, und ein anderes, von Sinn- und Zweckzusammenhängen zu reden. «Wirklichkeit», «Sein» kommt im Grunde nur den Dingen zu, die sich mit den Sinnen empirisch erfassen und vom Verstande kausal ordnen lassen; Sinnzusammenhänge hingegen, wie sie von der theoretischen Vernunft erkannt werden, haben zwar eine Wahrheit, besitzen aber kein Sein; und die Werte, die von der praktischen Vernunft erfaßt werden, besitzen wohl eine Geltung, doch «sind» sie nicht, sie *sollen* sein. Wäre es demnach nicht möglich, daß auch der Begriff «Gott» als eine hermeneutische Chiffre zur Deutung des menschlichen Daseins nichts weiter besitzt als eine «Wahrheit», die sich in der Sinnstiftung des menschlichen Lebens erweist, und eine Geltung, die sich in der Ordnung des menschlichen Lebens anzeigt? Ist mit dem Wort «Gott», näher betrachtet, eigentlich jemals etwas anderes verbunden worden als eine Antwort auf die Frage des Geistes nach dem Sinn und eine Ausrichtung des Willens angesichts der Frage nach dem Guten?

«Gott», so verstanden, erschiene dann als höchste Wahrheit und oberster Wert, er besäße aber eben deswegen kein Sein. Die Ablehnung der Metaphysizierung des Göttlichen käme damit zu ihrer äußersten Konsequenz. Insbesondere die phänomenologische Wertphilosophie klammerte denn auch die Frage nach der bewußtseinsunabhängigen Wirklichkeit eines Erkenntnisgegenstandes methodisch strikt aus. EDMUND HUSSERL (1859–1938) in seinen *Ideen zu einer reinen Phänomenologie* (1913) und MAX SCHELER (1874–1928) in seinem Hauptwerk *Der Formalismus in der Ethik und die materiale Wertethik* (2. Bde., 1913; 1916) verwahrten sich gegenüber der KANTischen Bestimmung des Sittlichen als der reinen Form eines Gesetzes an sich («Handle so, daß die Maxime deines Willens jeder Zeit zugleich als Prinzip einer allgemeinen Gesetzgebung gelten könnte» – der kategorische Imperativ: *Kritik der praktischen Vernunft,* VII 140) und ordneten die Werte einem intentionalen Fühlen zu. Nach SCHELER existiert als höchstes der Wert der absoluten Liebe oder des Heiligen, als deren «Wertpersontyp» der Heilige gilt. Mit Bezug auf die Gottesfrage folgt daraus, daß dem menschlichen Bewußtsein das Göttliche als Liebe und Heiligkeit gefühlsmäßig durchaus «evident» ist; desgleichen, daß der Inhalt des Heiligen kein Teil des eigenen Seins sein kann, sondern als etwas Sein-Sollendes dem Bewußtsein gegenübertritt; doch wiederum stellt sich die Frage: Was für eine Wahrheit und Geltung besitzt die Chiffre «Gott», wenn ein Sein ihr nicht zukommt, einzig ein Sollen? Gott als «Wert» im Sinne HEIDEGGERS (s. o. S. 272)?

Selbstverständlich kann man sich zur Lösung dieser Frage auf den Standpunkt stellen, den als erster RENÉ DESCARTES in seinen *Meditationen* von 1641 (I, 10, S. 97) geäußert hat: Weil die Idee eines allervollkommensten Wesens dem menschlichen Bewußtsein «unmittelbar» gegeben sei, sei ihre Existenz «gewisser» als sogar die Existenz der Außenwelt, die uns nur durch die trügerischen Erfahrungen der Sinne zugänglich werde. Ja, man kann dieses Argument sogar noch mit DOSTOJEWSKIS Iwan Karamasow verstärken und sagen: «Siehst du ..., es war da ein alter Sünder im achtzehnten Jahrhundert, der meinte, daß, wenn Gott nicht sei, man ihn erfinden müsse. Und tatsächlich hat der Mensch Gott ausgedacht. Und nicht das ist seltsam, nicht das wäre zum Staunen, daß Gott tatsächlich ist, vielmehr das ist erstaunlich, daß ein solcher Gedanke – der Gedanke von Gottes Unentbehrlichkeit – einem so wilden und bösen Tiere wie dem Menschen überhaupt in den Kopf kriechen konnte» (*Die Brüder Karamasow,* I 5,3; S. 291). Natürlich ist es ebenfalls möglich, die ganze Frage nach der Existenz Gottes für gleichgültig zu erklären und sich existentiell auf den Standpunkt der «phänomenologischen Einschränkung» (Epoché) zurückzuziehen: «Wenn ich doch Gott im Bewußtsein trage und dieses Bewußtsein mein Leben bestimmt – was brauche ich dann mehr?» Jedoch scheitert eine solche Einstellung sowohl an der philosophischen wie an der psychologischen Kritik.

Psychologisch muß die Methode der Phänomenologie spätestens seit der Entdeckung des Unbewußten durch die Psychoanalyse für äußerst zweifelhaft gelten: Bestimmte Bewußtseinsgegebenheiten mögen subjektiv als noch so «evident» erscheinen, die Frage bleibt, welche Prozesse im Unbewußten den Eindruck der Unabweisbarkeit einer bestimmten Vorstellung erzeugt haben; – warum *braucht* ein bestimmtes Bewußtsein eine bestimmte Idee so sehr, daß es jeden Zweifel an ihrer Berechtigung unterdrückt und sie für eine letzte, irreduzierbare «Tatsache» erklärt? Fällt nicht die gesamte Begründung von «Werten» durch ein «intentionales Wertfühlen» im Rahmen der Phänomenologie dem «Verdacht» zum Opfer, den längst zuvor schon FRIEDRICH NIETZSCHE geäußert hat? Angesichts des ungeheuren Zerfalls all der ehedem so unantastbar erscheinenden höchsten Werte der Religion und der Ethik, akzeptierte NIETZSCHE den «Nihilismus» seiner Zeit als ein geistesgeschichtliches Schicksal und schritt deshalb von sich aus zur «Umwertung aller Geisteswerte»: «Werte», verkündete er, seien nichts als Gesichtspunkte, unter denen sich betrachten lasse, inwieweit etwas das Leben fördere und steigere oder nicht; im letzten dienten alle Werte dem *Willen zur Macht* (Nr. 253–273), der freilich selber weder Wert noch Sinn besitze, indem er selbst den Ursprung aller Sinn- und Wertsetzungen bilde.

NIETZSCHES Reduktion der Werte auf ihre Funktion zur Steigerung des Lebens entspricht im Grunde dem biologischen Denken, das wir vorhin geltend gemacht haben (s. o. S. 263): Es gäbe keine Wertgefühle noch Wertevidenzen, wenn nicht im Verlaufe der Evolution bestimmte «Strategien» und Verhaltensweisen sich als ein Überlebensvorteil der Art erwiesen hätten – oder, wie wir heute eher glauben, wenn sie sich nicht für die Durchsetzung des eigenen Erbgutes als im Durchschnitt nützlichsten erwiesen hätten. (Vgl. WOLFGANG WICKLER – UTA SEIBT: *Das Prinzip Eigennutz,* 1977.) In jedem Falle, individuell wie kollektiv, psychologisch wie biologisch, sind die Werte alles andere als «evidente Bewußtseinsgegebenheiten»; die Frage ist vielmehr, warum wir sie als «evident» fühlen oder denken *sollen.*

In gleichem Sinne ließe sich auch der «Wahrheitswert» der Gottesidee im Verlaufe der Evolution erklären: Offensichtlich trug die Religion wohl schon auf der Stufe des *homo erectus,* ganz sicher aber in der Vorstellungswelt des *Neandertalers* dazu bei, die Angst vor den Unwägbarkeiten des Schicksals, insbesondere vor der ständigen Drohung des Todes, zu beruhigen; die Religion bildete einen *Überlebensvorteil* für eine Art, die intelligent genug geworden war, um Fragen an die Natur zu richten, auf welche die Natur keine Antworten zu geben vermochte. Vor allem im 1. Band von *Glauben in Freiheit* haben wir diese Struktur der Religionspsychologie zu erarbeiten versucht: Die Symbolsprache der Religion, sagten wir dort (I, 398–419), greife Fragen auf, die wir im Neocortex stellen, und beantworte sie mit dem Bildangebot und dem Gefühlsensemble des limbischen Systems, indem sie den Erfahrungsschatz höher lebender Säugetiere zur Beruhigung des menschlichen Bewußtseins ebenso verunendliche, wie die Angst der Infragestellung der Existenz durch das menschliche Bewußtsein unendlich geworden sei.

Welch eine «Wahrheit» aber wohnt dann dem «Wahrheitswert» der Religion inne? Kann es nicht sein, daß die ganze Religion nichts weiter ist als ein Überlebenstrick, mittels dessen die menschliche Spezies sich ihr seelisches Gleichgewicht *zu einem bestimmten Zeitpunkt* ihrer Evolutionsgeschichte bewahrt hat? Ist es nicht möglich, daß den *Neandertalern* und dem *Cro-Magnon-Menschen,* daß zum Teil *noch* uns Heutigen die Inhalte der Religion in gewissem Sinne als «evident» oder zumindest doch als «plausibel» erscheinen, während in ungeheueren Zeitmaßen davor und danach die Religion *noch nicht* nötig war und danach *nicht mehr* nötig sein wird – das religiöse Bewußtsein mithin als ein «Übergangswert», Gott selbst als ein «oberster Wert» nur insoweit, als seiner Vorstellung die Dienstfunktion zukommt, auf einem gewissen Niveau der Bewußtseinsentfaltung dem Selbsterhalt einer an irrationalen Ängsten bis zum Irrsinn leidenden Spezies mit Hilfe irrationaler (wahnähnlicher) Ideen von begrenztem Nutzen zu sein?

Die Dialektik aller *psychologischen* Begründungen der Religion liegt darin, daß sie nie etwas anderes zeigen können als den (relativen) Nutzen (oder Nachteil), den bestimmte Vorstellungsinhalte im Kopfe dessen, der sie hegt, mit sich zu bringen pflegen. Ist etwas «wahr», nur weil es «nützlich» ist? Ist etwas «falsch», nur weil es «schädlich» ist? Ist etwas «wirklich», nur weil es uns als «wahr» erscheint?

Letzteres vor allem war schon der Einwand I. KANTS: Denken, meinte er, könnte ich, was ich wollte, solange ich mir nur nicht widerspräche; die Frage aber sei, ob das, was ich denke, auch wirklich sei, und dieser Übergang vom Denken zum Sein sei einzig möglich durch die Erfahrung. Hier aber stehen wir nun: Ist es möglich, etwas zu «erfahren», das sich nicht mit den Sinnen «feststellen» läßt? Ist es möglich, etwas zu «erfahren», das sich nicht *denken* läßt? Jenseits des «Querstrichs» endet die Welt des Verstandes ebenso wie die

Welt der Sinne. Wie also soll sich «feststellen» lassen, ob es «darüber hinaus» (in der Sphäre der «Transzendenz») noch etwas «gibt»?

Ein letztes Mal ließe sich an dieser Stelle noch der Gedanke des Begründers der KANT-Gesellschaft, HANS VAIHINGER (1852–1933), geltend machen. In seiner Arbeit *Die Philosophie des Als-ob* (1911; [10]1927) erklärte er alle theoretischen, praktischen und religiösen «Wahrheiten» für bloße Fiktionen, die wir uns schüfen und schaffen müßten, um den Zweck des Lebens, den Lebenserhalt, zu gewährleisten. Auch die Kategorien der KANTischen Erkenntnislehre lassen sich biologisch als «Anpassungen» des Säugetiergehirns an bestimmte Durchschnittswerte der Erfahrung im Kampf ums Überleben deuten, wie KONRAD LORENZ (*Die Rückseite des Spiegels,* 1973) zu zeigen versucht hat: Sie gelten «a priori», vor aller Erfahrung, weil sie im Erbgedächtnis der Art verankert sind, doch ist es kein Wunder, daß sie zur Wirklichkeit «passen», da sie selbst aus (einem schmalen Bereich) der Wirklichkeit genommen sind: Wie der Flügel einer Möwe den Strömungsverhältnissen der Luft in Küstennähe angepaßt ist, so sind die Strukturen des menschlichen Erkenntnisvermögens darauf angelegt, sich an einem begrenzten Ort der Welt zurechtzufinden. Alles Denken folgt, pragmatisch gesehen, dieser Zielsetzung, und erst die «Entgrenzung» des Denkens, erst der Einbruch der Unendlichkeit in die endliche Welt bewußtseinsfähiger Säugetiere schuf uns all die Probleme, die allem Anschein nach erst ein Gott uns zu lösen vermag. Was aber «beweist» es, daß wir (heute noch) der Idee eines solchen Gottes anhängen, wenn die *Wahrheit* der Gottesidee erkennbar in der Bewahrung der Menschlichkeit gegenüber einer unmenschlichen Natur liegt? Führt die Existentialisierung des Glaubensbegriffs sich nicht wie von selber schon dadurch *ad absurdum,* daß sie Gott zu einem bloßen «Gebrauchswert» erniedrigt?

Eigentlich sind wir jetzt so weit, klar zu sehen, woher all diese Fragen stammen und warum sie grundsätzlich unbeantwortbar sind.

Was meinten denn KANT oder TOLSTOI mit der *Zweckfreiheit* des Tuns als dem eigentlichen Raum des Religiösen anderes, als daß es hier etwas gebe, das dem Verstand *nicht* zugänglich sei? Alles indessen verwirrt sich, sobald wir wieder beginnen, selbst die Zweckfreiheit noch dem Urteil des Verstandes zu unterstellen und uns zu fragen, welch einem Zweck der Eindruck der Zweckfreiheit diene. Gleichgültig, ob psychologisch, biologisch oder pragmatisch, werden wir nie anders können, als mit dem Verstand zu *erklären,* warum Menschen glauben, da sei ein Gott, und indem wir den Glauben glauben erklärt zu haben, hebt die Berechtigung des Gottesglaubens sich mit eben ihrer Begründung notwendig wie von selbst wieder auf: Wenn es so «nützlich» ist, an Gott zu glauben, ist Gott dem Menschen grad so viel wert wie eine Droge dem Süchtigen.

An dieser Stelle sah KANT genial richtig: Alle «verständigen» Begründungen der Religion können ehrlicherweise nur zu dem Ergebnis führen, daß es Gott als einen Teil der Welterfahrung oder als einen Grund des Begründungszusammenhangs der Welt – im Sinne BONHOEFFERS – «nicht gibt». Diese absolute *Negativität* des Verstandesurteils ist das eigentliche Ergebnis, zu dem uns auch nur schon die Frage nach der Herkunft des Menschen führen *mußte.* In ihrem Umkreis ist die Frage nach der Religion am dringlichsten, doch ist, wie wir gesehen haben, die Frage nach ihrer «Wahrheit» (im Sinne einer Existenzaussage über die Vorstellung von Gott) am wenigsten beantwortbar. Der Grund dafür muß nicht in der Religion selber liegen; er liegt vielmehr darin, daß wir uns notwendig solange im Kreise drehen, als wir versuchen, das Unendliche mit den Mitteln des Endlichen, das Göttliche mit den Mitteln des Menschlichen, das Verstandesjenseitige mit den Mitteln des Verstandes zu denken; gerade das unerläßliche *Scheitern* des Verstandes aber ist, wenn überhaupt, die erste und unbedingte Voraussetzung einer wahren Form des Religiösen.

Konkret gesprochen: Bisher haben wir das Ende des theologischen Dozentenbetriebs lediglich mit dem Blick auf den existentiellen Ernst der Gestalt des prophetischen Vorbildes Jesu gefordert; jetzt hingegen müssen wir unumwunden erklären: Alles, was die akademische Theologie als Nicht-Wissenschaft unter den Wissenschaften lehren kann, ist in der Verständigkeit ihrer Glaubensbegründung identisch mit Unglauben, und anders kann es nicht sein. Jeder Student der Theologie, der in Ehrlichkeit an die Hunderte von «Vorlesungsveranstaltungen», die man ihm auferlegte, zurückdenkt, wird zugeben müssen, daß es sich gerade so verhält: Am Ende wußte er Bescheid in der Geschichte der Gottesvorstellungen in den letzten anderthalbtausend Jahren vor Christus im Alten Orient und speziell in Israel, er wußte Bescheid über die Entfaltung der «Christologie» von den ersten Sammlungen von Jesus-Worten bis hin zu den Evangelien, er wußte Bescheid über die Wege der «Gottesbeweise» bei THOMAS VON AQUIN und in der Neuscholastik, doch alles, was ihm vermittelt wurde, war nichts als verständiges Wissen; das «Glauben» hatte er selber zu leisten, und doch wußte er genau: Der bewiesene Gott war kein Gott. Je mehr er von dem «Gott» des kirchlich-akademischen Lehrbetriebes «verstand», desto deutlicher wurde: Diesen Gott «gibt es nicht»!

Am klarsten gesehen hat die Unhaltbarkeit aller verstandesmäßigen Glaubens«begründung» in der Theologie LUDWIG WITTGENSTEIN (1889–1951), dessen sprachphilosophische Theoreme im Grunde die Erkenntniskritik KANTS auf die Fragen der «Aussagenlogik» übertragen. In dem berühmten *Tractatus logico-philosophicus* von 1922 schrieb er (6.41): «Der Sinn der Welt muß außerhalb ihrer liegen. In der Welt ist alles wie es ist und geschieht alles wie es geschieht; es gibt *in* ihr keinen Wert – und wenn es ihn gäbe, so hätte er keinen Wert. Wenn es einen Wert gibt, der Wert hat, so muß er außerhalb alles Geschehens und So-Seins liegen. Denn alles Geschehen und So-Sein ist zufällig.» Und weiter (6.432): «*Wie* die Welt ist, ist für das Höhere vollkommen gleichgültig. Gott offenbart sich nicht *in* der Welt.» Für WITTGENSTEIN ist Gott das schlechterdings Unaussprechliche; – so der Sinn seines vielzitierten Satzes (7): «Wovon man nicht sprechen kann, darüber muß man schweigen.» So der Sinn seiner lapidaren Feststellung (4.003): «Die meisten Sätze und Fragen, welche über philosophische Dinge geschrieben worden sind, sind nicht falsch, sondern unsinnig. Wir können ... Fragen dieser Art überhaupt nicht beantworten, sondern nur ihre Unsinnigkeit feststellen. Die meisten Fragen und Sätze der Philosophen beruhen darauf, daß wir unsere Sprachlogik nicht verstehen.» Denn (4.0031): «Alle Philosophie ist ‹Sprachkritik›.» Wenn jeder sinnvolle Satz «ein Bild der Wirklichkeit» ist (4.01), so kann von Gott, der nicht zur «Wirklichkeit» gehört, kein sinnvoller Satz gebildet werden.

Doch geht daraus das Ende aller Religion hervor? Gerade nicht! Daraus hervor geht lediglich, allerdings ein für allemal, das Ende der akademischen Theologie – des kirchenamtlich verwalteten Gottes als einer Dozentendomäne. Dafür beginnt jetzt allererst eine Form von Religion, die «wahr» in dem Sinne ist, daß sie Gott nicht länger in «Lehrsätzen» zum «Glaubensgegenstand» (womöglich noch eines «unfehlbaren» katholischen «Lehramtes», das von Bischöfen gehütet wird, doch an dem, unter ihrer Obhut, auch die «Dozenten» der «Theologie» «teilhaben») erniedrigt. «Es gibt allerdings Unaussprechliches», meinte WITTGENSTEIN. «Dies *zeigt* sich, es ist das Mystische» (6.522). Die Frage geht demnach nicht mehr darauf, ob, wie, wo und wann sich Gott «geoffenbart» hat; die Frage lautet fortan: Unter welchen Voraussetzungen «zeigt» er sich? Und: Was läßt sich diesbezüglich von den Religionsstiftern, zum Beispiel von Jesus, lernen? *Negativ* steht eines schon fest: «Das Gefühl der Welt als begrenztes Ganzes ist das mystische» (6.45). Wer die Tatsache, daß es eine Welt überhaupt gibt, als etwas Unbegreifliches begreift, der fragt nach «Gott».

Bisher, vor allem im 1. Band von *Glauben in Freiheit*, haben wir die Symbolsprache der Religion einzig dahin befragt, woher sie selber evolutiv aus der Geschichte der Tierreihe stammt und welch eine Wirkung sie auf die menschliche Psyche auszuüben vermag. Die Funktion des Religiösen als einer projektiven Form der Angstberuhigung mußte die Frage nach dem Wahrheitswert der religiösen Bilder natürlich vollkommen offenlassen; ja, es zeigte sich, daß die Ausdrucksweisen der Religion selber zwischen Krankheit und Heilung, zwischen Wahnsinn und Gesundheit, zwischen Depersonalisation und Selbstfindung hin und her schwingen können, je nachdem, ob sie in einem Feld der Entfremdung, rein von außen, institutionell kalt und sakramental-«objektiv» verwaltet werden, oder ob sie innerlich durch die Nähe einer Person erfüllt werden, die ihre angstberuhigende Wirkung in ihrer Existenz verkörpert und lebt. Von der Ebene des kirchlichen Dogmatismus und Ritualismus mußten wir notwendigerweise in den Ursprung der christlichen Religion selber zurückgehen; wir mußten fragen nach der Person und dem Wirken des Mannes aus Nazareth, auf den, zumindest dem theologischen Anspruch nach, all die Bilder und Gesten, die Lehrsätze und heiligen Bräuche des Christentums zurückgehen – nicht, weil Jesus sie «eingesetzt» oder «gelehrt» hätte, sondern weil sie sich unter den gegebenen religionshistorischen und kulturgeschichtlichen Gegebenheiten der Zeit damals mit ihm als ihrem neuen zentralen Kristallisationspunkt verbanden. Wir haben dabei gelernt, alle Mitteilungen von Gott als etwas «Mittelbares» zu verstehen; wichtig allein, so lernten wir, ist jenes Vertrauen, das Jesus auf allen Ebenen der Wirklichkeit des menschlichen Lebens gegen die zerstörerische Dynamik der Angst richten wollte. Die Frage aber blieb: Vertrauen – auf wen oder was? Auf den «Vater» – wer ist das? Ja: *Ist* dieses «das»?

Es hilft jetzt nicht länger mehr, den *Schaden* aufzuzeigen, den der Verlust religiösen Vertrauens in der Psyche des Menschen nach sich ziehen muß oder kann; es genügt desgleichen nicht länger mehr, mit DOSTOJEWSKI den Abgrund auszuleuchten, in den der Mensch unrettbar taumeln wird, wenn er das Halteseil des Glaubens nicht fest umklammert hält. Es ist jetzt ganz einfach nötig und unerläßlich, *positiv* zu prüfen, was uns, jenseits der Aufklärung, glaubwürdig vom Glauben der Religion noch übrigbleibt.

Das wichtigste Ergebnis dabei lautet jetzt, nach Abarbeitung des Theodizeeproblems, daß es grundsätzlich in die Irre führen muß, Gott mit den Mitteln des Verstandes denken zu wollen. Der «Querstrich» markiert, daß ein für allemal die Gültigkeit des Verstandesurteils zur Begründung von Religion ihr Ende erreicht hat. Wie aber dann?

An «unverständigen» Formen obskurer Frömmigkeit ist die Welt voll. Selbst wenn wir vom «Mystischen» sprechen, kann das erfahrungsgemäß nur mit größter Vorsicht geschehen. Man lese etwa die Schriften der «großen»

Theresa von Avila oder der «kleinen» Therese von Lisieux – wieviel an Sexualunterdrückung, an Projektion, an unerfüllter Liebessehnsucht und an Masochismus wird man dort finden! (Vgl. E. Drewermann: *Kleriker,* 175; 412; 425 ff.) Kein Zeugnis der Mystik ist «glaubwürdig», das nicht durch die Prüfung und Läuterung der Psychoanalyse gegangen ist. Wer auf «Erkenntnisse» jenseits von Verstand und Wissenschaft zu hoffen gedenkt, der hat als erstes das Verdikt S. Freuds selbst gegen sich: «Die Unwissenheit», schrieb er, «ist die Unwissenheit; kein Recht, etwas zu glauben, leitet sich aus ihr ab» (*Die Zukunft einer Illusion,* XIV 355). Aber hatte Freud wirklich recht, als er (a. a. O., XIV 378) fortfuhr: «auf die Dauer kann der Vernunft und der Erfahrung nichts widerstehen, und der Widerspruch der Religion gegen beide ist allzu greifbar. Auch die geläuterten religiösen Ideen können sich diesem Schicksal nicht entziehen, solange sie noch etwas vom Trostgehalt der Religion retten wollen. Freilich, wenn sie sich auf die Behauptung eines höheren geistigen Wesens einschränken, dessen Eigenschaften unbestimmbar, dessen Absichten unerkennbar sind, dann sind sie gegen den Einspruch der Wissenschaft gefeit, dann werden sie aber auch vom Interesse der Menschen verlassen»?

Gewiß ist es nötig, dem Verstand den Zugriff auf die «Eigenschaften» und «Absichten» des Allerhöchsten zu entwinden; – sie sind aus den Strukturen, Gesetzen und Prozessen der Welt, wie die Naturwissenschaften sie uns nach und nach zeigen, nicht zu erschließen; gewiß ist der religionspsychologische Zustand von (kirchlich verordnetem) «Glauben» heute noch immer an eine Fülle von «ödipalen», infantilen, repressiven und regressiven Einstellungen und Komplexen gebunden; und wahr scheint es auch, daß der Menge jeden Trost und Halt zu nehmen droht, wer ihr den Fetischcharakter ihrer «unfehlbaren» Autoritäten und Institutionen vor Augen führt. Und doch: Zu allen Zeiten der Religionsgeschichte hat es, zahlenmäßig wohl schwach, doch um so mächtiger geistig, den Versuch der *Mystik* gegeben, Gott zu finden und zu verehren im Innersten des Herzens, mitten im Wesen des Menschen, jenseits aller «verständigen» Vergegenständlichung und Reflexion. Gibt es nicht inmitten der «Welt» bereits eine Fülle von Erfahrungen, die dem Verstande nicht zugänglich sind, doch um so wirklicher als *nicht* «begründbar»? Welch ein Psychoanalytiker, Biochemiker oder Biologe wollte schon glauben, er könnte *die Liebe* auch nur unter zwei Menschen «erklären»? Welch ein Evolutionstheoretiker, Paläontologe oder Historiker wollte schon glauben, mit seinen «Erkenntnissen» das ungeheuere Ausmaß an *Zufall* in der Geschichte schließen zu können? Und wer wollte ernsthaft behaupten, die Grenzen des

Verstandes seien identisch mit den Grenzen der Wirklichkeit? Beginnt nicht das wirklich «Interessante» überhaupt erst jenseits des Verständigen? Wie langweilig wäre die Welt *ohne* die Unberechenbarkeit ihrer Abläufe, *ohne* das zutiefst Irrationale ihrer Erscheinungen, *ohne* die Unvorhersehbarkeit ihrer Ereignisse? Bisher haben wir die religiösen Symbole als Ausdrucksformen der menschlichen Psyche gedeutet; die Frage ist jetzt: Worauf weisen sie hin als «Chiffren»? Welchen Aspekt von Wirklichkeit zeigen sie uns, gerade indem wir *aufhören,* «wissen», «begründen», «argumentieren», «schlußfolgern» und «beweisen» zu wollen? Welch eine Realität enthüllt sich uns *jenseits* von «Vorsehung», «Plan» und «eingreifendem» «Offenbarungshandeln»?

Von Anfang an haben wir betont, daß eine Wiedererstehung des Religiösen nur möglich sein wird, wenn wir in Überwindung von Dogmatismus und Konfessionalismus *alle* Religionsformen gemeinsam auf die *Erfahrungen* hin befragen, die sie vom Göttlichen gemacht haben. Da die heute existierenden Religionen der Menschheit lange Zeiten kultureller Spezialisierungen und Ausdifferenzierungen durchlaufen haben, sollte man eigentlich vermuten, sie seien miteinander unverträglich und ihre theologischen Verfechter hätten recht, wenn sie uns versicherten, daß bei aller «Toleranz» jede für sich nun mal doch die ganze und absolute «Wahrheit», die endgültige «Offenbarung» Gottes selber enthalte. Erstaunlicherweise aber gibt es in allen Religionen, so beargwöhnt, verfolgt, unterdrückt und verketzert auch immer, eine Form der Frömmigkeit und der Gottsuche, die zu allen Zeiten und Zonen ohne kirchliches Dogma, ohne theologische Gelehrsamkeit und ohne die beamtete Aufsicht kirchlicher «Oberer» auskommt – *die Mystik,* und es kann kein Zufall sein, daß ihre Erfahrungen sich außerordentlich gleichen, und zwar gerade im Widerspruch zu den drei «Negativbefunden», die wir soeben aufgeführt haben:

Wenn es nicht mehr möglich ist, Gott mit vermenschlichenden Begriffen zu denken, ist es dann nicht unerläßlich, sich von allen Erwartungen des Verstandes zu befreien und Gott zu suchen – in der *Leere*?

Wenn es nicht länger möglich ist, Gott als den Schöpfer in Widerspruch zu setzen zu der Menschlichkeit, nach der wir suchen und die wir (notwendigerweise) in der Welt vermissen, ist es dann nicht unerläßlich, sich aus den Widersprüchen von Mensch und Natur, von Bewußtsein und Unbewußtem zu lösen und *die Liebe* als Ort einer wahren Gotteserkenntnis wiederzuentdekken?

Wenn es nicht länger mehr angeht, Gott in dem Weltenplan seiner «Vorsehung» zu erkennen, weil es nach allem, was wir auch nur von der Herkunft des Menschen selbst heute wissen können, einen solchen zeitübergreifenden Plan durchaus «nicht gibt», ist es dann nicht um so mehr erforderlich, Gott zu suchen in der Unableitbarkeit des *Augenblicks*?

Eine Mystik der Leere, eine Mystik der Liebe und eine Mystik des Augenblicks – sie könnte ersetzen, was die Theologie bisher als die «unendliche Macht», als die «unendliche Güte» und als die «unendliche Weisheit» über die Gottheit vermeinte denken und dozieren zu müssen.

5. Drei Weisen der Erfahrung

a) *Mystik – was heißt das?*

Worauf wir uns einrichten, ist eine neue Form der religiösen Einstellung, die – entsprechend der Methodik des Existentialismus ebenso wie der Psychoanalyse – eine neue Art von «Erkenntnis» voraussetzt, nicht mehr gebunden an die vergegenständlichenden Verfahren des Verstandes, sondern offen für die Absichtslosigkeit einer Wahrnehmung, wie sie am besten dem Austausch zweier Liebender gleichkommt: Sie verstehen einander vollkommen, indem sie davon lassen, den anderen «erklären», «gebrauchen», «verplanen» oder «benutzen» zu wollen; all das, was der Verstand ihnen nahelegt, tun sie nicht, und gerade das ermöglicht es ihnen, daß sie im gleichen Augenblick ganz bei sich selbst und beim anderen sind.

Im Grunde greifen wir den Einspruch auf, den bereits SÖREN KIERKEGAARD gegen die Philosophie HEGELS geltend gemacht hat: Gott läßt sich nicht «denken», die Welt läßt sich nicht von Gott her als ein logisch notwendiger Prozeß «begreifen», die Religion insgesamt ist ein unbegreifbares «Paradox». Der gesamte *Existentialismus* basiert auf einer Erkenntnistheorie der *Verschmelzung* von «Subjekt» und «Objekt», innerhalb deren das objektivierende Verstandesurteil nur als ein «derivater und depravierter» Modus eines «ursprünglichen Sich-Verhaltens» erscheint (vgl. M. HEIDEGGER: *Sein und Zeit,* § 31, S. 147).

Ganz entsprechend in der *Tiefenpsychologie.* Die Entdeckung des Unbewußten selbst bereits bedeutete eine radikale Korrektur der Verstandeseinseitigkeit des Bewußtseins im Umgang mit sich selbst und der umgebenden Welt. Insbesondere C. G. JUNG sprach in seiner Einführung in *Das Geheimnis der Goldenen Blüte* (XIII, 11–63) von der notwendigen «Loslösung des Bewußtseins vom Objekt» (51 ff.) und meinte, es gelte, «das Unbewußte als mitbedingende Größe neben dem Bewußtsein anzuerkennen» (53); das «Gravitationszentrum der Gesamtpersönlichkeit», schrieb er, sei fortan «nicht mehr das Ich, welches bloßes Bewußtseinszentrum ist», sondern das «Selbst». Als Vorbild einer solchen «Veränderung im inneren Gefühl» betrachtete JUNG in der christlichen Überlieferung die Christusmystik des Apostels *Paulus* mit seinem: «Doch nun nicht ich lebe, sondern Christus lebt in mir» (Gal 2,20). JUNG schrieb dazu: «Das Symbol ‹Christus› ist als ‹Sohn des Menschen› eine analoge psychische Erfahrung von einem höheren geistigen Wesen menschlicher Gestalt, das unsichtbar im einzelnen geboren wird, ein pneumatischer Leib, der uns zur zukünftigen Behausung dienen wird, den man, wie Paulus sich ausdrückt, anzieht wie ein Kleid ... Es ist in einem gewissen Sinne das Gefühl des ‹Ersetztseins›, allerdings ohne die Beimischung von ‹Abgesetztsein›. Es ist, als wenn die Leistung der Lebensgeschäfte an eine unsichtbare Zentralstelle übergegangen wäre. NIETZSCHES Metapher ‹frei in liebevollstem Muß› dürfte nicht ganz unpassend hierfür sein» (59f.).

In dieser «merkwürdigen Erfahrung» erblickte C. G. JUNG «eine Folgeerscheinung der Loslösung des Bewußtseins, vermöge welcher das subjektive ‹Ich lebe› zu einem objektiven ‹Es lebt mich› wird. Dieser Zustand wird als ein höherer als der frühere empfunden, ja eigentlich als eine Art von Erlösung von Zwang und unmöglicher Verantwortung ... Dieses Gefühl der Befreiung erfüllt Paulus völlig, es ist das Bewußtsein der Gotteskindschaft» (60).

Entscheidend in unserem Zusammenhang ist die Tatsache, daß der «Glaube» an «Christus» hier nicht länger mehr durch das ebenso komplizierte wie widersprüchliche «System» der «verständigen» theologischen Lehrsätze des kirchlichen Dogmatismus und der historischen Schriftgelehrsamkeit «vermittelt» wird, sondern daß hier eine *Erfahrung* im Inneren der eigenen Seele gemacht wird; die Bewußtseinseinseitigkeit des Verstandes, die Sphäre des Ichs, die Ebene des subjektiven Wollens und Bestimmens, der «Bewußtseinskrampf», wie C. G. JUNG es auch nannte, weicht einer neuen Einstellung, «die auch das Irrationale und Unbegreifliche annimmt, einfach weil es das Geschehende ist» (26). «Die Illusion der Vormacht des Bewußtseins glaubt: Ich lebe. Bricht diese Illusion durch die Anerkennung des Unbewußten zusammen, so erscheint das Unbewußte als etwas Objektives, in welchem das Ich inbegriffen ist» (59).

Der eigentliche Kern der religiösen Erfahrung liegt hier ganz und gar *jenseits* des Verstandes, im Bereich des *Mystischen,* und er ist religionspsychologisch identisch mit der *Geburt des Selbst.* Alles, worauf die religiösen Symbole und Riten hinweisen und hinführen wollen, ist dieser Vorgang der *Erweiterung* des Bewußtseins, des *Überstiegs* über den Geltungsbereich des Verstandes, der *Integration* des Unbewußten, der *Selbstfindung* und *Selbstwerdung* des Menschen.

Für den gesamten Christusglauben ergibt sich daraus eine folgenschwere

Alternative: So lange das Symbol des «Königs», des «Christus», des «Gottessohnes» bzw. des «Menschensohnes» an den Verstand, an den Standpunkt des Ich gebunden bleibt, so lange bleibt die Religion des Christentums selber dem Machtanspruch und dem Durchsetzungswillen des Ich verhaftet, so lange erscheint sie sich selber als «exklusiv», als «allein seligmachend», als ein «heilsnotwendiges göttliches Wissen», das man durch einen ungeheueren Aufwand an «missionarischer» Propaganda und kultureller Zerstörung weltweit verbreiten muß. Wenn aber das Symbol des «Christus» auf seine Weise den menschheitlichen Weg zur Menschwerdung beschreibt, wenn es als Katalysator der Selbstfindung im Herzen eines jeden einzelnen Menschen verstanden wird, dann hebt sich der Grund auf, den eigenen «Glauben» in der engen Umgrenzung theologischer Begrifflichkeit auf fanatische Weise gegen alle Andersgläubigen und Ungläubigen richten zu müssen. Statt den Nächsten «bekehren» zu wollen, wächst ein Raum des geduldigen Hörens auf sich selbst und den anderen. Diese Bereitschaft zum Hören anstelle des Zwangs zum Verkündigen aber ist der eigentliche Raum der *Mystik.*

Freilich sind hier gleich vorweg zwei Einwände möglich.

Der *erste* ist *psychohygienischer* Art und fragt, ob es nicht etwas sehr Gefährliches sei, Menschen dahin zu «verführen», sich so ungeschützt auf ihr Unbewußtes einzulassen und die Klarheit des Verstandesurteils fahrenzulassen. Spricht nicht in GOETHES *Faust* bereits Mephisto zu dem liebesuchenden, am Geiste krank gewordenen Gelehrten:

> «Verachte nur Vernunft und Wissenschaft,
> Des Menschen allerhöchste Kraft,
> Laß nur in Blend- und Zauberwerken
> Dich von dem Lügengeist bestärken,
> So hab' ich dich schon unbedingt»
> (Vers 1851–1855)?

Selbst C. G. JUNG warnte in seiner *Einführung* in *Das Geheimnis der Goldenen Blüte* vor der Möglichkeit des Persönlichkeitsverlustes, vor dem Abgleiten ins Asoziale oder Psychotische, wenn ein zu schwaches Ich den Turbulenzen des Unbewußten ausgesetzt werde: «Diese Einstellung (sc., die auch das Irrationale annimmt)», schrieb er, «wäre Gift für einen, der sowieso schon vom schlechthin Geschehenden überwältigt ist»; er fügte allerdings hinzu: «sie ist... von höchstem Wert für einen, der durch ausschließlich bewußtes Urteil stets nur das seinem Bewußtsein Passende aus dem schlechthin Geschehenden ausgewählt hat und damit allmählich aus dem Strom des Lebens heraus in ein totes Seitengewässer geraten ist» (26). Die *Vorbedingung* aller «Mystik» mit anderen Worten besteht in einer gewissen Ichstärke und einer inneren Identität, wie sie in der westlichen Kultur mit ihrem hohen Verdrängungsanteil, ihrer extremen Äußerlichkeit und ihrem geringen Maß an Introspektionsfähigkeit alles andere als selbstverständlich ist; schon deshalb gilt es als erstes, mit Hilfe der Tiefenpsychologie den neurotischen Schutt abzutragen, der sich vergiftend über die Quellen des Religiösen gelegt hat und die Inhalte der Frömmigkeit in die Formen eines reinen Ersatzlebens der Uneigentlichkeit und Entfremdung verwandelt. Dann aber ist die Religion nicht länger mehr eine Angelegenheit für den Erstkommunionunterricht achtjähriger Kinder oder für «Erwachsene», die man mit System daran gehindert hat, sich persönlich kennenzulernen, sondern sie ist in sich selber auf das engste mit den Fragen der Selbstfindung und Persönlichkeitsreifung verknüpft. Der Unterschied ist eklatant. Wer kennt nicht den Aberglauben und Aberwitz, mit dem das «Mystische» als Einfallstor aller möglichen Wunsch- und Angstträume mißbraucht wird, so als gäbe das Jenseits des Verstandes, das «Irrationale» des Lebens selber bereits die Erlaubnis und die Gewähr ab, buchstäblich alles für möglich, ja, auch schon für wirklich zu halten? Wer hätte nicht schon erlebt, wie die bloße Lebensunerfahrenheit und Verdrängungsmoral zum Beispiel einer Ordensschwester oder eines Theologen mit dem Anspruch auf «Geisterfahrung» und «mystische Berufung» von einer reinen Ichaufblähung, einer «Egoinflation» (L. SZONDI: *Triebpathologie,* I 141), abgelöst werden? Die Frage ist nicht unberechtigt, wer oder was eigentlich den Menschen «jenseits des Verstandes» vor dem Abgleiten ins Chaos zu schützen vermag?

Es ist unter den gegebenen Voraussetzungen sehr wichtig, das «Jenseits» des Verstandes als einen Prozeß der *Läuterung* des Ichs und eben nicht als eine Freigabe des Denkens entsprechend den jeweiligen ichgebundenen Wunschphantasien zu verstehen. Ganz zu Recht hat C. G. JUNG (*Vorwort zu* SUZUKI: Die große Befreiung, XI, 540–559) deshalb zumindest für Menschen des westlichen Kulturkreises förmlich davor gewarnt, die Erfahrungen und Techniken etwa der östlichen Meditation vorschnell mit einem Bewußtseinszustand zu konfrontieren, dessen ganze Domäne bisher in der Verteidigung einer extremen Verstandeseinseitigkeit bestanden hat. Die Gefahr ist groß, daß das Verdursten in der Wüstenei der äußeren Realität reaktiv durch ein Versinken im Meer des Unbewußten abgelöst wird, während es einzig darum gehen müßte, zu lernen, wie man, im Bilde gesprochen, ein *Schiff* baut und damit die hohe See besteht: Um vom Gestade abzulegen, braucht es nicht einer geringeren, wohl aber *anderen* Art der Aufmerksamkeit, und *sie* zu erwerben ist der Sinn der tiefenpsychologischen Verfahren der Traumanalyse, der Technik der freien Assoziation, der Durcharbeitung des verdrängten Materials der Kindheit, der Einübung in das symbolische «Denken» des Unbewußten, des Abbaus vor allem der ständigen Neigung, die jeweiligen Erlebnisinhalte nach den fertigen Maßstäben von Moral, Religion, Ästhetik, gesellschaftlicher Konvention und kultureller Tradition zu beurteilen und zu verurteilen. Wahrhaftigkeit, Selbstannahme, Integration und Vollständigkeit des Psychischen werden jetzt wichtiger als eine «Vollkommenheit», die sich um den Preis von Abspaltungen, Selbstablehnungen und Unwahrhaftigkeiten aller Art erkauft.

Aber, so lautet ein *zweiter, theologischer* Einwand, ist es denn überhaupt möglich, das Ziel der «Selbstfindung» identisch zu setzen mit der christlichen «Erlösungslehre»? Ist nicht alle östliche Meditation, ist nicht alle westliche Tiefenpsychologie nichts als eine Form von «Selbsterlösung», wohingegen das Christentum die Erlösung durch das Kreuz Jesu verkündet? Nicht Selbstfindung, sondern Selbstaufopferung also?

Wieder stoßen wir an dieser Stelle auf die Vorstellung von dem Gott, der an seiner Welt leidet und demzuliebe der Mensch an sich selbst leiden müsse, um Rettung von «Sünde» und «Schuld» zu erlangen. Tatsächlich aber haben wir es hier mit dem Problem einer Theologie zu tun, die mit ihren verständigen Kategorien durchaus nicht weiß, wovon sie redet, wenn sie von «Erlösung» spricht; eben darum verwandelt sie den Weg in den Zweck und die Folge in das Ziel, während ihre Verkünder sich selber mit ihren Doktrinen von den göttlichen Heilswahrheiten gerade davor bewahren, jemals in die Sphäre von Selbstpreisgabe, Zweifel, Leid oder gar Verzweiflung einzutreten ...

Von außen betrachtet, gibt es tatsächlich keinen größeren *Kontrast* als das Bild etwa des BUDDHA unter dem Baum der Erleuchtung in Bodh Gaya und der Darstellung des gekreuzigten Christus auf Golgotha. Der japanische Zen-Meister DAISETZ TAITARO SUZUKI (*Der westliche und östliche Weg*, 124–125) schrieb dazu: «Die Symbolik des Christentums hat viel mit dem menschlichen Leiden zu tun. Die Kreuzigung ist in ihr der Gipfel des Leidens. Auch Buddhisten sprechen oft vom Leiden, aber für sie sitzt Buddha heiter lächelnd unter dem Bodhi-Baum am Fluß Niranjana. Christus trägt sein Leiden bis ans Ende seines irdischen Lebens, Buddha dagegen beendet es lebend und fährt danach fort, das Evangelium der Erleuchtung zu predigen, bis er unter dem Sala-Zwillingsbaum sacht verschied. Die Bäume stehen aufrecht, und der Buddha, im Nirvana, liegt waagerecht wie die Ewigkeit selbst. – Christus hängt hilflos, voller Traurigkeit, an dem senkrecht aufragenden Kreuz. Für das östliche Empfinden ist der Anblick fast unerträglich. Buddhisten sind an den Anblick des ... *Kshitigarbha*-Bodhisattva an den Straßen gewöhnt. Die Figur ist ein Sinnbild der Zärtlichkeit. Sie steht aufrecht, aber welch ein Kontrast zu dem christlichen Leidenssymbol.»

Schon ein gewissermaßen rein geometrischer Vergleich zwischen dem Buddha, der mit gekreuzten Beinen in Meditation sitzt, und dem Symbol des gekreuzigten Christus ergibt eine geradezu *konträre* Ausrichtung: «Zunächst einmal erweckt die Vertikale (des Kruzifixes) den Eindruck von Aktion, Bewegung und Drang nach oben. Die Horizontale – wie im Falle des liegenden Buddha – läßt uns an Frieden und Erfülltheit denken. Eine sitzende Figur vermittelt uns die Vorstellung von Zuverlässigkeit, fester Überzeugung und Unerschütterlichkeit. Der Körper sitzt mit Hüften und gekreuzten Beinen sicher auf dem Boden. Der Schwerpunkt liegt in den Lenden. Das ist die sicherste Stellung, die ein zweifüßiges Wesen im Leben einnehmen kann. Sie ist zugleich ein Sinnbild von Frieden, Ruhe und Selbstvertrauen. Aufrechte Haltung (sc. hingegen) erweckt im allgemeinen den Eindruck eines kämpferischen Geistes, in Verteidigung oder Angriff. Sie gibt einem zugleich ein Gefühl der eigenen Bedeutung, ein Gefühl, das aus Individualität und Kraft geboren wird» (125).

«Der gekreuzigte Christus (sc. aber) ist ein schrecklicher Anblick, und ich kann nicht anders», schreibt SUZUKI, «in meiner Vorstellung verbindet er sich mit dem sadistischen Impuls einer seelisch überreizten Phantasie. – Christen werden sagen, die Kreuzigung stelle eben das Kreuzigen unseres Selbst oder des Fleisches dar, weil ohne Unterwerfung des Selbst von uns keine sittliche Vollkommenheit erreicht werde. – Hierin unterscheidet sich der Buddhismus vom Christentum. ... Da es kein Selbst gibt, bedarf es der Kreuzigung nicht, muß keine sadistische Tötung des Fleisches erfolgen, kann uns der schreckliche Anblick des Gekreuzigten erspart werden.» «Das Christentum neigt dazu, die Leiblichkeit unseres Daseins besonders zu betonen. Daher die Kreuzigung und daher auch die Symbolik des Abendmahls, das Essen des Fleisches und das Trinken des Blutes. Nicht-Christen ist der Gedanke des Blut-Trinkens widerwärtig. – Christen werden sagen, darin zeige sich die Idee des Einsseins mit Christus. Aber Nicht-Christen würden antworten: Könnte diese Idee des Einsseins nicht anders bewußtgemacht werden, will sagen: friedvoller, weniger irrational, menschlicher und menschenfreundlicher, weniger militant und gewaltsam? – Wenn wir uns das Nirvana-Bild ansehen, haben wir einen ganz anderen Eindruck. Welch ein Gegensatz zwischen der Vorstellung des gekreuzigten Christus und dem Bild Buddhas, wie er auf einem Bett liegt, von Jüngern und anderen Wesen, menschlichen und nicht-menschlichen, umgeben! Ist es nicht interessant und erhellend zu sehen, wie alle möglichen Tiere zusammenströmen, um den Tod Buddhas zu betrauern? – Daß Christus aufrecht am Kreuz starb, während Buddha liegend verschied, symbolisiert das nicht den fundamentalen Unterschied in mehr als einer Hinsicht zwischen Buddhismus und Christentum? – ‹Aufrecht› bedeutet Aktion, Streitbarkeit, Ausschließlichkeit, indes ‹waagerecht› Frieden, Duldsamkeit und Weitherzigkeit meint. In seiner Aktivität hat das Christentum etwas, das aufreizt, erregt und beunruhigt. In seiner Streitbarkeit und Ausschließlichkeit neigt es dazu, eine sebstherrliche und manchmal herrische Gewalt über andere auszuüben – trotz des erklärten Zieles der Christenheit: von Demokratie und allgemeiner Verbrüderung» (127–128).

Suzuki schlug deshalb vor, die «Horizontale» des Buddhismus mit der «Vertikalen» des Christentums zu verbinden, eine Synthese, die vor möglichem Todschlaf ebenso bewahrt wie vor drohendem Zusammenbruch; aber wie soll eine solche wechselseitige Ergänzung zustande kommen?

Klar ist aus *christlicher* Sicht, daß wir den Inhalt dessen, was «Erlösung» bedeutet, um die Erfahrungen des Buddhismus von der «Erleuchtung» werden erweitern müssen, und zwar ohne dabei der Christusgestalt (bzw. -legende) des Neuen Testamentes zu widersprechen. Diese Aufgabe stellt sich unausweichlich, weil die Verstandesverfestigung der kirchlichen Theologie weder anders kann noch auch anders soll, als unter den Begriffen des Göttlichen und Unendlichen der Machtausdehnung des «Christentums» als einer überaus endlichen, staatsähnlichen Institution dienstbar zu sein. Daß aber auch ein anderes Verständnis der Person des «Christus» möglich und sogar weit näherliegend ist, zeigt bereits der Anfang des frühesten uns erhaltenen Evangeliums.

Markus (1,12–13) erzählt uns in einer Art Paradieseslegende, der Mann aus Nazareth sei unmittelbar nach seiner «Taufe» im Jordan, noch vor dem Beginn seines öffentlichen Wirkens, vom «Teufel» «versucht» worden; dann aber seien Tiere mit ihm gewesen, und Engel hätten ihn bedient. Die «Versuchung» durch den «Teufel» dürfen wir tiefenpsychologisch gewiß als Auseinandersetzung mit all dem «verteufelten», das heißt *verdrängten* Material der eigenen Psyche deuten; die «Engel» aber verkörpern die geistigen Ideale und Werte des Überichs, während die «Tiere» offenbar die «animalischen» Triebregungen des Es widerspiegeln. Die ganze Szene zeigt Jesus in einer inneren Geschlossenheit, wie man sie nicht anders denn als «Integration» aller seelischen Anteile bezeichnen kann. Auch von dem Buddha berichtet man ganz analog, er sei von dem bösen Dämon Mara versucht worden (Ernst Waldschmidt:

Die Legende vom Leben des Buddha, 150–164); auch er habe, so lehrt die Legende, in der Einheit von Tieren und Engeln am Ganges im Hirschpark von Sarnath (in der Nähe von Benares) als ein Erleuchteter den Jüngern den achtteiligen Pfad der Erlösung erläutert. Die «Erleuchtung» *Jesu* fand statt, als er, wie in einem Akt symbolischen Sterbens, sich von seinem Lehrer Johannes in den Jordanfluß tauchen ließ und, sich aufrichtend, den Himmel offen sah und eine Stimme hörte, die aus dem Himmel zu ihm sprach: «Du bist mein geliebter Sohn (Knecht).» (Vgl. *Jesus von Nazareth,* 162–176; *Das Markusevangelium,* 1. Bd., 136–141.) Der *Buddha* hatte bis auf den Tod gefastet, ehe ihm die Einsicht in den Zusammenhang und die mögliche Auflösung des Leidens zuteil wurde.

Beide, der Buddha wie der Christus, gewannen ihre «Einsicht» demnach durch eine Art «Sterben» am Ufer eines «Flusses», am Rand einer «Wüste», und dann erst, als mit sich «Versöhnte», begannen sie, das Rad ihrer Lehre in Bewegung zu setzen. Das «Sterben» des Ichs, der «Untergang» des «alten» Menschen markiert hier wie dort psychologisch den nämlichen Vorgang: Nur als ein weise Gewordener wird der «Erleuchtete» (der «Buddha») die Menschen von ihrer «Unwissenheit» zu befreien vermögen, und nur als ein in sich selbst «heil» Gewordener wird der «König» (der «Christus») die Menschen zu heilen imstande sein. *Hier,* in der *Taufe* des «Christus», geschieht, wenn sie innerlich wirklich erlebt und nicht nur «sakramental» verwaltet wird, die Neuwerdung, die «Wiedergeburt», die «Erlösung» des Menschen (vgl. *Glauben in Freiheit,* 1. Band, 425–443), die der «Erleuchtung» des Buddha entspricht.

Was aber ist es dann mit der «Erlösung» *am «Kreuz»?*

Bereits in dem Band über *Jesus von Nazareth* (532–560) haben wir gesehen, daß Jesus nie im Sinn trug, «am Holz des Kreuzes zu sterben», um «durch sein unschuldig vergossenes Blut» «die Schuld der Menschheit» «abzuwaschen». Wie der Buddha einen Brahmanismus ohne Brahmanen wollte, so wollte Jesus ein Judentum ohne Priester und Schriftgelehrte – eine prophetische Gottunmittelbarkeit, die die «heilsvermittelnden» Instanzenzüge von Hierarchie und Theologie erübrigte. Wem «Engel» *dienstbar* sind, was braucht der eines «geweihten» Standes von Gottesexperten? Nicht um durch seinen Tod die Menschheit zu «erlösen», ging Jesus ans Kreuz, umgekehrt: Für das, was er als Freiheit vor sich sah, ging er aufs Äußerste! Ein erheblicher Unterschied zwischen dem Buddha und dem Christus besteht dann immer noch in der Art ihres Auftretens: hier ein indischer Weiser, dort ein hebräischer Prophet; doch das Ziel und der Inhalt ihrer Botschaft müssen sich durchaus nicht unversöhnlich widersprechen, wofern nur die «christliche» «Glaubenslehre» sich dahin öffnet, die notwendige geistige und psychologische Aufklärung zuzulassen.

Besonders C. G. Jung hat auf die mangelnde psychologische Vertiefung schon des biblischen Denkens hingewiesen: Alles, Göttliches wie Teuflisches, erscheine, meinte er, in der Bibel noch in einer veräußerlichten, projizierten Form. (Vgl. *Antwort auf Hiob,* XI, 363–471.) Daran ist etwas Wahres. Man darf im Vergleich mit dem Buddhismus nicht vergessen, daß die Kulturgeschichte Ostasiens um 2000 Jahre *älter* ist als die Anfänge Israels; und zudem muß man wohl anerkennen, daß jede Kultur und insbesondere jede Religionsform ihre eigene «Genialität» und Konzentration besitzt. So liegen die frühen semitischen Reiche der Akkader in Mesopotamien zeitlich immerhin vergleichbar in derselben Epoche wie die Induskulturen von Moenjodaro und Harappa, jedoch so etwas wie eine «Verinnerlichung» und «psychische Durcharbeitung» bestimmter religiöser Symbole zählte offenbar nicht zu ihren Anliegen. Um so wichtiger ist es, daß es in allen biblischen Religionen (Judentum, Christentum und Islam) zum mindesten *auch,* wenngleich relativ spät, eine *mystische* Auslegung ihrer eigenen Glaubenserfahrungen gegeben hat. Nicht die historische Einmaligkeit von Moses, Jesus oder Mohammed gilt da für das Wesentliche, sondern die Einheit des Ursprungs, die Gleichheit des Lebens, die «Menschwerdung» Gottes in der eigenen Seele. «*Gott* muß schlechthin *ich* werden und *ich* schlechthin *Gott*», sagte Meister Eckhart und umschrieb damit das Ziel nicht nur der «christlichen» «Inkarnationslehre», sondern das Anliegen aller Mystik. (*Deutsche Predigten und Traktate,* übers. u. hrsg. v. J. Quint, München 1955, 354.)

Wie also ist es möglich, eine solche *Erfahrung des Göttlichen im Herzen des Menschen* zuzulassen? *Das* ist, jenseits der Mißweisungen und Mißverständnisse der verständigen Gotteserklärungen im Raum der akademischen Theologie und des kirchlichen «Lehramtes», die Frage aller wirklichen Frömmigkeit mit eben den drei Schwerpunkten, die sich an die drei «Negativbefunde» aus der «Schöpfungstheologie» und der «Theodizeeproblematik» im Umfeld der «Abstammungslehre» anlehnen; wir nannten sie:

das Ende der «Vorsehung»,
das Ende der «Vergeltungskausalität»
und das Ende der Finalisierung von Geschichte.

Was umgekehrt bleibt, bezeichnen wir als

die Leere,
die Liebe
und den Augenblick.

Diese drei Momente sind es, die das Wesen der Religion so beschreiben, daß das Göttliche aufhört, die Sonderform eines verengten Bewußtseins im Rahmen einer bestimmten Kultur oder eines bestimmten dogmatischen Systems zu sein. Die Einheit des Menschen mit Gott ist zugleich die Einheit des Menschen mit sich selbst und damit die Einheit aller Menschen untereinander. Schildern wir also:

b) Drei «mystische» Erfahrungen

α) Leere oder: Die Einheit ohne Warum

Jenseits der Verstellungen oder: Das reine Gebet

Was wir bisher gesehen haben, ist im Grunde erstaunlich. Da gehen 2000 Jahre «christlicher» «Schöpfungslehre» ins Land, und es genügt, auch nur den relativ kurzen Zeitraum der «Menschwerdung» in der Evolution des Lebens auf diesem Planeten sich anzuschauen, um zu merken, daß nicht nur die Inhalte der kirchlich verwalteten Glaubensvorgaben auf einer unreflektierten Wörtlichnahme uralter mythischer Anschauungen basieren, die in dieser Form den Erkenntnissen neuzeitlicher Naturwissenschaften nicht standhalten, sondern daß auch die theologische Reflexion selbst mit ihren rational klingenden Lehrsätzen und Dogmen den Gebrauch des Verstandes auf Fragestellungen ausdehnt, die nur widersprüchliche Antworten zulassen und schon dadurch anzeigen, daß sie dem Verstandesurteil nicht zugänglich sind. Die Ausbreitung des *Atheismus* war und ist die unvermeidbare Folge eines solchen Systems geistiger Verformungen.

Kann man dem Mann aus Nazareth seinen Gott glauben in Anbetracht der Welt?

Das war unsere Ausgangsfrage. Ihre Beantwortung jetzt kann nur lauten: Der «Vater» Jesu ist solange unglaubwürdig, als aus dem Bild eines alles begründenden Vertrauens in der Sicht des Mannes aus Nazareth ein theologisches Prinzip der Welterklärung und der dogmatischen Weltanschauung gemacht wird – solange man, methodisch gesprochen, Fragen der menschlichen Existenz zum Anlaß für Antworten einer «rationalen» Kosmotheologie zu nehmen sucht. Bei einer solchen Art von «Gotteslehre» fühlen nicht nur die Menschen sich in ihren Nöten allein gelassen, die kirchlichen Doktrinen selbst müssen ihnen als unglaubwürdig, wo nicht als abergläubig erscheinen.

Um den Raum für ein weniger irritiertes und irritierendes religiöses Bewußtsein wieder zu öffnen, bedarf es deshalb als erstes einer *Entleerung* von all den Vorstellungen und Verstellungen, mit denen die «christliche» Erziehung in kirchlicher Absicht und Aufsicht in so vielen Staaten der Erde immer noch das Denken bereits der Kinder zu prägen versucht.

Zählen wir noch einmal auf:

Das Denken in den Kategorien von Schuld und Strafe: Wie viele «Gläubige» ringen selbst noch auf dem Sterbelager mit einem Gott, der sie für irgendwelche Nichtigkeiten, wie man glauben soll, in seiner «Heiligkeit» und in seiner überragenden «Gerechtigkeit», mit Schmerz und Krankheit heimsucht! «Gott hat es so gewollt» – dieser absurde Satz steht über allem, was das medizinische Personal der jeweiligen Klinik *nicht* zu beseitigen vermag. Aus einem an sich schon tragischen Geschehen der Biologie wird unter archaischen Deutungsmustern, die man in falscher Wörtlichnahme mit «Religion» verwechselt, in kirchlicher Absicht eine Forderung zur Anerkennung der eigenen Schuld und zur Unterwerfung von Wollen und Denken an die «Macht» und «Weisheit» des «ewigen Vaters», dessen «Pläne» allerdings dann doch wieder zu «hoch» sind, um von einem so armseligen und kleinen Menschenkind wie du und ich verstanden werden zu können.

Man darf und kann, wenn es so steht, als «religiöser» Mensch offenbar den Realismus nicht aufbringen, das Wirken einfacher Mechanismen der Natur anzuerkennen, die, wenn auch im Einzelfall bedauerlich, so doch im allgemeinen «sinnvoll» sind. Gewiß, die Natur antwortet nicht auf die Frage eines leidenden Menschen, doch wie unmenschlich wird es, wenn man den erforderten menschlichen Beistand mit allerlei «mystischen» Auflagen verziert! Sie trösten nicht, sie machen nicht verständlich, sie quälen nur durch ihre Unverständlichkeit und Unstimmigkeit.

Oder: *Das Denken in Gebetserhörungen:* «Gott hat es gegeben, Gott hat es genommen» (Hiob 1,21). Die meisten Menschen, selbst wenn in der Kindheit «religiös» streng erzogen, haben als Erwachsene das Beten, wie die Kirche in der Gegenwart es noch als «Glauben» lehrt, verlernt. Der Grund dafür liegt zu einem Gutteil gewiß schon in der öden Langeweile, mit der dem Kind bereits rein mechanisch das Hersagen bestimmter Gebetsformeln, Kirchenlieder und Psalmenverse antrainiert wurde, zum anderen aber liegt er wesentlich in der *Enttäuschung*, die das kirchliche Prämiensystem göttlicher Belohnungen für rechte Frömmigkeit unfehlbar nach sich ziehen muß: «Bete zum lieben Gott, daß er das Wetter am Schulausflug schön macht!» «Bete, daß du die nächste Klassenarbeit gut schreibst!» «Bete, daß Mutter bald wieder gesund wird!» «Du mußt aber auch sonst ein anständiges Mädchen, ein anständiger

Junge sein, sonst wird Gott dich nicht erhören.» «Du mußt aber auch voller Vertrauen beten; – ob Gott es dann tut, mußt du ihm überlassen» ...

Es fällt schwer, sich religiös ein unsinnigeres Erziehungsverfahren auszudenken als dieses. Denn selbst den Dümmsten muß es irgendwann dämmern, daß sie es im Leben nicht sowohl mit der Wünschbarkeit des Wirklichen zu tun haben als vielmehr mit einer Fülle von Zufällen und Zwängen, gegen die kein Beten hilft, allenfalls ein vernünftiges Handeln in Kenntnis der jeweiligen Komplexität der Lage. Wohl ist es verständlich, daß in Momenten starker emotionaler Erregung von Angst und Hoffnung, Liebe und Haß ein Mensch immer wieder geneigt ist, mit magischen Mitteln seine Situation zu verbessern; doch sagt ihm seine Vernunft gewiß irgendwann, daß er einer derartigen Vergeudung von Zeit und Energie sich wohl besser doch nicht so exzessiv hätte hingeben sollen: – Was hat der Besuch der Grotte von Lourdes und das Trinken des Wassers der heiligen Jungfrau mit dem Brustkrebs der Mutter oder dem Infarktgeschehen des Vaters zu tun?

Ja, aber der psychosomatische Faktor! – hört man an dieser Stelle mit Regelmäßigkeit die «Aufgeklärten» unter den «Gläubigen» sagen, um die Reste des römischen Gebetserhörungs(un)wesens mit seinen Prozessionen und Wallfahrten, Novenen und Ablässen, Triduen und Jubilarien wider alle Offensichtlichkeit doch noch zu rechtfertigen. Aber vergebens. Wohl hilft das Gebet, indem es die Seele beruhigt, doch ein stets enttäuschbares den Himmel bestürmendes *«Bitten, daß»* führt nur zu allerlei sinnlosen Unruhen. Am Ende laufen denn auch die theologischen Gebetskommentare stets darauf hinaus, es gelte, dem Beispiel Jesu folgend, selbst in äußerster Not zum himmlischen Vater zu beten, wie der Herr selbst es am Ölberg (Mt 26,39) getan habe: «Doch nicht wie ich will, sondern wie du willst.» Wenn aber der Wert, ja, *das Ziel* rechten Betens in der Gottergebenheit des menschlichen Willens gelegen sein soll, warum dann nicht gleich mit einer Erziehung *dazu* beginnen? Wem man erst einmal beigebracht hat, es sei das Gebet die mögliche Form einer Ichausdehnung ins Unermeßliche, er müsse nur mit Beharrlichkeit der Gottheit all jene Wünsche vortragen, an welche er selbst ohnehin unablässig, sie aber, daran gemessen, vielleicht doch zu gering ihre Achtsamkeit hefte, der wird selbst noch in seiner Enttäuschung, «ungläubig» geworden ob all seiner unerhört gebliebenen «Gebetsanliegen», gleichwohl für den Rest seines Lebens ein fleißiger Schüler des «sacro egoismo» bleiben; – in all seiner «Andacht» hat er nur eines gelernt: die kleine Welt seiner Wünsche selber als etwas «Heiliges» zu betrachten, und so wird er sie nun, wie wenn da kein Gott wäre, gewiß gegen jedermann zu verteidigen suchen.

Wie aber umgekehrt: wir lehrten die Kinder schon jene «Selbstentleerung» des Herzens, die in der Mystik aller Zeiten die größte Rolle spielt?

Sie hat nichts zu tun mit der christlichen «Askese» ständiger Verzichtsübungen, Selbstunterdrückungen und Dennochdurchsetzungen des eigenen Willens, ja, Eigenwillens; sie ist nichts als ein langsames Lernen, im Innern still zu werden und einer gelassenen Ruhe und eines heiteren Friedens zu pflegen, die keiner Beweise bedürfen. «Macht, wenn ihr betet, nicht viele Worte, wie Leute, die Gott gar nicht wirklich kennen», sagt Jesus selber zu seinen Jüngern, als er sie beten lehrt (Mt 6,7). Ein einziges Wort des Vertrauens, Gott kenne doch all unsere Wünsche, noch ehe wir sie ihm sagten (Ps 139,4), galt ihm für genug.

Nicht zufällig empfahl auch der BUDDHA eine ganz ähnliche Haltung. «Beten» – das hieß für ihn, voller Wohlwollen und voller Mitleid sich an alle Kreaturen ringsum zu verströmen: ihnen Gutes zu wünschen, sie sein zu lassen in ihrer Art und sich selber freizumachen von all den eigenen Vorstellungen, Anliegen und Bedürfnissen. Welch eine Schule der Vornehmheit der Gesinnung, welch eine Einübung, den Spiegel der Sinne zu reinigen, liegt in dieser Einstellung! Doch wie fremd ist eine solche «Selbstentleerung» der Seele immer noch dem offiziellen «Christentum»!

Als im Jahre 1995 Papst JOHANNES PAUL II. während einer Ostasienreise bei der «größten Meßfeier aller Zeiten» vor über einer Million «Gläubigen» in Manila die Größe und Wahrheit des (römischen!) «Christentums» zu demonstrieren unternahm, ließ er es sich nicht nehmen, das «Gespräch» auch mit den Vertretern der anderen Religionen, insbesondere mit den Buddhisten auf Ceylon zu suchen. Schon im Vorfeld hatte seine Heiligkeit als Gesprächsangebot eine Erklärung verlautbaren lassen, wonach die Lehre SIDDHARTA GAUTAMAS als eine «negative», vorbereitende, läuternde Einstellung zur Welt zu betrachten sei, wohingegen es dem Christentum zukomme, diese Leere des Menschlichen mit der Positivität göttlicher Liebe und Wahrheit zu erfüllen. Im Vatikan gab man sich sehr überrascht, daß die Mönche des «Kleinen Fahrzeugs» schon das Bewertungsschema nach «negativ» und «positiv» als unangemessen ablehnten, sie wußten nicht recht, ob sie ernstlich glauben sollten, solche Klassifikationen dienten dem Zweck, ein Gespräch des Verstehens und des wechselseitigen Lernens aufzunehmen, oder ob sie darin eine bloße Karikatur alter Vorurteile von erstaunlicher Langlebigkeit zu erkennen hätten. Da missionieren römische Christen seit den Tagen des heiligen Franziskus Xaverius die Religionen des asiatischen Ostens, und nun nach fast einem halben Jahrtausend dieses Ergebnis! Es ist nicht nur, daß die dogmatische, kirchengebundene Theologie sich offensichtlich außerstande zeigt, die Geistigkeit einer fremden Religion, weit älter als sie selbst, zu verstehen, es wird zugleich deutlich, wie wenig die zögernden Ansätze einer eigenen abendländischen *Mystik* die «christliche» Mentalität und Spiritualität unter kirchlicher Aufsicht und Zensur bisher zu prägen vermocht haben. Begierig greift ein großer Teil der westlichen Bevölkerung heute, verwaist von den Lehren der kirchlichen Oberen, die Verfahren vor allem der asiatischen Meditationstechniken auf, sehr auf der Suche nach einem Heilmittel gegen die wachsende Seelenlosigkeit unserer Welt; doch wenn es innerhalb der eigenen christlichen Traditionen legitime Anknüpfungspunkte zum Verständnis gerade der *buddhistischen* Frömmigkeitshaltung gibt, so liegen sie unzweifelhaft in den Ansätzen eben jener Mystik, die sich trotz und entgegen aller Kirchenzensur immer wieder geltend gemacht haben.

Zum Beispiel SÖREN KIERKEGAARD. Man ist bei seinem Kampf gegen die Verstandestheologie der Dozenten und gegen die beamtete «Wahrheit» der kirchlichen Institutionen nicht eben daran gewöhnt, in ihm einen Mystiker zu erkennen. Und doch wurde der dänische Religionsphilosoph von einem gerade solchen Verlangen und Suchen nach einer unverstellten, absichtslosen Gotteserkenntnis getragen. Die Art seines *Betens* beweist es – KARLFRIED DÜRCKHEIM (*Vom doppelten Ursprung des Menschen*, 45) zitiert es als beispielgebend; er schreibt von dem dänischen Religionsphilosophen und «Vater» des Existentialismus: «Als sein Gebet immer andächtiger wurde, da hatte er immer weniger und weniger zu sagen. Zuletzt wurde er ganz still. Er wurde still, ja, was womöglich ein noch größerer Gegensatz zum Reden ist, er wurde ein Hörer. Er meinte erst, Beten sei reden, er lernte aber, daß Beten nicht bloß Schweigen ist, sondern Hören. Und so ist es: Beten heißt nicht, sich selbst reden hören, Beten heißt stille werden und stille sein und harren, bis der Betende Gott hört.»

Lassen wir es an dieser Stelle sogar noch dahingestellt, *was* der Betende hört; genug, daß er *still* wird. Viele Menschen sind heute, die im formellen Sinn der Kirchenerziehung schon längst nicht mehr beten oder die in kirchlichem Sinne niemals zu «beten» gelernt haben; und doch empfinden sie Freude bei der Lektüre einer Erzählung wie ADALBERT STIFTERS *Nachsommer* mit den so sorgfältigen Schilderungen der Maserungen und Holzverarbeitungen an einem Haus, der Pflege der Rosensträucher im Garten, der allmählichen Reifung zweier Kinder zu den ernsteren Gefühlen ihres Geschlechts; sie genießen die Andacht eines Spaziergangs am Waldrain; sie träumen wie zeitenthoben vor sich hin unter einem hohen offenen Himmel, an welchem in endlosem Formenspiel die weißen Wolken ziehn; sie können kaum davon lassen, auf einer Brücke stehenzubleiben und den strömenden Wellen im Fluß zuzusehen, wie sich die Abendlichter im Wasser spiegeln; sie empfinden ein tiefes Glück beim Anblick ihres tollenden Hundes auf der Wiese, der in seiner Begeisterung einem Stöckchen nachspringt, oder, heimgekehrt, beim Betrachten ihres schlafenden Kätzchens auf dem Sofa ... Niemand von ihnen nennt seine innere Einstellung «Beten», und doch, wenn wir unter «Gebet» im Sinne der *Mystik* ein Freiwerden der Aufmerksamkeit von allen Zwecksetzungen verstehen, ein *Schauen* in einer Haltung wohlwollenden Zulassens, ein *Betrachten* der Welt als eines unerklärlichen, dankbaren Wunders, so sind all die genannten geistigen (Un)Tätigkeiten die ersten Teile bereits eines stummen Gebets. (Vgl. die ausgezeichneten Anregungen bei dem vietnamesischen Buddhisten Thich Nhat Hanh: *Lächle deinem eigenen Herzen zu,* 35–58: Der Weg der Achtsamkeit.)

Ein wirklicher Mystiker dieser Art war unzweifelhaft der französische Dichter und Essayist Antoine de Saint-Exupéry. Seine Betrachtungen in *Wind, Sand und Sterne* (Terre des hommes, Ges. Schriften, I, 175–340) sind von der größten spirituellen Eindringlichkeit; so zum Beispiel die Schilderung, wie er, selber dem Verdursten nahe, sich am Morgen durch den Wüstensand auf die Suche nach Wasser begibt – es ist ein letzter Versuch, den er mit den noch verbliebenen Kräften seines Körpers unternimmt, und doch besitzt er die innere Freiheit, einem Wüstenfuchs zuzuschauen, der von den Kakteen Schnecken aufsammelt: – nie, so bemerkt er, wird der Fennek von einem Kaktus *alle* Schnecken verzehren, die Tiere könnten über den tödlich heißen Boden nicht zur Paarung zueinander finden; auch ein Wüstenfuchs hat Hunger und Durst, doch wird er nie in den Fehler tödlicher Maßlosigkeit verfallen (Ges. Schriften, I, 298–299). Oder die Gazellen von Fort Juby, die man sicher versorgt im Gehege hält: – immer wieder drängen sie sich sehnsuchtsvoll an die Zäune und spähen hinaus in die Weite ihres eigentlichen Lebens, das in der offenen Steppe voller Gefahren für sie sein würde und auf das hin sie doch ihrer ganzen Natur nach angelegt sind (Ges. Schriften, I, 326–327). Oder der Freiheitswunsch einfacher Dorfenten: – ein einziges Mal sehen sie über sich am Himmel den Zug ihrer frei lebenden Artgenossen dahinschweben, da ist es, als erwachten in ihren kleinen Köpfchen die Bilder einer nie gesehenen Weite von Wüsten und Wäldern, Bergen und Seen, Sternen und Meeren – in diesem Augenblick schlagen sie mit den Flügeln und möchten Wildenten sein (Ges. Schriften, I 326).

Da wird etwas wach vom Wesen des Menschen in den Bildern der Welt, und dieses Erwachen ist (wie) ein Gebet.

Hat Exupéry überhaupt an einen Gott geglaubt?

Den *Worten* nach spricht er davon; doch in seinen nachgelassenen Meditationen der *Stadt in der Wüste* (La Citadelle, 1948; Gesammelte Schriften, 2. Band) sagt er recht deutlich, was er darunter versteht: einen Stein im Gebirge, zu dem der Bergsteiger nur unter größter Anstrengung emporzuklimmen vermag – einen Inbegriff aller menschlichen Mühen, einen Ansporn, stets höher hinaus zu wollen, einen Drang nach Selbstgestaltung durch Selbstüberwindung, eine Flucht vor allem Weichen und Weiblichen... (Vgl. E. Drewermann: *Das Eigentliche ist unsichtbar,* 89–94.) Erst an dieser Stelle, nicht bei den Definitionen der «Gottesfrage», unterscheidet sich die Mystik der Religion von der religiösen Metaphorik des französischen Existentialismus: *Mystik* – das ist die Leere der Stille, das ist nicht das Erklettern des Bergs, um die Sonne zu haschen; Mystik – das ist die Ruhe des Wassers am Grund eines Brunnens, dessen kräusellose Fläche die Sonne gerade in ihrer Unbeweglichkeit vollkommen in sich aufnimmt; doch gerade davon wollte Exupéry nichts wissen, davor fürchtete er sich, aus Angst vor seiner Mutter (a. a. O., 63–81: Das Geheimnis der Rose). Deutlich wird hier am Beispiel, was C. G. Jung meinte, als er sagte, der westliche Mensch bedürfe, um zur Mystik zu reifen, als erstes der Tiefenpsychologie: Sie ist der eigentliche Ort, an dem es möglich wird, den «Spiegel» zu säubern und das Wasser der Quelle durch Stille zu klären.

Das wohltuende Nichttun oder: Die östliche Ergänzung

Schon auf seiten des *Therapeuten* ist eine tiefenpsychologische Sitzung so etwas wie eine Übung in Mystik: Er hört nur zu, doch ohne dabei auf etwas Bestimmtes zu warten; er sitzt nur da wie in einem Kahn, in dem er sich, ohne zu steuern, von der Strömung tragen und treiben läßt; er verlangt nichts, er will nichts, er ist einzig «präsent» in einer gespannten «schwebenden Aufmerksamkeit» (S. Freud: *Ratschläge für den Arzt bei der psychoanalytischen Behandlung,* VIII, 376–387, S. 377f.) – die «Übertragungsdynamik» einmal beiseite gestellt; als Therapeut *muß* er sich «leer» machen, um, ohne zu dirigieren, zu zensieren oder zu manipulieren, *frei* dafür zu sein, den anderen so zu akzeptieren, wie er ist.

Und auch umgekehrt: Der Patient unterzieht sich in der Behandlung dem selbst gegebenen Versprechen, den Strom seiner Gefühle und Gedanken nicht nach «Pflicht» oder Neigung einzuengen, sondern alles, was sich dem Bewußtsein meldet, so gut es geht, unverfälscht sich einzugestehen und dem Therapeuten zu gestehen. Wahrhaftigkeit und Offenheit, Vertrauen zu sich selbst und Vertrauen in den Therapeuten sollen im Verlauf der Behandlung an die Stelle der Dauerzensur des Überichs treten, die bis in den Schlaf hinein dem «Primärprozeß» des Unbewußten die symbolische Verstellung der ursprünglichen Traumwünsche auferlegt. Die Frage kann und soll nicht länger mehr lauten: «Was muß ich tun, um dem Wunschbild meiner Eltern zu entsprechen?» «Wie muß ich sein, um mit dem Gott der Kirche übereinzustimmen?» «Welche Einstellungen und Vorstellungen muß ich an den Tag legen, um mich dem Moralkodex der Gesellschaft anzupassen?» All diese Fragestellungen, so muß der Patient erkennen, sind vielmehr Teil seiner seelischen *Erkrankung*, und er muß von ihnen sich *trennen*, wenn irgend er mit sich selber in Einklang kommen will.

Nehmen wir, um bei der Frage der Entleerung vom moralischen Vorurteil konkret zu sein, nur einmal das Problem einer möglichen *Ehescheidung*. Kein Psychotherapeut analytischer Prägung kann sich die Norm der römischen Kirche zu eigen machen, eine Ehe könne als «Sakrament» gar nicht geschieden werden; er kann nicht einmal auf die dringliche Frage seiner Patientin oder seines Patienten eingehen: «Was soll ich denn jetzt tun?» Er kann nur versuchen, den *Hintergrund* der bestehenden Thematik durchzuarbeiten: Welcher Art sind die frühkindlichen Erfahrungen? Welche dieser Erfahrungen gehen heute noch als ein fertiges Erwartungs- und Deutungsschema in die Gegenwart ein? In welcher Weise hat die Struktur der Persönlichkeit sich geformt, und welch einen Spielraum besitzt sie überhaupt, die bestehenden Konflikte zu lösen? Entscheidend bei alledem ist, daß kein einziges menschlich wichtiges Problem sich psychologisch auf der Ebene bestimmter «Planungsstrategien» und «Verhaltensoptimierungen» lösen läßt; worauf es ankommt, ist im Gegenteil ein allmähliches *Zurücktreten* all dieser Fragen zugunsten des einen eigentlichen Problems: Wer bin ich selbst? Sobald nur erst ein gewisses Gefühl für die eigene Person und den eigenen Wert gewachsen ist, entstehen zugleich auch die Voraussetzungen, persönlich «richtig», das heißt der Situation angemessen, von innen her, ohne fremde «Ratschläge» und Beeinflussungen zu antworten.

Gerade in dieser Entdeckung aber besteht schon eine der am meisten paradoxen Erfahrungen der Mystik, wie sie vor allem der wohl größte ihrer Lehrmeister, der chinesische Weise LAO TSE, in dem schmalen Konzentrat seiner Einsicht, in dem unsterblichen TAO TE KING formuliert hat: «Der *Sinn* (das Tao)», schrieb LAO TSE, «ist ewig ohne Machen, und nichts bleibt ungemacht» (Nr. 37). «Der Berufene ... macht das Nichtmachen, so kommt alles in Ordnung» (Nr. 3).

Da gibt es also etwas im Menschen: sein Selbst, seine Seele, sein Sein, seine Wahrheit, sein Wesen, den Sinn seines Lebens..., egal, wie man es nennt, und es ist dieses Etwas, das er als göttlich erlebt, eben *weil* es nicht weiter begründbar, planbar und machbar ist. Auf dieses «Etwas» bezieht er sich, um einen Halt seines Menschseins und seiner Menschlichkeit zu finden, und doch kann er nicht erklären, was dieses «Etwas» ist. Es ist «etwas» in ihm und doch außerhalb seiner, es ist etwas, das für ihn gilt und zugleich für die Welt im ganzen, es ist etwas, das ist und zugleich nicht «ist», es ist etwas, von dem er sprechen muß und von dem er doch nicht sprechen kann, es ist etwas, das ihn umgreift ebenso wie er es ergreift...

Wenn es irgend möglich sein soll, von diesem «Etwas» zu reden, so nur in der Form des Gleichnisses oder des *Paradoxes,* wie es vor allem S. KIERKEGAARD immer wieder dem Verstandesurteil gegenüber mit großem Recht geltend gemacht hat.

Schon LAO TSE begann sein *Tao te king* mit den berühmten Worten eines vollendeten Paradoxes:

> Der *Sinn,* der sich aussprechen läßt,
> ist nicht der ewige *Sinn.*
> Der Name, der sich nennen läßt,
> ist nicht der ewige Name.
> «Nichtsein» nenne ich den Anfang von Himmel und Erde.
> «Sein» nenne ich die Mutter der Einzelwesen.
> Darum führt die Richtung auf das Nichtsein
> zum Schauen des wunderbaren Wesens,
> die Richtung auf das Sein
> zum Schauen der räumlichen Begrenztheiten.
> Beides ist eins dem Ursprung nach
> und nur verschieden durch die Namen.
> In seiner Einheit heißt es das Geheimnis.
> Des Geheimnisses noch tieferes Geheimnis
> ist das Tor, durch das alle Wunder hervortreten.

Gehen wir zunächst der «Richtung auf das Nichtsein» nach, – sie ist in unserem Zusammenhang und auch bei LAO TSE das erste. Was bedeutet es, zum «Tao» als dem «Nichtsein» von allem, zum «Schauen des wunderbaren Wesens» durch «Entleerung» aller Verstandesbegriffe zu gelangen?

Insbesondere der LAO-TSE-Schüler DSCHUANG DSI ist darauf in seiner Schrift *Südliches Blütenland* eingegangen, indem er speziell auf die immer wieder gestellte Frage des Leids mit einer klaren Absage an alle Ideen von göttlicher «Fügung» und «Strafe» antwortete: «Wie könnte es der Wille meiner Eltern sein, daß ich in diese Armut kam?» fragte er und fuhr fort: «Der Himmel ist groß und schirmend, die Erde ist groß und spendend. Wie könnte es der Wille von Himmel und Erde sein, mich neidisch in diese Armut zu bringen? Ich suche den, der es getan, und finde ihn nicht. Und doch bin ich in diese äußerste Not gekommen: Es ist das Schicksal!» (VI, 8, S. 95.)

Es ist diese in gewissem Sinne «stoische» *Loslösung* von allen zweckrationalen, moralischen oder kausalen Begriffen, die eine religiös glaubwürdige Antwort auf die Theodizeefrage allererst zuläßt; es ist diese *Selbstentleerung*, die den Ort der eigentlich religiösen Wirklichkeitserfahrung öffnet. In LAO TSES Worten (*Tao te king*, Nr. 11):

> Dreißig Speichen umgeben eine Nabe:
> In ihrem Nichts besteht des Wagens Werk.
> Man höhlet Ton und bildet ihn zu Töpfen:
> In ihrem Nichts besteht der Töpfe Werk.
> Man gräbt Türen und Fenster, damit die Kammer werde:
> In ihrem Nichts besteht der Kammer Werk.
>
> Darum: Was ist, dient zum Besitz.
> Was nicht ist, dient zum Werk.

«Es gibt die Stille des Lebens und die Stille des Todes», meinte KARLFRIED DÜRCKHEIM (*Vom doppelten Ursprung des Menschen*, 43). «Die Stille des Todes ist dort, wo sich nichts mehr bewegt. Die Stille des Lebens ist dort, wo nichts mehr die Bewegung der Verwandlung aufhält. Diese Stille ist eine Frucht des inneren Weges.»

Unter den Zen-Buddhisten Japans gibt es eine Geschichte, die historisch – wie stets – zwar nicht verbürgt, aber oft zitiert wird, um die Leerheit des absoluten (reinen) Nichts gegenüber dem Vorher und Nachher, dem Diesem und Jenem der relativen Welt zu beleuchten. Die Geschichte entstammt dem 11. Jahrhundert zur Zeit der Sung-Dynastie, datiert sich aber ins 6. Jahrhundert. Damals, so heißt es, kam BODHIDHARMA (berühmt als der erste Zen-Patriarch in China) aus Indien ins Reich der Mitte. «Der Kaiser Wu aus der Liang-Dynastie lud ihn an seinen Hof ein. Wu, ein guter, frommer Buddhist, der die verschiedenen *Mahayana-Sutras* studierte und die buddhistischen Tugenden der Mildtätigkeit und Nächstenliebe befolgte, fragte den Lehrer aus

Indien: ‹Die *Sutras* verweisen so häufig auf die höchste und heiligste Wahrheit – aber was ist das, ehrwürdiger Meister?› Bodhidharma antwortete: ‹Unermeßliche Leere und nichts von Heiligkeit drin.› – Der Herrscher: ‹Aber wer seid dann Ihr, der hier vor mir steht, wenn es nichts Heiliges gibt und nichts Hohes in der unermeßlichen Leere der höchsten Wahrheit?› – Bodhidharma: ‹Ich weiß es nicht, Majestät.› – Der Kaiser konnte den Sinn dieser Antwort nicht begreifen, und Bodhidharma verließ ihn, um sich eine Zufluchtsstätte im Norden zu suchen.» (Daisetz Taitaro Suzuki: *Der westliche und der östliche Weg*, 30.)

«Klar ist», meint Suzuki (30) erläuternd zu dieser Geschichte, «daß Bodhidharmas Antwort nicht die eines Agnostikers gewesen sein kann, der an die Unerforschlichkeit der höchsten Wahrheit glaubt. Bodhidharmas Nicht-Wissen ... war ... eben das, was wir nach (Meister) Eckharts Wunsch gern alle haben sollten.»

In *Deutsche Predigten und Traktate* (430) sagt der deutsche Mystiker in der Tat: «Verwandeltes Wissen, kein Unwissen, das aus Mangel an Wissen kommt – sondern: Aus *Wissen* muß man in dieses Unwissen kommen. Dann werden wir wissend werden mit dem göttlichen Wissen, und wird unser Unwissen mit dem übernatürlichen Wissen geadelt und geziert werden.» Es geht, erklärte Suzuki (30), um eine «transzendente, göttliche, übernatürliche Art von Nicht-Wissen». Und er fügte hinzu: «Tatsache ist, daß das Wissen (Bodhidharmas ‹Ich weiß es nicht›) nur gewonnen werden kann, indem man sich ‹in Vergessen und Nichtwissen› fallen läßt ... – und daß es etwas mit dem menschlichen System des Wißbaren ganz Unzusammenhängendes, ihm Entrücktes, Verborgenes ist, in das man nur gelangt, wenn man in das stille Tal der reinen (absoluten) Leere stürzt. Es gibt keine Verbindung zwischen ihm und dem Wissen, das wir im Bereich des Relativen, in dem unsere Sinne und unser Intellekt sich bewegen, so sehr schätzen. Die Zen-Meister sind alle unwissende Wissende oder wissende Unwissende» (30–31).

Zu Recht wies der japanische Zen-Meister (32) darauf hin, daß es nichts nutze, Bodhidharmas Ausspruch: «unermeßliche Leere», dogmatisch zu wiederholen, so als hätte man an seiner Erfahrung wirklich teilgehabt; statt dessen gelte das Wort eines alten Kommentators: «Wenn ein Mensch Bodhidharma wirklich versteht, dann findet er ihn zunächst einmal selbst zu Hause bei sich ruhig am Feuer sitzen.»

Als ein *biblisches* Bild für eine solche Einstellung gilt von alters her die Geschichte von Maria und Martha (Lk 10,38–41), in deren Haus einst Jesus zu Gast weilte; während Martha eifrig besorgt war, Jesus ein Mahl zu bereiten, saß Maria zu seinen Füßen und lauschte nur seinen Worten. Ein mittelalterlicher Text, *Die Wolke des Nichtwissens* (17. Kap., 50), deutet diese Szene so: «still und regungslos saß sie (Maria) da und setzte ihre innerlichste und lauterste Liebe auf diese hohe Wolke des Nichtwissens zwischen ihr und ihrem Gott. Denn eines will ich dir sagen: Niemals ist noch ein reines Geschöpf in diesem Leben so zu Betrachtung und Liebe der Gottheit entrückt worden, noch wird es das je werden, daß nicht immer noch eine hohe und wundersame Wolke des Nichtwissens zwischen ihr und Gott bliebe.»

Diese «Wolke des Nichtwissens» entspricht subjektiv dem, was im Buddhismus mit *Nirvana* bezeichnet wird. Das Wort bedeutet nicht das Nichtvorhandensein von etwas, eine Art leeren Raums, wie es offenbar immer noch von den vatikanischen Theologen mißverstanden wird; «Leere» oder «Leerheit» in buddhistischem Sinne «liegt nicht auf der Ebene des Relativen» (vgl. SUZUKI: *Der westliche und der östliche Weg*, 35). «Sie ist absolute, vollkommene Leere, die alle Formen gegenseitiger Abhängigkeit, Subjekt und Objekt, Geburt und Tod, Gott und Welt, Etwas und Nichts, Ja und Nein, Bestätigung und Negation, übersteigt. In der Leere (oder Leerheit) der Buddhisten gibt es weder Zeit noch Raum, noch Werden, noch Nicht-Sein. Sie ist das, was all diese Dinge möglich macht. Sie ist ein Nichts voll unbegrenzter Möglichkeiten, eine Leere voll unerschöpflicher Inhalte. – Reine Erfahrung ist, wenn der Geist sich sieht, wie er sich in sich selbst spiegelt, ein Akt der Selbst-Erkenntnis ... Das ist aber nur möglich, wenn der Geist ... entleert» ist (a. a. O., 35).

Diese «Entleerung» des Bewußtseins ist es, die den Buddhismus in westlichen Augen immer wieder als eine «atheistische» Weisheitslehre eher denn als eine eigentliche «Religion» erscheinen läßt. Stets hat die «christliche» Theologie mit dem Anspruch kirchlicher Unfehlbarkeit Gott an die Vorstellungen ihrer Verstandesbegriffe oder an die für objektive, geoffenbarte Wahrheiten genommenen Relikte ihrer mythischen Überlieferungen zu ketten versucht; daß da eine Religion existieren sollte, deren erstes Ziel in der *Überwindung* aller Bilder und Begriffe liegen könnte, mutet der gesamten Einstellung des «christlichen» Abendlandes unfaßbar an – sakrilegisch, nihilistisch, schlechthin «gottlos»! Doch gerade diese «Gottlosigkeit» erweist sich offenbar als der Beginn wirklicher Frömmigkeit! Nicht nur der Buddhismus – *alle* Mystik läuft im Grunde darauf hinaus, *den* «Gott» zu suchen, wie er vor aller Schöpfung ist – eigenschaftslos, unbeschreibbar, jenseits der Frage nach dem «Was ist es?», um in ihm *ruhig* und *still* zu werden. Nur so löst sich das «MARCIONitische» Problem der «Unvereinbarkeit» des Gottes der «Erlösung» mit dem Gott der «Schöpfung»: nicht indem man *zwei* Götter annimmt, sondern zurückgeht in den Ursprung vor aller Entzweiung. Am Ende aller «Begründungen» des Verstandes geht es darum, einen Standpunkt in jenem «grundlosen» Grunde zu finden, der allein den Namen des Göttlichen verdient.

Zwei Dinge sind hier sehr wichtig. Das eine ist die notwendig «kritische» Seite, die in aller Mystik enthalten ist; das andere ist das Aufsuchen jenes absoluten *Haltes* am «Ufer» des «Sees», an dem es den Worten des *Johannes*-Evangeliums zufolge nicht länger mehr nötig ist zu fragen: «Du, wer bist du?», weil man doch weiß: «Es ist der Herr» (Joh 21,12; vgl. 16,23).

Die *«kritische»* Seite der Mystik ist unübersehbar, sobald man bemerkt, mit welcher *Innerlichkeit* Leute wie der BUDDHA oder Prediger vom Range eines MEISTER ECKHART die gesamte Außenseite des kirchlich-theologischen Lehr- und Ritengebäudes zum Einsturz bringen wollten und gebracht haben.

Noch heute sieht man beispielsweise in Benares allmorgendlich die Pilger sich zum Bad im heiligen Flusse des Gottes Shiva begeben, um sich, ähnlich der christlichen *Taufe,* von Schuld und Sterblichkeit zu reinigen; der «Erleuchtete» aber hatte für derlei Praktiken nichts übrig als milden Spott: «Warum zur Ganga gehen – sie ist nur Wasser!» soll er gesagt haben.

Noch heute spielt das *Kastenwesen* im hinduistischen Indien eine alles durchdringende Rolle: Der Sohn eines Brahmanen (eines «Priesters») ist von Geburt an etwas wesentlich anderes als der Sohn eines Shudras («Arbeiters») oder Parias («Ausgestoßenen»); es war vor 2500 Jahren der junge Prinz *Gautama* aus der Kaste der Kshatriyas (der «Krieger»), der all diese Unterschiede für null und nichtig erklärte: die geistige Reife, nicht die biologische Herkunft entschied in seinen Augen über das Schicksal eines Menschen.

Noch heute sieht man im Kali-Tempel von Kalkutta Frauen die Priester um Fruchtbarkeit ihres Leibes bitten und Tiere für die Erhörung ihrer Gebetsanliegen *opfern;* für den BUDDHA hingegen gab es nur eine einzige Art, würdig zu beten; das war, sich in geistiger Versenkung aller Begehrlichkeiten zu entledigen und den Glauben an «Götter» insgesamt zu überwinden. Mit einem unglaublichen Mut und mit einer staunenswerten Menschlichkeit erkannte der BUDDHA, daß all die «Götter» der tradierten Religion nichts weiter waren als Spiegelungen des Bewußtseins, als bloße Blendwerke der Angst und der Hoffnung, die sich sogleich auflösten, wenn nur erst das Innere des Menschen sich weit genug beruhigte.

In der *westlichen* Kultur des 20. Jahrhunderts ist es die *Tiefenpsychologie,* die in einer (gut verlaufenden) Behandlung mit Notwendigkeit all die *projektiven,* komplexbeladenen Absolutsetzungen kindlicher Erfahrungen und Einstellungen gegenüber dem «Göttlichen» durcharbeiten und auflösen wird: All die «väterlichen» «Autoritäten» in Kirche und Gesellschaft verlieren bei einem Erstarken des eigenen Urteilsvermögens ihre gottähnliche Aura, sie büßen die Berechtigung ein, sich noch länger als «Gottes Stellvertreter» auf Erden zu gebärden und den Menschen damit bei der Suche nach *ihrer* Wahrheit im Wege zu stehen. Die «Aufklärung» des BUDDHA nicht anders als die Psychoanalyse FREUDS bedeutet das Ende jedweder Außenlenkung, die sich auf nichts weiter gründet als auf eine unsinnige, doch «verstandesmäßig» hochideologisierte Veräußerlichung und Vergegenständlichung des Göttlichen selber. «Willst du den Buddha suchen», soll BODHIDHARMA gesagt haben, «schau in dein eigenes Wesen; denn dieses Wesen ist der Buddha selber.» «Besondere Überlieferung jenseits der Schriften, kein Haften an Wörtern und Zeichen, gerades Hinzeigen auf die Seele des Menschen, Schauen in die eigene Natur und Erlangung des Buddhastandes» – das ist es, was als das Ziel aller Religion in mystischer Absicht gelten muß; religiöse Erfahrung und psychologische Einsicht sind für den Zen-Meister ein und dasselbe (zitiert nach M. BUBER: *Die chassidische Botschaft,* Werke III, 890–891). Soweit die «kritische» Seite der Mystik.

Von Meister Eckhart, dem Buddha und den Chassidim

Und die «haltgebende» Seite? Zu Recht schrieb FRIEDRICH HEER zur *Einleitung* der *Predigten und Schriften* MEISTER ECKHARTS (41–43): «Es ist die Grundabsicht der Eckhartischen *Denkmystik,* ‹den Menschen hinter die Schöpfung zurückzuverwandeln›. In der Abgeschiedenheit – sie ist die höchste Tugend – wird der Mensch wieder so ‹wie da er nicht war›. Eckhart läßt ‹das Geschöpf sozusagen wieder in den Schöpfer hineinschlüpfen und zum vorkreatürlichen Gedanken Gottes werden›. Der Mensch und alle Dinge fließen aus Gott und sollen zurückfließen in den vorkreatürlichen Zustand: in das ‹Nichts› der reinen Gottheit. Auf diesem Wege in das ‹Nichts› muß die Seele sogar das Höchste und Letzte der abendländischen Christenheit überwinden, die Trinität, den dreifaltigen Gott. Auf diesen berufen sich alle Staatsurkunden Europas vom 9. bis 19. Jahrhundert ... Am Umdenken und Um-Denken der Trinität ... entfaltet sich das europäische Denken bis zur Gegenwart ... Für ECKHART hat ... die Trinität eine sehr große Bedeutung für seine Geist-Spekulation. Um so wichtiger seine Maxime: Auch die Trinität muß überwunden werden. ECKHART fordert den Durchgang durch sie und über sie hinaus in die ‹Wüste der Gottheit›. Wir sollen, wie den ‹Sparren› aus unserem Auge, alles ‹Gemächt› aus uns ‹hinauswerfen›, das uns an der Einung mit der Gottheit hindert. ‹Und weil nun auch die Seele ein Gemächt ist, so muß sie sich aus sich selber werfen. Und auch aus sich herauswerfen alle Heiligen samt Unserer lieben Frau, als die alle nur Gemächte sind.› ... *Dieser religiöse, mystische ‹Nihilsmus›* enthält eine *erste umfassende Ideologie-Kritik,* indem er den ‹Gott› vieler Frommer, Halbfrommer und Unfrommer als einen Ab-Gott, einen Götzen zu erweisen sucht, als eine religiöse Ideologie zur Tarnung und Abschirmung aller möglichen ständischen, individuellen, auch seelischen und geistigen ‹Interessen›.»

Das «Nichts», die «nackte Gottheit», die «Wüste der Gottheit» im Denken ECKHARTS «ist immer gegen einen verengten, erstarrten und sehr positionsbezogenen auch ‹politischen› Gottesbegriff der Kirchen und Konfessionen gewandt; und es sucht die alten Mittler als heillos zu erweisen: die Väter, Priester, Könige der alten Welt, nicht zuletzt auch Christus.»

Es geht ECKHART, um nicht mißvertanden zu werden, keinesfalls darum, den historischen Jesus für unwichtig oder nebensächlich zu erklären, doch liegt ihm entschieden daran, jede äußere, rein historische Beziehung zu dem Mann aus Nazareth aufzulösen und in eine innere Erfahrung umzuwandeln. Nicht an Jesus als an den «eingeborenen und inkarnierten Sohn Gottes» zu «glauben», ist ihm das Wichtige, vielmehr liegt ihm alles daran, die Gottgeburt in der eigenen Seele zu ermöglichen. Nicht darum ist es ihm zu tun, daß man Jesus «lehre», sondern daß man ihn lebe, daß man mit ihm «gleichzeitig» werde, wie SÖREN KIERKEGAARD (*Philosophische Brocken,* Kap. IV, 52–66) es genannt hat. «Ein Lebemeister ist mehr denn tausend Lesemeister» (HEER, 30) – dieser berühmte Satz MEISTER ECKHARTS faßt seinen ganzen Kampf gegen die akademische und dogmatische Theologie der «Artisten» an der philosophischen Fakultät zu Paris in der Nachfolge des «heiligen» Aristotelikers THOMAS VON AQUIN zusammen.

Oft hat man den Vorwurf erhoben, eine «Theologie», die sich mit der Tiefenpsychologie zu einer Verinnerlichung und Vertiefung des religiösen Bewußtseins verbünde, müsse die Historie vergleichgültigen und jegliches geschichtlich-politische Engagement vermissen lassen; statt dessen gelte es, Mystik und Politik als die beiden Seiten von Innen und Außen, von Sein und Handeln, von Glauben und Tun miteinander zu verbinden. In Wahrheit aber ist es gar nicht anders möglich, als die «Wendung nach innen», welche die Mystik sich zum Ziel gesetzt hat, zunächst einmal *psychologisch* als Durcharbeitung all des Uneigentlichen und Projektiven in den Lehren und Gebräuchen der tradierten und institutionalisierten Religion zu verstehen. Außerhalb der unerläßlichen tiefenpsychologischen «Aufklärung» steht auch und gerade die «Mystik» in der Gefahr, das Incognito des Unbewußten selbst schon für den Leerraum des Göttlichen zu erklären und damit alle kirchlichen und gesellschaftlichen Unterdrückungsmechanismen «heiligzusprechen»: die Leidensmystik des JUAN DE LA CRUZ *(Gedichte),* die masochistischen Demutshaltungen der «kleinen» THÉRÈSE VON LISIEUX *(Geschichte einer Seele),* die Selbstauslieferung der «großen» THERESIA VON JESU (vgl. *Die Seelenburg,* VI, 4, 15: «das Sicherste ist, nichts anderes zu wollen, als was Gott will, der uns besser kennt und mehr liebt als wir uns selbst»), der Obrigkeitsgehorsam des «heiligen» IGNATIUS VON LOYOLA *(Die Satzungen der Gesellschaft Jesu)* – das alles gilt unaufgearbeitet nach wie vor in den Augen römischer Theologen für unbedenklich, solange sie «Mystik» und «Politik», «Freiheit» und «Engagement» in dem Rahmen der gesetzten klerikalen Bedingungen der «katholischen» Kirche anmahnen können: – sie *fürchten* ganz einfach die Auseinandersetzung mit dem eigenen Unbewußten und ziehen es vor, als «Gott» weiterhin die Seelenbilder ihrer Mutter und ihres Vaters zu bezeichnen, lieber, als daß sie es wagen würden, wirklich frei nach innen wie nach außen zu werden. (Vgl. zur Kritik an den «evangelischen Räten» der römischen Kirche und deren psychischen Folgen im Kontrast zu einer psychisch unreflektierten «politischen» und «mystischen» Theologie E. DREWERMANN: *Kleriker,* 674–688: Armut; 688–708: Gehorsam; 708–729: Keuschheit.)

Eine wirkliche Mystik indessen kann so nicht entstehen; sie kann nur sein als Grund und Resultat innerer Freiheit; oder anders ausgedrückt: ein religiöser Bewußtseinszustand *unterhalb* des psychischen Reflexionsniveaus der Psychoanalyse ist in der westlichen Kultur des 20. Jahrhunderts menschlich nicht länger glaubwürdig; vielmehr ist es gerade als die Leistung der Mystik eines Mannes wie MEISTER ECKHART zu betrachten, daß für ihn «Selbstfindung» und «Gottfindung» in der Geburt Gottes in der Seele des Menschen ein und dasselbe waren.

Die enorme *kritische* Kraft, die religions- und gesellschaftskritisch in der Mystik liegt, erweist sich gerade darin, daß sie innerlich genug ist, um den Weg äußerer politischer *Gewalt vermeiden* zu können. Setzen wir nur einmal einander gegenüber: Als im Alten Testament der Prophet *Elija* den Monotheismus Israels gegen den Baalskult der Kanaanäer durchsetzen will, ermordet er an einem Nachmittag am Opferaltar 400 Priester des fremden Gottes (1 Kg 18,40; 19,1) – in Erfüllung des mosaischen Gesetzes, das gebietet, alle Verführer zum Götzendienst hinzurichten (Dt 13,6–9) bzw. sie zu «bannen», das heißt: in heiligem Krieg jeden auszurotten, der Göttern opfert und nicht dem Herrn (Ex 22,19). Die Erzählung selber stammt in der jetzigen Form wohl erst aus dem 6. Jahrhundert v. Chr. (vgl. E. WÜRTHWEIN: *Die Bücher der Könige,* ATD 11,2,220); sie dokumentiert jedoch drastisch, wie alle Religion, vor allem aber der «Monotheismus» Israels, gewalttätig wirken muß, wenn sie nicht als ein Bild für die Einswerdung des Menschen in seiner eigenen Psyche verstanden wird, sondern in ungeistiger Äußerlichkeit als ein Dogma, als ein bloßer Lehranspruch gegen die Religionsformen anderer Völker und Kulturen geltend gemacht werden soll. Die Überwindung der «Götter» in der «Mystik» des BUDDHA oder des MEISTER ECKHART hingegen geschieht ganz still, durch innere Läuterung; sie benötigt keine Massenmorde, keine Hinrichtungen, keine Razzien und keine Religionskriege zu ihrer Läuterung; das «heilige Land» findet *sie* nicht mit Panzerwagen und Killerkommandos, damit beauftragt, bewohnte «heilige» Städte wie Jerusalem und Hebron «einnehmen» zu sollen; als Ort des «Heiligen» gilt ihr einzig und allein das eigene Herz.

Deshalb sind Freiheit, Güte und Innerlichkeit voneinander nicht zu trennen, so wie umgekehrt Unfreiheit, Fanatismus und Äußerlichkeit zusammengehören. Die «kritische» Seite der mystischen Leere ist insofern nur *die Kehrseite* einer tieferen Form, bei sich selbst anzukommen und darin *eins* zu werden mit allen anderen.

Mit welcher Wärme etwa konnte MEISTER ECKHART in seiner *Predigt zu Joh 4,9* (ECKHART, hg. v. F. Heer, 107–110) jene universelle Güte anmahnen, die wir schon in der Predigt des BUDDHA fanden! «Wer immer in der Bloßheit dieser Natur, ohne ein Vermittelndes bestehen soll», schrieb er, «der muß aus allem Personhaften herausgetreten sein, so daß er etwa dem Menschen, der jenseits des Meeres ist, den er mit Augen nie gesehen hat – daß er diesem ebensowohl Gutes gönne, wie dem Menschen, der bei ihm ist und sein vertrauter Freund ist. Solange du deiner Person mehr Gutes gönnst als dem Menschen, den du nie gesehen hast, so bist du wirklich im Unrecht, und du hast nie einen Augenblick geschaut in diesen einfachen Grund» (108).

Der Blick in den «einfachen Grund» – das ist die Entdeckung einer *Armut,* einer *Grundlosigkeit,* die allen Lebewesen eignet und die sie eben deshalb allesamt miteinander verbindet. Darin liegt die eigentliche Entdeckung der Mystik: Die dem Verstand als Zumutung erscheinende «Grundlosigkeit» des Daseins läßt sich *auch* erfahren als eine unbedingte *Gnade!* Gott selber, lehrt ECKHART, ist «grundlos»! Die «Grundlosigkeit» der menschlichen Existenz daher, innerlich genommen, ist *identisch* mit der Grundlosigkeit Gottes!

Vorhin noch haben wir gehört, wie der russische «Mystiker» TOLSTOI zu der Entdeckung der «Absichtslosigkeit», der «Unbegründetheit» allen Tuns auf *moralischem* Wege gelangte. Der Buddha, Laotse, Meister Eckhart hingegen setzten deutlich ein Stück tiefer an, nicht beim Tun, sondern beim Sein des Menschen; doch sind natürlich beide Erfahrungsebenen miteinander verbunden. In der Sprache Meister Eckharts lautet die vereinigende Formel: «aus dem Eigenen heraus leben»; denn: «Hier (sc. darin) ist Gottes Grund mein Grund und mein Grund Gottes Grund. Aus diesem innersten Grunde heraus sollst du wirken alle deine Werke: ohne Warum. Ich sage wahrlich: solange immer du deine Werke wirkst um des Himmelreiches willen oder um Gott oder um deine ewige Seligkeit, das heißt also von außen her (sc. mit Aussicht auf Belohnung), so bist du wahrlich im Unrecht ... Denn wahrlich: wer immer glaubt, er bekomme von Gott in der Herzensinnigkeit, in der Andacht, in süßer Betrachtung und bei besonderen Übungen mehr als beim Herdfeuer und im Stall: so tust du nicht anders, als wenn du Gott nähmest und wändest ihm einen Mantel um das Haupt und stießest ihn unter eine Bank (sc. du machtest Gott zum Gebrauchsgegenstand). Denn wer immer Gott sucht in einer bestimmten Weise, der nimmt die Weise und läßt Gott, der in der Weise verborgen ist. Aber wer Gott sucht ohne Weise, der nimmt ihn, so wie er in sich selber ist ... Wer ... das Leben fragte, tausend Jahre lang: warum lebst du? – sollte es überhaupt antworten, es spräche nichts anderes als: ich lebe darum, daß ich lebe. Das kommt davon her, daß das Leben lebt aus seinem eigenen Grunde heraus und quillt aus seinem Eigenem heraus; darum lebt es ohne Warum in dem, daß es sich selber lebt. Wer immer nun befragte einen wahrhaftigen Menschen, der da wirkt aus einem eigenen Grunde: warum wirkst du deine Werke? sollte er recht antworten, er spräche nichts anderes als: ich wirke darum, daß ich wirke» (109).

Die dem Verstand unbegründbare Wirklichkeit wird hier zu einer vertrauensvollen Selbstverständlichkeit des Daseins, und aus ihr zu leben heißt: Gott finden und in Gott geboren werden. Eine Alternative dazu scheint es nicht zu geben. Denn: *Entweder* ein Mensch bleibt bei dem Eindruck der «Grundlosigkeit» – der Zufälligkeit der Ereignisse und der Kontingenz des Daseins aller Dinge – stehen, *oder* er nimmt eben diese «Grundlosigkeit» zur Grundlage einer vertieften Weltsicht von Weisheit und Güte. In keinem Falle ist es möglich, die Welt von «Gott» her zu denken oder Gott von der Welt her als Erklärung ihres Daseins und Soseins zu denken. Im Gegenteil: die Entdekkung der Mystik lautet, daß der Gott, der dem Menschen als «Schöpfer» erscheint, streng von der Gottheit selbst unterschieden werden muß.

Suzuki (*Der westliche und der östliche Weg*, 24) zitiert diesbezüglich Mei-

STER ECKHART mit den Worten: «Ich will sagen, was ich noch nie gesagt habe: Gott und Gottheit sind so weit voneinander verschieden wie Himmel und Erde», und er erläutert: «Obgleich er oft versäumt, zwischen Gottheit und Gott zu unterscheiden und das Wort ‹Gott› gebraucht, wo in Wirklichkeit ‹Gottheit› gemeint ist, ist sein Versuch, klar zu trennen, beachtenswert. Nach ihm ist Gott stets solange ein Etwas, als auch nur die Spur einer Bewegung, eines Wirkens oder Tuns mit im Spiel ist. Bei der Gottheit dagegen stoßen wir auf eine Unbewegtheit, auf ein Nichts, zu dem es keinen Pfad ... gibt. Sie ist vollkommenes Nichts und daher der Seinsgrund, aus dem alles kommt.» «Als ich noch im Grunde, im Boden, im Strom und Quell der Gottheit stand, da fragte mich niemand, wohin ich wollte oder was ich täte: da *war* niemand, der mich gefragt hätte. Als ich aber ausfloß, da sprachen alle Geschöpfe: ‹Gott›! Fragte man mich: ‹Bruder Eckhart, wann gingt Ihr aus dem Hause?›, dann bin ich *drin* gewesen. So reden alle Geschöpfe von ‹Gott›. Und warum reden sie nicht von der Gottheit? Alles das, was in der Gottheit ist, das ist eins, und *davon kann* man nicht reden. Gott wirkt, die Gottheit wirkt nicht, sie hat auch nichts zu wirken, in ihr ist kein Werk. Sie hat niemals nach einem Werk ausgelugt. Gott und Gottheit sind unterschieden durch Wirken und Nichtwirken. Wenn ich zurückkomme in ‹Gott› und dann dort nicht stehenbleibe, so ist mein Durchbrechen viel edler als mein Ausfluß. – Ich allein bringe alle Geschöpfe aus ihrem geistigen Sein in meine Vernunft, auf daß sie in mir eins sind. Wenn ich in den Grund, in den Boden, in den Strom und in die Quelle der Gottheit komme, so fragt mich niemand, woher ich komme oder wo ich gewesen sei. Dort hat mich niemand vermißt, dort *ent*wird Gott» (ECKHART: *Predigten und Traktate*, hg. v. J. Quint, 273).

Sinn der Mystik ECKHARTS ist es demnach, den «Ort» aufzusuchen, da die Gottheit noch nicht «Gott» geworden ist, beziehungsweise zu dem Punkt zurückzukehren, da «Gott» aufhört, «Gott» zu sein. Eine solche Entleerung von «Gott» ist offenbar der einzige Weg, um das widerspruchsvolle Gottdenken von der Schöpfung her zu überwinden. Gegeben ist damit jedoch zugleich das Wissen, daß auch die Unterscheidung von «Gott» und «Gottheit» nur metaphorisch gemeint sein kann: Ein Stück Psychologie (die Entleerung des Ichs, die Einheit des Selbst) wird hier so formuliert, als handle es sich um Metaphysik (um die Einheit der Gottheit, entleert von den Gegebenheiten der Welt); und doch ist es MEISTER ECKHART gerade darum zu tun, das Göttliche nicht länger begrifflich denken zu wollen, sondern es durch einen Seelenzustand erfahrbar zu machen, der nicht länger durch die oft widerspruchsreichen, nicht selten absurden Eindrücke der «Welt» verwirrt oder verhindert wird. Der Unterschied zu der objektivierenden Sprache, wie wir sie vorhin in der Theologie J. MOLTMANNS kennengelernt haben (s. o. S. 243 f.), ist groß.

Stellen wir einander gegenüber: In der *jüdischen* Mystik, in der Kabbala und im Chassidismus, auf die der Tübinger Dogmatiker sich beruft, herrscht, wie wir sahen (s. o. S. 245), die Vorstellung, durch den Akt der Schöpfung habe die Gottheit sich allererst zu «Gott» umgeschaffen. So vor allem deutet man den Anfangssatz der Bibel aus Gen 1, 1: «Im Anfang schuf *Gott* Himmel und Erde.» Warum, geht die Frage, heißt es nicht, *Jahwe* sei der Schöpfer der Welt? Die Antwort lautet: «Die Gottheit emaniert eine Welt, um das an ihr selber, was Person ist, die persönliche Güte, das persönliche Gebenwollen, zur Auswirkung zu bringen; und damit diese Welt das, was sie von sich selber geben will, empfangen könne, wird die Gottheit ihr vollends zu Gott» (MARTIN BUBER: *Die chassidische Botschaft,* Werke III, 856).

Den Worten nach scheint diese Auffassung den indischen Lehren oder den Predigten MEISTER ECKHARTS nicht unähnlich, und doch tendiert sie in eine geradewegs umgekehrte Richtung. Für ECKHART kommt dem Gesagten nach alles darauf an, in der Stille der Seele die in sich ruhende Gottheit zu finden, die von dem wirkenden persönlichen Gott eher verstellt als vorgestellt wird; die jüdische Mystik indessen setzt die Urgottheit mit *«Jahwe»,* dem «Sein» selber, der *persönlichen* Gottheit gleich, während «Gott» *(elohim)* für sie der unpersönlichen Gottesvorstellung des SPINOZA entspricht. Nur weil die Urgottheit selber *Person* ist, erschafft sie die Welt, um ein Gegenüber ihrer Liebe zu finden. Doch die Natur, in welcher die Schöpferkraft Gottes eingeschlossen ist, offenbart ihn noch nicht als Ich, als die absolute Person; das geschieht erst durch die Offenbarung, in welcher Jahwe sich selber mitteilt. «Zwiefach», meint deshalb BUBER (III, 859), «ist der Mensch von göttlicher Macht oder Substanz heimgesucht: als Geschöpf von der schöpferischen Elohimkraft, die ihm seine Kraft beleiht, und als Person von der Niederlassung der Schechina (sc. der Einwohnung Gottes), die ihn, wenn sie kommt, über sich selbst erhebt. Die erste Art ist konstitutiv und beständig, die zweite gnadenhaft und unvorhersehbar.» Beide verhalten sich, bildlich gesprochen, zueinander wie Grundwasser und Regen ...

Auch hier meldet sich wieder (oder noch einmal) die Sprache einer Gottesvorstellung zu Wort, die durch «Offenbarung» zu wissen glaubt, *wer* (nicht was!) Gott ist: er ist als Urgottheit Person, mag er auch in der Welt uns ganz anders, im Sinne des SPINOZA als «Natur, die auf natürliche Weise wirkt», als *natura naturans,* erscheinen; freilich wird damit zugleich auch schon zugegeben, daß es nicht möglich ist, Gottes Personalität und Güte von der Welt her zu denken. Man glaubt vielmehr, erst aufgrund der «Offenbarung» (der Bibel), dafür aber endgültig zu wissen, wer Gott ist, und versucht dann, mit menschlichen Worten zu beschreiben, welche *Motive* Gott als Person «psychologisch» bewogen haben könnten, die Welt zu erschaffen – eine Welt zumal, die ihm selbst derart unähnlich sieht!

Die Theodizeefrage allerdings löst sich damit überraschend einfach: Es gibt in der Natur als der Schöpfung Gottes kein Übel – nur wir Menschen empfinden es so; in Wahrheit ist *alles,* Gutes wie Böses, von der «Einwohnenden Herrlichkeit» (der *Schechina*) umfangen. «Auch das Böse ist gut», lehrt der Gründer des Chassidismus, Baal Schem-tow, «es ist die unterste Stufe des vollkommenen Guten. Tut man Gutes, dann wird auch das Böse gut; sündigt man aber, dann wird es zum wirklichen Bösen» (M. Buber: *Des Rabbi Israel Ben Elieser… Unterweisung,* in: Werke, III 64.) Das «Böse», mit einem Wort, ist etwas, das in der Person *integriert* werden will; dann hört es von selbst auf, «böse» zu sein. Und ebenso wartet alles darauf, daß die Welt sich wieder «aufhebt» in Gott, indem seine Person, seine Güte, in *allem* erscheint.

Das ganze Konzept dieser Weltdeutung, mit der Offenbarung Jahwes an Abraham beginnend bis hin zur Ankunft des Messias selbst, arbeitet erkennbar mit *Bildern:* mit den Erzählungen der biblischen Tradition, durchsetzt, wie wir sagten, mit bestimmten Vorstellungen der persischen Mythologie und angereichert zudem mit dem philosophisch-gnostischen Mythos der Emanationslehre Plotins (s. o. S. 245). Wenn nun aber die «Offenbarung» Jahwes als des Menschen «Erhebung» gedeutet wird, ist es dann nicht unvermeidlich, die «Selbstmitteilung» Gottes als erstes zu betrachten als ein Begebnis *im* Menschen, das als «Gabe» Gottes, als Gottes «Selbstgegebenheit» *gedeutet* oder *erfahren* werden mag, das aber gleichwohl zunächst als ein *psychisches* Geschehen imponiert?

Martin Buber selbst hat sich stets gegen eine solche «Verpsychologisierung» des Glaubens verwahrt – um des «Dialogischen» der Religion Israels willen, das nie zu dem Monolog des Menschen mit sich selber mißraten dürfe. Was aber «haben» wir religiös denn anderes als zunächst einmal uns selber inmitten dieser Welt und dann, wenn die Vertiefung des Selbst gelingt, einen Ort der Stille, der uns eine Dimension erschließt, die der verständigen Weltauslegung in paradoxer Weise fremd ist? Raw Schneur Salman von Ljadi, erzählt Buber selbst (*Die Erzählungen der Chassidim,* III, 390), fragte einmal einen seiner Schüler, was das sei: «Gott»? Als der Schüler schwieg, fragte er ihn wieder und wieder; schließlich fragte er ihn: «Warum schweigst du?» «Weil ich es nicht weiß», antwortete der Schüler. Da entgegnete der Rabbi:

«Weiß ich's denn? ... Aber ich *muß* sagen; denn so ist es, daß ich es sagen muß: Er ist deutlich da, und außer ihm ist nichts deutlich da, und *das* ist er.»

So steht es: Wir wissen *nicht,* wer Gott ist, und selbst wenn wir ihn mit «Person» bezeichnen, so geschieht dies nur, weil wir uns selber als «Personen» erscheinen und darin einen unendlichen Vorzug vor allem Nicht-Persönlichen erblicken; in Wahrheit aber wissen wir nicht einmal, was wir mit dem Wort «Person» eigentlich meinen – im 3. Teil dieser Arbeit werden wir noch ausführlich zeigen, daß selbst die «sichersten» Begriffe heutiger Theologie durch den Fortschritt der Naturwissenschaften ins Wanken geraten. Vor allem aber ist es nicht möglich, einen Gottesbegriff aus der «Offenbarung» des Göttlichen ableiten zu wollen, wenn die «Offenbarung» wesentlich in einer *Steigerung* des Menschen besteht; denn ist sie dies, so hat C. G. JUNG völlig recht, wenn er (*Antwort auf Martin Buber,* GW 18/2, 710–717) betont, «daß alles, schlechthin alles, was von ‹Gott› ausgesagt wird, menschliche Aussage, das heißt psychisch» ist, und fragend fortfährt: «Kann mir BUBER angeben, wo Gott sein eigenes Bild, losgelöst vom Menschen, gemacht hat? ... Ich will hier einmal ... transzendent spekulieren beziehungsweise ‹dichten›: Gott hat allerdings, ohne Mithilfe des Menschen, ein unbegreiflich herrliches und zugleich unheimlich widerspruchsvolles Bild von sich selber gemacht und es dem Menschen als einen Archetypus ... ins Unbewußte gelegt, nicht damit die Theologen aller Zeiten und Zonen sich darüber in die Haare geraten, sondern damit der nichtanmaßliche Mensch in der Stille seiner Seele auf ein ihm verwandtes, aus seiner eigenen seelischen Substanz erbautes Bild blicken mag, welches alles in sich hat, was er sich je über seine Götter oder über seinen Seelengrund ausdenken wird.» «Dieser Archetypus ... genügt mir vollkommen» (714).

Womit also tritt ein Mann wie MEISTER ECKHART in Verbindung, wenn er von der *«Gottheit»* spricht, oder womit GAUTAMA BUDDHA, wenn er vom *«Nirvana»* redet? Mit dem Archetyp des eigenen Unbewußten tritt sein Ich in Verbindung, so lautet die *tiefenpsychologische* Deutung des mystischen Erlebens, und diese Deutung ist auch dann nicht zu widerlegen, wenn der in sich unklare Personbegriff mit diesem Erleben bildhaft verbunden wird. *Gott,* müssen wir allerdings jetzt sagen, ist das Etwas in der Seele des Menschen, das dem *Ich,* der «Person» erscheint; die Vorstellung von der *Gottheit* aber ist mit dem *Selbst* der Psyche verschmolzen, und es ist gerade dieser Zusammenhang, der in den Erfahrungen der Mystiker immer wieder beschworen wird. Gegenüber allen personhaften Eintragungen in das Gottesbild ist es deshalb wichtig, die *läuternde,* alle Bilder *abstreifende* Vorgehensweise der Mystik ECKHARTS ebenso wie der Meditationstechnik des BUDDHA oder der Aufklärungsarbeit der Psychoanalyse zu würdigen: Sie alle bemühen sich darum, das Göttliche von seinen Bildern, von seinen allzu menschlichen Verflechtungen zu lösen und die Projektionen *zurückzunehmen,* in denen das Denken der Theologen (und Ideologen) notgedrungen gefangen bleibt. *Deren* Angst, da sie es stets nur mit Bildern zu tun haben, die sie mit der «Sache» selber verwechseln, kreist ständig darum, es müsse eben nach Auflösung des projektiven Anteils der Rede von «Gott» die Gottheit selber sich auflösen. Sagten wir aber nicht früher schon, auch «Gott» sei «nur» eine Chiffre? Tatsächlich hebt die bisherige Form der «Gottesrede», der *«Theologie»,* sich notwendig *in Mystik* auf, sobald sie beginnt, sich selbst zu begreifen! Doch die «Gottheit» ECKHARTS hebt sich keineswegs auf; sie zeigt sich allererst dann, wenn der «Gott, den es gibt», der «Schöpfer» der Welt als «Person», *zurückgelassen* wird, um in den Ursprung aller Dinge zurückzukehren.

Vom Geist des Tales oder: Die Mystik der Rückkehr

Auch die Idee eines «Schöpfers» stellt, so betrachtet, eine «Projektion» des menschlichen Bewußtseins dar, die es *aufzulösen* gilt; doch was danach «übrig» bleibt, ist nicht einfach nichts, im Gegenteil, es ist die Erfahrung eines unbegründeten, unbegründbaren Seins, das wir selbst sind und das doch zugleich in allem liegt und uns eben deshalb mit allem verbindet. Da *ist* «etwas» Geheimnisvolles, Wunderbares, Heiliges, Letztes, Absolutes, das *mehr* ist als alle «Natur». Und gerade nach diesem «Mehr» und nach diesem «Anderen» sehnen wir uns, obwohl wir es doch nur in uns selbst zu finden vermögen.

Erhalten bleibt, wenn das zutrifft, vom Ansatz der *kabbalistischen* Mystik, daß die Sehnsucht nach der Rückkehr zu einem Ort vor aller Schöpfung durch und durch personal *besetzt* ist. In der Geschichte der Psychoanalyse war es OTTO RANK, der als erster im Hintergrund aller Triebstrebungen das Verlangen erkannte, das *«Trauma der Geburt»* wieder rückgängig zu machen und einen Zustand aufzusuchen, wie er in der Stille und Geborgenheit des Mutterschoßes vor aller Geburt einmal bestand. SANDOR FERENCZI glaubte sogar an das Streben aller Lebewesen, ins Urmeer zurückzukehren, während S. FREUD von der Rückkehr ins Anorganische sprach und eben darin das Verlangen des «Todestriebes» erkannte (*Jenseits des Lustprinzips,* XIII, 1–69, S. 35–45). Insofern drückt sich in der Mystik die Richtung allen menschlichen Verlangens nach endgültiger Ruhe und Einheit aus, nur daß dieses Verlangen eben nicht als «Todessehnsucht», sondern als äußerste Lebenssteigerung erlebt wird; und die Chiffre (der Archetyp) «Gott» oder «Gottheit» ist es, die als erstes auf dieses Zentrum einer absoluten Stille verweist. OTTO RANK, dessen frühe Schriften im Sinn trugen, die Religion insgesamt als ein kollektives Wahnsystem durch Psychoanalyse zu ersetzen, war es später denn auch, der in den dreißiger Jahren in den USA ein Institut für eine vertiefte Form von Religion gründete. Jenseits der Psychoanalyse stellt sich die Frage noch einmal, und jetzt erst recht, wie, wenn alle Worte versagen, man das, worauf die Chiffre «Gott» oder «Gottheit» uns verweist, an sich selber benennen will.

Deutlich ist, daß die «personale Besetzung» des Gottesbildes auch in der Mystik am ehesten nicht männlich, sondern *weiblich* empfunden wird. Aller Mystik haftet ein durch und durch *maternaler* Zug an, so wie wir schon die Botschaft Jesu von «Gott» im 2. Band von *Glauben in Freiheit* als im Grunde antipatriarchalisch gedeutet haben (*Jesus von Nazareth,* 511–518); kein Wunder deshalb, daß wir auch MEISTER ECKHARTS Predigt von der reinen Stille und Ruhe in der Gottheit ihrer ganzen Tendenz nach *gegen* jede Menschenvergöttlichung und verabsolutierte Autorität in Kirche und Gesellschaft gerichtet fanden. Dieser *«maternale»* Zug der Mystik ist so alt wie sie selbst. Insbesondere der chinesische Weise LAOTSE beschwor bei der Schilderung des *Tao* immer wieder den Geist des Tales und die Kraft des Schwachen; nehmen wir nur *Tao te king,* Nr. 78:

Auf der ganzen Welt
gibt es nichts Weicheres und Schwächeres als das Wasser.
Und doch in der Art, wie es dem Harten zusetzt,
kommt nichts ihm gleich.
Es kann durch nichts verändert werden.
Daß Schwaches das Starke besiegt
und Weiches das Harte besiegt,
weiß jedermann auf Erden,
aber niemand vermag danach zu handeln.

Oder Nr. 43:

Das Allerweichste auf Erden
überholt das Allerhärteste auf Erden.
Das Nichtseiende dringt auch noch ein in das,
was keinen Zwischenraum hat.
Daran erkennt man den Wert des Nicht-Handelns.
Die Belehrung ohne Worte, den Wert des Nicht-Handelns
erreichen nur wenige auf Erden.

Und Nr. 4, 6 und 40:

> Der *Sinn* ist immer strömend.
> Aber er läuft in seinem Wirken doch nie über.
> Ein Abgrund ist er, wie der Ahn aller Dinge.
> Er mildert ihre Schärfe.
> Er löst ihre Wirrsale.
> Er mäßigt ihren Glanz.
> Er vereinigt sich mit ihrem Staub.
> Tief ist er und doch wie wirklich.
> Ich weiß nicht, wessen Sohn er ist.
> Er scheint früher zu sein als Gott.

———

> Der Geist des Tals stirbt nicht,
> das heißt das dunkle Weib.
> Das Tor des dunklen Weibs,
> das heißt die Wurzel von Himmel und Erde.
> Ununterbrochen und wie beharrend
> wirkt es ohne *Mühe.*

———

> Rückkehr ist die Bewegung des *Sinns.*
> Schwachheit ist die Wirkung des Sinns.
> Alle Dinge unter dem Himmel entstehen im Sein.
> Das Sein entsteht im Nichtsein.

Das Ergebnis, zu dem wir auf diese Weise gelangen, mutet nun wirklich paradox an. Unsere Frage lautete, ob und wie es möglich sei, den Glauben Jesu an einen gütigen («väterlichen») Gott in Anbetracht der Welt, wie sie sich auch nur schon im Umfeld der Menschwerdung auf dem Planeten Erde uns Heutigen zeigt, für glaubwürdig zu finden. Unsere Antwort *bis hierher* besagt, daß wir zu Gott (oder richtiger jetzt: zur «Gottheit») nur kommen können, wenn wir von der Welt *absehen* und es lernen, in uns selber den Ort zu finden, an dem wir die ruhige Zweckfreiheit und Unbegründetheit von allem, was ist, wiederentdecken. Nicht der Nachweis von Plan und Ordnung, dieser Stolz aller «Gottesbeweise» abendländischer Theologie, führt uns zu Gott, sondern ganz im Gegenteil: die Entdeckung des Selbstwerts der Dinge im Dasein!

Sucht man im *Neuen Testament* nach Stellen, die eine solche Entdeckung widerspiegeln, so müßte man gewiß noch einmal die Taufszene (Mk 1,9–13) erwähnen, in welcher Jesus den Himmel *offen* sieht und eine Stimme ihm sagt: «Du bist mein geliebter Sohn.» (Vgl. *Jesus von Nazareth*, 162–176.) «Selbstfindung», «Gottesgeburt», «Versöhnung» – wie auch immer man jene Entdeckung beschreibt, die am Anfang des öffentlichen Wirkens Jesu stand, sie zeigt den Mann aus Nazareth umfangen von einer Einheit und einer Güte, an die er glaubt und uns zu glauben lehrt – als erstes jetzt: *trotz* aller Welt.

Damit aber lernen wir jetzt endgültig, was es *heißt*, im Sinne Jesu zu «glauben»: es heißt *nicht*, so sagten wir immer wieder, ein philosophisches Prinzip zur Begründung der Welt als bekannt auszugeben oder als «geoffenbart» vorauszusetzen; es bedeutet vielmehr, im eigenen Inneren eine Entdeckung zu machen, die uns hilft, Menschen zu bleiben *in* dieser Welt und *entgegen* dieser Welt. Albert Camus' «Heilige» – sie entstehen nicht anders als durch die Entdeckung der «Heiligkeit» von allem, was ist.

Oft hat man die «Mystik» gleichgesetzt mit einem Schließen der Augen, mit einem Schauen nach innen; etymologisch wie sachlich ist diese Auffassung nicht unberechtigt. Doch *lebt* sich dieses «Schließen» der Augen auf eine Weise, die man eher als ein «Öffnen» der Augen, als ein Ende der Blindheit bezeichnen muß. Was sich da bildet, ist keine unaufmerksame Schläfrigkeit, sondern im Gegenteil jene staunenswerte Fähigkeit, selbst voller Staunen das *«fließende Licht der Gottheit»*, wie Mechthild von Magdeburg es nannte, über alle Dinge ausgebreitet zu sehen.

Von *Rakan Osho* aus Shoshu in China im 9. Jahrhundert wird berichtet, er habe, als er sich zum ersten Mal dem Studium des Tao oder des Zen gewidmet habe, durchaus nichts verstanden. Drei Jahre lang habe er unglücklich in den Wäldern am Strom gehaust; schließlich habe er sich an einen Zen-Meister mit der dringenden Bitte gewandt, seine Zweifel zu zerstreuen. Da erhob sich, so wird berichtet, der Meister von dem Teppich, auf dem er in Meditation gesessen, entblößte seinen Arm und gab dem Schüler einen Schlag gegen die Brust. Und das zersprengte alle Zweifel. «Ich hob meinen Kopf», erzählte *Osho*, «und sah zum erstenmal, daß die Sonne rund war, ein Ball. Seitdem bin ich der glücklichste Mensch auf der Welt, ohne Furcht, ohne Plage ... Nur mein Inneres nehme ich wahr, das überquillt von einem Gefühl der Zufriedenheit und der Fülle.»

Suzuki (*Der westliche und der östliche Weg*, 41) bemerkt dazu: «Jedermann kennt und sieht die Sonne, und auch Osho muß sie sein ganzes Leben lang gesehen haben. Weshalb verweist er dann besonders darauf, daß sie rund ist, wie wenn er sie zum erstenmal überhaupt gesehen hätte? Wir alle glauben zu leben, wir essen, schlafen, gehen spazieren, sprechen. Aber leben wir deshalb tatsächlich? Täten wir es, wir sprächen nie von ‹Schrecken›, ‹Ungewißheit›, ‹Furcht›, ‹Enttäuschung›, ‹Lebens(un)mut›, ‹Blick in den Abgrund› und vom ‹dem Tod-ins-Gesicht-Sehen›.»

Es ist ein wunderbarer Kommentar aus einer anderen Kultur, doch aus dem gleichen Geist, wenn das indische *Prajñaparamita,* das «Herz-Sutra», von der *Leere* sagt: «Weil es kein Verlangen gibt, finden die Bodhisattvas, in vollkommenem Verstehen ruhend, keine Hindernisse in ihrem Geist. Keine Hindernisse erlebend, überwinden sie die Angst, befreien sich selbst für immer von Täuschung und verwirklichen vollkommen das Nirvana ... Daher sollte man wissen, daß vollkommenes Verstehen das höchste Mantra ist, ... das alles Leiden aufhebt, die unzerstörbare Wahrheit» (THICH NHAT HANH: *Mit dem Herzen verstehen,* 18).

Wir haben uns gefragt, wie man sagen könne, «Gott» habe den Menschen «geschaffen», und was für ein Sinn einer solchen Aussage zukomme. Einer *ersten* Antwort sind wir jetzt nahe. Wir können durchaus mit JONATHAN KINGDON sagen: *Der Mensch schuf sich selbst.* Wir müssen dann aber hinzufügen: was den Menschen entscheidend auszeichnet, ist die Fähigkeit, sich über die bloße Lebensnotdurft zu *erheben* und jenseits allen Zweckmäßigkeitsdenkens das phantastische Wunder der Grundlosigkeit aller Dinge zu entdecken. Diese Zwecklosigkeit, diese heilige Unableitbarkeit im Herzen von allem ist es, die den Menschen religiös werden läßt; sie nennt er Gott, und in ihr findet er den stärksten Grund seiner Menschlichkeit: seine Stille, seine Zufriedenheit und vor allem die Kraft, wahr zu werden in sich selbst und gütig zu sein gegenüber allen anderen Lebewesen.

In den Höhlen des Paläolithikums, in den Kathedralen der Eiszeit, sind wir den Bildergalerien der Tiere und den zahlreichen Frauendarstellungen begegnet, und stets lautete die Erklärung, es handele sich um die Zeugnisse bestimmter Riten von Jagdmagie und Fruchtbarkeitszauber. Stets verblieb da auch noch die Religion mit der Sphäre ihrer Götter im Bannkreis der Lebenserhaltung, stets verband sie sich noch mit den Vorstellungen von Nutzen und Not; stets lehrte man in ihrem Schatten die Menschen, zu opfern und zu beten, um die Interessen ihres Ichs auszudehnen und den engen Kreis ihrer Gedanken bis in den Himmel zu erheben. Dieser Typ von Religiösität, das kann man zuversichtlich behaupten, ist endgültig am Ende. Naturwissenschaft und

Technik verdrängen unaufhaltsam methodisch und systematisch diese Art (oder Abart) von Theologie und Ritual. Doch begegneten wir in den Bildern der Eiszeit unzweifelhaft zum ersten Mal auch einer Ahnung davon, was Kunst, was Religion, was Leben heißen könnte, wenn es sich *freisetzte* von allen Zwecken. Und eine solche Mystik der Freiheit des Seins an sich selbst, eine solche Aufmerksamkeit gegenüber dem Schimmern seiner Schönheit auf allen Dingen, eine solche Einkehr in die Stille der Dankbarkeit, dasein zu dürfen, ermöglicht in einem ersten Schritt eine Frömmigkeitshaltung, von der man wohl denken darf, sie sei imstande, die Krise des religiösen Bewußtseins in der Gegenwart zu überdauern und zu überwinden. CASPAR DAVID FRIEDRICHS Malerei – die überragende Größe der Natur und ihre schweigende Majestät als ein Erlebnis ganz im Inneren der eigenen Seele –, das in etwa gibt vielleicht einen *ersten* Eindruck wieder von dieser zu erwartenden romantisch-mystischen Einstellung gegenüber der Welt im Rahmen einer Religion von morgen. (Vgl. WIELAND SCHMIED: *Caspar David Friedrich,* 31–37: Raum, Abstraktion und Chiffre.)

β) Liebe oder: Die Einheit ohne Wozu

Der wachsende Wert des Individuellen

Aber, wird man, von der Bibel herkommend, fragen, kann denn eine derart «regressive» Deutung der «Mystik» wirklich zur Grundlage des Religiösen genommen werden? Selbst wenn man zugeben wollte, daß die Spiritualität BUDDHAS oder MEISTER ECKHARTS in den vorstehenden Zeilen im wesentlichen richtig gekennzeichnet sei, wird man nicht gerade dann die offenbare «Geschichtslosigkeit» dieses Denkens als Hauptargument *gegen* diesen ganzen Ansatz kehren? «In Israel ist alle Religion Geschichte», meinte zu Recht MARTIN BUBER (*Die chassidische Botschaft,* Werke III, 739–894, S. 893). Die Mystik des BUDDHA oder des MEISTER ECKHART aber macht ganz offensichtlich alle Geschichte zum Unwesentlichen; wesentlich ist ihr nicht das Handeln in der historischen Wirklichkeit, sondern das Gründen im Sein – alles Handeln ergibt sich für sie daraus oder erübrigt sich dadurch –, LAOTSE sah an dieser Stelle am klarsten.

Und zudem: Ist nicht die Abkehr von der Natur, von der Welt, von der menschlichen Geschichte, von allem Geschaffenen, ist nicht diese *Regression* in die zeitlose Ewigkeit vor aller Schöpfung, ist nicht ein solches *Zurückwol-*

len in den Ursprung eine Reduktion des Lebens auf ein noch nicht aufgelöstes symbiotisches Ideal, das die Verschmelzung an die Stelle der Beziehung setzt, wie es sich in manchen *depressiven* Wunschphantasien und Halluzinationen findet?

Wahr ist, daß wir nur erst den ersten Teil, eine erste Form religiöser Erfahrung beschrieben haben, die, zumindest für uns abendländische Menschen, aber dann auch wohl für die asiatische Frömmigkeit, notwendig einer wechselseitigen Erweiterung und Ergänzung bedarf. Um es so zu sagen: Für «westliche» Theologen mag die Essenz der Leere bitter, ja, schwer verdaulich schmecken, doch ist gerade diese innere Haltung für sie so heilsam wie ein Medikament. Umgekehrt für das asiatische Denken, das den Wert der Welt dazugewinnen müßte. RABINDRANATH TAGORE beschreibt einmal, wie bei einem Schiffsunglück auf dem Ganges viele Menschen hätten gerettet werden können – wenn sie nur jemand hätte retten wollen! Nicht zu Unrecht vergleicht er die schicksalergebene Lethargie östlicher Frömmigkeit mit den Anstrengungen, die in einer vergleichbaren Situation auf der Themse oder auf dem Mississippi wohl unternommen worden wären. (*Am Abend vor der Reise*, 1912, in: Einheit der Menschheit, 123–136, S. 126.) Zahlreiche indische Reformer, nicht zuletzt MAHATMA GANDHI (*Freiheit ohne Gewalt*, übers. u. hg. v. K. Klostermeier, Köln 1968, 106–144: Religionen und Religion; 145–172: Ahimsa als Weg zur Wahrheit), haben die Ergänzungsbedürftigkeit der asiatischen Frömmigkeitshaltung an dieser Stelle gesehen und eine *Verschmelzung* der religiösen Einstellungen des Ostens wie des Westens bei Wahrung der eigenen kulturellen Identität angestrebt.

In der Tat: Nichts Geringeres muß versucht werden. Die Zentrierung *des Westens* auf das Ich, auf den Verstand, auf die planbare Aktion hat nicht nur das Bild Gottes als eines «Schöpfers» der Welt angesichts der Weltwirklichkeit bis ins Groteske unglaubwürdig gemacht, sie hat zugleich die «christlich»-abendländische Kultur zu der gewalttätigsten und gewaltbereitesten Zivilisation in der Geschichte der Menschheit heranreifen lassen. Niemals zum Beispiel ist vom indischen Subkontinent, der von vielen Eroberern heimgesucht wurde, eine Aggression großen Stils ausgegangen – es war der große Kaiser *Ashoka* (268–232 v. Chr.) bereits, der als Herrscher über ein Reich, größer als das Alexanders des «Großen», nach seinem Übertritt zum Buddhismus aller Gewalt gegen Menschen ebenso wie gegen Tiere feierlich abschwor. (A. T. EMBREE – F. WILHELM: *Indien*, 86; vgl. E. DREWERMANN: *Die Spirale der Angst*, 35, Anm. 32.) Die Psyche des Menschen in der «christlichen» Religion, in der abendländischen Kultur hingegen ist buchstäblich «exzentrisch»;

sie *braucht* zu ihrer Regeneration dringlich der östlichen Techniken und Lehren der mystischen Versenkung, der Selbstfindung, der Sammlung in jener Leere, die Gottes ist. Was wir im 20. Jahrhundert Psychoanalyse nennen, bildet ganz offensichtlich nur erst den Anfang und Übergang einer solchen Verwandlung, die viele neurotisch Leidenden heute schon wie ein Heilmittel ergreifen, während die neurotisierenden Instanzen der verfaßten Religionsform selbst nach wie vor, in Sorge um ihren drohenden Machtverlust, sich weiterhin jeder geistigen Erneuerung ihrer Grundlagen verweigern. Gemessen an der Größe dieses Problems, scheint es ein um vieles Leichteres, die östliche Mentalität unter dem Druck der offensichtlichen Erfolge westlicher Technologie und Politologie auf ein stärkeres soziales und wirtschaftliches Engagement hin zu öffnen, als die westliche Frömmigkeitshaltung aus dem Getto ihrer Fixierungen auf das Äußere: auf Taten und Tatsachen, auf Sätze und Gesetze, zu befreien.

Worum es hier wie dort geht, ist die Eröffnung eines *zweiten* Erfahrungsraums religiöser Evidenz, der den Worten nach der «christlichen» Theologie wohlbekannt ist, der aber in Wirklichkeit von ihr gefürchtet und förmlich gemieden wird: Es handelt sich um die Entdeckung der *religiösen Dimension der Liebe* sowie um die damit verbundene Erkenntnis, daß gerade sie eine vollkommene Neuinterpretation des «Schöpfungs»glaubens nach sich ziehen kann und muß.

Wir sagten schon wiederholt: Das *Problem* hat MARCION ganz richtig gesehen: nichts ist so revolutionär auf der Welt, nichts so sehr *gegen* die «Naturordnung» selbst gerichtet wie das Gefühl und das Tun der *Liebe* – obwohl, wie wir wissen, doch gerade diese Empfindung sich ganz und gar den Erfolgsstrategien der Evolution höherer Säugetiere auf dem Wege zur Gattung *homo* verdankt.

Wir haben bereits gesehen, wie stark ein verändertes Sozial- und Sexualverhalten den Weg der Menschwerdung überhaupt erst gebahnt und begleitet hat. Sehr früh, schon auf der Stufe des *Australopithecus afarensis*, scheinen sich familienähnliche Strukturen der Paarbeziehung und der Kinderaufzucht gebildet zu haben, die durch ein entsprechend intensives Paarungsverhalten zwischen den Männchen und den Weibchen zusammengehalten wurden. Nahrungsbeschaffung durch die Männchen als «Geschenk» und die Prämie einer sexuellen Belohnung von seiten der Weibchen legten ein «arbeitsteiliges» Verhalten nahe, indem die Suche nach Aas und die Jagd auf Kleintiere zu einer Aufgabe der Männer wurde, während die Frauen von der Aufzucht der Kinder in Anspruch genommen wurden. Bis in die Prägung der unterschiedlichen körperlichen Gestalt von Mann und Frau haben diese Differenzierungen sich geltend gemacht (s. o. S. 90f.). Doch kann man bei all dem schon von «Liebe» sprechen, und von wann an läßt sich von ihr reden?

Die Ergebnisse der *Verhaltensforschung* sind in diesem Punkte eindeutig: Solange das Paarungsverhalten von Tieren auf der Stufe eines einfachen Reiz-Reflex-Schemas beschrieben werden kann, wie beispielsweise bei den Fischen (vgl. *Glauben in Freiheit,* I, 479–502, S. 487), solange spielt eine individuelle Zuwendung zwischen den Partnern keine Rolle, solange tritt das Individuelle vielmehr hinter dem Schema der reizauslösenden Mechanismen zurück. Die Entwicklung des Individuellen indessen wurde durch zwei Faktoren vorangetrieben: durch die Frage der Partnerwahl und durch die Frage der Rangverteilung beziehungsweise der Rollenzuweisung innerhalb sozial lebender Gruppen. Beide Faktoren, Sexualität und Macht, führen dazu, daß ein einzelnes Lebewesen als bevorzugt vor allen anderen erscheinen kann oder daß es als schwer ersetzbar für das Zusammenleben der Gruppe empfunden wird. Die Weitergabe der eigenen Gene und die Stabilität der Gruppe sind die zwei wesentlichen Gründe, die ein bestimmtes Einzelwesen zum «Individuum» machen: es ist entweder besonders liebenswert (es kommt als möglicher Sexualpartner in Frage) oder es ist besonders achtenswert (es verfügt über die Macht, Mißachtung zu bestrafen) – oder, selten genug, es ist beides zugleich. Den Begriff «Liebe» indessen können wir zweifellos erst von einer Stufe der Entwicklung an verwenden, auf welcher die Individualisierung zweier Partner so weit vorangeschritten ist, daß der eine von dem anderen in gewissem Sinne als *unvertauschbar* erlebt wird. Doch fällt es bei Mensch wie Tier nicht leicht zu sagen, wann diese Stufe wirklich erreicht ist.

Man lese zum Beispiel die Beschreibung von Konrad Lorenz (*Das sogenannte Böse,* 239–308: Das Band, 293–296), wie ein Graugans-Ganter, dem man zum Zweck eines psychologischen Experiments das Weibchen fortgenommen hatte, in eine solche Trauer geriet, daß er innerhalb weniger Tage von einer Spitzenposition seines sozialen Rangs auf eine der untersten Ränge herabsank; kaum aber führte man ihm seine Gemahlin wieder zu, die er mit lautem Flügelschlagen zur Erneuerung der «Triumphgeschrei-Bindung» (276) begrüßte, da gewann er rasch seine alte Stellung zurück. Gänse leben monogam, und entsprechend stark müssen denn auch die Gefühle sein, die zwischen zwei «verheirateten» Tieren auf lebenslänglich bestehen; das «Band» ihrer Beziehung aber basiert wesentlich nicht auf «Sexualität» (276 f.), sondern auf dem, was wir, so anfanghaft auch immer, als «Liebe» bezeichnen: Zweifellos sind die Gänse «individuell» aneinander gebunden, wenn sie auch noch weit davon entfernt sein mögen, sich selbst und den anderen als «Individuum» wahrzunehmen; doch ist auch dieses Problem uns Menschen nicht fremd.

Konrad Lorenz (*Der Kumpan in der Umwelt des Vogels*, 1935, in: Über tierisches und menschliches Verhalten, 1. Bd., München 1967, 115–282, S. 139–148; Die Prägung) etwa hat gezeigt, welch eine überragende Bedeutung im Erleben vieler Tierarten dem Phänomen der *Prägung* zukommt. (Vgl. *Glauben in Freiheit*, 1, 292–303.) Die Starre eines arteigenen angeborenen Schemas verschmilzt beim Phänomen der Prägung in einer bestimmten sensiblen Phase mit einem konkreten Gegenüber, etwas Kollektives verknüpft sich mit etwas Individuellem, etwas zeitlos Gültiges legt, wenn man so will, den Raum einer einzelnen «geschichtlichen» Erfahrung fest. Ein berühmt gewordenes Experiment, das Konrad Lorenz mit gerade geschlüpften Küken von Graugänsen machte, führte zum Beispiel zu dem Ergebnis, daß die Jungtiere in einer relativ kurzen Zeit nach ihrer Geburt und *nur* in dieser Zeit sich demjenigen Etwas anschließen, das sich vor ihren Augen hin und her bewegt und ein piependes Geräusch von sich gibt; zeit ihres Lebens spielt dieses Etwas, gleichgültig ob ein Mensch, eine Pendeluhr oder eine «richtige» Gänsemutter, die Rolle des Elterntiers. (Vgl. Konrad Lorenz: *Er redete mit dem Vieh, den Vögeln und den Fischen*, 84–95.)

Ein anderes Beispiel zu dem Paarungsverhalten von Tieren: Ein Fischreiher, der in Balzstimmung kam, begann recht ungestüm seinen Pfleger zu umwerben – das Experiment mußte als fürs weitere undurchführbar in diesem Stadium abgebrochen werden; die Erkenntnis aber, die es vermittelte, reicht weit: Offenbar gibt es im Tierreich, weit zurück in der Stammesgeschichte der Wirbeltiere, «liebeanaloge Verhaltensweisen» (objektiv) und «liebeanaloge Gestimmtheiten» (subjektiv), die der engen, womöglich lebenslänglichen Bindung unter Individuen dienen, während sie gleichwohl noch gänzlich in den Mustern einer schematischen, also überindividuellen Wahrnehmung verbleiben. Das Individuum spielt hier eine Rolle nur als der zufällige Träger des mit ihm verknüpften affektiv stark besetzten Wahrnehmungsschemas. Es widerspricht allem Sprachgefühl, auf eine solche Situation das Wort «Liebe» anzuwenden, und doch läßt sich nicht leugnen, daß die Liebe unter uns Menschen keinesfalls frei ist von vergleichbaren «Schematismen der Wahrnehmung».

Die Psychoanalytiker geben sich sicher, daß auch wir Menschen in den ersten Tagen und Monaten unseres Lebens eine Fülle von Eindrücken in uns aufnehmen, die eine «prägende Kraft» für unser ganzes weiteres Leben besitzen. Soeben noch sprachen wir zum Beispiel von der psychoanalytischen Einsicht in die Mechanismen der *Übertragung*, die das Gefüge der Liebe zwischen zwei

Menschen geradezu verheerend heimsuchen können, indem der eine in dem anderen *unbewußt* seine eigene Mutter, seinen eigenen Vater sucht, flieht, fürchtet, ersehnt, wiederzufinden glaubt..., und immer wieder bleibt er gebunden an das Ensemble von Gefühlen, in das er als Kind schon hineingeführt wurde. Da sind die eigenen Elterngestalten bereits als «Schemata» menschlicher Erfahrung, als *«imagines»*, wie C. G. JUNG sich ausdrückte (*Über den Archetypus*, 1936, GW 9/1, 66–87, S. 77), *verinnerlicht* worden.

Aber noch mehr.

Der Schweizer Tiefenpsychologe stellte sich zu Recht die Frage, wieso es denn eigentlich dahin komme, daß die Eltern auf ein Kind eine solche «prägende Kraft» auszuüben vermöchten, und er verfiel zur Beantwortung dieser Frage auf einen Gedanken, der weniger der psychoanalytischen Methode als vielmehr der Denkweise der Verhaltensforschung entspricht. C. G. JUNG nämlich argumentierte, die Macht der Eltern beruhe weder auf der bloßen Hilflosigkeit und Abhängigkeit eines kleinen Kindes noch auf der besonderen Vortrefflichkeit oder Schrecklichkeit der tatsächlichen Personen von Vater und Mutter, sie gründe vielmehr auf einem angeborenen Erwartungsbild von dem, was eine Mutter oder ein Vater für ein Kind ist beziehungsweise zu sein hat; auch umgekehrt, im Erleben einer Frau, die ein Kind zur Welt bringt, finden sich zahlreiche angeborene Steuermechanismen, die sie auf ihre Rolle als Mutter vorbereiten. Mit einem «archetypischen» Bild des Mütterlichen, meinte deshalb JUNG, komme ein Kind bereits auf die Welt, und dieses Bild sei weit größer als die einzelne individuelle Person, auf die es in gegebener Situation übertragen werde. (*Die psychologischen Aspekte des Mutterarchetypus*, 1939, GW 9/1, 91–123.)

Erst nach und nach müssen wir demnach lernen, daß unsere Mutter, unser Vater keine Göttin, kein Gott, mithin nicht allmächtig ist, daß die Geliebte, der Gatte nicht unsere Mutter, nicht unser Vater ist und daß auch wir selber unsere sozialen Rollen nicht als göttliche Ermächtigungen verstehen können; doch wann eigentlich, mag man unter diesen Umständen sich fragen, sind wir in unserer individuellen Biographie überhaupt fähig, einen anderen Menschen, gerade wenn wir ihn «lieben», als Individuum wahrzunehmen?

Wie schwer es ist, Individuelles als solches wirklich wahrzunehmen, können noch einmal die eiszeitlichen Venusstatuetten und -bilder zeigen.

Gewiß, sie gelten für religiöse Symbole der Fruchtbarkeit; doch muß man nicht wiederum sagen, daß hier ein überindividuelles Schema der Wahrnehmung, diesmal der Gestalt einer Frau, allererst durch die starken Affekte, die es auf sich zieht, zu einem Sinnbild des Göttlichen erhoben wird? Die gebärfreudige, schwangere Frau wird hier dargestellt mit allen Attributen sexueller Begehrlichkeit, wohingegen die Beine, die Arme, alles Selbständige, alles Eigenhändige, das Gesicht zumal, ihr vollkommen fehlt. Ein kunstvoll geflochtener siebenfacher Haarkranz schmückt das Haupt der Venus von Willendorf, so daß manche Forscher darin schon die Andeutung eines Mondkalenders erblicken wollten, doch Augen zum Sehen, einen Mund zum Sprechen hat diese Frau, dieses *Symbol* einer Urfrau, (noch) nicht. (Vgl. Farbtafel 3.) Wohl, man trug damals Scheu, ein menschliches Antlitz zu malen, und doch drückt in dieser Kunst sich eine Sichtweise aus, die einer einzelnen Person im ganzen nur ihre soziale Rolle, ihre biologische Funktion zuerkennt. Da ist eine Frau, und ist doch nichts als Mutter. Bis in die Gegenwart hinein, in vielen Kulturen und Religionen, wird sich diese Sehweise erhalten: eine Frau gilt für gerad so viel wert, wie sie an Kindern hervorbringt – darin liegt ihr Daseinszweck; nicht die persönliche Entfaltung – die Weitergabe des Lebens zum Überleben aller, die Fülle der Kinder bildet die Aufgabe und die Erfüllung eines solchen Daseins.

Liebe?

Man wird einer solchen Lebensanschauung die Erfahrung starker Gefühle der Zuneigung zwischen Mann und Frau wohl kaum absprechen können, doch wieder geht hier alles Individuelle zwischen den Individuen in den Zwecksetzungen des Allgemeinen wie bedeutungslos unter. Ein Trick der Natur – mehr scheint, was wir Liebe nennen, auf dieser Stufe des Geistes noch nicht zu sein.

Bei den Tieren sind wir gewohnt, solche Verhältnisse für normal anzusehen, und doch unterschätzen wir sie – sie sind uns weit ähnlicher, als wir denken! Wohl, für viele Arten ist der Akt der Paarung identisch mit dem Ende des Lebens: Ein Krake stirbt, sobald für die befruchteten Eier nach einmonatiger Brutzeit genügend gesorgt ist (L. v. SALVINI-PLAWEN: *Die Kopffüßler,* in: Grzimeks Tierleben, Bd. 3, 189–225, S. 218), Lachse verenden zu vielen Tausenden, sobald sie zum Laichen an den Ort ihrer Geburt zurückgekehrt sind – ihr Lebenskreis hat sich geschlossen. Da ist das «Individuum» nichts weiter als ein Organismus aus Körperzellen, einzig dazu bestimmt, die eingelagerten Keimzellen zu schützen und zu gegebenem Zeitpunkt auszustreuen – ein bloßer Übergang, eine flüchtige Welle im Strom des Lebens. Ganz so dachte noch SIGMUND FREUD, als er über die Triebanlagen des Menschen zwischen Leben und Tod, zwischen Eros und Thanatos nachsann. (*Jenseits des Lustprinzips,* XIII 2–69. Kap. 6,46–66.) Und doch läßt sich schon bei vielen Tieren, bei Vögeln, bei Säugern, bei Affen, den Menschenaffen zumal, die Beobachtung treffen, daß ihnen die «Sexualität» keinesfalls die Mitte, das Ziel und das Ende des Lebens bedeutet. Zweifellos lassen sich ihre Verhaltensweisen immer noch als Strategien zur Sicherung des Artenerhalts interpretieren, aber es läßt sich nicht länger übersehen, ein wie hoher Eigenanteil jetzt auf Aktivitäten wie Nahrungssuche, Revierverteidigung, Fellpflege, soziale Kommunikation, Spielen und Ausruhen entfällt, auf Tätigkeiten also, die wesentlich dem Selbsterhalt, dem individuellen Wohlbefinden, ja, der Lust am Leben zugute kommen. Und nicht zuletzt: der Paarbindung um ihrer selbst willen!

Gerade soeben (23. Mai 1997) meldet die Ortszeitung (*Neue Westfälische*, Paderborn) von einer Beinahe-Tragödie unter zwei Dackeln: Die Tiere waren unter anderen lange Zeit als Zuchtmaschinen zur gewinnträchtigen Produktion von Welpen mißbraucht und in engen, verdreckten Verschlägen gehalten worden, wie sie für die «Massentierhaltung» charakteristisch sind. Daraus endlich hatte man die abgemagerten, mit Wunden übersäten Tiere befreit und tierärztlich betreut, doch ein Langhaar-Dackelrüde machte die größten Schwierigkeiten: Er verweigerte die Nahrung, bekam in fünf Tagen drei Kreislaufzusammenbrüche und wollte ständig fort; unterdessen heulte seine «Frau» in der alten Pflegestelle tage- und nächtelang … Können Tiere deutlicher zeigen, daß sie *mehr* sind als «Sexualpartner»?

In diesen Zusammenhang gehört, was wir als *Liebe* bezeichnen! Es ist ein Wort, das nur sinnvoll ist für denkende Säugetiere, wie wir es sind. Hätte die Evolution nicht vor Jahrmillionen schon die geschlechtliche Vermehrung erfunden mit all den ausgeklügelten Formen der Balz und der Werbung sowie der Ausschaltung möglicher Konkurrenten (vgl. R. Omphalius: *Planet des Lebens,* 123–131), hätte sie nicht des weiteren bei den Säugetieren eine vielmonatige Beziehung zwischen Mutter und Kind eingerichtet (vgl. Alison Jolly: *Die Entwicklung des Primatenverhaltens,* 174–202: Mütter und Kinder), und hätte sie nicht schließlich auf einer recht frühen Stufe der Hominisation bereits die Rolle des väterlichen Partners zum Schutz und Erhalt dieser Beziehung noch alldem hinzugefügt – der Begriff «Liebe» besäße schlechterdings keinen Sinn. Sein Inhalt setzt sich zusammen aus all diesen Elementen: der Lebenssteigerung, des Begehrens, der Suche nach einer notwendigen Ergänzung in einem anderen, des Willens, den anderen zu pflegen und zu schützen, des Verlangens nach einer Gemeinsamkeit, die, so gut es geht, sich auf Dauer gestellt sieht, und vor allem: der wachsenden Wahrnehmung des anderen in seiner Eigenart.

An dieser Stelle beginnt in der Tat etwas aufregend Neues und jetzt ganz Entscheidendes. Es ist ja nicht nur, daß aus der wechselseitigen Fellpflege bei Tieren das zärtliche Streicheln der nackten Haut eines menschlichen «Sexualpartners» hervorgeht, daß das Vorkauen schwer verdaulicher Nahrung für ein Jungtier sich zu dem innigen «Vorspiel» des Küssens ausgestaltet oder daß die schützende Umarmung einer Mutter, die ein Junges bei sich trägt, sich in das verlangende Aneinanderschmiegen zweier Liebender verwandelt; wesentlich ist, daß an dieser Stelle die Natur über sich selber hinauswächst.

Vorhin, bei der Erfahrung der *Leere,* waren wir auf eine Konzentrationsleistung des menschlichen Geistes verwiesen, in welcher die gesamte Welt sich virtuell selber aufhebt: in der Haltung der Meditation tritt der Mensch aus der Welt heraus, kehrt in sich ein, geht hinter die «Schöpfung» zurück. Jetzt aber trägt die Natur in ihrer eigenen Mitte den Menschen über sich selber empor und lehrt ihn ein Fühlen und Denken jenseits all ihrer eigenen Zwecke. Sie bringt das Kühnste hervor, das sie auf diesem Planeten bisher hervorzubringen vermochte: den äußersten Widerspruch zu sich selbst. Für SIGMUND FREUD mochten Eros und Thanatos noch als die beiden großen Antagonisten der Natur selber erscheinen; doch sobald der Trieb, der allem zueigen ist, einen Einzelnen als einzelnen wirklich berührt und sieht ihn als «Zweck an sich selbst», da formt sich die Libido selber zur Liebe und betritt eine Sphäre, so absolut, wie vorhin in der Erfahrung der Leere, nur jetzt gefüllt und erfüllt in einem beseligenden Rausch des Geschenks wechselseitiger Einzigkeit und Einmaligkeit. Denn das gerade ist idealtypisch *Liebe:* die Auszeichnung eines Einzelnen als des Wesens, dem eine unbedingte Bedeutung zukommt.

Das brahmanistische Ramayana-Epos (vgl. *Das Ramayana des Valmiki,* ins Deutsche übertr. v. C. Schmölkers, 1981, gekürzt; der hier zitierte Abschnitt, V 35–36, ist nicht enthalten) erzählt einmal, wie ein Bote (sc. der Affe Hanuman) zu der Prinzessin Sita kam, «als sie, gewaltsam von ihrem Gatten getrennt», in dem Palast des bösen Ravana «ihr trauriges Geschick» beklagte; der Bote brachte ihr «einen Ring von ihrem geliebten Ramachandra selbst». Und allein «der Anblick des Ringes» überzeugte Sita, «daß die Nachrichten, die er ihr brachte, wahr waren». RABINDRANATH TAGORE (*Sadhana,* 82–83) deutet diese Szene als ein Bild für die Situation des Menschen inmitten der Welt, «umgeben von Glanz und Prunk..., Ravanas goldener Stadt vergleichbar; da aber kommt eine Botschaft wie von einem anderen Ufer» und flüstert uns ins Ohr: «Ich bin gekommen. ER hat mich gesandt. Ich bin der Bote des Schönen, des Einen, dessen Seele die Seligkeit der Liebe ist. Er hat eine Brücke zu dieser Insel der Einsamkeit geschlagen, und er hat dich nicht vergessen und wird dich sogar jetzt erretten. Er wird dich an sich ziehen und sich zu eigen machen. Diese Welt des Scheins wird dich nicht auf ewig in Knechtschaft halten.» «Wir erkennen, daß der goldene Palast, in dem wir leben, nichts mit uns zu tun hat – unsere Erlösung ist draußen, und dort findet unsere Liebe ihre Vollendung und unser Leben seine Erfüllung» (82).

Es ist nicht länger mehr, daß sich ein liebender Mensch aus der Welt fortsehnt, wie es in der Stille der Leere der Fall war. Der Liebende entdeckt vielmehr die Welt noch einmal auf andere Weise. Er nimmt die Leere der «Zwecklosigkeit», die ihn in einem ersten Schritt aus der Welt herausführte, jetzt in die Welt hinein und findet sie wieder in der Zwecklosigkeit dieses Einen, den er liebt. Auch der Liebende sehnt sich nach Einsamkeit, doch seine Einsamkeit ist eine ständige Zweisamkeit. Noch sieht er vor sich das Spiel der Verlokkungen der Sinne, er vernimmt nach wie vor die vielfältige Signalsprache der «olfaktorischen», «optischen», «akustischen» und «taktilen» «Reize», unter welchen Bezeichnungen die Werbemittel der Liebe von den Verhaltensforschern und Neurologen immer genauer erforscht werden; und doch hat R. TAGORE recht, wenn er, in der Verbindung mit einem wirklichen Gefühl der Liebe, in all dem einen reinen Ausdruck von Poesie und Glück erkennt. «Was in der Natur», schreibt er, «für die Biene nur Farbe und Duft ist und Zeichen und Flecken, die den richtigen Weg zum Honig zeigen, das ist für das Menschenherz Schönheit und Freude, ohne die Fesseln der Notwendigkeit. Sie bringen dem Herzen einen Liebesbrief, der mit vielfarbiger Tinte geschrieben ist. – Ich sagte ..., daß die Natur, wie geschäftig und tätig sie auch nach außen hin sein mag, im Menschenherzen ein geheimes Kämmerlein hat, wo sie frei ein- und ausgehen kann ohne irgendeinen Arbeitsplan. Dort verwandeln sich die Feuer ihrer Werkstatt in festliche Lampen, und ihr Fabriklärm hört sich an wie Musik. Die eiserne Kette von Ursache und Wirkung dröhnt laut draußen in der Natur, aber im Menschenherzen scheint ihr reines Entzücken wie die goldenen Saiten einer Harfe zu erklingen.» «Äußerlich ist die Natur geschäftig und rastlos, innerlich ist sie nur Schweigen und Friede. Auf der einen Seite arbeitet sie schwer, auf der anderen erfreut sie sich der Muße. Wenn man ihre Erscheinungsform von außen sieht, dann sieht man nur ihre Knechtschaft, aber in ihrem Herzen ist grenzenlose Schönheit. – Und der Seher sagt: ‹Aus Freude sind alle Wesen geboren, Freude erhält sie, der Freude wandern sie entgegen und gehen schließlich in sie ein›» (83).

Freilich, man übersähe die *Revolte* (A. CAMUS), welche die Liebe bedeutet, wollte man in ihr *nur* so etwas sehen wie die Entdeckung der anderen, verborgenen Seite der Wirklichkeit. Sie selber, muß man vielmehr sagen, erschafft überhaupt erst dieses *Gegenbild* zu einer Welt, in welcher die Lust der Libido von Hause aus nichts weiter war und sein sollte als ein – mit SCHOPENHAUER gesprochen – kurzzeitiges Mittel, um die Lebewesen wie blind in die Falle eines langzeitigen Leidens zu locken.

Gott oder: Die Allverbundenheit der Schöpfung

Denn worum geht es jetzt?

In der Erfahrung der Leere löste sich die Fragwürdigkeit der Schöpfung auf, indem das fragende Ich selber sich aufhob in eine tiefere, weltunabhängige, weil weltübersteigende Einheit und Geborgenheit. Jetzt aber, mit der Entdeckung der Liebe, betreten wir eine neue Sphäre der «Zwecklosigkeit», welche als Anspruch die ganze Welt betrifft. Immer bisher in der Theologie galt die Frage der Schöpfung der erklärenden Herleitung der Tatsache, *daß* die Welt ist und daß sie so ist, wie sie ist. In der Sprache M. HEIDEGGERS: man unterlegte «dem Ontologischen Ontisches» (*Sein und Zeit,* § 20, S. 94), man verwechselte die Frage nach dem Sinn des Seins (die Ontologie) mit dem Aufzählen «seiender Bestimmtheiten» und versuchte so das Unmögliche: das Sein selbst «*als Seiendes* zugänglich» zu machen; man betrieb eine «Onto-Theologie», als deren notwendiger Hauptwiderspruch die Theodizeefrage in Erscheinung trat. Wie aber, wenn die «Begründung» des Seienden nicht durch eine noch so rationale Ableitung aus einem «allervollkommensten Seienden» (dem «ens perfectissimum») zustande kommt, sondern durch ein weit ursprünglicheres «Sich-Verhalten», in welchem die Gottesfrage allererst ihre Eigenart und ihre Dringlichkeit erfährt?

Niemand, so darf man für sicher behaupten, fragt nach Gott so, wie es die «theologische» «Ausbildung» und dementsprechend die Schriftgelehrsamkeit ihrer Adepten die Menschen glauben machen will: um zu erkennen, warum etwas ist und nicht vielmehr nichts. Die erste Frage der Menschen gilt nicht dem Grund des Seienden, sondern dem Sinn von Sein überhaupt. Was denn will jemand sagen, wenn er erklärt, daß er an Gott nicht glaube, nicht glauben könne? Was bisher nur hat er unter «Glauben an Gott» verstanden? Ließe sich seinem «Glaubenszweifel» oder «Unglauben» Einhalt tun, indem man ihm entlang den klassischen fünf Wegen der Gottesbeweise des «heiligen» THOMAS VON AQUIN das Dasein Gottes als des «Seins des Seienden» demonstrieren wollte? Ließe sich «seelsorglich», psychotherapeutisch – ließe sich *menschlich* überhaupt ein unsinnigeres Vorgehen denken?

Eine Frau liegt auf dem Krankenbett und ringt mit dem Tode. Ihr Leben lang, allen «Anfechtungen» zum Trotz, hat sie sich bemüht, eine gute «Christin» im Kirchensinne zu sein; doch jetzt, mit einem Mal, zum Entsetzen oder doch zur Verwunderung ihrer engsten Angehörigen, stammelt sie immer wieder: «Es ist gar kein Gott. O Gott, da ist gar kein Gott! Wie könnte er sonst mich so leiden lassen?»

«Du *mußt* aber doch glauben, gerade jetzt», wird in aller Regel die Antwort der «Frommen» lauten. Aber sie mißverstehen wie absichtlich, wonach die Frage dieser Leidenden, dieser Sterbenden geht. «Ich fühle mich so allein. Ich versinke, und es gibt keine Hand, die mich trägt. Mein Leben vergeht, und ich weiß nicht, wofür ich überhaupt war. Alles ist so schrecklich leer, mein ganzes Dasein so wertlos. Ach, wofür hat es mich denn gegeben?» *Dies,* ein Gefühl völliger Unbedeutendheit, weil *Ungeliebtheit,* steht hinter dem mangelnden «Glauben» an «Gott». «Ich glaube nicht an Gott» – das bedeutet für gewöhnlich so viel wie: «Ich komme mir vor wie ein Blatt im Wind – es diente eine Weile dem Baum des Lebens zur Regeneration, bis jetzt der Herbststurm es fortträgt und die Wurzeln des Baumes es dazu verwenden, von neuem, im kommenden Frühling, Blätter zu bilden.» Es bedeutet so viel wie die Aussage: «Es gibt mich, und es gibt mich doch nicht. Ich bin nur da als ein Übergang, als ein Etwas, das bald schon vergeht. Niemand hat mich gefragt, ob ich sein will, und niemand wird nach mir fragen, wenn ich nicht mehr sein werde. Da war etwas und ist doch, wie wenn es nie gewesen wäre.»

«Aber die Anhänglichkeit deiner Angehörigen, die Dankbarkeit deiner Kinder, die Fürsorge der Menschen, für die du da warst, die Treue deines Hundes, der an deinem Bett wacht, die Trauer all derer, die dich begleiten» – was von diesen üblichen Hinweisen vermag einer solchen Daseinsnot standzuhalten? Wenn irgend etwas von all den «Tröstungen» und «Zusprüchen» Sinn machen soll, so einzig, wenn es gelingt, dem von Gott und aller Welt verlassen sich Fühlenden etwas von der unzerstörbaren *Bedeutung* seiner Person zu vermitteln: Er ist *nicht* umsonst, er ist *nicht* ein bloßes Austauschprodukt im Energiehaushalt der Natur, er hat dieser Welt etwas zu sagen (gehabt), das nur durch ihn zur Welt kommen konnte ... Nur wenn es *gut* ist und war, daß es ihn gibt, wird er die *Güte* der Welt zu glauben vermögen; nur wenn sein Leben eine eigene Bedeutung besitzt, wird er einer religiösen Deutung der Welt als einer göttlichen «Schöpfung» zustimmen können.

Nie und niemals richtet die Frage nach Gott sich auf das «Sein des Seienden» als solches, sie geht in der beschriebenen Weise stets und wesentlich auf den Sinn des eigenen Daseins. Keine Herleitung aus dem Gefüge des Seienden kann und darf auf diese Frage antworten, denn jede Antwort solcher Art bliebe stehen in dem Zweckzusammenhang bestimmter Verwendungen; kein Mensch aber will und sollte gelebt haben, um sich «im Dienste des Vaterlandes», «im Dienst der Partei», «im Dienst für die Firma» oder für irgendein anderes «Ziel» «geopfert» zu haben ...

Die Frage nach Gott ist in Wirklichkeit die Frage einer *absoluten* Selbstvergewisserung. Nie wird sie sich zufriedengeben mit dem vorgeblichen «Nutzen», den es doch – vielleicht – gehabt hat, auf der Welt (gewesen) zu sein, denn eben: gerade *kein* bloßes Mittel zu anderem, sondern ein *Zweck an sich selbst* (gewesen) zu sein, ist die alles entscheidende Bestätigung, auf welche diese Frage, diese *Infragestellung* der Welt im ganzen zielt, und sie läßt sich nur beruhigen durch die Versicherung und Zusicherung einer *absoluten Bedeutung* im eigenen Dasein. Eine solche Versicherung absoluter Bedeutung aber schenkt einzig *die Liebe.* Nur sie kann dem anderen sagen: «Dich *muß* es geben – in meinen Augen; denn du bedeutest mir *alles.* Du bist für mich das Gegenüber, in dem ich selbst erst die Bedeutung und den Sinn meines eigenen Lebens entdecke. Du bist es, durch den ich mein Dasein allererst als Geschenk empfinde. Es macht mich froh, sein zu dürfen, seit es *dich* für mich gibt.»

Nur die Liebe wird sprechen, wie Rabindranath Tagore es in seinem unsterblichen Gedichtband *Der Gärtner* (Nr. 31, S. 41) getan hat:

> Mein Herz, ein Vogel der Wildnis, hat seinen Himmel
> gefunden in deinen Augen.
> Sie sind die Wiege des Morgens, sie sind das Königreich
> der Sterne.
> Meine Lieder sind verloren in ihren Tiefen.
> Laß mich nur in jenen Himmel schweben, in seine
> einsame Unendlichkeit.
> Gib mir Halt an seinen Wolken, daß meine Flügel
> sich entfalten im Scheine deiner Sonne.

Allein das Gefühl der Liebe ist es, das einen einzelnen Menschen als eine Erscheinung des Göttlichen umfängt, indem es ihm selbst das Empfinden für den unvertauschbaren Wert und die wahre Bedeutung seines Daseins verleiht. An sich selber zu glauben als an etwas Berechtigtes, Bedeutendes, Sein-Sollendes, Erwünschtes vermag nur ein Mensch, der selber sich als wünschenswert, ja, als unentbehrlich in den Augen eines anderen erlebt. Nur die Liebe ist es deshalb, die einen anderen als etwas Göttliches wahrnimmt und es ihm damit ermöglicht, an einen Gott zu glauben, der selber die Liebe ist.

Eine solche «Glaubensbegründung» ist alles andere als «rational». Sie ist eine Mischung aus hellsichtiger Wahrnehmung und sehnsüchtiger Projektion; doch gerade indem beides miteinander verschmilzt, entsteht das Ungeheuere, das wir Menschen als «Liebe» bezeichnen. Noch einmal Rabindranath Tagore; – er sagt (*Der Gärtner,* Nr. 59, S. 71) ganz richtig:

Du bist nicht nur das Werk der Hände Gottes, Weib,
auch das der Männer; aus den Tiefen ihres Herzens
schenken sie dir immer neue Schönheit.
Dichter weben dir ein Kleid aus Fäden goldner
Phantasie; Maler verleihen dir immer neue
Unsterblichkeit.

Das Meer schenkt seine Perlen, ihr Gold die Minen,
die Sommergärten ihre Blumen, dich zu schmücken,
zu umhüllen, dich immer kostbarer zu machen.
Der Männer Sehnsucht streut über deine Jugend
Glanz. Halb bist du Frau – halb Traum.

Und umgekehrt: von der Frau zum Manne her gesprochen, natürlich ganz genauso!

Die Entdeckung der Liebe ist nicht anders vorstellbar denn als eine «mystische», denn als eine Gottesbegegnung. Nichts in der Welt «müßte» sein; alles in ihr basiert *erkennbar* auf der Nicht-Notwendigkeit eines erschreckenden Zufalls, einer Kontingenzlücke, die keine «Metaphysik» zu schließen vermag. Die Liebe aber nimmt uns bei der Hand und steigt mit uns immer tiefer und tiefer hinab, über alle Stufen des Hoffens und Verzweifelns hinweg, bis zu jenem Punkt, von dem allein her alles sich begründet. Dieser Punkt wird uns nur verständlich durch die Liebe, und so ist für uns das Gefühl der Liebe das Göttliche selbst. «Die besondere Haltung, welche Indien in seiner Religion hat», schreibt R. TAGORE (*Die Religion des Menschen,* 46–47), «wird im Wort Yoga deutlich, das bedeutet: Einung bewirken. Einung hat ihre Bedeutung nicht im Bereich des *Habens,* sondern in dem des *Seins*... Einige Religionen, die sich mit unserer Verwandtschaft mit Gott befassen, sichern uns Belohnung zu, wenn diese Verwandtschaft erhalten bleibt. Dieser Lohn hat objektiven Wert. Er zeigt uns einen Grund außer uns selbst, diese vorgeschriebenen Pfade zu wandeln. Wir haben solche Religionen auch in Indien. Aber alle Religionen, welche ein höheres Niveau erreichen, streben nach ihrer Erfüllung in der Vereinigung mit ... der höchsten Wirklichkeit des Menschen, die göttlich ist.» «Einst schaute der Mensch das Unendliche im All-Licht und brachte der Sonne seine Verehrung dar. Auch dem Feuer widmete er verehrend seine Opfergaben. Dann fühlte er das Unendliche im Leben, das heißt in der Zeit nach ihrer schöpferischen Seite und sagte: ‹... alles, was da ist, kommt aus Leben und schwingt in ihm› ... dann drang er tiefer in sein Wesen ein und sagte:

‹Das Unendliche ist die Liebe selbst› ... Seine Religion, die in seiner Verwirklichung des Unendlichen besteht, begann ihre Reise von einem unpersönlichen Dyaus, dem *Himmel,* in dem sich das Licht offenbarte; dann kam er zum *Leben,* welches die Kraft der Selbstschöpfung in der Zeit darstellte; und endete im Purushah, der *‹Person›,* in der zeitlose Liebe wohnt. Sie sprach ... ‹erkenne ihn als die Person, die verwirklicht werden soll› ... ‹das ist das göttliche Wesen, der Weltwirker, der die große Seele ist, die ewig eingeborgen in den Herzen aller Menschen wohnt›.»

Tagore fährt (76) fort: «darum ruft der vedische Dichter in seinem Liede an die Sonne: ‹Du, die unsre Erde nährt, die alleine wandelt, nimm, o Sonne, deine Strahlen hinweg, enthülle mir deine übergroße Schönheit und laß mich erkennen, daß die Person, die dort ist, der Eine ist, der ich selber bin.›» Und er begründet diese *Alleinheitslehre der Liebe* mit der Entwicklung der Religionsgeschichte selbst (77): «Die kosmische Gottheit entwickelte sich zu einer unpersönlichen Idee; das Physische wurde eine metaphysische Abstraktion ... (Doch:) Wie befriedigend diese Idee als das unerkennbare Prinzip, das alle nicht-persönlichen Erscheinungen auf sich bezieht, auch sein mochte – es ließ den persönlichen Menschen in einer Leere der Verneinung ... Religion suchte (indessen von jeher) den höchsten Wert des menschlichen Daseins in diesem Selbst ... er (sc. der Mensch) sagte: ‹Nichts ist größer als die Person; sie ist das höchste, sie ist das letzte Ziel.›»

Was also geschieht bei dieser «Begründung» des Seins durch die Liebe? Es ist wie ein Längsschnitt durch die Achse der Entfaltung des religiösen Bewußtseins auf der Stufe ihrer höchsten Entfaltung, in *Indien,* wenn Tagore die Mystik der Einheit des Seins hinüberträgt in die Mystik der Einheit der Person. *Bhakti-Yoga* nennt es der Hindu, doch gilt es ihm als die Stelle, an welcher es möglich wird, in wörtlichem Sinne der «Inkarnation» des Göttlichen inne zu werden.

«Unsere menschliche Körperlichkeit und Natur», meinte Swami Nikhilananda, der einstige Führer des Ramakrishna-Vivekananda Centers in New York, in seiner Abhandlung *Der Hinduismus* (112–113), «läßt uns Gott in einem Menschen suchen. (Denn) so sehr wir uns auch bemühen, Ihn uns als allmächtig, allwissend, ewig und unendlich vorzustellen, es gelingt uns nicht, mit unserem begrenzten Verstand ein zulängliches Bild von Ihm zu formen ... in der Zwischenzeit können wir Gott nur denken durch ein menschliches Symbol» – den «Gottmenschen» zum Beispiel, Krishna, Buddha, Christus – oder eben: durch den einen *wesentlichen* Menschen an unserer Seite.

Wichtig «in der Übung der wahren Gottesliebe», ergänzt Nikhilananda, ist «der Begriff des... Erwählten Ideals... Eine wichtige Forderung des Bhakti-Yoga besteht darin, daß der Gottesverehrer die Glaubensinhalte der anderen Sekten nicht hassen und nicht kritisieren darf; er soll auch nicht anhören, daß sie herabgesetzt werden. Der ideale Gottesverehrer ist derjenige, der weitherziges Verständnis und gleichzeitig glühende Liebesfähigkeit besitzt... Das Ziel des Bhakti-Yoga ist es, Weitherzigkeit und Intensität der Liebe zu vereinen... Während alle anderen Religionen nur ein einziges eigenes Ideal aufstellen, öffnet der Vedanta (sc. die Alleinheitslehre des indischen Meisters SHANKARA im 9. Jahrhundert, vgl. H. v. GLASENAPP: *Die Philosophie der Inder*, 110–116) der Menschheit eine unendliche Zahl von Toren zum inneren Schrein des Herrn und bietet der Welt eine fast unerschöpfliche Auswahl von Idealen, von denen jedes eine Manifestation des Ewigen Herrn ist... der wahre Gläubige verhält sich wie die Auster der Hindu-Fabel, die an die Oberfläche des Wassers kommt, um einen Regentropfen einzufangen, und dann auf den Meeresboden sinkt, um dort liegenzubleiben, bis sich eine wunderschöne Perle in ihr gebildet hat» (114).

Sich zu allem zu *öffnen* – und gerade dadurch in sich selbst zu verwurzeln –, eben das lehrt das Bhakti-Yoga, die Lehre von der Einswerdung der Liebe. Da wird ein einzelner Mensch so wichtig, daß sich in ihm die Wände der Welt wie durch ein Fenster zum Himmel hin öffnen, und *alles* wird jetzt so *notwendig* wie jede einzelne Note in einer Symphonie, deren vollendete Schönheit wir zum ersten Mal zu begreifen beginnen. An Gott zu glauben – das ist *identisch* damit, an die Liebe zu glauben, das ist *dasselbe* wie an *die Geliebtheit des eigenen Ichs* zu glauben. Was eben noch in der Mystik der Leere als das zu Überwindende, ja, Täuschende erschien, das persönliche Ich, das wird jetzt in einer gegenläufigen Erfahrung zu dem Zentrum einer neuen und eigentlichen Sinnfindung und -begründung. Jene Aufhebung aller Zwecke in der Entdekkung der Leere wandelt sich jetzt zu der *Absichtslosigkeit* einer Zuwendung, die den Geliebten reinweg um seiner selbst willen in die Aura des Göttlichen stellt. «Je t'adore» – «ich bete dich an» ist nicht zu Unrecht eine im Französischen durchaus übliche Umschreibung für das deutsche «ich liebe dich», «ich verehre dich». Wer denn, wenn er dem anderen sagt: «Du bist mein Ein und Alles», redete *nicht* zu ihm und von ihm in den Begriffen des Göttlichen? Und wer, wenn er so tut, gibt nicht Zeugnis von seiner Überzeugung, daß er in «Gott» die Liebe, sein eigenes Empfinden, selber vergöttlicht?

Doch, mag man einwenden, ist das nicht (fast schon so etwas wie) Gottes*lästerung*? Darf man überhaupt den Menschen, die Liebe zu einem Menschen so hoch bemessen? Alle verfaßte Religion wird hier bereits um ihren Machterhalt fürchten. «Gott muß man *mehr* lieben als den Menschen», wird sie erklären, denn wenn es ein und dasselbe sein könnte, einen Menschen zu lieben und darin Gott, wozu bedürfte es dann noch länger der «Gottesvermittlung» aller möglichen offiziellen «geistlichen» Behörden? Jede Religion der Liebe läßt die Institutionen der Gottesverwaltung als überflüssig, ja, als absurd erscheinen. Und doch ist sie nicht das, wofür die Kritiker des Offiziellen sie gerne erklären: ein bloßer Subjektivismus, Egozentrismus und Romantizismus; im Gegenteil: sie ist die stärkste Kraft der Selbstläuterung. Unausweichlich wird der Liebende wie von selber merken, daß der andere, den er ins Herz geschlossen hat, *kein* «allervollkommenstes Wesen» darstellt, daß er *nicht* Gott ist, sondern nur sein erstes, wichtigstes Gottes*bild,* und daß es darauf ankommt, den *Archetypus* von «Mutter» und «Vater» nach und nach von ihm zu *lösen,* um ihn, als einen «einfachen» Menschen, wirklich so, wie er ist, lieben zu können. Es ist der Schimmer des Göttlichen, der den anderen liebenswert macht, doch indem der andere in seiner Liebe auf Gott *verweist,* braucht er selber nicht länger mehr «Gott» zu sein. Die «Inkarnation» des Göttlichen in der Liebe ist erneut nie anders denn als eine Chiffrensprache menschlicher Reifung zu verstehen, die darin besteht, im Fremden das Eigene zu finden, um im Eigenen die unendliche Sehnsucht nach dem ganz Anderen zu entfalten.

Vor allem der «Egozentrik» sollte man niemals das Bhakti-Yoga verdächtigen. Nichts, ganz im Gegenteil, macht das menschliche Herz derart *weit* wie die Liebe und das beseligende Glück, das sie schenkt.

Eingangs, zur Schilderung des *Leids* an der Welt, haben wir zum Beispiel GOETHES *Werther* zitiert, wie er in der moralisch bedingten *Zurückweisung* seiner Liebe die schmähliche Lieblosigkeit der gesamten Welt«ordnung» entdeckte (s. o., S. 34f.); doch hören wir ihn noch einmal in der «Hochzeit» und Hochgestimmtheit seiner Liebe: – Eintragung vom 10. Mai: «Eine wunderbare Heiterkeit hat meine ganze Seele eingenommen, gleich den süßen Frühlingsmorgen, die ich mit ganzem Herzen genieße. Ich bin allein, und freue mich meines Lebens in dieser Gegend, die für solche Seelen geschaffen ist wie die meine. Ich bin so glücklich ... so ganz in dem Gefühl von ruhigem Dasein versunken, daß meine Kunst darunter leidet. Ich könnte jetzt nicht zeichnen, nicht einen Strich, und bin nie ein größerer Maler gewesen als in diesen Augenblicken. Wenn das liebe Thal um mich dampft und die hohe Sonne an der Oberfläche der undurchdringlichen Finsternis meines Waldes ruht, und nur einzelne Strahlen sich in das innere Heiligtum stehlen, ich dann im hohen Grase am fallenden Bache liege, und näher an der Erde tausend mannigfaltige Gräschen mir merkwürdig werden; wenn ich das Wimmeln der kleinen Welt zwischen den Halmen, die unzähligen, unergründlichen Gestalten der Würmchen, der Mücken näher an meinem Herzen fühle, und fühle die Gegenwart des Allmächtigen, der uns nach seinem Bilde schuf, das Wehen des Alllieben- den, der uns in ewiger Wonne schwebend trägt und erhält. Mein Freund, wenn's dann um meine Augen dämmert, und die Welt um mich her und der Himmel ganz in meiner Seele ruhen wie die Gestalt einer Geliebten; dann sehne ich mich oft und denke: Ach! könntest du das wieder ausdrücken, könntest du dem Papier das einhauchen, was so voll, so warm in dir lebt, daß es würde der Spiegel deiner Seele, wie deine Seele ist der Spiegel des unendlichen Gottes! … Aber ich gehe darüber zu Grunde, ich erliege unter der Gewalt der Herrlichkeit dieser Erscheinungen.»

Die «Gegenwart des Allmächtigen» ist hier ganz und gar gebunden an dieses Alleinheitsgefühl der Liebe, das, indem es sich über das Geringste wie über das Höchste auswirft, sich selbst wiederfindet in einer Kraft, der es sich gänzlich verdankt. Die Liebe *in* und *zu* den Kreaturen – welch eine Wandlung der Welt!

Stets hat die «christliche» Theologie, in äußerst betrüblichem Gegensatz zu der Spiritualität der Inder, das Gefühl der Liebe wesentlich dem Menschen vorbehalten und *den Tieren* rundum abgesprochen, geschweige denn, daß in ihr eine wirkliche Liebe *zu* den Tieren als Teil einer umfassenden Weltfrömmigkeit oder Sittlichkeit in Erscheinung getreten wäre. Tatsächlich aber haben wir vorhin noch gesehen, daß schon bei den Tieren, Vögeln wie Säugern, die innigsten Gefühle der Zuneigung zwei Wesen miteinander verbinden können, die keinesfalls der Weitergabe von «Geschlechtszellen», sondern der Verbundenheit an sich selber gelten. Tiere sind halt, wie HEINROTH sich ausdrückte, «Gefühlsmenschen mit äußerst wenig Verstand» (zit. nach K. LORENZ: *Das sogenannte Böse,* 298); ihnen *verdanken* wir allemal erst, was wir an Gefühlen auch der Liebe in uns tragen. Was also läge näher, als sie in das Feld der Liebe *miteinzubeziehen,* statt sie zu Objekten eines bloßen Herrschaftswissens zu erniedrigen und in der brutalsten Weise nach den Gesetzen des «Marktes» auszubeuten?

Man vergleiche nur, um den Kultur*unterschied* festzustellen, mit unserer «christlich» abendländischen Geisteshaltung eine kleine Betrachtung aus TAGORES *«Gärtner»* (Nr. 78, S. 93):

> Mai war's. Der schwüle Mittag schien unendlich lang, und in der Hitze schmachtete die dürre Erde.
> Da hörte ich vom Fluß her eine Stimme rufen: «Komm her, mein Liebling.»
> Ich schloß mein Buch und schaute aus dem Fenster.

> Mit ruhigen, geduldigen Augen stand ein großer Büffel lehmverkrustet nah am Fluß, und knietief im Wasser stand ein Junge, der ihn herein zur Schwemme rief.
> Ich lächelte beglückt, ein Hauch von Zärtlichkeit berührte mich.

Wer zu einer solchen Zärtlichkeit und Freude gegenüber *allem* Lebenden sich außerstande zeigt, der kann nicht Gott im Herzen tragen.

Was aber, noch einmal gefragt, meint dann das Wort: «Gott schuf *die Tiere»?* oder: «Gott erschuf *den Menschen* nach seinem Bilde»?

Sätze wie diese, so wissen wir jetzt, bieten keine «ontische» Erklärung des faktisch Vorhandenen, doch tragen sie dazu bei, eine gültige Welt*sicht* für das menschliche Leben zu begründen. Wer etwa sagt: «Ich glaube, Gott hat die Tiere ‹erschaffen›», der will nicht sagen: «Jetzt weiß ich, warum es (die) Tiere gibt», er sagt vielmehr, daß für ihn auch und gerade die Tiere in der Sphäre einer unbedingten Liebens*würdigkeit* stehen, daß sie, wie in dem wunderbaren biblischen Mythos vom *Paradies,* als Gegenüber einer gesprächesuchenden Liebe uns «zugeführt» sind (Gen 2,19) und daß es ihnen nicht gemäß sein kann, sie als ein «Es» – als eine Sache, als eine Ware, als einen Forschungsgegenstand – zu «behandeln».

Sehr schön hat MARTIN BUBER (*Ich und Du,* 1957, in: Werke I, 77–170) die *Es-Welt* als die Sphäre der Ursächlichkeit, der Notwendigkeit und der Zwecksetzung von der *Du-Welt* personhafter Begegnung unterschieden und in die letztere ausdrücklich auch die Tiere miteinbezogen: «Ich sehe», schrieb er, «zuweilen in die Augen einer Hauskatze ... Diese Katze begann ihren Blick unbestreitbar damit, mich mit dem unter dem Anhauch meines Blickes aufglimmenden zu fragen: ‹Kann das sein, daß du mich meinst? Willst du wirklich nicht bloß, daß ich dir Späße vormache? Gehe ich dich an? Bin ich dir da? Bin ich da? Was ist das da von dir her? Was ist das da um mich her? Was ist das an mir? Was ist das?!› ... Da war der Blick des Tiers, die Sprache der Bangigkeit, groß aufgegangen – und da ging er schon unter ... Der Weltachsendrehung, die den Beziehungsvorgang einleitet, war fast unmittelbar die andere gefolgt, die ihn endet. Eben noch hatte die Eswelt das Tier und mich umgeben, ausgestrahlt war einen Blick lang Duwelt aus dem Grunde, nun war sie schon in jene zurückgeloschen ... Wie ist es doch mächtig, das Kontinuum der Eswelt, und wie zart die Erscheinung des Du!» (144). Der rätselvolle Blick der Katze, über den KARL RAHNER in der Wohnung von FRIDOLIN STIER sich so verwunderte (s. o. S. 48) – *hier* findet er seine Antwort: hier ist ein Etwas, das, als lebendig, ein eigenes Subjekt ist und damit Teil dieser anredbar-redenden Welt des Du.

Dann aber gilt es, diese sich ausdehnende Erfahrung des Du als einen zweiten Zugangsweg zum Göttlichen zu verstehen. «Gott schuf *den Menschen* nach seinem Bilde» besagt erneut nicht: «Ich weiß, wer du bist und warum es dich gibt», sondern im Gegenteil: «Ich spüre mich in deiner Nähe immer tiefer einbezogen in ein Geheimnis, das dich umgibt und das alles zusammenschließt; und je mehr ich dich liebe, desto wunderbarer und dankbarer erscheint mir dein Dasein.»

Gott selbst als die «schöpferische» Liebe ist, wie es uns jetzt erscheint, der Grund dieser unerhörten Möglichkeit, alle «Welt» umzuformen in eine solche Duwelt, in eine Stätte möglicher Begegnung. Denn nur als Duwelt wird der Kosmos uns Menschen zur Heimat, und nur in einer heimisch gewordenen Welt vermag uns Gott als «Person» zu erscheinen. Er ist, in dieser Betrachtung, *das* Du, das nie ein Es oder Er werden kann. «Nur Ein Du», meinte M. Buber (a. a. O., I, 145), «hört seinem Wesen nach nie auf, uns Du zu sein. Wohl kennt, wer Gott kennt, die Gottferne auch und die Pein der Dürre über dem geängstigten Herzen; aber die Präsenzlosigkeit nicht. Nur wir sind nicht immer da ... Ob man Gott als Er oder als Es beredet, es ist immer Allegorie. Sprechen wir aber Du zu ihm, dann ist die ungebrochene Wahrheit der Welt von sterblichem Sinn gewortet.»

Der Gott, der aus dem Du der Liebe hervortritt als die ewige Liebe, als das ewige Du – verabsolutiert, mag man einwenden, damit der Mensch nicht lediglich sich selbst, um in seinen eigenen Augen für absolut gelten zu können?

Die Antwort auf diese immer wieder gestellte Frage kann nur lauten, daß es sich zunächst in der Tat so verhält, wie Ludwig Feuerbach es im *Wesen des Christentums* (1841) religions*kritisch* beschrieben hat: In der Religion, meinte er, setze der Mensch sein eigenes Wesen ins Unendliche, da erscheine ihm das Eigenste seiner Seele als etwas außer ihm Befindliches, da schaue er in einem Anderen, was er in Wirklichkeit selbst sei. Niemals, so sagten wir schon, würden wir von Gott als der ewigen Liebe reden, ohne daß wir selber durch die lange Geschichte fühlender Säugetiere auf diesem Planeten denkend geworden wären; bezeichnen wir Gott als die Liebe, so sprechen wir mithin ohne Zweifel uns selbst aus. Es ist desgleichen nicht falsch, den Satz aus der biblischen Genesis erneut umzukehren und mit Jonathan Kingdon zu sagen: «der Mensch schuf sich selbst.» Denn wahr ist's: das Wunder der menschlichen Existenz gründet wesentlich darin, daß sie den Faktor des sozialen Zusammenhalts und der wechselseitigen Bindung aneinander stärker entwickelt hat als jedes andere vergleichbare Tier; – nicht zuletzt die menschliche *Sprache* demonstriert diese außerordentliche Fähigkeit zur Kommunikation miteinander. Gewiß, gewachsen sind damit auch die Gefahren des Menschen für sich selbst und für die ihn umgebende Natur: – stets ist es möglich, den Raum des Menschlichen mit den Grenzen der eigenen Gruppe oder Sprachengemeinschaft zu identifizieren und das Universale zum Partikularen zu machen. (Vgl. *Jesus von Nazareth,* 85–102: Grenzen der Menschlichkeit.) Doch um so wichtiger ist es deshalb, die *Menschlichkeit* des Menschen eben in seine Fähigkeit zur *Liebe* zu setzen.

Alles *biologische* Denken wird in Paarbindung, Paarungsverhalten, Gruppenbildung, Interaktion usw. nichts weiter sehen als eine verbesserte Erfolgsstrategie der menschlichen Spezies im Kampf ums Überleben; gleichwohl dürfen wir, selbst unter solcher Voraussetzung, es an dieser Stelle schon für bemerkenswert halten, daß wir mit «Menschlichkeit» gerade *nicht* all das verbinden, was eben nur «menschlich» ist – von den kleinsten Schwächen beginnend bis hinauf zu den schlimmsten Abscheulichkeiten –, sondern daß wir in der Menschlichkeit ein *Ideal* erkennen, dessen Inhalt von zweckfreier Güte und reinem Wohlwollen geprägt ist. Wenn wir dann sagen, Gott habe uns geschaffen *nach seinem Bildnis,* so meinen wir damit ganz sicher als erstes, wir sollten und wollten uns selber betrachten als «Menschen» im Licht reiner Menschlichkeit; *sie* ganz allein sei der Grund unserer wahren und wirklichen Existenz. Nur der Mensch konnte die Menschlichkeit und mit ihr das, was wir Liebe heißen, hervorbringen, und er hat mit seiner Liebe und Menschlichkeit zugleich auch Gott als die Liebe selber hervorgebracht. Und doch ist dieses lyrischste, sensibelste und subjektivste Wort der menschlichen Sprache, das Wort: Liebe, kein leerer Wahn, keine bloße Einbildung, sondern im Gegenteil: die Mitteilung der stärksten Kraft, der ein Mensch sich selber verdankt und die ihn zum Menschsein bestimmt. Denn stets, so sahen wir, muß ein Mensch sich geliebt fühlen, um selber lieben zu können; stets muß er ein Du voraussetzen, um sich selber als ein Ich zu finden, das wieder zum Du eines anderen wird. Und dieses Du «hinter» allem und in allem, das macht, daß wir als Menschen «menschlich» sein können, das nennen wir jetzt, in einem zweiten Schritt, Gott.

An Gott zu glauben, das heißt jetzt: an die Liebe selber zu glauben. Es ist aber schon deutlich, daß wir damit nicht einfach an uns selber glauben oder einen projektiv veräußerlichten Teil unserer selbst anbeten – so gerade nicht; wir glauben vielmehr inmitten aller Zerbrechlichkeit, Armut und Fragwürdigkeit daran, trotz allem aller Liebe wert zu sein und – zumindest grundsätzlich – alle Lebewesen neben uns in diesen Kreis der Liebe hineinholen zu können und zu sollen. Die Menschen an unserer Seite zeigen uns durchaus nicht immer, daß es sich so verhält; ja, nicht selten verstellen und verdunkeln sie den

«Raum» der Liebe mit so ganz anderen Interessen und Zielsetzungen; und doch lebt in uns dieser «Archetyp», mit dem jedes Kind in diese Welt kommt, hoffend, es gebe da Hände, es *müsse* sie geben, die es auffangen und es aufnehmen, um leben zu können. Religions*psychologisch* ist die Bildung dieses «Archetyps» von «Mutter» und «Vater» identisch mit der Geburt Gottes in unserer Seele; doch religions*philosophisch, existentiell* wissen wir jetzt: je mehr wir diesem inneren Kraftfeld folgen, werden wir Menschen in der Sprache der Mystik selber «geboren in Gott», da werden wir in der Sprache der Bibel zu «Gottes Kindern». Die Natur ringsum sagt uns das nicht, und es sagt uns das auch nicht der bisherige Verlauf der menschlichen Geschichte, ganz im Gegenteil. Um so mehr aber brauchen wir Menschen solchen Glauben an Gott, um einer ganzen Welt gegenüber uns als Menschen zu bewahren und zu bewähren.

Der Widerspruch der Welt und der Widerspruch zur Welt

Soviel nämlich zeigt sich jetzt schon: wenn die Liebe Gott ist beziehungsweise Gott die Liebe, so hört der Mensch endgültig auf, ein bloßer Teil der Natur, ein bloßes Ensemble der Eswelt zu sein. Alles in der Natur belehrt uns, wie vergänglich wir sind, wie wenig wir in dieser Welt «beabsichtigt» oder «gemeint» sind – ermöglicht und geduldet ist viel! Was immer wir aber als «Menschlichkeit» und «Liebe» bezeichnen, besteht gerade darin, etwas einzelnes: diesen Kiesel am Bach, diese Muschel am Strand, dieses Blatt an der Hecke als etwas Besonderes für sich selbst zu entdecken. Alle Kunst findet in dieser Entdeckung des Besonderen im Gewöhnlichen ihren Grund: ein Apfel auf dem Tisch, die Rinde eines Baums im Park, das Schimmern der Augen eines Hundes im Gegenlicht des Fensters – allein schon die Sorgfalt, mit der ein Goya oder ein van Gogh sie aufnimmt und sie malt, erschafft ein Geschehen wie auf dem *Genter Altar* des Hubert van Eyck: «einfache» Blumen und Sträucher, eine ganz «normale» Wiese, verwandeln sich in einen Paradiesesgarten, durch den die Strahlen des Göttlichen spielen. (Vgl. A. L. Dierick: *Der Genter Altar,* Gent 1996, Abb. 11; 12.) Auf jedem Einzelnen ruht etwas vom Abglanz des Himmels.

Alle Liebe bedeutet eine solche Verklärung ins Licht; doch wird jeder Liebende sagen: gerade so erst finde er den «Grund» des wahren Wesens der Dinge... Das Wichtigste aber in diesem Zusammenhang: die Liebe unterscheidet sich gänzlich von jeder Art der «Kameradschafts»-Bindung, wie wir sie früher beschrieben haben (*Jesus von Nazareth,* 81–82): Sie verlangt gerade nicht die Einordnung des Einzelnen unter die Gruppeninteressen, sie zielt nicht auf die Uniformierung aller in der Differenzierung ihrer austauschbaren Funktionszuweisungen einer gemeinsamen Aktion, sie beharrt ganz im Gegenteil auf dieser «heiligen» Zwecklosigkeit eines Einzelnen, der als dieser Einzelne schlechthin unersetzbar ist, und zwar, noch einmal: nicht durch das, was er macht oder was «man» mit ihm machen kann, sondern durch die irreduzierbare Tatsache seines Daseins. Die absolute Zufälligkeit, die reine Kontingenz, erfüllt sich hier mit dem Empfinden einer absoluten Bedeutung, ja, Notwendigkeit; und nicht nur der Liebende empfindet in dieser Weise – auch dem Geliebten selbst schenkt er ein entsprechendes Gefühl für seine eigene Person: Er selber in der Nähe des Liebenden beginnt, sich die Geschichte seines Lebens zu erzählen wie einen «Roman», der in sich eine Art «Kunstwerk» darstellt, gleichgültig, ob je ein HOMER oder ein THOMAS MANN sich finden sollte, ihn zu erzählen; – was immer sie erzählen könnten, es wäre ganz sicher ein weit Geringeres, als was sich in Wahrheit begibt.

In der Religionskritik vor allem der französischen Aufklärung des 18. Jahrhunderts hat man, ausgehend vom höfischen Theater, immer wieder die Vorstellung von einer Gottheit verspottet, die da im Himmel sitzt und als Zuschauer die kleinen und großen Tragödien und Komödien auf Erden betrachtet; eine solche «Theologie», natürlich, verdient, der Lächerlichkeit preisgegeben zu werden – noch JEAN PAUL SARTRE (*Das Sein und das Nichts,* 383) wird gegen den Zuschauer-Gott polemisieren. Doch die Vorstellung selbst ist so lächerlich nicht – in Wahrheit bietet sie eine Innenansicht der Welt, betrachtet mit den Augen der Liebe; «sonderlich» an ihr ist nur die Tatsache, daß alles Flüstern und Spielen der Liebe sich wie *bloßgestellt* fühlt vor den Augen eines Außenstehenden. Niemals ist die Liebe ein «objektives» Geschehen; wo immer sie sich ereignet, ist sie ganz und gar innerlich, ein Erleben im Subjekt als die höchste Steigerung des Subjektiven. Was Wunder also, daß religiös sich die Vorstellung bildete, es sei da, als die Verkörperung *ewiger* Liebe, Gott selber *das Subjekt,* das auch und gerade das sonst Unbeachtete, ja, das Verachtete achte, betrachte und «anschaue»?

«Gott», so versichert die Religion, «denkt an dich immerzu, selbst wenn du müde bist, selbst wenn du stirbst, selbst wenn dich alle vergessen. Er kennt dich, wie nur ein vollkommen Liebender dich jemals kennenzulernen vermag. Andere mögen über dich urteilen, sie mögen sich sogar anmaßen, Bescheid zu wissen über Schuld und Unschuld in deinem Leben; er aber wird dich nie anders anschauen als ein Verstehender, der in seinem Verstehen dir die Möglichkeit gibt, dich selber wahrzunehmen und zu dir zu stehen.»

Ja, so getreu, meinten die Erfinder der Schreibkunst, die Alten Ägypter, merke der Himmel sich alle Taten der Menschen, daß sie in einem eigenen Buche verzeichnet würden, zu lesen am Tage des Todes von der Göttin der Weltordnung, von *Maat* selber.

Nichts, soll das heißen, ist da so «gleichgültig», so «unbedeutend» und «unerheblich», daß Gott es nicht aufhübe zu seiner Gültigkeit und seiner Bedeutung. Alles, was die Religion in solcher Hinsicht uns lehrt, besteht in dieser Zusage der «Erheblichkeit» jedes einzelnen Lebens. Mag auch ein einzelner Mensch nur imstande sein, einen einzigen einzelnen Menschen an seiner Seite mit ganzem Herzen zu lieben – von Gott behauptet die Religion, er liebe alle Lebewesen gleichermaßen und ganz, und diese Behauptung entspricht durchaus dem Gefühl eines Liebenden selber: an sich, so weiß er, verdiente alles, was ist, ein vergleichbares Maß der Zuwendung und Zuneigung, wenn nur jemand sich fände, der es für sich selber entdeckte.

Und auch umgekehrt: ein jedes Menschenkind, das zur Welt kommt, verlangt unbedingt, mit einer Stimme, so durchdringend schrill für Menschenohren wie die keines anderen Lebewesens auf Erden sonst, mit einem wie selbstverständlichen Anspruchsrecht nach eben der Fürsorge, die es braucht. *Objektiv* handelt es sich erneut um einen selektiv nützlichen Mechanismus der «Brutpflege», doch von der *Erlebnisseite* her meldet sich hier als erstes ein Hunger nach Liebe; wo *sie* nicht ist, kann Leben nicht sein. Keine Angst eines Kindes ist größer als die, nicht wirklich wahrgenommen zu werden. Kain und Abel (Gen 4,1–16), Esau und Jakob (Gen 25,19–34), Joseph und seine Brüder (Gen 37,12–36) – von diesen Geschichten der Eifersucht schon von Kindern um die Gunst ihrer Eltern ist bereits die Bibel voll; und dann die Geschichten von Sarah und Hagar an der Seite Abrahams (Gen 16,1–16) oder von Lea und Rachel an der Seite Jakobs (Gen 30,1–24): – dieser ewige Kampf einer erwachsenen Frau, *einzig* zu sein in der Liebe wenigstens *eines* Mannes (und umgekehrt) – wie sollte dieser ungeheure Anspruch auf *Einzigartigkeit* und *Einmaligkeit* in der Selbstwahrnehmung jedes einzelnen Menschen sich je anders lösen als in dem Versprechen und in dem Zuspruch der Religion, da sei ein Gott, die Verkörperung aller Liebe, der ergänze und gebe einem jeden, was auch und besonders im Kreise anderer Menschen ihm so oft und so notwendig mangele?

Die Entdeckung des Individuellen ist der Anfang dieses Typs einer Religion, in welcher die Liebe für absolut gilt, so wie andererseits die Liebe identisch ist mit der Entdeckung der Absolutheit des Individuums. Mit der Liebe öffnet sich ein Erwartungshorizont von Zweckfreiheit, von *«Eigensinn»*

(H. Hesse) und Eigenständigkeit, in dem einzig «Gott» als Träger einer möglichen Erfüllung derartiger Maßlosigkeit gelten kann; weder die Ordnung der *Natur* noch die Einrichtung der menschlichen *Kultur* vermag auf dieses Ungeheuere menschlicher Bedürftigkeit auch nur einigermaßen adäquat zu antworten.

Fast alle *«Kulturen»* der Menschheit warten noch allererst auf die Freigabe des Individuums in gerade dieser Grundkraft des Lebens, die an der Menschwerdung am stärksten beteiligt ist: in der Liebe. Die «freie» Liebe jedenfalls gilt immer noch als gleichbedeutend mit Libertinage und Unmoral. Gerade weil die Liebe mit derart starken Triebkräften wie der Sexualität verknüpft ist, fürchtet man ihre anarchische Sprengkraft und setzt dagegen die Institution von Ehe und Familie: Wenn sich schon einzelne, zwei Individuen, derart erdreisten, der Liebe zu frönen, wird's da nicht alsbald schon unerläßlich, die Liebe selber in einen Frondienst zu zwingen? Wieviel an Abstand fordert nicht schon der Anstand! Droht nicht die Lust der Liebe den Menschen zu versklaven, statt ihn zu befreien? Braucht es nicht Ziele über den Menschen hinaus? Besonders die «christlichen» Kirchen werden nicht müde, diesen Akzent zu betonen, und sie bedienen sich dabei einer Reihe merkwürdiger «Argumente» in ihrem Abwehrkampf gegen die Liebe.

Paradoxer zum Beispiel kann es kaum kommen, als daß gerade der römische Papst, im Wahne, das unfehlbare Sprachrohr der Wahrheit Gottes für 900 Millionen Menschen auf Erden zu sein, im Jahre 1994 auf der Weltbevölkerungskonferenz in Kairo im Verein mit den «Lichtstrahlen Gottes», mit den persischen Ayatollahs, sein Lieblingsdogma verkünden läßt, die Liebe sei einzig «erlaubt», wenn sie «offen» bleibe für «Fruchtbarkeit»; jede Form der künstlichen Empfängnisverhütung, obenan der Gebrauch der Pille, sei daher verboten, jede «Abtreibung» der «Leibesfrucht» sei gleichbedeutend mit Mord, und für das höchste Glück einer Frau habe nach wie vor ihre «Erfüllung» als Mutter zu gelten. Bei alldem, mit Verlaub, übersieht seine Heiligkeit, daß schon im Tierreich die Sexualität sich von den Zwecken der «Fruchtbarkeit» *freigesetzt* hat – ohne eine solche Verwandlung des Paarungsverhaltens zu einem Faktor der Paarbindung hätte so etwas wie eine «Menschwerdung», wie wir sahen, sich durchaus nicht vollziehen können. Dann aber ist, was wir heute Liebe nennen, viel weiter zu sehen als alles, was sich institutionell in dem Rahmen von «Ehe» und «Familiengründung» rechtlich und moralisch verordnen und einordnen ließe. Selbst die Befürworter der Ehe seien inzwischen fahnenflüchtig geworden, stellte schon in den zwanziger Jahren die dänische Schriftstellerin Tania Blixen (*Moderne Ehe,* in: Moderne Ehe und andere Betrachtungen, 16–19) mit Genugtuung fest: denn um die Ehe zu schützen, argumentierten sie mit der «Dauerhaftigkeit» und «Verantwortlichkeit» *der Liebe,* doch damit richte sich ihr Gedankengang gegen sie selber. In der Tat: Wenn es auch zutreffend sein mag, daß eine Ehe menschlich nur Bestand haben kann in der Liebe, so gilt das Umgekehrte keineswegs: Ehrlicherweise ist es nicht möglich, die Verbundenheit, welche die Liebe schafft, durch eine Bindung ersetzen zu wollen, welche die Liebe erschaffen könnte; weitab, die Kraft, die, wie selbst Theologen betonen, einzig Gottes ist, in den Herzen der Menschen ordnen zu mögen, sollten die Herrschenden in Kirche und Staat, statt in der Liebe eine Quelle der Anarchie zu erblicken, ganz im Gegenteil gerade sie als den Ursprung jeder Ordnung betrachten, die mehr sein will als von außen verordneter Zwang, gestützt auf Gewalt.

Immer wieder in Diskussionen speziell um die Merkwürdigkeiten der Sexualmoral der römischen Kirche wird ein gewisses Befremden darüber geäußert, wie ein Lehramt in vermeintlicher Stellvertreterschaft Gottes auf Erden so streng jede Form sexueller Betätigung außerhalb der Ehe für «schwer sündhaft» erklären und die Zeugung von Kindern nach wie vor für das unaufgebbare «Wesen» der Ehe ausgeben könne; zu Recht geht in solchem Zusammenhang die Rede von einer mehrtausendjährigen Triebfeindlichkeit und Sexualunterdrückung im Christentum, doch entgeht solcher Betrachtung der eigentliche Kern des ganzen doktrinären Arrangements: Es geht um die Niederhaltung des Individuellen! Der Einzelne soll und darf sich nicht als Zweck an sich selber empfinden – *deshalb* gilt es, der Liebe die Ehe vorzuschreiben und der Ehe den «Zweck» der Zeugung von Kindern und den Kindern die Kirche und der Kirche Gott selber ... G. ORWELL in seinem mittlerweile von der Wirklichkeit mehr als von der Zeit überholten «Zukunftsroman» *1984* sah vollkommen richtig: im Reich des Großen Bruders, in *jeder* Diktatur steht das Glück der Liebe den Interessen der Macht entgegen; also *muß* hier die Liebe als erstes bekämpft werden, der befreienden Kraft wegen, mit der sie Massenmenschen zu Individuen heranreifen läßt. Nicht die Unterdrückung der Sexualität – die Ausschaltung des Individuums ist das eigentliche Thema der *römischen* Lehren. Daher der stete Versuch vatikanischer Rundschreiben, Schuldgefühle in die Gärten der Unschuld zu säen, daher das fanatische Bemühen, Frauen mit dem päpstlichen Verfahren einer «natürlichen» Geburtenkontrolle in ständiger Angst vor einer «ungewollten Schwangerschaft» zu halten, daher die anachronistische Standesmoral unverheirateter «Kleriker», deren Lebensform angeblich Jesus selber gewollt habe ... Während die Natur, indem sie Sexualität und Fruchtbarkeit voneinander entkoppelte, den Menschen riskierte, möchte eine derartige Moral das Menschlichste am Menschen, die Liebe, weil zu riskant, am liebsten wieder zurücknehmen. Doch der Gang der Zeit läßt sich nicht aufhalten.

Gerade in unseren Tagen, am Ende des 20. Jahrhunderts, in dem die Menschheit sich innerhalb von fünfzig Jahren von knapp drei Milliarden Menschen auf fast sieben Milliarden vermehrt hat, scheint die Entdeckung der Zweckfreiheit der Liebe sowie der unvertauschbaren Werthaftigkeit jedes Einzelnen eine dringend notwendige Wandlung des religiösen wie des ethischen Bewußtseins vorzubereiten. Das *Spiel* der Liebe in seiner Freiheit von allen Zwecken der «Reproduktion», dargestellt etwa an den Wänden der indischen Tempel von Khajuraho, verbunden mit der absoluten Bedeutung des Einzelnen in der Liebe, ist gerade dabei, den Erfahrungsraum einer tieferen Form von Zärtlichkeit und Frömmigkeit zu bilden.

Aber nicht nur den religiösen, mehr noch den *staatlichen* und *gesellschaftlichen* Institutionen erscheint die Liebe als etwas Gefährliches – *ihnen* allerdings nicht so sehr ihres notorischen Hangs zum Individualismus wegen, sondern infolge ihrer Neigung zu kosmopolitischer Weite und universaler Humanität.

Jedes Staatsgebilde der Gegenwart besteht noch immer in der Heranbildung jenes «heiligen Egoismus», den es, zumeist mit dem Segen der «Ortskirchen», seinen Bürgern als nationale Tugend, als internationales Recht und als göttliche Pflicht vorzuschreiben sucht: kein achtzehnjähriger Junge, der da nicht gedrillt werden müßte, im Dienst für sein Vaterland, wenn befohlen, Menschen zu töten und im Falle: «Du oder ich» zu lernen, wie man schneller und effektiver den «Gegner» «ausschalten» kann; das «Recht» zur Selbstverteidigung und die Pflicht zum Schutz der nationalen Sicherheit treten hier (im Verein mit den ausufernden Gewinnen einer «Waffen»industrie, die sich inzwischen als unkündbaren «Arbeitgeber» empfiehlt) zu der uralten Verbundenheit eiszeitlicher Jägerhorden mitten im Atomzeitalter zusammen, ganz so, als habe die Liebe sich bislang überhaupt nur, wenn überhaupt, einen gewissen Raum privater Intimität, keinesfalls aber eine öffentliche Geltung erobern können. Menschen auf der Flucht vor Hunger, Bürgerkrieg, Folter und Unterdrückung – an den staatlichen Grenzen hat jegliches Mitleid sich zu begrenzen –, alles andere, so die Begründung, stelle eine gefährliche Form von Sozialromantik und unverantwortlichem Utopismus dar. Man sieht: der «Realitätssinn» ist egoistisch. Also: gegen den «Anarchismus» der Liebe den Anachronismus staatlicher Ordnung... Im 2. Band von *Glauben in Freiheit* haben wir auf Zusammenhänge dieser Art ausführlich hingewiesen (*Jesus von Nazareth,* 102–109).

«Aber so war es doch immer», versucht man das längst Überaltete als ewig Gültiges zu rechtfertigen; «schon in der Natur tötet ein Wesen das andere; da darf die Katze kein Mitleid haben mit der Maus, und den Mäusen selber ist es zum Vorteil, wenn es nicht zu viele von ihnen gibt; nur eine genügende Anzahl von Freßfeinden vermag sie kurz zu halten.» – «Und sollen also die Menschen weiter miteinander Katz und Maus spielen, wo man offenbar schon so sicher weiß, wer, wenn's drauf ankommt, die Katz, wer die Maus ist?» – «Natürlich nicht wörtlich so, aber ... im Prinzip, doch, wohl schon ... Wir gehören zu dieser Welt. So sind ihre Gesetze. Wir sind ein Teil davon. Also ‹ernten› wir guten Gewissens die ‹Früchte des Meeres›, ‹entnehmen› wir dem Wald einen gewissen Teil seines ‹jagdbaren Bestands›, rekrutieren wir ‹wehrhafte Verbände›, um ‹den Frieden sicherer› zu machen, ... und bilden wir uns vor allem nicht ein, es besser zu wissen als unser Schöpfer und Herrgott, dem wir nur auf den Knien danken können für das Glück, daß es uns gutgeht.»

«Liebe» und «Mitleid» sind da wohl schön und gut als eine Art Zutat und Zierat an den Rändern des «Normalen», als ein Dekor und Luxus, den man sich leisten mag, wenn alle anderen Leistungen erbracht sind. Tatsächlich aber beruht die eigentliche «Leistung» des Menschseins auf gerade der gegenteiligen Einsicht: Menschlichkeit *ist* nicht, wenn sie nicht ausnahmslos allen gilt; eine Humanität, die dazu zwingt, Menschen auszuschließen, weil sie nicht des gleichen Glaubens, der gleichen Rasse, desselben Volkes usw. sind, ist nichts weiter als die ideologische Verbrämung bestimmter Partikularinteressen – ein Selbstwiderspruch und Selbstbetrug: ab sofort wird es zur gesetzlichen Pflicht und zum göttlichen Gebot, daß die eigenen Gruppeninteressen sich als Recht durchsetzen müssen gegenüber allen anderen – sozial, international, in jeder Hinsicht. Von dem Anspruch der Moral verbleibt unter solchen Umständen einzig die Skrupellosigkeit der Unmoral.

Wie aber nun? Hatte Friedrich Nietzsche dann nicht doch recht, wenn er die «christliche» Moral für pervertiert erklärte, indem sie dem Schutz der Schwachen das Wort rede und alles Starke mit Schuldgefühlen infiziere? Man wird es Nietzsches psychologischem Genie zugeben müssen, daß sich in der tradierten Moral allzu viele Verlogenheiten und Verbogenheiten, geboren aus Schwäche und Ressentiment, entdecken lassen (*Der Wille zur Macht,* 274–287: Die Herde) – Versuche der Dennochdurchsetzung des Willens zur Macht im Herzen der Ohnmacht. Doch, wen soll das wundern? Solange der blanke Herrschaftswille sich in die Attitüde von Verantwortung, Gerechtigkeit und Tugend hüllt, solange die Moral zum bloßen Instrument der Machtausübung verkommt, solange wird sogar die Forderung nach Menschlichkeit und Mitleid als korrumpiert erscheinen müssen durch den hinterhältigen Willen der Ohnmächtigen, nun endlich selber an die Macht zu kommen. Aber so *muß* es nicht sein. Im Gegenteil. Erst wenn das Denken in den Bahnen der Zweckrationalität im ganzen überwunden wird, erst wenn es für *gleichgültig* zählt, wieviel Geld oder Einfluß, Prestige oder Ansehen jemand besitzt, beginnen wir klarer zu sehen und den Menschen hinter all den Fassaden wieder zu erkennen. Menschlichkeit wird möglich erst von diesem Moment an.

In einem entscheidenden Punkt allerdings bleibt NIETZSCHE im Recht: Gesetzt, wir hätten es endlich geschafft, gebildet hätte sich eine Kultur umfassender Menschlichkeit, zueinander gefunden hätten die sonst so unversöhnlichen Schwestern: Freiheit, Gerechtigkeit und Barmherzigkeit, das Reich «Gottes», in dem Idealisten wie F. W. J. SCHELLING (*Philosophie der Offenbarung*, 2. Band, 33. Vorlesung, 228–255; ders.: *System des transzendentalen Idealismus*, 272–273) den Sinn der Weltgeschichte erblickten, wäre Wirklichkeit, träte dann der *Kontrast* einer solchen Ordnung der Kultur zu den Forderungen der Natur nicht nur um so deutlicher zutage? Müßte nicht gerade dann der *Abstand* zwischen Mensch und Welt fast unerträglich groß werden? Und wieder: Wie soll der *Gegensatz* von Mensch und Natur, wenn er dem Menschsein *konstitutiv* ist, jemals in einem einheitlichen Gottesbild überwunden werden? Stehen wir nicht erneut vor dem alten Abgrund insbesondere der jüdisch-christlichen Religion, daß der Gott, der den (heutigen) Menschen «gewollt» und «gemacht» hat, derselbe nicht sein kann, der diese Welt installiert hat?

Die entscheidende Stelle des Widerspruchs – es läßt sich nicht oft genug sagen – liegt in der absoluten Bedeutung der Liebe und, damit verbunden, in der unbedingten Geltung des Einzelnen. Wohl entstammen beide, die Liebe wie die Individualität, dem Gang des Lebens auf dieser Erde, doch können sie sich fortan nicht länger auf die Gesetze der Evolution zu ihrer Rechtfertigung berufen: in ihrer isolierten Form stehen sie den Gesetzen der Natur entgegen.

Auf ewig wird es in CAMUSschem Sinne deshalb *absurd* und *inakzeptabel* für jeden fühlenden Menschen bleiben, mitansehen zu sollen, wie die Natur nach den Gesetzen der Biochemie es einem beliebigen Einzeller, zum Beispiel dem Pestbazillus oder einer durch einen Virus genetisch veränderten Krebszelle, erlaubt, ja, vorschreibt, eine durchlässige Stelle im Immunsystem des liebsten Wesens an unserer Seite dafür zu nutzen, sich in seinem Körper solange zu vermehren, bis dessen Auflösung unvermeidlich wird. Wo irgend wir können, werden wir unsere allmählich wachsende Kenntnis der Naturzusammenhänge dazu verwenden, die Ergebnisse dieser Gesetze zu unserem Vorteil zu manipulieren; Schritt für Schritt werden wir somit *die Kluft* zwischen

Mensch und Welt im Namen der Menschlichkeit *vertiefen.* Statt uns noch länger mit Bitten und Klagen an einen unbegreiflicherweise untätigen Gott zu wenden, werden wir die Sache der Menschlichkeit selbst in die Hand nehmen, schon weil wir wissen: die Natur hat weder die Möglichkeit noch die Notwendigkeit, menschlich zu sein; was es an Menschlichkeit geben kann, vermögen nur wir selber als Menschen in diese Welt hineinzutragen, und wir können uns dabei nicht länger mehr auf eine Gottheit beziehen, die in ihrer «unerforschlichen Güte» uns «immer schon» die Bühne für unseren Auftritt bereitet hätte. Statt einen Gott der Liebe als «Schöpfer» vorauszusetzen, um die Welt zu erklären, müssen wir vielmehr die Liebe als göttlich voraussetzen, um uns als Menschen zu finden und uns gegen den Einspruch der Welt in unserer Menschlichkeit bewahren zu können. ALBERT CAMUS sah vollkommen richtig: nur in dieser *Revolte* gegen die «Ordnung», die uns umgibt, ist Menschlichkeit möglich. Was aber gibt uns die Möglichkeit, unsere Menschlichkeit absolut zu setzen, eben weil sie in der Natur keinen Anhalt findet? *Das* in diesem Zusammenhang ist die eigentliche Frage der Religion.

Die Situation, vor der wir jetzt stehen, ist in doppelter Hinsicht paradox. Indem wir darauf verzichten, Gott als den «Schöpfer» zu «denken», müssen wir uns darauf konzentrieren, die Absolutheit der Liebe zu leben; nicht um die Welt zu erklären, sondern um unsere Menschlichkeit entgegen der Welt, wie sie ist, zu begründen, dient die Idee eines Gottes der Liebe, und wie wir sahen: Wir haben diese Idee in der Geschichte der Religionen hervorgebracht, um im Licht dieser «Offenbarung» uns selber auf einer höheren Stufe des Menschseins hervorzubringen. Wir können auch sagen: In dieser Idee haben wir unser eigenes Wesen gefunden; es ist in uns in Erscheinung getreten als etwas, das all die Zeiten zuvor als eine uns selber ermöglichende Tendenz in uns schlummerte und das wir in gewissem Sinne der Natur selber verdanken; je deutlicher aber wir uns selber von der Natur unterscheiden, desto deutlicher unterscheidet sich auch der Gedanke an einen Gott der Liebe von der Wirklichkeit dieser Welt; und trotzdem, ja, gerade deshalb glauben wir an diesen «unseren» Gott, um mehr und mehr werden zu können, was wir immerhin wie von ferne schon ahnen: wirkliche Menschen. Dies ist, gemessen an den Kommentaren der tradierten Theologie, das erste Paradox, in gewissem Sinne die Umkehrung der Theodizeeproblematik: nicht mehr um die Rechtfertigung Gottes im Angesicht der Welt geht es jetzt, sondern, nach Auflösung der projektiven Form dieser Fragestellung, um die Rechtfertigung der Menschlichkeit im Angesicht einer notwendigerweise nicht menschlichen Naturordnung.

Das zweite Paradox ergibt sich daraus. Die Absolutheit der Menschlichkeit – heißt das nicht wie selbstverständlich auch: die Absolutsetzung des Menschen auf dieser Erde? Hat sich nicht alle jüdisch-christliche «Schöpfungstheologie» in gerade diesem Sinne geäußert? Tatsächlich aber müssen wir jetzt für ein genau gegenteiliges Denken plädieren. Schon weil sie einen Gott an den Anfang stellte, der die Welt «sehr gut» geschaffen habe (Gen 1,31), betonte die herkömmliche Theologie die Herrschaftsstellung des Menschen auf dieser Erde: Gott regierte die Welt mit seiner Macht und Weisheit gleich einem altorientalischen Monarchen, und in gleicher Weise, als sein «Ebenbild» (Gen 1,27) und Vasall, sollte herrschen nun auch der Mensch. Das Paradox indessen lautet jetzt, daß wir die Absolutsetzung der Menschlichkeit nach allem Gesagten gerade nicht länger als die Absolutsetzung menschlicher Herrschaftsinteressen verstehen können noch dürfen. Wir sind inzwischen bescheidener geworden. Die Religion dient uns von nun an einzig dazu, die sonst haltlosen Kräfte der Liebe zu stärken; aber sie legt uns nicht länger mehr auf, uns wie Herrgötter auf dieser Erde aufzuführen. Da ist kein «Schöpfungsplan» mehr, der uns an die Spitze der Evolution hätte rücken wollen, und gerade weil wir sehen, wie tief wir selber mit all den Lebewesen an unserer Seite verbunden sind, wird es uns zunehmend unmöglich, dem alten Konzept des «Machet euch untertan» aus Gen 1,28 noch länger zu folgen.

All die Menschlichkeit, die wir für uns gegenüber der Natur erhalten möchten, gründet darin, aus dem Denken in Nutzen und Zwecken *herauszutreten;* dann aber kann es nicht richtig sein, weiterhin Menschsein als Herrsein zu definieren. Absolutsetzung der Menschlichkeit – das heißt jetzt vielmehr, die Liebe selber zu universalisieren und sie auszudehnen auf alles, was lebt. Herauszutreten aus der Natur – das kann nicht bedeuten, die Überlebensansprüche und Triebimpulse eiszeitlicher Jäger und steinzeitlicher Stammeskrieger mit den Mitteln von Naturwissenschaft und Technik am Ende des 20. Jahrhunderts auszustatten; es kann nur bedeuten, uns auf uns selbst zu besinnen und die Natur sein zu lassen, wie sie ist. Ein neues Verständnis der Gottesidee ermöglicht und erfordert zugleich eine neue Form der Religiosität der Welt.

Dahin fällt jetzt endgültig auch die bisher schon grotesk genug anmutende Zentralidee der überkommenen christlichen «Glaubenslehre», es komme uns Menschen zu, die Welt, nachdem die Sünde Adams ihre Ordnung unheilvoll durcheinandergebracht habe, in Fortsetzung des «Erlösungswerks Christi» dem «eschatologischen Heil» zuzuführen. Was wir sehen, ist einfacher, dafür aber verbindlicher: Weder von einer «Sünde» Adams kann in historischem Sinne die Rede sein, noch von einer dadurch bewirkten Verderbnis der Natur

(s. o. S. 213ff.); vielmehr ist es allererst unsere wachsende Menschlichkeit, die uns in eine oft derart unerträgliche Spannung zu dem Naturgeschehen setzt, daß wir beginnen, in ihr das Wirken absichtlicher Bosheit zu vermuten. Die Natur aber wartet nicht darauf, nach menschlichen Vorstellungen «erlöst», das heißt, so weit als möglich «vermenschlicht» zu werden; sie harret auch nicht unter Wehen, wie *Paulus* sich (Röm 8,18) vorstellte, auf die künftige «Herrlichkeit» der «Erscheinung» unseres «Herrn» (Jesus Christus). Das einzige, was der Natur nottut, besteht darin, daß wir Menschen Frieden finden in uns selber und dann die Natur tunlichst in Frieden lassen. Wer irgendein Lebewesen wirklich *liebt,* der wird es nicht genetisch oder verhaltenspsychologisch auf sich als Menschen hin zu transformieren suchen, sein Wunsch wird es vielmehr sein, es in seiner Eigenart, Größe und Schönheit zu fördern und sich entfalten zu lassen. So im einzelnen, so im ganzen.

Die eigentliche «Offenbarung» Jesu – sein «Gottesbeweis»

Welch eine Rolle aber spielt dann noch der «Christus»? wird man fragen. Was wird aus der Bedeutung der Person Jesu, wenn wir alle kosmotheologischen Spekulationen von ihr entfernen müssen? Was *ist* der Mann aus Nazareth noch, wenn er nicht länger mehr als Schlüssel zur Auflösung der Weltenrätsel dienen kann? Die Antwort darauf ist erneut paradox: Wir verstehen jetzt, am *Ende* der tradierten Theologie, die Bedeutung der Botschaft *Jesu* womöglich überhaupt erst in ihrer eigentlichen «Heils»notwendigkeit.

Schon zu Beginn (s. o. S. 17ff.) haben wir darauf hingewiesen, daß es für den Juden Jesus so etwas wie ein Problem der «Theodizee» durchaus nicht gab noch geben konnte, indem er mit Hilfe des Glaubens an Gott nicht die Ordnung der Welt zu erklären, sondern die Unordnung des menschlichen Lebens zu überwinden trachtete. Gott bedeutete für Jesus nicht ein Etwas unter den Dingen oder ein Etwas im Leben, vielmehr sah er in Gott eine Kraft, die imstande war, das menschliche Dasein im ganzen zum Guten zu formen. An Gründen der Angst gibt es so viele, und sie alle bestimmen die Menschen dahin, sich voreinander und gegeneinander zu schützen; allerorten gelingt es der Angst, das menschliche Herz zu verengen und es allein auf die Fragen der äußeren Daseinssicherung zu fixieren; immer wieder treten Menschen in den Teufelskreis der Gewalt ein, indem sie auf Angst mit eigener Angstverbreitung zu antworten versuchen. Und zudem: Wie viele Krankheiten des Körpers und der Seele haben ihre Ursache nicht in bestimmten unverarbeiteten Ängsten? Wie aber, wenn Gott gerade den Pol jenes Vertrauens bildete, dessen die Menschen bedürfen, um den Abgrund all ihrer Ängste zu überschreiten? *Das* ganz allein war der «Gedanke» des Jesus von Nazareth, einzig *das* war jene «Offenbarung», die ihm, der Legende nach, in der Szene der Taufe zuteil wurde (Mk 1,9–11).

Der christliche Mythos sieht in Jesus einen, das heißt: *den* «Sohn Gottes»; doch läßt sich diese zum Dogma erhobene Vorstellungsweise aus dem Erbe der Königstheologie des Alten Orients nur verstehen, wenn man sie aus dem «Biologischen» ins Existentielle (zurück)übersetzt; dann allerdings kann man zu Recht sagen, daß das «Wunder» der «Herkunft» Jesu wesentlich darin gründete, daß er sich nicht von den Menschen an seiner Seite her verstand, sondern daß er «von Gott her» auf sie zuging. Was er zu tun hatte, wie er ihnen antworten sollte, ließ er sich nicht von dem Umfeld der anderen oder von der Macht der Umstände nahelegen, sondern gerade umgekehrt: von dem Hintergrund Gott her gewann er die Freiheit, in die jeweilige Situation hineinzugehen und sie überraschend anders, als es sonst denkbar gewesen wäre, auf eine neue Möglichkeit hin zu gestalten. (Vgl. *Jesus von Nazareth,* 607–632.)

Immer daher, wenn Jesus im Neuen Testament für das Unerhörte seines Tuns zur Rechenschaft gezogen wird, weiß er keine andere «Begründung» für die Eigentümlichkeit seines Verhaltens anzugeben, als daß Gott doch «genau so» sei; von diesem «vorbildlichen» «Genau so» Gottes, dem er wie selbstverständlich «ebenbildlich» zu entsprechen habe, künden die schönsten seiner Gleichnisse. *Lk 15,1–7* zum Beispiel – die Geschichte vom verlorenen Schaf: *jeder* von den Hörern, will Jesus sagen, würde in ähnlicher Lage sich so verhalten – er würde, selbst wenn er 100 Schafe besäße, dem einen verlorenen nachgehen, bis er es fände; ganz so auch macht es Gott mit uns Menschen. Wie aber sollte dann er, Jesus, bestrebt zu tun, was Gott «will», nicht eben gerade den Verlorenen, den Liegengebliebenen, den schutzlos Ausgesetzten sich bevorzugt sogar vor allen anderen zuwenden (Mk 2,17)?

Was also ist das für ein «Glaube», der Jesus da leitet, oder was für eine «Offenbarung» ist es, die sich in ihm ausspricht?

Die gesamte «christliche» «Glaubens»lehre der Kirchen gründet darin, den Begriff der «Offenbarung» mit dogmatischen Inhalten aller Art zu füllen und den «Glauben» als das Fürwahrhalten zahlreicher an sich zwar unbeweisbarer, doch «heilsnotwendiger» Tatsachenbehauptungen zu definieren. Was wir indessen sehen, ist etwas ganz anderes: – die vollkommene «Inhalts*leere*» des Göttlichen in der Botschaft Jesu! Das ganze Auftreten des Mannes aus Nazareth gründete nicht in neuen unerhörten Lehrinhalten – zu Recht weisen vor allem *jüdische* Autoren darauf hin, daß Jesus eigentlich nichts gesagt habe, was sich im zeitgenössischen Judentum nicht irgendwie auch finde; und doch ist alles, was Jesus sagte und tat, revolutionär *neu* eben darin, daß es niemals nur «schriftgelehrt», niemals nur «priesterlich», niemals nur beamtet-objektiv blieb. Für Jesus ist Gott die subjektivste aller möglichen Erfahrungen, das Gegenüber einer Begegnung, die das gesamte Leben verändert, doch eben: diese *neue Form des Daseins* kann sich nicht auf lehrbare, «objektive» Inhalte beziehen, sie kann nicht zum Gegenstand von theologischen Disputen werden; *lebt* man sie, gewinnt das menschliche Dasein sich ganz, lebt man sie nicht, bleibt *alles* in der Verformung der Angst gefangen. *Deshalb* der außerordentliche Entscheidungsernst zwischen «Himmel» und «Hölle», mit dem Jesus redet; *deshalb* die schroffe, fast rücksichtslose Art, mit der er durch provokative Aktionen, wie die Einladung an die «Sünder» (Mk 2,16–17) oder wie die «Tempelreinigung» (Mk 11,15–18), den leitenden religiösen Instanzen offen den Fehdehandschuh hinwirft; *deshalb* die vermeintliche Furchtlosigkeit, mit der er bis zum letzten gegen die Ausbeutung alleinstehender Frauen durch die ehrgeizige und eitle Kaste des religiösen «Lehramtes» protestiert (Mk 12,38–40). Nicht Menschen zu fürchten, sondern einzig sich Gott anzuvertrauen (Mk 10,28) – das war der ganze «Inhalt» dessen, wofür Jesus stand. Und einzig darin gründet die Größe und Bedeutung seiner Person.

Denn *darin* liegt der berechtigte Teil des Bildes, das MARCION von der «Lehre» Jesu entwarf: daß für den Mann aus Nazareth Gott die reine Liebe war, ein Licht ohne Schatten, eine Bejahung ohne Verneinung, eine Güte ohne Voraussetzung, ein Verstehen ohne Vorwurf, eine «Bezugsperson» ohne jede Beimischung ambivalenter Gestimmtheiten und Gefühle. Dieser Gott bedurfte keiner «Opfer» – überflüssig deshalb der «Vermittlungsdienst» der Priester im Tempel; dieser Gott bedurfte keiner «Auslegung» – überflüssig deshalb die Tausende von Anmerkungen in der mündlichen Überlieferung der Schriftgelehrten; was der Gott Jesu redete, das sagte er jedem Einzelnen unmittelbar in der menschlich einzig gültigen Sprache des Mitleids, so wie er in dem *Samariter* redete, als er auf den Verletzten am Wegesrand zuging (Lk 10,25–37). Unmöglich deshalb auch zu denken, daß Jesus zu der «Idee» seines Gottes durch die «Betrachtung» der «Welt» in griechischem Sinne gelangt wäre; ebenso unmöglich zudem, daß er die Vorstellung «seines» Gottes aus der Lektüre der «Heiligen» Schrift oder aus dem Studium der Geschichte seines Volkes gewonnen hätte: wieviel Ungeheuerliches an Gewalt, Haß, Sadismus und Rache, an Nationalismus und Fremdenfeindlichkeit, an rassistischem Fanatismus und borniertem Traditionalismus muß nicht erst aus der Bibel *entfernt* werden, um den Gott Jesu zu finden!

Nicht um «Antijudaismus» geht es dabei, sondern ganz im Gegenteil um die höchste Steigerung einer durch und durch *jüdischen* Möglichkeit: – der Konzentration des *Prophetischen* auf einen einzigen alles entscheidenden Punkt. Nicht *aus* der Welt, nicht *aus* der Geschichte, sondern *gegen* alle Welt, *entgegen* aller Geschichte lernte Jesus «seinen» Gott kennen. Er fand ihn so, wie ein Arzt bei der Erforschung bestimmter Erkrankungen ein Medikament findet – als einen Wirkstoff, der all dem «widerspricht», was den Menschen leiden macht. Nur wer, wie Jesus selber, zutiefst die «Ordnung» der «Welt» *ablehnt,* so wie die apokalyptische Literatur seiner Tage es tat, der wird jene *Sehnsucht* nach Gott, jenen Traum eines baldigen *Endes* der «Welt» und jene Vision von der kommenden «Herrschaft» Gottes mitzuvollziehen vermögen, die Jesus so leidenschaftlich teilte. Umsonst, daß die kirchliche «Lehre» gerade diesen Zug der «Naherwartung» Jesu wie einen peinlichen Irrtum in der Botschaft des «Christus» zu verschweigen oder wie eine noch unerfüllte Verheißung Gottes zu umgehen versucht; für Jesus bedeutete an Gott zu glauben nicht mehr und nicht weniger, als mit äußerster Entschlossenheit einem vollkommenen Kontrastprogramm zu allem Vorgefundenen zu folgen. Gott, eben weil er in den Augen Jesu die reine Bejahung war, konnte nur gründlich und ganz eine «Weltordnung» verneinen, deren inneres Gesetz auf den ständigen tödlichen Verneinungen aller durch alle basierte. Gott als der Grund einer sonst niemals möglichen Menschlichkeit – für Jesus bedeutete der Glaube an einen solchen Gott eine Kampfansage an all die Formen verinnerlichter und rückentäußerter Unmenschlichkeit in den Zwangsstrukturen von Staat, Kirche und Gesellschaft. Immer neu rufen die Gebete Israels ihr Hoschiannah – ihr «Herr, rette uns». Ihm aber galt's! Jetzt oder nie!

In formellem Sinne hat Jesus deshalb keine «Theologie der Erlösung» – weder eine «Gnadenlehre» noch eine «Soteriologie» – entworfen; er hat vielmehr sein Herz in den Himmel geworfen und die Wolken bewogen, endlich zu regnen über dem dörrenden, durstenden Land. Das gesamte Gottesbild Jesu enthält in diesem Sinn eine reine Umkehrung der «Wirklichkeit». Noch einmal: Jesus benötigte Gott nicht, um die Welt, wie sie ist, oder die Geschichte, wie sie immer wieder sich aufführt, zu erklären, zu deuten oder zu verstehen; Jesus brauchte und gebrauchte Gott, um die Menschenwelt und alles Geschehen in ihr ein für allemal zu widerlegen und aus den Angeln zu heben. «Systemveränderung» total – *unterhalb* dieses Anspruchs läßt sich kein einziges der Worte Jesu wirklich begreifen.

Um so wichtiger ist es für uns jetzt, daß wir die Sackgasse der überkommenen Theologie endgültig verlassen. Wir haben nicht länger mehr nötig, die

Welt von Gott her zu denken und in der «Offenbarung» Gottes in «Christus» die Mitteilung all der sonst undurchschaubaren Planungen des Allerhöchsten zu erblicken. Die Erfahrung, in der Gott sich Jesus «offenbarte», bedeutete nicht mehr und nicht weniger als den Durchbruch einer zutiefst menschlichen Einsicht: Ein Mensch kann nur zu seiner Menschlichkeit reifen, wenn er eine Person findet, die ihn so liebt, daß er sich selber zu lieben vermag, eine Person, die so an ihn glaubt, daß er darunter ein eigenes Selbstvertrauen herausbilden kann. Kein Mensch aber vermag einem anderen mit einer reinen Liebe und einem reinen Vertrauen zu begegnen; jeder lebt deshalb aus Angst vor der Ungeschütztheit seiner Liebe oder vor der Enttäuschbarkeit seines Vertrauens in einem Feld der Widersprüchlichkeit und der inneren Zerrissenheit. Notwendig ist deshalb dem Menschen ein Gegenüber, das, unendlich liebevoller, als ein Kind je seine Mutter, unendlich vertrauensvoller, als es je seinen Vater zu erleben vermag, ihm entgegentritt und ihn bei der Hand nimmt, um ihn in ein Feld der Geborgenheit zu geleiten. Um all die Angst zu *heilen,* die das menschliche Herz seit Kindertagen verwüstet, fand oder erfand Jesus einen durch und durch «väterlichen» («mütterlichen») Gott, und er selber redete zu ihm, wie ein kleines Kind in den Gassen Galiläas zu seinem Vater redete: Abba, lieber Vater (vgl. *Jesus von Nazareth,* 15–30) – so zuversichtlich, geborgen und behütet, daß ihm selber die Kraft daraus erwuchs, Mutlosen eine Perspektive der Hoffnung zu schenken, «Blinde zu heilen» (Mk 8,22–26), Verkrümmte in ihrer Menschenfurcht aufzurichten (Mk 3,1–6) und «Aussätzige» und «Blutflüssige» in den Erlaubnisraum menschlicher Kontakte zurückzuführen (Mk 1,40–45; 5,24–25).

Auf unsäglich vielfache und unerträglich zwiespältige Weise schon ist in der Religionsgeschichte Gott bezeichnet, verehrt und beschrieben worden; doch es war Jesus von Nazareth, dem es gelang, in all dem Geröll der Historie den Diamanten, die «kostbare Perle» zu finden, von der er selber in einem seiner Gleichnisse so wunderbar redete (Mt 13,45–46). Das war seine Entdeckung: Gott ist *nur* gut, und der Mensch ist einzig dazu bestimmt, so gütig und weit zu werden wie Gott selber (Mt 5,48; Lk 6,36); denn erneut: nicht ein schöpfungstheologisches Theorem bedeutete für Jesus die «Gottesebenbildlichkeit» des Menschen in Gen 1,26–27; er nahm diese Abbildlichkeit Gottes im Menschen zur Grundlage einer neuen Existenzform. Da redete Gott zu ihm wie noch nie zuvor zu den «Vätern»; da setzte er sein «Ich aber sage euch» antithetisch gegen all die Versuche, Gott immer noch zur Rechtfertigung all der kleinlichen Rechthabereien menschlicher «Gerechtigkeit» zu verwenden (Mt 5, 22.28.32.34.39.41).

Psychologisch ist es daher gewiß nicht falsch zu sagen, die Vorstellung Jesu von Gott als dem «Vater» stelle die *Projektion* einer reinen Menschlichkeit dar; doch muß man zweierlei dieser Aussage hinzufügen. Zum einen: Man hat in Gott schon so viel an Negativem, Ressentimentgeladenem oder Größenwahnhaftem hineingelegt, daß allein von daher bereits die «Reinigung» des Gottesbildes in der Verkündigung Jesu gar nicht hoch genug gewürdigt werden kann. Und zum anderen: Mit dem Wort «Projektion» verbindet man zumeist die Verschiebung abgespaltener Ichanteile in den Anderen oder ein Wunschdenken, das den Anderen mit eben den Fähigkeiten ausstattet, die zur Lösung der eigenen unerledigten Probleme erforderlich wären; in der Botschaft Jesu hingegen bildet der «väterliche» Gott die Antwort auf eine Frage, die vom Menschen her tatsächlich nicht zu lösen ist: Wie ist es möglich, in der «Welt», wie sie sich darstellt, ein Vertrauen zu gewinnen, das gegen alle Angst so etwas wie Güte und Menschlichkeit möglich macht?

An dieser Stelle stehen wir an einer wichtigen Wendemarke. Die Frage dieses ganzen dritten Teils von *Glauben in Freiheit* lautet, ob und wie es möglich sein kann, den Glauben Jesu an einen «väterlichen» Gott glaubwürdig zu finden. Wir haben bereits gesehen, daß dieser Glaube scheitert, scheitern *muß*, sobald wir ihn «theologisch» im Rahmen der kirchlichen «Schöpfungslehre» zu einem kosmologischen Erkenntnisweg göttlicher Offenbarung ausgestalten wollen. Nach dem Einsturz all der so großartig aufgeführten Gebäude schriftgelehrter Spekulation bleibt uns jetzt nichts weiter als das einfache Beispiel, das der Mann aus Nazareth mit seiner Person und mit seinem Leben selber gegeben hat: *Er* glaubte Gott als «die Liebe» (1 Joh 4,16), und *ihm* gab dieser Glaube die Kraft, Feindschaft zu überwinden durch Versöhnung und mit Güte zu antworten selbst auf Gewalt (Mt 5,38–42). Gilt diese Erfahrung auch für uns selber? Inwieweit ist die Erfahrung Jesu auf unser eigenes Leben übertragbar? *Das* sind die eigentlichen Fragen, die sich mit der «Offenbarung» Gottes in «Christus» verbinden.

Jeder, der sagt, er glaube (an) Jesus «Christus», muß durchaus nicht all die «christologischen» Dogmen mitbekennen, die in der Entwicklung des abendländischen Christentums in den kirchlichen Lehrformeln sich herausgebildet haben; *unterhalb* all des «archäologischen Schutts» der Theologie aber «bekennt» er *eines* als fest und sicher: daß er dem Mann aus Nazareth glaubt oder doch glauben möchte, es lasse sich, wie er es gezeigt hat, in dieser Welt der Lieblosigkeit trotz allem die Liebe leben, weil doch Gott selber die Liebe sei, und ohne an diese Möglichkeit der Liebe zu glauben, vermöge er selber gar nicht zu leben, da sinke er unrettbar wieder zurück in die alte Todespraxis der

«Welt». Befreiung vom «Tod», Erlösung von den Zwangsgesetzen der Angst, Herausführung aus dem «Grab» der *Verzweiflung* (der «Sünde» in der alten Terminologie der kirchlichen «Erlösungslehre») – all das geht dem Glaubenden aus von der Person und der Botschaft des Jesus aus Nazareth.

Was also hat Jesus mit seinem Glauben an einen «väterlichen» Gott den Menschen, der Menschheit geschenkt? Die Antwort kann nur lauten: Er verdichtete in seiner Person das Vertrauen seines eigenen Volkes so weit, daß es sich freisetzte für alle und dadurch «allgemeingültig» wurde. Freilich, alles, was Jesus sagte, war *jüdisch* gedacht und geredet; nichts wäre deshalb verkehrter, als die Gestalt des Mannes aus Nazareth (nach dem mißverständlichen und mißverstandenen Konzept MARCIONS) *gegen* die Religion des Volkes zu richten, der er selber entstammte; daher sollten wir noch einmal auf *jüdisch* sagen, was in dem Glauben Jesu an das «Königtum» eines «väterlichen» Gottes an «Allgemeingültigem» enthalten ist; und da legt sich das Wort eines chassidischen Rabbi, *Schlomo von Karlin,* nahe. «Was ist die schlimmste Tat des bösen Triebs?» fragte er und gab selber zur Antwort: «Wenn der Mensch vergißt, daß er ein Königssohn ist.» (M. BUBER: *Die Erzählungen der Chassidim,* Werke, III, 403.) In der Tat gibt es für einen Menschen keine größere Gefahr, als sich seine eigene Würdelosigkeit zu glauben und für sich schon so etwas wie ein «Recht auf Schande» (F. M. DOSTOJEWSKI: *Die Dämonen,* 2. Teil, 6. Kap., 5. Abschnitt, 388) in Anspruch zu nehmen. *Dagegen* wollte Jesus mit dem Glauben an Gott als den «Vater» eine Grundlage der Selbstachtung und der Selbstannahme setzen. Wenn *er* sprach von dem «Kommen» der «Gottesherrschaft» (Mk 1,15), so in der Absicht, daß ein jeder sich selbst zu betrachten lerne wie das Kind dieses unsichtbaren Königs und ein jeder dem anderen begegne mit dem Respekt, wie er einem Prinzen oder einer Prinzessin zukommt. Die Geburt in «Gott», von welcher die *Mystik der Leere* sprach, wird jetzt in der *Mystik der Liebe* zu einer Haltung der Hochachtung und der Wertschätzung, die in jedem Menschen etwas Göttliches wiedererkennt und anerkennt.

Ganz zu Recht hat M. BUBER: (*Christus, Chassidismus, Gnosis,* Werke, III, 949–958, S. 955) deshalb darauf verwiesen, daß Jesus «nicht, wie die Gnostiker, Mysterien des Pleromas (sc. der Seinsfülle, d. V.)» enthüllt habe, sondern sehr treffend von ihm gesagt: «er zeigt auf die Pforte, die im Hier offensteht, und er nennt sie *emuna,* Vertrauen, wie die Propheten sie genannt haben.» Denn einzig ein solches Vertrauen, das in der Liebe, die Gott(es) ist, alle Angst überwindet (1 Joh 4,18), sah Jesus als stark genug an, den Abgrund des menschlichen Herzens zu überschreiten, wie es das mythische Bild von dem

Seewandel Jesu auf außerordentlich dichte Weise veranschaulicht (Mt 14,22–33); erst von diesem Augenblick an bezeichnen im Matthäus-Evangelium die Jünger ihren Meister als «Sohn Gottes» (E. DREWERMANN: *Das Matthäus-evangelium,* II, 324–338).

«Aber steht das alles nicht immer noch im Bannkreis von Projektion und Mythos? Sind das alles nicht immer noch bloße Spiegelungen des Bewußtseins – Wünsche, Hoffnungen, Einbildungen, Phantasmagorien, verständliche vielleicht, geläuterte womöglich, doch keinesfalls Hinweise auf irgend etwas Bewußtseinsunabhängiges?»

Dieser Einwand, der sich Schritt für Schritt meldet, *muß* jetzt beantwortet werden und *kann* jetzt beantwortet werden.

Wir haben in dieser Arbeit den gesamten Gottesglauben eingegrenzt auf seine «existentielle» Bedeutung und «Anwendung», und so scheint die Frage mehr als berechtigt, was denn nun «objektiv» all dem subjektiven Meinen und Wähnen entspreche. Gewiß, wird man zugeben, Gott ist kein «Objekt», doch kann er auch nicht etwas «nur Subjektives» sein. Welch ein «Sein», wird man also fragen, wird ihm in der hier vorgelegten Konzeption denn nun zugeschrieben? Vor allem die traditionelle theologische «Beweisführung», die vom «Sein» der Welt her auf das «Sein» Gottes als ihres Schöpfers glaubte schließen zu können, wird nicht so leicht davon lassen, sich auch weiterhin als die «Norm» der «rechten Lehre» hinzustellen. Indessen haben wir nur zu deutlich gesehen, daß es nicht angeht, die metaphysischen Vorstellungen des herkömmlichen Gottesbegriffs mit der Weltordnung, wie sie sich uns Heutigen zeigt, in Einklang zu bringen; dafür aber tut sich uns ein anderer, weit persönlicherer, intimerer Weg auf, der eine gewisse Ähnlichkeit mit dem «Argument» des ANSELM VON CANTERBURY im 3. Kapitel seines berühmten *Proslogion* (Anrede) aufweist.

ANSELM entwickelte im 11. Jahrhundert den Gedanken, daß Gott das sei, «über dem Größeres nicht gedacht werden» könne; nun sei aber, so argumentierte er, etwas Existierendes unzweifelhaft «größer» als etwas Nichtexistierendes; also *müsse* Gott existieren, da es unmöglich sei, seine Nicht-Existenz zu denken. Dieser «ontologische Gottesbeweis», der in der Philosophiegeschichte immer wieder, zuletzt besonders von G. W. F. HEGEL (*Vorlesungen über die Beweise vom Daseyn Gottes,* in: Philosophie der Religion, II, 357–553, 7. Vorlesung, 405–413) aufgegriffen wurde, ist von I. KANT (*Kritik der reinen Vernunft,* 2. Buch, 3. Hauptstück, 3. Abschnitt, Werke, IV, 529–536) mit dem Bemerken kritisiert worden, daß die Existenz von Etwas nicht zu den Eigenschaften von etwas zähle, sondern nur besage, daß da ein Etwas mit all seinen gedachten Eigenschaften in die Wirklichkeit gesetzt werde. KANTS

Einwand trifft zu, wenn und solange wir im Bereich des Denkens, in der Sphäre der Verstandesurteile verbleiben. Doch eben diesen Bereich haben wir inzwischen verlassen. Unsere Frage lautet schon seit längerem nicht mehr, ob «es Gott gibt», unsere Frage lautet, welch einer Vorstellung ein Mensch bedarf, um angesichts der Welt zu seiner Menschlichkeit zu finden. Er bedarf dazu, sagten wir, der Liebe; doch sahen wir auch: ein Mensch ist zur Liebe nur fähig durch ein Vertrauen, das die Angst seines Herzens beruhigt; ein solches Vertrauen aber vermag wiederum nur die Liebe zu schenken. Alles, was ein Mensch auf Erden an Liebe erfährt, bleibt indessen mehr oder minder ambivalent und ist vom Anlaß her zufälliger Art; sein Verlangen nach Liebe jedoch ist «archetypisch» in ihm angelegt und geht unter den Bildern von Mutter und Vater auf etwas Unbedingtes. Um sich selbst als Mensch vollziehen zu können, bedarf er deshalb, aller Angst gegenüber, des Vertrauens in einen solchen unbedingten mütterlichen («väterlichen») Schutz; und nichts anderes war es, was Jesus vor den Augen aller Welt zu zeigen und zu leben versuchte: Er «bewies» nicht die Existenz Gottes als des «Vaters», aber er bewies durch sein Leben, daß es möglich ist, mit dem Glauben an einen «väterlichen» Gott die Existenz des Menschen zu vermenschlichen. Indem er in Gott an die Liebe glaubte, lebte er die Liebe. Das war, das *ist* alles.

Doch hinterließ Jesus mit diesem seinem Auftreten den Menschen aller Zeiten zu ihrer Entscheidung die Frage, woran sie fortan wirklich glaubten: – *johanneisch* gesprochen an die «Welt» mit ihrer Angst, mit den Mechanismen der Angstverbreitung durch Gewalt, Lüge und Macht, *oder* an die Überwindung der Angst durch eine Liebe, die sich festmacht in der «Väterlichkeit» Gottes. Wer sich für den letzteren Weg entscheidet, der wird unvermeidbar, wie im Beispiel Jesu selber, den gesamten Widerstand der «Welt» herausfordern – der wird *notwendig* als «Unruhestifter», «Revolutionär», «Anarchist» und «Utopist» verfolgt und bekämpft werden; daß Jesus in das «Leiden» ging, hatte, wie oft betont, nichts mit irgendwelchen «Opfer-» und «Sühnegedanken» zu tun, sondern ergab sich wie von selber aus der Unmittelbarkeit und Umweglosigkeit, mit welcher der Mann aus Nazareth seine Menschlichkeit in diese unmenschliche «Welt» zu tragen wagte (vgl. *Jesus von Nazareth*, 532–560). Wer sich für den ersten Weg entscheidet, der mag, von einem Erfolg zum anderen eilend, wohl um die ganze Welt gelangen, er wird nur niemals bei sich selbst ankommen (vgl. Mk 8,36).

Aber «gibt es» denn nun Gott als «Vater» «wirklich»?, mag ein letztes Mal die Frage sich erheben; sie ist nicht gänzlich falsch gestellt, und jedenfalls nötigt sie uns dazu, unsere Antwort noch einmal zu präzisieren. Wir sagten bereits: Es «gibt» keinen Gott, «den es gibt» – diese Kritik D. BONHOEFFERS bleibt in Gültigkeit; doch was es «gibt», ist unsere Menschlichkeit, und zu ihr gehört, daß wir an die Liebe *glauben.* Nun ist es aber nicht möglich, absolut an die Liebe zu glauben, ohne mit ihr die Vorstellung eines Liebenden, eines *absolut* Liebenden, vorauszusetzen; es ist zudem nach allem Gesagten nicht möglich, auf die absolute Infragestellung des menschlichen Daseins im Getto der Angst anders zu antworten als durch die Vorstellung eines absoluten Gegenübers der Liebe; Jesus, entsprechend der Kultur seiner Zeit, bezeichnete dieses Gegenüber einer absoluten Liebe als seinen und unseren *«Vater»,* natürlich ohne damit irgendwelche patriarchalen Implikationen zu verbinden (die römische Kirche irrt groß, wenn sie immer noch die Bestätigung ihrer klerikalen und papalen Strukturen aus der Bibel herauslesen möchte). Für Jesus «gibt es» Gott mithin nur, insoweit wir selber es wagen, uns einer dem anderen hinzugeben; – außerhalb eines solchen Geschenks der Liebe ist es völlig unmöglich, Gott im Sinne Jesu «glauben» oder «erfahren» zu wollen.

In streng KANTianischem Sinne ist Gott demnach nicht mehr und nicht weniger als die Bedingung der Möglichkeit unserer Vermenschlichung. In *theoretischer* Absicht ist und bleibt es für alle Zeiten unbeweisbar, daß «es Gott gibt»; aber wir selber, um an die Liebe zu glauben, müssen in *praktischer* Absicht einen «väterlichen» Gott als existierend voraussetzen.

Die ganze Vorstellung dieses Gottes ist, wie wir immer wieder betont haben, durch und durch *subjektiv.* Da «ist» keine allmächtige, allweise und allgütige «Person», die im «Himmel» säße und durch unser Treiben auf Erden vor das Problem gestellt würde, wie sie durch ihr «Eingreifen» in den Weltenlauf für ein bißchen mehr «Gerechtigkeit», «Güte» und «Wahrheit» auf Erden sorgen könnte; da ist einzig eine sehr menschliche, *allzu* menschliche Vorstellung, die wir als Menschen uns bilden, um nicht an der Möglichkeit unserer Menschwerdung zu verzweifeln – eine «Projektion», die uns hilft, bei uns selber anzukommen, und die ihre Wahrheit eben darin erweist, daß an ihr der alles entscheidende Unterschied sichtbar wird, der uns zu Menschen oder Unmenschen macht, je nachdem, ob wir im Sinne L. TOLSTOIS an diese «Projektion» glauben oder nicht an sie glauben.

Wir können uns daher, ANSELM entgegen, sehr wohl einen Gott denken, den «es nicht gibt», aber wir können die Liebe nicht denken, ohne daß da eine *«Person» «ist»,* die «liebt», und wir müssen, um absolut an die Liebe zu glauben, die Liebe selbst absolut setzen. Nicht das «Sein» Gottes, sondern das «Personsein» Gottes ist es deshalb, was wir als Menschen um der Menschlichkeit willen nicht als nicht-existent denken können.

Allerdings müssen wir auch dieses «Argument» sogleich wieder relativieren. Wie wir sahen, ist es nicht möglich, von *«dem»* Menschen zu sprechen. Die «Offenbarung» der «Väterlichkeit» Gottes, die Jesus in die «Welt» bringen wollte, ist, wenn evolutives Denken überhaupt einen Sinn machen soll, ganz gewiß nicht die «letzte» und «unüberbietbare» Form der «endgültigen» «Selbstmitteilung» Gottes an diese «Welt». Wir selber, so sahen wir, sind nur ein Übergang; wir werden nicht einfach «aussterben» wie die Neandertaler vor uns – alle Menschheit, die nach uns kommen wird, steht genetisch wie kulturell in unserer «Nachfolge» –, was die menschliche Spezies angeht, kann es nur noch mit *uns* weitergehen oder, eines Tages, mit uns *zu Ende* gehen; deutlich aber ist doch bereits die *Kurzlebigkeit* all dessen, was wir *heute* an religiösen Aussagen treffen können, und zwar in vielerlei Hinsicht.

Nicht einmal in unseren Tagen ist die Bindung des Gottesbegriffes an das Personsein «interkulturell» unumstritten. Wohl legen die biblischen Religionen (Judentum, Christentum und Islam) unzweifelhaft den größten Wert darauf, Gott als *Person* zu verstehen, doch sahen wir bereits, daß diese Form der Religiosität von der Mystik des Buddhismus oder des MEISTER ECKHART durchaus nicht widerspruchslos geteilt wird. Die Erfahrung der Leere und die Erfahrung der Liebe, die Apersonalität und die Personalität des Göttlichen, erweisen sich vielmehr als zwei gleichberechtigte komplementäre Beschreibungsformen des gleichen Ursprungs der Wirklichkeit.

Doch wie abhängig von dem jeweiligen Bewußtseinszustand ist der Begriff *Person* selbst!

IMMANUEL KANT (*Kritik der reinen Vernunft*, 2. Buch, 1. Hauptstück, 3. Paralogismus, Werke IV, 370) bereits zeigte, daß sich die «Personalität» des Menschen ebensowenig «beweisen» lasse wie die Existenz Gottes – im 3. Teil dieser Arbeit werden wir der Frage nach der «Realität» des Personseins noch ausführlicher nachgehen müssen.

Nicht zuletzt dürfte vor allem die Thematik der Angst in naher Zukunft schon mit den Mitteln der Neurologie und der Psychiatrie sich viel leichter als mit den Anstrengungen der Religion beantworten lassen. Heute bereits fällt es schwer, die Aufregung des Existentialismus der fünfziger Jahre dieses gerade zu Ende gehenden Jahrhunderts: die Problematik von Freiheit, Individualität und Verantwortung, gegenüber der Massengesellschaft des Computerzeitalters verständlich zu machen. Läßt es sich da nicht denken, daß bereits in wenigen Jahrhunderten, geschweige denn Jahrtausenden eine Situation eintreten könnte, in welcher unsere heutigen Fragestellungen sich endgültig erledigt haben und dafür neue, andere sich zu Wort melden, die unseren derzeitigen Verstehenshorizont ebenso weit überschreiten, wie wir Heutige schon der Welt des *homo erectus,* des *Neandertalers* oder der eiszeitlichen Jägerkultur unserer eigenen Vorfahren uns entfremdet haben?

Alles jedenfalls, was wir heute religiös zu sagen vermögen, dient unserer Vermenschlichung *heute,* und selbst wenn eine Religion, wie die altägyptische oder die hinduistische, 3000–4000 Jahre zu dauern imstande ist, so besitzt sie doch keinen Anspruch auf Unsterblichkeit. Allenfalls bestimmte Bilder wie die der Überwindung des Todes oder der Zuordnung von «Männlichem» und «Weiblichem», der Einheit von Sterben und Geborenwerden, mögen als «archetypische» enorme Zeitspannen der menschlichen Geschichte überdauern und schon dadurch eine gewisse Annäherung an die Erfahrung des «Ewigen» vermitteln; doch die Deutungen und Bedeutungen, die ihnen zuteil werden oder die ihnen zu eigen sind, können und werden so weit voneinander abweichen, wie die kannibalistische Mahlzeit des *homo erectus* von Klasies River Mouth abweicht von dem «unblutigen Opfer» des «Gottessohnes», das unter den «Gestalten» von Brot und Wein ein Priester der römischen Kirche in einer «Eucharistiefeier» zur «Vergebung der Sünden» vor den Gläubigen «darbringt». Selbst das, was wir heute als «Liebe» bezeichnen, ist ein Ensemble von Gefühlen, die eine außerordentliche Geschichte der Wandlung bereits durchlaufen haben und weiter durchlaufen werden. Ein Gottesbild, das sich auf solche Gefühle gründet, kann nie etwas anderes sein als der Versuch, die Bedingungen zu beschreiben, die es uns ermöglichen, zu denjenigen Menschen zu werden, die wir im gegenwärtigen Moment der Geschichte «im Grunde» sein möchten; und eben darin: uns dies, was wir «im Grunde» sein möchten, gezeigt zu haben, bestand und besteht die «Offenbarung» Gottes als des «Vaters» in seinem «Sohn» Jesus «Christus».

«Wenn du mit mir gingest» oder: Einladung an Jens Peter Jacobsen

Es lohnt sich, an dieser Stelle einen Augenblick innezuhalten und das bisherige Ergebnis an einem menschlich äußerst anrührenden Beispiel des Widerspruchs zu überprüfen: an der Erzählung des dänischen Dichters Jens Peter Jacobsen: *Niels Lyhne,* einem Buch, das vor allem Rainer Maria Rilke tief beeinflußt hat und von dem Stefan Zweig meinte, es sei der «*Werther* seiner Generation» (zit. nach Fritz Paul: *Nachwort*).

Jens Peter Jacobsen (1847–1884) war von Hause aus Naturwissenschaftler – seine Dissertation über Algen wurde 1873 preisgekrönt; zudem übersetzte er die beiden Hauptwerke von Charles Darwin: *Die Entste-*

hung der Arten und *Die Abstammung des Menschen* ins Dänische; – schon von daher ist er zum Kronzeugen der Problematik unserer Fragestellung hervorragend geeignet; darüber hinaus aber hat JACOBSEN in seinem *Niels Lyhne* (1880) die Frage nach der Möglichkeit und Eigenart *der Liebe* gerade vor dem Hintergrund einer *atheistischen* Weltauffassung in solcher Ehrlichkeit und Eindringlichkeit gestellt, daß all unsere theologischen Ableitungen für null und nichtig gelten müßten, wenn sie mit den Gedanken eines so sensiblen und suchenden Menschen wie dieses dänischen Dichters, und sei es im Abstand von mehr als nun einhundert Jahren, sich nicht vereinbaren ließen.

Tatsächlich wollte JACOBSEN nach Vorentwürfen aus den Jahren 1876–77, wohl unter dem Einfluß von ERNEST RENANS *Das Leben Jesu* von 1863 (mit dem wir unsere Arbeit über *Jesus von Nazareth*, S. 808, Anm. 18, *abgeschlossen* haben!) sowie von DAVID FRIEDRICH STRAUSS' *Das Leben Jesu* von 1835–36, ursprünglich seinen Roman *«Der Atheist»* nennen; dann aber verschmolz bei ihm die Frage nach Gott, ganz wie in der vorliegenden Arbeit, mit der Frage nach der Liebe, und so wurde es ihm in seinem *Niels Lyhne* zu dem alles entscheidenden Problem, ob eine Liebe ohne Gott überhaupt möglich ist oder ob nicht eher umgekehrt erst ohne Gott Liebe wirklich sein kann.

An einem Weihnachtsabend ist es, daß der junge Niels Lyhne mit dem Arzt, Dr. Hjerrild, auf die Lage des Christentums und die Chancen der Aufklärung zu sprechen kommt. «Der Atheismus», findet der Doktor, «ist... grenzenlos nüchtern, und sein Ziel ist doch zu guter Letzt nichts weiter als eine desillusionierte Menschheit. Der Glaube an einen lenkenden, richtenden Gott, das ist die letzte, große Illusion der Menschheit; und was dann, wenn sie sie verloren hat? Dann sind sie klüger geworden; aber reicher, glücklicher? Ich sehe es nicht» (162).

Wohlgemerkt geht es in diesem Gespräch um den Gott, der «lenkt» und «richtet» – *er* ist es, an den zu glauben den Denkenden in der Neuzeit so schwer, ja, unmöglich fällt; von ihm sich zu *lösen, gebietet* ihnen scheinbar die Vernunft; «begreifen Sie denn nicht», entgegnet Niels denn auch dem zaudernden Hjerrild, «daß an dem Tage, wo die Menschheit frei jubeln kann: es gibt keinen Gott –, daß an dem Tage wie mit einem Zauberschlage ein neuer Himmel und eine neue Erde (sc. nach Jes 65,17 und Apk 21,1!, d.V.) geschaffen wird. Dann erst wird der Himmel der freie, unendliche Raum statt eines drohenden Späherauges sein. Dann erst ist die Erde unser, und wir gehören der Erde, wenn jene Welt der dunklen Seligkeit und der Verdammnis da draußen wie eine Blase geplatzt ist. Die Erde wird unser wirkliches Vaterland, das Heim unseres Herzens, wo wir nicht eine armselige Stunde wie fremde Gäste leben, sondern immerdar. Und welche Intensität wird es nicht dem Leben verleihen, wenn alles in ihm enthalten ist, nicht außerhalb desselben gelegt werden soll. Der ungeheuere Liebesstrom, der jetzt zu dem Gott emporsteigt, an den man glaubt, wird sich, wenn der Himmel leer ist, über die Erde herablassen, mit liebendem Gang hin zu all den schönen menschlichen Eigenschaften und Gaben, die wir verdichtet und mit denen wir dann die Gottheit geschmückt haben, um sie unserer Liebe würdig zu machen. Güte, Gerechtigkeit, Weisheit, wer vermag sie alle zu nennen? Begreifen Sie nicht, welch einen Adel es über die Menschheit ausbreiten wird, wenn sie frei ihr Leben leben und ihren Tod sterben kann, ohne Furcht vor der Hölle oder Hoffnung auf den Himmel, nur sich selber fürchtend, auf sich selber ihre Hoffnung setzend? Wie wird das Gewissen nicht wachsen, und welche Festigkeit wird es nicht geben, wenn tatenlose Reue und Demut nichts mehr zu sühnen vermögen und keine andere Verzeihung möglich ist, als das Böse, das man mit Bösem verbrach, mit Gutem wiedergutzumachen.» – «Sie müssen», entgegnet skeptisch Doktor Hjerrild, «einen wunderbaren Glauben an die Menschheit haben; der Atheismus wird ja größere Forderungen an sie stellen, als das Christentum es tut.» Er nennt Niels' Überzeugung daher einen «pietistischen Atheismus» (162–164).

Tatsächlich stellt sich in JACOBSENS Roman die Konzeption des «pietistischen Atheismus» in Gestalt dreier zentraler Fragen dar:

- Müssen nicht alle, die Kinder bereits, von den Verheißungen eines liebenden Gottes verstört und enttäuscht werden?
- Ist es möglich, dem Tod standzuhalten ohne die Tröstungen des Religiösen?
- Und: Neigt die Liebe nicht von selber dazu, den Geliebten zu vergöttlichen und damit zu überfordern?

Niels' Kindheit, um mit der *ersten* Frage zu beginnen, zerbricht in gewissem Sinne, als er mit etwa vierzehn Jahren den Tod seiner schönen, jugendlichen, dem Leben zugewandten Tante Edele erlebt. Sie ist die erste Frau, die den Heranwachsenden durch ihre erotische Ausstrahlung fasziniert und ihn träumend, ja, geradezu eifersüchtig werden läßt. Als sie, überraschend für alle, auf das Sterbelager geworfen wird, gibt Niels, der in «wilden Gebeten seiner Verzweiflung Einhalt zu tun» sucht, sich schier untröstlich. Weinend wirft er sich mit gefalteten Händen am Fußende des Bettes auf die Knie und betet so inständig, wie ein Kind, wie jeder Fromme im Sinne der Kirche es irgend zu tun vermag: «ich lasse dich nicht, mein Gott», murmelte er, «ich lasse dich nicht (vgl. Gen 32,27, d.V.), bevor du ja gesagt hast; du darfst sie nicht von uns nehmen, denn du weißt ja, wie wir sie lieben; du darfst nicht, du darfst nicht! Ach, ich kann nicht sagen: dein Wille geschehe, denn du willst sie sterben lassen; ach, aber laß sie leben; ich will dir danken und dir gehorchen, ich will all das tun, von dem ich weiß, daß du es von mir verlangst; ich will so gut sein und dir niemals zuwiderhandeln, wenn du sie nur leben lassen willst! Hörst du, Gott! ach, halte inne, halte inne und mache sie gesund, bevor es zu spät ist! Ich will... ich will... ach, was kann ich dir versprechen? – ach, ich will dir danken, dich nie, nie vergessen; ach, erhör mich doch! du siehst ja, daß sie stirbt; du siehst ja, daß sie stirbt; hörst du, nimm deine Hand weg, nimm sie weg, ich kann es nicht ertragen, sie zu verlieren, Gott, ich kann nicht; laß sie leben; willst du es nicht, willst du es nicht? ach, es ist unrecht von dir...» (58).

Alles Gottvertrauen verdichtet sich hier zu dem Flehen eines Kindes, ein Gott, der da «sieht», ein Gott, der da gut ist, ein Gott, der Gebete erhört, ein Gott, der die Liebe ist, könne und dürfe doch nicht den sinnlosen Tod eines geliebten Menschen wollen, er könne und dürfe doch nicht einem so treuen und anhänglichen Jungen etwas schlechterdings Unzumutbares auferlegen. Aber Edele Lyhne stirbt. «Liebe Edele», flüstert Niels, als er die bleiche Hand der Toten an seine Lippen drückt.

«Es geschieht nicht oft», kommentiert J. P. Jacobsen selbst diese Szene, «daß Kinder also trauern; Niels aber tat es. Denn in der Innigkeit seines Gebets hatte er von Angesicht zu Angesicht mit Gott gestanden, er hatte sich auf seinen Knien vor den Fuß des Throns geschleppt, die Hoffnung in ihm hatte vor Angst gezittert, aber er war doch voll festen Glaubens an die Allmacht des Gebets, voller Mut, sich die Erhörung zu entflehen; – und er hatte sich in beschämter Hoffnung aus dem Staub erheben müssen. Er hatte mit seinem Glauben das Wunder nicht aus seinem Himmel herunterzuholen vermocht; kein Gott hatte seinem Ruf geantwortet; ohne zu zögern, war der Tod auf seine Beute zugeschritten, als sei kein Wall von Gebeten schützend bis an die Wolken errichtet worden» (60–61).

In Niels hernach wird es «still». «Sein Glaube hatte sich in blinder Flucht gegen die Pforte des Himmels geworfen, und jetzt lag er mit geknickten Schwingen auf Edeles Grab. Denn er hatte geglaubt; er hatte den geraden, grellen Märchenglauben, der so oft den Kindern gehört, besessen. Es ist», bemerkt näher erläuternd Jens Peter Jacobsen, «nicht der zusammengesetzte, subtil nuancierte Gott, an den sie glauben, die Kinder; es ist der gewaltige, alttestamentarische Gott, er, der Adam und Eva so sehr liebte und dem gegenüber das ganze Menschengeschlecht, Könige, Propheten, Pharaonen, nur wie artige oder unartige Kinder sind, dieser gewaltige, väterliche Gott, der mit dem Zorn eines Riesen zürnt und der mit der Freigebigkeit eines Riesen freigebig ist; kaum hat er das Leben geschaffen, so hetzt er den Tod hinter ihm her; er ertränkt seine Erde mit den Gewässern aus seinem Himmel; er donnert Gesetze herab, die für das Geschlecht, das er geschaffen hat, zu schwer sind; und zu Kaiser Augusti Zeiten hat er Mitleid mit ihm empfunden und seinen Sohn in den Tod geschickt, auf daß das Gesetz gebrochen werde, indem man es hielt. Zu diesem Gott, der stets das Wunder als Antwort benutzte, sprechen die Kinder, wenn sie beten» (60–62).

Und die «Erwachsenen»? Halten die religiösen Institutionen sie etwa nicht für immer als geistige Kinder, wenn sie diesen «Märchengott», ohne Aufklärung und Deutung der symbolischen Sprachbilder des Mythos, vor ihren «Gläubigen» zur Glaubensvorschrift erheben? Gewiß, man lehrt sie, nach dem Vorbild Jesu im Garten von Gethsemane (Mt 26,39) auf alles eigene Wünschen Verzicht zu tun (s. o. S. 314), doch was wäre ein «bittendes» oder «fürbittendes» Gebet, das so «geläutert-interessenlos» sein könnte, nachdem es durch den Typ jenes priesterlich und biblisch geförderten «Gottvertrauens» so «mutig» geworden ist, der Gottheit rückhaltlos die eigenen Anliegen anzuvertrauen (vgl. Lk 11,9–10)? Niels jedenfalls, in seiner Enttäuschung, empfand, daß der «Gott-Vater» sich von ihm gewendet haben mußte, und «so konnte er sich auch von Gott wenden. Hatte Gott keine Ohren, so hatte er auch keine Lippen; hatte Gott keine Gnade, so hatte er auch keine Anbetung, und er trotzte und verwies Gott aus seinem Herzen. – An dem Tage, als Edele begraben wurde, stampfte er verächtlich auf die Erde des Grabes, jedesmal wenn der Pfarrer den Namen des Herrn nannte … Wenn er sich des Abends zum Schlafen legte, so wurde ein seltsames Gefühl verlassener Größe in ihm erweckt; er dachte daran, daß jetzt alle Kinder und Erwachsenen zum Herrn beteten und ihre Augen in seinem Namen schlossen, aber er allein hielt die Hände davon zurück, daß sie sich falteten, er allein verweigerte Gott seine Huldigung. Von der Obhut des Himmels war er ausgeschlossen, kein Engel wachte an seiner Seite; einsam und schutzlos trieb er auf den seltsam murmelnden Wassern der Dunkelheit dahin, und die Einsamkeit breitete sich über ihm aus» (62–63).

In der Bibel und in der Kirchengeschichte hat Niels von dem Siegeszug gelesen, den unaufhaltsam der Gott der Juden und Christen gegen seine Feinde unternimmt, und bislang war er glücklich gewesen, durch seinen Glauben «zu den stolzen Legionen der Sieger gezählt zu werden; denn ist der Sieg nicht stets gerecht, und ist der Sieger nicht stets Befreier, Förderer, Lichtspender? – Aber jetzt war der Jubel in ihm verstummt, jetzt schwieg er; er dachte mit dem Gedanken der Überwundenen, fühlte mit den Herzen der Geschlagenen, und er verstand, daß, weil der Siegende gut ist, das Unterliegende nicht schlecht zu sein braucht; und dann nahm er Partei – ... gegen Gott, aber wie ein Vasall, der die Waffen gegen seinen rechtmäßigen Herrn gebraucht; denn er glaubte noch und konnte den Glauben nicht wegtrotzen» (63).

Doch, naturgemäß, zerbröselt auch dieser noch (!) nicht «wegzutrotzende» Glaube im Verlauf der Jahre von ganz allein, denn je stärker das Selbstvertrauen und die Mündigkeit eines Mannes wie Niels Lyhne sich entfalten, desto sicherer muß der «Märchengott» der Kindheit sich als ein bloßer Schemen «christlicher» Erziehung erweisen. Unmöglich zu glauben, daß diese Mischung von objektiver Tatenohnmacht und kirchlich verordneter Gebetsallmacht, daß dieses Amalgam von «Glauben», Magie und Unterwerfung im Kopf eines erwachsen gewordenen Menschen auf Dauer Platz halten könnte.

Dabei würden die meisten Theologen der Gegenwart der Ansicht wohl zustimmen, daß die Parteinahme des jungen Niels für die Unterliegenden der Intention mancher Propheten des Alten Israel und gewiß der Botschaft des Mannes aus Nazareth weit näher komme als der schlachtengekrönte Triumphalismus des «siegreichen» Gottes nach dem Modell der «messianischen» «Heilspsalmen» der Bibel und der «Dankgottesdienste» «christlicher» Kriegsgewinnler. Wenn aber da ein allmächtiger Gott ist, der auf der Seite der «Schwachen» steht, meldet sogleich das alte «Theodizeeproblem» sich wieder zu Wort: warum nur, wenn er doch kann, unternimmt dieser Gott nichts gegen die Not so vieler Leidender?

Wie aber, wenn Niels Lyhnes «Atheismus» bis dahin nichts weiter wäre als der erste Schritt eines notwendigen Erwachens?

Gerade seine «trotzige» Desertion zu den Reihen der Wehrlosen und Unterlegenen stellt, «christlich» betrachtet, den Beginn einer «echten» «Gläubigkeit» *an den Menschen* dar. Freilich, diese neue Einstellung straft die biblische Vorstellung von dem «Jahwe Zebaoth» auf den Bajonetten seiner himmlischen Heerscharen ebenso Lügen wie das kirchliche Dogma von dem allmächtigen und allgütigen, doch in seiner «Weisheit» «unergründlichen», weil unendlich untätigen «Herrgott». Das einzige, was sich in Niels Lyhnes Erleben, stellvertretend seither für eine Generation von Jugendlichen nach der anderen, als «heilig» formt, ist das Engagement für die Ohnmächtigen – im Protest gegen die Anbetung *der* Mächtigen und *des* Allmächtigen.

Doch deshalb nun in absolutem Ernst gefragt: Gibt damit, ohne ihn zu nennen, Niels Lyhne nicht Gott, den er dem Namen nach verleugnet, in Wahrheit, wie Jesus ihn sah, allererst Anerkennung und Ehre?

Alle Kirchenfrommen damals wie heute werden und müssen die Romangestalt des dänischen Dichters, wie sie es gewiß auch der Absicht nach sollen, als einen «Ungläubigen» verachten; aber bereitet sich in ihm nicht wirklich ein neuer «Pietismus» vor – eine Frömmigkeit der Liebe zum Menschen und der Liebe zur Erde, die das Leben nicht länger mehr von weltjenseitigen Gespenstern leergesaugt finden möchte? Die Bedingung der Möglichkeit, den Menschen zu lieben in dieser Welt und notfalls gegen alle Welt – gerade das ist es doch, was wir tief im Inneren des Menschen als Gott bezeichnet haben. Einen Gott, der dem Menschen noch etwas anderes «erklärt», als Partei zu ergreifen für Menschen (und Tiere) in Not, wird es im Sinne Jesu «nicht geben». Diesen Gott im eigenen Inneren, der seine Menschlichkeit trägt, «bekennt» nicht Niels Lyhne mit Worten, doch ist da ein Zweifel, daß er ihn lebt in seinem Verhalten? Wahrheitsliebe, Mut, Protest und Bejahung sind die ersten Ingredienzien dieser seiner «neuen» Frömmigkeit, eines Atheismus, der Gott aus den Sphären vertreibt, um ihn im Herzen des Menschen als Grund der Menschlichkeit wiederzufinden.

Doch wenn es schon schwerfällt, den Tod eines Menschen mitzuerleben, der einem nahesteht, wie schwer – die *zweite* Frage – fällt es dann, dem *eigenen* Tod ins Auge zu sehen?

In Jens Peter Jacobsens Roman hat Niels Lyhne schließlich, nachdem er von seiner Dichterexistenz Abschied genommen und sich auf die Bewirtschaftung von Lönborghof zurückgezogen hat, die junge Gerda heiraten dürfen, obwohl von ihm Kunde ging, er besuche nie eine Kirche (260). An der Seite von Gerda erscheint es Niels, «als sei das Dasein so unendlich klar und schlicht geworden, als sei das Leben so einfach zu leben, das Glück so nahe und ebenso leicht zu gewinnen wie die Luft, die er mit einem Atemzug einsog» (263). Tatsächlich gewinnt Gerda ein tiefes Zutrauen auch zu seinen weltanschaulichen Überzeugungen, und obwohl er nicht möchte, «daß seine schwerere, bilderlose Lebensanschauung sich zwischen sie und das milde Blauen des Himmels schieben und ihr das Gefühl von Unsicherheit und Verlassensein geben sollte» (264), besteht doch sie von sich aus darauf, keine Heimstätte im Himmel noch auf Erden zu wollen, die sie nicht mit ihm teilen könnte; – das Wort der biblischen Ruth: «Dein Gott ist mein Gott» (Ruth 1,16–17), wird in ihr zum Zeugnis einer solchen «atheistischen» Frömmigkeit der Liebe (vgl. E. Drewermann: *Das Matthäusevangelium*, I, 233–279: Der Stammbaum Jesu, S. 256–269: Das Leben der Ruth); «allen Ernstes» beginnt deshalb Niels, «sie zu belehren ..., wie alle Götter Menschenwerk seien und wie alles, was von Menschenhand gemacht war, nicht für ewige Zeiten bestehen konnte, sondern verfallen mußte, Göttergeschlecht auf Göttergeschlecht, weil die Menschheit sich ständig entwickelt und verändert und an ihren Idealen emporwächst. Und ein Gott, in den die ältesten und größten der Geschlechter nicht ihren reichsten, geistigen Inhalt hineingelegt haben, ein Gott, der sein Licht nicht von der Menschheit erhielt, sondern der durch sich selber leuchten sollte, ein Gott, der sich nicht in der Entwicklung befand, sondern in dem historischen Kalk der Dogmen erstarrt war, – der war kein Gott mehr, sondern ein Götze.» – «Er lehrte sie ferner, wie der Glaube an einen persönlichen Gott, der alles zum besten leitet und in einem anderen Leben straft und belohnt, wie das eine Flucht sei weg aus der rauhen Wirklichkeit... Er zeigte ihr, wie es das Mitleid der Menschen mit den Unglücklichen erschlaffen, sie weniger bereitmachen müßte, alle Kräfte daranzusetzen, um zu helfen, wenn sie sich bei dem Gedanken beruhigen könnten, daß alles, was hier in diesem kurzen Erdenleben erduldet wurde, dem Leidenden den Weg zu einer Ewigkeit in Herrlichkeit und Freude bahnen sollte.» – «Er hob (sc. vor allem, d.V.) hervor, welche Kraft und Selbständigkeit es dem Menschengeschlecht geben müßte, wenn sie im Glauben an sich selbst ihr Leben im Einklang mit dem zu leben suchten, was der einzelne in seinen besten Augenblicken bei sich selbst am höchsten schätzte, statt es außerhalb seines Bereiches in eine kontrollierende Gottheit zu legen» (264–265).

Drei Jahre gehen so dahin – geradezu mit einem gewissen Fanatismus hängt Gerda den Lehren ihres Gatten an; da erkrankt sie plötzlich aufs tödliche, und jetzt, heimgesucht von Angst, bittet sie Niels, gleichwohl den Pfarrer zu holen. «Wenn du mit mir gingest! aber allein!» flüsterte sie. «Du mußt ihn holen, Niels, ich wage nicht, allein so da hinaufzukommen.» – «Es ist unmöglich, Niels», fährt sie fort, «daß es mit dem Tod vorbei sein sollte; du kannst es nicht fühlen, der du gesund bist; du findest, es muß uns ganz totschlagen, weil man so matt ist und alles entschwindet; aber das betrifft nur die äußere Welt; drinnen ist da ebensoviel Seele wie früher; ganz sicher, Niels; ich habe es alles hier drinnen, alles, was ich erhalten habe, dieselbe unendliche Welt, nur stiller, mehr allein für sich, so wie wenn man die Augen schließt. Es ist nur wie ein Licht, du, es geht auch von dir fort, in das Dunkel hinein..., und es erscheint dir schwächer und schwächer, du kannst es nicht sehen, aber trotzdem leuchtet es dort hinten, wo es ist. – In weiter Ferne. – ... Ich fürchte mich, Niels; dort, wohin ich soll, herrscht der liebe Gott, und der fragt nicht nach unserer Klugheit hienieden, er will das Seine und nichts andres... Ich habe nicht viel Böses getan, nicht wahr?»

Selbstverständlich ruft Niels unverzüglich den Pfarrer herbei, der wohl begreift, daß es allein Gerdas große Liebe zu ihrem Gatten war, die sie der Freigeisterei geneigt gemacht hat; unter seinen tröstlichen Worten ersteht in Gerda die Kinderwelt wieder, «jenes tiefe Knien vor dem allmächtigen, dem richtenden Gott» und vor den heiligen Mysterien der Kirche. Als Niels in der Dämmerung kommt, ihr ein letztes Mal Lebewohl zu sagen, «bevor die Schatten des Todes allzu nahe kamen, war sie bei vollem Bewußtsein. Doch die Liebe, die das beste Glück seines Lebens bedeutet hatte, war in ihrem Blick erloschen; sie war schon jetzt nicht die Seine mehr; die Schwingen hatten zu wachsen begonnen, sie sehnte sich nach ihrem Gott. – Um Mitternacht starb sie» (270–271).

Monatelang lebt Niels, von Trauer gezeichnet, wie in einer unendlichen «Wüste von Leere, jede Nacht eine Hölle der Erinnerungen». Doch eben da, als er allmählich dem Strom schwermütiger Gedanken wieder entsteigt, wird *seine Tochter* von Fieber und Krampfanfällen heimgesucht, und es entsteht eine Szene, wie sie vergleichbar erst wieder ALBERT CAMUS in *Die Pest* (4. Kap., S. 122–124) gestaltet hat: Niels, schreibt JACOBSEN, «starrte es (sc. das Kind) an, als wolle er sich dadurch töten, – diese kleinen Hände, die sich zusammenballten, weiß mit blaßblauen Nägeln; diese starren Augen, die sich aus ihren Höhlen herausrollten; dieser verzerrte Mund, in dem die Zähne, mit einem Laut von Eisen in Stein, knirschten; das war schrecklich und doch nicht das Schlimmste. Nein, aber als dann die Krämpfe aufhörten und der Körper wieder weich und biegsam wurde und sich dem Glück über die abnehmenden Schmerzen hingab, und dann die Angst, die in den Blick des Kindes trat, wenn es von weitem spürte, daß die Krämpfe wiederkehrten. Das sich steigernde Flehen um Hilfe, während die Pein näher und näher rückte, nein dies, und dann nicht helfen zu können, nicht mit seinem Herzblut, nicht mit allem, was er besaß und hatte: – er erhob die geballten Hände drohend gen Himmel, er griff nach seinem Kinde in dem wahnsinnigen Gedanken an Flucht; und dann warf er sich auf die Knie und flehte zu Gott im Himmel, der das Erdreich durch Prüfungen und Zucht in Angst hält, der Not und Krankheit schickt, Leiden und Tod, der will, daß alle Knie sich mit Zittern beugen sollen (sc. nach Phil 2,10, d.V.), und von dem weg es keine Flucht gibt, weder nach dem äußersten Meer noch in die Abgründe hinab (sc. nach Ps 139,8, d.V.). Er, der Gott, der, wenn es ihm gefällt, den zu Boden treten wird, den du am meisten liebst, und ihn unter seinem Fuß zu Staub zurückquälen wird, aus dem er ihn selbst gemacht hat (sc. nach Gen 2,7, d.V.). – In solchen Gedanken betete Niels hinauf zu Gott und warf sich in seiner Ohnmacht nieder vor dem Himmelsthron, bekennend, daß die Macht sein sei, sein allein. – Aber das Kind litt immer noch. – Gegen Morgen, als ... der Arzt des Gutes zum Tor hineinfuhr, war Niels allein» (272–273).

In dieser Nacht, als sein Kind stirbt, zerbricht in Niels beides, sowohl sein

Zutrauen in sich selbst wie auch sein Glaube an die Macht des Menschen, sein Leben zu tragen. Dieses Gebet, der Verzweiflungsruf eines Vaters für sein sterbendes Kind, *das,* so muß er erkennen, ist für ihn wie ein «Sündenfall», *das* ist und war sein Abfall von sich selbst. Als es darauf ankam, so muß er sich eingestehen, war auch er schwach geworden.

Wenig später, im deutsch-dänischen Krieg, wird Niels schwer verwundet; sterbend liegt er im Lazarett und weigert sich, den Erinnerungen Dr. Hjerrilds an die Anschauungen der Kindheit von dem Gott im Himmel zu folgen; selbst den Trost, in diesem Moment «für unser armes Land zu sterben», weist er von sich: «Ja», sagt er, «aber es war doch nicht auf die Weise, daß wir davon träumten, Nutzen zu schaffen, damals vor langer, langer Zeit.» – «Wenn ich Gott wäre», murmelt Hjerrild, «würde ich weit eher den selig machen, der sich nicht in der letzten Stunde bekehrt» (278).

Ehrlicherweise ist, wie man sieht, seit anderthalb Jahrhunderten Menschen von der Art eines Niels Lyhne die Rückkehr zu der infantil-magischen Form der Religion nicht mehr gestattet; mögen auch Angst und Mitgefühl in manchen Augenblicken ihr Urteil trüben – es kommt für sie einem Selbstverrat gleich, die alten, sinnlos gewordenen Anschauungen und Rituale des «Glaubens» noch einmal zu bemühen. Aber das ist nun die Frage: Läßt sich das, was Niels Lyhne beim Tod seiner Frau und beim Tod seines Kindes erlebt, wirklich nur als «Regression» zu einem obsolet gewordenen Aberglauben verstehen? «Wenn du mit mir gingest...», sagte die sterbende Gerda; mit diesem Halbsatz wollte sie gewiß nicht einfach nur sagen: «Ich leide so sehr an der Einsamkeit»; – um das Gefühl des *Alleinseins* müßte angesichts des näherrükkenden Todes seiner Gattin weit eher Niels selber sich sorgen; was Gerda ihm sagen mochte, ist eigentlich etwas anderes. «Du hast», müßte man ihre Gedanken umsetzen, «mich gelehrt, an keinen Gott mehr zu glauben, der belohnend und strafend auf uns achthat und der mit seiner vermeintlichen Übergröße gerade die Größten unter den Menschen am Wachsen hindert, statt daß er ihnen den Mut schenkte, zu ihrer Wahrheit und zu ihrem Glück aufzusteigen; dafür aber hast du mich gelehrt, an die Liebe zu glauben, und nur aus Liebe zu dir war ich fähig, den alten gegen den neuen Glauben einzutauschen. Denn siehst du: nun glaube ich an die Liebe, so wie sie in dir zum ersten Mal tief und innig in meinem Leben aufgeleuchtet ist. Die Fähigkeit, dieser Liebe zu vertrauen, hast du mir geschenkt; doch dieses dein Geschenk ist unendlich viel größer als du, als ich, als alle Wesen ringsum. Einen kurzen Weg nur erst sind wir in unserer Liebe zusammen gegangen, und schon sind wir an einem Punkt angelangt, an dem unsere Wege sich trennen müssen. Vor mir liegt ein Ort, an dem du nicht sein wirst (vgl. Joh 13,31); doch glaube mir, Niels, aus der Liebe fallen wir niemals heraus.»

Der «Ort» einer Liebe, an dem der Geliebte und Liebende selber nicht sein kann – das ist für Gerda in den Stunden des Sterbens ihr Gott. Nur deshalb eigentlich kehrt sie zu den *Bildern* dieses Gottes aus den Tagen ihrer Kindheit zurück. Könnte Niels die Sprache seiner Gattin in diesem Augenblick verstehen, so bedürfte es in der Tat keines Pfarrers, oder es sollte doch der Pfarrer für ihn die *Synthese* jetzt formulieren, die sich zwischen Niels' aufgeklärtem «Unglauben» und dem unaufgeklärten «Glauben» seiner Gemahlin schließen müßte, um diese Sterbende getröstet zu jenem anderen «Ort» zu begleiten, an den kein Mensch, solange er lebt, zu kommen vermag (vgl. Joh 7,34; 8,21). «Du greifst», müßte Niels oder der Pfarrer zu Gerda sagen, «den Gedanken an Gott wie eine Erinnerung an die Zeit auf, da du in der Gegenwart deiner Eltern niemals gänzlich allein warst, und du hast recht damit; kein Mensch kann leben in völliger Einsamkeit. Was du schon als Kind lerntest, ist vollkommen wahr: Allein aus der Liebe lebt der Mensch, und alle Sakramente und Gebete, alle Riten und Formeln der Kirche hatten und haben nur den Sinn, dich des Vertrauens zu versichern, daß diese Liebe dich niemals verlassen werde. Diese Liebe bestraft niemals, noch richtet sie uns, sie lenkt nicht, noch greift sie ein, sie ist einfach da, wie die Sonne, welche mit ihren Strahlen die Blumen des Feldes wärmt und ernährt. – Die einzelne Blume mag welken, doch die Sonne hört nie auf zu scheinen, und auch die Blume hört niemals auf, eine Tochter des Lichtes zu sein. Alle dunklen Stunden sind nur zu durchleben als eine tiefere Vorbereitung zum Licht.»

Ist es nicht *das* auch, was Niels seinerseits, als er am Krankenbett betend niedersinkt, seiner kleinen Tochter schenken möchte: eine Liebe, die niemals verläßt? Nur daß *seine* Arme zu kurz sind! Nur daß seine Stimme zu leise ist, um über den Abgrund zu rufen! Gewiß, keine rein körperlich bedingte Krankheit läßt sich heilen mit Beten und Wehklagen; doch meint nicht Niels eigentlich dies: da müßte eine Liebe sein, die seine Tochter unsichtbar einhüllt, gerade jetzt, wo er sie selber nicht länger mehr zu beschützen vermag?

Viele Eltern gibt es heute, die schon lange ihre Kinder keine Gebete zum Einschlafen mehr lehren; sie sitzen des Abends an ihrem Bett, erzählen ihnen noch eine kleine Geschichte, streicheln ihnen über den Kopf und flüstern ihnen ins Ohr: «Hab keine Angst; ich bin bei dir.» Sie denken nicht daran, dieses Streicheln wie ein verstohlenes Segnen und ihre Gute-Nacht-Geschichte wie ein Gebet und ihre Worte zum Abschied wie ein Bekenntnis zu Gott zu verstehen; und doch handelt es sich genau darum. Kein Vater, keine Mutter kann das Versprechen wirklich erfüllen: «Ich bleibe ja bei dir»; – noch heute nacht kann der Tod sie ereilen. Alles, was wir aus Liebe einander versprechen und woran wir in Liebe zueinander glauben, ist unendlich viel mehr als das, was wir wirklich zu halten vermögen. Und gerade dieses unendliche Vielmehr der Liebe nennen wir Gott. Er ist erfahrbar in jedem, der liebt; doch damit die Liebe nicht scheitert, glauben wir, daß er vor allem auch dort ist und sein muß, wohin wir einander trotz all unserer Liebe doch nicht begleiten können. Die Kraft, die dort ist, wo wir zu schwach sind, zu sein, die ist uns Gott.

Bis zu Niels' eigenem Tod geht das so. Welch eine Kluft besteht zwischen der Größe seiner Vorsätze und seiner Begabungen und dem von ihm schließlich Erreichten! Wieviel Sinnlosigkeit, Zerbrechen, Trauer und Wahn liegt nicht in seinen besten Bestrebungen noch! Und doch! Selbst Dr. Hjerrild bekennt unverhohlen seine Sympathie zu einem *so* Sterbenden; und selbst wenn er es nicht täte – man kann wissen, daß er es so und nicht anders verdiente! Nicht bei Dr. Hjerrild, dem zufälligen Zeugen dieses Sterbens, steht das Urteil über das, was ein Mensch wie Niels Lyhne in Wahrheit ist. Nur die Liebe selber vermag es, richtig zu sehen und gerecht zu urteilen, und sie bedarf letztlich nicht eines menschlichen Sprachrohrs zur Mitteilung und nicht menschlicher Ohren zur Aufnahme. Nur daß sie ist, ist genug. Nicht *hinter* ihm, in der Krankheit, *vor* ihm, dem Sterbenden, öffnet sich Gott. Welch eine andere Sicht böte sich sonst zwischen dem blanken Zynismus der Not und der dumpfen Betäubung kirchlicher Bußrituale, wie Jens Peter Jacobsen sie in seiner Kurzgeschichte *Die Pest in Bergamo* beschrieben hat? (Vgl. zu der Thematik E. Drewermann: *Ich steige hinab in die Barke der Sonne,* 21–45: Der Atem der Pest.)

Alles freilich kommt jetzt auf die *dritte* Frage an, die sich religiös in *Niels Lyhne* stellt: auf die Unterscheidung zwischen menschlicher Liebe und göttlicher Liebe.

Immer wieder beschreibt J. P. Jacobsen die Neigung seiner Romangestalten, den anderen in der Liebe zu vergöttlichen; – die Erotik bildet nicht allein eine wichtige Quelle, sondern offenbar auch den Hauptinhalt aller Religion!

Bereits seine Tante Edele scheint dem ängstlich-glücklichen Niels «durch die Mystik einer seltsamen Schönheit» «nicht mehr ein Mensch wie alle andern» zu sein, «sondern ein wunderbares, höheres Wesen, ... zur Göttin erhoben», so daß «eine herzklopfende Wonne darin (lag), sie zu beschauen, in seinem Herzen vor ihr zu knien, zu ihrem Fuße in selbst auslöschender Demut zu kriechen» (43–44). Desgleichen widerfährt es Niels, als er sich unmittelbar nach dem Tod seiner Eltern «widerstrebend» (90) in die lasziv wirkende Witwe Boye verliebt: «er fand», heißt es, «es sei der beste Beweis dafür, wie groß die Liebe des Mannes sei, daß er einen Menschen mit einem Schein von Göttlichkeit umgebe, um dadurch eine unsagbar große Liebe zu eben diesem Menschen vor sich selbst verantworten zu können» (99). Doch zu Recht erkennt Frau Boye in dieser «Vergöttlichung» durch die Liebe des Mannes eine Art Tyrannei und Dressur, und sie beharrt auf dem Anspruch: «wir (Frauen) sind ..., so wie wir sind, göttlich genug» (100). Mit ihrer Schönheit möchte sie selber die Männer zwingen, «mich anzubeten, nicht ihr traditionelles, blutleeres Ideal, sondern mich selbst, wie ich ginge und stünde, mich selbst Zoll für Zoll, Falte für Falte meines Wesens, Strahl für Strahl meiner Natur» (100). Frau Boye wird eines Tages heiraten, und wieder wird Niels auf die Suche gehen müssen, eine Partnerin für sein Leben zu finden.

Als eine solche erscheint ihm bald seine junge Cousine Fennimore, die sich indessen aufgrund seiner zögernden Haltung seinem Jugendfreund, dem inzwischen berühmten Maler Erik, zuwendet. Erst als, Jahre danach, Niels die beiden am Mariager Fjord besucht, in dem Glauben, den Freund von der bleiernen Last einer tiefen künstlerischen Krise befreien zu können, verliebt er sich «von ganzer Seele» in die ehemalige Freundin, die inzwischen hat erkennen müssen, daß «die Liebe ... kein Fels (ist), wie gerne wir es glauben möchten». Auch sie hat einst ihren Gatten mit aller Glut ihres Herzens geliebt, «er war ihr mehr (gewesen) denn ein Gott, war ihr weit näher, – ein Abgott, den sie anbetete, ohne Rückhalt, über die Maßen» (197). Doch nach zwei Jahren schon war diese Liebe verendet, als sich der Sturm der Sinnlichkeit gelegt hatte, in einer «Wirrnis von Trivialität» (198), so daß Fennimore sich empfindet wie einen «Gegenstand voll widerlicher Fäulnis und Hefe, ein Aas in sich selbst», als die «Dirne ihres Mannes» (199). In dieser Situation findet Niels die ehdem befreundete Fennimore wieder, und diesmal liebt er sie *ganz*. Frauen seien gar nicht diese «reinen Wesen», als welche die Männer sie gerne betrachteten, erklärt ihm zuredend Fennimore. «Was ist das denn für ein Wahnsinn?» fragt sie ihn. «Warum wollt ihr uns denn mit der einen Hand bis zu den Sternen hinaufheben, wenn ihr uns doch mit der andern herabziehen müßt. Könnt ihr uns nicht auf Erden neben euch hergehen lassen, Mensch neben Mensch, und nicht das geringste mehr! Es ist uns ja unmöglich, sicher auf der Prosa dahinzuschreiten, wenn ihr uns mit euerem Irrlicht von Poesie blind macht. Laßt uns in Ruhe! Um Gottes willen, laßt uns in Ruhe!» (212). Gerade diese «Entgöttlichung» rückt die verheiratete Fennimore ihrem Freund immer näher. Es hilft nichts, daß sie die alten erstorbenen Gefühle zu ihrem Gatten zu neuem künstlichem Leben zu erwecken «und ihren Abgott wieder auf einen Sockel» zu stellen sucht – nur allzu deutlich wird es, daß er «der Priester dieses Abgotts zu sein» nicht vermag «und sie nicht bei ihrem frommen Betrug unterstützte... Er kannte nicht einmal ihre Liebe wieder. Keins ihrer Worte war seinem Ohr zurückgeblieben, kein Tag ihrer Tage lag geborgen in seiner Seele» (221).

Unweigerlich verschiebt sich unter diesen Umständen alle Liebe, die Fennimore einst zu ihrem Gatten empfand, auf Niels, so daß es ihr wird, wie wenn eine übersättigte Lösung Kristalle bildet, die noch «nicht da sind, ... bevor Splitter oder auch nur ein Körnchen sich in die Flüssigkeit senkt und gleichsam mit einem Zauberschlag die schlummernden Atome ausscheidet, so daß sie zu einer Begegnung aufeinander zustürzen, sich ineinander hineinbohren» (224). Alles bedarf nur noch eines Anlasses zur Kristallisation ihrer Gefühle; doch dann, als beide endlich wie schicksalhaft zueinander finden, ist Fennimore über den «Ehebruch» so verzweifelt, daß ihre Liebe in Haß umschlägt und sie den Kontakt zu Niels entschieden abbricht.

Zwei Jahre lang irrt Lyhne hernach wie ein Vertriebener im Ausland umher – dann erst, an der Seite von Gerda, gelangt er schließlich zu einem Dasein, das in etwa WIECHERTS *«einfachem Leben»* entspricht (s. o. S. 52–53) – ein «Dasein so unendlich klar und schlicht..., als sei das Leben so einfach zu leben, das Glück so nahe und ebenso leicht zu gewinnen wie die Luft», so zitierten wir gerade (S. 387). Denn: «Er liebte sie, die junge Gattin, die er ja gewonnen hatte, mit der ganzen Feinheit der Gedanken und des Herzens, mit all der großen, zärtlich tiefen Sorgfalt, die in einem Manne lebt, der die Neigung der Liebe zum Sinken kennt und an die Fähigkeit der Liebe, zu steigen, glaubt. Er ging so behutsam mit dieser jungen Seele um, die sich in namenlosem Zutrauen hinneigte und die sich an ihn schmiegte mit der gleichen liebkosenden Zuversicht, derselben geborgenen Überzeugung, daß er nichts anderes als Gutes wollen konnte, wie jenes Lamm in dem Gleichnis (sc. von 2 Sam 12, 1–4, d. V.) seinem Hirten gegenüber empfand, wenn es aus seiner Hand fraß und aus seinem Becher trank» (263).

Wir wissen schon: alle Fürsorge wird Gerda nicht vor dem Sterben bewahren können; doch im Grunde ist es gerade Niels' wachsender *Verzicht* auf wechselseitige Vergöttlichung, ist es sein reifender Realitätssinn, der ihm ein gewisses irdisches Glück gestattet, und so versteht man psychologisch seine «atheistische» Überzeugung: erst der *Sturz* aller Götter erlaube es, das Leben in seiner Wirklichkeit und Größe zuzulassen. Was er da denkt, ist psychologisch absolut wahr.

Denn alle Liebesbeziehungen, die Niels bis dahin zu Frauen unterhielt, verraten einen deutlich inzestuös-ödipalen Zug: *Edele* ist seine Tante, Frau *Boye* trägt die Liebe zu seiner soeben verstorbenen Mutter fort, in deren Gestalt auf sonderbare Weise Dichtung und Wahrheit, Poesie und Realität sich miteinander vermischten, seine Cousine Fennimore ist zwar wesentlich jünger als ihre beiden Vorgängerinnen, doch dafür spielt Niels' Jugendfreund Erik eine Weile lang die Rolle des väterlichen Helden und Vorbilds weiter; der *Ehebruch* mit dessen Frau jedenfalls, so unglücklich er auch für die arme Fennimore endet, bedeutet für Niels selbst allem Anschein nach allererst die Überwindung des Vaters an der Seite seiner Mutter: erst in der Folgezeit gelingt es ihm, ein einigermaßen partnerschaftliches Verhältnis zu Gerda aufzubauen, innerhalb dessen er selbst freilich erneut die deutlich dominanten Züge vaterähnlicher Überlegenheit für sich beansprucht.

Niels Lyhnes ganzes Leben also, persönlich wie weltanschaulich, emotional wie rational, geht damit hin, den *«Gotteskomplex»* (H. E. Richter) in der Wahrnehmung anderer Menschen ebenso wie in der patriarchalen Ideologie des «christlichen» Glaubens zu überwinden. Man versteht deshalb nur zu gut das Recht und die Berechtigung seines stillen, stellvertretenden Protestes gegen Gesellschaft und Kirche: Erst wenn der Richter- und Vatergott im Himmel *gestürzt* ist, erst wenn die Menschen damit *aufhören,* sich wechselseitig mit absoluten Erwartungen zu überfordern, erhebt sich aus dem Meer ihrer psychischen wie metaphysischen Enttäuschungen die Freiheit ihrer Person, erwächst ihnen die Befreiung von wahnhaften Vorurteilen und kirchlich verordneten Zwangsideen und ermöglicht sich ihnen die Fähigkeit, die Wirklichkeit der Welt und die Eigenart der Menschen ehrlich, geduldig und liebevoll wahrzunehmen und anzunehmen. Erst *am Ende* der Psychologie des Ödipuskomplexes im Individuellen wie Kollektiven können Menschen zu sich selber finden. Die rüde Vergegenständlichung Gottes zum theologisch Wißbaren und Lehrbaren hingegen, das anmaßende behördliche Sprechen an Gottes Statt, das Erlassen von Dogmen, Riten und Gesetzen mit dem Anspruch auf den Besitz einer «immer schon» «geoffenbarten» göttlichen Wahrheit – all das, was wir in den vorliegenden drei Bänden von *Glauben in Freiheit* zu beseitigen suchen zugunsten des aufrichtigen Suchens aufrechter Menschen, stellt sich psychoanalytisch als Ausdruck verinnerlichter Vatergewalt, als Folge des Ödipuskomplexes in der Psyche der «Gläubigen» dar, und es ist keine Frage: *diese Art* von Glauben *muß* verschwinden, aus Gründen der Psychotherapie und der Psychohygiene ebenso wie aus Gründen des Fortschritts von Kultur und Humanität.

Eben darin liegt der Sinn und die Notwendigkeit von Niels Lyhnes «Atheismus», der sich den Worten nach ausdrücklich auch gegen den «Vatergott» Jesu richtet und der die Gottesvorstellung der Bibel insgesamt frontal *an*greift. Doch greift dieser «Atheismus» in Wahrheit nicht den wichtigsten Impuls der «Verkündigung» Jesu selber *auf* und führt ihn weiter?

Immer wieder haben wir gezeigt, daß das eigentlich Neue in dem Auftreten Jesu darin liegt, den Menschen einen Gott zu bringen, der ihnen *nicht* autoritär-ambivalent gegenübersteht. (Vgl. *Jesus von Nazareth,* 15–41: Eine ausgestreckte Hand.) Ist der Glaube Jesu an Gott glaubwürdig? haben wir uns Stelle für Stelle gefragt; die Antwort, die Niels Lyhne jetzt gibt, lautet unzweideutig: Dieser Glaube ist unglaubwürdig, wenn und solange er darin besteht, Menschen, sobald sie ein wenig erwachsener werden, mit unhaltbaren kindlichen Illusionen auf das bitterste zu enttäuschen und sie mit infantilen Ängsten und Schuldgefühlen in ihrer Kindheit gefangenzuhalten. Doch trifft diese Kritik, so berechtigt sie ist, nicht das, was Jesus wollte – das ist genauso klar. Wenn *er* von Gott als dem «Vater» sprach, dann, damit niemand auf Erden noch länger sich «Vater» nenne und väterliche Macht, womöglich im Namen Gottes, sich zuspreche (Mt 23,9); wenn *er* Gott anredete als «Heiliger Vater» (Joh 17,11), dann nicht, damit man aus dieser Gebetssprache Jesu einen Titel für römische Kirchenbeamte ableite; der «Vater» Jesu sollte den Menschen gerade ein Vertrauen in ihre Unabhängigkeit von jeder patriarchalen Menschenmacht schenken. Nicht die Macht einer äußeren Autorität, sondern einzig die Kraft der Liebe selber im eigenen Herzen setzte sich absolut in der Botschaft des Mannes aus Nazareth.

In seiner Arbeit über *Die Psychologie der Übertragung* (1946) hat C. G. Jung (Werke XVI 167–319) sich die Frage vorgelegt, wie die Projektion der Vater- und Muttergestalt auf den Therapeuten im Verlauf einer Behandlung ohne Schaden aufgelöst werden könne; er meinte: «Es darf uns ... nicht wundern, wenn es nicht wenige Fälle gibt, bei denen sich trotz stärkster Bemühung keine Möglichkeit zu einer Ablösung der Übertragung einstellt ... Arzt und Patient, beide mögen vielleicht tief beeindruckt sein von der immensen Unvernünftigkeit des Unbewußten und zum Schluß kommen, den gordischen Knoten mit dem Schwert des gewaltsamen Entschlusses zu durchhauen. Eine chirurgische Trennung der siamesischen Zwillinge ist aber eine gefährliche Operation» (253). Mitunter, empfahl Jung, sei es einfach nötig, eine derartige Beziehung als unlösbar anzunehmen, so wie es auch körperlich unheilbare Erkrankungen gebe. Gerade aber in den *schwer* ablösbaren Fällen der Übertragung läßt sich seiner Meinung nach erkennen, daß die Suche nach

Liebe nicht eigentlich dem Vater, der Mutter als individuellen Gestalten der persönlichen Biographie im Sinne der FREUDschen Lehre vom Ödipuskomplex gilt, sondern der Gestalt des Vaters, der Mutter als eines *Archetyps.* Dieses Urbild, so sagten wir vorhin noch, begleite uns als die erste Vorstellungsform jener Liebe, die wir zum Leben benötigen, bereits beim Akt der Geburt in die Welt; dieses Bild reichere sich hernach fortschreitend an und erfülle sich im Verlaufe des Lebens durch eine Reihe der widersprüchlichsten Erfahrungen; immer aber, in allen Liebesbeziehungen, werde die Suche nach der Vollgestalt dieses Bildes sich fortsetzen, unerfüllbar, maßlos, ins Unendliche zielend; immer deshalb werde die Liebe mit religiösen Erwartungen und Erfahrungen sich verbinden. Das «erwachsene» Lieben, resümieren wir jetzt, muß und kann auf die Vorstellung der Liebenswürdigkeit allen Lebens nicht Verzicht tun – ganz im Gegenteil; doch es muß und kann den *Archetyp* des Mütterlichen, des Väterlichen von den Personen der Liebe im Endlichen lösen und *ins Absolute* erheben; und darin eigentlich bestand der «Glaube» Jesu, darin besteht das Glauben im Sinne Jesu!

Da lebt in uns ein Bild, das uns an die Liebe glauben macht, selbst wenn wir sie auf Erden nicht finden, und das wir in den Himmel stellen müssen, um zur Liebe auf Erden fähig zu werden.

Natürlich ist es möglich, dieses Bild selbst anzubeten und sich ein Wesen nach Vaterart oder Mutterart vorzustellen, das irgendwo «ist» und die Welt so «lenkt», wie wir es in unseren Nöten erhoffen – dann ist und bleibt die Religion Bilderdienst, Idolatrie, Aberglaube, Kirchengehorsam, Magie, Unterdrückung, Entfremdung –, ein Herrschaftsmittel in den Händen der Mächtigen. Möglich ist es aber auch, dieses Urbild der Seele bildhaft zu nehmen und seinen Inhalt als Kraft im eigenen Dasein zu leben. Dann geht es gewiß nicht länger mehr an, das Sterben einer geliebten Frau, eines Kindes durch Gebete aufhalten oder abwenden zu wollen; doch selbst das Leiden an einer Natur, die menschlich und gütig nicht sein kann, zeigt an, daß es in uns ein Bedürfnis gibt nach Güte und Menschlichkeit; und indem wir dieses Bedürfnis als Wahrheit glauben, glauben wir zugleich an die Wahrheit des angeborenen Bildes von Vater und Mutter. Da glauben wir eine Seite von Gott, wie Jesus ihn sah: als den «Vater». «Es gibt» keinen Gott, der sich um uns kümmert; doch in unserem Kummer selbst lebt der Gott, der macht, daß es uns gibt: als wirkliche Menschen.

γ) «Vernunft und Liebe gleich einem Flügelpaar» oder: Die Einheit des Augenblicks

Von den «Planungen» Gottes und der Freiheit des Menschen

Die *Leere* und die *Liebe,* das höchste Engagement in absoluter Absichtslosigkeit – es gibt nur *eine* Form der Zeit, in welcher diese paradoxe Synthese in ihre Wirklichkeit eintreten könnte, das ist der *Augenblick.* Der *Widerspruch* der Standpunkte fällt deshalb nirgendwo so heftig aus wie in bezug zu diesem Wort. «Vernunft und Liebe, beide nackt», so besang der chilenische Dichter Pablo Neruda die höchste Intensität des Erlebens (*Hungrig bin ich, will deinen Mund,* 60; 61), denn er wußte: alles, was wesentlich ist, verdankt sich dem Geschenk eines Augenblicks. Doch eben: dieser Moment der Erleuchtung des Herzens ist niemals vorhersehbar; er ereignet sich, wenn das Leben zweier Menschen dafür reif ist. Niemand hat es gewollt, niemand hat es gemacht; «es» hat sich «ergeben», so wie nur Göttliches «sich ergeben» kann...

Die theologische Konzeption des jüdisch-christlichen Weltbildes ist charakteristischerweise an dieser Stelle in sich zwiespältig. Blickt man auf Gott, so gilt als Grundgegebenheit die absolute Planbarkeit der Zeit: Gott, der Allmächtige, Gott, der Allwissende, hält den gesamten Zeitenstrom in seinen Händen, er kennt im voraus schon, was uns als «zufällig» erscheinen mag; all die vermeintlichen Unwägbarkeiten der Zeit weiß er von Urzeit her in Weltzeit hin, nichts ist ihm unbekannt, nichts ihm verborgen, nichts, was sich seiner Vorsehung entziehen könnte. Und doch soll der Mensch seine Freiheit behalten, und doch soll Gott eine wirkliche Geschichte mit uns Menschen haben! Wie beide Gedanken zusammengehen, war und blieb stets ein Widerspruch der Theologie.

Doch hinzu kommt, nach allem Gesagten, eine weitere Schwierigkeit: Die Welt, wie sie sich naturwissenschaftlich uns Heutigen zeigt, ist offensichtlich zu sehr durchsetzt von sinnlosen Zufällen aller Art, als daß sie das Werk eines planenden Gottes sein könnte – als daß man, *genauer gesagt,* die Weltwirklichkeit von einem allwissenden, allweisen und allmächtigen Gott her *erklären* könnte; die offenbare «Unvollkommenheit», in welche die Welt eintaucht, betrachtet man sie mit den Augen menschlicher Maßstäbe, *hindert* geradewegs ihre Herleitung von einer menschlich fühlenden und denkenden Gottheit. Doch zwischen der offenbaren Unvollkommenheit der Welt und ihrer möglichen Vervollkommnung waltet *die Zeit!* Wie also, wenn gerade die Evolution die Art und Weise wäre, in welcher die Welt ihrer Vollendung entgegenginge? Dann bildete der Faktor der *Zeit* die Lösung des Theodizeeproblems!

Vor allem Teilhard de Chardin hat so gedacht und damit, ohne es zu reflektieren, Gedanken des Deutschen Idealismus aufgegriffen und abgewandelt: Die absolut vollkommene Gottheit, so lautete schon die Dialektik der Zeit bei Hegel, erschuf eine absolut unvollkommene Welt, um in ihrem vollkommenen «Anderssein» nach und nach das vollkommenste Abbild ihrer selbst hervorzubringen; zwischen uranfänglichem Chaos und «eschatologischer» Ordnung, zwischen Anfang und Ende waltet *die Zeit;* alle Geschichte der Natur und des Menschen muß mithin als die *Vermittlung* des Widerspruchs zwischen der Gottheit und ihrer Schöpfung gelten. (Vgl. Hubert Canczik: *Die Rechtfertigung Gottes durch den «Fortschritt der Zeiten»,* in: Die Zeit, 257–288.)

Vorausgesetzt war bei dieser Argumentation natürlich die Festgelegtheit jedes einzelnen Entwicklungsschritts; würden – zum Beispiel im Sinne der darwinistischen Evolutionstheorie – die einzelnen Entscheidungsmomente im Verlaufe der Herausbildung der verschiedenen Arten des Lebens als in sich beliebig gedeutet werden müssen, so könnte von Planung und Weisheit, mithin von einer göttlichen *Vorsehung* keine Rede mehr sein. Was also geschieht *in jedem Augenblick?*

Die *Unheimlichkeit* des Zeiterlebens im Augenblick hat wohl niemand tiefer erfaßt als die Kultur der mittelamerikanischen Indios. (J. E. S. Thompson: *Die Maya,* 256–269: Die Philosophie der Zeit.) Daß die Zeit voranschreitet, war für sie mit der Tatsache identisch, daß immer wieder etwas Neues das gerade Vorhandene verdrängt; nie, dachten sie, kann es inmitten einer Ordnung der Zeit so etwas wie Ruhe und Frieden geben; die Zeit erschien ihnen wie ein Raubvogel, der in seinen Klauen die Herzen von Menschen hielt und dessen Zunge (wie) ein steinernes Opfermesser war; das Zentrum der Zeit selbst: den Sonnengott Tonatiuh, stellten die Azteken gerade deshalb so dar: Jeden Morgen, schon um sich von der Entkräftung während der Stunden der Nacht zu erholen, bedurfte der Sonnengott nach ihrer Vorstellung blutiger Menschenopfer, und sie wurden ihm auf den Tempelpyramiden von Tenochtitlán gerne gewährt; es ging nicht anders: die Götter opferten sich für den Bestand der Menschenwelt, und so waren die Menschen gehalten, mit *ihren* Opfern, solange es ging, die Götter am Leben zu halten. Dieser Schrecken des ewig Neuen, des von ständigem Vergehen Bedrohten wurde in der indianischen Philosophie der Zeit allerdings gemildert durch den Gedanken des periodischen Umlaufs: Alle 52 Jahre, entsprechend den Konstellationen des mexikanischen Kalenders, neigte ein Zyklus der Zeit sich dem Ende zu; das Neue, das dann anhub, glich indessen aufs Haar dem Alten: – der Ablauf der

Welt entsprach einer Kette, deren kreisrunde Glieder aus demselben «Stoff» in derselben Form gefertigt waren – in gewissem Sinne gab es «nichts Neues unter der Sonne» (Koh 1,9).

Gerade dieser Gedanke vom ewigen Kreislauf der Zeit ist *archetypisch* zu nennen: Alle «heilige» Zeit in den verschiedensten Religionen ist *zyklisch;* der rituelle Festkalender eines jeden Kirchenjahres dreht sich mit dem Mond oder der Sonne im Kreise und läßt das vermeintlich Neue als die Wiederaufführung einer Urszene am «Anfang» erscheinen, welche in mythischer Sicht die Einrichtung der Welt für alle Zeiten begründet hat. Alles kehrt immer wieder zurück zum «Anfang» und erhebt sich zu seinem «Neu»anfang in eben den Strukturen des Alten: das einzig «Neue» in dieser Weltsicht ist das «Von-Neuem» des Wiederbeginns; all die Aufregung der geschehenden Geschichte weiß sich mithin geborgen in der Sinndeutung des immer schon Gewesenen, welches das Wesen all dessen bestimmt, was irgend in der Zeit sich vollziehen mag. Der *Zyklus* als Bild der Ewigkeit in der Zeitstruktur – selbst FRIEDRICH NIETZSCHE sah in diesem Gedanken einer «ewigen Wiederkehr» die höchste Annäherung an die ewigen Ideen PLATONS (*Der Wille zur Macht,* Nr. 1066, 1067).

Doch wie man es auch drehen und wenden mag – weder die Zeit des Saturn, der seine eigenen Kinder frißt, noch die Zeit, die sich wie ein Kinderspielzeug in den Händen der Götter im Kreise dreht, trägt zur «Rechtfertigung» Gottes angesichts der Greuel dieser Welt auch das Geringste nur bei. Das Gesetz des ewigen Kreislaufs hebt zwar das «Verschleißmoment» des Zeitlichen virtuell auf, doch hat es nichts an sich von der Idee einer allmählichen Entwicklung vom Schrecklichen zum Besseren hin; der Fortschrittsgedanke jedoch straft sich Lügen durch eben das «Verdrängungsmoment», auf dem er selber basiert: Alles wirklich Neue erhebt sich zum Zwecke einer steten Verbesserung auf den Gräbern des Alten; doch wie sollten die Leiden der Zeit jemals in den Augen eines Iwan Karamasow (s. o. S. 38) durch die «künftigen Herrlichkeiten», von denen der heilige Paulus visionär schwärmte (Röm 8,18), aufzuwiegen sein?

Immer ist deshalb das Verständnis der Zeit zu einem Kriterium zwischen «Glauben» und «Unglauben», zwischen Theismus und Atheismus geraten. Während die Theologen die Planungen Gottes zum «Beweis» für die «Ordnung» der Welt erhoben, widersprach vor allem FRIEDRICH NIETZSCHE in *Die fröhliche Wissenschaft* (S. 315) ausdrücklich dieser Vorstellung:

> «Hier saß ich, wartend, wartend, – doch auf Nichts,
> Jenseits von Gut und Böse, bald des Lichts

Genießend, bald des Schattens, ganz nur Spiel,
Ganz See, ganz Mittag, ganz Zeit ohne Ziel,
Da plötzlich, Freundin! wurde eins zu zwei –
– Und Zarathustra ging an mir vorbei ...»

(Vgl. F. NIETZSCHE: Die Unschuld des Werdens. Der Nachlaß, 2. Teil, Nr. 1296–1308; 1309–1351.)

Nicht zuletzt ALBERT CAMUS hat in seinem philosophischen Essay *Der Mythos von Sisyphos* die Nichtfestgelegtheit aller menschlichen Entscheidungen im *Augenblick* hervorgehoben. Als das Vorbild der menschlichen Existenz galt ihm *der Schauspieler* – eben jene Berufsgruppe, welche von der Kirche des Mittelalters als ungläubig, verführerisch und lasterhaft verboten und verbannt worden war (*Der Mythos von Sisyphos;* II. Der absurde Mensch. Die Komödie. Die Hölle wählen, S. 71–72); der Schauspieler, argumentierte CAMUS, sei wirklich der Kronzeuge und König eines absurden Zeitverständnisses: sein Ehrgeiz liege darin, nicht *etwas* an sich zu vervollkommnen, sondern *alles* zu sein, alles zu durchleben und in jeder Rolle ganz aufzugehen, nur um sie im nächsten Moment wieder abzulegen, stets begleitet von dem nur allzu deutlichen Wissen, daß es nichts gibt, das vergänglicher wäre als auf offener Bühne die Flüchtigkeit einer Handbewegung oder das Flüstern eines Wortes; – *im Moment* bedeuten sie dem Publikum alles, doch dieses «alles» entsteht im Augenblick und vergeht mit dem Augenblick. Gerade das aber, meinte CAMUS, bedeute es zu leben. In jedem Moment könne der Einzelne, müsse jeder einzelne in seiner Freiheit sich selber als einen *anderen* wählen und sich in ein Feld neuer Möglichkeiten hinein entwerfen, um er selbst zu sein; all seinen bisherigen Festlegungen könne er entrinnen, allein seiner eigenen Freiheit könne er nicht entrinnen. Jeder Augenblick sei deshalb bestimmt durch einen Akt der Freiheit, mithin durch die Unmöglichkeit einer Festlegung von außen, mithin auch durch die Unmöglichkeit einer göttlichen Vorsehung. Der Versuch, die menschliche Freiheit und das göttliche Wissen um eine immer schon bekannte Zukunft miteinander zu versöhnen, ist zweihundert Jahre nach den mühsamen Harmonisierungsversuchen in der *«Theodizee»* des großen LEIBNIZ im französischen Existentialismus endgültig gescheitert. Entweder ist der Mensch frei, dann kann Gott nicht allwissend sein, oder Gott ist allwissend, dann ist die Freiheit des Menschen eine Illusion. Ein drittes gibt es nicht.

Es ist interessant zu sehen, daß die «christliche» Theologie bis heute, selbst vierzig Jahre danach, nichts anderes zu tun vermocht hat, als diese logische

Alternative lediglich vom anderen Ende her aufzunehmen. Damit der Mensch aufhöre, ein ungläubiger Existentialist zu sein, formulierte sie den «Glauben» zunehmend dahin, Gott selber nach Art eines Existentialisten zu schildern, indem sie ihn mit all den Merkmalen der Freiheit ausstattete, die philosophisch seit eh und je dem Menschen zugeschrieben wurden. Auch Gott, so lehren inzwischen gerade die besten unter den Theologen, kann nicht die Zukunft der Welt vorhersagen; denn gerade indem er *diese* Welt absichtlich als ein Gemenge von Zufällen und Unwägbarkeiten erschuf, riskierte er sich selbst in seiner eigenen Schöpfung.

Das Problem selbst ist nicht gänzlich neu.

Selbst in den so optimistischen Konzeptionen TEILLHARD DE CHARDINS blieb es – zumindest theoretisch – möglich, daß all die Pläne des Allmächtigen an einem «Streik in der Noosphäre», in der Sphäre des Geistes, scheitern (*Der Mensch im Kosmos:* Der Endzustand der Erde. I. Voraussagen, die auszuschließen sind, 269–271): Es ist, um der Freiheit des Menschen willen, nicht vollkommen unmöglich, daß ein vernunftbegabtes Wesen wie der Mensch eines Tages die Lust daran verliert, die trübsinnigen Spiele der Evolution weiterzuspielen; es ist nicht unmöglich, daß der Mensch an seiner Vernunft verrückt wird und einfach den Willen zum Leben verliert. Was aber machte dann Gott? Das Ziel, auf das hin er nach Theologenmeinung den ganzen Kosmos ausgerichtet hat, würde verfehlt! Nach TEILHARD unmöglich!

Doch selbst für diese Eventualität hält die theologische Dialektik inzwischen ihre Antwort bereit: Ist nicht etwas Vergleichbares schon «in Christus» geschehen? Setzte da nicht bereits Gott selber «in seinem Sohne» mit seinem ganzen Sein sich aufs Spiel, indem er «unüberbietbar» sich in die Hände der Menschen gab? Er riskierte es, daß «die Menschen die Finsternis mehr liebten als das Licht» (Joh 3,19)... Und dieses Spiel zwischen Heil und Unheil hat niemals aufgehört! Immer wieder, nach Theologenmeinung, bietet Gott dem Menschen seine «Gnade» an. Leidet er da nicht etwa immer wieder daran, miterleben zu müssen, wie die Menschen sein Angebot mutwillig in den Wind schlagen, nur weil sie ihren Eigenwillen, das heißt ihre schrankenlose Freiheit und ihre absolute Selbstbestimmung, dem «geschuldeten Gehorsam» gegenüber ihrem «Erlöser» vorziehen?

Eben dieses «christologische» und «soteriologische» («heilsgelehrte») Argumentationsmuster, das zugunsten der christlichen *Erlösungslehre* bei der Deutung menschlicher Geschichte unverzichtbar scheint, soll sich nun auch bei der Frage nach Gott als dem Schöpfer bewähren. Gott, so verkünden mittlerweile zahlreiche Theologen von Katheder und Kanzel, habe eine *offene*

Welt gewollt, innerhalb deren auch er selbst immer wieder *neugierig* sein müsse, wie es nun weitergehe. Wohl gibt es (natürlich) noch einen Rest starrer Fundamentalisten, die nach wie vor mit veralteten Argumenten den «wörtlichen» Bibelglauben gegen den vermeintlich gottlosen Atheismus eines CHARLES DARWIN verteidigen zu müssen glauben, doch der Großteil der Theologen, soweit er überhaupt auf die Problemstellungen moderner Naturwissenschaften reagiert, hat die überkommene Lehre von dem *«allwissenden»* Gott als ein Relikt aus der Zeit der NEWTONschen Physik inzwischen aufgegeben und beschwört nun das Bild jenes *alles wagenden* Gottes.

Zugestanden wird die Sicht heutiger Naturwissenschaften: Es gibt eine Reihe fundamentaler Naturgesetze; doch selbst wenn wir imstande wären, sie alle vollständig zu kennen, so wären wir damit doch nicht in der Lage, die jetzige Welt aus der Reihe ihrer Anfangsbedingungen ableiten zu können, und genau so wenig vermöchten wir ihren weiteren Verlauf vorherzusagen; es kann demnach auch keinen Gott geben, der seinen planenden Willen in Form der Naturgesetze aller zukünftigen Geschichte aufgeprägt hätte. Wie aber, so die neuere theologische Argumentation, wenn Gott auf jeglichen Plan Verzicht getan hätte, eben weil er die *Freiheit* seiner Geschöpfe und seiner Schöpfung gewollt hätte? Dann hätte er selber zwar nichts mehr zu entscheiden, doch lebte er selber in ständiger Spannung, wie seine Geschöpfe entscheiden würden. Der «zuschauende» Gott wohnte einer stets dramatischen Aufführung bei; das Ideal der Vernunft bei IMMANUEL KANT hätte sich in das Ideal eines göttlichen «Mitspielers» verwandelt; die Bibel «bewiese» jetzt zwar nicht länger, daß «alles sehr gut war, was Gott gemacht hatte» (Gen 1,31), doch «bewiese» sie nunmehr, wie «ganz menschlich» der Gott ist, der sie schuf...

Das «Behelfsmäßige» dieser Theorie ist beim besten Willen nicht zu übersehen. Die Tatsache ist eklatant, daß hier die Botschaft der «Offenbarung» Gottes in der Bibel, je nach Bedarf, bis zum Willkürlichen «modifiziert» wird, nur um erneut sich in bestimmten Projektionen gefangen zu setzen. Die stets gleiche Folge: auch der so «menschliche», das heißt der so *vermenschlichte* Gott hindert die Menschen daran, selber menschlich zu werden, wenn er sie nicht geradewegs dazu zwingt, unmenschlich zu sein... Doch wieder der Reihe nach.

Schon jene «christologische» Mischung aus Freiheit und Notwendigkeit in der klassischen «Erlösungslehre» stellt, wie in allen projektiven Ideologien, die Seiten verkehrt herum auf: Jesus «mußte» leiden, so wird gelehrt, um die Welt zu erlösen, doch dann wieder soll es die «Schuld» des Menschen gewesen sein, daß Jesus gekreuzigt wurde... Die einfache Wahrheit, die wir jetzt wohl oft genug hervorgehoben haben, lautet indessen, daß Jesus keinesfalls sterben «wollte» – er hoffte im Gegenteil auf die baldige «Ankunft» der «Gottesherrschaft»; er *scheiterte* mit dieser seiner Hoffnung, weil die Strukturen der Angst sich als stärker erwiesen – nicht Gott, wohl aber die menschliche Psychologie hat damit etwas zu tun, und nur in bezug darauf konnte Jesus uns «erlösen»: indem er trotz der Nähe des Todes sich von seiner Wahrheit nicht abbringen ließ, durchbrach er die Mauer der Angst und zeigte damit, daß es in der Haltung eines Vertrauens, wie er es uns schenken wollte, keinen «Ort» geben muß, an dem Gott uns *nicht* nahe wäre. – Alles an der «Botschaft» Jesu ist in ihrer Schlichtheit solange verständlich und verbindlich, als man sie *vom Menschen her* und auf den Menschen hin versteht, doch wird sie sogleich unverständlich und unverbindlich, verwandelt sie sich augenblicklich in den dogmatischen Zwang einer äußerst komplizierten Doktrin, wenn man sie *von Gott her* zu lesen beginnt. Aus einer Erfahrung, die den Menschen zu seiner ursprünglichen Unschuld zurückführen könnte, wird dann der nicht endende Schuldspruch, es habe der Mensch die «Ermordung» Gottes verursacht; ein undurchdringliches Gemisch aus Anklage und Freispruch entsteht auf diese Weise, das im Grunde nur *eines* «beweist»: daß der Mensch gegenüber Gott stets im Unrecht ist – unfähig, abhängig, im ganzen «verkehrt» – so *seiten*verkehrt eben wie diese ganze Ansicht von Mensch und Welt! Bereits in der «Erlösungslehre» war das zu sehen. (Vgl. *Jesus von Nazareth,* S. 532–560.)

Doch dasselbe nun auch in der «Schöpfungslehre»!

Im 2. Teil dieser Arbeit werden wir noch ausführlich zu schildern haben, welche Problemstellungen sich vor allem aus der Evolutionslehre in der Biologie und aus der Quantenmechanik in der Physik für unser heutiges Verständnis der Weltzusammenhänge ergeben; doch schon an dieser Stelle läßt sich sagen, daß die Umformung des alles wissenden in den alles wagenden Gott das alte Übel der «Christologie» nur verlängert: Nach wie vor wird hier von Gott her die Welt konzipiert und damit das Feld menschlicher Erkenntnis durch eine bloße Nach-außen-Verlegung menschlicher Gegebenheiten «transzendiert»; auf diese Weise entzieht man dem Menschen das, was er selber ist, indem man es für göttlich (oder dämonisch) erklärt, und umgekehrt weigert man sich, den Menschen, je nach seiner Stellung zu Gott hin, sich selber verständlich zu machen. An diesem Mißverhältnis zur Wirklichkeit hat sich bei allen Änderungen des Gottesbildes in der «modernen» Theologie unter dem Einfluß der Naturwissenschaften im 20. Jahrhundert durchaus nichts geändert.

«Gott nimmt den Menschen als sein Geschöpf und die ganze Welt als seine Schöpfung in ihrer Eigenart und Freiheit derartig ernst, daß er sie in ihrer Eigengesetzlichkeit und Selbstbestimmung respektiert», so lautet heute die Gemeinschaftserklärung *aufgeklärter* Theologie; selten gesteht sie sich ein, daß sie allein schon mit dieser Aussage im Grunde all die von ihr sonst geäußerten gußeisern im Kirchendogma aufrechtgehaltenen Aussagen außer Kraft setzt, nach denen Gott natürlich ganz besonders durch die «Menschwerdung» seines «Sohnes», aber auch zuvor schon durch all die «Offenbarungen» an Abraham, Isaak und Jakob, an Moses, Elias, Jesajas usw. und dann vor allem durch all die großen Taten seines «Eingreifens» in die menschliche Geschichte, von denen die Bibel unentwegt Zeugnis gibt, durchaus ein Interesse gefunden haben muß, seit nunmehr 3800 Jahren den Gang der Dinge keinesfalls mehr respektvoll sich selbst zu überlassen, sondern, wenngleich mit den schon erwähnten abenteuerlichen Maßnahmen, endgültig zum Besseren zu lenken...

Man kann diese ganze Konzeption nicht ohne einen gewissen Spott wiedergeben; denn wie immer man es auch wenden mag, es macht diese ganze Theologie solange nicht Sinn, als man sie weiterhin als das interpretierende Sprachrohr der «objektiv» «historisch» «ergangenen» Selbstmitteilungen Gottes an seine Menschheit (miß)versteht. Selbst der «bescheidenste» Anspruch, den dieser Typ von Theologie noch für seine Gottheit übrig behält, macht sie im Grunde lächerlich, indem hier ein sehr sinnvolles *Bild* zur Deutung des menschlichen Daseins in die Behauptung einer an und für sich bestehenden Tatsache verwandelt wird. *Sinnvoll* ist der religiös wichtige Gedanke, es solle der Mensch sich als ein Wesen betrachten, das seine Freiheit in dem «Klima» eines absoluten Wohlwollens und einer unbedingten Akzeptation leben dürfe und leben müsse; ganz und gar unsinnig aber ist die dogmatische These, da sei ein Gott, der auf seine Allmächtigkeit und Allwissenheit, die ihm in der älteren Theologie mit solchem Stolz fast 2000 Jahre lang zugeschrieben wurde, nach dem Stand neuerer Erkenntnisse *verzichtet* habe, um die Heraufkunft des Menschen zu ermöglichen.

Denn was ist das für eine «Freiheit», die in dieser Form von Theologie dem Menschen zugemutet wird?

Gnädigerweise, so heißt es, hat Gott der Herr dem Menschen die *Wahl* eingeräumt, sich zwischen gut und böse, das ist: zwischen ihm selbst und dem Teufel, das ist: zwischen Himmel und Hölle zu entscheiden, und eben über diese «Alternative» wacht nun mit Spannung die Gottheit, stets strafebereit gegenüber den Übermütigen, stets vergebungsbereit gegenüber den Reumütigen. Der großen Feierlichkeit Inhalt, die in dieser «neuen» «Verkündigung» steckt, ist indessen ein ebenso einfacher wie erstaunlicher; – erläutern wir das eigentlich Bildhafte in seiner unbildhaften Verzeichnung mit einem Bild: Gott selber hat in dieser «neuen» Theologie sich in eine Art *Reeder* verwandelt, der, man weiß nicht, warum, am wahrscheinlichsten wohl zur Beendigung seiner nun schon seit Ewigkeiten dauernden Langeweile, es schlußendlich doch vorgezogen hat, all sein Vermögen bei der Börse «aufs Spiel zu setzen» – man versteht: sein «Vermögen», das ist der Zustand der gesamten Welt, und die «Börse», an der da gespielt wird, ist das gesamte Universum; seine «Tankerkapitäne» jedoch, die er in Diensten hält, müssen weiter die «Investitionen» ihres Auftraggebers durch ein ebenso korrektes wie erfolgreiches Verhalten rechtfertigen: Vor sich haben sie beim Auslaufen auf See ihre computergesteuerten Zieldaten und Navigationsangaben, in sich tragen sie die Verantwortung für ihre Fracht; aber nun sollen sie auch, um die Sache *interessant* zu machen, noch obendrein die Möglichkeit behalten, alle Navigationscomputer abzuschalten, ihrer Mannschaft Freibier zu genehmigen und sich selber betrunken in die Koje zu werfen; setzt dann der Tanker auf Grund, droht ihnen allerdings – hoffentlich, schon aufgrund der verursachten ökologischen Schäden an der Küste! – ein Seegerichtsverfahren und ein ordentlicher Prozeß ohne Nachsicht…

Wo, wenn es so steht, soll ein vernünftiger Mensch da eine «Wahl» haben – zwischen dem blanken Unsinn und der objektiv immer schon «richtigen» Wahl, die es, ablesbar auf allen «Instrumenten», zu *befolgen,* nicht zu treffen gilt? Nein, der Gott, der da im Himmel sitzt und mit Spannung darauf wartet, ob die Menschen ihm durch ihr Betragen einen «Erfolg» – oder einen Mißerfolg – bei den Spekulationen mit seinen «Aktien» zuschanzen – dies war immerhin das Bild in St. Andres: *Wir sind Utopia,* S. 43 f.; s. o. S. 249 –, dieser Gott ist ein Theologenmythos, der sich selber als Weltdeutung mißversteht.

Anders, ganz anders erscheint die Auseinandersetzung um den Begriff des Augenblicks und um die Möglichkeit menschlicher Freiheit erst, wenn wir den Zusammenhang von «Gnade», «Freiheit» und «Zeitlichkeit» nicht länger dogmatisch-äußerlich, sondern *innerlich* lesen und uns fragen, wie es denn *existentiell* sein kann, daß ein Mensch zu seiner Freiheit erwacht und sie *wagt* in der jeweiligen Entscheidung des *Augenblicks.* Nicht ein Gott, der «alles riskiert», sondern der Mensch, der sich in der Ungesichertheit seiner Freiheit nur aushält, wenn er sich von einem Anderen, das er nicht selbst ist, gehalten weiß, sollte das Thema «christlicher» Theologie bilden. Worum es dabei geht, ist auf dem Niveau der Frage Camus' die Riskiertheit der menschlichen Existenz *in jedem Augenblick;* doch schon wie ein solcher alles entscheidender

Augenblick *möglich* wird, stellt psychologisch und dann auch theologisch ein ganz entscheidendes Thema dar.

Die Gnade des Augenblicks oder: Das Geschenk, Zeit zu haben

Der erste, der das gewußt hat, war SÖREN KIERKEGAARD – ihm verdanken wir im Grunde alles, was es wesentlich an Kritik und Protest, dann aber auch an Erhellung und Lösung gegenüber der kirchlich gebundenen Theologie der «objektiven» Tatsachen und der subjektiven Verdrehungen zu sagen gibt. KIERKEGAARD war es, den A. CAMUS in: *Der Mythos von Sisyphos* (1. Eine absurde Überlegung. Die absurde Mauer. Der Angriff gegen die Vernunft, S. 25; 27–28) mehrfach zitierte, doch nur, um ihm einen «Kopfsprung» aus der Absurdität des menschlichen Daseins in den Akt des Glaubens vorzuwerfen; tatsächlich aber zeigte der dänische Religionsphilosoph nicht, wie man den Absurditäten des Lebens, die er «Paradoxien» nannte, *entrinnt,* er zeigte vielmehr, wie es überhaupt erst im «Glauben» möglich wird, die Verformungen des Daseins im Getto der Angst kennenzulernen und zu einer eigenen Geschichte zu öffnen.

Liest man die Ausführungen MARTIN HEIDEGGERS über die Zeitlichkeit des Daseins (*Sein und Zeit,* 2. Abschn., Dasein und Zeitlichkeit, § 45, S. 231–235), so gewinnt man den Eindruck, als handle es sich bei der «Zeitlichkeit» um ein Existential, dessen «phänomenologische» Feststellung keiner weiteren Begründung bedürfe. KIERKEGAARDS Genie indessen war es, daß er in gewissem Sinne die gesamte traditionelle Lehre des Christentums von der «Menschwerdung» des «Erlösers» mit der Frage nach der Möglichkeit von Zeit und Geschichte verknüpfte, indem er die «Erlösungsbedürftigkeit» des Menschen unter anderem als ein Erdrücktwerden unter der Last der Zeit beschrieb und umgekehrt die sogenannte «Erlösung» als ein Erwachen des Menschen zu der Fähigkeit einer eigenen Entscheidung im «Augenblick» betrachtete. – Bereits in *Tiefenpsychologie und Exegese* (2. Bd., S. 596–624) haben wir die entsprechenden Gedanken KIERKEGAARDS aufgegriffen und mit Hilfe der psychoanalytischen Neurosenlehre weitergeführt; Hinweise auf den Zusammenhang von Angst, Charaktereinstellung und Zeiterleben mögen an dieser Stelle deshalb genügen.

Natürlich wußte der dänische Religionsphilosoph selber, wie stets, aus eigener Erfahrung, wovon er sprach, als er die für HEIDEGGER hundert Jahre später (!) so einfach «gegebene» «Zeitlichkeit» des Daseins als ein Problem erster Ordnung empfand. «Was wird kommen?» schrieb er. «Was wird die Zukunft bringen? Ich weiß es nicht, ich ahne nichts. Wenn eine Spinne von einem festen Punkt sich in ihre Konsequenzen hinabstürzt, so sieht sie stets einen leeren Raum vor sich, in dem sie nirgends Fuß fassen kann, wie sehr sie auch zappelt. So geht es mir; vor mir stets ein leerer Raum, was mich vorwärtstreibt, ist eine Konsequenz, die hinter mir liegt. Dieses Leben ist verkehrt und grauenhaft, nicht auszuhalten.» (Zit. n. G. HONNEFELDER: *Was also ist die Zeit,* 199, ohne Belegangabe.)

KIERKEGAARDS Problem bestand diesen Worten zufolge in der Entdekkung des unerträglichen *Schwebezustands* zwischen dem, was wir «Zukunft» nennen, und dem, was uns als «Vergangenheit» erscheint. Irgend etwas aus der Vergangenheit legt alles Kommende fest; und doch ist das Kommende nicht absehbar, es ist niemals eindeutig determiniert; selbst die vermeidbaren Folgen dessen, was gewesen ist, sind von einem unwägbaren Spiel des Zufalls geprägt. Der Mensch hängt am Faden dessen, was er war, doch was *ist* er wirklich, angesichts des schaudernden Ozeans der Leere, die als das «Zukünftige» vor ihm liegt?

Bei HEIDEGGER entspringt die Zeitlichkeit des Daseins aus einer «Erschlossenheit», die «Entschlossenheit» ist: der Mensch «entwirft» sich auf seine je eigenen Möglichkeiten hin, und aus diesem Entwurfcharakter des Daseins entstehen die «Ekstasen» der Zeitlichkeit (*Sein und Zeit,* 2. Abschn., 3. Kap., § 62); KIERKEGAARD demgegenüber stand erschüttert vor dem Abgrund der Fülle von Möglichkeiten, in die hinein er sich «werfen» könnte und müßte, im Wissen doch, daß es für keine seiner Entscheidungen eine Garantie ihrer Richtigkeit oder gar einen «zureichenden Grund» ihrer Rechtfertigung geben würde. Jede Entscheidung bedeutet dem Menschen, der sich entscheiden soll, so viel wie einem Schwimmer der Sprung vom Klippenrand: der Faden der Vergangenheit *reißt,* durch die Freiheit des Menschen tritt etwas unableitbar Neues in die Welt, doch die Geburtsstunde eben dieses Neuen ist *der Augenblick.* Von Augenblick zu Augenblick teilt sich ein Unendliches an Zeit, das hinter uns liegt, von einem Unendlichen an Zeit, das vor uns liegt, und es ist die Entscheidung der eigenen Freiheit, die, ob sie es will oder nicht, diesen Riß im Gefüge der Wirklichkeit schafft. Jenseits der Wand des Vorhandenen entdeckt sie die Sphäre der Nichtfestgelegtheit, des Möglichen, und eben dieser Raum der Möglichkeit, so die entscheidende Entdeckung KIERKEGAARDS, ist identisch mit der Erfahrung der *Angst.* Sie schlummert in der Bestimmung des Menschen, *Geist* zu sein; sie ist der subjektive Reflex, in dem er seiner Freiheit inne wird; sie bedeutet das Erdbeben unter seinen Füßen, das seine gesamte Existenz in das Abenteuer von *Ungewißheit und Wagnis* (PETER WUST) stürzt.

Wie hält der Mensch auch nur einen einzigen Augenblick seines Lebens aus? Wie trägt und erträgt er seine eigene Freiheit? Was gibt ihm die Kraft, im Strom der Zeit er selber zu sein?

Die Analyse dieser Frage hat KIERKEGAARD in seinem Meisterwerk *Die Krankheit zum Tode* (1849) vorgelegt – in den *Strukturen des Bösen* (3. Bd., 436–479) sind wir darauf ausführlich bei der Darlegung der «Erbsündenlehre» des Christentums zu sprechen gekommen. KIERKEGAARD unternimmt in seiner berühmten Schrift eigentlich nichts weiter, als daß er im Sinne des Deutschen Idealismus eine «Metaphysik» des Geistes vorlegt, anhand deren er alle nur denkbaren Formen der *Verzweiflung,* der Selbstverfehlung des Daseins aus Angst, *deduziert,* doch enthält sein Werk, das sich so streng systematisch gibt, in Wahrheit die komplette Destruktion jeden Versuchs, das menschliche Dasein von einem «systematischen» Gesichtspunkt aus «erfassen» zu wollen: – es ist gerade die Unfaßlichkeit der Freiheit, welche die menschliche Existenz der Bodenlosigkeit der *Angst* aussetzt; im Hintergrund jeder seelischen Krise, so sah es der dänische Autor, steckt, vom *Geist* her betrachtet, das ungelöste Problem der *Flucht* vor der Freiheit. Wohlgemerkt läßt sich alles, was wir psychoanalytisch als neurotisches Leiden bestimmen, auch und als erstes von den Einflüssen der Zeit seit den Tagen der frühen Kindheit her lesen, doch schon indem es das Ziel der Psychotherapie ist, dem Patienten seine verlorene Freiheit *zurückzugeben* und ihn entscheidungsfähig und verantwortlich für sein eigenes Leben zu machen, ist eine Heilung nur möglich, indem man mit KIERKEGAARD jeden einzelnen auf die unableitbare Zuständigkeit für sich selber hin anredet. Wie kann er selber zum Grund seines so grundlos erscheinenden Daseins werden? Das ist die Frage der menschlichen Freiheit.

Um die KIERKEGAARDsche These so knapp wie möglich vorzustellen: – es ist dem Menschen *unmöglich,* sich der Möglichkeit seiner Freiheit auszusetzen, solange er nicht einen vorgängigen Grund außerhalb der offenbaren Grundlosigkeit aller Versuche seiner eigenen Selbstbegründung findet. Denn gerade der Versuch der «Selbstbegründung» übernimmt die Grundlosigkeit der Existenz notwendig in den eigenen «Selbstentwurf» und imprägniert ihn mit einer ständigen Vergeblichkeit. Was wir Freiheit heißen, argumentierte KIERKEGAARD, stellt eine Synthese dar aus Zeit und Ewigkeit, aus Möglichkeit und Notwendigkeit, aus Endlichkeit und Unendlichkeit. Wären wir «Geist» nur als «Ewigkeit» und «Unendlichkeit», so würden wir nur eine Freiheit kennen, die, wie in der Philosophie SPINOZAS, mit der Bestimmung durch die Notwendigkeit des eigenen Wesens identisch wäre – es wäre eine

Freiheit, welche die *Angst* nicht kennen würde; wären wir andererseits ungeistig genug, um gänzlich im Endlichen aufzugehen, so wären wir festgelegt durch die Bestimmungen all der äußeren Zwänge – auch dann gäbe es *Angst* nur wie im Erleben der Tiere –, momentan, zufällig, situativ, nicht aber wesentlich; – die Angst bliebe bloße *Furcht* in der Terminologie KIERKEGAARDS. Nun aber sind wir gestellt *zwischen* Zeit und Ewigkeit, genau in den Schnittpunkt von Möglichkeit und Notwendigkeit, von Unendlichkeit und Endlichkeit, und eben dieser Schnittpunkt ist *der Augenblick,* in dem wir das Feld des Notwendigen überschreiten auf das Mögliche hin und in dem wir das Mögliche eingrenzen auf das, was jetzt wirklich sein soll. In jedem Augenblick müssen wir uns entscheiden, und jeder Augenblick daher macht uns *Angst.*

Was also liegt näher, als diese Angst zu *fliehen,* die der Augenblick der Freiheit bedeutet, und die Synthese zu *verweigern,* in welcher sie besteht? Es ist eigentlich nur ganz natürlich, ja, es erscheint als ganz unvermeidlich, statt der Freiheit die Unfreiheit zu «wählen», indem man einen der konstitutiven Pole der Freiheit isoliert und als Fluchtpunkt aufsucht. *Welch* ein Punkt das sein wird, mag sich jeweils aus den biographischen Umständen ergeben – *geistig* ist der Mensch gleichwohl zuständig auch für die Unfreiheit seiner verweigerten Freiheit, jedenfalls in idealistischer Sicht; freilich, welch einen Ausweg besäße schon ein Mensch in der Einsamkeit und Verlorenheit seines Daseins, getrieben von einer Angst, die mit seinem eigenen Wesen identisch ist? Erst wenn deutlich wird, daß zu der Flucht vor der Freiheit überhaupt *eine Alternative* besteht, mag man in diesem Zusammenhang von «Schuld» oder «Unschuld» sprechen – «*Erb*schuld» ist ein Begriff, der durch seine mißverständliche mythische Sprache die kirchliche Dogmatik bis heute unheilvoll bestimmt (s. o. S. 56f.) und deshalb besser gar nicht mehr verwendet würde.

Rufen wir uns die Formen möglicher Selbstverfehlung als die Fluchtvarianten der Freiheit noch einmal in Erinnerung, wie wir sie in *Glauben in Freiheit* (1, 336–352) dargestellt haben, so brauchen wir sie jetzt nur um die Frage nach der Zeit zu zentrieren, und wir werden sogleich verstehen, wieso die Möglichkeit des *Augenblicks* psychologisch wie theologisch die dritte wesentliche Voraussetzung aller ehrlichen, also «mystischen» Frömmigkeit bilden muß.

Die *«Verzweiflung der Endlichkeit»* (die *«Schizoidie»* psychoanalytisch) zum Beispiel: – wie leicht ist es, alle Freiheit preiszugeben und sie statt dessen an die Planbarkeit der Zeit zu delegieren? JEREMY RIFKIN (*Uhrwerk Universum,* 93–157: Der Zeitkuchen wird verteilt) hat auf seine Weise eindrucksvoll gezeigt, wie der Geist des FREDERICK W. TAYLOR mittlerweile unser aller Schicksal geworden ist: Jede Sekunde eines Arbeitsablaufs läßt sich mechanisieren und damit in ein Produktionsmittel zur Vermehrung von Kapital verwandeln! Dabei war diese unternehmerische Erfolgsidee an der Wende zum 20. Jahrhundert nur die natürliche Konsequenz aus der Entwicklung der Geldwirtschaft seit dem Mittelalter: – wurde die *Taschenuhr* nicht überhaupt nur notwendig, weil sich die Zeit in eine Maßangabe für die Geschwindigkeit des Umschlags von Geld in Ware und von Ware in Geld plus Profit und vor allem: von Kredit in Geld plus Zinsgewinn verwandelt hatte? Das Geld selber, indem es die Form von Edelmetall, von Silber und Gold, annahm, verheißt, als toter Stoff, inzwischen unsterbliches Leben, während die Menschen sich in das vergängliche Material der Planungen der Geldbesitzer und «Unternehmer» verwandelt haben. (Vgl. *Jesus von Nazareth,* 468–502.) Ein Zeiterleben wächst da heran, das außerhalb jedes menschlichen Rapports alles, was ist, mit fiktiven Preisen versieht und damit jedes eigenen Wertes beraubt; die Zeit selbst *muß* jetzt eine physikalisch immer genauer bestimmbare Einheit darstellen, um selber als die wichtigste Produktivkraft kalkulierbar zu sein. Der einzelne Mensch hat in dieser Welt buchstäblich keine Zeit mehr – er hat sie und sich selbst stets schon verkauft an die entfremdenden Interessen des Marktes. Der bedeutsame Augenblick wird diktiert vom Wettlauf an der Börse; dort, vermeintlich, fallen die existentiell relevanten Entscheidungen: die «Existenzgründungen» und «Existenzniederlegungen» – hier werden sie entschieden.

Sören Kierkegaard, in den vierziger Jahren des 19. Jahrhunderts, nahm, anders als sein mittelbarer Kontrahent Karl Marx, von derlei Zusammenhängen nicht die geringste Notiz; doch stellte er, wie in prophetischer Ahnung, sich eine Form der *Verzweiflung* vor, innerhalb deren ein Mensch gar nichts anderes mehr wollen kann als die Gefangenschaft seiner Freiheit in den ehernen Zwangsgesetzen der Endlichkeit; ein solcher *«Verzweifelter der Endlichkeit»* ist, man muß es ihm glauben, ganz außerstande, die Beteiligung seines eigenen Lebensentwurfs an seiner Versklavung überhaupt noch wahrzunehmen; doch welch eine Erleichterung kann darin liegen, alle Verantwortung für sich selbst mit der Stechkarte am Fabrikeingang abzugeben und nichts weiter mehr zu sein als ein Zahnrad in dem Getriebe einer stets sich vergrößernden Maschinerie?

Gewiß, das alles wird mit Menschen gemacht, entsprechend den gesellschaftlichen Verhältnissen, die über sie herrschen, doch welch ein Bedürfnis auch, so mit sich machen und über sich herrschen zu lassen! Welch ein Verlangen womöglich, nach Art der Camusschen Schauspielerexistenz sich vom Publikum sagen zu lassen, welche Rolle es jeweils zu spielen gilt und in welcher

Form ihrer Darstellung sie auf den größten Applaus zählen darf: – als Fürst einer absurden erdichteten Existenz, die alle Möglichkeiten des Daseins auskostet, um niemals wirklich zu sein! Jeder Augenblick hat hier seine Kostbarkeit nur in der Auslieferung an das Andere der Gesellschaft beziehungsweise an die anderen, die das Gesellschaftliche repräsentieren. «Was nützt es dem Menschen, die ganze Welt zu gewinnen, wenn er dabei sich selber verliert» (Mk 8, 36) – dieses immer wieder zu zitierende Jesuswort macht die ganze Tragik einer solchen Existenzform der Nicht-Existenz deutlich. «Ein solcher Mensch», meinte sinngemäß KIERKEGAARD, «hat kein Selbst, wie selbstisch er im übrigen auch sein mag.» (Vgl. *Die Krankheit zum Tode,* 1. Abschn.: Die Verzweiflung der Endlichkeit, S. 33.) Der ganze Kampf Jesu gegen die Vergötzung des Geldes (vgl. Mt 6, 24) ist unter anderem auch ein Ringen um die Wiedergewinnung der Zeit: «Sorgt euch nicht um den morgigen Tag – der heutige hat schon Sorgen genug» (Mt 6, 34), meinte er in der Bergpredigt. Ein radikaleres Wort *gegen* die Verplanung der Zeit in einem angstvoll-verzweifelten Besorgen des Endlichen ist schwerlich denkbar.

Das bloße Gegenteil dieser *«schizoiden»* Einstellung erweist sich freilich als nicht weniger schlimm: die Verwandlung der Zeit im *depressiven* Erleben zu einem Mahlstrom der Nichtigkeit. Auch in dieser Existenzform einer *«Verzweiflung der Unendlichkeit»* geht es im Grunde um eine Ausblendung der eigenen Zuständigkeit, jetzt allerdings nicht mehr in der Pose des Spielers, sondern in der Rolle des Opfers. Der Depressive lebt nicht mehr in einer im vorhinein verplanten, sondern in einer von vornherein unplanbaren Zeit; alle machen mit ihm, was sie wollen, und jeder will etwas anderes; und da man es niemals allen zugleich recht machen kann, verrinnt in diesem Erleben ein jeder Augenblick wie ein Sandkorn im Stundenglas des Todes: das Maß der Schuld und Vergänglichkeit türmt immer weiter sich auf, bis daß es sich füllt an einem Ende ohne Vollendung. Auch dem Depressiven ist die Zeit abhanden gekommen, doch nicht in der Länge der Kalkulationen der Sorge, sondern in einer ungeordneten Reihe von situativen Fluchtpunkten; es ist unmöglich, im Getto dieses Erlebens auch nur an das Morgen zu denken, schon weil man froh sein muß, die nächste Stunde zu überstehen. Allein die Nacht, das Versinken, könnte erlösen von dem Alptraum einer Zeit, die in beliebig viele Augenblicke der Angst, der Schuld und der Flucht zersplittert. Eine große Sehnsucht herrscht hier nach Ewigkeit, doch ist es, wie KIERKEGAARD meinte, eine romantisch gefärbte Sehnsucht nach einer Welt, die so anders ist, daß sie mit der wirklichen Welt schon gar nichts mehr zu tun hat. Auch in dieser Existenzform kommt die *Synthese* im Augenblick nicht zustande, die doch darin läge,

Endliches und Unendliches, Ewiges und Zeitliches miteinander zu verbinden, statt sie, voneinander getrennt, ins Exzessive zu zerdehnen.

Freiheit – das ist zudem *die Synthese aus Notwendigkeit und Möglichkeit;* doch auch hier treibt die Angst zu Deformationen des Daseins, indem das eine vom andern *getrennt* werden kann.

Die *«Verzweiflung der Notwendigkeit»* – so nannte KIERKEGAARD eine Existenzweise, die in der Psychoanalyse unter dem Begriff der *Zwangsneurose* geläufig ist. Sie ist, wenn man so will, das *aktive* Gegenstück zur Schizoidie. Dem *Schizoiden* entgleitet der Augenblick, weil er sich von vornherein weigert, mit ihm zu verschmelzen; im *zwanghaften* Erleben indessen wird der Anspruch gespürt, für jeden Moment der Zeit *verantwortlich* zu sein – das Dasein als Infinitesimalrechnung sozusagen. Von außen betrachtet möchte man vielleicht denken, in dieser Erlebnisform werde die Zuständigkeit des Einzelnen an allem, was geschieht, und mithin seine Freiheit besonders ernst genommen, denn tatsächlich reklamiert ein echter Zwangscharakter von früh bis spät seine Kompetenz, alle möglichen Abläufe *in* seinem Leben und *im Umkreis* seines Lebens, wenn schon nicht bestimmen, so doch wenigstens beurteilen zu können; tatsächlich aber setzt die Zwangsneurose das Sprengloch der Freiheit gerade in die Mauer, welche die Freiheit wie eine Burg umgibt: in den Begriff der Verantwortung. Das zwangsneurotische Erleben faßt ihn so total, daß darunter kein Spielraum mehr bleibt. «Ich bin verantwortlich» – das heißt hier: «Ich muß alles *richtig* machen.» Die «Richtigkeit» von allem aber – das ist ein *Gesetz,* das keine freie Entscheidung mehr zuläßt. In dieser Weltsicht «entscheidet» sich zwar in jedem Augenblick «alles» – in der zwangsneurotischen Sprache der kirchlichen «Verkündigung» etwa steht in jedem Moment eine ganze Ewigkeit zwischen Himmel und Hölle auf dem Spiel! –, und doch verbirgt sich hinter dieser dramatischen Inszenierung die simple Tatsache, daß der Augenblick hier schon immer zu einem bloßen Anwendungsfall des sittlich oder dogmatisch Allgemeinen verkommen ist. Es gibt nichts Neues zu entdecken, es ist nichts wirklich zu entscheiden, alles liegt vielmehr im voraus schon fest, und die Frage ist nur, ob der Einzelne in seiner Freiheit dem göttlichen «Heilsplan», wie er nun einmal ist, oder dem Weltgesetz, wie es nun einmal auch ist, im Verzicht auf jeglichen «Eigenwillen» sich *unterwirft* oder nicht. Es gibt in dieser Weltsicht den Augenblick im Grunde nur als eine Schwelle im Schienenstrang des immer schon fertigen Fahrplans der Eisenbahn.

Doch auch durch das genaue Gegenteil dieser Haltung läßt sich die Freiheit des Augenblicks leugnen – das ist: das *hysterische* Über*laufen* jedes einzelnen

Zeitmoments; *«die Verzweiflung der Möglichkeit»* hat KIERKEGAARD diese Form der Daseinsverfehlung genannt und damit gemeint, daß sich der Ernst des Daseins in dieser Einstellung auflöst in ein Geflirre des «Das-kann-ich-auch-noch-Seins», mit dem Ziel geradezu, jegliche Festlegung zu vermeiden. Seit eh und je hat die Psychoanalyse auf den *«schizoiden Vorbau»* in der Hysterie hingewiesen, und in der Tat zeigt sich im hysterischen Gebaren die gleiche Vermeidungstechnik wie in der Schizoidie, nur ist die Ausrichtung der Triebeinstellung eine gegenläufige: Der *Schizoide* spielt alle Rollen, um hinter einer jeden unangreifbar und unauffindbar zu bleiben; der *Hysteriker* hingegen sucht das ständige Bad in der Menge, so als wäre das Raunen der vielen schon sein eigenes Wort. Auch im hysterischen Erleben entscheidet sich alles im Augenblick, doch nur um sich *nicht* zu entscheiden, indem *das nächste Mal* immer noch neue, noch andere Möglichkeiten der Wahl offenhält. Das hysterische Erleben der Zeit – das ist so viel wie der Pfeil des eleatischen Philosophen ZENON, der zwar von der Sehne des Bogens abgeschnellt war, doch der dann nicht wirklich flog, weil er in jedem Augenblick *ruhte.* (Vgl. DIELS – KRANZ: *Fragmente der Vorsokratiker,* S. 49–51.)

Wie ist es möglich, in den *Augenblick* zu kommen? All die verschiedenen Formen der Daseins*verfehlung* vor Augen, stellt sich diese Frage KIERKEGAARDS in einer Eindringlichkeit, die durch die Neurosenlehre der Psychoanalyse an Aktualität nichts verloren, im Gegenteil, im Verbund mit der Existenzphilosophie des 20. Jahrhunderts sogar entscheidend an Dynamik und Tiefe gewonnen hat. Eine Rettung aus der Unerträglichkeit der Angst, welche die Freiheit notwendig begleitet, ist nur möglich im *Glauben,* so die Lehre SÖREN KIERKEGAARDS, doch was er *«Glauben»* nannte, war nicht mehr der Kirchenglaube der dogmatisch und rituell verwalteten Christenheit, es war für ihn *der Gegenbegriff zur Verzweiflung;* «Glauben» bedeutete für ihn die alles verändernde Haltung eines angstüberwindenden Vertrauens. Ganz und gar folgen wir KIERKEGAARD in dieser seiner Meinung. Nur darin allerdings bedarf das Denken des dänischen Religionsphilosophen einer dringlichen *Ergänzung und Vermenschlichung durch die Psychoanalyse,* daß er, entgegen seiner eigentlichen Intention, streng asketisch den Gedanken nahelegte, in Freiheit Vertrauen *«wählen»* zu können. Vertrauen ist, nach aller menschlichen Erfahrung, niemals das Ergebnis einer «Entscheidung», es ist, wenn überhaupt, das Ergebnis der Erfahrung einer Liebe, die tragend genug ist, um den Abgrund der Freiheit erträglich zu finden.

Alle Formen der KIERKEGAARDschen Verzweiflung beziehungsweise der FREUDschen Neurosenlehre stellen letztlich denn auch nichts anderes dar als das Suchen nach einer Bestätigung, nach einer *«Rechtfertigung»* des Daseins im Sinn MARTIN LUTHERS, wie sie allein in der Liebe zu finden ist.

Einzig die Liebe vermag dem *«Schizoiden»*, dem *«Verzweifelten der Endlichkeit»*, glaubhaft zu sagen, daß er *mehr* ist als formbarer Staub in den Händen der anderen – *Gott*, so das biblische Bild in Gen 2,7, hat ein für allemal den Staub der Erde genommen und des Menschen Antlitz, dein eigenes, daraus geformt. Erneut ist es die Vorstellung einer *absoluten* Zuwendung, die den Abgrund einer unendlichen Angst zu schließen vermag. «Du bist – als ein Geschöpf Gottes – *mehr* als ein Spielball der Mächtigen; du bist *mehr* als ein Stück Wechselgeld, dessen ganzer Stolz darin liegt, das Bildnis des Kaisers auf sich zu tragen (Mk 12,13–17) – du trägst in deiner Gestalt etwas vom Antlitz des Ewigen» – so sagt die Liebe dem *«Schizoiden»*. (Vgl. *Jesus von Nazareth*, 418–422.)

«Atme auf und gönn dir den Spielraum der Zeit. Du bist nicht schuldig, wenn du nicht allem gerecht wirst; als erstes bist du dir schuldig, selber zu leben. Drum lerne, den Augenblick zu genießen; übe es geradezu, einfach nur dazusein. Es ist seit langem schon deine Sehnsucht, so zu leben, nur hast du dich niemals getraut, so zu tun. Niemand macht dir Vorwürfe, nur weil du versuchst, ein wenig glücklich zu sein» – so sagt die Liebe dem *«Depressiven»*, dem *«Verzweifelten der Unendlichkeit.»*

Und nicht anders spricht sie in die *«Verzweiflung der Notwendigkeit»*, in die *Zwangsneurose* hinein: Sie ermuntert und ermutigt dazu, sich auf die konkrete Situation *jetzt* einzulassen, statt sogleich, aus Angst, etwas falsch zu machen, in die Abstraktionen des Allgemeinen zu flüchten. Und ebenso nimmt sie den *Hysterischen*, den *Verzweifelten der Möglichkeit*, bei der Hand, um ihn aus dem Teufelskreis seiner selbstverachtenden Minderwertigkeitsgefühle und erfolgheischenden Inszenierungen heraus zu einer ruhigeren Form der Anerkennung des eigenen Ichs zu geleiten.

Natürlich handelt es sich bei der Darstellung dieser vier Formen der Verzweiflung aus Angst vor der Freiheit um idealisierte Typenbeschreibungen; – in der «Wirklichkeit» ist mit ständigen Mischformen zu rechnen, die sich genetisch bedingen, untereinander verstärken, zum Teil wieder aufheben oder sich wechselseitig neutralisieren; in jedem Falle aber wird deutlich, daß ein Mensch zu der erfüllten Stille des Augenblicks nur gelangen wird, wenn er sich in den Tiefen seines Daseins gemocht und geliebt fühlt.

In *Jesus von Nazareth* (177–195) haben wir die mythische Erzählung aufgegriffen, wie Jesus, auf einem hohen Berge stehend, eine Stimme vernimmt, die ihm sagt: «Du bist mein Sohn, mein Geliebter» (Mk 9,7 nach Jes 42,1), und es liegt der gesamte Auftrag seines Lebens ihm in kristallener Klarheit vor Augen: *Moses* redet mit ihm, diese Gestalt der Befreiung eines ganzen Volkes von jeglicher Menschenabhängigkeit, und *Elias,* diese Verkörperung der prophetischen Forderung, sich von der Dämonisierung des Religiösen entschieden zu lösen und nur noch *den* Gott zu glauben, der dem eigenen Wesen gemäß ist – den «Gott der Väter» in der mythischen Sprache der Bibel, keinen «fremden», keinen *ent*fremdenden Gott jedenfalls. In diesem Moment, schrieben wir damals, war Jesus *vollendet glücklich.* Da wurde er, können wir jetzt auch sagen, das Beispiel und Vorbild eines reinen *Daseins im Augenblick.* Einmal die «Hände» zu spüren, die uns umfangen, wenn wir uns wie Versinkende fühlen, einmal den Worten der Liebe zu lauschen, die uns für immer sagen, wer wir sind und wofür wir in unserer Freiheit uns einsetzen sollten, das bedeutet es, daß der Himmel die Erde berührt, das erschafft *das Wunder des Augenblicks.*

Von Zeit und Ewigkeit oder ein letztes Mal: Von Geschichte und Mythos

Aber wenn doch jene Begebenheit auf dem Berge historisch gar nicht stattgefunden hat, wenn es sich dabei um nichts weiter handelt als um eine «nachösterliche Legende»?

Die Geschichte von der «Verklärung auf dem Berg» *ist* eine nachösterliche Legende; sie *hat* sich historisch so niemals zugetragen, wie sie berichtet wird, doch ist sie deshalb auch schon «unwahr»? Das gerade nicht, so versuchten wir bereits im *Markus-Evangelium* (1. Bd., 80–107; 586–599) und in *Jesus von Nazareth* (153–160) zu zeigen. Doch über die Schwierigkeiten der rechten Interpretation der Bibel hinaus lernen wir jetzt bei der Frage nach dem Augenblick etwas Wesentliches für die «Hermeneutik» des Daseins, und wiederum kann uns hier SÖREN KIERKEGAARD ein Stück weit als Führer und Wegweiser dienen, freilich nur, wenn wir seinen eigenen Ansatz konstruktiv weiterdenken, statt ihn in seiner vorformulierten Fassung einfach zu repetieren.

Ein Genie zeigt sich für gewöhnlich darin, daß es mit seinen Einsichten die Lösung von Problemstellungen vorwegnimmt, die geistesgeschichtlich erst viel später in der Breite des öffentlichen Bewußtseins sich zu Wort melden. KIERKEGAARD, dieses Genie des religiösen Ernstes, hat, lange vor dem eigentlichen «Start» der «historisch-kritischen Methode» der Bibelexegese, gesehen, daß allein schon die Übernahme der historischen Fragestellung nach dem Vorbild der Altphilologie beziehungsweise der Altorientalistik zu einer monströsen Ansammlung «wissenswerter» geschichtlicher Details über die Entstehung der biblischen Texte führen müßte, doch eben dadurch das eigentliche religiöse

Anliegen der entsprechenden Worte und Erzählungen in der Bibel unter einem Schwall historischer Redensarten begraben würde. Was religiös Geltung besitzt – so KIERKEGAARD mit all der Emphase seiner «existentiellen Lyrik» –, das spielt jetzt, *in der Gegenwart,* im *Augenblick,* und es spielt unableitbar in der eigenen individuellen Existenz. Religiös gibt es nicht die Erlaubnis, sich in die Bestimmungen des Sittlich-Allgemeinen oder des Wissenschaftlich-Objektiven zurückzuziehen; religiös kommt es darauf an, die eigene Person zu wagen im Gegenüber der absoluten Person, die (im Christentum) Gott genannt wird.

Die Argumentation des dänischen Religionsphilosophen und engagierten «Kirchenkritikers» ist an dieser Stelle ebenso brillant wie bruyant: Auf der einen Seite sieht er vollkommen klar, daß der Einzelne zu dem Augenblick seiner Freiheit weder in sittlicher noch in «existentieller» «Entschlossenheit» findet; wessen er bedarf, um jene «Synthese» aus «Ewigkeit» und «Zeit» zu bilden, die seine Freiheit ermöglicht, das ist ein Gegenüber, das diese «Synthese» selber verkörpert. Kaschiert unter dem Deckmantel philosophischer Begrifflichkeit, bereitet KIERKEGAARD mit seiner Analyse der menschlichen *Verzweiflung* (mit seiner existentialisierten «Sündenlehre» in der Sprache der kirchlichen Dogmatik) im Grunde *seine* Art von «Christologie» und «Erlösungslehre» vor: Wenn der Mensch nur zu sich selbst gelangt, indem er den Himmel mit der Erde verbindet, und wenn er doch gerade zu dieser Einheit des Augenblicks von sich selbst her unter dem Druck der Angst völlig außerstande ist, so ist die Menschwerdung des Menschen – ganz im Sinne der Exegese der Kirchenväter der ersten vier Jahrhunderte, nur jetzt hineingesetzt mitten in die Debatte um die «Aufhebung» der Religion in die Philosophie bei HEGEL! – allein möglich durch: – die Menschwerdung Gottes! durch das schlechthinnige Paradox des Christentums! Was die ersten Konzilien im Rahmen der griechischen Philosophie vom «Sein» und der «Natur» des «Menschensohnes» her zu zeigen versuchten: wie der Mensch in seinem ganzen *Da*sein erlöst wird, sobald er von Gott her «angenommen» ist, das übersetzt SÖREN KIERKEGAARD in die Sprache der Not und des Elends der menschlichen Existenz im Felde radikaler Gnadenlosigkeit und Gottesferne, beziehungsweise umgekehrt: er übersetzt es in den Erfahrungsraum jenes absoluten Ereignisses, das sich mitten im Relativen vollzogen hat und das doch eben deshalb darin nimmermehr aufgehen kann: Gott wurde Mensch – in den Worten der Bibel.

KIERKEGAARD hat niemals sonderlich überlegt, welch einen Hintergrund religionsgeschichtlich diese neutestamentliche Formel besitzt; er nahm sie selber als Ausdruck des Absoluten, des geschichtlich *nicht* Ableitbaren, und seine einzige Frage ging dahin, wie wir in unserer eigenen Existenz, das heißt:

wie jeder einzelne für sich selber in seinem Leben in ein Verhältnis zu diesem Absoluten inmitten der Zeit treten kann.

Die *Alternative* hat KIERKEGAARD unübertrefflich klar in zwei Arbeiten, in: *Philosophische Brocken* (1844) und in: *Unwissenschaftliche Nachschrift* (1846), dargelegt. Für sicher gilt ihm, daß es mit dem «Buchstaben-Zelotismus» des naiven «Glaubens, wie es in der Bibel steht», ein für allemal vorbei ist – so vorbei, «wie die Ritterzeit... mit Don Quixote abschließt» (*Nachschrift*, 1. Teil, Kap. 1, § 2: Von der Kirche, S. 163) –, sie löst sich auf ins Komische und Folkloristisch-Schwankhafte; sicher ist ihm auch, daß es den «Schutz der katholischen Kirche gegen das Eindringen der Dialektik... in der sichtbaren Anwesenheit des Papstes» nicht geben kann – eine solche Festlegung des Glaubens im «Objektiven», das heißt: im Beamtet-Sakralen, ist für ihn «Aberglaube und Beschränktheit» (162–163, Anm. 6). Worin aber soll der Halt der Religion dann liegen? «In der Bibel», wird man mit protestantischem Pathos sagen; aber auch das Neue Testament «ist etwas Vergangenes und somit im strengeren Sinne historisch»; gerade dadurch indessen «wird man verführt, das Problem statt subjektiv objektiv zu behandeln, wodurch es gar nicht zustande kommt» (167). Der kirchliche Lehrbetrieb glaubt, die «Wahrheit» den Menschen anpassen zu können wie eine Kleiderfabrik den Kunden die Gewänder: wenn nur erst der «objektive» Maßanzug kreiert ist, dann wird sich das Individuum schon das Passende überstreifen – denkt man; denn die Idee existiert gar nicht erst, daß die Wahrheit durchaus nicht in der Frage liegt, was das Christentum sei, sondern wie der Mensch dazu kommt, ein Christ zu werden! Der schriftgelehrte «Reparaturdienst» der kirchlichen Konfektionsabteilung sucht die «Erforschung» der Bibel in ein Verfahren objektiver Wissenschaftlichkeit zu verwandeln. Wie aber soll ein Mensch seine ewige Seligkeit auf die «hundertjährige Parenthese» gründen, welche die Theologie als «Wissenschaft» braucht, um mit ihren Forschungsergebnissen vorerst, in einer vorläufigen Zwischenbilanz, ins reine zu kommen? (*Nachschrift*, 1. Teil, Kap. 1, § 1: Die Heilige Schrift, S. 155.)

An dieser Stelle beginnt nach Auskunft der «christlichen» Theologie der «Trost», daß ja «die Kirche» «das lebendige» Wort» «verkünde» – also müsse *sie* die Wahrheit sein: – in der Kirche scheinbar als dem «fortlebenden Christus» ist ja das Vergangene Gegenwart! Aber was will das besagen? Es ist, anerkennt KIERKEGAARD, in der «Kirchentheorie» immerhin das Verdienst enthalten, «das Später-Historische zu beseitigen und das Historische zum Gegenwärtigen zu machen» (171); aber das Problem selbst verschwindet keinesfalls: «eine Hypothese kann wahrscheinlicher werden, indem sie sich durch dreitausend Jahre erhält, aber darum wird sie niemals zu einer ewigen Wahrheit, die für die ewige Seligkeit eines Menschen entscheidend sein kann. Hat nicht (auch, d. V.) der Mohammedanismus zwölfhundert Jahre bestanden?» (*Nachschrift*, 1. Teil, 1. Kap., § 3: Der Beweis der Jahrhunderte, S. 177.) Und nun gar das Christentum! Wie jeder weiß, brachte Jesus, sein Gründer, es nicht einmal dahin, auch nur drei Jahre lang in Öffentlichkeit sich mitzuteilen – so sehr stand, was er sagte und tat, all dem entgegen, was in der menschlichen Geschichte Ansehen und Geltung genießt. Folgt daraus nicht wie von selber der Schluß, den KIERKEGAARD denn auch zieht: «Die Zuverlässigkeit der achtzehn Jahrhunderte, daß das Christentum alle Lebensverhältnisse durchdrungen, die Welt umgeschaffen hat und so weiter, diese Zuverlässigkeit ist gerade ein Betrug» (177)?

Weder also die Bibel als ein historisches Buch noch die Kirche mit ihrer ehrwürdigen Tradition können dem mit unendlicher Leidenschaft nach einem Halt suchenden Subjekt geben, wonach es verlangt; der Halt des Subjekts liegt nirgendwo anders als im Subjektiven – das ist die entscheidende «sokratische» Entdeckung KIERKEGAARDS. Die Wahrheit des Religiösen beweist sich weder durch die Jahrhunderte gelehrter Forschungsgeschichte an der Bibel noch durch die Jahrhunderte der stets heilig-unheiligen Kirchengeschichte – umgekehrt: die Wahrheit des Religiösen wird allein erreicht im Übersprung über die Geschichte – durch die existentielle *Gleichzeitigkeit* zwischen dem «Lehrer» (Jesus) und dem Schüler (dem Menschen, der ein Christ werden möchte).

Nur scheinbar ist es daher eine Erleichterung, in Wahrheit ist es die Einladung zu einer gefährlichen Täuschung, sich auf das «Zeugnis» der Geschichte zu beziehen und vom sicheren Turm des Endpunktes einer Entwicklung aus «dankbar» auf den Anfang zu blicken, der in der Kleinheit des Beginns, dank Gottes Fügung und Gnade, wie man glauben muß, eine so großartige Entfaltung ermöglicht hat, wie sie sich nunmehr – besonders in Gestalt der Kirche! – dem Betrachter darbietet. In den Worten KIERKEGAARDS: Man erklärt in der Retrospektive das geschichtliche Ereignis für «göttlich», für «notwendig», für «wahr» *aufgrund der Konsequenzen,* die es zeitigte; aber das heißt, die Logik auf den Kopf zu stellen: ein Ereignis kann nicht durch seine Konsequenzen notwendig werden, «da ja Konsequenzen ihren Grund in etwas anderem zu haben, nicht aber dies zu begründen pflegen». (*Philosophische Brosamen,* Kap. IV, Beilage: Anwendung, S. 104.)

Freilich, könnten tatsächlich «die Konsequenzen», könnte zum Beispiel die Kirchengeschichte die Wahrheit eines geschichtlichen Ereignisses, etwa die Göttlichkeit der Botschaft Jesu, beweisen, so brächte das auf der Stelle die enorme «Erleichterung» mit sich, daß das Unerhörte, das in die Geschichte einging, *naturalisiert* übergeben werden könnte. Für die «Größe» der «Konsequenz» des Auftretens Jesu würde dann gelten, daß wir inzwischen *alle* Christen sind – schon mit vier Wochen schließlich sind wir «christlich» getauft und dadurch von der «Sünde» «erlöst» worden, und sogar der Staat wacht, zumindest in Deutschland, inzwischen darüber, daß ein Kind «christlich» erzogen und unterrichtet werde. Da sind denn, zweifellos mit Gottes Segen, die Umstände so erfolgreich «christianisiert» worden, daß es genügt, in diese Umstände hineingeboren zu sein, um als ein rechter Christ zu gelten: man glaube nur an die Kirche, man sei nur ein getreues traditionsbewußtes Kirchenmitglied, man sei darüber hinaus auch noch ein guter Staatsbürger – und die Christlichkeit ist erwiesen, die ewige Seligkeit garantiert.

Es ist genau an dieser Stelle, daß der *Protest* KIERKEGAARDS einsetzt: «nimmt man an», fragt er provozierend, «daß von christlichen Eltern ohne weiteres christliche Kinder geboren werden? Das Christentum nimmt es wenigstens nicht an; es nimmt im Gegenteil an, daß von christlichen Eltern genauso wie im Heidentum sündige Kinder geboren werden.» (*Nachschrift*, 2. Teil, 2. Abschnitt, 3. Kap., § 3, S. 512.) Worum es geht, markiert im Grunde den Unterschied zwischen Tierheit und Menschheit: «In der Tierwelt», meint KIERKEGAARD, «verhält sich das einzelne Tier unmittelbar als Exemplar zur Art... Wird zum Beispiel eine Schafrasse veredelt, so werden nun veredelte Schafe geboren, weil das Exemplar bloß die Art ausdrückt. Doch wohl anders, wo ein Individuum, das als Geist bestimmt ist, sich zur Generation verhält...; das geistig entwickelte Individuum nimmt im Tode seine Entwicklung mit sich; soll ein späteres Individuum sie erlangen, so muß das durch seine Selbstwirksamkeit geschehen» (512–513).

Die geistige «Selbstwirksamkeit» besteht darin, nicht ein fremdes Vorbild nachzubeten oder anzubeten, sondern aus dem gleichen Impuls heraus zu leben wie dieses. Eben das meinte KIERKEGAARD mit *«Gleichzeitigkeit»:* In historischem Sinne mag jemand ein «Gleichzeitiger» sein und ist doch unendlich getrennt von der Gegenwart des Außerordentlichen; – alle Pharisäer und Hohenpriester in den Tagen Jesu bieten ein warnendes Beispiel dafür, wie wenig es genügen kann, rein äußerlich zeitgleich mit jemandem zu sein! In existentiellem Sinne ein Gleichzeitiger zu werden – das bedeutet, daß die Differenz der Zeit dahinfällt, indem das gleiche Anliegen und dieselbe Evidenz der Überzeugung sich als ein gemeinsames verbindliches Motiv des Lebens zu erkennen geben.

Eben darin liegt nun der doppelte Unterschied: Die *historische* Betrachtung fragt nach dem Vergangenen und versucht, es in einem unendlichen Prozeß annäherungsweiser Erkenntnisse zu rekonstruieren; der *existentiellen* Betrachtung aber geht es nicht darum zu wissen, was geschah, sondern darum, wie es möglich ist, daß das, was geschah, in Freiheit gesetzt wurde: – was war das Motiv, aus dem heraus derjenige handelte, der im Glauben als der absolute Grund des eigenen Lebens betrachtet werden soll? Die *Kirchentheorie* fragt nach den Folgen des Geschehenen für die Menge der «Gläubigen»; *existentiell* aber geht es nicht um die Frage, wie die Sache Jesu weiterging, für das Leben ist es entscheidend zu sehen, wie sie *anfing*.

Der Vorwurf, den KIERKEGAARD später der offiziellen, beamteten Christenheit der Pfarrer und Staatskirchendiener immer wieder machen wird, mußte deshalb lauten, daß sie die Entscheidung der Menge an die Stelle des Einzelnen setzt und dadurch die Situation verfehlt, in der Jesus (und mit ihm alle Propheten) gestanden haben: sie waren *allein* gegenüber der Menge. Zudem besteht die Frömmigkeit der Pfarrer darauf, die Geschichte Jesu mit feierlicher Miene stets von ihrem immer schon bekannten Ausgang her zu erzählen; damit aber wird notwendigerweise verhindert, daß diese Geschichte jemals in Wirklichkeit anfängt, denn eben: *anzufangen* – das bedeutet gerade *nicht* zu wissen, wie die Sache ausgehen wird. Dafür aber kann man wissen, wie diese Art von «Christentum» «ausgeht», wenn sie erst einmal so anfängt: Am Ende wird die Kunst, «Mann, Vater und Schützenkönig» zu werden, allen Ernstes schon identisch mit dem «alles erlösenden» Vorbild Jesu! (*Nachschrift*, 2. Teil, 2. Abschnitt, Kap. IV, Sectio II, S. 558.) Ja, es wird nicht einmal mehr jemanden geben, der darüber lacht!

Die entscheidende Einsicht, zu der KIERKEGAARD bei der Auslegung des Christentums gelangte, besteht gerade darin, daß es nur *eine* Dimension der Zeit geben kann, die religiös relevant ist: das ist *der Augenblick*. Jesus lebte ihn, indem er «die Doppelbewegungen des Unendlichen im Endlichen» vollzog (*Furcht und Zittern*, S. 43–47; Problemata. Vorläufige Expectoration); der Einzelne kann und muß ihn leben, indem er sich nach dem Vorbilde Jesu in diesen Schnittpunkt von Endlichkeit und Unendlichkeit hineinstellt. Die Struktur der Existenz selber ist für KIERKEGAARD, wenn man so will, «christologisch» bestimmt; anders wäre es unmöglich, jemals ein Christ zu sein.

Doch nun: Warum soll überhaupt eine solche Aufregung um das Beispiel Jesu gemachte werden? – Das ist seit langem die Frage des aufgeklärten Bewußtseins! Mag es auch sein, daß sich aus der Art der Lebensführung des Mannes aus Nazareth eine bestimmte, in gewissem Sinne sogar eine neue Form der Lebenseinstellung ergibt oder ergeben könnte, so bleibt die Frage doch weiter bestehen, was denn uns eigentlich glauben machen soll, daß ausgerechnet das Leben eines derart «Gescheiterten» wie des Mannes aus Nazareth eine göttliche Wahrheit und unbedingte Verbindlichkeit in sich trage. Ist nicht womöglich gerade das Leben Jesu ein einziger großer Irrtum, eine maßlose Illusion, eine philanthropische Selbsttäuschung gewesen? Was sagt uns, daß gerade *er* die «Rettung» der «Welt» sei?

An dieser Stelle dachte KIERKEGAARD, der sonst so reflektierende, der psychologisch so meisterliche Autor, merkwürdig positivistisch, ja, in gewissem Sinne fundamentalistisch. Es galt ihm für eine gegebene, von Gott ein für allemal gesetzte Tatsache, daß in Jesus von Nazareth das Absolute (Gott selber) in die Welt des Relativen eingetreten («Mensch geworden») sei, und so ging es ihm nur noch um die Frage, unter welchen Voraussetzungen es möglich sei, diesen alles entscheidenden, an sich völlig unbegreifbaren Augenblick in das eigene Leben aufzunehmen (daran zu «glauben»); seine Antwort lautete, daß es weder im Sinne der spekulativen Philosophie HEGELS möglich sei, die Erscheinung des Ewigen in der Zeit «logisch» zu begründen, noch sich nach Professorenart in ein gelehrtes historisches Verhältnis dazu zu setzen; was, christlich betrachtet, als Haltung des «Glaubens» verbleibt, ist, wie gesagt, einzig eben jene Nachbildung der *Einheit* von Zeitlichkeit und Ewigkeit, als welche existentiell sich *der Augenblick* setzt.

Was aber, muß man jetzt weiter fragen, wird aus dieser Einheit des Augenblicks, wenn die Vorstellung von der «Menschwerdung Gottes» eine bloß *mythische* Idee ist, deren Wirklichkeit nicht auf der Ebene der Zeitereignisse liegt, sondern deren Wahrheit die *Deutung* geschichtlicher Ereignisse betrifft? Oft genug haben wir betont, daß es gerade so sich verhält; was aber bedeutet diese Tatsache nun für die Bestimmung des «Augenblicks»?

KIERKEGAARD, wie gesagt, hat dieses Problem im Grunde sich nicht gestellt. Vollkommen richtig sah er das prinzipiell Unzureichende vor sich, das die «historisch-kritische Exegese» mit sich bringen würde – schon ein Jahrhundert *bevor* diese Auslegungsmethode der Bibel zur Standardausrüstung jedes Theologiestudenten auf dem Weg zum kirchlich und staatlich angestellten Pastor zählen würde, suchte der dänische Religionsphilosoph die wesentlich *religiöse* Fragestellung *der* Bibel und *an* die Bibel zurückzugewinnen: die entscheidende und entschiedene *Entsprechung* zwischen dem *Augenblick* im Leben des «Erlösers» und im Leben des «Erlösten»: Nur wer den *Augenblick* ergreift, lebt nach der Art des «Vorbildes». So weit, so wahr. Was aber, wenn sogar die Wertschätzung Jesu als des «Gottmenschen», ja, wenn selbst bereits die Vorstellung von der Existenz eines «Gottmenschen» auf einer Bedeutungsverleihung des Subjektes beruht, wenn also das Subjektive die Wahrheit nicht erst im Vollzug der *Aneignung* realisiert, wie KIERKEGAARD meinte, sondern wenn es die Wahrheit in einem Akt der *Setzung* allererst stiftet?

Das war das Problem, das theologiegeschichtlich DAVID FRIEDRICH STRAUSS mit seinem Werk über *Das Leben Jesu* (1835/36) aufwarf und das in den Schriften KIERKEGAARDS durchaus keine Auflösung mehr findet. Gerade in historischer Absicht sah D. F. STRAUSS völlig richtig, daß die alte Apologetik der Vätertheologie des zweiten nachchristlichen Jahrhunderts nicht länger Bestand haben könne, wonach die «heidnischen» Religionen das Göttliche in *Mythen* vorgestellt hätten, während im Christentum Gott die Sehnsucht der Völker geschichtliche Wirklichkeit hätte werden lassen: – was bei den «Heiden» nur Wunsch und Phantasie gewesen, das eben sei «wahr» geworden in «Christus», denn dort habe es sich «historisch wirklich» «ereignet». D.F. STRAUSS war der erste, der mit historischen Mitteln erkannte oder zumindest es offen auszusprechen wagte, daß die «Christologie» des Neuen Testamentes, seine Wundergeschichten und Legenden, von der Geburt Jesu beginnend bis hin zu seiner Himmelfahrt, nichts weniger als historische Informationen enthält, sondern: – selber ein Mythos ist! Auf dem Boden des Neuen Testamentes hat man die uralten mythischen Vorstellungen einfach auf die Person des historischen Jesus übertragen, und erst so konnte er zum «Christus», zum «König», zum «Gottessohn» werden, unter Einschluß all der phantastischen Erzählungen, die sich um Gottessöhne seit alters her zu ranken pflegen. Stets hat man von seiten der kirchlichen Theologie Gedanken, wie D. F. STRAUSS sie äußerte, mit allen Mitteln bekämpft – so erfolgreich, daß es 150 Jahre danach nur wenige gibt, die das Buch je gelesen haben; man sah das Christentum, wie es sich 1800 Jahre lang theologisch begründet und formuliert hatte, im Kern getroffen, wenn eine solche Ansicht zutreffen sollte; sie *durfte* nicht wahr sein! Tatsächlich aber hilft kein Leugnen – sie *ist* wahr, und so bleibt auch uns an dieser Stelle nichts anderes übrig, als sie ehrlich und konstruktiv aufzugreifen. Merkwürdigerweise ist es dabei allerdings wiederum gerade die KIERKEGAARDsche Definition des *Augenblicks*, die uns entscheidend weiterhelfen kann.

Schon in *Tiefenpsychologie und Exegese* (1. Bd., 250–374), aber auch in *Glauben in Freiheit* (1. Bd., 281–292; 293–303) haben wir zu zeigen versucht, daß *die menschliche Verbreitung* bestimmter religiöser Vorstellungen einen deutlichen Hinweis auf gewisse psychische Gegebenheiten darstellt. So wie im Sinne KANTS die Schemata der Sinnlichkeit und die Kategorien des Verstandes nicht aus der empirischen Wahrnehmung stammen, sondern diese allererst ermöglichen, so gibt es offenbar im Menschen eine Reihe religiöser Anschauungen, die sich nicht aus der Historie ableiten, sondern die der Historie überhaupt erst eine religiöse Bedeutung verleihen und sie als wirkliche Gottesgeschichte erzählbar machen. Ansätze der Tiefenpsychologie C. G. JUNGS verbinden sich hier mit Einsichten der Verhaltensforschung und darüber hinaus, wie wir sehen, der Paläoanthropologie. Man muß diese Feststellung jetzt nur mit der Auffassung KIERKEGAARDS verbinden.

Der Augenblick, lehrte KIERKEGAARD, sei der Schnittpunkt von Zeit und Ewigkeit, doch führte er, bei genauer Betrachtung, diese seine Meinung eigentlich nur zur Hälfte aus: Auf der Seite eines «Gottmenschen» ist eine Verbindung von Zeit und Ewigkeit apriori gegeben, doch auf der Seite eines Menschen? Der Mensch braucht die «Ewigkeit», um im Zeitenfluß überhaupt einen Standpunkt zu einer eigenen Entscheidung zu finden, doch findet seine Entscheidung selber nur in der Zeit statt; das Göttliche «an sich» wird ihm selbst nicht zum Erlebnis; es gibt in der «Theologie» KIERKEGAARDS keine Bilder, es gibt nichts Vorgängiges, das den Menschen mit dem Göttlichen verbinden könnte; das einzige, was im Sinne KIERKEGAARDS den Menschen mit Gott verbindet, ist, wenn es so steht, die Entscheidung im Augenblick selber, doch existiert bei dem dänischen Religionsphilosophen keine Anthropologie, in welcher jenseits der Dynamik von Angst und Verzweiflung die Voraussetzungen dazu enthalten wären. Natürlich hat KIERKEGAARD dabei recht: Die Geschichte des Menschen beweist als solche für Gott rein gar nichts, eher schon widerlegt sie bereits die Idee auch nur eines gütigen Gottes; doch eben deshalb ist die Geschichte an sich das Ungöttliche selbst – niemals erzählt sie sich als Gottesgeschichte! Wie aber, wenn es im Menschen aus dem Erbe seiner eigenen Entstehungsgeschichte Vorstellungen zur Gestaltung und Deutung der menschlichen Geschichte gibt, die unvergleichlich viel *älter* sind als all das, was wir Geschichte nennen? So meinte es C. G. JUNG mit seiner Lehre von den *«Archetypen»:* sie bilden nach ihm den Niederschlag aus so unvordenklichen Zeiten der Entstehung des Menschen und des menschlichen Bewußtseins auf dieser Erde, daß, gemessen an ihnen, alle geschichtliche Erfahrung nur ein winziges Moment der Zeit enthält, während sie selber als die höchste überhaupt nur mögliche Annäherung an die Vorstellung des «Ewigen» und mithin an die Äußerung des Göttlichen erscheinen.

Es tritt, wenn das zutrifft, zur Definition eines religiös relevanten Augenblickes somit noch eine weitere Bestimmung hinzu: er ist, müssen wir jetzt, über KIERKEGAARD hinaus, sagen, nicht nur ein Schnittpunkt von Zeit und Ewigkeit, der als Ermöglichungsgrund aller Entscheidungsinhalte selbst ganz und gar bar jeglichen Inhaltes wäre – nur ein einziges Mal, ausnahmsweise, hätte Gott (in Jesus von Nazareth beziehungsweise in der Bibel) bestimmte «Inhalte» aus dem Bereich des «Ewigen» in die Geschichte gesetzt –, vielmehr bringen wir Menschen, wie wir jetzt sehen, jederzeit bestimmte Vorstellungen und Deutungsbereitschaften an die geschehende Geschichte mit, und wann immer etwas geschieht, das diese Vorstellungsmuster zur Gestaltung und Deutung aktiviert, verschmelzen in unserem Erleben «Ewigkeit» und Zeit miteinander. Da tritt etwas Göttliches in der sonst so profanen Geschichte in Erscheinung; da «offenbart» sich uns Gott. Er tut es, wohlgemerkt, nicht, indem er stupende «Tatsachen» in die Zeit und in den Raum setzt, er tut es, *in religionspsychologischer Deutung,* indem aufgrund bestimmter geschichtlicher Gegebenheiten die entsprechenden Handlungs- und Deutungsmuster in der Psyche des Menschen wachgerufen werden.

Ein Ereignis gilt mithin dann für «göttlich» beziehungsweise für eine «Offenbarung» Gottes, wenn sich auf der Erlebnisseite des Menschen eine geschichtlich bedingte Situation mit einem archetypisch vorgeprägten Deutungsmuster verbindet. Die «Offenbarung» des Göttlichen setzt in diesem Sinne keinen spektakulären «geschichtlichen Eingriff» von außen voraus; es genügt vielmehr anzunehmen, daß die «Samenkörner» der religiösen Erfahrung längst ausgesät in der Seele des Menschen schlummerten, ehe sie nun, zur rechten Zeit des beginnenden Frühlings, sich aus der Erde hervortrauen. Wann immer tiefe Sehnsüchte von Menschen erfüllt oder starke Ängste besänftigt werden, ist damit zu rechnen, daß die bereitliegenden Urszenen der Vorstellung bestärkend und bestätigend die entsprechenden geschichtlichen Erfahrungen begleiten und damit erst auf ihr eigentlich religiöses, das heißt in diesem Falle: auf ihr *mythisches* Niveau anheben. Erst eine Geschichte, die das Zeug hat, zum Mythos zu reifen, ist für die Religion der Menschheit belangvoll. Schon zu sagen: «Gott hat unser Beten erhört», oder: «Er hat unser Werk gesegnet», oder: «Er hat uns Sieg verliehen», bildet in diesem Sinne den unvermeidlichen Nachhall einer mythischen Denk- und Sprechweise. (Vgl. KARL KERÉNYI: *Der Mythos des Glaubens,* in: Antike Religion, 260–273.)

Gegenüber der KIERKEGAARDschen Bestimmung des Augenblicks ergibt sich damit psychologisch ein wichtiger Unterschied: Das außerordentlich Schroffe seines vor allem in den späteren Schriften immer stärker zutage tretenden Entscheidungsrigorismus wird gemildert, ja, überhaupt erst erträglich, wenn wir sehen, daß «Gottes» «Offenbarung» nicht etwas ist, das reinweg *von außen,* ohne jegliche Vorbereitung noch Voraussetzung, an den Menschen herantritt, sondern das ein Geschehen darstellt, bei dem bestimmte Fähigkeiten und Möglichkeiten freigesetzt werden, die zutiefst in der Seele des Menschen angelegt sind.

Stets hat KIERKEGAARD den *Unterschied* zwischen dem «Sokratischen» und dem «Christlichen» hervorzuheben gesucht und diesen Unterschied eben darin gesehen, daß im «Glauben» dem Menschen etwas bewußt werde, das er von sich selbst her durchaus sich nicht zu sagen vermöge; dieser Unterschied bleibt völlig bestehen, denn wir sahen: das Christentum beantwortet nicht irgendein Problem der Erkenntnis von Welt und Geschichte, seine «Wahrheit» ist durchaus nicht intellektueller Art; das Christentum ist einzig «wahr» darin, daß es auf die Angst, die zum Wesen der menschlichen Freiheit gehört, mit einer unendlichen Liebe zu antworten versucht; *das* gerade ist es, was wir von KIERKEGAARD gelernt haben. Dann aber müssen wir, damit von «Erlösung» und «Menschwerdung» wirklich die Rede sein kann, nicht länger betonen, wie sehr das Auftreten Jesu dem Gebaren des Menschen – *im Getto der Angst!* – notwendigerweise *widerspricht,* wir müssen vor allem aufzeigen, welche Kräfte im Menschen sich zu regen beginnen, sobald er die Liebe zu glauben beginnt. Endlich werden seine geheimen Sehnsüchte und Träume buchstäblich «wahr» – endlich realisiert sich, was er insgeheim stets sich erhoffte. Durch das, was da theologisch «Offenbarung» genannt wird, werden nicht fremde, an und für sich unerkennbare, weil unerhörte Tatsachen geschaffen oder Tatsachenbehauptungen über gewisse Ereignisse in Raum und Zeit an den Menschen herangetragen, die er fortan für «wahr» «glauben» müßte, vielmehr tritt das menschliche Dasein selber endlich in seine Wahrheit und wird sich durchsichtig bis auf den Grund; *die Liebe,* die es dann glaubt, stellt es sich, wie wir sahen, *unvermeidbar* als göttlich, das heißt: als eine göttliche, liebende, «väterliche» oder «mütterliche» «Person» vor, so wie sie Jesus verkündete.

Insofern gilt es, nach dieser Einschränkung, erneut von KIERKEGAARD zu lernen. In der *«Unwissenschaftlichen Nachschrift»* konnte KIERKEGAARD durchaus G. E. LESSING dafür danken, daß er die Wahrheit der Religion nicht in das Historische, sondern einzig in die Liebe, mithin in das Verhältnis der Existenz gesetzt habe; dann aber ist es in der Tat «nur noch» nötig zu sagen, daß die Liebe sich niemals selber begründet, sie ist stets die Antwort auf ein Geliebtsein, das ihr vorausgeht; dem Geliebt-werden-Können hinwiederum geht stets die Sehnsucht nach Liebe voraus, und alle Bilder des Religiösen sind im wesentlichen eine menschheitliche Poesie der Suche nach einer solchen absoluten Liebe. Auch das Bild von dem «Gottmenschen», der auf die Erde kommt, ja, der in die Hölle hinab steigt, um durch seinen Tod die Verdammten zu erlösen, und der dann wieder zum Himmel auffährt, um dort die Wohnung für seine Geliebte(n) zu bereiten (Joh 14,3), folgt in den Grundzügen dieser Sprache der Sehnsucht nach Liebe, wie sie sich auf dem Wege der Menschwerdung geformt hat, inmitten einer Welt radikaler Lieblosigkeit.

Was eigentlich hat Jesus, so besehen, anderes getan, als den kühnsten Traum der Propheten seines Volkes: ein «Reich Gottes» sei möglich, nicht länger für eine ferne Vision zu nehmen, sondern zu verkünden: «Das Himmelreich hat sich genaht» (= es ist da!) (Mk 1,15)? Nicht länger «zuzuwarten» (ein echtes Theologenwort!), sondern *«heute», jetzt, «sogleich»* alles zu entscheiden, wie die Lieblingsworte vor allem des *Lukas*- und des *Markus*-Evangeliums lauten, entsprach der Einstellung Jesu; *darin* und in nichts anderem lag der Kern seiner Botschaft; *das* war der ganze «Inhalt» seiner «Offenbarung»; und die einzige Form des «Glaubens», die seinem Anliegen entspricht, bezieht sich nicht auf ein «Für-wahr-Halten» sonderlicher «Heilstaten» und göttlicher «Wunderwerke», sondern einzig und allein darauf, mit der gleichen Unruhe und Ungeduld, die der Mann aus Nazareth an den Tag legte, *im Augenblick jetzt* das «Reich Gottes», die Wirklichkeit der Liebe, zu leben.

Insofern ist alle Religiosität, wenn sie wahr sein will, ein Leben im Augenblick. «Sorget euch nicht um den morgigen Tag» (Mt 6,34) – was sagt dieser Satz Jesu anderes, als im Vertrauen auf Gott in die Gegenwart heute zu finden? Wo eine solch ruhige Gelassenheit im Augenblick heute gelebt wird, dort ist für den, der so fühlt, das «Reich Gottes» Gegenwart. Noch sein Bäumchen zu pflanzen, selbst wenn um die Ecke der Tod droht oder das Ende der Welt anzubrechen scheint – diese MARTIN LUTHER zugeschriebene Haltung ist der sicherste Ausdruck eines «Glaubens», der stimmig die Einheit des Menschen mit sich selber stützt und bestätigt. Von FRANZ VON SALES (1567–1622) erzählt man, er habe auf die Frage, was er tun werde, wenn er in zwei Stunden sterben müsse, zur Antwort gegeben, er werde weiter überlegen, was es bei dieser Stellung im Schachspiel mit dem weißen Läufer auf dem rechten Flügel auf sich habe. Offenbar verrät das dieselbe Einstellung, die wir früher als eine Art Tapferkeit, sich selbst gegenüber der Zumutung der Welt als Mensch zu bewahren, für *stoisch* rühmten; *jetzt* lernen wir, sie als ein erfülltes Glück des Glaubens in einer stehenden Welle des Augenblicks zu begreifen.

Ist es da ein Wunder, daß wir Vergleichbares auch in den anderen Religionen finden? Man schaue nur die unzähligen Statuen und Gemälde des *Buddha,* oder man lerne es, besser noch, selber in entsprechenden Meditationskursen, wie der «Erhabene» zu sitzen: einfach zu ruhen, alle Gedanken fahrenzulassen, sich in sich selbst zu versenken. Die christliche Theologie hat darin mit Vorliebe eine Art von «Selbsterlösung» zu erkennen gemeint; in Wahrheit aber handelt es sich lediglich um eine Frömmigkeitshaltung, zu der sie selber in dieser Tiefe nicht gefunden, ja, die sie sogar als ein Zeichen der Gottlosigkeit zu bekämpfen versucht hat.

Die ganze Zeit über haben wir uns bemüht, ein Problem zu lösen, das die christliche Theologie zwar immer wieder gestellt, doch niemals wirklich zu beantworten vermocht hat: wie es möglich sei, die Menschlichkeit des Gottesbildes mit der Unmenschlichkeit der «Schöpfung» zu vereinbaren. Wie wir sahen, ist diese Frage notwendigerweise unbeantwortbar, solange wir das Urteil des Verstandes in Geltung lassen; – *der Verstand* ist es, der vor allem in Gestalt der modernen Naturwissenschaften ein Bild der Weltwirklichkeit zeichnet, das sich mit den religiösen Erwartungen von einem «mitfühlenden», «gütigen» Gott durchaus nicht vereinbaren läßt. Unsere Folgerung aus dieser Tatsache, die sich allein schon bei der Frage nach der Herkunft des Menschen auf dem Planeten Erde deutlich genug gezeigt hat, bestand darin, die Wurzeln der Religion nicht länger in der Logik des Verstandes zu suchen, sondern in dem, was KANT als *«Vernunft»* bezeichnete; und so kamen wir zu der *Leere* als dem Ausblenden der Welt des Verstandes, zu der *Liebe* als einer Haltung der Selbstbegründung der Menschlichkeit im Absoluten, und eben jetzt: zu dem *Dasein im Augenblick* als der Abwesenheit des Zwangs der Vergangenheit und des Schauderns vor der Zukunft. Was jedoch in der Tradition «christlicher» Theologie sich so außerordentlich schwierig ausnimmt: auf den Verstand zu *verzichten,* das gehört für die asiatische Frömmigkeit zu den selbstverständlichen Grundübungen der Religion überhaupt.

Paradoxerweise kann deshalb wirklich nur eine «buddhistische» Einstellung jenes Problem lösen, das die «christliche» Theologie als «Wissenschaft» sich selber geschaffen hat. Läßt man *den Verstand* an die Bibel heran, beginnt er sogleich die *Vergangenheit* «historisch-kritisch» zu erforschen, mit dem bekannten Resultat einer vollständigen religiösen Verödung. Läßt man den Verstand an die Gottesfrage heran, entwirft er einen allwissenden, das heißt: alle *Zukunft* planenden und gestaltenden Gott, doch dieser Gott, wie gesagt, wird durch den Fortschritt der Naturwissenschaften im 19. und 20. Jahrhundert notwendig widerlegt; – auf die Bemühungen, das *nicht*-NEWTONsche Weltbild heutiger Physik mit den Grundfragen der Theologie in Beziehung zu setzen, werden wir im 2. Teil dieser Arbeit noch zu sprechen kommen. Doch nun gibt es die Stille des BUDDHA! Ihm geht es nicht um Vergangenheit noch um Zukunft, er hat es nicht zu tun mit Erkennen noch mit Planen, er ist einfach da; nichts ist da mehr von dem angestrengt «demütigen» Hinknien und händeringenden Flehen der

Gebetshaltung besonders der Gläubigen in der römischen Kirche beim Besprechen der Zukunft, nichts von dem reumütigen Sich-an-die-Brust-Klopfen und Schuldeingestehen im Umgang mit der Vergangenheit. Hier ist ein Mensch einfach gesammelt bei sich selbst! Und diese Einfachheit des Daseins im Augenblick, *jenseits* der Aktivitäten des Verstandes, ist es, die uns jetzt, neben der Leere und der Liebe, die dritte entscheidende Kategorie des Religiösen zur Verfügung stellt.

Es gibt ein sehr sprechendes Bild dieser Frömmigkeit des Augenblicks, das ebenfalls den Religionen gemeinsam zu sein scheint, das ist die «Verkündigung» des einfachen Zeigens. Die Domäne der «christlichen» Verkündigung ist das «Wort», gebunden zumeist an das reflektierende «Wort» der Theologie, das jeder dichterischen Sprache abhold, ja, hinderlich ist. Von dem BUDDHA indes wird berichtet, er habe, obwohl selber ein Meister der dichterischen Rede, sich eines Nachmittags jedes Wortes der Unterweisung enthalten und nur eine Blume den Jüngern gezeigt. KARL KERÉNYI (*Das göttliche Mädchen,* 9. Kap.: Die eleusinische Paradoxie, 77–82) hat darauf hingewiesen, daß diese Gebärde ihre Parallele findet im Ritus der Mysterienkulte des griechischen Eleusis: eine geschnittene Ähre wurde dort stumm auf dem Höhepunkt der Feiern der Sterblichkeit und der Unsterblichkeit des menschlichen Daseins den «Eingeweihten» gezeigt. Es ist das nämliche Bild, wenn der Priester während einer römischen Meßfeier den Teilnehmern das Brot der Verwandlung zeigt, indem er es über dem Kelch hält – ein Symbol, das seinerseits wieder der altägyptischen Chiffre des *Apisstieres* entspricht, der die Sonnenscheibe über dem Kuhgehörn (der Mondsichel) trägt. (GREGOIRE KOLPAKTCHY: *Das Ägyptische Totenbuch,* 32.) Doch wo in der Christenheit existierte eine Stille, die fähig wäre, solche Szenen des Augenblicks als Bilder der Ewigkeit in sich aufzunehmen?

6. «... und die, so dich finden, binden dich an Bild und Gebärde» oder: Anmerkungen zur «christlichen» Lehre von der «Dreifaltigkeit» Gottes

«Alle, welche dich suchen, versuchen dich», schrieb Rainer Maria Rilke im *Stundenbuch* (Von der Pilgerschaft, Werke, I 319) über das Bemühen der Theologen, wissen zu wollen, wer Gott sei, ja, die Theologie gar als eine «Wissenschaft» auf das Gottergrübeln zu gründen. Die «Leere», die «Liebe» und der «Augenblick» stellen erkennbar *keine* «objektiven» Eigenschaften der Gottheit dar, – nicht einmal die Liebe, obwohl gerade sie in der Bibel (1 Joh 4,16) mit Gott nahezu identisch gesetzt wird. Wovon *wir* sprechen, sind lediglich Erfahrungsweisen des Göttlichen, «Orte» der Existenz, die das «Dasein» von Göttlichem als «gegeben» erscheinen lassen. All diese Erfahrungen sind so sehr mit dem menschlichen Bewußtsein verknüpft, daß sie nur Sinn machen innerhalb der evolutiv vorgegebenen Strukturbedingungen dieses Bewußtseins auf gerade dem Niveau, bis zu dem die Evolution mit uns Menschen gegenwärtig gelangt ist; dieser «Bewußtseinszustand» kann, wie gesagt, noch viele Jahrtausende währen, – «ewig» und «endgültig» ist er, trotz aller herkömmlichen Theologenauskunft, ganz sicher nicht: Selbst wenn heute nachmittag noch ein Meteoreinschlag, ähnlich dem am Ende der Kreidezeit vor ca. 63 Millionen Jahren, allem menschlichen Leben ein Ende bereiten sollte, könnte man von unserem derzeitigen Bewußtseinszustand nicht als einem «endgültigen» sprechen; selbst wenn alle Welt heute «christlich» wäre und das Christentum (in seiner jetzigen Form!) die Religion der gesamten Menschheit bilden würde, so bedeutete ihr plötzliches Ende immer noch nichts «Endgültiges», es bedeutete lediglich, daß sich darin die zeitlich letzten Anschauungen widergespiegelt hätten, zu denen die Menschheit gelangt wäre; keinesfalls ginge, wie das christliche Dogma es möchte, daraus hervor, daß da eine Gottheit wäre, die sich in just dieser Religionsform «unüberbietbar» mitgeteilt hätte und mehr von sich nicht zu «sagen» wüßte.

Jeder weitere Fortschritt der Evolution, so viel steht fest, würde das *Bild* noch einmal ändern, das wir Menschen uns von der «letzten Wirklichkeit», die uns als Menschen leben läßt, derzeit machen.

Von etwas anderem als von *Bildern*, mit denen wir unsere Erfahrungen im

Raum der Leere, der Liebe und des Augenblicks *deuten,* werden wir deshalb niemals sprechen können und sollten wir deshalb auch nicht sprechen.

Selbst wer, wie GÜNTHER ALTNER (*... den Schöpfer des Himmels und der Erde,* in: Bekenntnis und Zeitgeist, 56–67), einen Gott glaubt, der schon aufgrund der offenkundigen Tatsache der Evolution der Welt und dementsprechend auch aufgrund der Evolution der Gottesvorstellungen in den Religionen der Menschheit *sich selber* entwickle, einen *werdenden* Gott also, der *mit* und *in* seiner Schöpfung als Schöpfer selber sich vollziehe, sagt *mehr* aus, als er wissen kann, oder auch *weniger,* als er wissen muß: Er identifiziert Gott mit den *Bildern,* die wir Menschen uns auf der Suche nach einer Selbstbegründung unserer Menschlichkeit machen, und er provoziert sogleich einen wichtigen Einwand: Das *Bild* von dem Gott der Liebe vor allem *verlangt* geradezu, daß der als liebend geglaubte Gott sich *in seiner Liebe* nicht ändere, daß er *darin* er selbst bleibe, auf wie vielen Wegen des Widerspruchs er sein irrendes «Geschöpf» auch begleiten möge ...

Eine Theologie, welche die erkenntnistheoretische Wende der Philosophie I. KANTS ebenso in sich integrieren will wie das evolutive Denken der Naturwissenschaften schon des ausgehenden neunzehnten und erst recht dann des zwanzigsten Jahrhunderts, kommt nicht umhin, jedes Sprechen *von Gott her* im Rahmen eines vermeintlichen Offenbarungswissens als Verstiegenheit und Vermessenheit abzulehnen; – selbst der Gedanke einer «Offenbarung» «Gottes» ist eine menschliche Vorstellung, die an ein bestimmtes Gottes*bild* gebunden bleibt, das seinerseits wieder einer eigenen geschichtlichen Begründung bedarf, um sich, wenigstens für eine kurze Zeit der menschlichen Geschichte, als «wahr» im Sinne von «begrenzt zur Deutung des menschlichen Daseins tauglich» zu erweisen.

Daß es sich so und nicht anders verhält, läßt sich erneut, paradoxerweise, in einer vorläufigen Zusammenfassung unseres bisherigen Weges an gerade demjenigen Gottesbild zeigen, das in der «christlichen» Theologie die größte Rolle spielt: an dem «Dogma» der heiligen *Dreifaltigkeit.* Keine theologische Lehre hat das Christentum *weiter* vom *Judentum* getrennt und bis heute so sehr jedes verständige Gespräch vor allem mit dem *Islam* verhindert wie die theologischen Debatten um die Mysterien der Trinität. Seit fast 1000 Jahren ist die Christenheit selber zwischen den Kirchen des Ostens und den Kirchen des Westens *gespalten* allein schon durch die unterschiedliche Auffassung über den «Hervorgang» der «dritten» «Person» der «dreifaltigen» Gottheit: – geht sie als heiliger Geist nun aus «vom Vater *und* vom Sohne» oder «vom Vater *durch* den Sohn» ... Was also ist es mit dieser Lehre?

Die Vorstellung herrscht vor allem, daß das Christentum speziell in der Frage der göttlichen Trinität über eine besondere «Offenbarung» Gottes verfüge, im Verhältnis zu der all die Götterdreiheiten der «Heiden» erneut nichts weiter seien als mythologische Phantastereien, wohingegen, natürlich, die Lehren des Christentums sich rühmen dürften, dem göttlichen Denken und Wesen selbst zu entstammen. Schon daß eine jede Religion, unreflektiert, von sich ein Gleiches behauptet, sollte zu der Einsicht nötigen, daß gerade die Idee einer göttlichen Dreifaltigkeit, die sich im Neuen Testament, wenn auch, man muß sagen, begrifflich noch nicht in aller wünschenswerten Klarheit, dem Menschen in der zweiten ihrer drei Personen zu erkennen gegeben habe, selbst eine mythische Vorstellung bildet, die das Christentum von den «heidnischen» Religionen nicht eigentlich trennt, sondern mit ihnen verbindet. Dann aber darf die Frage nicht länger mehr lauten: «Wie rechtfertigt man ideologisch die überkommene Wahrheitsbehauptung der christlichen Kirchen apologetisch noch raffinierter», sie muß ganz einfach lauten: «Welche *Erfahrungen* stehen hinter den entsprechenden Bildern von Gott als dem ‹Vater›, dem ‹Sohn› und dem ‹heiligen Geist›?» Die Lehre von der «Trinität» ist zu lesen nicht als «unüberbietbare» «Selbstmitteilung» der «alles Erkennen übersteigenden» «Wahrheit» Gottes, sie ist zu verstehen als die Einheit grundverschiedener, doch zum gleichen Ziel führender Zugangswege zum Göttlichen. Die drei Erfahrungsräume der *Leere,* der *Liebe* und des *Augenblicks* sind, wie wir abschließend zeigen möchten, *identisch* mit den *Chiffren* der «trinitarischen Bekenntnisformeln».

a) Religion als Anpassung an die Wirklichkeit oder: Biologische Grundlagen des Glaubens

Es ist an der Zeit, Bilanz zu ziehen über das, was wir bislang gewonnen haben. «Gibt es nun Gott oder nicht?» Das ist die Fragestellung, die unmittelbar und unreflektiert sich an die Theologie richtet. Unsere Antwort darauf lautete bisher mit D. BONHOEFFER, daß es den Gott nicht gibt, «den es gibt»; statt dessen haben wir zu zeigen versucht, daß gerade das *Negativ*ergebnis all der bisherigen Lösungsvorschläge des Theodizeeproblems, konfrontiert man sie auch nur mit den Fragen der Menschwerdung, nach einer Neubegründung der «Theologie» *jenseits* der Domäne des Verstandes, das heißt im Raum der *Mystik* verlangt. Was uns dann bleibt, sind endgültig nicht mehr objektivierbare Aussagen über die Gottheit, so als wenn sie, trotz der KANTischen Erkenntniskritik, nach wie vor mit Hilfe der Kategorie der Kausalität «bewiesen» werden könnte (vgl. JOHANNES BRINKTRINE: *Die Lehre von Gott,* 1. Bd., § 56–61, S. 248–281); wohl aber lassen sich bestimmte *subjektive* Voraussetzungen benennen, die uns im Zusammenhang mit der Gottesidee als unverzichtbar erscheinen, um unser Menschsein begründen zu können. Als *«Glauben»* müssen wir dabei gerade diese *Beschränkung* jeder religiösen Aussage auf das existentielle Interesse des Subjekts verstehen: Nicht etwas als «gegeben» zu «erkennen», sondern Erfahrungen im Raum einer reifenden Menschlichkeit zu ermöglichen, ist der Sinn und das Anliegen der Religion!

Dieser Ausgangspunkt unterscheidet sich radikal von einer Position, wie wir sie vorhin etwa bei GERD THEISSEN *(Biblischer Glaube in evolutiver Sicht)* gefunden haben, wenn er die Trinität als dreifache «‹Mutation› unserer religiösen Anpassungsstrukturen an die letztgültige Realität» deutet (91), eine These, die wir jetzt unter zwei Aspekten noch näher betrachten müssen: Was ist es mit der biblischen Vorstellung vom «Eingreifen» Gottes in die Geschichte, und was ist es mit der Deutung der Religion als «Anpassung an die Realität»?

α) Vom «Eingreifen» Gottes in die Geschichte oder: Die Aufklärung eines Mythos

Für THEISSEN ist von der Philosophie wesentlich K. R. POPPERS «Falsifikationsprinzip» zur Beschreibung naturwissenschaftlicher Methodik von Belang geworden (*Objektive Erkenntnis,* Hamburg 1973): Eine Aussage, die sich als «wissenschaftlich» dartun will, muß die Bedingungen mitdefinieren, unter denen man herausfinden kann, ob sie zutrifft oder nicht. Gegen dieses Prinzip setzt THEISSEN, wie wir sahen, das Prinzip des Glaubens, das seiner Meinung nach gerade darin besteht, «kontrafaktisch» zu sein. Obwohl es dem Tübinger Neutestamentler darum geht, den Gegensatz zwischen Naturwissenschaft und Theologie zu *überwinden,* läuft in der Folge seine ganze Argumentation darauf hinaus, zu zeigen, daß die «biblische» Religion all die Gesetze *durchbreche,* die im Raum der Natur, speziell in der Biologie, gültig seien.

Wir haben schon betont, wie bedenklich eine solche «Theologie» vor allem psychologisch und ökologisch sein muß, indem sie keine integrale Anthropologie als Voraussetzung sich erarbeitet oder wenigstens deren Notwendigkeit und Berechtigung anerkennt (s. o. S. 263 f.); was uns an *dieser* Stelle beschäftigen muß, ist die durchgängig objektivierende, religionsgeschichtlich und psychologisch nicht weiter reflektierende Sprache, mit der THEISSEN den «biblischen» und «dreifaltigen» Gott als letzte und unüberschreitbare Gewißheit des «Glaubens» hinstellt. Wie wir hörten: Der Jahwe der Bibel stiftet Frieden, eben weil er exklusiv sich als einziger geltend macht (S. 74–89, bes. 82f.), – mit dieser Auskunft «erklärt» THEISSEN die gewiß nicht zu leugnende Tatsache, daß, wenn alle Menschen an denselben «Gott» glauben würden, sie alle miteinander in der gleichen Überzeugung vereinigt wären; er übersieht oder verharmlost dabei indessen gegen sein eigenes Wissen den kriegerischen und polemischen Fanatismus, der in dem biblischen Gottesbild *auch* angelegt ist. Alle Götter, meinte schon NIETZSCHE (*Also sprach Zarathustra,* 3. Teil, Von den Abtrünnigen, 2, S. 140), haben sich einmal zu Tode gelacht: «Das geschah, als das gottloseste Wort von einem Gott selber ausging, – das Wort: ‹Es ist Ein Gott! Du sollst keinen anderen Gott haben neben mir!› – Ein alter Grimmbart von Gott, ein eifersüchtiger, vergaß sich also: – Und alle Götter lachten damals und wackelten auf ihren Stühlen und riefen: ‹Ist das nicht eben Göttlichkeit, daß es Götter, aber keinen Gott gibt?›» NIETZSCHE wußte, daß die Zerstörung des Mythos in der Religion zu ihrem eigenen Untergang führen muß und daß, was groß ist an der Bibel, selber einen unerhörten Mythos darstellt: – als ob *ein* Gott, der in die Geschichte «seines» Volkes eingreift, weniger mythisch wäre als die vielen Götter, welche die Geschicke der Völker lenken! Für die kirchengebundene Theologie hingegen scheint es nach wie vor in der angegebenen Weise die Pflicht zu bilden, das durch und durch mythische Bild des hebräischen Gottes als «objektiv ergangene Offenbarung» zu «verstehen», und so zwingt sich sogar ein sonst so sehr um Verständnis und Offenheit bemühter Kopf wie G. THEISSEN dazu, im Schnellverfahren den Prozeß der Mythenbildung selber im eigenen Werk in drei Schritten zu durchlaufen:

1. Stufe: die Projektion alles Wünschbaren. Statt – an der Seite des Juden Jesus! – den prophetischen Kampf um die Reinigung des Gottesbildes von der Beimischung unverhohlener Gewalttätigkeit und Rachsucht mit den Mitteln von Psychologie und Anthropologie endlich aufzunehmen, steht der Gott der Bibel in G. THEISSENS Darstellung von vornherein in völliger Reinheit und Lauterkeit da, und so bleibt nur noch zu warten, daß auch alle anderen Völker und Religionen der Menschheit seine Hoheit und Schönheit anerkennen ...

2. Stufe: die Objektivierung der selbstgeschaffenen Idealisierung. Obwohl gerade G. THEISSEN sich große Mühe gibt, die geistigen Auseinandersetzungen etwa im hellenistischen Judentum oder in der Urkirche Stelle für Stelle mit (freilich weitgehend hypothetischen) Begründungen aus der Sozialgeschichte zu versehen (vgl. DERS.: *Soziologie der Jesusbewegung,* [3]München

1981) und damit dem von ihm eigentlich bekämpften Spiel von «Selektion und Anpassung» auszuliefern, gelangt er am Ende doch wieder zu der These, die er als christlichen Glauben «beweisen» möchte: «Gott hat sich endgültig in Jesus offenbart... Mitten in der Geschichte realisierte sich ein mögliches ‹Ziel› der Evolution: eine vollendete Anpassung an Gottes Realität» (111). Die Begründung, die wir schon hörten, lautet: Da Kultur «einen selektionsmindernden Effekt» besitze (67), die Religion aber «das Herz menschlicher Kultur» bilde (71), sei Religion insgesamt «ein Aufstand gegen das Selektionsprinzip» (72). Dann aber darf, trotz seiner «selektiven» Wirkung, auch der biblische Exklusivitäts- und Absolutheitsanspruch nicht fehlen: «nirgendwo», schreibt THEISSEN, «scheint mir der Aufstand gegen das Selektionsprinzip so klar hervorzutreten als im Glauben an den einen und einzigen Gott, der Israel aus Ägypten führte, der sich in Jesus von Nazareth offenbarte und in der Erfahrung des Geistes weiterhin den Menschen zugänglich ist» (72). Diese Betrachtungsweise träfe zu, wenn es der biblischen Theologie und dem «christlichen» Dogmatismus des Kirchenglaubens gelänge, die biblische(n) Gottesvorstellung(en) selber historisch und psychologisch in ihrem Anspruch zu relativieren und für «absolut» einzig die menschlichen Erfahrungen von Liebe und Toleranz in allen Völkern, Religionen und Kulturen zu erklären; doch eben davon ist keine Rede. Es geht THEISSEN vielmehr unter neuem Anstrich um die Durchsetzung des alten Exklusivitätsanspruchs. Alle «Götter» kämpfen um ihre Existenz, nur der Gott der Bibel nicht? Das, allerdings, liest man in der Bibel selbst anders.

Woran THEISSENS Konzeption scheitert, ist als erstes die Tatsache, daß er die Rede vom «Handeln Gottes in der Geschichte» nicht konsequent als eine menschliche Vorstellung betrachtet; so vermeidet er die eigentliche Frage, die da lautet: Mit welchem Recht können wir eigentlich sagen, Gott habe eine bestimmte Tat in der Geschichte vollbracht?

Nehmen wir zur Verdeutlichung dieser Problematik nur ein kleines Beispiel, – fragen wir uns in einem kurzen Vergleich, was es denn mit dem «Handeln» Gottes in *dem* Falle auf sich hat, den THEISSEN als den klarsten «Aufstand gegen das Selektionsprinzip» bezeichnet: den Auszug Israels aus Ägypten (72). Lassen wir es der Einfachheit halber einmal dahingestellt, was sich hinter der *mythischen* Berichterstattung der Bibel über den «Exodus» *historisch* verbirgt, – ist es nicht einfach nur fair und richtig festzustellen, daß es *kein* Volk auf Erden gibt, das mit der Vorstellung *seines* Gottes nicht gleichfalls die Hoffnung und den Aufruf zu seiner Freiheit und Selbstbestimmung verbunden hätte? Dabei steht der Jahwe Israels in den frühen Schichten biblischer Überlieferung durchaus noch auf dem Niveau eines bloßen Stammesgottes, der zwar den Stammvater «seines» Volkes «berief», mit dem aber die Idee einer Schöpfung der Welt keineswegs schon verbunden ist. Was die Bibel über die besondere «Erwählung» der Patriarchen und ihrer Nachkommen erzählt, hält sich ganz und gar in Gedanken auf, die das Selektionsprinzip innergeschichtlich, statt es zu überwinden, sogar ins Absolute steigern, indem sie es ideologisch vergöttlichen. Doch das gehört selbst schon zur Entstehungsgeschichte der Bibel. Ein Problem in der Gegenwart entsteht daraus allerdings zusätzlich, wenn man die biblische Redeweise, wenn man den *Mythos* nicht länger als menschliches Bild zur Deutung menschlicher Geschichte versteht, sondern darin eine «Gegebenheit» «göttlichen» «Heilshandelns» erblickt. Die Folge ist dann entweder, im «Erfolgsfalle», der theistische Triumphalismus einer exklusiven Geschichtsideologie oder, im Falle des Scheiterns, die atheistische Resignation eines geschichtsimmanenten Nihilismus. Beides ist zerstörerisch.

Wie in sich fragwürdig der ganze Vorstellungskomplex der biblischen Theologie von Berufung und Erwählung ist und bleibt, sobald man ihn «objektiv» *von Gott her*, zu denken versucht, zeigt vergleichsweise wohl am besten eine Begebenheit des «Scheiterns», die am Anfang des 19. Jahrhunderts in einer ganz anderen Welt unter ganz anderen Voraussetzungen mit einem ganz anderen Ausgang und doch in dem Augenblick einer ähnlichen Not und eines ähnlichen Hoffens unter prophetischem Ansporn und religiösen Deutungsmustern geschichtlicher Erfahrungen sich zugetragen hat.

Anders als die Hebräer, glaubten *die Indianer Nordamerikas* nicht, daß der Große Geist, als er die Welt mit allen Menschen, Tieren und Pflanzen «erschuf», wesentlich das Wohl eines einzelnen Volkes oder einer einzelnen Rasse im Sinn gehabt habe; wohl aber trauten sie ihm zu, daß er das Miteinander *aller* Völker in Gleichberechtigung und Gemeinsamkeit beabsichtige, – warum auch sonst sollte er sie hervorgebracht haben? Dann aber, am 3. August 1795, mußten mehr als 1100 Häuptlinge und Krieger im Gebiet von Ohio sich die Bedingungen anhören, die der unerbittliche, aber siegreiche General Anthony Wayne nach der Schlacht von Fallen Timbers im Auftrag von Präsident George Washington ihnen diktierte: Auf zwei Drittel des heutigen Staates Ohio mußten die Shawnee, Delaware, Chippewa, Miami und andere verzichten. Eine schwere Demoralisierung, zerstörte Lebensgewohnheiten, zerrüttete Familien, soziales und psychisches Elend bildeten die Folge. In dieser verzweifelten Lage nun, eines Nachts im Frühling des Jahres 1805, verfiel ein einäugiger alkoholkranker Shawnee-Indianer mit Namen Lalawethika in Trance «und hatte eine göttliche Offenbarung, die sein Leben vollständig veränderte». Als er erwachte, berichtete er, «er sei in der Geisterwelt gewesen und habe den Schöpfer gesehen. Dieser habe ihm aufgetragen, mit seinem schlechten Lebenswandel aufzuhören und die Menschen auf den rechten Weg zurückzuführen. – Daraufhin gelobte Lalawethika, nie mehr zu trinken. Er nahm den neuen Namen Tenskwatawa – ‹Offene Tür› – an und begann, bei den Shawnee gegen den Verfall der Moral und für eine Rückkehr zu ihrer eigenen Kultur zu predigen. Alles, was von den Weißen komme, ermahnte er seine Anhänger, sei abzulehnen, auch das Christentum. Die Indianer sollten Selbstsucht, Neid und Besitzgier ablegen – Laster, die sie von den Weißen übernommen hätten – und ihre Habe mit den Alten und Bedürftigen teilen.» (ALVIN M. JOSEPHY: *500 Nations,* 305–306.) Im Sommer 1805 gründete Tenskwatawa die Stadt Prophetstown in der Nähe von Greenville.

Zu diesem indianischen Seher gesellte sich – sozusagen als Aaron und Josua in einer Person – sein Bruder *Tecumseh* («Himmlischer Puma»), der mit einer ungewöhnlichen Beredsamkeit und unermüdlichen Organisationsleistung daran ging, die religiöse Botschaft Tenskwatawas in politisches und militärisches Handeln zu übersetzen, indem er eine Einigung der zahlreichen zersplitterten Stämme sowie eine wirksame Unterstützung von seiten der Briten anstrebte. Dem Gouverneur des Indiana Territory, William Henry Harrison, gefielen derlei Aktivitäten natürlich gar nicht. «Wer», fragte er 1806, «ist dieser angebliche Prophet, der es wagt, im Namen des großen Schöpfers zu sprechen? ... Verlangt wenigstens einige Beweise dafür, daß er der Bote der Gottheit ist ... Fordert ihn auf, die Sonne zum Stillstand zu bringen – den Lauf des Mondes zu verändern – oder Tote aufzuwecken. Wenn er diese Dinge bewirkt, dann dürft ihr glauben, daß er von Gott gesandt ist.» (306)

Da haben wir noch zu Beginn des 19. Jahrhunderts die biblisch dem Pharao zugeschriebene «Zeichenforderung» zur Beglaubigung göttlichen Handelns zugunsten der Befreiung eines Volkes! Doch so abstrus sich auch Harrisons Vorschlag anhörte, – Tenskwatawa erklärte wirklich seinen Anhängern, an einem bestimmten Tage werde er die Sonne zum Verschwinden bringen und wieder hervorholen, und tatsächlich trat termingerecht, wie er gesagt hatte, eine Sonnenfinsternis ein. Dieses Wunder wirkte selbstredend neue Wunder der Begeisterung (306–307). Die Indianer verstärkten ihren Widerstand gegen die Weißen. Noch im Jahre 1810 erklärte *Tecumseh* gegenüber Gouverneur Harrison seinen Standpunkt mit den Worten: «Ich bin ein Shawnee. Meine Vorväter waren Krieger. Ihr Sohn ist ein Krieger. Von ihnen nehme ich nur meine Existenz; von meinem Stamm nehme ich nichts. Ich habe mich selbst zu dem gemacht, der ich bin. Und ich wünsche mir, ich könnte mein rotes Volk so groß machen wie die Vorstellungen, die ich habe, wenn ich an den Großen Geist denke, der über alles herrscht. Dann käme ich nicht zu Gouverneur Harrison, um ihn zu bitten, den Vertrag zu zerreißen (sc. der im Sept. 1809 in Fort Wayne geschlossen worden war und zur Abtretung von 12 140 km^2 Land in Indiana durch die Miami, Delaware und Potawatomi geführt hatte, d. V.), sondern würde zu ihm sagen: Bruder, es steht dir frei, in dein eigenes Land zurückzukehren ... Der einzige Weg, diesem Unheil Einhalt zu gebieten, ist dieser: Alle roten Männer müssen sich vereinen und ein allgemeines und gleiches Recht auf das Land fordern, wie es früher war und auch heute sein sollte – denn es wurde nie geteilt, sondern gehört uns allen. Kein Stamm hat das Recht, es zu verkaufen, nicht einmal einem anderen Stamm, und noch viel weniger an Fremde, die alles haben wollen und sich nicht mit weniger zufriedengeben. – Unser Land verkaufen! Warum nicht auch die Luft, die Wolken und das Meer, wie die Erde auch? Hat nicht der Große Geist dies alles gemacht zum Nutzen seiner Kinder?» (311)

Kann man die Forderung nach Unabhängigkeit und Freiheit religiös und moralisch *besser* begründen als *Tecumseh* in dieser Rede? Wenn irgend «Gottes Wort» im Munde eines Mannes lebt, so ist es hier der Fall. Doch gerade *deshalb* ließ Harrison marschieren! Im Oktober bis November 1811, in *Tecumsehs* Abwesenheit, griff er Prophetstown an und fügte den Indianern schwere Verluste zu. Verzweifelt versuchte *Tecumseh* in dieser Situation sich des militärischen Beistands der Engländer zu versichern, die sich seit dem Juni 1812 im Kriegszustand mit den Vereinigten Staaten befanden. Und tatsächlich: Am 5. Oktober 1813, am Thames River, stellte *Tecumseh* mit seinen Kriegern sich an der Seite des englischen Obersten Henry Procter der Armee Harrisons entgegen. «Unser Leben liegt in der Hand des Schöpfers», erklärte er (316). Doch die Briten flohen gleich beim ersten Angriff, die Indianer indessen hielten stand bis zum Untergang. *Tecumseh* fiel. Im Gebiet von Ohio war der Widerstand der Indianer gegen Landraub, Vertreibung, Zwangsmissionierung und Korruption ein für allemal beendet. *God's own country* war ein Stück vergrößert worden.

Was, muß man sich angesichts dieser und unzähliger anderer historischer Begebenheiten fragen, hat «Gott» zu tun mit den Siegen und Niederlagen der menschlichen Geschichte? Am Schilfmeer hatten Moses und die Rachelstämme «Erfolg» mit ihrer «Flucht», in der Schlacht gegen die Amelekiter blieben sie Sieger – wofern man den biblischen Erzählungen historisch trauen will; aber welch einem Gott im Himmel soll und kann man für solche Siege danken? Und, um nun auf G. Theissens theologisches Konzept zurückzukommen: – wie kann jemals aus dem Gott der Heerscharen, aus dem Gott, der zugunsten seiner himmlischen Absichten in die irdische Geschichte der Menschen «eingreift», ein «antiselektionistischer» Gott werden? «Gott steht auf seiten der Schwachen», – nun ja, das glaubten auch *Tecumseh* und sein Bruder Tenskwatawa. Aber vergeblich! Wenn von Gott *ehrlicherweise* die Rede sein soll, dann eben nicht im Sinne einer Interpretation des faktischen Geschichtsverlaufs; *wenn,* dann einzig als Grund der Motivation von Menschen, an Freiheit zu *glauben* trotz aller Widerstände von Gewinnsucht und Machtgier, an die Möglichkeit von Wahrheit zu *glauben* trotz aller Lüge und allen Verrats, und sogar lieber in den Tod zu gehen, als ein Leben in Unterwürfigkeit und Schande zu führen.

Gott als ein Antrieb in der Seele des Menschen, Gott als ein Grund, *mehr* zu wollen und zu ersehnen, als in den unmittelbaren Zielsetzungen der Biologie vorgesehen ist, – eine solche Auffassung allein besitzt im Gespräch mit den Naturwissenschaften eine gewisse Plausibilität und Berechtigung. Die gesamte objektivierende, psychologisch unvermittelte Theologenrede von Gott aber muß an dieser Stelle sich dringend ändern, um weniger irrig zu klingen und weniger irreführend zu wirken.

Was an G. Theissens theologischer Antwort an die Herausforderung des Darwinismus vor allem als mangelhaft erscheint und dann auch fehlerhaft wird, ist, wie wir sahen, insbesondere der komplette Ausfall der Anthropologie, speziell der Psychologie. An keiner Stelle seiner Arbeit wird die Frage aufgeworfen, wie denn ein Mensch, der aus dem Schoß *dieser* Welt hervorgegangen ist, die «antiselektionistischen» Forderungen zum Beispiel der Bergpredigt einhalten könnte – nicht umsonst war die gesamte Arbeit des 2. Bandes zu *Glauben in Freiheit* am Beispiel der Person und der Botschaft des *Jesus von Nazareth* der Durcharbeitung dieser Problematik gewidmet! Statt dessen kommt G. Theissen nach den ersten beiden Schritten: der *Projizierung* und der *Idealisierung* seines Gottesbildes, nunmehr ungehindert in den Genuß des *dritten* seiner Schritte: der *Moralisierung des projizierten Ideals* und der idealisierten Projektion des Göttlichen. Da nun steht in Theissens Theologie endlich wieder Gott als der *ganz andere* da, als derjenige, der den Menschen als von Grund auf «verkehrt» überführt und der ihm dann doch in Anklage wie Vergebung Richtmaß und Rettung zu sein verspricht. Diese theologische Einstellung besitzt gewiß eine ehrfurchtgebietende protestantische Lehrtradition, und was die Ablehnung der Psychologie und gar der Tiefenpsychologie angeht, so dürfte darin wohl einer der wenigen Punkte gelegen sein, an denen die «ökumenische Einheit» zwischen der protestantischen und der katholischen Theologie tatsächlich «funktioniert»; um so wichtiger aber ist es zu betonen, daß es *unmöglich* ist, eine vernünftige «Seelsorge» zu betreiben, solange eine Integration des Unbewußten im Menschen unter theologischem Anspruch verweigert wird; und selbst wem so etwas wie eine seelsorgliche Verantwortung der Theologie kein besonderes Anliegen ist, der wird doch zugeben müssen, daß selbst rein wissenschaftstheoretisch eine theologische Konzeption die Probleme der Evolutionsbiologie nicht lösen kann, die sich nicht darum kümmert, wie der Weg der Heraufkunft des Menschen sich psychisch in den Erlebnis- und Handlungsbereitschaften des Menschen niedergeschlagen hat. Gerade das aber ist die Frage. Wir müssen darauf noch etwas näher eingehen, um die eigene Position möglichst deutlich bestimmen zu können und um den *zweiten* Punkt zu markieren, an dem ein Konzept, wie G. THEISSEN es vorschlägt, sich im Gespräch mit der Biologie als unzureichend erweist: Was ist es mit der These selbst von der Religion als einer Anpassungsform des menschlichen Bewußtseins an die Realität?

β) Wozu Religion gut ist oder: Die religiöse Realität ist der Erfahrungsraum des Menschen

Für G. THEISSEN, der auf den tatsächlichen Weg der «Menschwerdung» mit keinem Wort zu sprechen kommt, sondern nach der Feststellung des «komplementären Gegensatzes von wissenschaftlichem Denken und Glauben» sogleich zu den «evolutionstheoretischen Aspekten des biblischen Monotheismus» übergeht, erscheint schließlich just «der biblische Monotheismus» mit seinem vermeintlichen «Protest gegen das Selektionsprinzip» als «Anpassungsstruktur an die zentrale Wirklichkeit». Alles, was er mit diesem theologischen Entwurf vorlegt, verbleibt immer noch in dem engen Rahmen der biblischen Anthropozentrik und neutestamentlichen Christozentrik, und so scheint er am Ende selbst zu vergessen, wie er eingangs durchaus noch darüber ins Nachdenken kommen konnte, von welch einem zeitlich verschwindenden Intermezzo beim Sprechen von der biblischen «Offenbarung» selbst bei bloßem Bezug auf die Geschichte auch nur des *homo sapiens sapiens* eigentlich die Rede geht (66–67). «Die Rechtfertigung des Gottlosen», schreibt er schließlich, sei «das innere Ziel der Evolution» denn: «Auch das vollkommenste Ende (sc. der Geschichte) könnte nicht mehr ergeben als diese Gewißheit: mit der zentralen Wirklichkeit ganz übereinzustimmen.» (215) Da wird eine paulinische Formel zur Achse der Weltdeutung erhoben und dann «evolutiv» erklärt und verklärt... So geht es nicht!

Um den Begriff der «Anpassung» an die «Realität» und damit den Wert des Religiösen noch ein Stück weit genauer zu betrachten, müssen wir festhalten: Man kann im Rahmen der evolutionären Erkenntnistheorie unsere Fähigkeit zu denken gewiß als eine «Anpassung» an bestimmte Regelmäßigkeiten der beobachtbaren «Wirklichkeit» verstehen – so wie der Flügel einer Möwe in bestimmter Weise eine «Anpassung» an die Aerodynamik des Windes darstellt; doch gerade dann muß man die *Gültigkeit* der Gesetze der Evolution, die Mechanismen von Mutation und Selektion, auch und besonders für den Prozeß der Hervorbringung des Menschen betonen; von der *Kultur* hingegen, von der Kunst und der Religion, die der Mensch sich selber geschaffen hat, kann man so nicht sagen: Mit ihnen hat die Menschheit versucht, auf Fragen zu antworten, auf welche die Natur *nicht* zu antworten vermag. Hier geht es nicht länger mehr um eine «Anpassung an die Wirklichkeit», sondern um einen Überstieg über alle «Wirklichkeit» beziehungsweise um die Entdekkung eines Freiraums, der in dieser Weise für kein Tier existiert. In der Religion und Kultur paßt der Mensch die Wirklichkeit geistig und physisch sich selbst an. Auch hier hatte NIETZSCHE nicht unrecht, wenn er schrieb: «Das, was im Kampf mit den Tieren dem Menschen seinen Sieg errang, hat zugleich die schwierige und gefährliche krankhafte Entwicklung mit sich gebracht. Er ist das noch nicht festgestellte Tier.» (*Die Unschuld des Werdens.* Der Nachlaß, 2. Teil, Nr. 295, S. 110.)

Die Kultur, die Religion, die Moral versuchen, *den Mangel an Legitimation* zu überbrücken, der das gesamte menschliche Dasein angesichts seiner radikalen Kontingenz auszeichnet; sie dienen dazu, dem heimatlos gewordenen Menschen inmitten einer fremden, widersprüchlichen Welt einen zumindest erträglichen Ort der Geborgenheit zu sichern und damit, wie wir immer wieder betont haben, seine Menschlichkeit im Rahmen einer Natur zu ermöglichen, die nach menschlichem Maß nicht gemacht sein kann. Im *Bilde* eines solchen Gottes setzt sich der Mensch daher notwendigerweise der Natur gegenüber; doch sollte eben darin ein deutlicher Hinweis liegen, daß es *nicht möglich* ist, zu tun, was G. THEISSEN zur Begründung seiner «Dreifaltigkeitslehre» zu tun sich vornimmt: aus einer regulativen Idee zur Begründung unserer Menschlichkeit ein bibeltheologisch verfügbares Offenbarungswissen von den «Heilstaten» Gottes an seinem «Volke» und schließlich von dem Wesen des Gottes, der sich so darstellt, zu machen. Es ist nicht nur, daß THEISSEN mit seinem Vorgehen die Voraussetzungen der evolutionären Erkenntnistheorie, die er ihrer empirischen Argumentationsweise wegen so «faszinierend» findet (23), in die Sphäre des prinzipiell Erfahrungsjenseitigen hin übersteigt; es ist auch nicht nur, daß ihn das Rätsel der Theodizeefrage augenblicklich wieder einholt, sobald er von einem Gott spricht, der dies und das tun kann und getan hat – und dann *diese* Welt schafft und darein noch den Menschen; es ist vor allem, daß G. THEISSEN scheinbar gar kein Problem darin sieht, denselben Gott, der den Menschen im Sinne der Schöpfungstheologie auf «DARWINistische» Weise «geschaffen» haben soll, schließlich für die «objektive» Begründung einer «antiselektionistischen Ethik» in Anspruch zu nehmen, um am Ende gar den «Geist» dieses Gottes als «antiselektionistische Motivation» zu verstehen. Widerspricht sich «Gott» da nicht selber, wenn es so steht? Es ist, als wenn G. THEISSEN die ganze Schöpfungstheologie mit den Geschichten von Gen 1; 2 sowie ihre lange dogmatische Auslegung in den biblischen Religionen schlechthin vergessen machen möchte, – ganz so, als finge für ihn die Menschwerdung des Menschen wirklich erst mit der «Erwählung» Abrahams in Gen 12,1–4 an. Bei einer solchen Position aber bedarf es eigentlich eines Gesprächs mit den Naturwissenschaften gar nicht mehr; denn im Grunde hat man es dann nicht mehr mit Schöpfungs-, sondern mit *Gnaden*lehre zu tun und nicht mit der «Menschwerdung», sondern mit der *Vermenschlichung* des Menschen. Fragen nach der Herkunft des Menschen vermischen sich so unter der Hand mit Fragen nach der «Bestimmung» und möglichen (!) Zukunft des Menschen; doch nur auf letzteres antwortet die Religion.

Gleichwohl, da hat G. THEISSEN natürlich recht, kann es für das Verständnis des Menschen und damit der Religion nicht gleichgültig sein, was die Evolutionsbiologie über die Entstehung der Spezies *homo* zu sagen weiß; nur muß man ihre Ergebnisse dann integrativ, nicht dissoziativ-polemisch aufgreifen. Als ein wichtiger Ausgangspunkt kann dabei gerade *das* Buch gelten, das G. THEISSEN mit seinen Ausführungen eigentlich überwinden wollte und das wir bisher nur gelegentlich erwähnt haben: die Arbeit von EDWARD O. WILSON aus dem Jahre 1978 über *Biologie als Schicksal.* In diesem immer noch aktuellen und anregenden Buch hat der amerikanische Biologe sich nicht nur Gedanken über die Herkunft der sozialen Handlungsgewohnheiten und Antriebe des Menschen gemacht, er hat auch nach der Herkunft und der Funktion der Religion gefragt; und allein schon die Tatsache, daß er zwischen den Mechanismen der *Entstehung* religiöser Bedürfnisse und der *Funktion* des Religiösen in gegebenen Gesellschaften *unterscheidet,* bedeutet gegenüber THEISSENS Konzeption von der «Anpassung an die zentrale Realität» eine wichtige Differenzierung, die für die *evolutive* Betrachtungsweise der Biologie allerdings grundlegend ist; – im zweiten Teil dieser Arbeit werden wir noch sehen, welch eine große Rolle der «Funktionswandel» bestimmter Körpermerkmale oder Verhaltensweisen in der Evolution der Arten spielt. Wie also «funktioniert» die Religion? Worin liegt ihr biologischer Überlebensvorteil?

Zu Recht verwahrt sich E. O. WILSON von vornherein gegen die bei «Prozeßtheologen» inzwischen so beliebte Gleichsetzung von «Gottes Gegenwart» mit den «inhärenten Eigenschaften des Atomaufbaus» – eine Konzeption, die letztlich auf ALFRED NORTH WHITEHEAD (*Process and Reality*, New York 1929; vgl. DERS.: *Abenteuer der Ideen*, X. Die neue Reformation, 306–324) zurückgeht. Der Gott, der in den Gesetzen der Materie als innere Kraft stets anwesend ist, hat, wie WILSON bemerkt, «wenig mit der realen Religion der nächtlichen Beschwörungstänze australischer Eingeborener und des Konzils von Trient zu tun» (*Biologie als Schicksal*, 162); und nur diese «reale» Religion gilt es, in Herkunft und Wirken zu begründen. Fest steht für WILSON dabei, daß die «Prädisposition zu religiösem Glauben ... die komplexeste und mächtigste Kraft des menschlichen Geistes» darstellt (160); aber wieso und warum?

Zunächst gilt, daß eine «Art von kulturellem Darwinismus ... auch beim Wettbewerb ... in der Evolution höherer Religionen wirksam» ist: «Diejenigen, die Anhänger gewinnen, wachsen, diejenigen, die das nicht schaffen, verschwinden. Folglich gleichen Religionen anderen menschlichen Institutionen darin, daß sie sich in solche Richtungen entwickeln, die der Wohlfahrt ihrer Anhänger förderlich sind.» (165) Teils durch Altruismus, teils durch Ausbeutung sucht die religiöse Gruppe als ganze ihren Vorteil zu sichern, und sie konkurriert dabei am heftigsten mit denjenigen Religionsformen, die ihr selbst am nächsten stehen; der Grad der Toleranz ist hier am geringsten.

Die Auslese wirkt dabei nach WILSON auf drei Ebenen: auf der *ekklesiastischen (kirchlichen) Ebene* treffen die religiösen Führer die Entscheidungen für diejenigen Rituale und Konventionen, die sie unter den gegebenen Bedingungen für emotional am wirksamsten halten. Auf der *ökologischen Ebene* fallen die Entscheidungen, die das Überleben der Gruppe in ihrer geschichtlichen und geographischen Lage sichern: «Falls eine Religion die Gesellschaft im Kriege schwächt, die Zerstörung der Umwelt fördert, das Leben verkürzt oder die Fortpflanzung behindert, wird sie, ungeachtet ihrer kurzfristigen emotionalen Vorzüge, ihren eigenen Untergang einleiten» (163). Die dritte Ebene ist die *genetische*, «denn von den sich überschneidenden Wirkungen der kulturellen Evolution und der Populationsschwankung werden die Häufigkeiten verschiedener Gene beeinflußt».

Insbesondere die in jeder Religion anzutreffende *Ritualbildung* scheint biologisch vorteilhaft, indem bestimmte Informationen über die soziale Stellung, die Besitzverhältnisse, die Identifikationsbereitschaft für bestimmte Ziele und anderes mehr in ihr verschlüsselt sein können; zudem klären Riten Verhältnisse, die sonst zweideutig blieben: Die Initiationsriten zum Beispiel definieren inmitten eines allmählichen und individuell uneinheitlichen Reifungsprozesses, von wann an jemand für «erwachsen» gelten soll. Die «Logik» des Rituals ist dabei die einer zweiteiligen Klassifikation: jemand ist zugehörig oder nichtzugehörig, nicht verheiratet oder verheiratet, würdig oder unwürdig ... Insbesondere scheinen Riten geeignet, «das Individuum ... auf äußerste Anstrengungen und Selbstaufopferung» vorzubereiten (173). «Der Gläubige ist bereit, seine Treue zu Stamm und Familie zu bekräftigen, Nächstenliebe zu üben, sein Leben zu weihen, zur Jagd auszuziehen, in die Schlacht zu gehen, für Gott und Vaterland zu sterben.» (173). Die Plastizität des Sozialverhaltens wird somit vor dem Abgleiten ins Chaos bewahrt. Die Heiligung, die sakrale Aura, die das Ritual umgibt, macht dabei das Willkürliche in den Festsetzungen der Regelsysteme vergessen und verwandelt sie in etwas Notwendiges: Nicht mehr *Menschen* haben entschieden, sondern *die Gottheit* hat es gewollt, der heilige Geist hat es eingegeben.

Wilson folgert daraus, daß die Religionen genetisch den «Anteil von konformen Individuen an der Gesamtpopulation steigen» ließen (176), wobei er freilich voraussetzt, daß es genetische Anlagen für so komplexe Verhaltensweisen wie Altruismus und Konformismus wirklich gibt. Insgesamt sieht Wilson den biologischen Vorteil der Religionsausübung in der Festigung der Identität: «Inmitten der chaotischen und potentiell desorientierenden Erfahrungen, die jeder täglich durchmacht, gibt die Religion einem einen festen Ort, verschafft sie einem die fraglose Zugehörigkeit zu einer Gruppe, die über starke Kräfte zu verfügen behauptet, und vermittelt einem dadurch ein vorwärtstreibendes Ziel im Leben, das mit dem Eigeninteresse vereinbar ist.» (177)

Um ein solches Gefühl der Sicherheit zu vermitteln, bedient die Religion zu allen Zeiten sich verschiedener Verfahren. Als wichtigstes: Sie *objektiviert* die Bilder, in denen sie die Realität darstellt. Wie wirksam dieses Mittel ist, konnten wir vorhin noch erkennen: die «Offenbarung», die «Erwählung», das «Eingreifen» Gottes, die «Herausführung Israels», die «Selbstmitteilung Gottes in seinem Sohne» usw., – all diese Wendungen beanspruchen dogmatisch, als «objektive» «Tatsachen» «geglaubt» zu werden, so daß als «ungläubig» exkommuniziert wird, wer in ihnen «nur» deutende Chiffren menschlicher Erfahrungen erblicken wollte.

Doch ist es mit dem «Glauben» allein nicht getan. Damit die Kirche ihrer

«Gläubigen» sichergehen kann, bedarf es des *Gelöbnisses:* Schon bei der Geburt müssen die «Paten» «stellvertretend» den «Glauben» des Säuglings «geloben», und wieder bei der «Erstkommunion» muß der Acht- bis Neunjährige «geloben», «dem Teufel zu widersagen», und erst recht dann am Beginn der Pubertät muß das «Firmkind» «geloben», lebenslänglich «die Kirche zu hören». «Das Gelöbnis», meint sehr zu Recht WILSON, «ist ein Akt blanker Unterwerfung unter den Stamm, der sich auf dem Wege der emotionalen Selbstaufgabe vollzieht. Es bezieht sich auf den mystischen Bund sowie auf die Schamanen und Priester, durch deren Auslegung die Gebote Glaubwürdigkeit erlangen. Das Gelöbnis wird bei Zeremonien abgelegt, in deren Verlauf die willkürlichen Regeln und die sakralen Objekte heiliggesprochen und immer wieder definiert werden, bis sie ebensosehr als ein Bestandteil der menschlichen Natur erscheinen wie die Liebe oder der Hunger.» (178)

Und obendrein noch versichern bestimmte Mythen, «wie die Natur funktioniert und warum der Stamm eine bevorzugte Stellung auf der Erde hat» (178). Alle Religionen verfahren so, und doch macht eine jede sich ihre Unvergleichlichkeit glauben. Nicht die Theologie, die *Biologie* beziehungsweise die *Psychologie* ist es, die diesem wahnhaften Subjektzentrismus religiöser Magie heute ein Ende bereitet.

Nachtragen lassen sich zu diesen Ausführungen WILSONS vor allem drei Bemerkungen.

Zu Recht hat VOLKER SOMMER (*Feste, Mythen, Rituale,* 53) darauf hingewiesen, daß das Bedürfnis, «die Gleichförmigkeit des Raumes und der Zeit zu unterbrechen» und «heilige Stätten» einzurichten, keinesfalls nur das öffentliche, sondern ebenso das private Leben durchzieht – «etwa der Ort des ersten Rendezvous, auf einer Bank, beim Sonnenuntergang, in einem Restaurant» –, ja, daß es wohl schon den Tieren gemeinsam ist. So berichtet die Verhaltensforscherin JANE GOODALL «vom Verhalten eines Menschenaffen, der offenbar zum ersten Mal in seinem Leben einen Wasserfall sah: Er sträubte sein Fell und rannte wild tanzend umher – ganz so, als sei er von der Erhabenheit des Schauspiels tief betroffen.» Der Ritus also als Antwort auf das Erhabene, überraschend Freudige, unverdient Glückliche!

Nun aber kommt es, wenn etwas sehr Schönes, Wichtiges, Nützliches sich ereignet hat, naturgemäß darauf an, Sorge zu tragen, daß es sich *wiederholt,* und auch dafür sorgt das Ritual: Die gute Beziehung gilt es zu «pflegen», das heißt durch «Kultus» zu «kultivieren». Die verbreitetste Methode dazu ist das *Opfer,* ein Verfahren, das mit den Entstehungsbedingungen größerer Menschengruppen überhaupt zusammenhängen dürfte.

Vermutlich hat R. Trivers (*The evolution of reciprocal altruism,* in: Quaterly Review of Biology 46, 1971, 35–37) recht, wenn er den Grund für das Entstehen von Sozialgebilden, die größer sind als die archaischen Familienclans, in dem ursprünglichen *Schutzbedürfnis* gegenüber allen möglichen Feinden sieht: je größer die Gruppe, desto stärker ist sie. Um aber die Zusammengehörigkeit von Menschen zu sichern, die miteinander *nicht* mehr biologisch verwandt sind, hält *die Religion* das Instrument der *symbolischen* Verwandtschaft bereit: Der König selbst ist ein Sohn Gottes; alle Gruppenmitglieder sind die Kinder des Stammvaters, dem die Gottheit sich geoffenbart hat; Gott selbst ist ein «Vater», und alle, die sich zu ihm bekennen, sind seine «Kinder», untereinander also sind sie (wie) Schwestern und Brüder, und dementsprechend müssen sie individuell vor der Gottheit *Verzicht* leisten für den Bestand der Gruppe, in der sie Schutz finden. Eben dieser Gedanke liegt dem Opfer zugrunde.

Darüber hinaus freilich trägt die Religion ein Interesse an der keinesfalls nur symbolischen, sondern *biologischen Verbreitung* ihrer Mitglieder. An dieser Stelle läßt sich die «ökologische Ebene» Wilsons durch eine Arbeit von V. Reynolds und R. E. S. Tanner (*The Biology of Religion,* London–New York 1983) genauer bestimmen.

In der *Populationsbiologie* unterscheidet man zwischen zwei Strategien der Fortpflanzung: der r-Strategie – ein ungehemmtes Wachstum mit einer typischen *R*ate, die so lange besteht, bis durch Verknappung der Nahrungsressourcen das Wachstum gebremst wird – und der K-Strategie, die sich auf Qualität, statt auf Quantität hin orientiert und sich nach der Trage*k*apazität des Lebensraumes ausrichtet. (Vgl. J. L. Gould – C. Grant Gould: *Sexual Selection,* New York 1989.) Bezogen auf religiöse Gruppen fanden Reynolds und Tanner, daß die jeweiligen weltanschaulichen Doktrinen sich fast ausnahmslos mit dem r-Aspekt der Reproduktion beschäftigen; deshalb unterscheiden die beiden Autoren bei der Charakterisierung der Religionen denn auch nicht zwischen *r* und *K,* sondern zwischen r^{c+}- und r^{c-}-Polen, d. h. zwischen Religionen, die *kulturell* $^{(c)}$ eine «pronatalistische und antifürsorgliche» $^{(+)}$ oder eine «antinatalistische und profürsorgliche» $^{(-)}$ Haltung unterstützen. Nach dieser Einteilung ordnen sie die Weltreligionen zwischen r^{c+} und r^{c-} in dieser Reihenfolge an: Islam, Hinduismus, Judaismus, Buddhismus, Katholizismus, Protestantismus …

Generell läßt sich dabei feststellen, daß die jeweiligen Normen sich nach der *Stabilität der Umwelt* richten; mißt man diese am Energieverbrauch pro Kopf (hoher Energieverbrauch als Zeichen relativer Umweltstabilität), so laufen die religiösen Lehren letztlich darauf hinaus, auf Quantität bei der Fortpflanzung zu setzen, solange die Umweltbedingungen instabil sind, hingegen auf Qualität, solange sie stabil sind. Freilich können diese im Grunde pragmatischen Reproduktionsregeln durch die sakrale und dogmatische Erstarrung des jeweiligen Systems inflexibel gegenüber Umweltveränderungen werden und dann reale Gefahren heraufbeschwören, so etwa, als es Papst JOHANNES PAUL II. auf der Weltbevölkerungskonferenz in Kairo 1994 unter dem Einfluß und mit Hilfe des Opus Dei gelang, eine weltweite Bevölkerungskontrollpolitik mit allen ihm zu Gebote stehenden diplomatischen Mitteln zu hintertreiben, – mindestens 10 Jahre noch wird jetzt unter anderem aufgrund der Machenschaften des Vatikans das Wachstum der Menschheit politisch ungebremst weitergehen! (Vgl. ROBERT HUTCHISON: *Die heilige Mafia des Papstes,* Kap. 33, S. 422–431.)

Unter all diesen Aspekten zeigt sich, daß die Religion eine wichtige, gesellschaftstiftende und gesellschaftstabilisierende Funktion besitzt, indem sie mit symbolischen Mitteln uralte evolutive Strategien der Anpassung und der Reproduktion fortführt und durchsetzt; doch ist damit die Frage nicht beantwortet, ob und in welchem Sinne vielleicht man von einer *Wahrheit* der Religion sprechen kann; anders gefragt: An welch eine «Realität» paßt die Religion sich und den Menschen, der an sie glaubt, nun eigentlich an? Wir sind jetzt imstande, diese Frage im Kontrast zu beantworten.

Im Jahre 1990 hat ULRICH LÜKE (*Evolutionäre Erkenntnistheorie und Theologie.* Eine kritische Auseinandersetzung aus fundamentaltheologischer Perspektive, Stuttgart 1990) den Gedanken weitergeführt, die Religion sei – in dem von G. THEISSEN vorgeschlagenen Sinne – in der Tat als Anpassung des menschlichen Gehirns an eine *göttliche* Realität zu verstehen. U. LÜKE machte für seine These zu Recht geltend, es spiele keine Rolle, daß eine solche «Anpassung» offensichtlich ohne Bewußtsein und Willen des Menschen erfolgt sein müsse, – auch ein Fisch «weiß» nicht um die Strömungsverhältnisse des Meeres, in dem er lebt und für das sein Körper «konstruiert» wurde. Entscheidend ist *diese* Überlegung: Wenn das Erkenntnisvermögen des Menschen insgesamt aus einer Anpassung an die Realität hervorgegangen ist und wenn die Religion allem Anschein nach tief in der Evolution verankert ist, folgt dann nicht wie von selbst die These, die U. LÜKE (*Religiösität – ein Produkt der Evolution?,* in: Stimmen der Zeit 210, 1992, 125–133) denn auch formuliert, ein Biologe könne «nur um den Preis der Zerstörung oder Aufgabe seiner evolutionsbiologischen Begrifflichkeit» behaupten, «Gott existiere nicht und Religiösität sei somit als Passung an eine nicht existente Realität und in diesem Sinne als Fehlanpassung aufzufassen»? Wäre denn, existierte Gott nicht, die Folgerung wirklich zu vermeiden, «daß etwas, das nicht Realität sei, gleichwohl einen Selektionsdruck ausüben und die Fähigkeit, mit der Realität klarzukommen, in irgendeiner Weise beeinflussen könnte» (131)?

Rein abstrakt vorgetragen, hört sich ein solcher Gedankengang tatsächlich recht folgerichtig an. Was indessen U. LÜKE in seiner Argumentation – ebenso wie vorhin G. THEISSEN – völlig unterschätzt, ist der psychologische Faktor des Religiösen. Der Gedanke, den U. LÜKE vorträgt, stellt im Grunde eine Modifikation des alten scholastischen «Gottesbeweises» dar: Das menschliche Denken paßt deshalb zur Wirklichkeit, so schon der Kirchenvater AUGUSTINUS (*Gottesstaat,* X 2, Werke II, S. 75), weil Gott, der die Welt geschaffen hat, seine eigenen Gedanken in die Wirklichkeit hineingelegt und unser Denken dementsprechend geformt hat; alles Erkennen ist somit «Teilnahme an dem anderen, wahren Licht», wie AUGUSTINUS mit dem Neuplatoniker PLOTIN verkündete. – Man braucht diesen Ansatz mit U. LÜKE nur dahin abzuwandeln, daß die Formung unseres Denkens eben durch «Anpassung an die Realität», die Gott geschaffen hat, erfolgt sei, dann erscheint die gesamte Evolution letztlich als Anpassung an die Realität Gottes. Doch übersieht U. LÜKE nicht nur, daß die Erkenntniskritik I. KANTS die scholastische Position seit zweihundert Jahren endgültig abgelöst hat und seine «apriorischen» Kategorien sich selbst als Ergebnis der Evolution verstehen lassen; die Theologie, für die er spricht, mißversteht im Gespräch mit der Evolutionsbiologie vor allem den Faktor, auf dem die selektiv wirksamen Kräfte bei der Entstehung des Menschen eigentlich beruhen: Nach allem bisher Gesagten war es keinesfalls eine erfahrungsjenseitige, göttliche Realität, an welche der menschliche Geist sich hätte anpassen müssen, vielmehr lagen die wirksamen Faktoren zur Herausbildung des menschlichen Geistes wesentlich in der innerartlichen Kommunikation und Kooperation. *Sie* waren es, welche die sozialen Strukturen der Familie und die Arbeitsteilung zwischen Mann und Frau hervorbrachten; *sie* waren es, welche das Fühlen und Denken bis in alle Einzelheiten hinein orchestrierten, und *sie* waren es schließlich auch, die das Entstehen der Sprache, des entscheidenden Erkenntnisorgans überhaupt, allererst ermöglichten. Die Sprache des Menschen stellt durchaus keine bloße Anpassung an die Wirklichkeit dar und ebensowenig denn auch das menschliche Denken: keinesfalls ist es nur «logisch», «realitätsbezogen» und irrtumsfrei, es neigt vielmehr zu Fehlschlüssen aller Art, wofern diese nur dem Zusammenhalt der Gruppe oder der Stabilisierung der Psyche des Einzelnen dienlich sind – man vergleiche in diesem Zusammenhang den Gruppenirrtum beim Nystagmus-Experiment, das es doch immerhin noch mit nachprüfbaren, empirischen Tatsachen zu tun hat! (*Jesus von Nazareth,* 362–363.) Und dahinein nun gar die Religion!

Psychologisch scheint es unbestreitbar, daß ihre Überzeugungen eine Reihe subjektiver Überlebensvorteile bieten: Allein schon die Tatsache, daß die Religion die Welt als das Werk von im ganzen gütigen Mächten erscheinen läßt, verschafft dem Menschen ein Gefühl der Geborgenheit, das er sonst schmerzlich vermissen müßte, und indem die Religion ihm darüber hinaus noch Verfahren bereitstellt, um mit diesen Mächten in einen günstigen Kontakt zu treten, stattet sie ihn zusätzlich mit dem Empfinden aus, nicht länger das passive Objekt eines unberechenbaren, blinden Schicksals zu sein; die Gefühle der Fremdheit und der Ohnmacht inmitten der Welt werden somit auf ein erträgliches Maß reduziert; die stete Unheilgewärtigung, die das Leben sonst heimsuchen würde, weicht einem gewissen Optimismus, indem sogar angesichts des Todes die Aussicht auf ein anderes, besseres Leben die Leiden dieser Zeit überreich mit dem Trost einer ganzen Ewigkeit aufzuwiegen verspricht. Bis in die Psychosomatik hinein läßt sich zeigen, wie die Macht eines solchen «positiven Denkens» die Heilungschancen bei Krankheiten merklich verbessert, wie die gesamte Lebensanlage aktiver, zukunftsorientierter, risikobereiter und sozial verträglicher sich gestaltet, wenn sie von der Überzeugung des «Im-ganzen-gut» begleitet wird, wohingegen das Gefühl prinzipieller Aussichtslosigkeit schon bei Tieren wie von selbst den *Wunsch* nach einem Ende, ein Verlangen zu sterben freisetzt. (Vgl. R. Bilz: *Von den Schmerzen der Tiere,* in: Paläoanthropologie, 379–394, S. 390f.)

F. M. Wuketits (*Evolutionäre Wurzeln der Metaphysik und Religion,* in: R. Riedl – E. M. Bonet: Entwicklung der Evolutionären Erkenntnistheorie, Wien 1987, 217–227) hält deshalb vor allem das «Sich-Wundern» über die eigene Existenz und das Todesbewußtsein für den Ursprung von Metaphysik und Religion – «daß der prähistorische Mensch, ausgesetzt den Gefahren einer für ihn keineswegs rational erklärbaren Welt, sich geborgen fühlte in der Annahme, daß diese Welt von einer ‹höheren Absicht› gelenkt werde» (223). Doch was «beweist» diese gewiß unbezweifelbare Tatsache anderes als das *Bedürfnis* des Menschen nach Geborgenheit und Hoffnung? Die Religion *antwortet* auf dieses Bedürfnis, und *darin* besitzt sie ihre *subjektive* Berechtigung und Wahrheit; über die *objektive* Wahrheit ihrer Lehrinhalte aber ist damit durchaus nichts entschieden. Im Gegenteil. Leistet nicht jedes Placebo-Medikament etwas Vergleichbares? Bewirkt nicht manche Droge etwas Ähnliches? An was alles im Verlauf der Religionsgeschichte haben Menschen nicht schon geglaubt! Wie viele Religionen, die über Jahrtausende hin Menschen zu trösten vermochten, wie die altägyptische Osiris-Religion, sind nicht schon zugrunde gegangen oder gingen in neue Religionsformen über, die, wie das Christentum, ihre Herkunft aus den älteren (ägyptischen und hellenistischen) Quellen vor ihren Anhängern strikt verleugneten? Wieviel Wahnhaftes enthält für den heutigen Betrachter nicht eine Religion, die, wie die aztekische, noch vor fünfhundert Jahren, im Jahre 1486, bei der Krönungsfeier des Königs Ahuitzotl, an einem einzigen Tage über tausend Gefangene das Leben kostete? (Vgl. NIGEL DAVIES: Die Azteken, 6. Kap., Krönungsfeier, S. 210.) Und ist das Christentum mit seinen Dogmen wirklich «vernünftiger»?

VOLKER SOMMER zitiert zu dieser Frage einmal den Marburger Ethnosoziologen HORST NACHTIGALL, der in einem Gedankenexperiment durchgespielt hat, zu welch merkwürdigen Deutungen der Angehörige eines Naturvolkes, etwa ein «Botokude», beim Besuch eines christlichen Gottesdienstes kommen könnte, selbst wenn seine Darstellung äußerst sachlich und vorurteilsfrei bliebe: «Die Christen in Europa (sc. würde er sagen, d. V.) glauben an ein höchstes Wesen, das sie ‹Gott› nennen. Gott wohnt im Himmel und kann jederzeit in die Geschicke der Welt und der Menschen eingreifen. Die verehren ihn aber trotz seiner grenzenlosen Machtfülle offenbar nicht allzusehr, sondern sie haben überall Bilder von seinem Sohn und von der Mutter seines Sohnes, die aber nicht die Frau Gottes ist, aufgestellt. Die Christen nennen diese Frau, wie mir mein Dolmetscher immer wieder beteuerte, ‹Mutter Gottes›, obwohl sie nur die Mutter des Sohnes Gottes, aber nicht die Frau seines Vaters und schon gar nicht dessen Mutter ist, denn Gott hat keine Eltern. Ein botokudischer Wissenschaftler würde die christliche Religion als Monotheismus mit Zügen eindeutiger Vielgötterei einordnen. Auch die Abendmahlsfeier dürfte sein lebhaftes Interesse finden: ‹Außerdem essen die Christen, wie sie mir immer wieder glaubhaft versicherten, zu bestimmten Gelegenheiten – viele sogar jede Woche – das Fleisch des Gottessohnes und trinken sein Blut.› Im christlichen Kultus kann der botokudische Religionsexperte mithin zahlreiche Einflüsse von ‹Primitiv›-Religionen erkennen – in der Verehrung des heiligen Geistes etwa Merkmale des Geisterglaubens und des auf Tiersymbole bauenden Totemismus (sc. indem der Geist als Taube erscheint, Mk 1,10, d. V.), im Reliquienkult (z. B. beim Umhertragen der Gebeine des hl. Liborius in Paderborn im Sommer und Herbst, d. V.), Formen des Fetischismus, im Abendmahl kannibalische Riten. Würde der Botokude zudem abendländische Geschichtswerke heranziehen, fiele ihm auf, daß die Anhänger dieser Religion der Nächstenliebe mehr Kriege als alle anderen Völker führten, speziell gegen solche des eigenen Glaubens. Das Töten von Artgenossen, so könnte sein Schluß lauten, nimmt einen dermaßen wichtigen Platz im Denken der Christen ein, daß der Kannibalismus ganz offenbar ihre geistige Grundlage ist.» (VOLKER SOMMER: *Feste, Mythen, Rituale,* 50.) Man darf hinzufügen: Wäre dieser Botokude zudem noch psychoanalytisch versiert, so würde er seine Beschreibungen nicht nur in voller Übereinstimmung zu SIGMUND FREUDS Studie über *Totem und Tabu* (1913; Werke IX, London 1944) finden, er würde vor allem mit Blick auf den römischen Katholizismus den päpstlichen Zentralismus, die Verehrung der heiligen Jungfrau sowie die Zölibatsforderung für die klerikale Beamtenschaft untrüglich als Ausfluß eines ödipalen Kernkomplexes diagnostizieren.

Wahrheit?

Sie wird in allen Religionen behauptet, doch widerlegt diese Behauptung sich selbst, indem sie mit so vielen Abstrusitäten, Absurditäten, ja, Monstrositäten sich verbindet. Als *Symbole* gelesen, bieten die religiösen Lehren und Riten einen unerschöpflichen Vorrat an emotional hochwirksamen, poetisch dichten Weltbeschreibungen und Sinndeutungen des menschlichen Daseins; doch wie wir schon oft gesagt haben: Man mißversteht den Sinn dieser Symbole, wenn man sie als Kategorien zur Erkenntnis einer objektiven, transempirischen Realität behandelt. Wenn eine Wirklichkeit sich in ihnen verbirgt, so liegt sie *nicht* in der Sphäre des Objektiven, sondern wesentlich in der Sphäre des Subjekts, das sie mit dem Vertrauen ausstattet, von einer im ganzen «sinnvollen» Wirklichkeit «umgriffen» zu sein, wie KARL JASPERS (*Der philosophische Glaube,* 1. Vorlesung, Die Weisen des Umgreifenden und der Glaube, S. 17–22) sich ausdrückte. Dieses «Umgreifende» läßt sich nicht «erkennen», eben weil es niemals ein Objekt des Erkennens sein kann, sondern nur in Erscheinung tritt als die (subjektive) Bedingung der Möglichkeit einer Existenzform, die den Namen «menschlich» im Sinne des heute möglichen Verständnisses von Menschsein verdient. Allein unter dieser Selbstbeschränkung läßt sich von Gott reden; allein im Rahmen dieser anthropologischen Reduktion läßt sich nun auch die *«Dreifaltigkeitslehre»* des Christentums sowie der entsprechenden Vorstellungen anderer Religionen deuten. Wie also verhalten sich unsere drei Erfahrungs«orte» des Religiösen: die Leere, die Liebe und der Augenblick, zu der Vorstellung von der «trinitarischen» Natur des Göttlichen?

b) «Dreifaltigkeit» oder: Facetten der Wirklichkeit

Bereits in den dreißiger Jahren bemerkte zu Recht der schwedische Religionswissenschaftler NATHAN SÖDERBLOM (*Der lebendige Gott,* 136–137), die Vorstellung von der *Trinität* sei «keineswegs etwas Unwesentliches», sondern gehöre «notwendigerweise zur höheren Religion». Er begründete diese These mit der Struktur, die jede Heilslehre annehmen müsse, und verdeutlichte diese seine Ansicht durch einen knappen «Vergleich zwischen Buddhismus und Christentum». Immer, meinte er, gebe es in einer Heilslehre drei Elemente: «Wer oder was rettet den Menschen aus seinem Elend? Mit anderen Worten: Was ist für ihn das höchste Gut? Die Offenbarungsreligion antwortet: Gott. Das Christentum sagt: Der Vater Jesu Christi und unser himmlischer Vater. Der ursprüngliche Buddhismus (sc. das Kleine Fahrzeug, der Hinayana-Buddhismus, d. V.) besitzt keine Gottheit im religiösen Sinne. Aber es gibt Hilfe für den Menschen in seiner Not. Und dies ist *dharma,* die Lehre, die Einsicht in die Natur des Daseins... *Dharma* ist wirklich für den Buddhisten der erste Glaubensartikel... *Dharma* ist Gott.» – «Die zweite Frage ist: Wer offenbarte die Erlösung? Das Christentum antwortet: Christus, der Sohn. Der buddhistische Orden antwortet: Siddhartha, der ein Buddha wurde, ein ‹Erleuchteter›... Christus ist für das Christentum wesentlicher als Buddha für den Buddhismus, aber beide nehmen als Vermittler der rettenden Wahrheit denselben Platz ein.» – «Die dritte Frage lautet: Was wird durch die Offenbarung, die der Offenbarer offenbart, bewirkt? Das Christentum antwortet: Die Gemeinschaft, die Kirche, wo der Geist durch die Gnadenmittel Vergebung der Sünden und ewiges Leben mitteilt. Die Antwort des Buddhismus ist: der Mönchsorden, *Samgha,* der vertraute Jüngerkreis, wo sie mittels gegenseitiger Beichte einander helfen, der Lehre und dem Lehrer zu folgen, um ins *Nirvana* zu kommen.»

Entscheidend an dieser Feststellung N. SÖDERBLOMS ist die *Allgemeinheit,* die er mit der Dreifaltigkeitssymbolik verbindet.

Bekannt ist die *hinduistische* Dreiheit des Göttlichen, das sich in dem «Schöpfergott» *Brahma,* dem Welterhalter *Vishnu* und dem Weltvernichter und -neubegründer *Shiva* darstellt, doch kann, wie SÖDERBLOM zeigt, die Vorstellung der Dreifaltigkeit auch von einer Religion wie dem Buddhismus verwandt werden, die man in ihrer Verneinung des theistischen ebenso wie des polytheistischen Weltbildes durchaus als «atheistisch» bezeichnen muß. Überflüssig, an dieser Stelle an die vielfältigen Götterdreiheiten in der Religionsgeschichte zu erinnern, die entweder als eine *männliche oder weibliche Trias* die *Sonnenbahn* oder die *Mondphasen* deuteten; überflüssig auch, der

Dreiheiten zu gedenken, die, wie im Alten Ägypten die Einheit von *Amun, Nut* und *Chons* oder von *Osiris, Isis* und *Horus,* nach dem Modell *einer Familie,* bestehend aus Vater, Mutter und Kind, konzipiert waren und zu der verbreitetsten Form «trinitarischen» Denkens überhaupt gehören. (Vgl. E. DREWERMANN: *Religionsgeschichtliche und tiefenpsychologische Bemerkungen zur Trinitätslehre,* in: W. Breuning: Trinität, Freiburg 1984, 115–142; E. HORNUNG: *Der Eine und die Vielen.* Ägyptische Gottesvorstellungen, Darmstadt 1971.) E. OTTO (*Gott und Mensch nach den ägyptischen Tempelinschriften der griechisch-römischen Zeit,* Heidelberg 1964) wird zuzustimmen sein, wenn er, entsprechend der ägyptischen Schrift, in welcher die Pluralform durch drei Striche dargestellt wird, in der Dreizahl des Göttlichen ursprünglich *eine Umschreibung der Vielzahl* vermutet (267).

Trifft diese Annahme zu, so könnte der Gegensatz größer nicht sein: Während in der christlichen Glaubenslehre das Dogma der Trinität stets exklusiv, als vollgültige Darstellung des göttlichen Wesens, interpretiert wurde, scheint die Symbolik der Dreiheit selber gerade die nie abzuschließende Vielzahl der Aspekte des Göttlichen zu bezeichnen. Das Bild von der «Dreiheit» des Göttlichen will demnach nicht sagen, daß die Gottheit selber nur in drei Formen gründe, es will vielmehr andeuten, daß es prinzipiell unendlich viele Beschreibungsformen des Göttlichen geben könne und müsse, gerade weil hinter all den verschiedenen Aspekten eine *Einheit* angesprochen werde, die sich jeglicher Beschreibung entziehe. Die Lehre von der «Dreiheit» des Göttlichen, meinte zu Recht MEISTER ECKHART (s. o. S. 325), sei etwas, das *überwunden* werden müsse, um der Wahrheit des Göttlichen näherzukommen.

Auch wenn wir im folgenden von der Leere, der Liebe und dem Augenblick als von drei zentralen Weisen der Gotteserfahrung sprechen, so darf dabei niemals vergessen werden, daß es daneben noch viele andere Formen der Wahrnehmung des Göttlichen gibt, – man denke nur an den Traum, den Ritus, die Vision, die Ekstase, an Geistererscheinungen oder an drogeninduzierte Halluzinationen. Daß wir lediglich jene *drei* Weisen der Erfahrung besonders hervorheben, rechtfertigt sich einzig damit, daß in den mystischen Traditionen der Religionsgeschichte gerade diese drei am klarsten der Logik des Verstandesurteils *entgegengesetzt* scheinen. Das Göttliche läßt sich nicht begrifflich definieren, sagt die «Leere»; es läßt sich nur erfahren in der Irrationalität der Menschlichkeit, sagt die «Liebe»; es wird nur zugänglich in der Unplanbarkeit der Zeit, sagt der «Augenblick». Das «Was», das «Wie» und das «Wann» des Göttlichen beschreiben diese drei Aspekte am besten, einfach indem man die Fragen des Verstandes nach dem «Warum» und «Wozu» hinter sich läßt.

Im Sinne des kirchlichen Dogmas freilich muß es von vornherein für eine verdammenswürdige Irrlehre gelten, wenn wir in der «Trinitätslehre» lediglich eine Beschreibung möglicher Zugangswege, nicht die «geoffenbarte» «Selbstmitteilung» des göttlichen Wesens an sich selbst erblicken wollen. In der «Dogmengeschichte» der Kirche lehrte vor allem der Libyer SABELLIUS in der Mitte des 3. Jahrhunderts in Rom, daß Gott ein einziger sei, der sich dreier Erscheinungformen («Personen» im Sinne der römischen Theatersprache) bedient habe, um als «Vater» die Gestalt des Schöpfers und Gesetzgebers anzunehmen, als «Sohn» die Gestalt des Erlösers und schließlich als «Geist» die Gestalt des Lebensspenders (A. VON HARNACK: *Lehrbuch der Dogmengeschichte,* I 763–767); als «modalistischer Monarchianismus» wurde diese Lehre von Dionysius im Jahre 259 verworfen. (Vgl. H. DENZINGER – A. SCHÖNMETZER: *Enchiridion Symbolorum,* Nr. 48–51.) Den Worten nach geht wohl auch sie noch immer von Gott aus und schließt sich der theologischen Auffassung von Gottes Handeln an, indem sie dem Göttlichen auf der Bühne der menschlichen Geschichte zu einem dreimaligen Auftritt verhilft; und doch deutet sich bei SABELLIUS der Gedanke schon an, daß die drei «Personen» des Göttlichen lediglich Weisen menschlicher Betrachtung (*«prosopa»,* das, worauf man sieht, im Sinne des griechischen Begriffs von «Person») darstellten, und dieser Vorstellung wird man zustimmen müssen. Die Gottheit zeigt sich uns so, wie wir sie jeweils zu sehen vermögen, ähnlich dem Licht, das als eine elektromagnetische Schwingung unserem Auge nur in einem bestimmten Wellenlängenbereich zugänglich ist und von unseren Nervenzellen in das Spiel der Farben zerlegt und zusammengesetzt wird: Die Wirklichkeit des Lichtes ist, wie sie ist; wir Menschen aber nähern uns ihr im Erbe der Evolution des Wirbeltierauges mit Hilfe von drei sich überlagernden Grundfarben.

α) Die Leere oder der «unbeschaffene» Brahma

Für die «erste» dieser «Grundfarben» gibt es ein außerordentlich sprechendes Sinnbild.

In der Bucht von Bombay, auf der Insel Elephanta, findet sich in einem Felsentempel aus dem 8. Jahrhundert eine Darstellung des Gottes *Shiva* als Mahadeva, als «großer Gottheit». «In seiner leidenschaftslosen Passivität verkörpert Shiva das Absolute oder die Ewigkeit.» (VERONICA IONS: *Indische Mythologie,* 25; Abb. S. 27.) Doch zeigt dieses Relief die Gottheit, je nach dem Standpunkt des Betrachters, mit drei verschiedenen Gesichtern: von vorn in sich ruhend und majestätisch, von der rechten Seite her mit männlichen Zügen in Verkörperung seiner Zeugungs- und Willenskraft; seine linke, buchstäblich «entgegengesetzte» Seite aber trägt deutlich weibliche Wesenszüge. Das Bild, bemerkt der große Interpret indischer Symbolsprache HEINRICH ZIMMER (*Indische Mythen und Symbole,* 165–168), «ist nur eines aus einer Zahl dekorativer Reliefs, in der riesigen unterirdischen, aus dem Felsen gehauenen Halle ... Dennoch handelt es sich um ein Werk, das kaum seinesgleichen haben dürfte. Was es darstellt, ist eben das Mysterium der Entfaltung des Absoluten in die Dualitäten der Erscheinungswelt, Dualitäten, die für die menschliche Erfahrung sich in der Polarität des Männlichen und Weiblichen personifizieren und in ihr gipfeln. – Das mittlere Haupt des dreifaltigen Bildwerks stellt sublim ... die göttliche Wesenheit (dar), aus der die beiden anderen hervorgehen.» In dem Antlitz zur rechten Seite wohnen nach H. ZIMMER «Virilität, Willenskraft und Herausforderung»; «Hochmut, Tapferkeit, und wilde Laune blitzen um Kinn, Stirn und Nasenwurzel, und der gezwirbelte Schnurbart offenbart männliches Selbstbewußtsein». Das linksseitige weibliche Profil hingegen prägt «unbeschreiblicher Reiz, verführerische Gewalt der Natur, Blüte und Frucht, sanfter Charme, schwellend von der Verheißung aller Süße. In dieser lockenden Maske der Weiblichkeit erscheinen alle Wonnen der Sinne». «Aber das mittlere Haupt ist in einer erhabenen, träumerischen Entrücktheit in sich selbst verschlossen. Mit seiner Bewegungslosigkeit bringt es die beiden Gebärden rechts und links zum Schweigen, das Spiel ihrer antagonistischen Züge nicht im geringsten beachtend. Während diese beiden differenzierten Profile, die beständig aus der Personifikation in der Mitte auftauchen und hervorwachsen, im Relief wiedergegeben sind, ist das mittlere Haupt, dem sie entblühen, in voller plastischer Rundung dargestellt ... Groß in seiner transzendentalen Ruhe, umfassend, rätselhaft, unterwirft es sie und zernichtet die Wirkungen ihrer schöpferischen Gespanntheit in ewige Ruhe. Ungewahr ihrer Polarität, gleichgültig gegen ihr substanzloses Gewicht hebt dieses mächtige Mittlere ... heiter die primitive, archetypische Zweiheit auf, die ewig die Maya der Welt hervorbringt.» «Das mittlere Haupt ist das Antlitz der Ewigkeit ... Aus einem dauerhaften Schweigen strömen ständig die Zeit und das Leben – oder vielmehr: sie scheinen zu strömen. Denn von der Mitte aus gesehen strömt nichts. In der hehren Gegenwart des Gesichtes der Ewigkeit bekommen die zwei ausdrucksvollen Reliefprofile etwas Wolkenhaftes ... Die von ihnen gegebene Vorstellung ... wird nur von unserer ‹Unwissenheit› ... erblickt; vor dem erwachten Auge verschwindet sie. Sie sind und sie sind nicht; wie Dunst kommen sie und ihre Schöpfungen, schweben umher und verschwinden wieder. Das ist Mayas wahre Beschaffenheit, dieser bloße Erscheinungscharakter des Lebensvorganges, mag er persönlich oder kollektiv, historisch oder kosmogonisch sein, wie er von uns mit unserem individualisierten, begrenzten und vergänglichen Bewußtsein erfahren wird...» «Die beiden Profile ‹geschehen›; das All ‹geschieht›; das Individuum ‹geschieht›. Aber in welchem Sinne geschehen sie? Geschehen sie *wirklich?* Das Antlitz in der Mitte soll die Wahrheit des Ewigen ausdrücken, in dem nichts geschieht, nichts entsteht, nichts sich verwandelt und nichts sich wieder auflöst. Die göttliche Wesenheit, das einzig Wirkliche, das Absolute in sich selbst, unser eigenes innerstes Höheres Selbst (sc. *Atman,* d. V.), wohnt in sich, in seiner eigenen erhabenen Leere versunken, allwissend und allmächtig, alles und jedes enthaltend. Dies ist das Bildnis des Atman-Brahman.»

In immer neuen Versuchen haben in Indien Religion und Philosophie das Rätsel der Welt und der Wirklichkeit, die ihr zugrunde liegt, zu deuten unternommen; doch läßt sich schwerlich eine Darstellung denken, die in so tiefsinniger Weise das Grundanliegen und die Grundüberzeugung der Mystik in allen Religionen zum Ausdruck bringt. Nicht eigentlich mit einem «trinitarischen» Symbol hat man es zu tun, wohl aber mit einem Bild, wie es im Abendland theologisch einzig von dem unbekannten Verfasser der *«Wolke des Nichtwissens»* (s. o. S. 323) und von MEISTER ECKHART entworfen wurde: alles, was Welt ist, erhält sich in Gegensätzen, die sich wechselseitig bedingen und befruchten, und nichts scheint näher zu liegen, als sich auch Gott als den Weltenschöpfer nach dem Bild von «Vater» und «Mutter», von Mann und Frau oder, besser, als die Einheit beider vorzustellen; die «Gottheit» aber wohnt *jenseits* dieser Gegensätze und Unterschiede in jenem «unzugänglichen Lichte» (1 Tim 6,16), dessen Glanz nur wahrzunehmen ist, wenn man aus dem Schattenbereich heraustritt, in den es die «Schöpfungswirklichkeit» taucht.

Uralt ist in der *indischen* Religionsgeschichte die Vorstellung von dem Weltenherrn, von *Ishvara,* der als eine ewige Gottheit die Welt regiere. Doch wie ist diese Gottheit zu beschreiben? Trägt sie «persönliche» Züge? Ist sie von der Welt unterschieden oder mit ihr identisch? Das sind die Fragen, die sich immer wieder unmittelbar stellen.

Eigentümlicherweise lehrt schon der *Rigveda* (10,90), «daß ein persönlicher Gott der Urgrund der Welt ist, (aber, d. V.) daß er ein Viertel seines Selbst zum Kosmos habe werden lassen, während er mit drei Vierteln seiner Wesenheit über sie herausreiche» (HELMUTH VON GLASENAPP: *Die Philosophie der Inder,* 381). Es ist dieser «panentheistische» Standpunkt, der vor allem in den *Upanishaden* und in der *Gita* entfaltet wird. Besonders die *Einheit* zwischen dem meist als «Brahma» bezeichneten Urwesen und dem Selbst, dem *Atman* des Menschen, dem «Seelenfünklein» des MEISTER ECKHART, wird immer wieder hervorgehoben.

«Das Brahma ist das All und zugleich das Selbst im inneren Herzen», lehrt SHANDILYA in der *Chandogya-Upanishad* (3,14). «Dieses Selbst ... ist kleiner als ein Hirsekorn oder eines Hirsekornes Kern und doch größer als die Erde, größer als der Luftraum, größer als der Himmel und größer als diese Welten. Der Allwirkende, Allwünschende, Allriechende, Allschmeckende, dieses All Umfassende, Wortlose, Gleichmütige ist mein Selbst im innersten Herzen. Dies ist *das* Brahma. Wenn ich gestorben bin, werde ich zu ihm eingehen.» (H. v. GLASENAPP: *Die Philosophie der Inder,* 150.)

In ähnlicher Weise beendet UDDALAKA ARUNI in der *Chandogya-Upanishad* (6) die Unterweisungen an seinen Sohn Shvetaketu mit den berühmten Worten: «Was diese feine Substanz ist (sc. der Atman, d. V.), daraus besteht dieses All, das ist das (sc. letzte) Reale, das ist das Selbst (sc. das allen gemeinsam ist), das bist du (tat tvam asi), Shvetaketu.» (GLASENAPP, 151; vgl. A. HILLEBRANDT: *Upanishaden,* 98–131, S. 118.)

Die *Brihadaranyaka-Upanishad* (4, 3, 6) geht bereits so weit, die letzte Wirklichkeit rein geistig zu verstehen und das Ziel des Religiösen in der Erkenntnis der Einheit mit allem zu sehen. Wie der Mensch im Traum sich aus den Erlebnissen des Alltags löst und sich eine eigene geistige Welt erbaut, von der er im Tiefschlaf sich sogar noch weiter entfernt, bis daß er all die niederen, vielheitlichen Erscheinungsweisen des Atman hinter sich läßt und mit dem Atman «in seinem letzten, höchsten und unvergänglichen Zustand eins» wird, so nimmt der Mensch auf der tiefsten Stufe religiöser Erkenntnis «nichts von ihm Verschiedenes mehr wahr»; ihm wird alles zum eigenen Selbst. «Aus dem Tiefschlaf mit seiner Seligkeit kehrt er ... (zwar, d. V.) zwangsläufig immer wieder zum Zustand des Wachens zurück und verbindet sich wieder mit den Faktoren, über die er sich im Schlaf erhoben hatte ... Derjenige aber, bei dem alle Begierde geschwunden ist, der weiß sich schon in diesem Leben als das Brahma, und wenn er dahinscheidet, dann bleibt zwar sein Körper (wie die abgestreifte Haut einer Schlange auf einem Ameisenhaufen) zurück, das Unsterbliche an ihm, sein wahres Selbst, aber ist nur Brahma, lauter Licht.» (GLASENAPP, 152; vgl. A. HILLEBRANDT: *Upanishaden,* 53–97, S. 76–83.)

Auch in der *Bhagavadgita,* dem wohl wichtigsten Text des Hinduismus überhaupt, dessen Grundstock um 200 v. Chr. entstanden sein dürfte, ist der eine Allgott, der höchste «Purusha» («Mann»), der Urgrund von allem; er «ist mit einem Teil seines Wesens in allem enthalten (10,42), steht gleichzeitig aber als persönlicher Weltenherr hoch über allem. Er ist deshalb sowohl innerhalb wie außerhalb aller Wesen da (13,16), als immanent und transzendent zugleich. Er ist der ‹Behälter des Alls› (11,18), das ihn umgibt wie eine Perlenkette (7,7); zugleich aber durchdringt er alle Wesen, die in ihm ihre Wurzel haben (9,4). Geist (purusha) und Natur (prakriti) sind die beiden uranfänglichen ewigen (13,19) Erscheinungsweisen Gottes.» (Glasenapp, 171.) Das «Männliche» und das «Weibliche», die aus dem Bild im Höhlentempel von Elephanta in den Seitenansichten des in sich ruhenden Großen Gottes Shiva hervorgehen, lassen sich auch als die zwei Prinzipien von Geist und Materie verstehen, in denen die Gottheit sichtbar wird. Wir erfassen, meinte mit einem erstaunlich ähnlichen Gedanken B. Spinoza, von der unendlichen Gottheit nur die beiden Attribute des Denkens und der Ausdehnung, der *«res cogitans»* und der *«res extensa»*.

Tatsächlich erzählt denn auch die *Gita* davon, wie Gott, der Erhabene *(Bhagavat)*, in menschlicher Gestalt, als Krishna, auftritt; dieser gilt zwar als irdische Herabkunft *(avatara)* des Gottes *Vishnu*, doch bedeutet das keinen Gegensatz zu dem Kult und der «Theologie», die sich in Indien mit dem Gott Shiva verbinden. Die *Bhagavadgita* enthält eine Reihe von Lehren, die dem Zweck dienen, Erlösung aus dem Kreis der Wiedergeburten zu ermöglichen, wobei die vertrauensvolle Liebe (Bhakti) zu dem persönlich gedachten Weltenherrn eine beherrschende Rolle einnimmt; andererseits wird die Gottheit aber auch als *Brahma* bezeichnet, ein Ausdruck, der «für die unpersönliche Seite des Weltenherrn gebraucht» wird, ohne daß diese «aspekthaften Widersprüche» gedanklich ausgeglichen würden. Es ist erst Shankara (788–820), der in der «Alleinheitslehre» des *Vedanta* ein System erstellt hat, das in sich die verschiedenen Seiten der religiösen Überlieferungen zusammenzufassen vermag. Die Art, in der er das versucht, stellt eine Art indischer Synthese aus der Mystik Meister Eckharts und der Philosophie René Descartes' dar, eine Verbindung zwischen dem «Seelenfünklein» religiöser Erfahrung und dem «Ich denke» einer reflektierten Theorie der Erkenntnis.

Die Voraussetzung aller Erkenntnis, lehrt Shankara im Einklang mit der Grundüberzeugung auch des abendländischen «Idealismus», ist das Selbst, es ist das einzig Unbezweifelbare. «Wenn man sagt: ‹Ich bin es, der das gegenwärtige Sein erkennt, der das vergangene erkannte und der das zukünftige erkennen wird›, so liegt in diesen Worten, daß, wenn auch der Gegenstand des Erkennens sich ändert, der Erkennende selbst sich nicht wandelt, weil er in Vergangenheit, Gegenwart und Zukunft ist. Sein Wesen ist also ewige Gegenwart.»

Alle Vorstellungen mithin, die mit dem Brahma sich verknüpfen, sind identisch mit dem Selbst; und umgekehrt: das Selbst ist das Brahma. «Es ist seinem Wesen nach reines Erkennen, unwandelbar und nicht durch Worte zu definieren. Da es der Zeuge ..., d. h. das Subjekt aller Erkenntnis ist, kann es nie zum äußeren Objekt derselben werden.» Einzig der religiösen Versenkung ist es zugänglich. Das Ziel des Vedanta ist es daher, die Identifikation des Einzel-Ich mit dem göttlichen Selbst bewußt zu vollziehen und, im Unterschied zu der flüchtigen Entwicklung des Schlafes, auf Dauer zu stellen, indem der Mensch sich von den falschen Anschauungen über das Wesen der Dinge freimacht und sich aus den schädlichen Identifikationen mit ihnen löst. Es ist dabei gleichgültig, ob der «Weltenherr», ob *Ishvara,* als Vishnu, Shiva oder zunächst als ein überlegenes, vom menschlichen Bewußtsein getrenntes, persönliches Wesen verehrt wird; gleichwohl ist *Ishvara* in Wahrheit mit jeder Einzelseele identisch, – beide sind nur Erscheinungsweisen des All-Geistes, allerdings so, daß der *Ishvara* nicht an körperliche Empfindungen und Bedürfnisse gebunden ist; als «reine Vernunft» bedient er sich vielmehr seiner Allwissenheit, um den Prozeß der Weltausdehnung hervorzubringen und in Gang zu halten.

Näherhin verdeutlicht SHANKARA «die Nichtverschiedenheit des allwissenden höchsten Gottes von dem durch das Nichtwissen eingeengten verkörperten, handelnden und genießenden Selbst des Einzelwesens durch ein Bild aus der Fakirpraxis. Der Zauberer, der bewaffnet an einem Seil zum Himmel emporzusteigen scheint, den Blicken entschwindet und dann, nachdem er gekämpft, in einzelnen Stücken zu Boden fällt, die sich zu seiner Gestalt wieder zusammensetzen, ist nicht verschieden von dem Zauberer, der die ganze Zeit über ruhig und bewegungslos auf der Erde saß. Denn der von den Zuschauern nicht beachtete Yogi ist der einzige tatsächlich vorhandene, während der Yogi, der auf dem Seil emporzusteigen schien, nur eine Illusion ist, hervorgebracht im Geiste der unwissenden Zuschauer durch die Maya des Magiers.» (GLASENAPP, 191.)

Es geht also darum, die Illusion beziehungsweise die *Projektion* innerhalb des religiösen Bewußtseins *aufzulösen.* So wie jemand in der Dunkelheit glaubt, ein Mann stehe in seiner Nähe, während es doch nur ein Pfahl ist, auf den er irrtümlich die Vorstellung von einem Menschen übertragen hat, so auch in der Religion. Man mag den Ishvara als Shiva oder als Vishnu verehren, entscheidend ist allein die Entdeckung: «Er, der, im Denkorgan weilend, den Körper in Bewegung versetzt, er, der, in der Sonne weilend, alles erwärmt – er bin ich.» Der ans Ziel Gelangte, der Heilige, übersteigt sogar die Vorstellung von einem Gott, der alles hervorgebracht habe und durchwalte; denn der

Brahma ist das einzige Seiende, das alles umfaßt und durchdringt, «es hat keine Teile und kann deshalb nicht Teile von sich als Einzelseelen aus sich hervorgehen lassen; vielmehr sind Brahma, Seele und Welt vollkommen eins» (192).

Oder anders ausgedrückt: Jemand, der «leer» genug geworden ist, die Einheit seines Selbst mit der «Gottheit» zu erkennen, der kann auch nicht länger mehr zwischen der Gottheit und der Welt trennen. Es ist ihm nicht länger mehr möglich, Gott, den Ishvara, als eine persönliche Macht der Welt gegenüberzusetzen, vielmehr begreift er, daß alle personalen Qualitäten, die dem Absoluten zugesprochen werden, nichts weiter sind als anthropomorphe Beilegungen, als allzu menschliche Projektionen. (Glasenapp, 383.) Derjenige, der die «Gottheit» Meister Eckharts *vor* aller Schöpfung gefunden hat, bedarf nicht länger mehr eines Gottes als des «Schöpfers» der Welt. Er «leugnet» in gewissem Sinne die Wirklichkeit Gottes, um der göttlichen Urwirklichkeit des Alls und vor allem sich selber nicht länger im Wege zu stehen.

«Gibt» es also Gott? Gibt es ihn als Schöpfer? Ist die Welt seine Schöpfung? Oder sind all diese Vorstellungen nur Chiffren und Spiegelungen des menschlichen Bewußtseins, und zwar in eben dem Zustand, in dem es seiner selbst noch *nicht* bewußt geworden ist? Auf Fragen dieser Art läßt sich an dieser Stelle unserer Untersuchungen vorerst nur eine paradoxe Antwort geben.

Vom *Buddha* wird eine «schöne Geschichte» überliefert, die Bhagwan Shree Rajneesh (Osho) in seinem *Buch der Heilung* (10. Kap.: Sucht, S. 332–335) beschreibt: Eines Morgens fragte den Buddha ein Mann: «Gibt es Gott?» Der Buddha schaute ihm in die Augen und sagte: «Nein, es gibt keinen Gott.» – Am Nachmittag desselben Tages fragte ein anderer Mann: «Wie denkst du über Gott? Gibt es einen Gott?» Wieder sah er den Mann an und sagte dann: «Ja, es gibt einen Gott.» Ananda, der diese Unterweisungen hörte, war sehr verwirrt, doch mischte er sich nicht ein, – am Abend würde er den Buddha fragen. Doch noch vor Sonnenuntergang kam ein dritter Mann mit fast der gleichen Frage, nur etwas anders formuliert; er sagte: «Es gibt Menschen, die an Gott glauben, und Menschen, die nicht an Gott glauben. Ich selbst weiß nicht, wo ich stehen soll. Hilf mir.» – Gespannt lauschte Ananda, was der Buddha jetzt sagen werde, wo er an ein und demselben Tage zwei ganz entgegengesetzte Antworten gegeben hatte – eine dritte gab es doch nicht! Doch der Buddha gab eine dritte Antwort. Er sagte nichts, sondern schloß seine Augen. Es war ein schöner Abend. In dem Mangohain, in dem Buddha weilte, hatten sich die Vögel auf ihren Bäumen niedergelassen. Die Sonne war untergegangen, ein kühles Lüftchen regte sich. Als der Mann Buddha mit geschlossenen Augen dasitzen sah, dachte er, vielleicht ist das die Antwort, und so setzte er sich neben ihn und schloß ebenfalls die Augen. So verging eine Stunde, dann öffnete der Mann die Augen, berührte Buddhas Füße und sagte: «Wie groß ist dein Mitgefühl! Du hast mir die Antwort gegeben. Ich werde dir ewig dankbar sein.»

Noch verwirrter verlangte Ananda am Abend endlich nach einer Erklärung, und so antwortete ihm der Buddha: «Der erste Mann war ein Theist. Er wollte eine Bestätigung von mir – er glaubte bereits an Gott. Er war mit einer Antwort, einer fertigen Antwort gekommen, nur um sie sich von mir bestätigen zu lassen, damit er überall herumerzählen kann: ‹Ich habe recht, Buddha denkt auch so!› Ich mußte ihm nein sagen – nur um seinen Glauben zu zerstören ... Der zweite Mann war ein Atheist. Er war ebenfalls mit einer fertigen Antwort gekommen – daß es keinen Gott gibt –, und er wollte meine Bestätigung ... Zu ihm mußte ich sagen: ‹Doch, es gibt Gott!› Doch meine Absicht war die gleiche ... Keiner von beiden war ein Wissender, und keiner von beiden war ein demütig Suchender, sie waren beide in ihrem Vorurteil gefangen. Der dritte Mann war ein Suchender. Er hatte keine vorgefaßte Meinung, sein Herz war offen. Er sagte ...: ... ‹Hilf mir›, und die einzige Hilfe, die ich ihm geben konnte, war eine Unterweisung in stiller Bewußtheit. Worte wären nutzlos gewesen. Als ich die Augen schloß, verstand er den Hinweis. Er war ein Mann von einer gewissen Intelligenz – offen und verletzlich. Er schloß die Augen. Und als ich tiefer in die Stille eintrat, ... ließ auch er sich in die Stille hineinsinken, in die Bewußtheit. Nach einer Stunde schien es, als seien nur ein paar Minuten vergangen. Er hatte keine Antwort in Worten erhalten, aber er hatte die authentische Antwort durch die Stille erhalten: Kümmere dich nicht um Gott. Es spielt keine Rolle, ob Gott existiert oder nicht. Worauf es ankommt, ist, ob Stille existiert, ob Bewußtheit existiert oder nicht. – Wenn du still und bewußt bist, bist du selbst ein Gott. Gott ist nicht etwas weit von dir Entferntes; entweder bist du der Verstand, oder du bist Gott. In Stille und Bewußtheit schmilzt der Verstand; er verschwindet, und es enthüllt sich deine Göttlichkeit. Obwohl ich nichts zu ihm sagte, erhielt er die Antwort, und er hat sie in völlig richtiger Weise aufgenommen.»

Da haben wir diese beiden Momente religiöser Erfahrung: die Stille (= *Leere*) und die Bedeutung der *Zeit jetzt* (des *Augenblicks*). Doch wer oder was ist es, der oder das hier erfahren wird? Das eigene Selbst, gewiß; doch wird dieses «Selbst» gerade nicht in individueller Beschränktheit erfahren, sondern als etwas Unendliches, Umfangendes und Umfangenes, als eine undifferenzierbare Einheit, die nicht weiter definiert werden kann. Die Gottwerdung des Menschen und die Menschwerdung Gottes, aufgelöst in die mystische Sprache Meister Eckharts – hier ist sie Wirklichkeit, und sie entzieht sich notwendig jeder «Theologie» im Sinne der «christlichen» «Lehrtradition».

Sobald von «Gott» die Rede geht, verwandelt der Verstand diese Erfahrung des Absoluten augenblicklich in den «Gott, den es gibt», nur um dann herauszufinden, daß es diesen «Gott, den es gibt», sowohl «gibt» als auch «nicht gibt» – entsprechend der «transzendentalen Dialektik», die Kant so scharfsinnig analysiert hat. Die indische Alleinheitslehre hingegen zeigt uns als erstes, daß es eine mögliche und berechtigte Form des Religiösen gibt, die sich aus Gründen der Frömmigkeit und der Wahrhaftigkeit *weigert,* Gott als den «Schöpfer» der Welt zu verstehen und zwischen «Schöpfer» und «Schöpfung» zu unterscheiden.

Die Erfahrung der *Einheit* von allem, die *Überwindung* der ebenso naiven wie widersprüchlichen Vorstellung des Verstandes von einem Gott, der in der Evolution des Universums seine «Absichten» und «Pläne» «verwirkliche», die Verschmelzung des Bewußtseins mit einer Unendlichkeit, die schlechterdings «fraglos» *ist,* indem sie «Fragen» weder zuläßt noch beantwortet – *das* bildet eine religiöse Haltung, mit der *die meisten Naturwissenschaftler* heute, wenn irgend sie überhaupt für religiöse Fragen sich aufgeschlossen erklären, wohl ihr Auskommen und Einverständnis finden können. Jeder Blick durch das Fernrohr, jeder Blick durch das Mikroskop, jeder Blick in die Struktur ihrer Formeln zeigt ihnen eine nie geahnte Größe, Schönheit und Weisheit; nur daß sie sich weigern würden, diese Entdeckung mit dem Gott der Bibel und dem Dogma der christlichen Kirchen in Verbindung zu bringen. Wie aber, wenn ihr berechtigter Zweifel, wenn ihr vermeintlicher Unglaube ihnen den Weg zu einer Erfahrung öffnen würde, die in der «christlichen» «Lehre» von «Gott» sich allenfalls mit dem Anfangsteil des «Glaubensbekenntnisses» verbinden läßt: «Ich glaube an Gott, den allmächtigen …», und alles weitere wäre bereits eine unzulässige Eintragung: – von dem «Schöpfer des Himmels und der Erde, d. i. aller sichtbaren und unsichtbaren Dinge»? Gott und Himmel und Erde – das alles wäre eins in der menschlichen Seele, und es wäre *der Mystiker,* der findet, daß es gerade so sich verhält!

Wie man von diesem Gott, der *nicht* «Schöpfer» ist, sondern im Sinne Meister Eckharts die «Gottheit», auf «verständliche» Weise zu sprechen vermag, so daß es die Gültigkeit des Verstandes endgültig sprengt, hat, noch einmal, Osho gezeigt, als er Jesus-Worte im Neuen Testament auslegte (*Ich aber sage euch,* 2. Kap., S. 44–47): «Zwei Goldfische», schrieb er, «schwammen in einem Glasgefäß herum. Der eine verkündete griesgrämig, er sei ein Atheist geworden. ‹Gut, gut›, spottete der andere, ‹und jetzt erkläre mir bitte, wer das Wasser in diesem Gefäß gewechselt hat›.» Ebenso, meinte er, dächten die Gläubigen, daß Gott die Welt «geschaffen» haben müsse. Doch ist es nach allem Gesagten nicht eine unsinnige Idee, sich *Gott als die Ursache* und *die Welt als die Wirkung* zu denken? Hat nicht bereits ein kurzer Blick in die Geschichte der menschlichen Spezies auf dieser Erde gezeigt, daß ein Gott, der *diese* Welt erschaffen hätte, sich selbst *widerlegen* müßte?

«Gott», schrieb deshalb OSHO, «hat nicht die Welt erschaffen. Gott ist nicht wirklich ein Schöpfer. Es ist bei weitem besser zu sagen: Gott ist die Welt. Gott ist nicht der Schöpfer, sondern die Schöpferkraft.» Und als Inder fuhr er fort: «Im Osten haben wir uns Gott immer als Tänzer (sc. als *Shiva nataraja,* zum Beispiel im 10. Jh. in der südöstlichen Kultur der Chola, d. V.) vorgestellt, nicht als Schöpfer ... Warum? ... Gott ist kein Maler, denn wenn der Maler sein Gemälde malt, dann wird dieses Gemälde losgelöst vom Maler ... Gott ist kein Maler, Gott ist kein Töpfer, Gott ist ein Tänzer ... Im Tanzen sind der Tänzer und der Tanz eins; niemals können sie getrennt sein ... Der Tänzer ist der Tanz. Und wenn der Tänzer wirklich im Tanz ist, dann ist kein Tänzer mehr in ihm, alles verschwindet. Er ist einfach pure vibrierende Energie ... Der Tanz kommt zur Vollendung, wenn der Tänzer sich darin auflöst. Aber im selben Moment, in dem der Tanz aufhört, kannst du den Tanz nirgendwo finden, er ist nicht vom Tänzer getrennt.» «Gott ist nicht der Schöpfer der Welt. Gott ist ihre Schöpferkraft, ihre Seele. Er ist in den Bäumen und in den Felsen, in dir, in mir – er ist überall, er ist alles. Aber um diesen Gott kennenzulernen, wirst du deine Spekulationen aufgeben müssen. Denn, wenn er in dir ist, was gibt es da zu erraten? Warum gehst du nicht einfach nach innen? Komm an einen Punkt, wo kein Gedanke existiert, und du wirst wissen, was Gott ist.» «... nur wenn du kein Christ bist, kein Hindu, kein Jain, kein Buddhist bist, nur dann wirst du wissen, was Wahrheit ist.»

Wenn Gott «alles» ist, wie kann er dann das Monopol einer bestimmten religiösen Doktrin sein?

Der Tanz des Shiva, erläuterte HEINRICH ZIMMER (*Indische Mythen und Symbole,* 168–195; S. 169), sei «Ekstase, ... Realisierung der eigenen verborgenen Natur und endlich Verschmelzung mit dem göttlichen Sein».

«Als Naturforscher sind wir Pantheisten» – dieser eingangs zitierte Satz GOETHES umschreibt den «pantheistischen» Aspekt des Göttlichen wohl am besten. Und doch wußte gerade GOETHE, daß dies nur *ein* Aspekt des Göttlichen sein kann.

β) Der Gott, der als Liebe erscheint oder: «Wer mich sieht, sieht den Vater» (Joh 14,9)

Das schon genannte Problem nämlich wiederholt sich jetzt in bezug auf die «Trinitätslehre»: im Gegenüber der Natur allein ist es dem Menschen nicht möglich, «menschlich» zu werden oder zu bleiben; wir sagten: niemals dürfe ein Mensch mit einem Menschen so verfahren, wie die Natur es täglich tue; schon daß die Rede von «dürfen» und «nicht-dürfen» gehe, verrate ein neues «Prinzip», das im Verlauf der menschlichen Evolution aus der Natur herausgewachsen sei, das aber nun in Gestalt des Menschen etwas Neues, Andersartiges, geradezu Gefährliches begründe: das Vermögen, ja, den Anspruch, das einzelne Leben zu schützen, das Schwache zu schonen, das Hilflose zu unterstützen – und ins Grenzenlose zu *lieben.* Eine solche Haltung stellt, wie wir sahen, in den Maßen der Natur eine maßlose Übertreibung, eine kaum zu rechtfertigende Verzärtelung dar, und doch ist gerade sie es, die ein wichtiges Spezifikum der Geschichte der Menschwerdung bildet; – ohne dieses sich offenbar immer weiter verstärkende *Prinzip* der Menschlichkeit gäbe es uns nicht! Und so wird es mit Sicherheit weitergehen: Wenn irgend die Evolution des *homo sapiens* noch eine Weile andauert, so daß die allzu alten Reste unserer Psyche uns nicht durch einen jederzeit möglichen Artentod die Zukunft zerstören, so wird, sich selber immer weiter verstärkend, dieser *Faktor der Menschlichkeit* das Bild des künftigen Menschen, das Bild des Menschen der Zukunft mitprägen.

Man kann – um es noch einmal hervorzuheben – *nicht* sagen, da existiere ein Gott, der gerade diesen Weg der Evolution gewollt und planvoll arrangiert habe; aber es ist für uns Menschen unerläßlich, zur Begründung und zur Ermöglichung unserer Menschlichkeit ebendiesen Faktor, der uns selber bis in unsere biologische Erscheinung hinein geformt und ermöglich hat, als *göttlich* zu setzen und in das Bild des Göttlichen einzutragen. Gewiß, wir sehen in diesem ganz und gar menschlichen Bild der «Liebe» nichts weiter als den Reflex des «Besten» an uns selbst; doch indem wir zu der Projektionsgestalt vergöttlichter Menschlichkeit aufschauen, entwerfen wir uns selber als Wesen, die *in* der Natur zugleich anders sein könnten und sollten, als die Natur es in ihren Gesetzen «normalerweise» vorgegeben hat. Freilich lassen sich die Brücken der Gemeinsamkeit nicht übersehen: Wir erkennen uns wieder in der Zärtlichkeit, mit der ein Kätzchen seine Jungen leckt, in der Sorgsamkeit, mit der es sie, zwischen den Zähnen in der Hautfalte des Genicks festhaltend, vor einer möglichen Gefahr in Sicherheit bringt, und recht hat der Text eines Reklameplakates, das im Jahre 1997 auf vielen Straßen Frankreichs zu sehen war; es zeigte ein Schaf, das sich mit dem Kopf umdreht und sich seinem Jungtier zuwendet, und fragte: *peut on imaginer quelqu'un si tendre?* – kann man sich jemanden zärtlicher vorstellen? *Rückblickend* erscheint uns der ganze mühsame Weg durch das Inferno des Leids und der Grausamkeit fast schon wie gerechtfertigt, wenn er doch dahin geführt hat, *uns* selbst durch den schöpferischen Faktor der Liebe zu ermöglichen ...

Doch noch einmal: wir müssen uns hüten, mit einem retrospektiven Trick das, was geworden ist, als die Folge einer ursprünglichen *Zielsetzung* zu denken. Jede «Teleologie» führt die Theologie, die sich auf sie berufen möchte, selbst ins Absurde: kein Mensch und erst recht kein «menschlicher» Gott dürfte den Weg, den die Menschwerdung gegangen ist, sich auch von ferne nur einfallen lassen! Nur als das Resultat eines Zufalls haben wir diese Erde betreten. Auch die Religion kann diese Tatsache nicht hinwegerklären, indem sie eine falsche Notwendigkeit durch die Hypothese eines verborgenen göttlichen Willens und Weltenplans einführt; das einzige, was sie zu tun vermag, besteht darin, den Menschen seines eigenen, eigentlichen Wesens zu versichern.

Wir sagten bereits: An Gott zu glauben sei *unter diesem Aspekt* so viel, wie an die *Wahrheit* zu glauben oder an die *Schönheit* oder an die *Gerechtigkeit.* All diese Vorstellungen sind *menschlichen* Ursprungs; sie haben sich im Verlauf der Evolution als Teilmomente ihrer selbst ergeben, bilden aber in ihrer absolut gesetzten, im menschlichen Bewußtsein isolierten Form einen äußersten Kontrast zu den Grundgesetzen des Lebens im ganzen, für die das *«Lügen»* nichts weiter bedeutet als eine Strategie der Mimikry im Überlebenskampf, denen *«Gerechtigkeit»* erkennbar kein Anliegen sein kann und die, entgegen der Erwartung menschlicher Ästhetik, vieles hervorbringen, was nach unserem Empfinden eher *ekelig* und scheußlich denn als appetitlich und attraktiv anmutet.

An wen oder was also glaubt ein Mensch, wenn er an die Wahrheit, die Schönheit und die Gerechtigkeit glaubt?

Nicht an die Natur – sie ist anders und größer als all jene Teilerscheinungen, die *das* begründen, was wir Menschlichkeit nennen; aber auch an den Menschen nicht – er ist zu weit entfernt und noch gar zu klein, um *das* zu begründen, an was da geglaubt werden soll einer möglichen Menschlichkeit wegen. Da ist etwas Geistiges, Ideales, das *innerhalb des Selbst* vorausgesetzt werden muß, um den Menschen, der noch nicht ist, allererst hervorzubringen. In diesem Glauben wird nicht behauptet, von einem Gott der Liebe «erschaffen» worden zu sein, der Glaube an einen «Gott der Liebe» hat vielmehr den Sinn, daß kraft dieses Glaubens der Mensch seine Menschlichkeit selber erschaffe. – Allein in *dieser* Version mag der Gedanke eines *sich entwickelnden Gottes* seine Berechtigung haben; doch findet diese «Entwicklung» nach wie vor ganz und gar im menschlichen Bewußtsein statt; – das allein bereits zeigt, daß die Vorstellung von «Gott» im Rahmen einer solchen Konzeption gerade so viel meint wie in HEGELS *«Phänomenologie des Geistes».* Blieben wir bei dieser Auffassung stehen, so wäre «Gott» hier in der Tat nichts weiter als eine Erscheinung des Geistes für sich selbst, der seine «Wirklichkeit» darin setzte, seiner selbst bewußt zu werden.

Tatsächlich aber ist in dem Glauben an den Faktor der Menschlichkeit, an die Liebe, unendlich viel *mehr* «gesetzt», als in der Philosophie des Deutschen Idealismus (und aller ihm ähnlichen Systeme) «begriffen» werden kann. Stellen wir einander gegenüber: Ein Mensch kann nicht darauf warten, daß *die Wahrheit am Ende der Geschichte* «gewußt» werde, daß *die Gerechtigkeit* sich als *«Weltgericht»* einer Weltgeschichte einstelle, deren schlimmste Scheußlichkeiten immer wieder gerade damit legitimiert wurden und werden, daß sie «der Gerechtigkeit» dienten, oder daß *die Schönheit* am Ende über eine Welt triumphiere, in welcher alles, was in Natur und Kultur jemals hervorgebracht wurde, ganz sicher *der Vergänglichkeit,* das heißt der Auflösung und dem Zerfall preisgegeben ist.

Um die *Gerechtigkeit* zu leben, muß man *voraus*setzen, daß es sie gibt, selbst wenn sie in der menschlichen Geschichte, so wie wir sie bisher kennen, kaum oder gar nicht erreicht wird; da gilt es zu *glauben,* daß einem Menschen Gerechtigkeit widerfahre, selbst wenn über Jahrtausende hin das Urteil der menschlichen Geschichte einer mutwilligen Verzerrung oder, schlimmer noch, einem absichtlichen Verschweigen oder, noch schlimmer, einem einfachen Vergessen, einem Sturz seiner Existenz und Person in die völlige Bedeutungslosigkeit gleichkommt. Um in der menschlichen Geschichte *gegen* die menschliche Geschichte Gerechtigkeit zu glauben, bedarf es der Vorstellung eines gerechten Urteils, das über jedes noch so gering erscheinende Leben waltet, also *eines gerecht Urteilenden,* also eines Gottes *jenseits* der menschlichen Geschichte, denn nur diesem «Jenseits» verdankt die menschliche Geschichte die wenigen Perlen ihrer Menschlichkeit.

Und nicht anders *die Wahrheit:* – wie soll man sie glauben im Angesicht der offenbaren Erfolge der Lüge, die sich, oft genug – und nicht selten mit pragmatisch sehr plausiblen Gründen! – in das Gewand der Verantwortung hüllt? Man kann sie nur leben in der Überzeugung, daß es jemanden gibt, der das sieht, was im eigenen Leben wirklich stimmt, und der es besser kennt als sogar man selbst.

Und wiederum nicht anders mit der *Schönheit:* – welch ein Künstler, der an sie glaubt, indem er sein ganzes Leben ihr widmet, dürfte schon hoffen auf Anerkennung des Publikums, auf den Beifall der Menge, auf den «Erfolg» des Sichtbaren? Er muß etwas zu schaffen suchen um seiner selbst willen – weil es in ihm ideell bereits *existiert* und nur durch ihn zum Ausdruck zu kommen vermag.

«Das Wahre, das Gute und das Schöne sind eins», lehrte ganz richtig die mittelalterliche Scholastik, doch beging sie den Fehler, diese Lehre «seinshaft» zu begründen, statt das «Sein» des Wahren, Guten und Schönen in die Transzendenz des «Bewußtseins» des Menschen zu setzen. *Ontologisch,* in der Selbstauslegung des Seins, das der Mensch ist, erweist sich die Wahrheit und Gutheit und Schönheit als göttlich; rein *ontisch,* als Eigenschaft der Dinge, die sind, wie sie sind, existiert weder ein Wahres noch ein Gutes noch ein Schönes.

Und ganz in derselben Weise jetzt von *der Liebe;* von ihr sagten wir insbesondere: sie läßt sich nur leben in der Erfahrung und Vorstellung eines Liebenden, der all unser Dasein umfängt und trägt und nach dem wir suchen, solange wir sind.

Es steht zu erwarten, daß die «Antwort» der kirchlichen Theologie auf diesen Standpunkt dahin ausfallen wird, ein Ansatz wie der hier vorgetragene «subjektiviere» und «psychologisiere» «alles» in der Rede von Gott; etwas, das erst durch den Menschen in die Welt komme, könne nicht «Gott» sein. Aber gemach! Man darf den umgekehrten Satz nicht überlesen, der da lautet, daß es erst die – zugegeben: rein menschliche – Vorstellung der Wahrheit, der Gerechtigkeit, der Schönheit und der Liebe ist, die den Menschen als Menschen hervorbringt, so daß ein Mensch an *unendlich viel mehr* glauben muß, als er selbst ist, um er selber zu sein.

«Es grenzt oft an das Groteske», meinte, um den üblichen «Einwand» gegen die Bedeutung des Subjekts in der Religion zu widerlegen, ganz richtig vor einem viertel Jahrhundert bereits Karlfried Dürckheim in seiner Abhandlung über *Zen und wir* (S. 15), «mit welcher Naivität sich der von seiner Rationalität gefangene Mensch des Westens beurteilend und wertend dem Menschen und dem Wahrheitsgehalt von Religionen – seine eigene nicht ausgeschlossen – in einer Einstellung nähert, in der der existentielle Sinn der Religion verschwindet und nur die sichtbaren Hüllen, die Bilder und Formen, Formeln und Begriffe übrigbleiben, die – häufig verhärtete Interpretationen ursprünglicher Erfahrungen – nunmehr, ihrer lebendigen Quelle entfernt, irreführend und tot sind. Lebendige Religion, und nur als eine lebendige ist Religion wirklich, ist immer Antwort auf die existentielle Not und Sehnsucht des Menschen. Außerhalb derselben gibt es keine Religion und kein Verständnis für Religion. Aber sind heute nicht die Hüter der Religion, die Vertreter der Kirchen oft selbst in hohem Ausmaß der existentiellen Wurzel der von ihnen vertretenen ‹Lehre› entfremdet? Wie könnten sie sonst den Versuch der Rückbindung der in Kult, Dogma und theologischen Begriffen eingefangenen Offenbarung in die existentielle Voraussetzung des Glaubens, die Tiefe personalen Erfahrens und Geschehens, als eine gefährliche Psychologisierung des objektiven Gehaltes betrachten – so als habe der übermenschliche und überweltliche Gehalt der Religion des Menschen keinen Ansatzpunkt und keine Voraussetzung im Menschen selbst.» Und weiter: «Wo der Mensch nicht mehr mit dem Herzen auf die Verkündigung anspricht, wird sie zu einer Lehre, deren Gehalt man mit einem Salto mortale des Geistes glauben muß, oder zu einer Weltanschauung, deren Kohärenz und Gültigkeit den Prinzipien des Verstandes ‹unterliegt›. Wie wäre es anders möglich, daß in unserer Zeit Millionen von Menschen ihren sogenannten Glauben verloren, weil ihnen Dinge widerfuhren und in der Welt Dinge geschahen, die sie mit dem rational-ethischen Gebäude ihrer Vorstellung von der göttlichen Ordnung und der Gerechtigkeit Gottes nicht mehr in Einklang zu bringen vermochten.»

Dabei weist gerade der Zen-Buddhismus, den Karlfried Graf Dürckheim in zahlreichen Meditationszentren vor Jahren in Deutschland bekannt gemacht hat, auf eben jene Ergänzungsbedürftigkeit hin, von der wir hier sprechen. In einem Fernsehinterview erklärte K. Dürckheim selber einmal, daß seine «Bekehrung» zum Zen mit den Erfahrungen zu tun habe, die er im Ersten Weltkrieg beim Anblick des sinnlosen Sterbens vieler Tausender Menschen machen mußte: Wie ist es möglich, einen Standpunkt zu finden, der solchen Greueln standhält? – das war seine Frage. Die Antwort, die das Zen darauf gibt, ist gewiß gültig und groß, doch *über*erfüllt sie gewissermaßen ihre Aufgabe: Es ist möglich, in der «Gottheit», die identisch ist mit dem eigenen Selbst, zur Stille und Ruhe und Leere zu finden; aber es ist sehr schwer, ja (nahezu) unmöglich, in einer solchen Einstellung den unmittelbaren Protest *gegen* das Grauen, das ursprüngliche *Nein* eines entsetzten Gemüts angesichts all der Greuel, die nie zu beruhigende *Revolte* (A. Camus) *gegen* die Unmenschlichkeit wiederzufinden, in welcher alle Menschlichkeit gründet. Erscheint es am Ende nicht doch wie ein Ausweichen vor der konkreten Not der Geschichte, sich in eine Weisheit hinüberzubegeben, die selbst noch im Schützengraben, die selbst noch im Gasangriff, die selbst noch im Trommelfeuer der Hölle von Verdun ihre Ruhe und Unerschütterlichkeit zu bewahren vermag? Wie verbindet sich angesichts einer leidenden Welt religiöse Mystik mit menschlicher Pragmatik, ohne zynisch zu wirken? Welch ein Mensch, der seine Menschlichkeit bewahren will, möchte eigentlich so «weise» werden, wie KARLFRIED DÜRCKHEIM es im Rahmen zen-buddhistischer Grundhaltung vorstellt?

Das Problem, das sich hier zu Wort meldet, ist so alt wie die indische Religionsgeschichte selbst. «Für den, der sich in das höchste Brahma versenkt», bemerkt HELMUTH VON GLASENAPP (*Die Philosophie der Inder,* 155), «ist das vergängliche irdische Leben zu etwas Unwesentlichem geworden. Der Erkennende ist über alles Ethische hinausgewachsen. Ihn quält nicht mehr der Gedanke an das, was er getan oder unterlassen hat. Frei vom Bösen, frei von Leidenschaft und frei von Zweifel, beruhigt, beherrscht, gesammelt, ist er über alles Irdische erhaben. – Ein Text sagt deshalb von den Heiligen: ‹Den Atman als ihre Welt suchend, gehen sie auf die Pilgerschaft. Dies erkennend, begehrten die Vorfahren nicht nach Nachkommenschaft, indem sie dachten: ‚Was sollen wir mit Nachkommenschaft machen, wir, denen dieser Atman die Welt ist.' Da gaben sie das Verlangen nach Söhnen, das Verlangen nach Besitz, das Verlangen nach der Welt auf und zogen als Bettler umher.› (*Brihad-Aranyaka-Upanishad,* 4,4,22)». (Vgl. ALFRED HILLEBRANDT: *Upanishaden,* S. 86–87: Macht des Atman). Das Ziel des indischen Heiligen ist, entsprechend dem Geist der *Leere,* ein Handeln ohne Absicht, ein Sein ohne jegliches Haften an der Welt; doch was soll ein Leben, das in solcher Weise dem Leben gleichgültig geworden ist?

Ohne Zweifel stellt die Läuterung der eigenen Motive des Handelns ein hohes Ziel menschlicher Vervollkommnung dar; aber wenn die Vollkommenheit des Selbst schließlich in einer Selbstgenügsamkeit endet, die alle menschlichen Beziehungen als etwas nur Vordergründiges *entwertet,* welch ein Wert soll einer solchen Haltung dann selber noch zukommen? Unerläßlich ist es gewiß, sich zur reinen Leere des Göttlichen zu *erheben;* doch das eigentlich Schwierigere noch ist wohl eben darin zu sehen, aus der einmal gewonnenen Höhe in die Enge der irdischen Dinge *zurückzukehren* und die «*Doppelbewegung* des Unendlichen» durchzuführen, die SÖREN KIERKEGAARD unter «Glauben» verstand (s. o. S. 421).

Fragen wir also: Wie ist es möglich, das Unendliche nicht in der Abkehr vom Endlichen, sondern in einer Hinwendung zum Endlichen kraft des Unendlichen zu leben?

Das ist die *eigentliche* Frage *der Liebe:* In allem, selbst dem noch so gering

Erscheinenden, entdeckt sie den Wert einer *unendlichen* Kostbarkeit; in allem bringt sie ein Göttliches zum Vorschein; mit allem tritt sie in jenes Verhältnis ein, das von MARTIN BUBER, wie wir hörten, als eine Beziehung zwischen Ich und Du beschrieben wurde (s. o. S. 357).

Und eben an dieser Stelle ergibt sich die Ergänzungsbedürftigkeit der Mystik der Leere durch eine *umgekehrte,* in gewissem Sinne *gegenläufige* Bewegung der Existenz. Sie setzt den Aufstieg in das unpersönliche, unendliche Brahma, die Läuterung der Leere voraus, hebt sie dann aber auf, indem sie sich selber zum Personhaften, Gestalthaften, Endlichen hin vermittelt. «... zum unpersönlichen Absolutum des Vedanta, dem Brahma, kann man sich wohl in der Meditation erheben», bemerkte HELMUTH VON GLASENAPP vor Jahren in seiner Einführung in ein Lexikon über *Die nichtchristlichen Religionen* (S. 12), «man kann es aber, da es des Ich-Du-Verhältnisses entbehrt, nicht wie einen Gott oder einen Heiligen dazu veranlassen, einem Gutes zu tun»; man muß dieser ganz richtigen Bemerkung sogar noch hinzufügen: man kann auch in sich selbst unter solchen Umständen keinen Grund mehr erkennen, einem anderen Gutes zu tun; gewiß, es gibt kein Motiv mehr, von sich selbst her ihm Böses zu tun, doch ein Leben in Menschlichkeit verlangt offenbar mehr.

Die Geschichte des *Buddhismus* selber bietet an dieser Stelle ein wichtiges Vorbild. Hat nicht der *Buddha* selber auf seine eigene Erlösung bereits in dem Moment Verzicht getan, als er unter dem Baum der Erleuchtung sich erhob, um den unwissenden Menschen das Ende des Leids zu verkünden? Nicht der weltentsagende Heilige, der *Arhat,* sondern der *Bodhisattva,* dem die Liebe zu den leidenden Menschen wichtiger ist als selbst der Hinübergang in das Nirvana, wurde vor allem im *Mahayana*-Buddhismus zu der zentralen Leitgestalt eines aktiveren religiösen Ideals. Muß man dann aber den Weg nicht geradezu *in die entgegengesetzte Richtung zurückgehen,* den etwa die *Bhagavadgita* dem Hindu-Gläubigen weist?

In der *Bhagavadgita* wendet sich General Arjuna im Angesicht all seiner Verwandten, die er in der bevorstehenden mörderischen Schlacht wird töten müssen, an Krishna, in welchem ihm der Welterhalter Vishnu selber erscheint, und erklärt der Gottheit: «Kein Heil mehr seh ich, wenn im Kampf ich die Verwandten umgebracht ... Diese zu töten wünsch ich nicht, und sollten sie mich töten auch ... Die Sünde haftet uns an, wenn diese Gegner wir gefällt ... Wenn wir den eigenen Stamm gefällt, wie können wir je glücklich sein? ... O weh, wie schwere, sünd'ge Tat sind wir entschlossen hier zu tun, | Da aus Begier nach Thron und Glück wir morden wollen unsern Stamm!» (LEOPOLD VON SCHROEDER: *Bhagavadgita,* I 29–46, S. 27–28).

Die Antwort des Gottes darauf, die Belehrung, die er dem Kampfesunwilligen zuteil werden läßt, besteht im Grunde aus zweierlei: aus der Einsicht in die nur scheinbare Bedeutung alles Irdischen, und dann, neben der Läuterung von allen egoistischen Motiven, aus der Einschärfung des Tuns der Pflicht: «Du redest gut», anerkennt Krishna, «allein du klagst um die, die nicht beklagenswert, | Nicht Tote noch auch Lebende beklagt jemals der Weisen Schar. | Nie war die Zeit, da ich nicht war, und du und diese Fürsten all, | Noch werden jemals wir nicht sein, wir alle, in zukünftger Zeit! | ... Des Ewigen Vernichtung kann bewirken niemand, wer's auch sei. | Vergänglich sind die Leiber nur, – in ihnen weilt der ew'ge Geist, | Der unvergänglich, unbegrenzt – drum kämpfe nur, du Bharata! | Wer denkt, es töte je der Geist oder werde getötet je, | Der denkt nicht recht! Er tötet nicht, noch wird jemals getötet er» (a. a. O., II 11–19, S. 31).

Da erscheinen die lebenden Menschen als nichts weiter denn als Kräuselungen an der Oberfläche des ewig ruhelosen Meeres, und ihr Tod ist nichts weiter als das Verebben einer Welle im Ozean: – das Meer selbst gewinnt nichts und verliert nichts, wenn die eine Welle verlöscht und in einer anderen sich fortsetzt. Selbst ein Krieg, dieser ewige Brudermord unter einander zerstrittener Menschen, bedeutet hier nichts! Denn der Tod ist nur scheinbar, wenn die Seele der Menschen unsterblich ist, und das Kommen und Gehen einzelner Menschen auf der Bühne des Lebens bedeutet ebenfalls nichts, da sie alle nur die auswechselbaren Akteure des immer gleichen Dramas sind.

Zu Recht zitierte seinerzeit SARVAPALLI RADHAKRISHNAN, Philosoph und Staatspräsident Indiens, in einem bedeutsamen Kommentar zur *Bhagavadgita* den griechischen Philosophen PLOTIN (*Enneaden* III 2, 15): «Und wie auf den Bühnen der Theater, so muß man auch die Morde betrachten, die verschiedenen Arten des Todes, die Eroberungen und Plünderungen von Städten, alles als Veränderungen und Wechsel der Szenen, als bloße Darstellungen von Jammer und Wehklagen. Denn auch hier und in allen und jeden Wechselfällen des Lebens ist es nicht die innere Seele, sondern der äußere Schatten des Menschen, welcher klagt und jammert und alles tut, indem die Menschen auf der ganzen Erde als ihrer Bühne an verschiedenen Orten ihre Szenen aufführen» (S. RADHAKRISHNAN: *Die Bhagavadgita,* S. 116).

Es ist deutlich: Auch die Trauer und das Leid um den Tod nahestehender Menschen relativiert sich in dem gleichen Maße, da das irdische Leben als ein Gespensterzug bloßer Schatten sich selber relativiert; die üblichen Gründe zu Krieg und Kampf heben in dem Moment selber sich auf, da Furcht, eigensüchtiges Streben, Ehrgeiz und Machtgier keine Rolle im Handeln der Menschen mehr spielen, sondern endgültig in ihrer Eitelkeit und Sinnlosigkeit durchschaut sind. Wie aber steht es mit der *Verweigerung* des Krieges? Ist es wirklich wahr, wenn S. RADHAKRISHNAN (a. a. O., 111) schreibt: «Das Mitleid Arjunas hat nichts mit göttlichem Erbarmen zu tun»? und fortfährt: «Es ist eine Art der Nachgiebigkeit gegen sich selbst, ein Versagen der Nerven vor einer Handlung, welche die Verletzung seiner eigenen Leute fordert. Arjuna entzieht sich dieser Aufgabe in einer Stimmung sentimentalen Selbsterbarmens»? Wird nicht gerade mit diesem «Argument»: Mitleid sei «sentimentales Selbstmitleid», in allen Armeen der Welt auch heute noch unverändert bereits den 18jährigen die «Pflicht» der Bereitschaft zum Töten eingeschärft? «Arjuna äußert diese Worte in Angst und Liebe», schreibt selber S. RADHAKRISHNAN unmittelbar noch zuvor (S. 107). Doch wenn diese Aussage zutrifft, so muß die Frage lauten: Wie *rettet* man diese Angst und diese Liebe ins Leben? Es scheint dann unzureichend, nur zu fragen: Wie erlöst man diese Angst und diese Liebe von allen selbstischen Beimischungen?

Gerade die Erkenntnis der *Einheit von* allem und *in* allem verlangt nach einem entsprechenden Engagement auch *für alles.* Die kleinen «Wellen» des «Meeres» – sie sind unser Leben! Und eine «Weisheit», die davon zu abstrahieren, statt sich dahinein zu engagieren sucht, *vermittelt* nicht das Unendliche mit dem Endlichen, sondern sie erniedrigt alles Endliche zu einem bloßen Schemen des Unendlichen. Warum, muß man dann fragen, gibt es überhaupt eine Welt, wenn die unbeschaffene, mitleidlose Gottheit selbst sie nicht braucht? Wenn die Liebe nichts ist als ein Irrtum? Und das Leiden am Untergang von so viel Schönheit und Kostbarkeit nichts als eine Nervenüberreizung?

Alles an dieser Stelle des Problems ruft nach der Gestalt eines *Vermittlers.* Es muß eine *Person* sein, die den Dienst der *Vermittlung* zwischen dem Unendlichen und dem Endlichen, zwischen dem Brahma und Atman, zwischen dem Einen und den Vielen, zwischen dem Ewigen und dem Zeitlichen in sich verkörpert. NATHAN SÖDERBLOM hatte recht: an diesem Punkt beginnt das Göttliche, beginnt die Gottesidee, sich selber als eine «dreifaltige» zu *ent*falten.

Gesehen hat das RAIMONDO PANIKKAR, der Sohn einer katholischen Spanierin und eines hinduistischen Inders, verheirateter Priester der römischen Kirche, ein Ex-Opus-Dei-Mitglied und heute einer der freiesten Theologen Roms. In seinem Buch *Der unbekannte Christus im Hinduismus* (III 7, S. 144) sagt er: «Das Dogma von der Trinität erweist sich als die unerwartete Antwort auf die unvermeidliche Frage nach dem Vermittler zwischen dem Einen und der Mannigfaltigkeit, dem Absoluten und dem Relativen, zwischen Brahma und der Welt. Dies ist meiner Ansicht nach nicht nur ein Problem des Vedanta, sondern letzten Endes auch eines anderer Kulturen. So entstehen beispielsweise das ‹Amr› (sc. Wort, d. V.) des Korans, der ‹Logos› des PLOTIN und der ‹Tathagata› des Buddhismus aus ähnlichen Bedürfnissen ihrer jeweiligen Tradition, nämlich ein ontologisches Bindeglied zwischen den beiden entgegengesetzten und offensichtlich nicht reduzierbaren Polen zu finden: dem Absoluten und dem Relativen.»

Es gehört zu der Struktur der menschlichen Bewußtwerdung, etwas Absolutes, Unendliches, Ewiges zu suchen, das die Welt als etwas nur Relatives, Endliches, Vergängliches erscheinen läßt – eine Mystik der Transzendenz, der Loslösung von allen Formen, einer Freiheit der Leere im Unbedingten; dann aber ist es die Frage, wie diese Abstraktion von allem Irdischen, in welcher der menschliche Geist seiner selbst in reiner Formlosigkeit inne wird, wieder zurückkehrt in diese Welt der irdischen Gestaltungen und in Freiheit sich festmacht im Endlichen; erst in dieser Rückwendung zu der Welt, wie sie ist, erhebt sich das wirkliche Leben, statt als ein bloßer Schein entlarvt zu werden, zu seiner eigentlichen Würde, indem es sich zur Darstellung und Erscheinung des Göttlichen verklärt. An dieser Stelle erst beginnt und in dieser Weltsicht besteht die Haltung der Liebe; sie ist der Grund aller *mythischen* Rede von Gott, die darin wurzelt, das Unendliche im Spiel der Endlichkeit, als Teil sinnlicher Erfahrung, darstellbar und aussprechbar zu machen.

Auch für *diese* Seite des Religiösen kann die indische Frömmigkeitshaltung als Beispiel dienen.

Man vergißt neben dem Bild des indischen Heiligen und der tiefsinnigen Weisheitslehre des Vedanta nur allzu leicht, daß Gestalten wie *Mahavira*, der Begründer des asketischen Ordens der Jainas, oder der *Buddha* selbst nicht allein durch das *Mahayana*-Ideal des *Bodhisattva* komplementiert und in gewissem Sinne auch wohl korrigiert werden, sondern daß es daneben zumindest *zwei* Gestalten des Göttlichen gibt, in denen der Gott Vishnu selber *inkarnierte* und im Hinduismus zur religiösen Zentralfigur von Anbetung und Versenkung wurde.

Da ist einmal VALMIKIS *Ramayana* aus dem 2. Jahrhundert vor unserer Zeitrechnung zu nennen, das in 24 000 Doppelversen die Geschichte von *Ramas* Kampf um die schöne, mondäugige Prinzessin Sita schildert, welche der böse Ravana in das Dämonenreich Lanka entführt hatte. (Vgl. CLAUDIA SCHMÖLDERS: *Das Ramayana des Valmiki*, Köln 1981.) Das mythisch-märchenhafte Epos enthält nicht nur eine zauberhafte symbolische Darstellung der Einheit des gefahrvollen und mühsamen Weges der Integration von Geist und Gefühl, von Verstand und Liebe, von Traum und Wirklichkeit, von «Männlichem» und «Weiblichem» in der Seele des Menschen, es ist zugleich ausgefüllt von wundervollen Meditationen sinnlicher Liebe und weiblicher Schönheit, etwa wenn (Buch V, 9–10, S. 187–191) der Affengeneral Hanuman den Harem Ravanas durchstreift und «jene Frauen» mit Nymphen vergleicht, die so schön sind «wie der bestirnte Himmel», oder wenn (Buch V, 32, S. 209–210) Sita beim Anblick ihres Retters sich sagt: «eine Qual ist meine Liebe, meine ganze Seele strömt zu ihm hin, ohne Ende mit seinem Gedenken beschäftigt, sehe und höre ich nur ihn allein. Ist es ein Wahn? … Aber ein Wahn kann keine Gestalt haben.»

Wie von selbst tritt beim Lesen dieser Texte die Vielzahl von Liebespaaren vor Augen, die auf den indischen Tempeln etwa von Konarak, Puri oder von Khajuraho dargestellt sind und die in ungehemmter Freizügigkeit die Liebe in all ihren Formen für eine Manifestation des Göttlichen selbst erklären, gleichgültig, ob dieses Göttliche den Namen des Windgottes Surya, des Welterhalters Vishnu oder des Weltenvernichters und -zerstörers Shiva trägt.

Tatsächlich wird die Beliebtheit Ramas womöglich noch übertroffen durch die Verehrung einer weiteren Inkarnation Vishnus, durch *Krishna.* Seine Liebe zu der Hirtin Radha und umgekehrt die Liebe Radhas zu ihm wurden immer wieder in erotisch-religiösen Liedern besungen, etwa wenn im 13. Jahrhundert der indische Dichter CANDIDAS Radha singen läßt:

Geliebter, du mein Odem, du mein Leben,
In dessen Dienst ich Leib und Seele mein,
Stamm, Namen, Ehre, Kräfte hingegeben,
Du Dunkler, bist des Weltalls Herr allein,
Zu dem die Yogis sich anbetend kehren.
Ich bin ein Hirtenmädchen, arm und klein,
Und weiß nicht, Herr, wie soll ich dich verehren.

Mein Ich vergaß ich in der Liebe Meer,
Ich opferte mich ganz zu deinen Füßen,
Du bist mein Pfad, du einzig bist mein Herr,
Dich anzuschauen will mein Geist genießen.
Die Welt mag sagen, daß ich schmutzig sei,
Das will ich als ein Unglück nicht beklagen,
Die Schmach um dich gleicht einer Perlenreih',
Die es ein Glück ist um den Hals zu tragen.

Ob rein ich bin, ob nicht, du weißt es nur,
Ich selber weiß nicht, was mir gut und schlecht ist. –
Spricht Candidas: Herr, folg' ich deiner Spur,
Mir Gut' und Schlechtes, beides gleich und recht ist.
(H. von Glasenapp: *Indische Geisteswelt,* 220.)

Da wird die Liebe zwischen Mann und Frau als eine autonome, absolute Macht besungen und gepriesen, die den Geliebten selbst als Zentrum der Welt und das Zentrum der Welt als Liebenden erscheinen läßt; alle «übersinnlichen» Deutungsversuche, die in der Urgewalt dieser Erfahrung nur ein spirituelles Verhältnis der Seele zu ihrem Gott – im Sinne der Mystik etwa der Theresa von Avila – erblicken möchten, sind der poetischen Kraft dieser Liebeslyrik entschieden fremd, so wie sie es gegenüber dem alttestamentlichen *«Hohenlied»* sind (vgl. Herbert Haag – Katharina Elliger: *Wenn er mich doch küßte...* Das Hohelied der Liebe, 94–107) und wie sie es schon gegenüber den unübertrefflichen altägyptischen Gesängen von der Begegnung zwischen dem Wind- und Geistgott Amun-Re und der Gemahlin des Pharao bleiben müssen (vgl. Siegfried Schott: *Altägyptische Liebeslieder,* 24–29; 89–91). Selbst die Verehrung der Frau, wie sie sich, asketisch verjungfräulicht, im Madonnenkult der römischen Kirche ausspricht, findet ihr weit ursprünglicheres, sinnlicheres Pendant im indischen *Shaktismus* (vgl. H. v. Glasenapp; a. a. O., 248–254), mit seinen wundersam erotischen Gesängen zu der Gemahlin Shivas, zu Parvati, als der Großen Mutter. Vollends der tibetanische *Tantrismus* betrachtet die menschliche Sexualität als einen zentralen Ort göttlicher Erfahrung und Läuterung.

In all diesen Variationen wandelt sich, wie man sieht, die religiöse Einstellung gegenüber dem Vedanta grundlegend; das Ziel liegt jetzt nicht mehr in der Verschmelzung des menschlichen Bewußtseins mit dem Weltgeist, das Ziel liegt jetzt in der Verschmelzung zwischen Ich und Du; die Versenkung in sich selbst öffnet sich nun zu personenhafter Begegnung; Selbstwerdung und Hingabe, Sichfinden und Sichverschenken, Meditation und Liebe treten nun als einander ergänzende Wege der Gottesbegegnung zusammen. Beides: die Unmittelbarkeit der Gotteserfahrung im eigenen Selbst und die Vermittlung des Göttlichen im Du eines anderen, äußert sich in den Bildern der indischen Religionsgeschichte in der Vorstellung von dem unpersönlichen Brahma und dem personhaft erscheinenden Vishnu oder in der wechselseitigen Liebe zwischen dem Gott Shiva und seiner Gemahlin Parvati (H. Zimmer: *Indische Mythen und Symbole,* 152–165); doch vor allem in dem Symbol des *göttlichen*

Mittlers (Rama, Krishna) weisen diese Chiffren auf die Notwendigkeit hin, die abstrakte, leidenschaftslose Leere des Selbst mit der Erlebnisfülle der Liebe persönlichen Lebens zu vereinen.

Damit besitzen wir in der Tat, wie R. PANIKKAR es vorschlägt, zugleich auch einen wichtigen Schlüssel zur Deutung der «christlichen» Dreifaltigkeitslehre, in welcher «Christus» als der Mittler zwischen Gott und Mensch betrachtet wird. Die Frage ist dabei nicht entscheidend, ob und in welchem Sinne Jesus selber historisch sich als einen solchen «Mittler» verstanden haben könnte. (Vgl. A. OEPKE: *mesitäs,* Mittler, in: Theologisches Wörterbuch, IV 602–629.) Der Ausdruck selber erscheint bei Paulus in *Gal 3,19–20,* doch gehört er dort ganz und gar in den Zusammenhang der paulinischen Theologie: da das Gesetz durch Moses gegeben wurde, drückt es nach der Vorstellung des Apostels *nicht* den unmittelbaren Gotteswillen aus! Erst in dem (nicht-paulinischen) Brief *1 Tim 2,5–6* ist der Begriff des «Mittlers» verchristlicht worden: durch Jesus, so wird dort gelehrt, hat sich der Heilswillen Gottes auf alle ausgedehnt. Hellenistisch gewendet, taucht der Begriff noch in *Hebr 8,6; 9,15; 12,24* auf, wo Jesus als Mittler des neuen göttlichen Bundes verstanden wird. Mit der ursprünglichen Botschaft Jesus, die wesentlich der *Unmittelbarkeit* eines Gottesverhältnisses des Vertrauens gewidmet war, ist die Vorstellung einer solchen Mittlerschaft thematisch freilich schwer zu vereinbaren; allenfalls im Sinne der mythischen Auffassung der Apokalyptik von der Rolle des kommenden «Menschensohnes» mag man gewisse Momente einer vorbereitenden «Vermittlung» des kommenden «Gottesreiches» im Auftreten Jesu erkennen. (Vgl. *Jesus von Nazareth,* 565–572.)

Entscheidend indessen ist, daß von dem Augenblick an, da man Jesus mit dem Königstitel eines «Messias» (des «Christus») benannte, seine Funktion als Mittler zwischen Himmel und Erde gewissermaßen «amtlich» festgeschrieben wurde. (Vgl. *Jesus von Nazareth,* 572–589.) Will man diese Entwicklung des Jesus-Glaubens über die zeitgeschichtlichen Bedingtheiten ihrer Entstehung hinaus heutigem Denken plausibel machen, so gewiß nicht mehr durch Rückgriff auf die alte «Offenbarungstheologie»; wohl aber kann man *psychologisch* sagen, daß die Unmittelbarkeit von Vertrauen und Liebe nur zustande kommen kann durch die «Vermittlung» einer anderen Person, die mit *ihrem* Vertrauen und mit *ihrer* Liebe die eigene Person umfängt und begleitet. Es versteht sich von selbst, daß mit einer solchen Person die ursprünglichen Sehnsüchte eines Kindes nach Mutter und Vater wie von selbst sich verbinden, und doch bleibt es klar, daß der «Mittler» selber nicht Vater, nicht Mutter ist; in ihm *verkörpert* sich lediglich etwas von dem, was in den Gestalten von Vater und Mutter gesucht wurde, um zu sich selbst und ins Leben zu finden (s. o. S. 355). Erst wenn man diese einfache menschliche Erfahrung der Psychologie in die Sprache griechischer Metaphysik übersetzt und als kirchliches «Dogma» zum verbindlichen «Glaubensinhalt» erklärt, entstehen die Schwierigkeiten der «Dreifaltigkeitslehre», die so viele Menschen heute von der Botschaft Jesu abhalten.

Wie einfach ist es noch, die Worte des *Johannes*-Evangeliums (14,9) zu verstehen, in denen Jesus sagt: «Wer mich sieht, sieht den Vater»? Da «ist» Gott nicht «der Vater», er *wird* es eigentlich erst für den, der auf die Person und die Lebensweise Jesu schaut; denn erst in der Nähe des Mannes aus Nazareth beginnt ein Vertrauen zu wachsen, das sich in einem Absoluten der Liebe, also in einem absolut Liebenden festmacht; und dieser absolut Liebende gewinnt Gestalt in der Person Jesu. Das und nichts anderes ist der Sinn des «Inkarnations»-Dogmas. In der Sprache des Mythos ausgedrückt: Gott als der «Vater» wurde Mensch in seinem «Sohne». Übersetzt man die projektive Vorstellungsweise des Mythos wieder zurück, so lautet derselbe Satz: Gott wird (in der Sicht des Menschen) zu einem «Vater» in der Nähe eines Menschen, der vertrauensvoll und gütig genug lebt, um uns mit uns selbst und dem Ursprung des Daseins als einem gütigen zu versöhnen.

Die «Argumentationsweise», der wir hier folgen, entspricht in etwa dem Muster, das bereits in der scholastischen Erkenntnislehre entwickelt wurde, nur daß wir es hier von der Seite der religiösen Erfahrung her entwickeln. Alle menschliche Erkenntnis, lehrte in seiner THOMAS-Interpretation KARL RAHNER (*Geist in Welt*, ²1957), bestehe im Grunde in zwei Vorgängen: in dem Vorgriff des Geistes auf das Sein selbst und dann in der Hinwendung zum konkreten Vorstellungsinhalt – in lateinischen Worten: im *excessus ad esse* und in der *conversio ad phantasma.* Ein vergleichbares Schema unterlegte die mittelalterliche Theologie auch ihrer Betrachtung der menschlichen Geschichte: In der Schöpfung sah sie einen «Hervorgang» *(exitus)* Gottes und in aller geschichtlichen Bewegung eine Rückkehr *(reditus)* zu ihrem Ursprung; der «Sohn» (Jesus Christus) erschien von daher als «Urbild von Zeitlichkeit und Zeit», wie MAX SECKLER es in seiner geschichtstheologischen Arbeit (*Das Heil in der Geschichte,* 4. Kap., 6., S. 106–108) genannt hat: «Der menschgewordene Sohn», schrieb er, «ist so der exemplarische Mensch, in dem die eigentliche Möglichkeit des Menschseins zum Durchbruch gekommen ist.» Aber die Frage erhebt sich angesichts solcher Konzeptionen erneut, inwieweit eine derartige Umkehrung der Perspektive von der Theorie menschlicher Erkenntnis zu einer Theologie göttlicher «Offenbarung» überhaupt möglich ist.

Nach dem bisher Gesagten läßt sich der Zusammenhang nur weit vorsichtiger formulieren. Es ist uns nicht länger mehr möglich, als «trinitarisches Dogma» den «innergöttlichen Hervorgang des Sohnes aus dem Vater» zu verkünden, um hernach in heilsgewisser Zuversicht zu erklären, daß eben der Sohn, die «zweite Person» der Gottheit, der Logos, in der Gestalt des historischen Jesus von Nazareth «Mensch» geworden sei. Das einzige, was wir sagen können, ist dieses: Jemand, der sich auf die Haltung vertrauender Liebe in der Person und Botschaft Jesu einläßt, wird als Grund dieser Haltung und als Hintergrund seiner «Welt» etwas finden, das dieses Vertrauen ermöglicht und dieses Vertrauens wert ist; erst auf diese Weise erlangt die Gottheit, die sonst für menschliche Augen in unzugänglichem Licht wohnt (1 Tim 6,16), menschliche – väterliche, mütterliche – Züge. Da ist es nicht der «Vater», der den «Sohn» «zeugt», sondern es ist das «Zeugnis» der «versöhnenden» Botschaft Jesu, das die Gottheit «väterlich» erscheinen läßt. In der «Trinitätslehre» beschreiben wir demnach nicht die Geheimnisse des Göttlichen, wie es an und für sich besteht, wir bezeichnen lediglich die «Orte» grundlegender Erfahrungen, die Menschen mit dem Geheimnis des Göttlichen machen können.

Als «moralische» Personen sind wir «Monotheisten» – dieser Satz aus J. W. v. GOETHES *«Maximen und Reflexionen»* (Nr. 807) formuliert den *Aspekt des Mittlers* im Raum erfahrbarer Liebe vollkommen zutreffend.

γ) «Du weißt nicht, woher er kommt, noch wohin er geht, bei einem, der aus Geist geboren ist.» (Joh 3,8)

Wie nennt man jemanden, der, wie der Mann aus Nazareth, Menschen *notwendig* wird, um die Menschlichkeit zu gewinnen, nach der sie sich sehnen?

Die alten Begriffe der orientalischen Mythologie (König, Christus, Messias, Gottessohn) sind ebenso verweht wie ihre dogmatischen Festschreibungen in den Kontrastbegriffen der griechischen Philosophie (der Gottmensch, der inkarnierte Logos, die hypostatische Union: zwei Naturen in einer Person der dreifaltigen Gottheit, welche die Menschennatur angenommen hat ...); sogar die Bezeichnungen der Bibel wirken verbraucht: – Jesu Lieblingswort von dem «Menschensohn», der zum «Gericht» kommen wird, hat sich bereits auf dem Boden des Neuen Testamentes überlebt, einfach indem die apokalyptischen Fieberträume irdischer Verzweiflung und himmlischer Hoffnung angesichts des «baldigen» Endes der Welt sich aufzulösen begannen *(vgl. Jesus von Nazareth,* 565–572); andere Worte wie das «(Opfer)Lamm Gottes» oder «der Sohn» waren überhaupt von vornherein nur im Rahmen der johanneischen Theologie verständlich (*Jesus von Nazareth,* 535–537). Um *in der Gegenwart* zu bezeichnen, was die ehedem «göttlichen» Worte einmal gemeint haben, könnte man Jesus ganz einfach einen «Mittler der Liebe» nennen. Ein solches Wort dürfte natürlich nicht Anspruch erheben, das gesamte Beiwerk der dogmatischen Assoziationen aus der Sprachwelt der Spätantike zu vermitteln; doch würde ohnedies die Haltung des Glaubens mit einem bloßen Fetischismus fertiger Begriffe verwechseln, wer die kirchenkorrekte Verwendung «lehramtlicher» Termini bereits für einen Beweis von Frömmigkeit und Rechtgläubigkeit halten wollte (vgl. *Glauben in Freiheit,* I 161–173), – ein derartiges «Mißverständnis» des Glaubens dürfte keinen ernsten Einwand bilden. Eine wirkliche Schwierigkeit indessen läge nach wie vor darin, daß auch ein Wort wie «Mittler der Liebe» einer theologischen Kunstsprache angehörte. «Grund meines Vertrauens», «eine entscheidende Alternative zur Welt der Angst», «endlich eine Perspektive inmitten der Aussichtslosigkeit der Welt», «mein väterlicher Freund», «die ewige Jugend meiner Träume» oder «die Erfüllung all meiner Sehnsucht» – in solchen gewiß überschwänglichen, doch immerhin «normaleren» Worten ließe sich schon eher wiedergeben, was an ursprünglichen Erfahrungen religiöser «Mittlerschaft» mit der Person Jesu den «Glaubens»formeln der frühen Kirche und ihrer Konzilien einmal zu Grunde gelegen hat.

Aber ist denn die Bindung an den Mann aus Nazareth, die in solchen Wendungen zum Ausdruck kommt, nicht in sich selber schon eine Verfälschung seiner Absichten und seiner Botschaft? Hat nicht auch *sie* sich schon längst überlebt?

Wer einen *solchen* Einwand erheben wollte, träfe gewiß etwas sehr Wichtiges und Berechtigtes. Schon das Neue Testament hat die Predigt Jesu vom Reich Gottes in die Verkündigung von Jesus als dem «Christus», als dem «Gottessohn» *umgeformt.* Wie wenig jedoch der Mann aus Nazareth selber einer solchen Deformierung, ja, Pervertierung seiner Botschaft zugestimmt hätte, zeigt eine kleine Szene aus dem *Markus*-Evangelium (10,17–27): Da fragt ein Gesetzeslehrer Jesus nach dem wichtigsten («größten») Maßstab («Gebot») im Leben, und er redet ihn an mit den Worten: «Guter Meister»; doch sogleich korrigiert ihn Jesus, er will so nicht bezeichnet werden: «Wer denn ist gut außer ganz allein Gott?» entgegnet er (vgl. *Jesus von Nazareth,* 452–453). Nichts weiter wollte der Mann aus Nazareth diesen Worten nach sein als ein Hinweis auf diese alles verändernde, weil alles vergebende, grundgütige Macht, die er, wie ein Kind in den Gassen Galiläas, «Väterchen» (Abba) nannte. Nicht *er* wollte das Thema sein, *sein* Thema war Gott und die Not der

Menschen; dazwischen die Trennwände der Angst und der Daseinsverformungen *abzubauen,* bildete das ganze Ziel seiner «Verkündigung».

Im Sinne Jesu kann es daher nicht (gewesen) sein, Fragen der «Christologie» und der «Trinitätslehre» als Zollstätten am Eingang zum rechten Glauben einzurichten. Nicht *an* Jesus als den Christus (den «König») zu glauben war das, was der Mann aus Nazareth die Menschen lehren wollte, sondern *mit* ihm, *wie er,* Gott als die einzige bestimmende Macht im Leben (als den «König») gelten zu lassen – *das* und nur das war es, was er uns liebend und glaubend «vermitteln» wollte.

Wie also *löst* man sich wieder gerade von der Person, die auf dem Wege zu Gott, zu sich selbst, zu den Menschen ringsum von entscheidender Bedeutung geworden ist? Wie *befreit* man sich wieder von gerade dem «Mittler», auf daß er mit seiner Vermittlung nicht womöglich sich selber und uns zum Hindernis werde? «Ich bin der *Weg*», sagt selbst im *Johannes*-Evangelium noch (14,6) der «Christus», er sagt nicht: «Ich bin das Ziel». Erst die *Apokalypse* (22,13) sieht in ihm das «Alpha und Omega», den Ursprung und Endpunkt aller Entwicklung.

Wie stets, *kann* die kirchliche Sprechweise parodoxerweise als Antwort auch auf eine solche Frage von Nutzen sein, *wenn* man sie bildlich, statt «wörtlich» nimmt. Der «Geist», erklärt das kirchliche Dogma, gehe aus vom Vater und vom Sohne –; an genau dieser Frage kam es, wie schon erwähnt, zum Zerwürfnis zwischen den Kirchen des Ostens und des Westens (vgl. J. Brinktrine: *Die Lehre von Gott,* II, 72–92): Nicht sowohl Fragen der Frömmigkeit, als vielmehr Fragen der Verteilung der Macht zwischen Ost und West wurden da unter dem Wappen des Heiligen Geistes mit recht unheiligen Mitteln recht ungeistig verhandelt. Und doch ist das *Symbol* des «Hervorgangs» des «Heiligen Geistes» aus dem «Vater» und dem «Sohn» nicht durch «Zeugung», sondern durch «Hauchung» an sich nicht ungeeignet, eine mögliche Antwort auf die Frage nach der Loslösung von dem «Mittler» zu geben.

Vergessen wir einmal die nahezu grotesk anmutende Phantastik der dogmatischen Sprachgebärde des «Hervorgangs» und der «Hauchung» selber, in der sogar die Chiffre vom «Wehen des Windes» (Joh. 3,8) noch in die Metaphysik eines «innergöttlichen Mysteriums» hochideologisiert wird; dann bleibt gleichwohl das *Bild* selbst noch in Geltung: da wehe ein Wind herein vom «Vater» und «Sohn» – «ein Geist der Kraft und der Liebe und der Besonnenheit» (2 Tim 1,7).

Sagen wir zur Verdeutlichung so: Da bildet sich, wie durch ein «Geschenk», eine «Geistes»haltung aus, die den Menschen mit seinem Dasein «versöhnt», indem sie es ihm ermöglicht, den Weltenhintergrund, «das Umgreifende» selber wie «väterlich» («mütterlich») wahrzunehmen. In der Tat: Diese geistige «Wahrnehmung» «geht aus» von der Person des Mannes aus Nazareth, der dadurch selber als das «Wort Gottes» empfunden wird; sie «geht» aber auch «aus» von der «Gottheit», die jetzt überhaupt erst menschliche, «väterliche» Züge erhält. Sagen wir noch anders: Wer Jesus wirklich versteht, der erfährt sich selber von eben der Welt, die ihm bis dahin als so ziellos und zufällig, als so blind und so absichtslos erscheinen mußte, als persönlich gemeint; er sieht sich selbst als etwas Wesentliches, Berechtigtes, ja, Erwünschtes, und erst so beginnt er, an so etwas wie *«Schöpfung»* im eigentlichen Sinne zu glauben.

Denn noch einmal: Das Wort «Schöpfung» *erklärt nichts* im Naturverlauf, es *deutet* einzig einen Aspekt des menschlichen Daseins (es ist eine «hermeneutische», keine «kategoriale» Bezeichnung); dieser *«Aspekt»* allerdings ist nach allem Gesagten ganz entscheidend dafür, ob die Menschwerdung des Menschen wirklich gelingt.

Beide Aussagen sind wichtig.

Es ist nicht länger mehr möglich, in theologischer Selbstgewißheit mit der Lehre von der «Schöpfung» der Welt nach Gen 1,1 zu beginnen, um hernach im darauf folgenden Traktat zu der Lehre von der «Menschwerdung» überzugehen; vielmehr umgekehrt: Erst in der Erfahrung einer Liebe, wie Jesus sie lebte, wird der Gedanke einer «Schöpfung» durch eine gütige Macht überhaupt möglich; *unterhalb* davon bleibt nichts als die bittere Bilanz eines blinden Geworfenseins im Spiel eben jener Naturgesetze, die wir zumindest in den Grundstrukturen mit den Mitteln der Naturwissenschaften heute zutreffend zu erkennen glauben. Der «Schöpfungs»gedanke, in aller Klarheit gesprochen, *begründet* nicht die «Menschwerdung», vielmehr stellt er selber einen Eintrag des Menschlichen in die Wahrnehmung der Weltwirklichkeit dar. Der «Vater», der «Zeuger», der «Schöpfer», der «Allmächtige» – all diese Worte müssen als Kategorien des theologischen Verstandes unverständig und unverständlich bleiben; sie erhalten ihren Sinn allererst als *Bildworte* zur Deutung jener Erfahrung, in welcher ein Mensch aufgrund der Vermittlung eines anderen Menschen inmitten einer *natürlich* «unmenschlichen» Welt zu dem Eindruck seines eigenen Wertes gelangt. «Die Lilien des Feldes» (Mt 6,28–29) – erst jemand, der sie durch seine Zuwendung in ein *Gleichnis* für die Schönheit und Kostbarkeit des eigenen Daseins verwandelt, macht uns glauben, der Weltengrund selber sei gütig und schön.

Die ganze Zeit über haben wir uns gefragt, inwieweit wir den Glauben Jesu an Gott als den Vater als glaubhaft erweisen könnten. Die Antwort, die uns jetzt wird, ist recht eindeutig: Es gibt, wie wir sehen, *keine* Stütze für den Glauben an einen guten, «väterlichen» Gott in der Beschreibung der Welt; es ist *nicht* möglich, mit den Mitteln der Naturphilosophie beziehungsweise der «Schöpfungstheologie» zu der «Erkenntnis» eines «personhaften» Gottes aufzusteigen, der uns als personhafte Menschen «gewollt» und «gemeint» hätte. Um so mehr gilt, was aus dieser Negativfeststellung *positiv* folgt: Den Glauben Jesu *kann* man glauben, ganz wie die Bibel sagt: *«durch ihn», «mit ihm»* und *«in ihm»* – indem man, auf sein «Wort» hin versucht, *an seiner «Seite»* und *im «Schutz» seines Vorbildes* zu leben *wie er.* Die Existenzweise des «Glaubens» Jesu setzt als Glaube sich fort, indem sie eine gleiche *Existenzform* «begründet». *Dann* «gibt es» Gott, wenn wir die Welt selber als «Gabe» erleben, wenn wir spüren, daß es uns selber in dieser Welt geben darf, geben *soll,* und wenn wir in einem solchen Vertrauen fähig werden, einander uns selber zu geben –; ansonsten «gibt es» Gott nicht als den «Vater», den Jesus verkündete; ansonsten hat jener eingangs zitierte Soldat stellvertretend für alle, welche die Welt so erleben, vollkommen recht: Gott ist nicht in Stalingrad...

Psychologisch betrachtet, beruht der Glaube an einen «väterlichen» Gott ganz und gar auf einer *Identifikation* mit der Einstellung Jesu. Eine solche Identifikation jedenfalls ist es, die in dem mythischen Bild von der «Geistsendung» in *Joh 16,5–15.16–33,* an einer Zentralstelle der «Abschiedsreden», angesprochen wird: Unmittelbar *vor* seinem Tode, doch im Grunde bereits in der Souveränität seiner «Erhöhung», läßt *Johannes* seinen Jesus dort all jene Worte zu den Jüngern sagen, die sie trösten sollen, wenn sie auf der Welt «allein» sind: – Sie *werden nicht* allein sein, so versichert ihnen der scheidende Christus, vielmehr wird sein «Geist» und sein «Beistand» von ihnen Besitz ergreifen und sie «in alle Wahrheit einführen» (Joh 16,13). *«Wahrheit»* – das ist im *Johannes*-Evangelium so viel wie die «Unverborgenheit Gottes»: Gott als die väterliche, schützende Macht einer nie mehr zu verlierenden Geborgenheit wird sich den Jüngern mitteilen, eben indem sie Jesu «Geist» in sich aufnehmen... Beides wird in diesem Vorgang beschrieben: *die äußere Loslösung* von der Person des historischen Jesus, der bald schon in den Tod gehen wird, und *die innere Verschmelzung mit ihm,* der doch nur «fortging», um – als «Geist» – zu seinen «Jüngern» «zurückzukehren».

In den Begriffen der Psychoanalyse müßte man sagen: Die Trauerphase des «Objektverlustes» mit all den geschilderten Gefühlen der Angst, der Einsamkeit, des Selbstwertzweifels, ja, des drohenden Ichverlustes wird aufgelöst und abgelöst von einer um so stärkeren *Identifikation* mit der Person des Mannes aus Nazareth. Diese «Identifikation» besteht allerdings nicht in einem wahnhaften «Austausch» des eigenen Ichs gegen das Ich des «Gottmenschen», des «Mittlers», sondern gerade in einer *Stärkung der eigenen Person,* die sich von dem «Vorbild» Jesu, das im persönlichen Leben sein Nachbild findet, umfangen und getragen weiß. «Ich lebe, doch nun nicht ich, sondern Christus lebt in mir» sagt *Paulus* (Gal 2,20), um diese neue, alles verändernde Existenzform jenseits des «Gesetzes» auszudrücken. Da «gibt es» endlich *im Geiste Jesu* eine Erlaubnis zum Sein, die nicht länger «verdient» werden will; da erscheint «Gott», so wie Jesus ihn uns schenken wollte, als das Gegenüber einer «neuen» Schöpfung; und so erst erscheint Gott als der «Schöpfer» der Welt insgesamt, als der Ursprung einer «neuen Schöpfung» in allem.

Bildlich gesprochen, lassen sich Erfahrungen einer solchen *Identifikation mit* und *Loslösung von dem Mittler* wohl wirklich so ausdrücken, daß da ein «Hauch» vom «Vater» und vom «Sohne» «ausgeht». Wer die Botschaft Jesu vernimmt und in sich aufnimmt, den «umweht» es mild, der atmet in einem Klima der Geborgenheit und Freiheit, dessen «Geist» fühlt sich selbst bis zum Himmel erhoben. Er sieht sich, all die Menschen, die ganze Welt ringsumher *anders* als vormals; er entdeckt den Weltengrund neu; die «Leere» füllt sich mit «Liebe», und beide kommen in seinem Herzen zusammen als *«Geist»*.

Entscheidend ist in diesem Zusammenhang, daß der «Mittler» der «Liebe» *«vergeistigt»* werden muß, um in Trennung (Isolation) und Verschmelzung (Identifikation) die Selbständigkeit eines eigenen Lebens in einer eigenen Überzeugung zu begründen. Niemals führt die Erfahrung wirklicher Liebe zu Abhängigkeit und Unterwerfung, im Gegenteil, sie fördert und fordert wie nichts sonst die Entwicklung der eigenen Persönlichkeit. Die «Geistsendung», die (im Anschluß an Joh 19,30) in der kirchlichen Lehre dogmatisch zumeist mit dem *Tode* Jesu verbunden wird, läßt sich im Grunde als eine solche Verinnerlichung der Botschaft Jesu in einer eigenen, verselbständigten Existenz verstehen. *«Geist»* bedeutet als erstes eine solche Ermächtigung zum Selbstsein: – zum eigenen Denken, zum eigenen Fühlen, zum eigenen Reifen, zum eigenen Lernen; es bedeutet, den Grund seiner selbst in sich selber zu tragen; doch ist dieser «Grund» in sich selbst von außen vermittelt. Das «Reifen» der eigenen Person geschieht ähnlich dem Wachsen eines Baumes: er vertieft seine Wurzeln im Boden, während seine Krone nach allen Seiten hin sich entfaltet; er wechselt nicht mehr den «Standort», vielmehr je intensiver er lebt, desto tiefer gründet er an seinem Platz.

Eine gewisse Parallele zu den «christlichen» Vorstellungen findet die Frage der «Vergeistigung» des Vorbildes durch den Jünger in seiner Ablösung und in seiner Identifikation mit dem «Mittler» religionsgeschichtlich erneut vor allem im *Buddhismus.* Als der Buddha in Kusinagara starb, so wird überliefert, richtete er seine letzten Worte an seinen Lieblingsschüler Ananda; er sprach: «Es mag sein, o Ananda, daß euch folgender Gedanke kommt: Nun hören wir die Worte unseres Lehrers nicht mehr und haben nicht länger einen Meister. Aber so, Ananda, sollt ihr nicht denken. Die Lehre und die Ordenszucht, in der ich euch unterwiesen und die ich euch gegeben habe, sollen nach meinem Dahinscheiden euer Meister sein.» Und weiter sprach der Erhabene zu den Mönchen: «Es könnte nun sein, ihr Mönche, daß irgendeiner von euch einen Zweifel oder eine Unsicherheit in Hinsicht auf den Buddha, seine Lehre, seine Gemeinde, den Weg oder den (sc. achtteiligen, d. V.) Pfad besäße. Drum fragt, ihr Mönche, damit ihr euch nicht später von Reue erfüllt zu sagen braucht: ‹Als der Meister mitten unter uns war, da getrauten wir uns nicht, den Erhabenen persönlich zu befragen›!» Aber niemand von den Schülern fragt mehr den Meister – ganz wie im *Johannes*-Evangelium auch Jesus es seinen Jüngern vorausgesagt (Joh 16,23) und schließlich in dem Nachtragskapitel (Joh 21,12) eingelöst hat. Es gibt *keine Zweifel* mehr unter den Schülern der Gemeinde des Buddha, sie alle sind «in den Strom der Erlösung eingetreten», «unverrückt in der Erleuchtung». Deshalb «sprach der Erhabene weiter zu den Mönchen: ‹Nur noch eins, ihr Mönche, habe ich euch jetzt zu sagen: ‹Vergänglich sind alle Formen des Daseins, müht euch, ohne abzulassen.› Das war das letzte Wort des Vollendeten.» (Ernst Waldschmidt: *Die Legende vom Leben des Buddha,* 237–238) Für die Schüler, die noch nicht gänzlich erwacht waren, bedeutete der Tod des Buddha ein entsetzliches Erdbeben und einen lauten Donner, ähnlich wie auch das Neue Testament den Tod Jesu schildert (Mt 27,52; Lk 23,44); Ananda und der ehrwürdige Anuruddha indessen verbringen, im Wissen um die Unvermeidbarkeit der Auflösung aller Gestalten, gelassen und ruhig den Rest der Nacht «mit einer Besprechung über die Lehre» (a. a. O., 239); sie hat sich im Sterben des «Mittlers» nicht widerlegt, sie hat sich bestätigt.

Ein wichtiger Unterschied zwischen der christlichen und der buddhistischen Auffassung bleibt allerdings trotz des so hohen Maßes an Gemeinsamkeit bestehen: Während der Buddha endgültig in das Nirvana eingeht, geht der Christus des *Johannes*-Evangeliums hinüber, um seinen Jüngern «Wohnungen» zu bereiten (Joh 14,2.3); die Art seiner «Geistsendung» ist ein «Wiedersehen» (Joh 20,20), ein Wiedererkennen (Lk 24,31; Joh 21,7), eine neue, tiefere Form der *Begegnung.* Der *persönliche Faktor* hebt sich in der Sicht des Neuen Testamentes nicht auf, er verstärkt sich vielmehr. Was hinter dem Begriff der Person «eigentlich» steckt und wie er sich theologisch verwenden läßt, müssen wir in diesem Teil der Arbeit noch offenlassen; deutlich aber ist, daß mit der Betonung des Personalen, mit der Stärkung des Ich in der Vermittlung einer absolut gesetzten Zuwendung und Liebe auch der Faktor der Zeit, das Erleben von Geschichte, die «Synthese» des «Augenblicks», die wir als den dritten «Ort» religiöser Erfahrung beschrieben haben, sich grundlegend wandelt und das «trinitarische» Muster verändert.

Entsprechend der christlichen Dogmatik ist es eben der «Geist», der vom «Vater» und vom «Sohn» (beziehungsweise *durch* den «Sohn») «ausgeht», durch welchen das Einmalige und Unwiederholbare der Person *Jesu* übergeht in die Kontinuität des geschichtlichen Prozesses der Großgruppe «Kirche». Nun ist es, wie wir vorhin noch sahen, sehr die Frage, ob die real existierende («römische»!) Kirche sich zu Recht auf den «Messias» aus «Israel» berufen kann (s. o. S. 420) – jedenfalls scheint es außerordentlich problematisch, das Moment der Synthese im Augenblick, das in der existentiellen Erfahrung seine Geltung besitzt, *geschichtstheologisch* zugunsten der Begründung von «Kirche» («ekklesiologisch») auszumünzen. *Existentiell* trifft es zu: Nur eine Persönlichkeit, die in sich selbst genügend gefestigt ist, wird imstande sein, in eigener Entscheidung *die Folgen der Vergangenheit* für die Zukunft anzuerkennen und zugleich durch eine neue Stellungnahme das Vergangene in seiner Bedeutung zu verändern; einzig als eine solche Kette eigener Entscheidungen formt sich der Zusammenhang einer geschichtlichen Entwicklung. Doch nun: Gerade wer die Unableitbarkeit der Entscheidungen individueller Freiheit wirklich ernst nimmt, wird sich schwertun, daraus die «Kontinuität» eines «Geistbesitzes» «christlicher» «Kirchen» abzuleiten. Bereits auf der Ebene des Individuums ist die «Mystik» des «Augenblicks» unvereinbar mit jedwedem Interesse an «Planung» und «Organisation»; wie sollte sie da zur Begründung von Institutionen, Titeln, Ämtern und hierarchischen Rängen taugen?

Sehr schön hat HERMANN HESSE (*Stufen,* 202) einmal in dem Gedicht *«Erinnerung»* förmlich davor gewarnt, das Leben in der Hektik einer reinen Ausrichtung auf das Kommende zu vertun; er hat damit geradezu einen Leitfaden zur Entdeckung des *Geistes des Augenblicks* gegeben. Die ersten beiden Strophen seines Gedichtes *«Erinnerung»* lauten:

«Wer an die Zukunft denkt,
Hat Sinn und Ziel fürs Leben,
Ihm ist das Tun und Streben,
Doch keine Ruh geschenkt.

Das Höchste wäre: Leben
In ewiger Gegenwart.
Doch diese Gnade ward
Nur Kind und Gott gegeben.»

«Geistig» zu existieren bedeutet gerade, nach Art eines «Kindes» zu leben, beruhigt und vertrauensvoll, dem Augenblick zugewandt, unter den Augen eines Gottes, der selber menschliche Züge trägt. Es bedeutet *das Gegenstück* zu der Angstflucht in die Atemlosigkeit eines Daseins, das weder Vergangenheit kennt noch Zukunft will, sondern schon froh sein muß, wenn es von Zeitpunkt zu Zeitpunkt sich rettet, gleich einem Menschen, der über einem gähnenden Abgrund an einer Leiter von Sprosse zu Sprosse hangelnd sich zu retten versucht. Ein solches Leben bedeutet zugleich auch das Gegenstück zu einem Dasein, das von der Last der *Vergangenheit* derart gebunden wird, daß es in die Gegenwart gar nicht mehr zu gelangen vermag, sondern wie Lots Frau beim Starren nach rückwärts selber zur Salzsäule erstarrt (Gen 19,26), oder das umgekehrt in die *Zukunft* nach Art eines Mannes hineindrängt, der, je rascher er läuft, desto sicherer bei dichter werdendem Nebel seinen Verfolgern zu entkommen hofft. Nein, weder endgültig festgelegt durch das Vergangene noch beliebig offen für das Zukünftige, ergreift hier ein Mensch in innerer Einheit und Ruhe jeden Augenblick seines Lebens zu einer jeweils eigenen Stellungnahme und Entscheidung: Er ist «präsent», er wohnt im «hier und jetzt», er ist «ganz dabei», denn er ist «er selber» ...

Und doch gibt es hier eine Merkwürdigkeit: Immer wieder kann es geschehen, daß gerade ein solcher Mensch, eigentlich nur er, von dem Geschehen des Augenblicks, das er *er*greifen möchte, selber ergriffen *wird*. Beides offenbar ist «Geist»: das tragend Umgreifende und das herausfordernd Ergreifende, das leise Wehen des Windes und das alles mitreißende Brausen des Sturms.

Doch selbst *das Ergriffenwerden* im Augenblick teilt sich in zwei ganz unterschiedliche Erfahrungen. Die *eine* schildert J. W. v. Goethe in *Faust* (Vers 1699): «Wenn ich zum Augenblicke spräche: Verweile doch, du bist so schön ...» Da kann in einer wie zufälligen Begegnung das Moment eines Augenblicks alle Seligkeit verheißen und hebt sich selbst auf zur Ahnung der Ewigkeit. Das *andere* aber kann auch sein: Da führt ein einziger Augenblick zur Kondensation einer höchsten Energie nicht des Einklangs mit sich selber und der Umgebung, sondern vielmehr der Zerrissenheit mit sich selbst und des Kampfs und des Widerspruchs gegen alle Welt. «Und der Geist des Herrn fiel auf ihn und er wurde Richter in Israel» (Ri 3,10) – mit dieser Formel schildert in der Bibel vor allem das Buch der *Richter*, wie Gott in den Stunden der Bedrükkung seines Volkes Männer beruft, die als *Retter* auftreten. Plötzlich, wie in anfallartiger Trance, erlebt da ein Mensch seine «Erwählung»: – ein enormer Affektstau entlädt sich in einem Katarakt gewaltsamer Entscheidungen und drängt ihn zu einer alles erlösenden oder alles zerstörenden Tat. Und nicht anders die Berufung eines *Propheten* (vgl. E. DREWERMANN: *Tiefenpsychologie und Exegese*, II 355–377: Visionen zwischen Ich und Du): Auch über ihn kommt der «Geist» und nötigt ihn, in einem bestimmten Moment etwas zu sagen oder zu tun, das den Verlauf der Geschichte deutet und von den anderen als den Hörern und Augenzeugen eine eindeutige Stellungnahme verlangt. Das winzige Ich eines Menschen wird da hinausgeschleudert in die Weite des Ozeans seines eigenen Unbewußten, und es kann diese Fahrt durch den Sturm nur bestehen in dem Vertrauen, selber von einer absoluten Person am anderen Ufer «gerufen» zu sein; die Gefahr ist groß, dabei in die Irre gelockt zu werden!

In seiner ersten theologisch bedeutsamen Arbeit *Der Begriff Angst* (1844) hat SÖREN KIERKEGAARD ausführlich *das Dämonische* als «das Plötzliche» bestimmt (Kap. IV, § 2, 118–121); er hat damit eine Entdeckung der Psychoanalyse auf eine geniale Weise um mehr als ein halbes Jahrhundert vorweggenommen. Es kann sein, meinte KIERKEGAARD, daß ein Mensch aus Angst überraschend in einer «Äußerung der Unfreiheit» jegliche Kontinuität in seinem Leben vermissen läßt, oder vielmehr, daß er offenbarmacht, daß seine bisherige «Kontinuität» die Bewegung eines Kreisels war, der in hoher Geschwindigkeit um die eigene Achse rotierte. «Während das Leben der Individualität bis zu einem gewissen Grade in Kontinuität mit dem Leben dahingeht», schreibt KIERKEGAARD, «erhält sich die (sc. «dämonische») Verschlossenheit im Individuum wie ein Kontinuitätsabrakadabra, das nur mit sich selbst kommuniziert und deshalb beständig als das Plötzliche da ist» (119). Was dem dänischen Religionsphilosophen vor Augen stand, ist die Möglichkeit, daß jemand aus «Angst vor dem Guten» ohne jede Erklärung, in sich «verschlossen», mit äußerster Abwehr auf eine Möglichkeit reagiert, die er eigentlich als eine Chance zu seinem Glück ergreifen könnte. Übersetzt man das Phänomen, das KIERKEGAARD in diesen Worten als «dämonisch» beschrieb, in die Sprache der psychoanalytischen Neurosenlehre, so müßte man die «Verschlossenheit» als «Entzug der Wortvorstellung» beziehungsweise als Folge einer «Verdrängung» interpretieren, und das «Plötzliche» im Verhalten müßte man betrachten als einen (unbewußten) «Widerstand» (der Überichzensur), in dem sich der Mechanismus von Verboten und Ängsten verinnerlicht hat, die schon in Kindertagen wirksam waren.

Welch ein «Geist» also ist es, der sich, je nachdem, als Gott oder Dämon im «Augenblick» meldet?

Ein schwerwiegender Fehler der kirchlichen «Lehre» liegt darin, daß sie als Maßstab für «Göttliches» oder «Dämonisches» wesentlich sich selber setzt: Was der «Auferbauung» der Großgruppe Kirche genehm scheint, gilt ihr für «göttlich», das, was für sie schwer integrierbar ist, stellt sich ihr als «dämonisch» dar; die Prozesse im Unbewußten, die entweder so oder so wirken können, werden, je nach Wunsch und Laune, in dogmatischer Beurteilung entweder divinisiert oder dämonisiert; der Anteil kollektiver Projektionen und damit der Druck der Gesellschaft auf den Einzelnen wird dadurch eher noch erhöht statt verringert; die Psychologie der Tiefenschichten der Psyche wird – einmal mehr! – ersetzt durch eine unaufgeklärte «Theologie» oder «Dämonologie».

Tatsächlich aber geht es darum, sich *nicht* zunächst um die Auswirkungen eines bestimmten Verhaltens auf die Vor- oder Nachteile der «Gemeinde» zu sorgen, wie es *Paulus* (1 Kor 12,1–11) etwa getan hat; vielmehr kommt es darauf an, *den psychischen Hintergrund* des jeweiligen Erlebens zu erforschen und sich dann zu fragen, inwieweit das, was da geschieht, für den Einzelnen selber förderlich oder zerstörerisch wirkt, ob es der Erweiterung oder der Verengung seiner Persönlichkeit dient, ob es zur Integration oder zur Dissoziation seines Selbst beiträgt; hernach erst mag man sich fragen, was mit den Eigenarten eines Einzelnen sich in seinem sozialen Kontext anfangen läßt. Von einem «Teufel» oder «Dämon» ist dann gewiß gar keine Rede mehr; ein geistiges Geschehen indessen, das einem Menschen sein eigenes Leben zurückgibt und das von ihm selber wie eine «Wiedergeburt», wie eine Neuwerdung und wie ein Neuanfang erlebt wird, kann man durchaus als von Gott gewirkt betrachten; einen solchen «Geist» kann man sehr wohl für von Gott als dem «Vater» (und von seinem «Sohne») «gesandt» erachten. Denn je mehr die Person eines Menschen zu ihrer Einheit hin reift, desto mehr wird sie sich getragen und «angeredet» fühlen von einer Kraft, die durch die eigene Personwerdung selber personhafte Züge annimmt.

Ein wichtiger «kirchlicher» Maßstab für das Wirken von «Geist» müßte deshalb in der Frage liegen, inwieweit das Wirken und die Wirkung einer bestimmten Person und Persönlichkeit andere Menschen in ihrer Selbständigkeit und Eigenständigkeit bestärkt oder nicht. Je mehr ein Mensch selber Person ist, desto eher wird er die Personwerdung anderer Menschen an seiner Seite fördern; und umgekehrt: je weniger jemand ein eigenes Ich besitzt (je mehr er selbst seinem Überich verhaftet ist), desto zwanghafter wird er andere

Menschen den Interessen seiner Partei oder Institution zu unterwerfen suchen.

In seinem Buch *Die Mafia des Papstes* zum Beispiel hat ROBERT HUTCHISON den Gründer und die Strategie des Opus Dei auf eine Weise geschildert, daß der Leser bald begreift, wie sehr der brutale und hinterhältige Wille dieser römischen Geheimorganisation zur Anhäufung von Geld und zur Erringung von Macht gepaart ist mit einer elementaren *Furcht* vor der Freiheit des Menschen.

Schon FRANZ VON BAADER bemerkte in seinen *Jugendtagebüchern:* «Die ganze Philosophie des Gouvernierens ist diese: wahre und gute, nützliche Dinge bedürfen keiner Materialisierung durch positive Institutionen und bestehen und wirken für sich fort, z. B. Gesellschaft, Künste, Moral etc. Irrtum und Laster erhalten ihre größte Stärke durch Materialisierung, Autorisierung bei Institutionen, z. B. als Gesetz. Und dies letztere ist der große Schaden, der große Riegel unserer Vervollkommnungsfähigkeit, den nur Regierung hervorbringen kann. Sie ist also nicht im Stande, etwas Gutes, aber sehr im Stande, etwas Schlimmes zu tun, indem sie Torheit und Laster, sozusagen, unsterblich macht und ihnen eine Bestandheit gibt, die sie für sich nie haben können. – Hätten jemals die Regierungen sich bemüßigt, über physische und mathematische Meinungen des Publikums zu wachen, wie über politische und religiöse, wir würden ebensowohl Kriege für und wider die Differenzialrechnung haben, als wir sie für die Dreieinigkeit Gottes hatten» (*Erotische Philosophie,* 76).

Insofern fällt die soziale Wirkung «göttlichen» «Geistes» gewiß um so energischer aus, je mutiger in ihrer eigenen Person die Mitglieder einer Gruppe zu leben sich getrauen, und sie ist für um so schwächer zu erachten, als der «Korpsgeist» selber, als das archaische «Großich» der Gruppe, sich an die Stelle des Ichs der Person jedes Einzelnen setzt. Der Überhang des Organisatorischen, Institutionellen, Rechtlichen ist deshalb stets ein deutliches Indiz für die *Ohnmacht* des Geistes in einer Gruppe, und nichts könnte für ungeistiger und in *diesem* Sinne für *dämonischer* gelten, als daß, wie in der ideologisch erstarrten Kleriker-Kirche Roms, der «Besitz» und «Beistand» des Geistes Gottes nicht an die Person und an die Existenzweise lebender Menschen, sondern –: an ein Amt, an einen Titel, an die Institution eines «Priesters», eines «Bischofs» oder «Papstes» gebunden wird. Allein schon die notwendige Vermittlung durch die *Individualität* einer Person sowie die Bindung an die Unableitbarkeit des *Augenblicks* bedingen einen unüberbrückbaren *Gegensatz* zwischen der Dimension des *Prophetischen* und der «Ordnung» des kirchlichen «Offiziellen». Wo *dieses* immer wieder von innen her

Leben erzeugt, weiß *jenes* gegen die drohende Fäulnis eines seelenlos gewordenen Körpers stets nur den «Halt» des Äußeren: das ist die Versteinerung, die Konservierung im Mausoleum, zu setzen.

Es war in der Kirchengeschichte der Kirchenvater GREGOR VON NAZIANZ, der sich gegen den Vorwurf verwahren mußte, er führe, «die Gottheit des Heiligen Geistes behauptend, einen neuen und unschriftmäßigen Gott» ein; doch wie F. V. BAADER (*Über den christlichen Begriff der Unsterblichkeit*, 1835, in: Erotische Philosophie, 198–200) richtig feststellte: Sobald man auch nur «eine fortlaufende Offenbarung göttlicher Wahrheiten unter den Menschen» anerkennt, werden «in unseren Tagen unwissende Zionswächter» sich gewiß «nicht entblöden», gerade diesen Glauben an das Wirken des «Geistes» im lebendigen Menschen «als der Kirche gefährlich, ja, direkt gegen ihre Grundlage gerichtet auszugeben. Sie führen», fährt BAADER fort, «die Kirchenväter stets im Munde; wenn es aber gilt, in den Geist derselben einzugehen, da befällt sie Zittern und Beben vor dem Gedanken, einen lebendigen Geist in sich wirksam werden zu lassen ... Vergeblich zeigte ich ihnen, daß alles Lebendige, so wie es in die Zeit tritt, ... im ununterbrochenen Wachstum begriffen sein muß ... Vergebens erinnert, daß es z. B. schon TERTULLIANS Überzeugung war, daß jede Häresis den Zweck hat, entweder die Kirchenlehre zu einem neuen Fortschritt (in Wissen und Glauben) aufzufordern oder für das Versäumnis eines solchen Fortschrittes zu strafen ... – das Alles existiert nicht für die verstockten Götzendiener der Stagnation. Das Maß der Kirche soll nicht größer, nicht umfassender sein, als das bornierte Konzept, das sie sich von dieser Kirche gemacht haben. Wer dieses ihr borniertes Konzept angreift, um es zum höheren und tieferen, zum größeren und umfassenderen Begriff der Kirche zu erweitern, der greift die Kirche selbst an, denn *sie* sind die Kirche, *sie* sind die ganze Weisheit der Kirche.»

Mit der Lehre der drei Kappadozier (GREGOR VON NAZIANZ, GREGOR VON NYSSA und dessen Bruder BASILIUS VON CAESAREA) über die Gottheit des Geistes im 4. Jh. n. Chr. stehe es, gemessen an der einfachen Botschaft Jesu von dem Reich Gottes, das endlich nun in seiner Person gekommen sei, in den theologischen Einzelheiten und Komplikationen, wie es wolle. (Vgl. ADOLF VON HARNACK: *Lehrbuch der Dogmengeschichte*, II 263–268.) Wahr aber ist, daß die *Einheit* aus *Leere* und *Liebe* in einem *geisterfüllten Leben im Augenblick* einen *dritten* GOETHEschen «Aspekt» religiöser Erfahrung dem Bild des Göttlichen hinzufügt. (Zur Vorstellung des «Geistes» bei *Paulus* vgl. E. SCHWEIZER: *pneuma*, Geist, in: Theologisches Wörterbuch zum Neuen Testament, VI 330–453, S. 413–436; bei *Johannes*, vgl. S. 436–443.)

7. Vorläufige Zusammenfassung oder: Ausblick zwischen Hegel und Feuerbach

Damit hat der erste Durchgang unserer Überlegungen zu dem Verhältnis von Naturwissenschaft und Religion sich gerundet. Ausgehend von dem Bild eines «guten» («väterlichen») Gottes in der Verkündigung Jesu fragten wir uns, inwieweit das Bedürfnis des Menschen nach religiösem Glauben, wie wir es im 1. Band von *Glauben und Freiheit* entwickelt haben, in der Person und Botschaft des Mannes aus Nazareth eine glaubwürdige Antwort erfahre, sobald wir sie nicht mehr nur mit den Sehnsüchten des Menschen selber, sondern mit der «objektiven» Weltwirklichkeit konfrontierten. Die Herausforderung des Problems der «Rechtfertigung Gottes» (Theodizee) angesichts seiner «Schöpfung» führte uns als erstes zu der Frage, wie denn wir selber als Menschen «geworden» sind. Die biologischen und paläontologischen Daten der «Menschwerdung» zeigten uns einen solchen Kontrast zu den formulierten Dogmen des kirchlichen «Schöpfungsglaubens» nebst dem damit verbundenen Gottesbild und den entsprechenden Erläuterungen der überkommenen Theologie, daß es zu dem dringlichsten Problem wurde, wie vor dem Hintergrund der konkreten Fragestellung: «Wie wurde der Mensch, was er ist?» Religion und Naturwissenschaft überhaupt miteinander vereinbar sein könnten. Wenn sie es jemals wieder sein sollen, dann, so sahen wir, einzig, indem der Grund des Religiösen nicht länger im Urteil des Verstandes gesucht wird, sondern in den drei Erfahrungen, die seit alters in den verschiedensten Religionsformen und theologischen Ausdeutungen zum Zentralbestand *mystischen* Erlebens zählen: der Leere, der Liebe und dem Augenblick. In ihnen öffnen sich drei Zugangswege des Göttlichen, die in logischer Perspektive miteinander nicht vereinbar sind, die aber *aspekthaft* sich als zusammengehörig und als sich wechselseitig bedingend erweisen. (Vgl. EMMA BRUNNER-TRAUT: *Frühformen des Erkennens.* Am Beispiel Altägyptens, 155–158.)

Die Lehre von der «Dreifaltigkeit» Gottes, die im Verlauf der Kirchengeschichte eine so verhängnisvolle Rolle gespielt hat und bis heute jedes vernünftige Gespräch allein schon zwischen den «christlichen» Konfessionen und erst recht mit Muslimen und Juden erheblich belastet, geht offenbar auf eine Zusammenfügung dieser drei Aspekte zurück und ist wohl erst von daher ohne geistige und kirchenamtliche Gewaltanwendung ausdeutbar.

Dabei haben wir bisher allein den noch sehr schmalen Fragehorizont der *Abstammung des Menschen* – immerhin freilich *das* dogmatische Reizthema zwischen Theologie und «Darwinismus» in den letzten 130 Jahren – zur Diskussion herangezogen. Selbst innerhalb der paläontologischen Forschung verändert sich das Bild von der «Menschwerdung» beinahe täglich –, immer neue Funde und immer feinere Untersuchungsmethoden gewähren uns Einblicke in Details, die noch vor wenigen Jahren für einfach phantastisch gehalten worden wären; im wesentlichen aber, bezogen auf die Probleme, mit denen wir es in *religiöser* Absicht zu tun haben, ändert sich die Fragestellung nicht, sie zeigt sich eigentlich nur täglich klarer: Das ganze Ausmaß all der Zufälligkeiten und Grausamkeiten, ja, der bizarren Absurditäten, denen wir unser Dasein «verdanken», tritt immer deutlicher vor unsere Augen. Das einfache «Aussterben» des *Neandertalers* vor 35 000 Jahren, das Verschwinden des *Australopithecus* vor über 1 000 000 Jahren, dazwischen das Schicksal des ohne Zweifel bereits intelligenten *homo erectus* – was für ein Typ heutiger «Theologie», gepflegt an den «Universitäten» unter staatlicher Aufzucht und bischöflicher Aufsicht, hielte diesen Tatsachen stand?

Einem möglichen *Mißverständnis* müssen wir wehren. Alles Sprechen von Gott oder Gottheit bedeutet den Eintrag menschlicher Erfahrungen in die Wahrnehmung einer Wirklichkeit, die wir erfahren, aber nicht denken können, so sagten wir. Darin liegt zweierlei: Es ist, zum ersten, *nicht* möglich, die *Aspekte* menschlicher Zugangswege zum Göttlichen spekulativ als einen Prozeß göttlicher Selbstentfaltung und Selbstdarstellung zu deuten, wie G. W. F. HEGEL es in seinem großen Entwurf der *Phänomenologie des Geistes* und der *Logik* versucht hat. Wir sind bescheiden geworden. Es gibt keine Kunde des Weltgeistes selber, die wir kirchenamtlich verwalten könnten. Das einzige, was wir besitzen, ist eine *Sehnsucht,* wie wir sie im 1. Band von *Glauben in Freiheit* religionspsychologisch aus dem Gefüge von Angst und Symbolismus zu entwickeln versuchten, ist die *Mittlerschaft* einer Angstlösung durch die Person Jesu, wie wir sie im 2. Band unter dem Titel *Jesus von Nazareth* entfaltet haben, und ist um so mehr die *Enttäuschung und Schwermut* an einer Welt, die so wohl nicht ist, wie der «Christus» aus Israel sie uns und sich selber vorgestellt hat. Und dennoch bleiben, jenseits der Enttäuschung, als Trost aller Schwermut, jene drei Besinnlichkeiten, die wir religiös dem mystischen Weg aller Religionen verdanken: die Leere, die Liebe und der Augenblick. Die Dreiheit der Aspekte, die sich dabei ergibt, ist eine ganz und gar menschliche, sie ist hoch *«projektiv».*

Aber: geht daraus umgekehrt schon hervor, daß sie ganz und gar *subjektiv* ist, eine Form der Unwissenheit und der Entfremdung sich selbst gegenüber, wie LUDWIG FEUERBACH lehrte?

Die Religion ist nicht «objektiv», so viel steht fest –, es gibt keine Gottheit, die Religion benötigen würde; es sind einzig wir Menschen, die «Religion» haben, gar brauchen. Aber gibt es ein Subjektives, das wahnhaft genug wäre, durchaus nichts Wirkliches als nur sich selbst einzubilden? Wir sahen: Es ist nicht möglich, das religiöse Bewußtsein als eine einfache «Adaption» an die Wirklichkeit zu interpretieren; aber wenn sich zeigt, daß, mit F. M. DOSTOJEWSKI gesprochen, «die Überzeugung von der Unsterblichkeit für das Menschenleben ... unentbehrlich ist ...» (*Tagebuch eines Schriftstellers,* 1876, Dezember, 1. Kap., III. Unbegründete Behauptungen, S. 270), sollte man dann nicht sagen, «der» Mensch, das heißt: der Mensch, wie er heute ist, der *homo sapiens sapiens* der letzten 35 000 Jahre, *bedürfe* der Religion, und die Religion, deren er bedürfe, sei so «wahr» wie er selber – sie sei die Bedingung der Möglichkeit dafür, daß es «eine Wahrheit» des Menschlichen für uns überhaupt gebe? Nicht als Krankheitszustand des Bewußtseins, ganz im Gegenteil: als sein Medikament und als seine «Normalität» erschiene dann das Religiöse.

Freilich, wir stehen mit all diesen Überlegungen nur erst am Anfang. Noch haben wir nicht einmal die Grundgesetze der Evolution des Lebens auf unserer Erde kennengelernt; noch wissen wir nichts von der Geschichte unseres Planeten, unseres Planetensystems, nichts von den Grundgesetzen der Physik, mit deren Hilfe wir heute über den «Anfang» der Welt begründete Hypothesen aufzustellen versuchen. Kann es nicht sein, daß wir an jeder dieser Stellen unser bisher gewonnenes Bild von «Gott» und «Schöpfung» und «Vorsehung» und «Ziel» und «Sinn» noch einmal werden ändern müssen? Der «Gott» ALBERT EINSTEINS oder MAX PLANCKS – kann er uns als Theologen oder ganz einfach als religiös suchenden Menschen schlicht gleichgültig sein? Im *nächsten Teil dieser Arbeit* auf der Suche nach Gott werden wir hinabsteigen in die Krater der Vulkane und hinabtauchen in die Weiten der Tiefsee, werden wir die Museen der Welt besuchen, um den versteinerten Zeugnissen längst vergangenen Lebens zu begegnen, werden wir durch Mikroskope und Teleskope schauen, um die Urformen des Lebens und des Weltalls kennenzulernen, und wir werden uns fragen, was die logisch bislang unvereinbaren Grundgleichungen der Relativitätstheorie und der Quantenmechanik über das aussagen, was wir als die «Wirklichkeit» der «empirischen» «Welt» bezeichnen. Es wird dabei wohl sein, daß wir an dem bis hierher erarbeiteten Konzept einer dialogbereiteren «Theologie» in einem zweiten Teil dieser Arbeit noch manche Veränderung im Feld von Widerspruch oder Bestätigung werden vornehmen müssen; ein *weiterer*, in gewissem Sinne freilich noch wichtigerer Fragenkomplex aber eröffnet sich überhaupt dann erst: Was ist es «eigentlich» mit all den Begriffen, die in der heutigen (Kirchen)Theologie nach wie vor durch strenge Denktabus jeder Nachforschung entzogen sind? «Person», «Bewußtsein», «Freiheit», «Geist», «Seele», «Unsterblichkeit» – ohne derartige Worte scheint eine «christliche» «Gotteslehre» heute noch vollkommen undenkbar. Und doch, seit geraumer Zeit sind es naturwissenschaftliche Disziplinen, die sich der Untersuchung gerade dieser Begriffe annehmen. Das Gespräch zwischen Naturwissenschaft und Religion, seit langem in einem «Burgfrieden» «aufgehoben», ist gerade an diesen Stellen nicht nur unaufschiebbar, es ist so bedeutsam und so folgenschwer wie noch nie. In einem *dritten* Teil dieser Arbeit wollen wir es fortsetzen.

Anhang

Bibliographie

1. Philosophie

Anselm von Canterbury: Proslogion. Untersuchungen. Lat.-Dt., hrsg. u. übers. v. P. F. S. Schmitt, Stuttgart–Bad Cannstatt 1962.

Aristoteles: Metaphysik, aus dem Griech. v. F. Bassenge, Berlin O. 1990, bearb. v. R. Steindl.

A. Augustinus: Der Gottesstaat (De civitate Dei, 413–426), aus dem Lat. v. A. Schröder, in: Augustinus' ausgew. Schriften, Bd. 1–2, Kempten–München (BKV 15–16) 1911; 1914, eingel. v. J. N. Espenberger.

F. von Baader: Sätze aus der Erotischen Philosophie und andere Schriften. Aus den Schriften Franz von Baaders, hg. v. G.-K. Kaltenbrunner, Frankfurt/M–Leipzig (it 1320) 1991.

G. Berkeley: Eine Abhandlung über die Prinzipien der menschlichen Erkenntnis. (A Treatise concerning the Principles of Human Knowlege, Dublin 1710), nach der Übers. v. F. Überweg (1869) mit Einleitung, Anmerkungen und Registern neu hg. v. A. Klemmt, Hamburg (Philos. Bibl. 20) 1979.

T. Blixen: Moderne Ehe (1924), in: Moderne Ehe und andere Betrachtungen (Moderne aekteskab og andre betragtningen, Kopenhagen 1981), aus dem Dänischen von W. Brehlich, Nachw. v. H. Grössel, Frankfurt/M 1987, 7–31.

A. Camus: Der Mythos von Sisyphos. Ein Versuch über das Absurde (Le Mythe de Sisyphe, Paris 1942), übers. v. H. G. Brenner – W. Rasch (1950), Hamburg (rde 90) 1959, komm. v. L. Richter.

A. Camus: L'Homme révolté, Paris 1951; dt.: Der Mensch in der Revolte. Essays; übers. v. J. Streller; neubearb. v. G. Schlocker unter Mitarbeit v. F. Bondy, Hamburg 1953.

Nicolaus von Cues: Vom verborgenen Gott, übers. v. J. Peters, Freiburg 1956.

Nicolaus von Cues: Die Kunst der Vermutung, Bremen 1957.

R. Descartes: Die Meditationen (Meditationes de prima Philosophia, in quibus Dei existentia et animae humanae e corpore distinctio demonstrantur (1641), übers. v. A. Buchenau, Hamburg (Philos. Bibl. 27) 1954; in: R. Descartes, ausgew. u. eingel. v. I. Frenzel, Frankfurt (Fischer Tb. 357) 1960, 93–125.

H. Diels: (Hrsg.): Die Fragmente der Vorsokratiker, Hamburg (rk 10) 1957, nach der v. W. Kranz hrsg. 8. Aufl. eingel. v. G. Plamböck.

Epikur: Über die irdische Glückseligkeit, aus dem Griech. v. P. M. Laskowsky, München (GGTb. 683) o. J.

L. Feuerbach: Das Wesen des Christentums (1841), in: Werke in 6 Bden., hg. v. E. Thies, 5. Bd., Frankfurt/M 1975.

J. G. Fichte: Grundlage der gesamten Wissenschaftslehre (1794), hg. v. F. Medicus (1922), Hamburg (Philos. Bibl. 246) 1961.

A. Gehlen: Urmensch und Spätkultur. Philosophische Ergebnisse und Aussagen, Frankfurt/M–Bonn [2](neu bearb.) 1964.

J. W. von Goethe: Maximen und Reflexionen (1833, 1840), Text der Ausgabe von 1907, mit den Erläuterungen und der Einleitung Max Heckers, Nachw. von Isabella Kuhn, Frankfurt (it 200) 1976.

G. W. F. Hegel: Phänomenologie des Geistes (1808); hrsg. v. J. Hoffmeister 1937; Philos. Bibl. 114; Hamburg [6]1952.

G. W. F. Hegel: Wissenschaft der Logik, Nürnberg 1816; hrsg. v. G. Lasson, 2 Bde., Hamburg (Philos. Bibl. 56/57) 1963.

G. W. F. HEGEL: Vorlesungen über die Philosophie der Religion (Vorlesungen von 1821, 1824, 1827, 1831); Einf. v. Ph. Marheineke; hrsg. v. H. Glockner, in: Sämtliche Werke in 20 Bänden, Bd. 15–16, Stuttgart–Bad-Cannstatt [4]1965.

G. W. F. HEGEL: Die Vernunft in der Geschichte (Vorlesungen von 1822, 1828, 1830 sowie Zusätze aus dem Wintersemester 1826–27), hrsg. v. J. Hoffmeister, [5]1955 (Philos. Bibl. Bd. 171 a), Hamburg 1963.

G. W. F. HEGEL: Vorlesung über die Philosophie der Geschichte, hrsg. v. F. Brunstäd, eingel. v. Th. Litt; Stuttgart (reclam 4881–85) 1961.

M. HEIDEGGER: Sein und Zeit (1927), Tübingen 1963.

M. HEIDEGGER: Vom Wesen des Grundes (1928), Frankfurt/M [5]1965.

M. HEIDEGGER: Holzwege, Frankfurt/M 1950.

M. HEIDEGGER: Identität und Differenz, Pfullingen 1957.

G. HONNEFELDER: Was also ist die Zeit. Erfahrungen der Zeit (Frankfurt/M 1989), Frankfurt/M (it 1774) 1995.

E. HUSSERL: Die phänomenologische Methode. Ausgewählte Texte, 2 Bde., eingel. u. hg. v. K. Held, Stuttgart (reclam 8084–85) 1985.

K. JASPERS: Der philosophische Glaube (Gastvorlesungen, Basel 1947), Hamburg (Fischer Tb. 249) 1958.

I. KANT: Allgemeine Naturgeschichte und Theorie des Himmels, oder Versuch von der Verfassung und dem mechanischen Ursprung des ganzen Weltgebäudes nach Newtonschen Grundsätzen abgehandelt (1746), in: Werke in 12 Bden., hrsg. v. W. Weischedel, Frankfurt 1960, I 225–396.

I. KANT: Kritik der reinen Vernunft (1781), in: Werke in 12 Bden., hrsg. v. W. Weischedel, Frankfurt 1978, Bd. III–IV.

I. KANT: Grundlegung zur Metaphysik der Sitten, Riga 1785 (A); 1786 (B), in: Werke in 12 Bänden, hrsg. v. W. Weischedel, Frankfurt (Suhrkamp Verlag) 1968, Bd. VII, 7–102.

I. KANT: Kritik der praktischen Vernunft, Riga 1788; in: Werke in 12 Bden., hrsg. v. W. Weischedel, Frankfurt 1968, Bd. VII 103–302.

I. KANT: Kritik der Urteilskraft (A 1790), in: Werke in 12 Bden., hrsg. v. W. Weischedel, Frankfurt/M 1968, Bd. X.

I. KANT: Über das Mißlingen aller philosophischen Versuche in der Theodizee (1791), in: Werke in 12 Bden., hrsg. v. W. Weischedel, Frankfurt/M 1968, XI 103–124.

I. KANT: Die Religion innerhalb der Grenzen der bloßen Vernunft (1793), in: Werke in 12 Bden., hg. v. W. Weischedel, Frankfurt/M 1960–1964, Bd. VIII 645–879.

I. KANT: Die Metaphysik der Sitten. 1. Blatt: Die Metaphysik der Sitten; 2. Blatt: Metaphysische Anfangsgründe der Rechtslehre; Königsberg 1797 (A); 1798 (B), in: Werke in 12 Bänden, hrsg. v. W. Weischedel, Frankfurt (Suhrkamp V.) 1968, Bd. VIII 303–634.

S. KIERKEGAARD: Furcht und Zittern. Dialektische Lyrik, von Johannes de Silentio (Kopenhagen 1843), aus dem Dänischen übers. und mit Nachw. vers. v. L. Richter (S. Kierkegaard: Werke III), Hamburg (rk 89) 1961.

S. KIERKEGAARD: Der Begriff Angst. Eine simple psychologisch-hinweisende Erörterung in Richtung des dogmatischen Problems der Erbsünde, von Vigillius Haufniensis (Kopenhagen 1844), aus dem Dänischen übers. u. kommentiert v. L. Richter, Hamburg (rk 71) 1960.

S. KIERKEGAARD: Philosophische Brocken oder Ein Bißchen Philosophie, von Johannes Climacus (1844), aus dem Dänischen übers. u. mit Glossar vers. v. L. Richter (Kierkegaard, Werke V), Hamburg (rk 147) 1964.

S. KIERKEGAARD: Philosophische Brosamen (1844) und Unwissenschaftliche Nachschrift (1846), unter Mitwirkung von N. Thulstrup und der Kopenhagener Kierkegaard-Gesellschaft, hg. v. H. Diem u. W. Rest (Köln 1959), München (dtv) 1976.

S. KIERKEGAARD: Die Krankheit zum Tode. Eine christliche psychologische Entwicklung zur Erbauung und Erweckung, von Anti-Climacus; Kopenhagen 1849; übers.

ins Deutsche v. L. Richter, in: Kierkegaards Werke in 5 Bänden, in neuer Übertragung u. m. Kommentar vers. v. L. Richter, Hamburg (rk 71; 81; 89; 113; 147) 1960–64; Bd. 4 (rk 113) 1962.

S. Kierkegaard: Indövelse i Christendom. Af Anti-Climacus, Kopenhagen 1850; dt.: Einübung im Christentum, von Anti-Climacus, übers. v. E. Hirsch u. H. Gerdes, Werke XII, Düsseldorf–Köln [4]1971; in: Werkausgabe in 2 Bden., Bd. 2, 9–307, Düsseldorf–Köln 1971.

G. W. Leibniz: Die Theodizee (1710); übers. v. A. Buchenau, eingef. v. M. Stockhammer; Hamburg (Philos. Bibl. Bd. 71) [2]1968.

G. E. Lessing: Die Erziehung des Menschengeschlechts (1780), in: Werke in 2 Bden., hrsg. v. P. Stapf, Wiesbaden (Vollmer Verl., Die Tempel-Klassiker) o. J., II 975–997.

R. H. Lotze: Grundzüge der Logik, [5]1912.

Lukrez: Über die Natur der Dinge (de rerum natura), lat.-dt. v. K. Büchner, Zürich 1956.

F. Nietzsche: Also sprach Zarathustra. Ein Buch für alle und keinen (1883–1884: Teil I–III; 1885: Teil IV), Sämtliche Werke (Kröner 75), Stuttgart 1988, Nachw. v. W. Gebhard.

F. Nietzsche: Jenseits von Gut und Böse. Vorspiel einer Philosophie der Zukunft (1885), München (Goldmann 990, Ges. Werke in 11 Bänden, Bd. 8), o. J., Nachw. v. B. H. Bonsels; Sämtliche Werke, Stuttgart (Kröner 76) 1991, Nachw. v. W. Gebhard.

F. Nietzsche: Die fröhliche Wissenschaft (La Gaya Scienza, 1886), Nachw. v. W. Gebhard, Stuttgart (Kröner V. 74) [7]1986.

F. Nietzsche: Der Wille zur Macht. Versuch einer Umwertung aller Werte (1887); ausgew. u. geordn. v. P. Gast u. E. Förster-Nietzsche, Stuttgart (Kröner Tb. 78) 1964, Nachw. v. A. Baeumler.

F. Nietzsche: Der Antichrist (1888), in: Sämtliche Werke (Kröner 77): Wagner-Schriften. Der Antichrist. Ecce Homo. Gedichte, Stuttgart 1990, Nachw. v. W. Gebhard, S. 189–290.

F. Nietzsche: Die Unschuld des Werdens. Der Nachlaß, 2 Bde., ausgew. u. geordnet v. A. Baeumler, Stuttgart (Kröner V. 82–83) 1978.

B. Pascal: Pensées de M. Pascal sur la religion et sur quelques autres sujets, qui ont esté trouvées après sa mort parmy ses papiers, postum 1669; dt.: Über die Religion und über einige andere Gegenstände, übers. v. E. Wasmuth, Stuttgart [5](erw. u. neu bearb.) 1954.

Platon: Apologie, in: Sämtliche Werke in 6 Bden., übers. v. F. Schleiermacher, hrsg. v. W. F. Otto – E. Grassi – G. Plamböck, Hamburg (rk 1), 1957, 7–31.

Plotin: Enneaden (Neunheiten) (254 n. Chr.), aus dem Griech. v. R. Harder, überarb. v. W. Theiler u. R. Beutler, in: Ausgewählte Schriften, hg. v. W. Marg, Stuttgart (reclam 9479–81/81 a) 1973.

K. R. Popper: Objektive Erkenntnis, Hamburg 1973.

J. Rifkin: Uhrwerk Universum. Die Zeit als Grundkonflikt des Menschen (Time Wars, 1987), aus dem Amerik. v. M. Huber, München 1988.

J. P. Sartre: Das Sein und das Nichts. Versuch einer phänomenologischen Ontologie (L'être et le néant. Essai d'ontologie phénoménologique, Paris 1943), übers. v. J. Streller – K. A. Ott – A. Wagner, Hamburg 1962.

M. Scheler: Der Formalismus in der Ethik und die materiale Wertethik, 2 Bde., 1913, 1916.

F. W. J. Schelling: Philosophie der Offenbarung, 2 Bde., aus dem handschriftlichen Nachlaß hrsg. 1858, Darmstadt 1983.

R. Schneider (Hg.): Blaise Pascal, Hamburg (Fischer Tb. 70) 1954.

R. Schneider: Winter in Wien. Aus meinen Notizbüchern 1957–58, Freiburg 1958.

A. Schopenhauer: Die Welt als Wille und Vorstellung, 2 Bde. ([1]1818), hrsg. v. A. Hübscher; Sämtliche Werke, Bd. 2–3, Wiesbaden 1965; 1949.

A. Schopenhauer: Die Welt als Wille und Vorstellung, 2. Bd., welcher die Ergänzungen zu den vier Büchern des ersten Bandes enthält, hrsg. v. A. Hübscher; sämtliche Werke Bd. 3, Wiesbaden 1949.

A. Schweitzer: Kultur und Ethik. Unter Einschluß von: Verfall und Wiederaufbau der Kultur; München 1960.

L. A. Seneca: Über die Vorsehung (De providentia), in: Philosophische Schriften. Lat.-Dt., übers. u. hg. v. M. Rosenbach, Darmstadt 1976, 1–41.

D. de Spinoza: Die Ethik nach geometrischer Methode dargestellt (Ethica ordine geometrico demonstrata, 1677, postum), übers. u. angemerkt v. O. Baensch (1905), Hamburg (Philos. Bibl. 92) 1955, eingel. v. R. Schottlaender.

H. J. Störig: Kleine Weltgeschichte der Wissenschaft, 2 Bde., Frankfurt/M (Fischer Tb. 6398–99) 1970.

H. Vaihinger: Die Philosophie des Als-ob, 1. Bd.: Die Sprache, Berlin 1923; 2. Bd.: Das mythische Denken, Berlin 1925; Bd. 3: Phänomenologie der Erkenntnis, Berlin 1929; Index v. H. Noack 1931; Nachdruck: Darmstadt 1956–1958.

A. N. Whitehead: Process and Reality, New York 1929.

A. N. Whitehead: Abenteuer der Ideen (Adventures of Ideas, New York 1933), aus dem Amerik. v. E. Bubser, eingel. v. R. Wiehl, Frankfurt/M 1971.

L. Wittgenstein: Tractatus logico-philosophicus. Logisch-philosophische Abhandlung (1922), Frankfurt/M (sv 12) 1960.

Xenophanes: Die Fragmente, hg., übers. u. erl. v. E. Heitsch, München–Zürich 1983.

2. Jüdisch-christliche Theologie

A. Alt: Der Gott der Väter (1929), in: Kleine Schriften zur Geschichte des Volkes Israel, 3 Bde., München ^{3}1963, I 1–78.

G. Altner: ... den Schöpfer des Himmels und der Erde, in: Bekenntnis und Zeitgeist. Das christliche Glaubensbekenntnis neu befragt, hg. v. K. Hofmeister – L. Bauerochse, Würzburg 1977, 56–67.

H. U. von Balthasar: Theodramatik, II/1: Der Mensch in Gott, Einsiedeln 1969.

D. Bonhoeffer: Widerstand und Ergebung, hrsg. v. E. Bethge, Ch. Gremmels, J. Henkys (Das Werk in 16 Bden., Bd. 8), München.

F. Buggle: Denn sie wissen nicht, was sie glauben, 1995.

R. Bultmann: Das Evangelium des Johannes, Göttingen (1941) ^{14}1962.

R. Bultmann: Theologie des Neuen Testamentes (1958), Tübingen ^{4}1961.

H. Canczik: Die Rechtfertigung Gottes durch den «Fortschritt der Zeiten», in: Die Zeit (Veröffentlichungen der C. F. von Siemens Stiftung, hg. v. H. Gumin – H. Meier, Bd. 2), München–Zürich (SP 1024) 1989, 257–288.

H. Denzinger – A. Schönmetzer: Enchiridion Symbolorum, Definitionum et Declarationum de rebus Fidei et Morum, Freiburg ^{32}1963.

A. Dinter: Nur fressen und gefressen werden?, in: Publik Forum, Nr. 8, 25. 4. 97, 22–23.

E. Drewermann: Strukturen des Bösen. Die jahwistische Urgeschichte in exegetischer, psychoanalytischer und philosophischer Sicht.
1. Bd.: Die jahwistische Urgeschichte in exegetischer Sicht, Paderborn 1977; ^{2}1979, erw. durch ein Vorwort: Zur Ergänzungsbedürftigkeit der historisch-kritischen Exegese; ^{3}1981, erg. durch ein Nachwort: Von dem Geschenk des Lebens oder: das Welt- und Menschenbild der Paradieserzählung des Jahwisten (Gn 2,4b–25), S. 356–413.

2. Bd.: Die jahwistische Urgeschichte in psychoanalytischer Sicht, Paderborn 1977; [2]1980 erw. durch ein Vorw.: Tiefenpsychologie als anthropologische Wissenschaft; [7]1981: Neudruck der 2. Aufl.

3. Bd.: Die jahwistische Urgeschichte in philosophischer Sicht, Paderborn 1978; [2]1980, erw. durch ein Vorw.: Das Ende des ethischen Optimismus; [3]1982: Neudruck der 2. Aufl.

E. Drewermann: Tiefenpsychologie und Exegese, 2 Bde., Olten–Freiburg 1984–1985.

E. Drewermann: Das Markusevangelium. Bilder von Erlösung, 2 Bde., Olten–Freiburg 1987–1988.

E. Drewermann: Ich steige hinab in die Barke der Sonne. Alt-Ägyptische Meditationen zu Tod und Auferstehung in bezug auf Joh 20/21, Olten–Freiburg 1989.

E. Drewermann: Kleriker. Psychogramm eines Ideals, Olten 1989.

E. Drewermann: Das Matthäusevangelium. Bilder der Erfüllung, 3 Bde., Solothurn–Düsseldorf 1992–1995.

E. Drewermann: Glauben in Freiheit oder Tiefenpsychologie und Dogmatik, 1. Bd.: Dogma, Angst und Symbolismus, Solothurn–Düsseldorf 1993.

E. Drewermann: Jesus von Nazareth. Befreiung zum Frieden. Glauben in Freiheit, 2. Bd., Zürich–Düsseldorf 1996.

H.-P. Dürr – K. M. Meyer-Abich – H.-D. Mutschler – W. Pannenberg – F. W. Wuketits: Gott, der Mensch und die Wissenschaft, Augsburg 1997.

Meister Eckhart: Deutsche Predigten und Traktate, übers. u. hg. von J. Quint, München 1955.

Meister Eckhart: Predigten und Schriften. Auswahl und Einleitung: F. Heer, Frankfurt/M (Fischer Tb. 124) 1956.

H. Haag – K. Elliger: Wenn er mich doch küßte … Das Hohelied der Liebe, übers. u. erklärt, mit Gemälden von M. Chagall, Solothurn–Düsseldorf 1994.

A. von Harnack: Lehrbuch der Dogmengeschichte, 1. Bd.: Die Entstehung des kirchlichen Dogmas, Tübingen [4]neu durchgearb. u. verm. Aufl. 1909; Neudruck: Darmstadt 1983.

A. von Harnack: Marcion. Das Evangelium vom fremden Gott. Eine Monographie zur Geschichte der Grundlegung der katholischen Kirche, Leipzig 1924; Neudruck: Darmstadt 1985.

R. Hutchison: Die heilige Mafia des Papstes. Der wachsende Einfluß des Opus Dei (Their Kingdom come, New York 1996), übers. v. H. Stadler, München 1996.

Ignatius von Loyola: Die Satzungen der Gesellschaft Jesu, aus dem Span. v. M. Schoenenberger u. R. Stalder, in: H.-U. v. Balthasar (Hrsg.): Die großen Ordensregeln, Zürich–Köln 1948, 267–347.

Ignatius von Loyola: Satzungen der Gesellschaft Jesu, mit Erlaubnis der Oberen als Manuskript gedruckt, Frankfurt/M 1980, 3. neu durchges. Aufl.

Johannes vom Kreuz: Aufstieg zum Berge Karmel, aus dem Span. übers. v. P. Ambrosius A. S. Theresia, München (Sämtliche Werke, 1. Bd.) 1957.

Johannes vom Kreuz – Theresia von Jesus: Gedichte, übertragen und mit Nachwort versehen v. I. Behn, Einsiedeln (Sigillum 15) 1959.

U. Lüke: Evolutionäre Erkenntnistheorie und Theologie. Eine kritische Auseinandersetzung aus fundamental-theologischer Perspektive, Stuttgart 1990.

U. Lüke: Religiösität – ein Produkt der Evolution?, in: Stimmen der Zeit 210, 1992, 125–133.

Martin Luther: Vom unfreien Willen (1525), in: Luther Deutsch. Die Werke Luthers in Auswahl, hg. v. K. Aland, Bd. 3: Der neue Glaube, Stuttgart 4. erw. 1983, 151–334 (WA 18, 600–787).

Mechthild von Magdeburg: Das fließende Licht der Gottheit, eingef. v. M. Schmidt, Nachw. v. H. U. von Balthasar, Einsiedeln–Zürich–Köln 1955.

J. B. Metz: Glauben in Geschichte und Gesellschaft, 1991.

J. B. Metz: Augen für die anderen, 1991.

J. Moltmann: Theologie der Hoffnung. Untersuchungen zur Begründung und zu den Konsequenzen einer christlichen Eschatologie, München 1966.

J. Moltmann: Gott in der Schöpfung. Ökologische Schöpfungslehre, München 1985.

Mose de León: Der Sohar (Buch vom Glanz, 14. Jh.). Das Heilige Buch der Kabbala, übers. v. E. Müller (Wien 1932), München (Diederichs Gelbe Reihe) 1982.

A. Oepke: *mesitäs* (Mittler), in: Theologisches Wörterbuch, Bd. IV, hg. v. G. Kittel, Stuttgart 1942, 602–629.

R. Panikkar: Der unbekannte Christus im Hinduismus, aus dem Engl. v. H. Riße, Mainz 1986.

Publik Forum, 6, 28. 3. 97, 30–31: Unterwerfung des Willens und des Intellekts.

K. Rahner: Geist in Welt. Zur Metaphysik der endlichen Erkenntnis bei Thomas von Aquin (1936), 2. Aufl. überarbeitet und ergänzt von J. B. Metz, München 1957.

K. Rahner: Theologisches zum Monogenismus, in: Schriften zur Theologie, I, Einsiedeln–Zürich–Köln [6]1962, 253–322.

K. Rahner: Zur Theologie der Menschwerdung, in: Schriften zur Theologie, IV, Einsiedeln–Zürich–Köln [5]1962, 135–156.

K. Rahner: Die Christologie innerhalb einer evolutiven Weltanschauung, in: Schriften zur Theologie, V, Freiburg 1962, 183–221.

E. Renan: Das Leben Jesu (1863), aus dem Franz. v. P. Seliger, Leipzig–Wien (Bibliogr. Institut) o. J.

G. Scholem: Schöpfung aus dem Nichts und Selbstverschränkung Gottes, Eranos 1956, 87–119.

E. Schweizer: *pneuma* (Geist), in: Theologisches Wörterbuch zum Neuen Testament, Bd. VI, hg. v. G. Friedrich, Stuttgart 1959, 330–453.

M. Seckler: Das Heil in der Geschichte. Geschichtstheologisches Denken bei Thomas von Aquin, München 1964.

Sefer Jezira: (Buch der Schöpfung, 3.–6. Jh.) Übers.: Sepher Jezirah. Das Buch der Schöpfung, übers. v. L. Goldschmidt, Frankfurt/M 1894.

D. F. Strauss: Das Leben Jesu kritisch bearbeitet, 2 Bde. (1835–1836), Tübingen (Osiandersche Buchhandlung) 1984.

Teilhard de Chardin: Der Mensch im Kosmos (Le Phénomène Humain, Paris 1947), übers. v. O. Marbach, München 1959.

G. Theissen: Soziologie der Jesusbewegung, München [3]1981.

G. Theissen : Biblischer Glaube in evolutionärer Sicht, München 1984.

Theresia von Jesu: Die Seelenburg, aus dem Span. v. A. Alkofer, München–Kempten (5. Bd. der sämtl. Schriften) 1960.

Therese von Lisieux: Geschichte einer Seele. Theresia Martin erzählt ihr Leben, Trier (Kreuzring 1) o. J., Übers. ungen.

Thomas von Aquin: Summa contra gentiles (ca. 1265), dt.: Summa contra gentiles oder Die Verteidigung der höchsten Wahrheiten, übers. v. R. Fahsel, 6 Bde., Zürich 1942–1949.

S. Weil: Das Unglück und die Gottesliebe (Attente de Dieu, Paris 1950), übers. v. F. Kemp, Vorw. v. T. S. Eliot, München 1953.

«Weltkatechismus» – Catéchisme de l'Église Catholique, Paris 1992.

Die Wolke des Nichtwissens. Ein anonymes englisches Werk des 14. Jahrhunderts, erstmals ins Deutsche übersetzt von E. Strakosch, eingel. v. E. v. Ivánka, Einsiedeln (Sigillum 14) 1958.

E. Würthwein: Die Bücher der Könige. 1. Kön 1–16, Göttingen (ATD 11,1) [2](durchges. u. überarb.) 1985.

E. Würthwein: Die Bücher der Könige. 1. Kön 17 – 2. Kön 25, Göttingen (ATD 11,2) 1984.

P. Wust: Ungewißheit und Wagnis (1937), München–Kempten [5]1950.

3. Religionsgeschichte, Ethnologie, Kulturgeschichte

J. ASSMANN: Ägyptische Hymnen und Gebete, Zürich–München 1975.

Bhagavadgita. Des Erhabenen Gesang, übertragen von L. von Schröder (1922), Düsseldorf–Köln 1965.

Bhagavad-Gita. Wie sie ist. Vollständige revidierte Ausgabe, mit den originalen Sanskritversen, lateinischen Transliterationen, deutschen Synonymen, Übersetzungen und ausführlichen Erläuterungen von A. C. Bhaktivedanta Swami Prabhupada (Bhagavadgita as it is, 1983), Bhaktivedanta Book Trust, Zürich–Wien–Heidelberg 1987.

BHAGWAN SHREE RAJNEESH (OSHO): Buch der Heilung. Durch Meditation zur Quelle von Gesundheit und Leben (From Medication to Meditation, Zürich 1994), aus dem Engl. v. H. Müller, München (Heyne 9658) 1995, Einführung v. R. Dahlke.

BHAGWAN SHREE RAJNEESH (OSHO): Ich aber sage euch. Osho spricht über Jesus-Worte aus dem Neuen Testament (I say unto you), Zürich 1995, aus dem Engl. v. Sw. P. Arhat, Ma. P. Kalpa.

G. BIBBY: Faustkeil und Bronzeschwert. Erforschung der Frühzeit des europäischen Nordens (The Testimony of the Spade, 1956), übers. v. A. Dohm, Hamburg (rororo 6718) 1972.

E. BRUNNER-TRAUT: Frühformen des Erkennens am Beispiel Altägyptens, Darmstadt 1990.

N. DAVIES: Die Azteken. Meister der Staatskunst – Schöpfer hoher Kultur (The Aztecs. A History, London 1973), übers. v. S. Kull (Wien 1974), Hamburg (rororo 6950) 1976.

DIODOROS SICULUS: Historische Bibliothek (Bibliotheke historike, 40 Bde., 1. Jh. v. Chr.) aus dem Griech. v. J. F. Wurm, 19 Bde., Stuttgart 1827–1840.

E. DREWERMANN: Religionsgeschichtliche und tiefenpsychologische Bemerkungen zur Trinitätslehre, in: W. Breuning: Trinität, Freiburg 1984, 115–142.

DSCHUANG DSI: Das wahre Buch vom südlichen Blütenland (um 350 v. Chr.), aus dem Chines. übers. u. eingel. v. R. Wilhelm (1912), Köln–Düsseldorf 1972.

K. DÜRCKHEIM: Vom doppelten Ursprung des Menschen. Als Verheißung, Erfahrung, Auftrag, Freiburg–Basel–Wien (Herder 480) 1973.

K. DÜRCKHEIM: Zen und wir (1961), Frankfurt/M (Fischer Tb. 1539), überarb. u. erw. 1974.

M. ELIADE: Schamanismus und archaische Ekstasetechnik (Le chamanisme et les techniques archaiques de l'exstase, Paris 1951), übers. v. I. Köck (Zürich 1957), Frankfurt/M (stw 126) 1975.

A. T. EMBREE – F. WILHELM: Indien. Geschichte des Subkontinents von der Induskultur bis zum Beginn der englischen Herrschaft, aus dem Amerik. übers. v. F. Wilhelm, Frankfurt/M (Fischer Weltgeschichte, 17) 1967.

B. ESSER – M. VENHOFF: Chronik des Zweiten Weltkriegs, Augsburg (Weltbild Verlag) 1997, eingel. v. J. Dülffer.

J. G. FRAZER: The Golden Bough, 3 Bde., London 1890; 12 Bde., London ^{3}1907–1915; Nachtrag 1936; abgek. Ausg. 1922; danach dt.: Der goldene Zweig. Das Geheimnis von Glauben und Sitten der Völker, übers. v. H. v. Bauer, Leipzig 1928.

MAHATMA GANDHI: Freiheit ohne Gewalt, eingel., übers. u. hrsg. v. K. Klostermeier, Köln 1968.

H. GESE: Die Religionen Altsyriens, in: Religionen der Menschheit, 10,2, Stuttgart 1970.

H. VON GLASENAPP: Die nichtchristlichen Religionen; verf. u. hrsg. v. H. v. Glasenapp; Frankfurt (Fischer Lexikon 1) 1957.

H. VON GLASENAPP: Die Philosophie der Inder. Eine Einführung in ihre Geschichte und ihre Lehren, Stuttgart (Kröner V. 195) 1958.

H. VON GLASENAPP: Indische Geisteswelt. Glaube, Dichtung und Wissenschaft der Hindus. Eine Auswahl von Texten in deutscher Übersetzung, 2 Bde., Baden-Ba-

den (Holle-Verl., Sonderausgabe im 1. Bd.) o. J.
HOMER: Ilias, neue Übertragung von W. Schadewaldt, Frankfurt/M (it 153) 1975.
E. HORNUNG: Der Eine und die Vielen. Ägyptische Gottesvorstellungen, Darmstadt 1971.
V. IONS: Indische Mythologie (Indian Mythology 1967), aus dem Engl. v. E. Schindel, Wiesbaden 1967.
A. M. JOSEPHY: 500 Nations. Die illustrierte Geschichte der Indianer Nordamerikas (Fivehundred Nations, New York 1994), hg. von M. Thaler, übers. v. V. Straass, München 1996.
C. G. JUNG: Yoga und der Westen: Vorwort zu D. T. Suzuki: Die große Befreiung, in: Ges. Werke XI, Olten 1971, 581–602.
J. W. MC KAY: Helel and the Dawn-Goddess, Vetus Testamentum 20, 1970.
K. KERÉNYI: Pythagoras und Orpheus (1937), in: Humanistische Seelenforschung, München–Wien 1966, 15–51.
K. KERÉNYI – C. G. JUNG: Das göttliche Mädchen. Die Hauptgestalt der Mysterien von Eleusis in mythologischer und psychologischer Beleuchtung, Amsterdam–Leipzig (Albae Vigiliae, Heft 8–9) 1941.
K. KERÉNYI: Der Mythos des Glaubens (1966), in: Antike Religion, München–Wien 1971, 260–273.
K. KERÉNYI: Dionysos. Urbild des unzerstörbaren Lebens, Werke VIII, hrsg. v. M. Kerényi, München–Wien 1976.
K. KERÉNYI: Töchter der Sonne. Betrachtungen über griechische Gottheiten, Stuttgart 1997.
K. F. KOCH: Die Jalé im Hochland Neuguineas, in: E. Evans-Pritchard (Hrsg.): Bild der Völker. Die Brockhaus Völkerkunde in 10 Bden., 1. Bd.: Australien und Melanesien, Polynesien und Mikronesien, Wiesbaden 1974, 80–87.
G. KOLPAKTCHY: Das Ägyptische Totenbuch (Livre des Morts des Anciens Égyptiens, Paris 1954), übers. u. komm. v. G. Kolpaktchy, Bern–München–Wien 1970.
LAOTSE: Tao te king. Das Buch des Alten vom Sinn und Leben; aus dem Chines. übertragen und erl. v. R. Wilhelm (1910), Köln–Düsseldorf 1957.
C. LÉVI-STRAUSS: Das wilde Denken (La pensée sauvage, Paris 1962), übers. v. H. Naumann, Frankfurt/M 1968.
J. MOREAU: Die Welt der Kelten, bearb. v. Th. Sauvageot, Stuttgart (Phaidon V.) o. J.
S. NIKHILANANDA: Hinduism. Its Meaning for the Liberation of the Spirit, 1958; dt.: Der Hinduismus. Seine Bedeutung für die Befreiung des Geistes, übers. v. L. Voelker, Frankfurt (Ullstein Tb. 291) 1960 (Weltperspektiven, hrsg. v. R. N. Anshen, Bd. IV).
H. OLDENBERG: Die Religionen des Veda (Stuttgart–Berlin 1917), Stuttgart (Magnus-Verl.) o. J.
E. OTTO: Gott und Mensch nach den ägyptischen Tempelinschriften der griechisch-römischen Zeit, Heidelberg 1964.
S. RADHAKRISHNAN: Die Bhagavadgita (The Bhagavadgita, London), Sanskrittext mit Einleitung und Kommentar, mit dem indischen Urtext verglichen und ins Deutsche übers. v. S. Lienhard, Baden-Baden 1958.
Das Ramayana des Valmiki, aus dem Engl. ins Deutsche übertragen von Cl. Schmölders, Nachw. v. G. Metken, nach: Hari Prasad Shastri: The Ramayana of Valmiki, 3 Bde., London 1953–1959, Neubearb. 1976, Düsseldorf–Köln 1981.
S. RIECKHOFF: Faszination Archäologie. Bayern vor den Römern, Regensburg 1990.
W. SCHADEWALDT: Der Gott von Delphi und die Humanitätsidee, Frankfurt/M 1975.
S. SCHOTT: Altägyptische Liebeslieder. Mit Märchen und Liebesgeschichten, eingel. u. übertragen, Zürich 1950.
N. SÖDERBLOM: Der lebendige Gott im Zeugnis der Religionsgeschichte. Nachgelassene Gifford-Vorlesungen (Den levande Guden, Stockholm 1932; The living God, London 1933), hg. v. F. Heiler, München–Basel 1966.
CH. SPIEL: Menschen essen Menschen. Die Welt der Kannibalen, München 1972.
D. T. SUZUKI: Der westliche und der östliche Weg. Essays über christliche und buddhistische Mystik (Mysticism: Christian and

Buddhist, 1957), übers. v. L. u. W. Hilsbecher, Berlin (Ullstein 299) 1960.
R. Tagore: Am Abend vor der Reise (1912), in: Einheit der Menschheit (Towards Universal Man, 1961), übers. v. E. Engelhardt, Freiburg 1961, 123–136.
R. Tagore: Der Gärtner (The Gardener), aus dem Engl. v. G. M. Muncker, A. Haas, Freiburg 1959.
R. Tagore: Sadhana. Der Weg zum wahren Leben (Sadhana. The Realisation of Life), aus dem Engl. v. G. M. Muncker, A. Haas, Freiburg 1960.
R. Tagore: Die Religion des Menschen (The Religion of Man, 1929, London 1956), aus dem Engl. v. E. Engelhardt, Freiburg 1962.
Thich Nhat Hanh: Lächle deinem eigenen Herzen zu. Wege zu einem achtsamen Leben, hg. v. J. Bossert und A. Meutes-Wilsing, Freiburg–Basel–Wien (Herder 4370) 1995.
Thich Nhat Hanh: Mit dem Herzen verstehen. Kommentare zum Prajñaparamita – Herz-Sutra (The Heart of Understanding, 1988), übers. v. U. Richard, Zürich–München–Berlin [5](überarbeitet) 1996.
J. E. S. Thompson: Die Maya. Aufstieg und Niedergang einer Indianerkultur (The Rise and Fall of Maya Civilization, 1954), aus dem Engl. v. L. Voelker unter Mitarbeit v. G. Kutscher, Essen 1975.
Upanishaden. Altindische Weisheit aus Brahmanas und Upanishaden, übertr. u. eingel. v. A. Hillebrand (1921), Düsseldorf–Köln 1958.
H. Usener: Götternamen. Versuch einer Lehre von der religiösen Begriffsbildung, Frankfurt [3]1948.
E. Waldschmidt: Die Legende vom Leben des Buddha. In Auszügen aus den heiligen Texten. Aus dem Sanskrit, Pali und Chinesischen übers. u. eingef. v. E. Waldschmidt, verm. u. verb. Nachdruck der Ausg. von 1929 (Berlin), Graz 1982.
H. Zimmer: Indische Mythen und Symbole (Myths and Symbols in Indian Art and Civilization, New York 1942), aus dem Engl. v. E. W. Eschmann, Düsseldorf–Köln 1972.
H. Zimmer: Philosophies of India, New York 1951; dt.: Philosophie und Religion Indiens, übers. v. L. Heyer-Grote, Zürich 1961; Neudruck: Frankfurt (stw 26) 1976.

4. Biologie, Verhaltensforschung, Paläontologie, Prähistorie, Physik

E. Aguirre, M. de Lumley: Fossil man from Atapuerça, Spain: their bearing on human evolution in the Middle Pleistocene, in: J. Hum. Evol. 6, 1977, 681–738.

C. Ahrens: Jahrtausende im Zeitraffer, mit einem von U. Balla gezeichneten Bild-Panorama, Neumünster 1981.

L. Aiello – C. Dean: An Introduction to Human Evolutionary Anatomy, San Diego 1990.

L. Aiello – P. Andrews: Welche Beziehung haben wir zu den Menschenaffen, in: L. Aiello – P. Bennike: 4 Millionen Jahre Mensch. Das einzigartige Schauspiel zur Menschheitsgeschichte, United Exhibits, Zoo Köln 1996, 15.

L. Aiello: Andere europäische Fossilien, in: L. Aiello – P. Bennike: 4 Millionen Jahre Mensch. Das einzigartige Schauspiel zur Menschheitsgeschichte, United Exhibits, Zoo Köln 1996, 50–51.

L. Aiello: Neandertaler-Anpassungen, in: L. Aiello – P. Bennike: 4 Millionen Jahre Mensch. Das einzigartige Schauspiel zur Menschheitsgeschichte, United Exhibits, Zoo Köln 1996, 54–55.

P. J. Andrews: Wie beeinflußt Klimawechsel die Evolution, in: L. Aiello – P. Bennike: 4 Millionen Jahre Mensch. Das einzigartige Schauspiel zur Menschheitsgeschichte, United Exhibits, Zoo Köln 1996, 22–23.

P. J. Andrews – J. E. Cronin: The relationships of Sivapithecus and Ramapithecus and the evolution of the Orang utan, in: Nature 297, 1992, 541–546.

P. J. Andrews: Evolution and environment in the Hominoidea, in: Nature 360, 1992, 641–646.

R. Ardrey: Adam kam aus Afrika. Auf der Suche nach unseren Vorfahren, Wien 1967.

R. Ardrey: Adam und sein Revier. Der Mensch im Zwang des Territoriums (The Territorial Imperative, 1966), übers. v. J. Winger, München (dtv 881) 1972.

B. Arensburg, A. Tillier, B. Vandermeersch, H. Duday, L. Schepartz, Y. Rak: A Middle Palaeolithic human hyoid bone, in: Nature 338, 1989, 758–760.

J. L. Arsuaga, I. Martinez, A. Gracia, J. M. Carretero, E. Carbonell: Three new human skulls from the Sima de los Huesos Middle Pleistocene site in Sierra de Atapuerça, Spain, in: Nature 362, 1993, 534–537.

J. L. Arsuaga: Atapuerça: Gran Dolina, in: L. Aiello – P. Bennike: 4 Millionen Jahre Mensch. Das einzigartige Schauspiel zur Menschheitsgeschichte, United Exhibits, Zoo Köln 1996, 46–47.

J. L. Arsuaga: Atapuerça: Sima de los Huesos, in: L. Aiello – P. Bennike: 4 Millionen Jahre Mensch. Das einzigartige Schauspiel zur Menschheitsgeschichte, United Exhibits, Zoo Köln 1996, 48–49.

I. Asimov: Die exakten Geheimnisse unserer Welt. Bausteine des Lebens. Von den Molekülen bis zum Nervensystem (Asimov's New Guide to Science, New York 1984), übers. v. K. H. Siber, München 1986.

B. Bagolini: Das Neolithikum in Westeuropa, in: Die illustrierte Weltgeschichte der Archäologie, hrsg. v. L. Fasani (Mailand 1978), übers. v. H. Hofer, bearb. v. W. Hauke, München 1983, 119–138.

B. E. Berglund – S. Bjorck: Die Vereisungen im Lauf der Zeiten, in: Die ersten Menschen. Die Ursprünge des Menschen bis 10 000 vor Christus (The First Humans. The Illustrated History of Mankind, Sidney–London–San Francisco 1993), hg. v. G. Burenhult, übers. v. D. Vinyard, Hamburg 1993, 82–85.

R. Bilz: Von den Schmerzen der Tiere. Eine vergleichende Untersuchung über das Schmerz-Erleben bei Tieren und Menschen (1962), in: Paläoanthropologie. Der neue Mensch in der Sicht einer Verhaltensforschung, 1. Bd., Frankfurt/M 1971, 379–394.

R. Bilz: Die menschheitsgeschichtlich ältesten Mythologeme, in: Paläoanthropologie. Der neue Mensch in der Sicht einer Verhaltensforschung, 1. Bd., Frankfurt/M 1971, 496–508.

R. J. Blumenschine, J. A. Cavallo: Frühe Hominiden – Aasfresser, in: Spektrum der Wissenschaft, Heft 12, 1992, 88–95.

G. Bosinski: Die Menschendarstellungen von Gönnersdorf der Ausgrabung 1968, Wiesbaden 1974.

G. Bosinski, D. Evers: Jagd im Eiszeitalter, in: Schriften des Jagd- und Naturkundemuseums Burg Brüggen 2, Köln 1979.

G. Bosinski: Der Neandertaler und seine Zeit, Bonn, 1985.

G. Bosinski: Die große Zeit der Eiszeitjäger: Europa zwischen 40 000 und 10 000 Jahren, in: Jb. Römisch-Germanisches Zentralmuseum Mainz, 34, 1987, 1–139.

G. Bosinski, M. Nioradze, D. Tusabramisvili, A. Vekua: Dmanisi im Altpaläolithikum Eurasiens. In: V. Dzeparidze, G. Bosinski, T. Bugianisvili, L. Gabunia et al: Der Altpaläolithische Fundplatz Dmanisi in Georgien (Kaukasus), in: Jb. Römisch-Germanisches Zentralmuseum Mainz 36, 1989, 111–113.

G. Bosinski: Menschendarstellungen der Altsteinzeit, in: Der Löwenmensch. Tier und Mensch in der Kunst der Eiszeit, hg. v. Ulmer Museum 1994, 77–99.

M. Boule: L'homme fossile de la Chapelle-aux-Saints, in: Extrait Ann. Paléont. VI, 1911, 111–172; VII, 1912, 21–192, 65–208; VIII, 1913, 1–70, 209–278.

G. Bräuer: Präsapiens-Hypothese und Afroeuropäische Sapiens-Hypothese, in: Z. Morph. Anthrop. 75, 1985, 1–25.

G. Bräuer: Der Mensch. Anthropologie Heute, in: Deutsches Institut für Fernstudien an der Universität Tübingen, Tübingen 1992, 3–43.

G. Bräuer: Africa's place in the evolution of Homo sapiens. In: G. Bräuer, F. H. Smith: Continuity or Replacement. Controversies in Homo sapiens Evolution, Rotterdam 1992, 83–98.

G. Bräuer: Adam kam aus Afrika, in: Bild der Wissenschaft, 11, 1987, 38–45.

G. Bräuer: Erste Auswanderung aus Afrika, in: L. Aiello – P. Bennike: 4 Millionen Jahre Mensch. Das einzigartige Schauspiel zur Menschheitsgeschichte, United Exhibits, Zoo Köln 1996, 40–41.

G. Bräuer: Evolution in Ostasien, in: L. Aiello – P. Bennike: 4 Millionen Jahre Mensch. Das einzigartige Schauspiel zur Menschheitsgeschichte, United Exhibits, Zoo Köln 1996, 42–45.

G. Bräuer: Entwicklung zum modernen Menschen in Afrika, in: L. Aiello – P. Bennike: 4 Millionen Jahre Mensch. Das einzigartige Schauspiel zur Menschheitsgeschichte, United Exhibits, Zoo Köln 1996, 56–57.

G. Bräuer: Die ersten modernen Menschen, in: L. Aiello – P. Bennike: 4 Millionen Jahre Mensch. Das einzigartige Schauspiel zur Menschheitsgeschichte, United Exhibits, Zoo Köln 1996, 58–59.

G. Bräuer: Naher Osten und Europa, in: L. Aiello – P. Bennike: 4 Millionen Jahre Mensch. Das einzigartige Schauspiel zur Menschheitsgeschichte, United Exhibits, Zoo Köln 1996, 60–61.

G. Bräuer: Ostasien, Australien und Amerika, in: L. Aiello – P. Bennike: 4 Millionen Jahre Mensch. Das einzigartige Schauspiel zur Menschheitsgeschichte, United Exhibits, Zoo Köln 1996, 62–63.

C. K. Brain: The Evolution of Man in Africa, in: The Geological Society of South Africa, 1981.

C. K. Brain: New information from the Swartkrans cave of relevance to ‹robust› australopithecines. In: F. E. Grine: The Evolutionary History of the Robust Australopithecines, New York 1988, 311–316.

M. Brandt: Gehirn und Sprache. Fossile Zeugnisse zum Ursprung des Mensche, Berlin 1992.

C. Bresch: Zwischenstufe Leben, Evolution ohne Ziel? München–Zürich 1977.

R. Broom, J. T. Robinson, G. W. H. Schepers: Sterkfontein Ape-Man Plesianthropus, in: Tvl. Mus. Mem. 4, 1950, 58–63.

R. Broom – J. T. Robinson: Swartkrans Ape-Man, Paranthropus crassidens, in: Tvl. Mus. Mem. 6, 1952, 1–123.

G. Burenhult: Radiokarbon-Methode: Schlüssel zur Vergangenheit, in: Die ersten Menschen. Die Ursprünge des Menschen bis 10 000 vor Christus (The First Humans. The Illustrated History of Mankind, Sidney–London–San Francisco 1993), hrsg. v. G. Burenhult, übers. v. D. Vinyard, Hamburg 1993, S. 94–95.

G. Burenhult: Die Verbreitung über die Erde, in: Die ersten Menschen. Die Ursprünge des Menschen bis 10 000 vor Christus (The First Humans. The Illustrated History of Mankind, Sidney–London–San Francisco 1993), hg. v. G. Burenhult, übers. v. D. Vinyard, Hamburg 1993, 123–127.

F. M. Burnet: Naturgeschichte der Infektionskrankheiten des Menschen, Frankfurt 1971.

C. W. Ceram: Der erste Amerikaner. Das Rätsel des vorkolumbianischen Indianers (The First American, by Kurt Marek, New York 1971), Hamburg 1972.

J. M. Chauvet, É. Brunel Deschamps, Ch. Hillaire: Grotte Chauvet. Altsteinzeitliche Höhlenkunst im Tal der Ardèche. Mit einem Nachwort von J. Clottes (La Grotte Chauvet à Vallon-Pont-d'Arc, Paris 1995), übers. v. K. Wüst, hg. u. mit Vorw. v. G. Bosinski, Sigmaringen 1995.

R. J. Clarke: The Ndutu cranium and the origin of Homo sapiens, in: J. Hum. Evol. 19, 1990, 699–736.

J. Clottes – J. Courtin: Grotte Cosquer bei Marseille. Eine im Meer versunkene Bilderhöhle (La Grotte Cosquer. Peintures et gravures de la caverne engloutie, Paris 1994), übers. v. K. Wüst, hg. und mit Vorw. v. G. Bosinski, Sigmaringen 1995.

J. Clottes: Der heutige Kenntnisstand. Nachw., in: J. M. Chauvet, É. B. Deschamps, Ch. Hillaire: Grotte Chauvet. Altsteinzeitliche Höhlenkunst im Tal der Ardèche (La Grotte Chauvet à Vallon-Pont-d'Arc, Paris 1995), übers. v. K. Wüst, hg. u. mit Vorw. v. G. Bosinski, Sigmaringen 1995, 81–117.

G. Constable: Die Neandertaler (The Neanderthals, New York 1973), aus dem Engl. v. Ch. und H. Wiemken, bearb. v. K. Lorenzen u. J. Volbeding, Hamburg (life 67) 1977.

Y. Coppens: Les hominidés du Pliocene et du Pleistocene d'Afrique orientale et leur environnement. In: M. Sakka: Morphologie Evolutive – Morphogenese du Crâne et Origine de l'Homme, Paris 1981, 155–168.

J. P. Crutchfield, J. D. Farmer, N. H. Packard, R. S. Shaw: Chaos, in: Chaos und Fraktale, mit einer Einf. v. H. Jürgens, H.-O. Peitgen, D. Saupe, Heidelberg (Spektrum der Wissenschaft) 1989.

F. von Cube: Was ist Kybernetik (1967), München (dtv wr 4079) 1970.

R. A. Dart: Australopithecus africanus: the man-ape of South Africa, in: Nature 1125, 1925, 195–199.

R. A. Dart: Taung and its significance, in: Nat. Hist. 26, 1926, 315–327.

R. A. Dart: A note on the Taung skull, in: S.-Afr. J. Sci. 26, 1929, 648.

R. Dart: The Predatory Transition from Ape to Man, in: International Anthropological and Linguistic Review, I 1953.

Ch. Darwin: Die Entstehung der Arten durch natürliche Zuchtwahl (On the Origin of Species by means of Natural Selection or The Preservation of Favoured Races in Struggle for Life, London 1859), übers. v. C. W. Neumann, Nachw. v. G. Heberer, Stuttgart (reclam 3071–80) 1974.

Ch. Darwin: Die Abstammung des Menschen (The Descent of Man and Selection in Relation to Sex, London 1871), Wiesbaden 1966, Übers. ungen.

I. Davidson – W. Noble: Seit wann gibt es Sprache, in: Die ersten Menschen. Die Ursprünge des Menschen bis 10 000 vor Christus (The First Humans. The Illustrated History of Mankind, Sidney–London–San Francisco 1993), hrsg. v. G. Burenhult, übers. v. D. Vinyard, Hamburg 1993, 46.

M. H. Day: The Omo human skeletal human remains. In: F. Bordes: The Origin of Homo sapiens, Paris 1972, 31–35.

M. H. Day: Human skeletal remains from

Border Cave, Ingwawuma District, Kwa-Zulu, South Africa, in: Ann. Tvl. Mus. 28, 1973, 229–256.

H. J. Deacon, R. Shuurman: The origins of modern people: The evidence from Klasies River. In. G. Bräuer, F. H. Smith: Continuity or Replancement: Controversies in Homo sapiens Evolution, Rotterdam 1992, 121–129.

H. J. Deacon: Southern Africa and modern human origins, in: The Origin of Modern Humans and the Impact of Chronometric Dating, hg. v. M. Aitken, C. Stringer, P. Mellars, New Jersey 1993, 104–117.

J. Diamond: Der dritte Schimpanse. Evolution und Zukunft des Menschen (The Third Chimpanzee. The Evolution and Future of the Human Animal, New York 1992), übers. v. V. Englich, Frankfurt/M 1994.

H. von Ditfurth: Der Geist fiel nicht vom Himmel. Die Evolution unseres Bewußtseins, Hamburg 1976; Neudruck: München (dtv 1587) 1980.

M. A. Edey: Vom Menschenaffen zum Menschen. Die Frühzeit des Menschen (The Missing Link, New York 1972), übers. v. K. H. Hansen, bearb. v. J. Volbeding, Hamburg (life 65) 1977.

A. Eggebrecht: Lascaux – Höhle der Eiszeit, Ausstellungskatalog des Römer- und Pelizäus-Museums Hildesheim 1982, 30–56.

B. M. Fagan: Die ersten Indianer, München 1990.

B. M. Fagan: Aufbruch aus dem Paradies. Ursprung und frühe Geschichte der Menschen (The Journey from Eden. The Peopling of Our World, London 1990), übers. v. W. Müller, München 1991.

Frankfurter Allgemeine Zeitung, 23. 3. 77: Früheste Amerikaner vor 40 000 Jahren?

G. C. Frison: Der moderne Mensch in der neuen Welt, in: Die ersten Menschen. Die Ursprünge des Menschen bis 10 000 vor Christus (The First Humans. The Illustrated History of Mankind, Sidney–London–San Francisco 1993), hg. v. G. Burenhult, übers. v. D. Vinyard, Hamburg 1993, 185–189.

R. H. Gargett: The evidence of Neanderthal burial, in: Curr. Anthrop. 30, 1989, 157–189.

M. Geyh: Einführung in die Methoden der physikalischen und chemischen Altersbestimmung, Darmstadt 1980.

J. C. Glover: Werkzeuge und Kulturen im späten Palöolithikum Südostasiens, in: Die ersten Menschen. Die Ursprünge des Menschen bis 10 000 vor Christus (The First Humans. The Illustrated History of Mankind, Sidney–London–San Francisco 1993), hg. v. G. Burenhult, übers. v. D. Vinyard, Hamburg 1993, 128–133.

G. Goettler: Die Entwicklung der menschlichen Glottis als deszendenztheoretisches Problem, in: I. Schwiedetzky: Über die Evolution der Sprache, Frankfurt/M 1973, 30–36.

J. Goodall: Ein Herz für Schimpansen. Meine 30 Jahre am Gombe-Strom (Through a Window. Thirty Years with the Chimpanzees of Gombe, London 1990), übers. v. J. Strasmann, Hamburg 1991.

M. Goodman: Towards a genealogical description of the primates. In: M. Goodman, R. E. Tashian: Molecular Anthropology, New York 1976, 321–353.

K. Grammer: Signale der Liebe. Die biologischen Gesetze der Partnerschaft (1993), München (dtv 30498) 1995.

J. H. Greenberg: Language in the Americas, Standford 1986.

J. H. Greenberg, C. G. Turner, S. L. Zegura: The settlement of the Americas: a comparison of the linguistic, dental and genetic evidence, in: Curr. Anthrop. 27, 1986, 477–497.

C. Groves: Unsere frühesten Vorfahren, in: Die ersten Menschen. Die Ursprünge des Menschen bis 10 000 vor Christus (The First Humans. The Illustrated History of Mankind, Sidney–London–San Francisco 1993), hrsg. v. G. Burenhult, übers. v. D. Vinyard, Hamburg 1993, 42–52.

J. L. Gould – C. G. Gould: Sexual Selection, New York 1989.

St. J. Gould: Zufall Mensch. Das Wunder des Lebens als Spiel der Natur (Wonderful

Life: The Burgess Shale and the Nature of History, New York 1989), übers. v. F. Griese, München–Wien 1991.

H. Haber: Planet im Meer der Zeit, Stuttgart 1976.

J. Hahn: Menschentier- und Phantasiewesen, in: Der Löwenmensch. Tier und Mensch in der Kunst der Eiszeit, hg. v. Ulmer Museum 1994, 101–115.

A. B. Harper: Origins and divergence of Aleuts, Eskimos and American Indians, in: Ann. Hum. Biol. 17, 1980, 547–554.

B. Hayden: The cultural capacities of Neandertals: a review and re-evaluation, in: J. Hum. Evol. 24, 1993, 113–146.

G. Heberer: Das Tier-Mensch-Übergangsfeld, in: Stud. Gen. 11, 1958, 342–352.

G. Heberer: Homo – unsere Ab- und Zukunft, Stuttgart 1968.

J. L. Heim: Les hommes fossiles de la Ferrassie II, in: Arch. Inst. Paléont. Hum. 38, 1982, 1–272.

J. L. Heim: Les Enfants Néandertaliens de La Ferrassie. Etudes Anthropologique et Analyse Ontogénique des Hommes de Néandertal, Paris, 1982.

A. Heinrich: Die Eiszeiten. Darstellungen eines erdgeschichtlichen Zeitalters in westfälischen Museen, Münster (Unterricht in westfälischen Museen, Heft 13) 1983.

H. Helmuth: Kannibalismus in Paläoanthropologie und Ethnologie, in: EAZ 9, 1968, 101–119.

H. Helmuth: Lucy's body height and relative leg length: human- or ape-like?, in: Z. Morph. Anthrop. 79, 1992, 121–124.

W. Henke – H. Rothe: Paläoanthropologie, Berlin–Heidelberg–New York 1994.

K. Hill: Hunting and human evolution, in: J. Hum. Evol. 11, 1982, 521–544.

Ch. F. Hockett: Der Ursprung der Sprache, in: I. Schwidetzky: Über die Evolution der Sprache, Frankfurt/M 1973, 135–150.

F. C. Howell: The place of Neanderthal man in human evolution, in: Am. J. Phys. Anthrop. 9, 1951, 379–416.

F. C. Howell: Pleistocene glacial ecology and the evolution of «classic Neandertal»-man, in: Southw. J. Anthrop. 8, 1952, 377–410.

W. W. Howells: Mount Carmel man: Morphological relationships, in: Int. Congr. Anthrop. Ethnol. Sci., Tokyo 1968, 1, 1970, 269–272.

W. W. Howells: Origins of the Chinese people: Interpretations of the recent evidence. In: D. N. Keightley: The Origins of Chinese Civilization, Berkeley 1983, 297–319.

G. L. Isaac: Food sharing and human evolution, in: J. Anthrop. Res. 34, 1978 311–325.

D. C. Johanson – M. Edey: Lucy. Die Anfänge der Menschheit (The Beginning of Humankind, New York 1981), übers. v. H.-J. von Koskull (München 1982), Frankfurt/M–Berlin–Wien (Ullstein Tb. 34215) 1984.

A. Jolly: Die Entwicklung des Primatenverhaltens, aus dem Engl. v. K. Bock, Stuttgart 1975.

W. H. Kimbel, T. D. White, D. C. Johanson: Craniodental morphology of the hominids from Hadar and Laetoli: evidence of «Paranthropus» and Homo in the mid-Pliocene of Eastern Africa? In: E. Delson: Ancestors: The Hard Evidence, New York 1985, 120–137.

W. H. Kimbel – T. D. White – D. C. Johanson: Implications of KNM-WT 17 000 for the evolution of «robust» Australopithecines, in: F. E. Grine: The Evolutionary History of the Robust Australopithecines, New York 1988, 259–268.

W. H. Kimbel, T. D. White: A revised reconstruction of the adult skull of Australopithecus afarensis, in: J. Hum. Evol. 17, 1988, 545–550.

J. Kingdon: Und der Mensch schuf sich selbst. Das Wagnis der menschlichen Evolution (London 1993), aus dem Engl. v. H.-P. Krull (Basel 1994), Frankfurt/M–Leipzig (it 1936) 1997.

R. G. Klein: The causes of «robust» australopithecine extinction. In: F. E. Grine: Evolutionary History of the «Robust» Australopithecines, New York 1988, 499–504.

G. H. R. Koenigswald: Fossil Hominids

from the lower Pleistocene of Jawa, in: Proc. Int. geol. long. 9, London 1948, Sect. 8, 1950, 59–61.

W. Konrad: Lascaux–Altamira–Lascaux, in: Lascaux. Höhle der Eiszeit. Ausstellungskatalog des Römer- und Pelizäus-Museums, Hildesheim, 1982, 26–29.

M. Kuckenburg: ... und sprachen das erste Wort. Die Entstehung von Sprache und Schrift. Eine Kulturgeschichte der menschlichen Verständigung, Düsseldorf 1996.

H. Kühn: Das Erwachen der Menschheit, Hamburg (Fischer Tb. 53) 1954.

H. Kühn: Der Aufstieg der Menschheit, Frankfurt/M (Fischer Tb. 82) 1955.

G. Kurth: Rassengenese, in: G. Heberer – G. Kurth – I. Schwidetzky–Roesing: Anthropologie, Frankfurt/M (Fischer Lexikon 15) 1959, 167–184.

F. L. Lambrecht: Trypanosomes and Hominid Evolution, in: Bio Science, 33, 1985, 640–646.

A. Laming-Emperaire: La signification de l'art rupestre paléolithique, Paris 1962.

A. Laming-Emperaire: Système de pensée et organisation sociale dans l'art rupestre paléolithique, Paris 1970.

P. S. Laplace: Mechanik des Himmels (Traité de Mécanique Céleste, Paris 1798), übers. v. J. C. Burkhard, Berlin 1800–1802.

B. M. Latimer: The pedal skeleton of Australopithecus afarensis, in: Am. J. Phys. Anthrop. 63, 1984, 182.

M. Leakey: Australopithecus anamensis, in: L. Aiello – P. Bennike: 4 Millionen Jahre Mensch. Das einzigartige Schauspiel zur Menschheitsgeschichte, United Exhibits, Zoo Köln 1996, 26–27.

L. S. B. Leakey: Homo habilis, Homo erectus and the australopithecines, in: Nature 209, 1966, 1279–1281.

R. E. F. Leakey: Early Homo sapiens remains from the Omo river region of south-west Ethiopia, in: Nature 222, 1969, 1132–1133.

R. E. F. Leakey: Die Suche nach dem Menschen. Wie wir wurden, was wir sind (The Making of Mankind, London 1981), übers. v. F. W. Gutbrod, Frankfurt/M 1981.

R. E. F. Leakey – R. Lewin: Wie der Mensch zum Menschen wurde. Neue Erkenntnisse über den Ursprung und die Zukunft des Menschen (Origins, London 1977), übers. v. A. Sussdorff, Hamburg 1978.

R. E. F. Leakey, A. C. Walker: Further hominids from the Plio-Pleistocene of Koobi Fora, Kenya, in: J. Phys. Anthrop. 67, 1985, 135–163.

R. E. F. Leakey, A. C. Walker: New Australopithecus boisei specimens from East and West Lake Turkana, Kenya, in: Am. J. Phys. Anthrop. 76, 1988, 1–24.

M. Le May: *The language capability of Neanderthal man,* in: Am. J. Phys. Anthrop. 42, 1975, 9–14.

A. Leroi-Gourhan: Prähistorische Kunst. Die Ursprünge der Kunst in Europa (Préhistoire de l'Art Occidental, Paris 1971), übers. v. W. Seipel, Freiburg–Basel–Wien 1971.

W. Leutenegger, B. Shell: Variability and sexual dimorphism in canine size of Australopithecus and extant hominids, in: J. Hum. Evol. 16, 1987, 359–367.

W. Leutenegger: Geschlechtsdimorphismus aus vergleichender und entwicklungsgeschichtlicher Sicht, in: Die ersten Menschen. Die Ursprünge des Menschen bis 10 000 vor Christus (The First Humans. The Illustrated History of Mankind, Sidney–London–San Francisco 1993), hrsg. v. G. Burenhult, übers. v. D. Vinyard, Hamburg 1993, 41.

F. Levêque, B. Vandermeersch: Découverte de restes humains dans un niveau câstelperronien à Saint-Césaire, in: La Recherche 12, 1980, 242–244.

F. Levêque, B. Vandermersch: Le Néandertalien de Saint Césaire, in: La Recherche 12, 1981, 242–244.

R. Lewin: Spuren der Menschwerdung. Die Evolution des Homo sapiens (Human Evolution. An illustrated Introduction, New York 1984), übers. v. R. Protsch von Zieten, Heidelberg 1992.

H. Liedtke: Die nordischen Vereisungen in Mitteleuropa, Forschungen zur deutschen

Landeskunde, Bd. 204, Bonn–Bad Godesberg 1975.

R. Liljegren: Tiere der europäischen Eiszeit, in: Die ersten Menschen. Die Ursprünge des Menschen bis 10 000 vor Christus (The First Humans. The Illustrated History of Mankind, Sidney–London–San Francisco 1993), hg. v. G. Burenhult, übers. v. D. Vinyard, Hamburg 1993, 86–93.

E. Linden: Die Kolonie der sprechenden Schimpansen. Affen können reden – eine Revolution der Naturwissenschaft (New York), übers. v. W. Brumm (München 1980), Bergisch Gladbach (Bastei-Lübbe Tb. 63063/880) 1981.

C. von Linné: Systema Naturae, Stockholm [6]1748, dt. Ph. Müller, 7 Bde., Nürnberg 1773–76.

K. Lorenz: Der Kumpan in der Umwelt des Vogels (1935), in: Über tierisches und menschliches Verhalten. Aus dem Werdegang der Verhaltenslehre, Gesammelte Abhandlungen, 1. Bd., München 1965, 115–282.

K. Lorenz: Das sogenannte Böse. Zur Naturgeschichte der Aggression, Wien 1963.

K. Lorenz: Er redete mit dem Vieh, den Vögeln und den Fischen, München (dtv 173) 1964.

K. Lorenz: Die Rückseite des Spiegels. Versuch einer Naturgeschichte menschlichen Erkennens (1973), München (dtv 1249) 1977.

C. O. Lovejoy: The gait of australopithecines, in: Yearbook of Phys. Anthrop., 17, 147–161, Philadelphia 1976.

C. O. Lovejoy: The origin of man, in: Science 211, 1981, 341–350.

C. O. Lovejoy: Evolution of human walking, in: Sci. Am. 259, 1988, 118–125.

C. O. Lovejoy: Die Evolution des aufrechten Gangs, in: Spektrum der Wissenschaft, Heft 1, 1989, 92–100.

H. de Lumley, M. A. de Lumley: Découverte des restes humains anténéandertaliens datés du début de Riss à la Caune de l'Arago (Tautavel, Pyrénées-Orientales), in: CR Acad. Sci. Paris 272, 1971, 1729–1742.

H. de Lumley, M. A. de Lumley: L'homme de Tautavel. In: Il y a 450 000 ans, l'homme de Tautavel, in: Dossiers l'Archéol., 36, 1979, 54–59.

H. de Lumley: Art et Civilisations des Chasseurs de la Préhistoire. 34 000 – 8000 Ans av. J.-C., Mus. Nat. d'Hist. Nat. Mus. l'Homme, Paris, 1984.

P. F. Mauser: Die jungpaläolithische Höhlenstation Petersfels, in: Badische Fundberichte, 13, 1970, 1–127.

M. J. Mehlman: Archaic Homo sapiens at Lake Eyasi, Tanzania: recent misinterpretations, in: J. Hum. Evol. 13, 1984, 487–501.

C. Meier-Seethaler: Von der göttlichen Löwin zum Wahrzeichen männlicher Macht, Zürich 1993.

M. Meister: 30 000 Jahre vor Picasso, in Geo, 6, 1997, 10–41.

H. Müller-Beck, G. Albrecht: Die Anfänge der Kunst vor 30 000 Jahren, Stuttgart 1987.

I. Newton: Mathematische Principien der Naturlehre (Philosophiae naturalis principia mathematica, London 1687), übers. v. J. Ph. Wolfers (1872), Darmstadt 1963.

C. Niemitz: Stammesgeschichte der Primaten und des Menschen, in: W. Laskowski (Hg.): Evolution, Berlin 1986, 121–133.

R. Omphalius: Planet des Lebens. Meilensteine der Evolution, übers. aus dem Engl. v. D. Kuhaupt, Köln 1996.

M. Pickford: Kenyapithecus: a review of its status based on newly discovered fossils from Kenya. In: P. V. Tobias: Hominid Evolution: Past, Present and Future, New York 1985, 107–112.

D. R. Pilbeam: Recent finds and interpretations of Miocene hominoids, in: Ann. Rev. Anthrop. 8, 1979, 333–352.

St. Pinker: Der Sprachinstinkt. Wie der Geist die Sprache bildet (The Language Instinct, New York 1994), übers. v. M. Wiese, München 1996.

M. Piperno, G. Scichilone: II Cranio Neandertaliano circeo. 1. Studi E Documenti, in: Instituto Poligrafico E Zecca Dello Stato, Libreria Dello Stato, Rom 1991.

R. Plöger: Ur- und Frühgeschichte, hg. v. Mindener Museum, Minden 1988.

A. N. Poulianos: The age of the skeleton of Archanthropus petraloniensis, in: Anthropos (Brno) 21, 1982, 213–222.

T. Prideaux: Der Cro-Magnon-Mensch (Cro-Magnon-Man, New York 1973), aus dem Engl. v. G. Lickteig, bearb. v. J. Volbeding, Hamburg (life 68) 1977.

E. Probst: Deutschland in der Urzeit. Von der Entstehung des Lebens bis zum Ende der Eiszeit, Vorw. v. W. Ziegler, München 1986.

E. Probst: Deutschland in der Steinzeit. Jäger, Fischer und Bauern zwischen Nordseeküste und Alpenraum, München 1991.

E. Probst: Rekorde der Urzeit. Die Entstehung der Erde und die Entwicklung des Lebens (München 1992), München (Goldmann 12699) 1996.

J. Reader: Die Jagd nach den ersten Menschen. Eine Geschichte der Paläonthropologie von 1857–1980 (Missing links. The hunt for earliest man, London 1981), übers. v. H. Holtkamp, Basel 1982.

J. H. Reicholf: Das Rätsel der Menschwerdung. Die Entstehung des Menschen im Wechselspiel mit der Natur, Stuttgart 1990.

V. Reynolds – R. E. S. Tanner: The Biology of Religion, London–New York 1983.

M. Ridley: Eros und Evolution. Die Naturgeschichte der Sexualität (The Red Queen, London 1993), übers. v. S. Kuhlmann-Krieg, München 1995.

R. Riedl: Die Strategie der Genesis. Naturgeschichte der realen Welt, München 1976; Neudruck: München (SP 290) 1984.

G. P. Rightmire: The Lake Ndutu cranium and early Homo sapiens in Africa, in: Am. J. Phys. Anthrop. 61, 1983, 245–254.

R. G. Roberts: Die Thermoluminiszenz-Datierung, in: Die ersten Menschen. Die Ursprünge des Menschen bis 10 000 vor Christus (The First Humans. The Illustrated History of Mankind, Sidney–London–San Francisco 1993), hrsg. v. G. Burenhult, übers. v. D. Vinyard, Hamburg 1993, S. 152–153.

H. Rothe: Die Stellung des Menschen im System der Primaten, in: Deutsches Institut für Fernstudien an der Universität Tübingen, Tübingen 1990.

P. Rowley-Conwy: Hatten die Neandertaler eine Religion, in: Die ersten Menschen. Die Ursprünge des Menschen bis 10 000 vor Christus (The First Humans. The Illustrated History of Mankind, Sidney–London–San Francisco 1993), hrsg. v. G. Burenhult, übers. v. D. Vinyard, Hamburg 1993, 70–73.

A. Rust: Vor 20 000 Jahren. Rentierjäger der Eiszeit, Neumünster 1978.

L. v. Salvini-Plawen: Die Kopffüßler, in: Grzimeks Tierleben, Bd. 3: Weichtiere und Stachelhäuter (Zürich 1970), München (dtv) 1979, 189–225.

S. Sanides: Der erste Amerikaner. Zwölf führende US-Forscher gestehen ein: Der Kontinent wurde früher besiedelt, als sie glauben wollten, und auch von verschiedenen Völkern, in: Focus, 40, 1997, 226–230.

V. M. Sarich, J. E. Cronin: Molecular systematics of the primates. In: M. Goodman, R. E. Tashian: Molecular Anthropology, New York 1976, 141–170.

V. M. Sarich, A. C. Wilson: Immunological time scale for hominoid evolution, in: Science 158, 1967, 1200–1203.

V. M. Sarich, A. C. Wilson: Generation time and genomic evolution in primates, in: Science 179, 1973, 1144–1147.

E. Schmid: Statuette einer Frau mit dem Kopf einer Löwin, Ulm 1988.

P. Schmid: Eine Rekonstruktion des Skelettes von A. L. 288–1 (Hadar) und deren Konsequenzen, in: Folia Primatol, 40, 1983, 283–306.

P. Schmid: Homo habilis – ein Mensch mit knielangen Armen, in: Naturw. Rdsch. 41, 1988, 124.

O. Schoetensack: Der Unterkiefer des Homo heidelbergensis aus den Sanden von Mauer bei Heidelberg, Leipzig 1908.

K.-R. Schultz-Klinken: Haken, Pflug und Ackerbau. Aus Niedersachsens Frühzeit, Heft 4, Hildesheim 1977.

H. P. Schwarcz, R. Grün, A. G. Latham, D. Mania, K. Brunnacker: The Bilzingsleben archaeological site: new dating evidence, in: Archaeometry 30, 1988, 5–17.

M. Schwarzbach: Das Klima der Vorzeit, 4. Auflage, Stuttgart 1988.

H. L. Shapiro: Peking Man, New York 1974.

P. Shipman, A. Walker: The costs of becoming a predator, in: J. Hum. Evol. 18, 1989, 373–392.

R. Singer, J. J. Wymer: The Middle Stone Age at Klasies River Mouth in South Africa, Chicago 1982.

F. H. Smith: The Neanderthals: evolutionary dead ends or ancestors of modern people?, in: J. Anthrop. Res. 41, 1991, 219–238.

N. W. Smith: An Analysis of Ice Age Art. Its Psychology and Belief System, New York 1992.

D. Snow: Die ersten Indianer. Archäologische Entdeckungen in Nordamerika (The American Indians. Their Archaeology and Prehistory, London 1976), aus dem Engl. v. J. Rehork, Regensburg 1976.

O. Soffer: Sungir: Ein steinzeitliches Grab, in: Die ersten Menschen. Die Ursprünge des Menschen bis 10 000 vor Christus (The First Humans. The Illustrated History of Mankind, Sidney–London–San Francisco 1993), hg. v. G. Burenhult, übers. v. D. Vinyard, Hamburg 1993, 138–139.

R. S. Solecki: Three adult neanderthal skeletons from Shanidar cave, northern Iraq, in: Ann. Rep. Smiths. Inst. 1959, 1960, 603–635.

R. Solecki: Shanidar – The First Flower People, New York 1971.

V. Sommer: Die Affen. Unsere wilde Verwandtschaft, Hamburg 1989.

V. Sommer: Feste, Mythen, Rituale. Warum die Völker feiern, Hamburg 1992.

J. D. Speth: Early hominid hunting and scavenging: the role of meat as an energy source, in: J. Hum. Evol. 18, 1989, 329–343.

Der Spiegel: Siegeszug aus der Sackgasse, 1.: 42, 1995, 218–239; 2.: 43, 1995, 136–154; 3.: 44, 1995, 136–146.

Der Spiegel, 38, 1996, 190–196: Gedrängel im Menschenzoo. Paläoanthropologe Phillip Tobias über die neuesten Funde zur Entstehung der Menschheit in Afrika.

Der Spiegel, 3, 1997, 152–153: Wandertrieb im Blut. Der Molekulargenetiker Peter Forster über die prähistorische Besiedlung Amerikas.

Der Spiegel, 11, 1997, 126–127: Braten selbst erlegt. Archäologen fanden in Niedersachsen vorzeitliche Speere – schon der kleinhirnige Homo erectus war ein tüchtiger Jäger.

Der Spiegel, 29, 1997, 155: Stammvater beerdigt.

R. Stopa: Kann man eine Brücke schlagen zwischen der Kommunikation der Primaten und derjenigen der Urmenschen?, in: I. Schwidetzky: Über die Evolution der Sprache, Frankfurt/M 1973, 151–162.

C. B. Stringer: The emergence of modern humans, in: Sci. Am. 263, 1990, 98–104.

C. B. Stringer: The phylogenetic position of the Petralona cranium, in: Anthropos (Athen) 7, 1980, 81–95.

C. B. Stringer: Replacement, continuity and the origin of Homo sapiens. In: G. Bräuer, F. H. Smith: Continuity or Replacement. Controversies in Homo sapiens Evolution, Rotterdam 1992, 9–24.

C. B. Stringer, P. Andrews: Genetic and fossil evidence for the origin of modern humans, in: Science 239, 1988, 1263–1268.

C. B. Stringer – R. McKie: Afrika. Wiege der Menschheit. Die Entstehung, Entwicklung und Ausbreitung des Homo sapiens (African Exodus, London 1996), übers. v. A. Zapf, München 1996.

R. L. Susman (Ed.): The Pigmy Chimpanzee, New York–London 1984.

R. L. Susman: Hand of Paranthropus robustus from Member 1, Swartkrans: fossil evidence for tool behavior, in: Science 240, 1988, 781–784.

J. Szilvássy: Anthropologie. Entwicklung des Menschen. Rassen des Menschen. Unter Mitarbeit von G. Kentner. Führer durch die Anthropologische Schausammlung des Naturhistorischen Museums Wien, Saal 16–17, Wien 1979.

G. Teleki: The Predatory Behavior of Wild Chimpanzees, Lewisburg, 1973.

G. Teleki: Primate subsistence patterns: collector-predators and gatherer-hunters, in: J. Hum. Evol. 4, 1975, 125–184.

A. R. Templeton: The phylogeny of the hominoid primates: A statistical analysis of the DNA-DNA hybridization data, in: Mol. Biol. Evol. 2, 1985, 420–433.

F. Thackery: Die südafrikanischen Australopithecinen, in: 4 Millionen Jahre Mensch. Das einzigartige Schauspiel zur Menschheitsgeschichte, United Exhibits, Zoo Köln 1996, 30–32.

H. Thieme: Erste Hinweise auf altsteinzeitliche Fallgrubenjagd in Mönchengladbach-Rheindahlen?, in: Das Rheinische Landesmuseum in Bonn: Ausgrabungen im Rheinland '78, Sonderheft Bonn 1979, 39–44.

D. Hurst Thomas: Wer waren die ersten Amerikaner, in: Die ersten Menschen. Die Ursprünge des Menschen bis 10 000 vor Christus (The First Humans. The Illustrated History of Mankind, Sidney–London–San Francisco 1993), hg. v. G. Burenhult, übers. v. D. Vinyard, Hamburg 1993, 190–193.

A. G. Thorne: The arrival of man in Australia. In. A. Sherrat: The Cambridge Encyclopaedia of Archaeology, Cambridge 1980, 96–100.

N. Tinbergen: Von Krieg und Frieden bei Tier und Mensch, in: G. Altner (Hg.): Kreatur Mensch. Moderne Wissenschaft auf der Suche nach dem Humanum (München 1969), München (dtv 892) 1973, 324–354.

P. V. Tobias: Olduvai Gorge, vol 2. The Cranium and Maxillary Dentition of Australopithecus (Zinjanthropus) boisei, Cambridge 1967.

P. V. Tobias: «Australopithecus afarensis»» and A. africanus: Critique and alternative hypothesis, in: Paleontol. Afr. 23, 1980, 1–17.

E. Trinkaus: The Shanidar Neandertals, New York 1983.

E. Trinkaus, W. W. Howells: *The Neanderthals,* in: Sci. Am. 241, 1979, 118, 122–133.

E. Trinkaus, F. H. Smith: The fate of the Neanderthals. In: E. Delson: Ancestors: The Hard Evidence, New York 1985, 325–333.

R. Trivers: The Evolution of reciprocal altruism, in: Quaterly Review of Biology 46, 1971, 35–37.

G. Tsiakalos: Ausländerfeindlichkeit – Tatsachen und Erklärungsversuche, München 1983.

H. Ullrich: Neandertalerfunde aus der Sowjetunion. In: G. H. R. Koenigswald: Hundert Jahre Neandertaler, Köln–Graz 1958, 72–106.

H. Ullrich: Kannibalismus und Leichenzerstückelung beim Neandertaler von Krapina. In: M. Malez: Krapinski Pracovjek i Evolucjia Hominida, Zagreb 1978, 293–318.

B. Vandermeersch: Les Hommes Fossiles de Qafzeh, in: Cah. Paleontol., Paris 1981.

B. Vandermeersch: Les Néanderthaliens et les premiers Hommes modernes. In: 5 Millions d'Années. L'Aventure Humaine, in: Palais des Beaux-Arts de Bruxelles, 1990, Ausstellungskatalog, 68–86.

E. Vlček: Rekonstruktion des Postkranial-Skeletts eines Säuglings des Neandertalers aus Kiik-Koba in der UdSSR, in: Ärztl. Jugendkde. 68, 1977, 173–179.

E. Vlček: Die Neufunde vom Homo erectus aus dem mittelpleistozänen Travertinkomplex bei Bilzingsleben aus den Jahren 1977–1979. In: D. H. Mai, D. Mania, T. Notzold, V. Toepfer, E. Vlček, W. D. Heinrich: Bilzingsleben II., Berlin 1983, 189–190.

E. S. Vrba: A new study of the scapula of Australopithecus afarensis from Sterkfontein, in: Am. J. Phys. Anthrop. 51, 1979, 117–130.

E. S. Vrba: Late Pliocene climatic events and hominid evolution. In: F. E. Grine: Evolutionary History of the «Robust» Australopithecines, New York 1988, 405–426.

A. C. Walker: The Koobi Fora hominids and their bearing on the origins of the genus Homo. In: B. A. Sigmon, J. S. Cybulski: Homo erectus – Papers in Honor of Davidson Black, Toronto 1981, 193–215.

A. C. Walker, D. Falk, R. Smith, M. Pickford: The skull of Proconsul africanus: reconstruction and cranial capacity, in: Nature 305, 1983, 525–527.

A. C. WALKER: Extinction in hominid evolution. In: M. H. Nitecki: Extinctions, Chicago 1984, 119–152.

A. C. WALKER, M. F. TEAFORD, R. E. F. LEAKEY: New Proconsul fossils from the early Miocene of Kenya, in: Am. J. phys. Anthrop. 66, 1985, 239–240.

A. C. WALKER, R. E. F. LEAKEY: Homo erectus skeleton from West Lake Turkana, Kenya, in: Am. J. Phys. Anthrop. 69, 1986, 275.

A. C. WALKER, R. E. F. LEAKEY: The evolution of Australopithecus boisei. In: F. E. Grine: The Evolutionary History of the «Robust» Australopithecines, New York 1988, 247–258.

A. C. WALKER, M. F. TEAFORD: The hunt for Proconsul, in: Sci. Am. 260, 1989, 76–82.

A. C. WALKER: Australopithecinen aus Ostafrika, in: L. Aiello – P. Bennike: 4 Millionen Jahre Mensch. Das einzigartige Schauspiel zur Menschheitsgeschichte, United Exhibits, Zoo Köln 1996, 34–35.

A. WALKER: Wann lebte Homo erectus?, in: L. Aiello – P. Bennike: 4 Millionen Jahre Mensch. Das einzigartige Schauspiel zur Menschheitsgeschichte, United Exhibits, Zoo Köln 1996, 38–39.

S. L. WASHBURN: Human evolution after Raymond Dart (23rd Raymond Dart Lecture). In: P. V. Tobias: Hominid Evolution: Past, Present and Future, New York 1985, 3–18.

S. L. WASHBURN, C. S. LANCASTER: The evolution of hunting. In: R. B. Lee, I. De Vore: Man the Hunter, Chicago 1968, 293–303.

A. WEBER: Sie malten als erste, in: Geo 6, 1997, 10–41.

K. WEHRBERGER: Der Löwenmensch, in: Der Löwenmensch. Tier und Mensch in der Kunst der Eiszeit, hg. v. Ulmer Museum 1994, 29–45.

K. WEHRBERGER: Raubkatzen in der Kunst des Jungpaläolithikums, in: Der Löwenmensch. Tier und Mensch in der Kunst der Eiszeit, hg. v. Ulmer Museum 1994, 53–75.

F. K. WEIDENREICH: Über pithekoide Merkmale bei Sinanthropus pekinensis und seine stammesgeschichtliche Beurteilung, in: Z. Anat. Entw. Gesch. 99, 1932, 212–253.

F. K. WEIDENREICH: Facts and speculations concerning the origin of Homo sapiens, in: Am. Anthrop. 49, 1947, 187–203.

E. WHITE – D. BROWN: Die ersten Menschen (The First Men, New York 1973), aus dem Engl. v. L. K. von Nostiz, bearb. v. K. Lorenzen u. J. Volbeding, Hamburg (life 66) 1977.

J. PETER WHITE: Die Besiedlung des alten Australien, in: Die ersten Menschen. Die Ursprünge des Menschen bis 10 000 vor Christus (The First Humans. The Illustrated History of Mankind, Sidney–London–San Francisco 1993), hg. v. G. Burenhult, übers. v. D. Vinyard, Hamburg 1993, 147–151.

T. D. WHITE: Cannibalism at Klasies, in: Sagittarius 2, 1987, 6–9.

T. D. WHITE, G. SUWA: Hominid footprints at Laetoli: facts and interpretations, in: Am. J. Phys. Anthrop. 72, 1987, 485–514.

W. WICKLER: Die Biologie der Zehn Gebote. Warum die Natur für uns kein Vorbild ist (1971), München (SP 236) 1981.

W. WICKLER – U. SEIBT: Das Prinzip Eigennutz. Ursachen und Konsequenzen sozialen Verhaltens, Hamburg 1977.

A. C. WILSON, R. L. CANN: Afrikanischer Ursprung des modernen Menschen, in: Spektrum der Wissenschaft, Heft 6, 1992, 72–79.

E. O. WILSON: Biologie als Schicksal. Die soziobiologischen Grundlagen menschlichen Verhaltens, (On Human Nature, 1978), übers. v. F. Griese, Frankfurt/M–Berlin–Wien 1980.

J. WIND: Der Kehlkopf bei Spitzhörnchen, Rhesusaffe, Schimpanse und Mensch, in: I. Schwidetzky: Über die Evolution der Sprache, Frankfurt/M 1973, 17–29.

M. H. WOLPOFF: Evolution in Homo erectus: the question of stasis, in: Palaeobiology 10, 1984, 389–406.

J. K. WOO: The hominid skull of Lantian, in: Shensi Vertebr. Palasiat. 10, 1966, 14–22.

B. A. Wood: The origin of Homo erectus, in: Cour. Forsch. Senckenb. 69, 1984, 99–111.
B. A. Wood: Who is the «real» homo habilis?, in: Nature 327, 1987, 187–188.
B. A. Wood, A. T. Chamberlain: The nature and affinities of the «Robust» Australopithecines: a review, in: J. Hum. Evol. 16, 1987, 625–642.
B. A. Wood: Origin and evolution of the genus Homo, in: Nature 355, 1992, 783–790.
B. Wood: Ardipithecus ramidus, in: L. Aiello – P. Bennike: 4 Millionen Jahre Mensch. Das einzigartige Schauspiel zur Menschheitsgeschichte, United Exhibits, Zoo Köln 1996, 24–25.
B. Wood: Australopithecus afarensis, in: 4 Millionen Jahre Mensch. Das einzigartige Schauspiel zur Menschheitsgeschichte, United Exhibits, Zoo Köln 1996, 28–29.
B. Wood: Homo habilis und Homo rudolfensis, in: L. Aiello – P. Bennike: 4 Millionen Jahre Mensch. Das einzigartige Schauspiel zur Menschheitsgeschichte, United Exhibits, Zoo Köln 1996, 36–37.
F. M. Wuketits: Evolutionäre Wurzeln der Metaphysik und Religion, in: R. Riedl – E. M. Bonet (Hrsg.): Entwicklung der Evolutionären Erkenntnistheorie, Wiener Studien zur Wissenschaftstheorie, Bd. 1, Wien 1987, 217–227.
A. L. Zihlman: Australopithecus afarensis: two sexes or two species. In: P. V. Tobias: Hominid Evolution: Past, Present and Future, New York 1985, 213–220.

5. Psychoanalyse

S. Ferenczi: Versuch einer Genitaltheorie (1924), in: Schriften zur Psychoanalyse, 2 Bde., hrsg. v. M. Bálint, Frankfurt/M 1970–1972, II 317–400.
S. Freud: Ratschläge für den Arzt bei der psychoanalytischen Behandlung (1912), Ges. Werke VIII, London 1943, 375–387.
S. Freud: Totem und Tabu (1912); Ges. Werke IX, London 1940.
S. Freud: Jenseits des Lustprinzips (1920), Ges. Werke XIII, London 1940, 1–69.
S. Freud: Die Zukunft einer Illusion (1927), in: Ges. Werke XIV, London 1948, 323–380.
C. G. Jung: Über den Archetypus (1936), in: Ges. Werke IX 1, hg. v. L. Jung-Merker, E. Rüf, Olten 1976, 67–87.
C. G. Jung: Die psychologischen Aspekte des Mutterarchetypus (1939), Werke IX 1, hg. v. L. Jung-Merker, E. Rüf, Olten 1976, 89–123.
C. G. Jung: Versuch einer psychologischen Deutung des Trinitätsdogmas (1942), Werke XI, Olten–Freiburg 1988, 127–215.
C. G. Jung: Antwort auf Hiob (1952), in: Ges. Werke XI: Zur Psychologie westlicher und östlicher Religion, Olten 1988, 363–471.
C. G. Jung: Antwort an Martin Buber (1952), in: Ges. Werke XI, hrsg. v. M. Niehus-Jung, L. Hurwitz-Eisner, F. Riklin, Olten–Freiburg 1971, 657–665 und Bd. XVIII 2, 1981, 710–717.
C. G. Jung: Die Psychologie der Übertragung (1946), in: Ges. Werke XVI, hg. v. M. Niehus-Jung, L. Hurwitz-Eisner, F. Riklin, Olten 1971, 167–319.
C. G. Jung – R. Wilhelm: Geheimnis der Goldenen Blüte. Das Buch von Bewußtsein und Leben, aus dem Chines. übers. u. erl. v. R. Wilhelm, mit einem Kommentar von C. G. Jung (1929), neu hg. und mit Nachw. vers. v. U. Diederichs, München (Gelbe Reihe) 1986. Vgl. ders.: Kommentar zu «Das Geheimnis der Goldenen Blüte», in: Ges. Werke XIII, hg. v. L. Jung-Merker u. E. Rüf, Olten 1978, 11–63.

O. Rank: Das Trauma der Geburt und seine Bedeutung für die Psychoanalyse, Leipzig–Wien–Zürich (Psychoanalyt. Bibl. XIV) 1924.

Th. Reik: Dogma und Zwangsidee. Eine psychoanalytische Studie zur Entwicklung der Religion (1927); Neudruck, eingel. v. Y. Spiegel u. J. Scharfenberg, Köln–Berlin–Mainz (Urban Tb. 601) 1973.

H. E. Richter: Der Gotteskomplex (1979), Hamburg (rororo) 1986.

L. Szondi: Triebpathologie, 1. Bd.: Elemente der exakten Triebpsychologie und Triebpsychiatrie, Bern 1952.

6. Belletristik, Film Malerei

St. Andres: Wir sind Utopia. Novelle; München 1951.

G. Büchner: Lenz (1835), in: Werke und Briefe (Münchner Ausgabe), hrsg. v. K. Pörnbacher, G. Schaub, H.-J. Simm, E. Ziegler; München (dtv 2202) 1988, 135–158.

A. Camus: Die Pest (La Peste. Chronique, Paris 1947), übers. v. G. Meister, Boppard 1949; Neudruck: Hamburg (rororo 15) 1950.

C. Chabrol (Reg.): Der Schlachter, Frankreich 1969.

A. L. Dierick: Der Genter Alter. Originalaufnahmen in Originalgröße (Gent 1996), aus dem Niederländischen übers. v. P. u. H. Hessmann, Gent 1996.

F. M. Dostojewskij: Idiot (1868); dt.: Der Idiot; übertr. v. K. Brauner, München (GGTb. 361–362) 1958.

F. M. Dostonjewskij: Bratja Karamazovy (1880); dt.: Die Brüder Karamasoff, übers. v. K. Noetzel, München (GGTb. 478–79; 480–81) 1958.

F. M. Dostojewskij: Tagebuch eines Schriftstellers (1873–1881), aus dem Russischen von E. K. Rahsin, München 1963.

E. Drewermann – I. Neuhaus: Das Eigentliche ist unsichtbar. Der Kleine Prinz tiefenpsychologisch gedeutet, Freiburg–Basel–Wien 1984.

A. de Saint-Exupéry: Wind, Sand und Sterne (Terre des homes, 1939), in: Ges. Schriften, 3 Bde. (Düsseldorf 1959), München (dtv 5959) 1978, 1. Bd., S. 175–340, übers. v. H. Becker.

A. de Saint-Exupéry: Die Stadt in der Wüste (La Citadelle, Paris 1948), in: Ges. Schriften, 3 Bde. (Düsseldorf 1959), München (dtv 5959) 1978, 2. Bd., übers. v. O. v. Nostitz.

J. W. von Goethe: Die Leiden des jungen Werther (1774), Frankfurt 1967, hrsg. u. eingel. von W. Migge, 2 Bde.

J. W. von Goethe: Faust. Der Tragödie erster und zweiter Teil. Urfaust, hg. u. kommentiert v. E. Trunz (Goethes Werke, Bd. III, Hamburger Ausgabe), textkritisch durchgelesen und kommentiert, Hamburg [10]1976.

H. Hesse: Stufen. Ausgewählte Gedichte, Frankfurt/M (sv 342) 1970.

H. Hesse: Eigensinn (1919), in: Eigensinn. Autobiographische Schriften, ausgew. u. mit Nachw. vers. v. S. Unseld (Frankfurt/M 1972), Hamburg (rororo 4856) 1981, 78–83.

J. P. Jacobsen: Niels Lyhne (1880), aus dem Dänischen von A. Mann (1911), Frankfurt/M (it 44) 1981, Nachw. v. F. Paul.

J. P. Jacobsen: Die Pest in Bergamo und andere Novellen (1882), aus dem Dänischen v. M. Mann (1911), Frankfurt/M (it 265) 1977.

Th. Mann: Joseph und seine Brüder. Roman in 4 Teilen, Stockholm–Amsterdam 1948; Neudruck: Frankfurt–Hamburg (Fischer Tb. 1183, 1184, 1185) 1971.

G. de Maupassant: Die Legende vom Mont Saint-Michel (1882), in: Gesamtausgabe der Novellen und Romane, hg. v. E. Sander, Bd. 2: Madame Baptiste und andere Novellen, übers. v. E. Sander, München (Goldmann 8561) 1987, 313–317.

G. de Maupassant: Ein Irrsinniger? (Un fou?, 1884), in: Gesamtausgabe der Novellen und Romane, hrsg. v. E. Sander, Bd. 5: Yvette und andere Novellen, München (Goldmann 8564) 1987, 114–120, übers. v. E. Sander.

P. Neruda: Hungrig bin ich, will deinen Mund. Liebessonette, spanisch-deutsch, Auswahl, Nachdichtung und Nachwort v. F. R. Fries, München 1997.

M. Noël: Erfahrungen mit Gott (Auswahl aus den Notes Intimes), übers. v. A. Heitzer, Vorw. v. K. Pfleger, Mainz 1966.

G. Orwell: 1984, aus dem Engl. v. K. Wagenseil (Zürich 1950), Frankfurt/M–Wien–Berlin (Ullstein Tb. 3253) 1976.

R. M. Rilke: Das Stundenbuch (1899: 1. Buch; 1901: 2. Buch), in: Sämtliche Werke, hg. v. Rilke-Archiv. In Verbindung mit R. Sieber-Rilke, besorgt durch E. Zinn, 1. Bd., Frankfurt/M. 1955, 249–366.

R. M. Rilke: Über die Gegenliebe Gottes (1913), in: Sämtliche Werke, hrsg. v. Rilke-Archiv, in Verbindung mit Ruth Sieber-Rilke, besorgt durch Ernst Zinn, Bd. 6, Frankfurt 1966, 1042–1045.

W. Schmied: Caspar David Friedrich, Köln 1975.

R. Schneider: Macht und Gnade. Gestalten, Bilder und Werke in der Geschichte (Wiesbaden 1946), München–Zürich (Droemer Tb. 41) 1964.

F. Stier: Vielleicht ist irgendwo Tag. Aufzeichnungen, Freiburg–Heidelberg 1981.

A. Stifter: Der Nachsommer (1857), in: Ges. Werke, hg. v. M. Stefl, 6 Bde., IV, München 1966.

L. Tolstoi: Anna Karenina (1875–77), aus dem Russ. v. A. Scholz, München (Goldmann Tb. 692–694) 1961.

L. Tolstoi: Auferstehung (Voskresenje, 1899), aus dem Russ. v. A. Scholz, München (1415–1417), o. J.

Voltaire: Candide oder der Optimismus (Candide ou l'Optimisme, 1759), in: Sämtliche Romane und Erzählungen, aus dem Franz. v. I. Lehmann, eingel. von V. Klemperer, 1. Bd. (Leipzig 1948), Frankfurt/M (it 209) 1976, S. 283–390.

E. Wiechert: Das einfache Leben (1939), München–Wien–Basel 1946.

Bildnachweis

Schwarzweiße Abbildungen

Vorsatz vorn: aus: Ernst Probst, Deutschland in der Urzeit. © C. Bertelsmann Verlag GmbH, München 1986.

1 nach R. Caird, Ape Man. Boxtree Ltd., London 1994.

2/24/45 a&b © Springer-Verlag, Berlin Heidelberg 1994.

3/4/5/9/13/14/15/17/19/25 © Blackwell Scientific Ltd., Oxford 1984.

6 aus: Herbert Liedtke, Die nordischen Vereisungen in Mitteleuropa. Forschungen zur dt. Landeskunde, Bd. 204, Bonn–Bad Godesberg 1975.

7/23 aus: Ernst Probst, Deutschland in der Urzeit. © C. Bertelsmann Verlag GmbH, München 1986. Abb. 7: Illustration von Adolf Böhm; Abb. 23: Illustration von Burkard Pfeifroth.

8 nach John Gurche, National Geographic, 1995.

10/11 Foto: T. White, Cleveland Museum of Natural History.

12 © Piper Verlag GmbH, München 1982.

16 aus: Chris Stringer / Robin McKie, Afrika, Wiege der Menschheit. Limes. München 1996.

21/27 © Spiegel, Hamburg.

22/29/30 aus: 4 Millionen Jahre Mensch. Hrsg. L. Aiello & P. Bennike, Ausstellungskatalog des Zoos Köln, 1996.

26/28 Kenya National Museums.

31/32/33/40/41/42 Foto: Günter Bräuer.

34 aus: C. Ahrens, Jahrtausende im Zeitraffer. Neumünster 1981.

35/39/43/44/50 aus: The Journey from Eden by Brian Fagan, published by Thames and Hudson, London and C. H. Beck, München. Abb. 39/44: Zeichnung von Simon S. Driver.

36/37 aus: Die Eiszeiten, Heft 13, «Unterricht in westfälischen Museen». Landesbildstelle Westfalen.

38 Foto einer Dermoplastik von Elisabeth Daynès. Neanderthal Museum, Mettmann.

46 nach R. Liljegren, aus: Die ersten Menschen. Die Ursprünge des Menschen bis 10 000 v. Chr., Jahr, Hamburg 1993.

47 aus: Rolf Plöger, Ur- und Frühgeschichte. Hg. Mindener Museum, Minden 1988.

48 nach B. Bagolini, aus: Die illustrierte Weltgeschichte der Archäologie, L. Fasani (Hrsg.). Mondadori, Mailand 1978.

49/58 aus: Der Löwenmensch – Tier und Mensch in der Kunst der Eiszeit, Hrsg. Ulmer Museum. Thorbecke, Sigmaringen 1994.

51 Zeichnung von Henri Breuil, Archives Béguën.

52 Foto: André Chéné.

53 aus: André Leroi-Gourhan, Préhistoire de l'art occidental. Editions d'Art Lucien Mazenod, Paris 1965.

54 Dr. Jean Gaussen.

55 Foto: Ulmer Museum.

56 Foto: Time Life International.

57 aus: Gerhard Bosinski, Die Menschendarstellungen von Gönnersdorf der Ausgrabung 1968. Franz Steiner Verlag Wiesbaden GmbH, Stuttgart, vormals Wiesbaden, 1975.

59 nach Henri Breuil, Quatre cents siècles d'art pariétal. Paris 1952.

60 nach L. Pales/M. Tassin De Saint-Pereuse, Les gravures de La Marche II. Les Humains, Paris 1976.

61 aus: Heinz Haber: Planet im Meer der Zeit. Deutsche Verlags-Anstalt GmbH, Stuttgart 1976.

Farbtafeln

1 Foto: Key/John Reader/Science Photo Library.

2 Colorphoto Hans Hinz.

3 © Naturhistorisches Museum Wien.

4 Alain Rousseau.

Umschlagbild

Illustration von John Richards aus: The First Humans (Vol 1 of The Illustrated History of Humankind). © Weldon Owen Ply Ltd/Bra Böcker.

Einige Rechteinhaber konnten nicht ermittelt werden. Berechtigte Ansprüche werden selbstverständlich vom Verlag abgegolten.

Register

Autoren

Ortsnamen

Personen- und Götternamen, Sachen und Sachverhalte

Bibelstellen

Altes Testament

Neues Testament

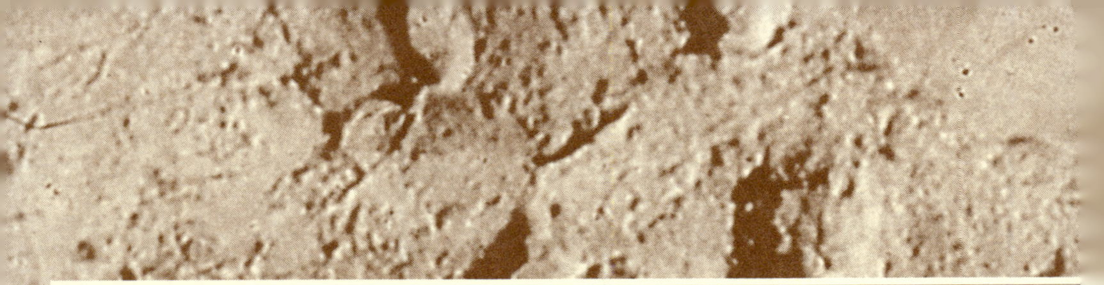

Jahre vor der Zeitrechnung etwa		Geologie		Klima	Pflanzendecke
+ 1000 0	Holozän (Nacheiszeit)	Subatlantikum		Heutiges Klima Klima-verschlechterung	Buchen-Tannen-Zeit
1000 2000	Holozän (Nacheiszeit)	Subboreal Späte Wärmezeit		Trockeneres Klima mit warmen Sommern und kalten Wintern	Massenausbreitung der Buche Zunahme von Tanne und Hainbuche
3000 4000 5000	Holozän (Nacheiszeit)	Atlantikum Mittlere Wärmezeit Ostsee: Litorina		Feuchtes und warmes Meeresklima, gemäßigte Winter und feuchte, warme Sommer	Eichenmischwald mit Linde, Ulme verdrängt die Kiefer
6000	Holozän (Nacheiszeit)	Boreal Frühe Wärmezeit Ostsee: Ancylus		Kontinentales, wärmeres, trockenes Klima	Am Ende beginnender Eichenmischwald. Einwanderung der Laubbäume Ausbreitung der Kiefernwälder Höhepunkt der Hasel
7000 8000	Holozän (Nacheiszeit)	Praeboreal Vorwärmezeit Ostsee: Yoldia		Übergangszeit Erwärmung Rascher Eisrückzug Ostseegebiet nicht mehr arktisch	Ausbreitung von Birken- und Kiefernwäldern
9000	Jung-Pleistozän	Jüngere Tundren- oder Dryaszeit	Spät-Weichsel	Kälterückschlag	Waldarme Vegetation Strauch- und Waldtundra
10 000	Jung-Pleistozän	Allerödzeit	Spät-Weichsel	Erwärmung	Im Norden Birken-, im Süden Kiefernwälder Weide, Pappel
11 000 12 000 15 000	Jung-Pleistozän	Ältere Dryaszeit Bölling-Interstadial Älteste Dryaszeit	Spät-Weichsel	Kaltzeit Abschmelzendes Inlandeis Eisrand in Schleswig-Holstein	Tundra mit Zwergbirke. Polarweide und Dryas Baumlose Tundra